KB212694

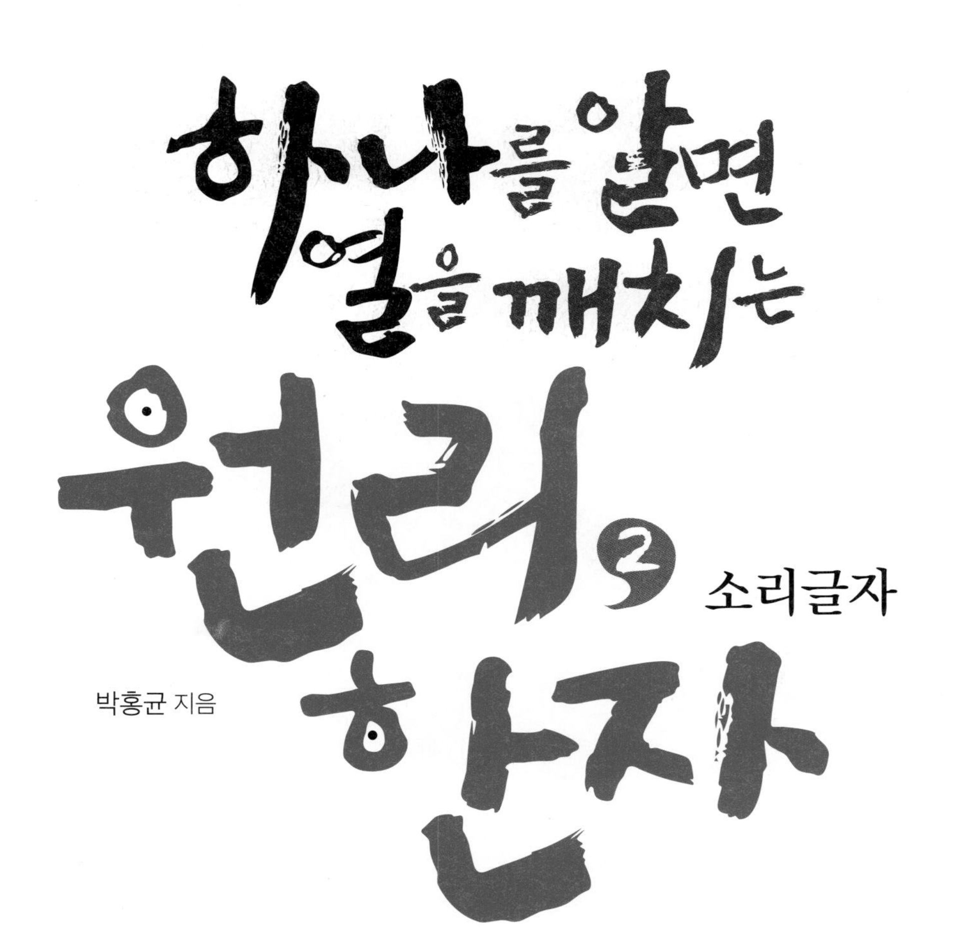
하나를 알면 열을 깨치는
원리한자 2
소리글자
박홍균 지음

하나를 알면 열을 깨치는 원리한자 2
소리글자

개정2판 1쇄 발행 2024년 9월 30일

지은이 박홍균

펴낸곳 도서출판 이비컴

펴낸이 강기원
디자인 이승현
마케팅 박선왜

주 소 (02560) 서울시 동대문구 고산자로 34길 70, 431호
대표 전화 (02) 2254-0658 팩스 (02) 2254-0634
전자우편 bookbee@naver.com

등록번호 제 6-0596호(2002.4.9)

ISBN 978-89-6245-229-7 047700
ISBN 978-89-6245-227-3 (세트)

왜 한자를 배워야 할까?

한때 독자 여러분의 큰 사랑을 받았던《350자로 2200자를 깨치는 원리한자》를 1권과 2권으로 분리하여《하나를 알면 열을 깨치는 원리한자1(부수글자)》,《하나를 알면 열을 깨치는 원리한자2(소리글자)》로 분권 출간하였고, 지속해서 보내주신 격려와 질책을 바탕으로 새로운 개정판을 출간하게 되었습니다. 이번 개정판은 그동안 제 홈페이지 게시판과 이메일 등으로 보내주신 질문과 의견, 지인들의 조언을 참고하여 개정하였습니다. 시대가 달라져도 꾸준히 독자의 사랑을 받아온 이 책은 다음과 같은 특징을 갖고 있습니다.

첫째, 한자 급수 시험을 준비하는 분들을 위해 1권(뜻글자)은 3급까지의 한자를 포함하였고, 일상생활이나 사자성어 공부를 위해 필요한 1, 2급 한자도 일부 포함했으며, 초중고 교과에 나오는 용어와 일반 상식의 어휘를 예시로 개념을 설명하였습니다. 또한, 2권(소리글자)은 2급까지의 한자를 포함하였고, 소리글자 263자를 가나다순으로 배열하여 자원을 풀이하여 한자어의 개념을 설명합니다.

둘째, 중국어와 일본어 공부를 겸하여 공부하시는 분들이 의외로 많아, 한자마다 중국 간체자와 일본 약자(우리나라의 약자에 해당)를 별도 표기하였습니다.

셋째, 한자의 이해를 위해 대표적인 한자들의 상형문자를 그림으로 나타내었고, 단순한 암기를 넘어 한자가 만들어진 원리와 본뜻을 풀어 공부와 언어 사용의 토대가 될 유추와 확장이 가능하도록 글자마다 최선을 다해 풀이했습니다.

이 책은 "한자를 왜 배워야 하지?"라고 질문하시는 분들에 대한 답변이 되었으면 하는 바람으로 썼습니다. 대부분 한자를 배우는 목적을 급수 따기, 승진, 입사 시험을 치기 위함이라고 하지만 저는 한자를 배워야 하는 목적이 다른 데 있다고 봅니다. 한국어의 약 70% 이상이 한자어이며, 초·중·고, 대학교에서 암기해야 할 용어의 90% 이상이 한자어입니다. 모든 한자가 원리에 따라 만들어졌듯이 모든 낱말도 아무렇게나 만들어지지 않았습니다. 한자를 만든 사람처럼 나름대로 고민하여 낱말이 갖는 뜻을 최대로 살릴 수 있도록 만들었기 때문에 한자를 알면 우리가 알아야 할 낱말들의 뜻을 쉽게 이해할 수 있고 암기하기도 쉽습니다.

이 책의 독자가 학생이라면 한자가 여러 과목을 공부할 때 큰 도움이 된다는 사실을 깨달았으면 좋겠습니다. 일반인도, 학창 시절에 배웠던 낱말들을 다시 익혀 상식을 쌓는데 도움이 되기를 기대합니다. 자녀가 있는 부모라면 공부를 봐줄 때 본문의 한자어 낱말을 활용하여 이해·암기하도록 지도해 주시면 좋습니다. 감사합니다.

저자 박홍균

1권은 뜻글자 127자 + 2권은 소리글자 263자 → 2~3천 자

이 책은 1, 2권으로 나누어져 있습니다. 1권은 127자의 부수글자(뜻글자)를 크게 '자연' 인간' '생활'로 구분하여 다뤘고, 2권은 263자의 소리글자를 '가나다' 순으로 배열하여 설명합니다. 1, 2권에 나오는 390字만 암기하면 이 글자들을 조합하여 2~3천 자(字)를 쉽게 배울 수 있도록 하였습니다.

먼저 1권에 나오는 127자의 부수를 모두 암기하고, 이 부수들이 어떻게 사용되는지를 이해하는 것이 좋습니다. 부수를 암기하기 위해서는 1권을 한번 빠른 속도로 읽어 보길 권합니다. 그런 후에 다시 1권과 2권을 차례대로 정독해 보세요. 정독할 때는 가급적 한자를 모두 써가면서 공부를 하는 것이 좋습니다. 읽다가 싫증이 나면 앞뒤를 오가면서 흥미 있는 부분부터 읽어도 괜찮습니다.

1권 부수글자는 3급, 2권 소리글자는 2급 한자까지 포함

그 외 급수시험을 준비하시는 분들을 위해, 원리한자1(뜻글자 편)은 한자자격검정시험 3급까지의 한자가 포함되어 있고, 일상생활이나 사자성어 공부를 위해 필요한 1, 2급 한자도 일부 포함되어 있습니다. 그리고 원리한자2(소리글자 편)는 한자자격검정시험 2급까지의 한자가 모두 포함되어 있음을 참고하시기 합니다.

모든 한자의 분해 표기와 중국 간체자, 일본 약자 추가

상형문자를 제외한 모든 한자는 분해하여 표기하였으며, 형성문자인 경우에는 소리에 해당하는 부분을 대괄호([ ])로 묶어 표시하였습니다. 또한 중국어 간체자는 ㊥, 일본 약자는 ㊪으로 표시해두었습니다. 이 일본 약자는 우리나라에서도 사용됩니다. 원리한자2에서는 한자어문회와 한자교육진흥회의 급수를 표기해 두었습니다.

참고로 알아 두어야 할 것은, 글자의 소리는 세월이 지남에 따라 변한다는 것입니다. 이런 현상은 동서양의 모든 언어에서 나타납니다. 예를 들어, 한글에서 추석을 의미하는 한가위의 '가위'는 원래 '가배'라는 소리가 변해서 된 것입니다. 이러한 현상은 한자도 예외는 아닙니다.

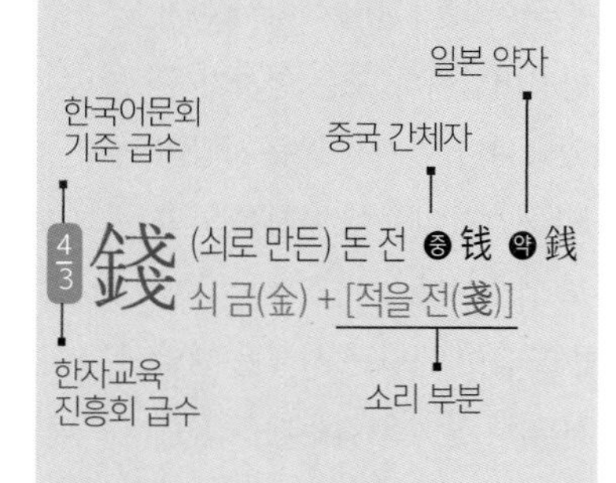

· 더할 가(加)→ 시렁 가(架)→ 하례할 하(賀)
· 나 오(吾)→ 오동나무 오(梧)→ 말씀 어(語)

위 예에서 첫 번째는 초성(자음)이 바뀌는 경우이고, 두 번째는 중성(모음)이 바뀌는 경우입니다. 이렇게 초성이나 중성이 바뀌는 현상도 전세계 모든 언어에 나타나는 공통 현상입니다.

다음의 경우는 가장 극단적인 경우로, 초성과 중성이 모두 여러 번 바뀌는 경우입니다.

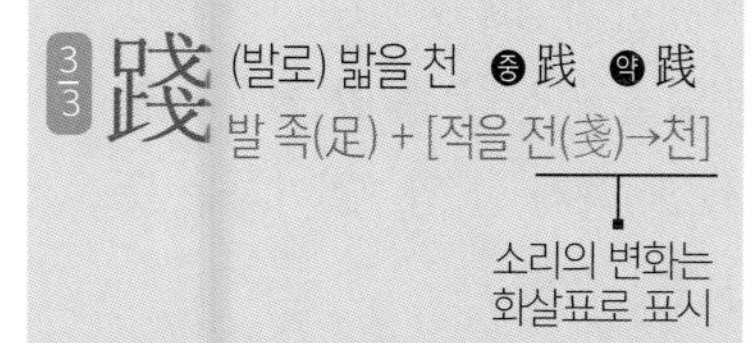

· 합할 합(合)→ 조개 합(蛤)→ 마치 흡(恰)→ 주울 습(拾)→ 공급할 급(給)
· 합할 합(合)→ 조개 합(蛤)→ 대답할 답(答)→ 탑 탑(塔)

모양이나 소리가 변한 한자는 변한 모양이나 소리를 화살표(→)로 표시하였습니다. 왼쪽의 예시는 이런 표기의 예입니다.

이해를 돕기 위한 상형문자 예시

한자의 이해를 돕기 위해 대표적인 한자들의 상형문자 그림을 올려놓았습니다. 상형문자는 한 글자에 대해 여러 가지 모습을 가지고 있습니다. 또 시대에 따라 은나라의 갑골문(甲骨文), 주나라 이후의 금문(金文), 진나라의 소전(小篆) 등으로 변해왔습니다. 왼쪽 그림은 이렇게 글자의 모양이 변하는 모습을 보여주는 예입니다. 이 책에서는 이런 여러 가지 모습 중에서 글자의 뜻을 가장 잘 나타내는 하나를 뽑았습니다.

시대에 따라 변화한 솥 력(鬲)자

한자 학습의 선명한 목적 제시

대부분의 사람이 한자를 배우는 주요 목적을 한자 시험, 급수 시험, 승진 시험 등을 치기 위함에 둡니다. 하지만 이 책에서 강조하는 한자를 배워야 하는 목적은 다릅니다.

한국말은 약 70% 이상이 한자어이며, 우리나라에서 사용하는 낱말 중 명사는 대부분 한자어에서 왔습니다. 더욱이 초·중·고, 대학교에서 암기해야 하는 용어들의 90% 이상이 한자어입니다. 즉, 우리나라 교육에서 한자는 학문의 기본이 된다고 해도 지나친 말이 아닙니다.

모든 한자가 원리로 만들어졌듯이 책에 나오는 모든 낱말도 아무렇게나 만들어진 것이 아닙니다. 이런 낱말을 만든 사람은, 한자를 만든 사람처럼 나름대로 고민하여 낱말이 갖는 뜻을 최대로 살릴 수 있게 만들었습니다. 따라서 한자를 알면 우리가 암기해야 할 낱말의 뜻을 쉽게 이해할 수 있고 암기하기도 쉽습니다. 나아가 글을 이해하는 능력과 표현하는 능력도 갖게 합니다.

가령, 초등학교 과학시간에 배우는 **집기병**(集氣瓶)이란 낱말은 '기체(氣)를 집합(集)시키는(모으는) 병(瓶)'이라는 뜻입니다. 또 각선미(脚線美)와 교각(橋脚)이라는 낱말에 나오는 각(脚)자는 다리를 뜻합니다. **각기병**(脚氣病)은 '다리(脚)에 공기(氣)가 들어간 병(病)', 즉 '다리가 붓는 병'임을 연상할 수 있습니다. 또 역사시간에 배우는 **법흥왕**(法興王)은 '법(法)을 흥(興)하게 한 왕(王)'이라는 뜻으로, 신라 시대에 처음으로 법률을 반포한 왕입니다.

이와 같이 한자로 이루어진 글자의 뜻을 알고 암기하면 평생 잊히지 않을뿐더러 초·중·고생들도 국어를 완벽하게 이해하고 표현하기 위한 어휘력과 문해력을 두루 갖출 수 있습니다. 이 책은 초·중·고 교과에 나오는 한자어는 물론, 일반 상식 한자어 예문을 활용하여 어휘력 확장에 큰 도움을 얻을 수 있습니다.

일러두기

- 이 책은 상형문자를 근거로 한자가 만들어진 원리를 해석하려고 노력하였습니다.
- 한자의 해석은 보편적으로 널리 사용되는 것을 따르되, 극히 일부분은 개인적인 의견이 가미된 것임을 밝혀둡니다.
- 이 책에 나오는 중국 지명을 비롯한 각종 이름은 중국식 발음을 사용하지 않고 한자음을 그대로 사용하였습니다.
- 급수한자의 기준은 한국어문회와 한자교육진흥회의 기준을 따랐습니다.
- 원리한자 2권의 부록에 수록한 《한자의 탄생》과 《간지와 음양오행》을 먼저 읽으면 한자를 이해하는 데 도움이 되므로 먼저 읽어보시기를 권합니다.
- 원리한자 1권 부수글자와 원리한자 2권 소리글자의 찾아보기는 시리즈상 1, 2권을 통합해 수록하였으므로 혼동하지 않도록 주의하시기 바랍니다.

원리한자 2 소리글자 편

다섯째 마당 260자로 깨치는 자음순 소리글자

ㄱ

ㄴ

ㄷ

ㄹ

ㅁ

ㅂ

ㅅ

ㅇ

ㅈ

여섯째 마당 부 록

원리한자 1 부수글자(뜻글자) 편

첫째 마당 원리로 깨치는 원리한자 2500

둘째 마당 자연과 관련한 부수한자

셋째 마당 인간과 관련한 부수한자

넷째 마당 생활과 관련한 부수한자

이 책을 읽기에 앞서

- 한자 속의 숨은 원리
- 옛 중국인의 생활과 한자와의 관계
- 한자를 가장 잘 암기하는 방법

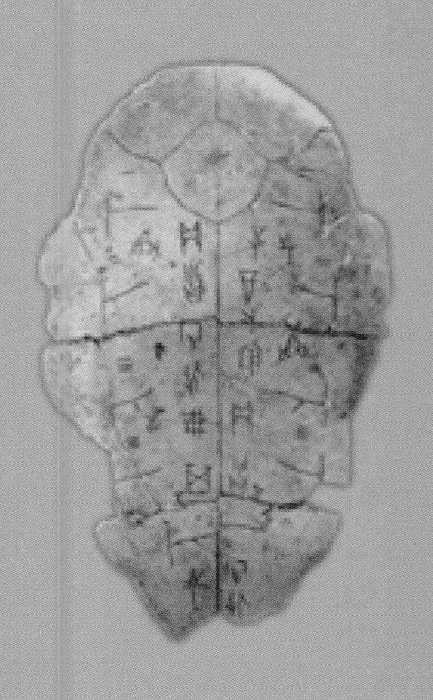

■ 한자 속의 숨은 원리

김홍도의 〈서당〉

옆 그림은 옛날 우리나라의 서당에서 한자를 배우고 있는 모습입니다. '하늘 천, 따 지, 검을 현, 누를 황 ~' 무조건 외워야하고, 못 외우면 회초리로 종아리를 맞았습니다. 이렇게 무작정 외우는 방식은 1+1=2, 1+2=3, 1+3=4, 1+4=5, 1+5=6... 등을 모두 외워서 덧셈을 배우겠다는 생각과 똑같습니다.

세상의 모든 것에는 원리라는 것이 있습니다. 한자도 아무렇게나 대충 만든 것이 아니라 나름대로의 원리에 따라 만든 것입니다. 덧셈의 원리를 알고 나면 어떤 숫자도 더할 수 있듯이, 한자가 만들어진 원리를 이해하면 한자를 훨씬 쉽게 배울 수 있습니다. 따라서 한자를 배우기 전에 먼저 한자가 만들어진 원리를 아는 것이 필요합니다.

상형문자: 물건의 모양

→ → → 山
메 산(山)

→ → → 川
내 천(川)

고대 중국에서 글자란 물건의 모양을 본떠 그린 그림에서 시작하였습니다. 산봉우리가 3개 나란히 있는 모양을 본떠 만든 메 산(山)자, 강이 흘러가는 모양을 본떠 만든 내 천(川)자와 같은 글자가 그러한 예입니다.

이와 같이 물건의 모양을 본떠 만든 문자를 상형문자(象形文字)라고 부릅니다. 상형(象:코끼리 상, 形:모양 형)을 말 그대로 해석하면 '코끼리의 형상'입니다. 따라서 상형문자는 코끼리와 같은 물체의 형상을 그대로 본떠 만든 글자입니다.

이러한 상형문자는 원래 물건의 모습을 떠올려서 배운다면 쉽게 외울 수 있습니다. 하지만 이렇게 해서 배울 수 있는 한자는 기껏해야 300여 개 정도로, 한자 전체의 1%도 되지 않습니다.

지사문자: 물건이 아닌 것

나무 목(木) → 끝 말(末)

'끝', '밑', '위', '아래'와 같은 글자는 물건이 아니기 때문에 본떠 만들 모양이 없습니다. 그래서 이런 글자는 물건의 모양 대신에 기호를 사용하여 만들었습니다. 예를 들어 '끝'이라는 글자는 나무 목(木)자 맨 위에 一과 같은 기호를 넣어 끝 말(末)자를 만들었습니다. '나무의 맨 꼭대기 끝이다'는 뜻입니다.

이와 같이 상형문자에 기호를 덧붙여 만든 글자를 지사문자(指事文字)라고 부릅니다. 위 상(上), 아래 하(下), 오목할 요(凹), 볼록할 철(凸) 등은 기호만으로 만들었는데, 이러한 글자들이 지사문자입니다. 지사(指:가리킬 지, 事:일

사)를 말 그대로 해석하면 '일을 가리킨다'는 뜻입니다. 일은 코끼리처럼 보거나 만질 수 있는 물체가 아닙니다. 따라서 지사문자는 보거나 만질 수 없는 것들을 나타내는 글자입니다.

이런 지사문자도 상형문자와 마찬가지로 만들어진 과정을 생각하면 비교적 외우기가 쉽습니다. 그런데 지금까지 알려진 지사문자는 전부 130개밖에 되지 않습니다.

회의문자: 뜻 + 뜻

사람(人) + 나무(木)
= 쉴 휴(休)

글자를 만드는 더 좋은 방법이 없을까를 고민하던 중국 사람들은 새로운 방법을 발견해 냅니다. 지사문자나 상형문자를 여러 개 모아서 새로운 글자를 만드는 것입니다. 예를 들어, '사람(人)이 나무(木) 아래에서 쉬고 있다'는 의미로, 사람 인(人/亻)자와 나무 목(木)자를 모아서 쉴 휴(休)자를 만드는 식입니다.

이와 같은 글자를 회의문자(會意文字)라고 부릅니다. 회의(會:모을 회, 意:뜻 의)를 말 그대로 해석하면 '뜻을 모으다'라는 의미입니다. 따라서 회의문자는 뜻을 가진 여러 가지 글자를 모아 만든 글자입니다. 하지만 이러한 회의문자도 1,000여 개 정도로 전체 한자의 1% 쯤입니다.

형성문자: 뜻 + 소리

이러한 회의문자는 뜻은 쉽게 알 수 있으나, 소리는 알 수 없다는 단점이 있습니다. 위에 나오는 쉴 휴(休)자는 사람 인(人)자나 나무 목(木)자와는 전혀 다른 소리가 납니다. 그런 연유로 생각해 낸 것이 뜻을 나타내는 글자와 소리를 나타내는 글자를 합쳐 새로운 글자를 만드는 방법이었습니다. 다음은 이러한 글자를 만드는 예입니다.

⊙ 입 구(口) + [쌀 포(包)] = 고함지를 포(咆) : 입(口)으로 고함을 지릅니다.
⊙ 물 수(水) + [쌀 포(包)] = 거품 포(泡) : 물(水)에서 거품이 생깁니다.
⊙ 먹을 식(食) + [쌀 포(包)] = 배부를 포(飽) : 먹으니까(食) 배가 부릅니다.

쌀 포(包)자는 태아가
배로 둘러싸여 있는 모습입니다.

대괄호([ ]) 안에 들어 있는 글자가 소리를 나타내는 글자입니다. 이 책에는 이와 같이 소리를 나타내는 글자를 모두 대괄호([ ])로 표시했습니다.

이와 같이 뜻글자와 소리글자를 합쳐 만든 글자를 형성문자(形聲文字)라고 부릅니다. 형성(形:모양 형, 聲:소리 성)을 말 그대로 해석하면 '모양과 소리'라는 의미입니다. 따라서 형성문자는 뜻을 나타내는 모양(形)과 소리를 나

타내는 소리(聲)가 합쳐져 만들어진 글자입니다.

형성문자는 뜻도 쉽게 이해되고, 소리도 쉽게 알 수 있다는 장점이 있습니다. 다른 예를 더 봅시다. 옛날 사람들은 날씨에 관련된 모든 것들이 비(雨)와 관련되어 있다고 생각하였습니다.

- ⊙ 비 우(雨) + [이를 운(云)] = 구름 운(雲)
- ⊙ 비 우(雨) + [길 로(路)] = 이슬 로(露)
- ⊙ 비 우(雨) + [서로 상(相)] = 서리 상(霜)

한자 자전(字典)에는 한자를 부수에 따라 분류해 두었는데, 이러한 부수가 대부분 한자의 뜻을 나타내는 글자입니다.

 한자의 97%는 형성문자

뜻글자와 소리글자를 합쳐 새 글자를 만든 형성문자는 전체 한자 중 97%를 차지하지만 우리가 자주 사용하고 있는 2,000여 자의 한자 중 20~30%(약 500자 정도)는 상형문자나 회의문자이고, 나머지 70~80%가 형성문자입니다.

형성문자는 뜻도 이해가 쉽고 소리도 쉽게 알 수 있기 때문에, 앞의 글자처럼 무조건 외우지 않아도 쉽게 공부할 수 있습니다. 그러므로 이 형성문자만 잘 이해해도 한자 실력이 금방 늘 수 있습니다.

뜻글자와 소리글자로 합쳐진 형성문자를 자세히 들여다보면, 소리글자가 뜻도 겸하고 있는 경우를 종종 볼 수 있습니다. 아래의 예를 보면 이런 사실을 알 수 있습니다.

- ⊙ 집 면(宀) + [없을 막(莫)] = 쓸쓸할 막(寞) : 집에 아무도 없으니 쓸쓸합니다.
- ⊙ 물 수(水) + [없을 막(莫)] = 사막 막(漠) : 사막에는 물이 없습니다.
- ⊙ 수건 건(巾) + [없을 막(莫)] = 장막 막(幕) : 안을 볼 수 없게 드리워진 큰 수건이 장막입니다.

중국 송나라의 문필가이자
정치인 왕안석

당송팔대가 중의 한 사람인 왕안석(王安石, 1021~1086년)은 소리를 나타내는 모든 글자가 뜻도 함께 가지고 있다고 주장한 사람입니다. 사실 한자를 만드는 사람도 소리를 나타내는 글자를 선택할 때, 아무 글자나 선택하지 않고 가급적 의미가 있는 글자를 선택했으리라 짐작할 수 있습니다. 그렇다고 모든 한자에 이런 원리를 꿰어 맞추기는 사실상 불가능합니다. 단지, 한자를 배울 때 가급적 소리를 나타내는 글자에서도 뜻을 찾아보려는 습관을 가지면 한자 실력이 느는데 크게 도움이 될 것입니다.

뜻글자와 소리글자의 개수

우리가 한글을 배울 때, ㄱ, ㄴ, ㄷ과 같은 24개의 자모음을 먼저 배우고, 영어를 배우려면 a, b, c와 같은 26개의 알파벳을 먼저 배웁니다. 그러면 한자를 배우려면 몇 개의 뜻글자와 소리글자를 배워야 할까요?

중국 한나라 때, 한자 학자였던 허신(許愼, 30~124년)은 최초로 한자의 뜻과 소리를 체계적으로 정리하여 《설문해자(說文解字)》라는 책을 만들었습니다. 이 책에는 한자를 이루는 기본 글자를 540개로 분류하였습니다. 또, 학자들에 의하면 대략 600~700개의 글자만 익히면 나머지 글자는 모두 이 글자를 기초로 이해할 수 있다고 합니다. 참고로 한자의 개수는 대략 5만 자 정도인데, 간체자 등을 비롯한 이체자를 포함하면 약 10만여 자가 됩니다. 하지만 우리가 실제 학교나 일상에서 사용하는 글자는 2,000여 자에 불과하므로, 이보다 적은 글자만 알아도 됩니다. 이 책에서는 390자로 2500자를 깨치도록 할 예정입니다.

전주문자와 가차문자

우리가 자주 사용하는 한자의 대부분은 한자를 처음 만들 때의 뜻에서 파생되어 다른 뜻으로 사용됩니다. 이와 같이 한자 원래의 뜻으로부터 여러 가지 다른 뜻으로 활용되는 글자를 전주문자(轉注文字)라고 부릅니다. 예를 들어 안방 규(閨)자는 색시 규(閨)자로 전주되어 사용됩니다. 색시는 안방에 조용히 있기 때문입니다. 악기를 의미하는 악(樂)자는, 악기 연주를 들으면 즐거워진다고 해서 즐거울 락(樂)으로도 전주되어 사용됩니다. 대부분의 한자가 한 가지 뜻만 가지고 있지 않고 여러 가지 뜻을 가지고 있는데, 이는 뜻이 전주되어 사용되기 때문입니다.

전주문자 이외에도 뜻과 상관없이 소리를 빌려서 쓰는 글자도 있습니다. 예를 들어 영어로 된 아시아(Asia)를 한문으로 아세아(亞世亞)라고 표현합니다. 또 코카콜라(Coca Cola)는 가구가락(可口可樂), 펩시콜라(Pepsi Cola)는 백사가락(百事可樂)으로 표현합니다. 이와 같이 소리만 빌려서 사용하는 글자를 가차문자(假借文字)라고 합니다. 한자에서 의문사나 조사와 같은 글자는 회의문자나 형성문자로도 표현이 불가능한데, 이와 같은 글자들은 대부분 가차하여 사용합니다. 예를 들어 어찌 하(何)자는 원래 사람(人)이 어깨에 짐(可)을 메고 있는 모습인데, 가차되어 '어찌'라는 뜻이 생겼습니다. 또 '새 발의 피'라는 뜻의 조족지혈(鳥足之血)에서 지(之)자는 원래 '가다'는 뜻을 가졌지만, 여기에서는 가차되어 '~의'라는 뜻으로 사용됩니다.

어찌 하(何)

엄밀히 말하면, 가차문자와 전주문자는 새로운 글자를 만드는 것이 아니라 기존의 글자에 새로운 뜻이 추가되거나 소리를 이용하는 것입니다.

■ 옛 중국인의 생활과 한자와의 관계

한자의 부수(部首)가 그 한자의 뜻과 밀접하게 관련 있다는 사실은 대부분 알고 있습니다. 예를 들어 땅 지(地)자에는 흙 토(土)자가 들어가고, 바다 해(海)자에는 물 수(水/氵)자가 들어가고, 매화나무 매(梅)자에는 나무 목(木)자가 들어갑니다.

하지만 한자를 배우다 보면 다음과 같은 질문들이 생깁니다. 돌(石)로 만드는 성(城)에는 왜 흙 토(土)자가 들어가고, 쇠(金)로 만드는 기계(機械)에는 왜 나무 목(木)자가 들어갈까? 또 나무로 만드는 종이 지(紙)자에는 왜 실 사(糸)자가 들어가며, 편지 간(簡)자는 왜 대나무 죽(竹)자가 들어갈까? 세금을 의미하는 조세(租稅)에는 왜 벼 화(禾)자가 나란히 들어가며, 집을 빌린다는 의미의 임대(賃貸)에는 왜 조개 패(貝)자가 나란히 들어갈까? 여자들이 하는 화장(化粧)에는 왜 쌀 미(米)가 들어갈까?

이런 끊임없는 물음에 답을 하려면 먼저 옛 중국인들의 생활을 이해하여야 합니다. 한자를 본격적으로 배우기에 앞서, 부수가 한자의 뜻과 어떤 관계에 있는지, 또 한자가 고대 중국인들의 생활과 얼마나 밀접하게 관련되어 있는지를 개략이나마 알아야 합니다.

다음의 글은 위의 질문에 대한 답변이 되는 동시에, 한자를 만든 상(商)나라/은(殷)나라 – 주(周)나라 – 춘추전국(春秋戰國) 시대 – 진(秦)나라를 거쳐 한자가 정착되기 시작한 BC1세기 한(漢)나라까지의 역사적인 사실에 근거를 두고 중국인들의 생활을 서술해 본 것입니다. 물론 책의 본문에서는 이런 이야기들을 더욱 상세하게 설명할 예정입니다. 따라서 이 글은 본 영화 전에 보는 예고이라고 할 수 있습니다. 문장 곳곳에 연관되는 한자를 넣었는데, 여기에서 이 글자가 무슨 자인지는 알 필요는 없습니다. 본문에서 각 글자가 만들어진 경위나 배경을 상세히 이야기할 예정이기 때문에, 여기에서는 각 단락마다 공통으로 나오는 부수(部首)가 어떻게 사용되는지, 또 중국인의 생활과 한자가 어떻게 관련되어 있는지만 이해하시기 바랍니다.

비 우(雨)

여름 하늘에 구름(雲)이 모이면 비(雨)가 내리고 천둥(雷)과 벼락(電)이 칩니다. 그친 비 사이로 무지개(霓)가 뜨고, 노을(霞)이 집니다. 새벽에는 안개(雾)가 자욱하고, 긴 장마(霖)철에는 가끔 우박(雹)도 옵니다. 가을에는 풀잎에 이슬(露)이 맺히고, 늦가을에는 서리(霜)가 내리고, 겨울에는 눈(雪)이 내립니다.

구멍 혈(穴)

고대 중국 문명이 시작된 황하강 중류에는 거대한 황토고원이 있는데, 고대인들은 비와 바람을 피하기 위해 황토 언덕에 굴(窟)을 뚫어(穿) 집을 만들었습니다. 굴 내부는 비어(空) 있고 한쪽은 막혀(窒)있었습니다. 입구는 가급적 좁게(窄) 만드는 것이 난방을 위해 좋았고, 통풍이나 채광을 위해 조그마한 구멍(穴)을 낸 것이 창(窓)이었습니다.

집 면(宀)

황하강 하류의 화북평야에 사는 사람들은 움집(宇)을 지어 날씨나 맹수들로부터 자신을 지킬(守) 수 있었습니다. 이렇게 집(宙)에 정(定)착하면서 돼지(豕)와 같은 가(家)축도 길렀습니다. 또한 집에 있으면 편안히(寧) 쉴 수 있었습니다. 밤에는 잠을 자고(宿), 아침이면 깨어났습니다(寤). 장가(嫁)를 가서 여자(女)와 함께 살면 더 편안(安)하였습니다.

나무 목(木)

고대 중국인들은 나무(木)로 집을 짓기 위해 목재(木材)를 만들고, 이 목재로 기둥(柱)과 대들보(梁)를 세우고, 집안에는 판자(板)를 잘라 침대(床)와 의자(椅)를 만들었습니다. 침대에는 목침(枕)이 있었고, 벽에는 시렁(架)을, 책상에는 책시렁(格)을 만들었습니다. 또한 베틀(機)이나 사다리(梯), 바둑판(棋), 관(棺)도 만들고, 노인을 위해 지팡이(杖)도 만들었습니다. 나무로 만드는 기술이 발달하자 누각(樓)이나 다리(橋)도 만들었습니다. 오래된 나무(枯)는 도끼로 쪼개어(析) 장작 불(焚)을 피웠습니다.

문 문(門)

나무로 만든 건축 기술이 발달하자, 성문(門) 위에 누각(閣)을 만들었고, 성문을 통과하는 사람들을 검열(閱)하기도 하였습니다. 보통 문(闆)에는 빗장(關)을 채워 닫거나(閉), 빗장을 벗겨 문을 열었습니다(開). 집안에는 안방(閨)

을 만들어 문을 달았고, 문지방(閑)도 만들어 방을 구분하였습니다. 하지만 문이 좀 엉성해서 문(門) 틈 사이(間)로 햇볕(日)이 들어오기도 하였습니다.

대 죽(竹)

많은 나무들 중에서도 대나무(竹)는 가장 유용하게 사용되었습니다. 낚싯대(竿), 화살(箭), 화살통(筒), 피리(笛), 붓(筆), 대나무 관(管), 키(箕), 젓가락(箸), 대그릇(籠), 대광주리(簞), 상자(箱), 바구니(籃) 등을 모두 대나무로 만들었습니다. 서기 105년 한나라 채륜이 종이를 만들기 전까지 대나무는 종이 대신 사용되었습니다. 책(篇)이나 장부(簿)는 물론, 편지(簡)나 답장(答)도 대나무에 썼습니다.

실 사(糸)

지금은 나무를 이용해 종이(紙)를 만들지만 고대 중국에서는 실(絲)로 짠 비단(絹) 천을 사용하였습니다. 고대 중국에서는 누에고치에서 가는(細) 실을 뽑아(紡) 길쌈(績)을 했습니다. 실로는 비단(緋緞)을 짜고(組), 그물(網)도 짰습니다(織). 비단과 그물은 날줄(經)과 씨줄(緯)을 교차시켜 짰고, 실이 끊어지면(絕) 실을 묶어서(結) 이었습니다(維). 이러한 비단은 실크로드(Silk Road)를 통해 서양으로 수출되었습니다. 누에보다 키우기 쉬운 솜(綿)은 11세기까지 중국인에게 알려지지 않았고, 모시(紵)는 비단보다 먼저 만들기 시작했으나 큰 인기를 누리지 못했습니다.

수건 건(巾)

실로 짠 베(布)로 모자(帽)와 띠(帶)를 만들었고, 돛(帆), 휘장(帳), 장막(幕)을 만들었으며, 시장(市)에는 깃발(幢)을 달아 장이 열린다는 표시를 하였습니다. 또 비단(幣帛)은 책 표제(帖)에도 사용되었습니다.

옷 의(衣)

또한 베는 재단(裁)을 해서 옷(衣)을 만들어 입었습니다. 도포(袍)도 만들고, 치마(裳)도 만들었으며, 적삼(衫)도 만들어 입었습니다. 겉옷(表)뿐만 아니라 속옷(裏)도 만들어 입었습니다. 찢어진(裂) 남루(襤褸)한 옷은 기워서(補) 입었습니다. 또 부자들은 옷에 장식(裝)을 하여 입었습니다. 옷감으로 이불(衾)도 만들었고 부대(袋)도 만들었습니다.

벼 화(禾)

전설에 의하면 신농씨가 농사를 짓는 방법을 가르쳐 주었다고 합니다. 볍씨(種)를 모판에 심으면 싹이 나고, 어느 정도 자라면 모판에서 논으로 모를 옮겨(移) 심었습니다. 가을(秋)이 되면 벼(稻)를 수확(穫)하여 쌓아(積) 놓습니다. 춘추전국 시대에 벼로 조세(租稅)를 징수하기 시작하였습니다. 정확한 징수를 위해, 저울(稱秤)을 만들어 사용하였습니다. 춘추전국 시대를 통일한 진(秦)나라는 벼(禾)를 많이 길렀습니다.

먹을 식(食)

고대 중국인도 우리와 마찬가지로 밥(飯)을 해서, 반찬(饌)과 함께 배불리(飽) 먹었습니다(餐). 하지만 농사가 안되면 기근(飢饉)으로 굶어(餓) 죽기도 하였습니다. 남는(餘) 밥은 가축의 사료(飼)로 사용하였습니다.

쌀 미(米)

식량(糧)으로 사용한 쌀(米)로 죽(糊)도 만들고, 가루(粉)를 만들어 엿(糖)도 만들고, 화장(粧)하는 데도 사용하였습니다. 밥을 먹고 나면 똥(糞)도 쌌습니다.

닭 유(酉)

쌀을 발효(醱酵)시켜 술(酒)을 빗기도(釀) 하였는데, 술을 따라(酌) 마셔 취하면(酩) 자고, 일어나면 술이 깨었습니다(醒). 익은(酋) 술이 너무 오래되어 시어지면(酸) 식초(醋)가 되었습니다.

물 수(水/氵)

농사를 짓기 위해 고대 중국인들은 황하강(黃河江) 중류에 모여들었습니다. 바다(海洋)에서 멀리 떨어진 곳이기는 하나 큰 강과 작은 시냇물(溪)이 흘렀습니다. 주변에는 황하강이 범람(濫)해서 호수(湖)나 못(澤), 늪(沼)도 발달하였습니다. 황하강은 황토로 인해 항상 흐려(濁) 물이 맑을(淸) 때가 없었습니다. 물은 강을 따라 흐르면서(流) 때로는 소용돌이(渦)치기도 하고 때로는 격렬(激)하게 흘러 파도(波)가 쳐 물방울(沫)이 튀고, 거품(泡)이 생기기도 하였습니다. 농사를 짓는 사람은 강에서 물을 끌어대어(灌) 땅을 비옥(沃)하게 만들었습니다. 물가(浦)에서는 고기를 잡다가(漁) 물에 빠져(沈) 익사(溺)하는 사람도 있었습니다. 개중에는 수영(泳)을 하거나 잠수(潛)를 하기도 하고, 배를 띄워(浮) 타는 사람도 생겼습니다. 옷이 더러워지면 빨래(洗)를 하고, 여름에 땀(汗)이 나면 강이나 호수에서 목욕(沐浴)을 하였습니다. 사람들은 물가에 모여들어 동네(洞)를 이루고 살았습니다.

흙 토(土)

황하강이 범람하면서 황하강에서 나온 토사가 강 주변의 땅(地)에 쌓였습니다. 이렇게 쌓인 황토(土) 흙은 고대 중국인에게 매우 유용하였습니다. 적을 막기(塞) 위해 흙으로 성(城)을 쌓았고, 강가에는 흙으로 제방(堤)을 만들었습니다. 홍수가 오면 제방이 붕괴(壞)되기도 하였습니다. 사람이 죽으면 적당한 터(垈)에 구덩이(坑)를 파고, 시신을 묻어(埋) 분묘(墳墓)를 만들었습니다. 흙으로 벽돌(塼)을 만들어 담(墻)을 쌓고 탑(塔)이나 만리장성(城)도 만들었습니다. 부드러운 흙(壤)이나 진흙(塗)으로 그릇도 만들었습니다.

그릇 명(皿)

중국을 뜻하는 영어 차이나(China)는 진(Chin)나라의 이름에서 유래하였습니다. 영어로 도자기를 차이나(China)라 부르는 것을 볼 때, 중국의 도자기 문화가 얼마나 발달하였는지 알 수 있습니다. 밥그릇(盂)뿐만 이니라, 술

잔(盃), 화분(盆), 화로(盧), 찬합(盒) 등도 만들었습니다. 그릇(皿)에는 뚜껑(盖)도 만들어 덮었습니다(蓋).

불 화(火/灬)

불(火)을 때어(炊) 나는 열(熱)을 이용해 도자기를 굽고(焦), 음식을 삶아(烹) 익히고(熟), 물을 끓였습니다(煎). 뿐만 아니라 밤에는 등불(燈)로 불빛(熙)을 비추어(煇) 어둠을 밝히고(照), 추우면 화로(爐)에 불을 담아 난방(煖)에 이용하였습니다.

개 견(犬/犭)

고대 중국에서는 농사뿐만 아니라 수렵(狩獵)도 하였습니다. 사납고(猛) 미쳐(狂) 날뛰는 이리(狼)를 잡아서(獲) 개(狗)로 길들여 집에서 길렀습니다. 무리를 이루어 사는 이리와는 달리 개는 혼자(獨) 살게 되었습니다. 고양이(猫)이도 집에서 길렀으나, 여우(狐)는 교활(狡猾)하여 가축이 되지 못했습니다. 원숭이(猿)도 마찬가지입니다.

소 우(牛)

고대 중국에서의 소(牛)는 매우 요긴한 가축이었습니다. 은나라 때 이미 우리(牢)에서 소를 길렀고(牧) 밭을 갈거나 수레를 끄는데(牽) 소를 이용했습니다. 당시까지 제물(物)로 바치던 사람을 소가 대신하였습니다. 즉 소가 사람 대신에 희생(犧牲)되었습니다. 희생되는 소는 수소(特)로서 송아지(犢) 때부터 특별한(特) 대우를 받았습니다. 소를 제단에 바친 후에는 조상신에게 이런 사실을 고(告)했습니다.

갈 착(辵/辶)

당시 사람들은 가까운(近) 곳이든 먼(遠) 곳이든 걸어 다녔습니다. 길(道)이 생기면서 방해물이 없이 빠른(迅) 속도(速)로 나아갈(進) 수 있었습니다. 길에서 도둑을 만나면, 먼 길로 우회(迂廻)하여 달아나(逃) 돌아오기도(還) 하였습니다. 길은 마을을 연결(連)하였으며, 마을을 통과(通過)하여 지나(過)갔습니다. 길(途)에서 멀리(遼) 사람을 보내거나(送), 돌아오는(返) 사람을 맞이하기도(迎) 하고, 다른 사람을 만나기도(逢) 하였습니다.

말 마(馬)

말 마(馬) BC 1500년경 상나라 때에 북방 민족에 의해 중국으로 말(馬)이 수입되었습니다. 말은 올라타서(騰) 원하는 데로 몰고(驅) 갈 수 있는 유일한 동물이었습니다. 말은 종종 놀라(驚)는 특성을 가지고 있으며, 여러 마리가 동시에 놀라면 소동(騷)이 벌어지곤 하였습니다. 말을 몰고 멀리 갈 때에는 역(驛)에서 말을 쉬게 하고 먹이도 줄 수 있었습니다.

수레 거(車)

BC 1300년경 은(殷)나라 때에 군(軍)사적인 목적으로 말이 끄는 수레(車)가 사용되었습니다. 보통 두 마리의 말이 수레 한 채(輛)를 끌었습니다. 수레는 바퀴(輪)가 달려 굴러(轉) 가도록 만들었습니다. 군사들이 사용하는 무기나 식량을 실어(載) 빨리(輕) 수송(輸)할 수 있었는데, 삐걱거리는(軋轢) 수레바퀴 소리와 말발굽 소리로 여러 대가 함께 지나가면 굉(轟)음이 울렸습니다. 전쟁터에서는 수레를 배치하여 진(陣)을 쳤고, 공격(擊)을 할 때에도 마차가 사용되었습니다.

칠 복(攴/攵)

전쟁은 고대국가에서 일상생활이었습니다. 전쟁을 하려면 먼저 군사를 징집(徵)하고, 세금을 거두었습니다(收). 전쟁이 시작되면 공격(攻)을 하고, 적(敵)들이 패(敗)해서 흩어지면(散) 포로로 잡았습니다. 포로는 매로 때려(攴/攵) 공손(敬)하게 만든 후 사면(赦)하여 놓아(放)주었습니다.

매울 신(辛)

하지만 대부분의 경우 포로를 그냥 놓아주지 않고, 얼굴에 침(辛)으로 문신을 새겨 노예로 삼았습니다. 여자는 얼굴에 문신(章)을 새겨 첩(妾)으로 삼고, 아이(童)들은 침(辛)으로 한쪽 눈의 눈동자를 찔러 거리감을 상실하게 만들어 노예로 삼았습니다. 얼굴에 문신을 새기는 형벌을 묵형이라고 하는데, 백성을 다스리는 재상(宰)이 이런 형벌도 관장하였습니다.

활 궁(弓)

고대 중국의 국가들은 활(弓)을 어깨에 매고 말을 타고 다니는 오랑캐(夷)들과 전쟁을 많이 했습니다. 오랑캐가 사용하는 활의 호(弧)는 반달 모양이 아닌 낙타 등처럼 이중으로 되어 탄력(彈)이 매우 컸습니다. 활줄(弦)을 당기면(引) 큰 힘으로 발사(發)되었습니다. 이러한 활은 활줄이 느슨해지면(弛) 다시 줄을 팽팽하게 당겨(張) 놓을 수 있도록 되어 있었습니다. 하지만 춘추전국 시대 이후에는 쇠뇌(弩)가 전쟁에 사용되면서 이런 활은 쇠퇴해 갔습니다.

조개 패(貝)

BC 1600년경 탄생한 상(商)나라에서는 농사일뿐만 아니라 장사를 하는 사람도 생겨났습니다. 그래서 상나라 사람이란 의미의 상인(商人)은 물건을 파는 사람이란 의미도 생겨났습니다. 상인(商人)들은 조개(貝)를 돈(貨)으로 사용하였습니다. 물건을 사고(買) 팔아(賣) 재산(財)을 모으고, 돈을 저축(貯)하기도 하였습니다. 물건을 판매했을(販) 뿐만 아니라 임대(賃貸)도 하여 세(貰)도 받았습니다. 사회가 혼란해지자 부자든 가난한(貧) 사람이든 남의 재물을 탐(貪)내게 되었고, 도적질(賊)도 하게 되었습니다.

칼 도(刀/刂)

BC 1300년경 은나라의 탄생과 함께 청동기 시대로 접어들면서 조개 대신 칼(刀) 모양으로 화패를 만들어 사용하였습니다. 칼은 여러 가지 용도로 사용되었는데, 물건을 둘로 나누거나(別), 과일을 깎거나(削), 짐승의 배를 가르거나(剖), 가죽을 벗기거나(剝), 나무를 쪼개는(判) 데 사용되었습니다. 또한 칼(

劍)로 사람을 찔러(刺) 죽이거나(刑) 목을 베는(刎) 데도 사용하였습니다.

쇠 금(金)

청동기는 구리(銅)와 주석(錫) 등 땅속의 광물(鑛)을 제련(鍊)하여 만들었습니다. 이러한 청동으로 거울(鏡), 바늘(針), 침(鍼), 낚시 바늘(釣), 송곳(錐), 돈(錢), 비녀(鈐) 등을 만들었습니다. BC 3세기 한(漢)나라로 가면서 철기 시대가 도래하여 이런 것들은 모두 쇠(鐵鋼)로 만들게 되었습니다.

보일 시(示)

고대 중국인들은 인간에게 닥치는 재앙(禍)이나 복(福)이 모두 조상신(祖上神)과 관련 있다고 믿었기 때문에, 종묘(宗)나 사당(祠)에서 돌아가신 조상에게 제사(祭祀)를 지내거나, 복(福)을 축원(祝)하는 기도(祈禱)를 하였습니다.

여자 녀(女)

조상신을 모시는 이러한 관습에서 동양 사상의 근본이 되는 유교가 탄생되게 되었습니다. 제사는 남자가 모셔야 한다는 것 때문에 여자의 지위는 내려갔습니다. 급기야 여자(女) 셋이 모이면 접시가 깨지는 대신 간사하고(姦), 간교하며(奸), 시기하고(嫉), 질투하며(妬), 요망하고(妖), 방해하며(妨), 거짓(妄)을 일삼는 존재로 몰아붙였습니다. 한편으론 고대 중국인에게 여자들은 예쁘고(娟), 고우며(姸), 아리땁고(娥), 맵시(姿)가 아리따운(嬌) 미녀(媛)로 보였습니다.

구슬 옥(玉/王)

남자들은 여자들이 예쁘다고 생각했지만 여자들은 더 예뻐지려고 귀걸이(珥)도하고 반지(環)도 끼었습니다. 공(球)처럼 둥근 구슬(珠)로 목걸이도 만들었습니다. 푸른 옥돌(碧)을 다듬어서(琢) 이런 것들을 만들었습니다. 옥돌(玉)을 잘 다루지(理) 않으면 흠집(瑕)이 생겼습니다. 옥돌과 같은 보석(寶)뿐만 아니라 호박(琥珀)이나 산호(珊瑚)와 같이 진기한(珍) 것으로도 장식을 만들었습니다.

병 녁(疒)

고대 중국인들도 아프거나(痛), 각종 질병(疾)에 시달렸습니다. 병(病)의 증상(症)으로는 몸이 피곤(疲)해지거나, 수척(瘦瘠)해지거나, 경련(痙)으로 몸이 마비(痲痹)되는 경우도 있습니다. 천연두(痘)와 같은 전염병(疫)도 있었고, 낫지 않는 고질병(痼)도 있었습니다. 종기(疽)를 치료(療)하면 딱지(痕)가 남았습니다. 늙으면 치매(痴)에 걸리기도 하였습니다.

부서진 뼈 알(歹/歺)

당시 사람들도 늙거나 병들면 필연적으로 죽었습니다(死). 하지만 위험(殆)한 전쟁이나 홍수와 같은 재앙(殃)으로 죽는(殊) 수도 많았습니다. 높은 사람이 죽으면(殞), 수의를 입히는 염(殮)을 하고 빈소(殯)를 차린 후, 장사(葬)를 지냈습니다. 또한 살아있는 노예나 궁녀들을 함께 묻어버리는(殉) 잔인한(殘) 악습도 있었습니다.

■ 한자를 가장 잘 암기하는 방법

한자를 공부하는 사람들로부터 가장 많이 받는 질문은 “어떻게 하면 복잡한 한자를 쉽게 암기할 수 있는가?”하는 것입니다. 여기에서 가장 쉽게 한자를 공부하는 방법을 한번 알아보겠습니다.

1. 부수는 무조건 암기

우리가 영어를 공부하려면 먼저 알파벳 ABC를 배웁니다. 또 한글을 배울 때에는 자음(ㄱㄴㄷㄹ...)과 모음(ㅏㅑㅓㅕ...)을 배웁니다. 만약 자음과 모음을 배우지 않고 한글을 그냥 외우려면 얼마나 어려울지 상상해 보십시오. 반대로, 자음과 모음을 알면 한글 배우기가 얼마나 쉬운지 누구나 아는 사실입니다.

한자 공부가 어려운 이유는 한자의 부수는 배우지 않고, 바로 한자를 배우기 때문입니다. 앞에서 이야기했듯이 한자의 기본 글자는 부수(部首)입니다. 한자를 보면 제각기 다른 글자처럼 보이지만, 한자의 97%는 이러한 부수가 합쳐져 한 글자를 이룹니다.

한글 자모음은 24자이지만, 한자의 부수는 214자나 됩니다. 그러나, 이 214자는 대부분이 상형문자이기 때문에 물건의 모습을 머릿속에 떠올리면서 외우면 쉽게 익힐 수 있습니다. 그리고 이러한 부수가 몇 개 합쳐지면 지사문자나 회의문자, 혹은 형성문자가 됩니다. 하지만 214자를 모두 암기할 필요는 없습니다. 그중에서는 사용하지 않는 글자도 있기 때문입니다. 이 책에서는 한자 공부에 필요한 부수를 자세하게 정리해 두었습니다.

2. 부수의 원래 뜻을 이해

■ 사람의 손

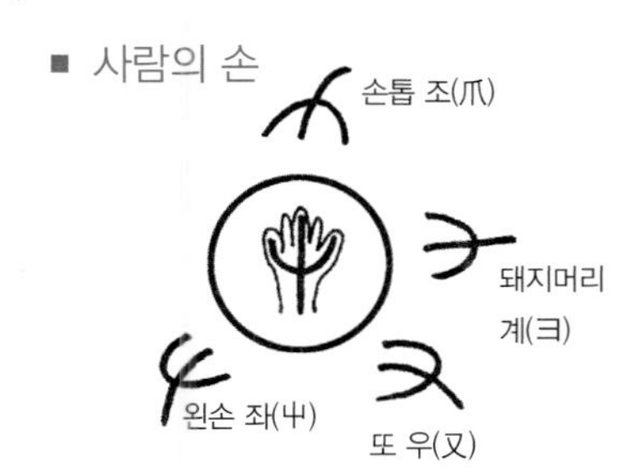

모든 부수는 뜻과 소리를 가지고 있습니다. 예를 들어 흙 토(土)자는 ‘흙’이라는 뜻과 함께 ‘토’라는 소리도 있습니다. 하지만 부수의 뜻이 처음 만들었을 때와 달라진 글자들도 있습니다.

예를 들어 손톱 조(爪), 또 우(又), 왼손 좌(屮), 돼지머리 계(彐)자를 처음 만들었을 때는 모두 ‘손’이라는 뜻을 가졌습니다. 실제로 이 4글자의 상형문자를 보면, 방향만 다를 뿐 똑같이 생겼습니다. 즉, 5개의 손가락을 3개의 손가락으로 간단하게 나타낸 손의 모습입니다. 이들 부수가 다른 글자 속에

■ 사람의 발

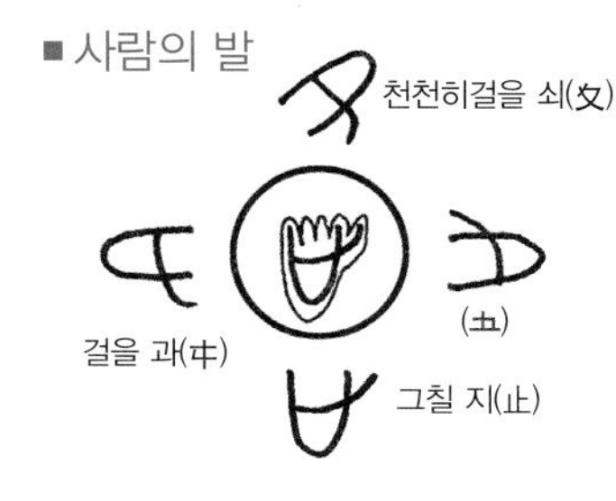

들어가면 모두 손이라는 뜻으로 사용됩니다. 예를 들어 받을 수(受)자는 한 손(爪)으로 어떤 물건(冖)을 주고 다른 손(又)으로 받는 모습입니다. 잡을 병(秉)자는 '벼(禾)를 손(彐)으로 잡다'는 뜻입니다.

재미있는 사실은 손과 마찬가지로 발을 나타내는 글자도 발가락을 3개로 나타내었습니다. 이 글자들도 모두 다른 뜻을 가졌지만 다른 글자 속에서는 '발'이라는 뜻을 가집니다. 예를 들어 '언덕에 올라간다'는 의미의 오를 척(陟)자에는 위로 향한 발의 모습인 그칠 지(止)자가 들어 있습니다. 또한 '언덕에서 내려온다'는 의미의 내려올 강(降)자를 보면 아래로 향한 발의 모습인 천천히걸을 쇠(夊)자가 들어 있습니다. 두 글자에 공통으로 들어가는 언덕 부(阝)자는 언덕을 오르내리는데 필요한 계단의 모습을 본떠 만든 글자입니다. 손과 발을 나타내는 이러한 글자는 다른 글자 안에서 자주 나오므로 여기에서 반드시 외어 둡시다.

3. 한자를 분해해서 암기

한자는 98% 이상이 2개 이상의 기본 글자가 합쳐져 만들어진 회의문자나 형성문자입니다. 따라서 이러한 글자를 암기할 때에는 반드시 분해해서 암기하십시오. 글자를 분해하면 대부분이 부수로 분해되기 때문에, 부수만 알면 한자가 더 이상 어렵지 않습니다.

예를 들어, 지금까지 한자 공부를 할 때 해(解)자나 령(靈)자를 어떻게 암기했는지 생각해보십시오. 한자 전체를 그대로 머릿속에 집어넣는 방법을 사용했다면, 분명 "한자 암기란 너무나 어렵다"고 불평했을 겁니다.

하지만 풀 해(解)자를 분해해 보면 뿔 각(角), 칼 도(刀), 소 우(牛)자로 나누어집니다. 이 세 글자는 모두 부수 글자인데, 부수를 모두 익혔다면 이 글자를 암기하기 위해 더 이상 머리가 아플 일이 없습니다. 더욱이, 이 세 글자가 합쳐져서 '칼(刀)로 소(牛)의 뿔(角)을 잘라내다'에서 '분해하다, 풀다'라는 뜻이 생긴 것도 알 수 있습니다.

풀 해(解) =
뿔 각(角) + 칼 도(刀)
+ 소 우(牛)

산신령(山神靈), 영혼(靈魂) 등에 사용되는 영묘할 령(靈)자는 보기만 해도 머리가 아파올지도 모르겠습니다. 하지만 이 글자를 분해해 보면 비 우(雨)자와 입구(口)자 3개, 무당 무(巫)자가 합쳐진 글자라는 것을 알 수 있습니다. 많은 사람이 입(口)으로 주문을 외우며 비(雨)가 오기를 기원하는 모습으로, 나중에 뜻을 분명히 하기 위해 무당 무(巫)자가 추가되었습니다. 비오기를 기원하는 직업을 가진 사람이 무당이기 때문입니다. 이렇게 풀어 놓고 뜻을 생각하면 쉽게 외

비 우(雨)자와 입구(口)자 3개가 합쳐진 영묘할 령(靈)자의 옛 글자

울 수 있습니다. 이 책에서는 배워야 할 모든 한자를 이와 같이 모두 풀어 놓았고, 풀어 놓은 각각의 한자에 대한 음과 훈도 달아두었습니다.

4. 사용 낱말도 함께 암기

우리나라 속담에 "구슬이 서 말이라도 꿰어야 보배"라는 말이 있습니다. 한자를 배워도, 그 한자가 어떤 낱말에 들어가는지 알 수 없다면, 한자 공부를 할 필요가 없습니다. 즉, 모을 집(集)자를 알더라도 이 글자가 어디에 사용되는지 알 수 없다면, 필요 없는 지식이 되고 맙니다. 따라서 한자를 암기할 때, 이 한자가 들어가는 낱말(한글)을 함께 암기하는 것이 중요합니다. 예를 들어, 모을 집(集)자는 '현명한(賢) 사람을 모아둔(集) 궁전(殿)'이란 뜻의 집현전(集賢殿), '기체(氣)를 모으는(集) 병(甁)'이란 뜻의 집기병(集氣甁) 등과 함께 암기해야 합니다. 이렇게 암기하면 글자의 뜻도 잘 이해되고 오랫동안 잊혀지지 않습니다.

이 책에서 예를 드는 낱말은 대부분 중학교 교과서나, 고등학교 교과서에 나오는 낱말입니다. 한자를 알면, 집현전(集賢殿)이나 집기병(集氣甁)과 같은 낱말들이 뜻도 모른 채 무조건 암기할 때보다 쉽게 암기할 수 있다는 것을 알게 됩니다.

한자가 그래도 싫은 사람이라면 굳이 한자를 알 필요도 없습니다. 그냥 집현전은 '현명한 사람을 집합시켜 놓은 궁전'으로, 집기병은 '기체를 집합시켜 놓은 병'이라고 암기만 해도 됩니다. 이렇게만 암기해도 한자 공부가 저절로 됩니다.

5. 훈음을 한 낱말처럼 암기

한자를 암기할 때는, 한자의 음과 훈을 합쳐 한 낱말처럼 암기하십시오. 예를 들어 '천(天)'자를 암기할 때, '하늘 천(天)'자로 암기하세요. 즉 '하늘'과 '천'이 별개의 낱말이 아니라, 하나의 낱말인 것처럼 '하늘천'으로 암기하라는 말입니다. 한자는 음도 중요하지만, 뜻을 나타내는 훈을 모르면 쓸모가 없는 글자이기 때문입니다. 따라서 이 책의 모든 한자에는 훈과 음을 항상 함께 표기하였습니다. 처음에는 읽기가 조금 불편하더라도 자꾸 보면 익숙해질 뿐더러 한자 공부에 도움이 되리라 봅니다.

 6. 뇌에 자극은 강하게

어릴 때의 기억 중에서 잊히지 않는 것이 있습니다. 그런 기억들의 공통점은 자극이 굉장히 강했다라는 것입니다. 이와 같이 암기를 할 때 자극을 강하게 주면 줄수록 오랫동안 기억됩니다.

암기를 한다는 것은 뇌에 기록을 남기는 것입니다. 전문적인 용어로는 뇌세포끼리의 연결 부위인 시냅스(synapse)가 강화되어서 여러 개의 뇌세포가 활성화되는 것을 의미합니다. 즉 기억을 하기 위해서는 시냅스를 강화시켜야 하는데, 시냅스는 인간의 다섯 가지 감각(시각-보기, 청각-듣기, 미각-맛보기, 후각-냄새맡기, 촉각-만지기)에서 오는 자극으로 강화됩니다. 즉, 우리가 암기를 하기 위해서는 보거나, 듣거나, 맛보거나, 냄새를 맡거나, 만져봐야만 한다는 것입니다.

보통 우리가 암기를 하기 위해 책을 보면 눈으로만 자극이 들어옵니다. 하지만 소리내어 읽으면 귀로 자극이 들어오고, 손으로 쓰면 촉각으로 자극이 들어와서 자극이 강해집니다. 따라서 눈으로 보는 동시에 입으로 읽고 손으로 쓰면 더 빨리 암기할 수 있습니다.

 7. 반복해서 암기

학자들에 의하면 시냅스를 강화시키는 가장 좋은 방법은 같은 자극을 반복하여 주는 것이라고 합니다. 아직 제대로 말을 배우지 못한 아이가 TV에서 나오는 CM송을 따라 할 수 있는 것은 바로 이 반복 효과 때문입니다. 또, 노래 중에서도 반복하는 구절이 많은 노래를 사람들이 잘 따라하는 것도 반복 효과입니다. 따라서 한자를 잘 암기하기 위해서는 반복해서 보고, 읽고, 쓰는 것이 필요합니다. 그래서 이 책에 나오는 한자는 책 전체에 걸쳐 대부분 두 번 반복해서 나오게 하였습니다. 예를 들어, 쉴 휴(休)자에 대한 설명은 사람 인(人)자에서 나오고 나무 목(木)자에 다시 나옵니다. 또 서리 상(霜)자는 비 우(雨)자에서 나오고 2권의 서로 상(相)자에서 다시 나옵니다. 따라서 이 책을 한 번 읽으면, 두 번을 읽은 효과가 납니다. 또 이 책이 2권으로 되어 있지만 반복된 내용을 빼면 한 권 분량 밖에 되지 않습니다. 따라서 책의 분량이 많다고 걱정할 필요가 없습니다.

반복의 가장 큰 단점은 시간이 많이 걸린다는 것입니다. 하지만 공부를 잘하려면 오랫동안 공부를 해야 합니다.

결론을 말하자면, 눈으로 보고, 입으로 읽고, 손으로 쓰고, 집중해서 여러 번 반복한다면 가장 효과적으로 암기할 수 있습니다. 사실 이런 이야기는 누구나 아는 당연한 이야기이며, 따라서 공부에는 왕도가 없다고 말하는 것입니다.

다섯째 마당

260자로 깨치는 자음순 소리글자

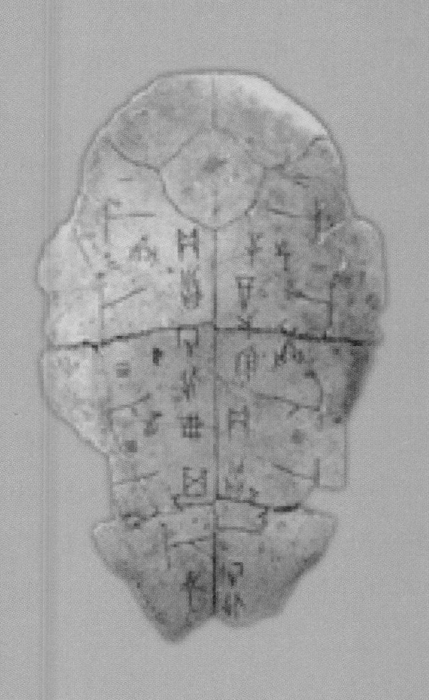

빌릴 가

빌릴 가(叚)자는 손(又)에 든 연장으로 절벽(厂)에 붙어 있는 광물을 캐는 모습이며, 원래 의미는 '절벽에서 광물을 캐다'는 뜻이나, '빌리다'는 뜻으로 변했습니다. '땅에서 캐낸 광물은, 인간이 자연에서 일시적으로 빌려 쓴다'고 생각했기 때문입니다. 빌릴 가(叚)자는 단독으로 사용되는 경우는 없고, 다른 글자와 만나 소리로 사용됩니다.

[가]로 소리나는 경우

4/4 假 거짓 가 ⓖ 假 ⓨ 仮
사람 인(亻) + [빌릴 가(叚)]

4/3 暇 겨를 가 ⓖ 暇 ⓨ 昄
날 일(日) + [빌릴 가(叚)]

가정(假定), 가설(假說), 가상(假想) 등에 사용되는 거짓 가(假)자는 '자연에 있는 것은 참이고, 사람이 자연에서 빌린(叚) 것은 거짓이다'는 뜻입니다. 가식(假飾)이란 '거짓(假)되게 꾸미다(飾)'는 뜻이고, 가분수(假分數)는 '거짓(假) 분수(分數)'라는 뜻으로, 분자가 분모보다 큰 분수입니다.

여가(餘暇), 휴가(休暇), 한가(閑暇) 등에 사용되는 겨를 가(暇)자의 겨를은 시간적인 여유나 틈을 말하는 순우리말입니다. 겨를은 시간과 관계되므로 날 일(日)자가 들어갑니다.

[하]로 소리나는 경우

1/1 蝦 새우 하 ⓖ 虾
벌레 충(虫) + [빌릴 가(叚)→하]

1/2 瑕 티 하 ⓖ 瑕
구슬 옥(玉/王) + [빌릴 가(叚)→하]

고대 중국인은 파충류(뱀, 개구리, 자라 등), 갑각류(새우 등), 연체동물(조개, 달팽이)을 모두 벌레로 보았기 때문에, 새우 하(蝦)자에는 벌레 충(虫)자가 들어갑니다. 벌레 충(虫)자 대신 물고기 어(魚)자가 들어가도 새우 하(鰕)자가 됩니다. 가을철에 서해안에 가면 소금에 구운 '대하구이'가 별미인데, 대하(大蝦)는 '큰(大) 새우(蝦)'라는 뜻입니다. 또, 전라도 지방의 토하젓은 흰 쌀밥에 비벼 먹기 정말 좋은데, 토하(土蝦)는 '논이나 저수지 바닥의 진흙(土)에서 잡히는 민물 새우(蝦)'입니다.

티 하(瑕)자는 옥(玉)의 표면에 생긴 조그마한 티를 나타내는 글자입니다. 하자(瑕疵)는 '허물(瑕)과 허물(疵)'이란 뜻으로, 흠이나 결점을 말합니다.

加

더할 가

더할 가(加)자는 쟁기의 상형인 힘 력(力)자와 입 구(口)자가 합쳐진 글자로, '쟁기질(力)하는 사람에게 입(口)으로 더 잘하라'고 말하는 데에서 '더하다'는 뜻이 붙었습니다. 가수분해(加水分解)는 '물(水)을 가(加)하면 분해(分解)되는 반응'으로 화학반응 중에 물 분자가 작용하여 일어나는 분해 반응입니다. 사람의 소화기 내에서 음식이 소화되는 과정(녹말→포도당) 등이 대표적인 가수분해입니다. 부여의 마가(馬加), 우가(牛加), 저가(豬加), 구가(狗加),

고구려(高句麗)의 상가(相加), 대형가(大兄加), 고추가(古雛加)에 나오는 가(加)자는 만주와 몽골 계통의 말에서 부족이나 씨족의 장(長)을 일컫는 말입니다. 같은 말로 간(干), 한(汗), 가한(加汗) 등이 있습니다. 모두 한자의 본래 뜻과는 상관없이 소리를 빌려 한자로 썼을 뿐입니다. 신라의 왕호인 거서간(居西干)이나 마립간(麻立干)의 '간(干)'이나, 몽골 징기스칸의 '칸'도 그러한 예입니다. 제가회의(諸加會議)는 '모든(諸) 부족장(加)들이 참가한 회의(會議)'라는 뜻으로, 고구려 때 주요 국사를 논의하고 결정하던 귀족회의입니다.

[가]로 소리나는 경우

3|3 **架** 시렁 가 ㊥ 架
나무 목(木) + [더할 가(加)]

2|2 **伽** 절 가 ㊥ 伽
사람 인(亻) + [더할 가(加)]

2|2 **迦** 부처이름 가 ㊥ 迦
갈 착(辶) + [더할 가(加)]

1|2 **嘉** 아름다울 가 ㊥ 嘉
북 주(壴) + [더할 가(加)]

서가(書架), 고가(高架), 가교(架橋) 등에 사용되는 시렁 가(架)자의 시렁은 물건을 얹어 놓기 위하여 벽에 두 개의 긴 나무를 가로질러 선반처럼 만든 것입니다. 방에 물건을 추가(追加)하여 더 놓을 수 있도록 만든 것이 시렁이라는 뜻으로, 더할 가(加)자가 들어 있습니다. 고가도로(高架道路)는 '땅 위로 높이(高) 시렁(架)처럼 설치한 도로(道路)'입니다.

절 가(伽)자는 범어(梵語, 옛 인도 말인 산스크리트어)인 가(gha)의 음을 표현하기 위해 만든 글자입니다. 중국어에서는 외래어를 한자로 만들 때 사람 인(亻)자를 붙이는 경향이 있습니다. 가람(伽藍)은 인도에서는 수행하는 승려가 수행과 숙박을 하는 곳으로, 절을 말합니다. 승가(僧伽)는 '중(僧)의 절(伽)'이란 뜻으로, 부처의 가르침을 믿는 사람들의 집단을 뜻합니다.

부처이름 가(迦)자는 범어인 가(ka)의 음을 표현하기 위해 만든 글자입니다. 석가(釋迦)는 고대 인도의 크샤트리아 계급에 속하는 종족의 하나이며, 석가모니(釋迦牟尼)는 '석가(釋迦) 종족의 성자(牟尼)'라는 뜻으로 부처님을 일컫는 말입니다. 부처님의 이름은 싯다르타(Siddh ā rtha, 悉達多)입니다.

아름다울 가(嘉)자는 원래 '북(壴)을 치면서 입(口)으로 노래를 부르니 기쁘다'는 뜻의 기쁠 희(喜)자와 같은 뜻을 가졌습니다. 이후 '기쁘다→즐기다→좋다→칭찬하다→아름답다' 등의 뜻이 파생되었습니다. 가례(嘉禮)는 '아름다운(嘉) 예식(禮)'라는 뜻으로, 관례(冠禮)나 혼례(婚禮)를 일컫는 말입니다.

[하]로 소리나는 경우

3|3 **賀** 하례할 하 ㊥ 贺
조개 패(貝) +
[더할 가(加)→하]

하례(賀禮)는 '축하(祝賀)하여 예(禮)를 차린다'는 뜻입니다. 중국인들은(우리나라도 마찬가지로) 예로부터 결혼이나 기쁜 일을 축하(祝賀)할 때 돈을 주는 풍습이 있었습니다. 이런 이유로 하례할 하(賀)자에는 조개 패(貝)자가 들어갑니다. 하객(賀客)은 '축하(祝賀)하러 온 손님(客)'입니다.

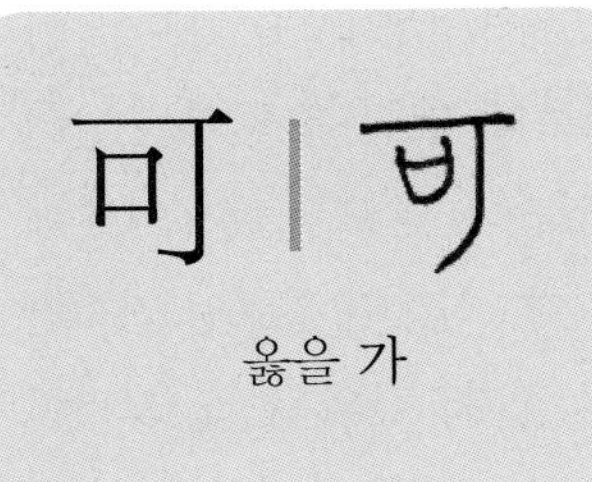

옳을 가(可)자의 상형문자를 보면 입 구(口)자 옆에 정(丁)자의 모습이 있습니다. 가(可)자에 대한 해석은 여러 가지가 있습니다. 이중 하나는, 농사를 짓는 곡괭이(丁)와 농사를 지을 때 입(口)으로 부르는 노래로 해석하여, 힘든 농사일에 노래를 부르면 쉽게 일을 할 수 있다고 해서, '가능(可能)하다, 옳다' 등의 뜻이 생겼다고 합니다. 가시광선(可視光線)은 '보는(視) 것이 가능한(可) 광선(光線)'이란 뜻입니다. '빨주노초파남보' 등의 무지개 빛은 모두 볼 수 있지만, 자외선이나 적외선은 우리 눈에 보이지 않습니다. 보이지 않는 광선은 불가시광선(不可視光線)이라고 합니다.

[가]로 소리나는 경우

歌 (7/5) 노래 가 ⓢ 歌
하품 흠(欠) + [성/소리 가(哥)]

軻 (2/1) 수레 가 ⓢ 轲
수레 차/거(車) + [옳을 가(可)]

柯 (2/1) 가지 가 ⓢ 柯
나무 목(木) + [옳을 가(可)]

가수(歌手), 국가(國歌), 교가(校歌) 등에 들어가는 노래 가(歌)자는 '하품(欠)하듯이 입을 크게 벌려 소리(哥)를 지르며 노래를 하다'는 뜻입니다. 가극(歌劇)은 '대사 대신 노래(歌)를 부르는 연극(演劇)'으로, 서양 오페라(opera)를 말합니다.

수레 가(軻)자는 뜻을 나타내는 수레 차(車)자와 소리를 나타내는 옳을 가(可)자가 합쳐진 글자입니다. 주로 사람의 이름에 사용됩니다. 맹가(孟軻)는 맹자(孟子)의 이름입니다.

가지 가(柯)자는 나무의 가지니까, 나무 목(木)자가 들어갑니다. 남가일몽(南柯一夢)은 '느티나무에서 남쪽(南)으로 뻗은 나무 가지(柯) 아래에서 꾸었던 한(一) 꿈(夢)'이란 뜻으로, 덧없이 지나간 한 때의 헛된 부귀나 행복을 말합니다. 원래 중국 당나라 때의 소설인 《남가태수전(南柯太守傳)》에 나오는 이야기에서 유래합니다.

[기]로 소리나는 경우

奇 (7/5) 기이할 기 ⓢ 奇
큰 대(大) + [옳을 가(可)→기]

기이(奇異), 기묘(奇妙), 기형(奇形), 신기(神奇) 등에 들어가는 기이할 기(奇)자는 '사람이 너무 커(大) 기이하다'는 뜻입니다. 기이(奇異)는 '기이하고(奇) 다르다(異)'는 뜻입니다. 전기소설(傳奇小說)은 '전해(傳) 내려오는 기이한(奇) 이야기를 담은 소설(小說)'이며, 중국 당(唐)나라 중기(7~9세기)에 발생한 소설의 명칭으로써 기이한 사건을 소재로 하는 소설을 말합니다. 조선 초기의 문인인 김시습의 《금오신화(金鰲新話)》도 우리나라의 대표적인 전기소설입니다. 중국 사대기서(中國四大奇書)는 '중국(中國)에서 만든 4(四)개의 큰(大) 기이한(奇) 책(書)'으로, 《삼국지연의(三國志演義)》, 《수호지(水滸志)》, 《서유기(西遊記)》, 《금병매(金瓶梅)》 등을 말합니다.

2 1 寄 부칠 기 중 寄
집 면(宀) + [기이할 기(奇)]

2 1 騎 말탈 기 중 骑
말 마(馬) + [기이할 기(奇)]

2 1 琦 옥이름 기 중 琦
구슬 옥(玉) + [기이할 기(奇)]

기이할 기(奇)자는 다른 글자 내에서 '의지(依支)하다'는 뜻으로 사용됩니다. 아래에 나오는 부칠 기(寄)자와 말탈 기(騎)자가 그러한 예입니다.

부칠 기(寄)자는 '다른 집(宀)에 붙어서 의지해(奇) 살다'는 뜻입니다. 기생화산(寄生火山)은 '다른 화산에 붙어(寄) 사는(生) 화산(火山)'이란 뜻으로 큰 화산의 옆쪽에 붙어서 생긴 작은 화산을 말합니다. 기생충(寄生蟲)은 '사람 몸 안에 붙어(寄) 사는(生) 벌레(蟲)'를 이릅니다. 기숙사(寄宿舍)는 '학교나 회사 등에 붙어(寄), 자는(宿) 집(舍)'이란 뜻으로, 학교나 회사 따위에 딸려 있어 학생이나 사원에게 싼값으로 숙식을 제공하는 시설입니다.

기마(騎馬), 기병(騎兵) 등에 사용되는 말탈 기(騎)자는 '말(馬)에 의지하여(奇) 타다'는 뜻입니다. 기호지세(騎虎之勢)는 '범(虎)을 타고(騎) 달리는 형세(勢)'라는 뜻으로, 시작한 것을 중도에서 그만 둘 수 없음을 이릅니다. 일기당천(一騎當千)은 '한(一) 명의 말 탄(騎) 사람이 천(千) 사람을 당(當)한다'는 뜻으로, 무예가 매우 뛰어남을 일컫는 말입니다.

옥이름 기(琦)자는 뜻을 나타내는 구슬 옥(玉)자와 소리를 나타내는 기이할 기(奇)자가 합쳐진 글자입니다. 사람 이름에 주로 사용됩니다.

[아]로 소리나는 경우

3 2 阿 언덕 아 중 阿
언덕 부(阜/阝) +
[옳을 가(可)→아]

언덕 아(阿)자는 원래 언덕을 뜻하는 글자입니다. 이후 '언덕→(언덕 등선이) 굽다→(굽은 마음으로) 아첨하다'는 뜻이 생겼습니다. 곡학아세(曲學阿世)는 '학문(學)을 왜곡(曲)하여 세상(世)에 아첨(阿)하여 인기를 끌고자 한다'는 뜻으로, 중국 한나라의 원고생이 공손홍에게 "학문의 정도는 학설을 굽혀 세상 속물에 아첨하는 게 아니다"라고 한 데서 유래합니다. 1840년 중국에서 일어난 아편전쟁의 원인이자 마약의 일종인 아편(阿片)은 영어 오우펌(opium)을 소리나는 대로 적은 것입니다. 하지만 뜻을 해석하면 '사람 마음에 아첨하는(阿) 약 조각(片)'이란 뜻이 됩니다.

[하]로 소리나는 경우

5 4 河 물 하 중 河
물 수(氵) +
[옳을 가(可)→하]

운하(運河), 하구(河口), 하천(河川), 빙하(氷河) 등에 들어가는 물 하(河)자는 원래 황하강(黃河江)을 지칭하는 고유명사입니다. 나중에 황하강 상류에서 쓸려오는 황토로 인해 물 색깔이 항상 누른색이라, 누른 황(黃)자를 붙여 황하(黃河)라고 불렀습니다. 아무리 바라고 기다려도 실현될 가능성이 없음을 이르는 백년하청(百年河淸)은 '황하(黃河)가 항상 흐리기 때문에 백년(百年)이 지나도 맑지(淸) 않는다'는 데서 나온 말입니다.

3/3 何 어찌 하 ㊥何
사람 인(亻) +
[옳을 가(可)→하]

3/2 荷 연꽃 하 ㊥荷
풀 초(艹) + [어찌 하(何)]

어찌 하(何)자는 원래 사람(亻)이 어깨에 짐(可)을 메고 있는 모습인데, 가차되어 '어찌'라는 뜻이 생겼습니다. 영어의 의문문은 what, where, when, why, how 등으로 시작하지만, 한문에서는 하(何)자로 표현합니다. 하시(何時: 언제), 하소(何所: 어디), 하위(何爲: 어째서), 하고(何故: 무슨 까닭), 하사(何事: 무슨 일), 하처(何處: 어느 곳) 등이 그러한 예입니다.

연꽃 하(荷)자에는 뜻을 나타내는 풀 초(艹)자와 소리를 나타내는 어찌 하(何)자가 합쳐진 글자입니다. 나중에 어찌 하(何)자의 본뜻인 '메다, 짊어지다, 짐, 화물(貨物)' 등의 뜻이 생겼습니다. 하중(荷重)은 '짐(荷)의 무게(重)'라는 뜻으로, 물체에 작용하는 외부의 힘이나 무게를 뜻하는 용어입니다.

각각 각

각각 각(各)자의 상형문자를 보면 발의 상형인 뒤져올 치(夂)자가 들어 있습니다. 각(各)자는 날 출(出)자와 비슷한데, 발의 방향만 다릅니다. 날 출(出)자가 '집(凵)에서 나가다(止)'는 뜻인 반면, 각각 각(各)자는 '집(凵)으로 들어오다(夂)'는 뜻입니다. 나중에 가차되어 '각각'이란 뜻이 생겼지만, '집(宀)으로 들어오는(各)' 손님 객(客)자나, '발(足)로 걸어서 집으로 들어오는(各)' 길 로(路)자를 보면 각(各)자가 '집으로 들어오다'는 뜻이 남아 있습니다.

[각]으로 소리나는 경우

3/2 閣 집 각 ㊥阁
문 문(門) + [각각 각(各)]

집 각(閣)자는 '집으로 들어오는(各) 문(門)이 있는 집'을 뜻합니다. 집 각(閣)자는 일반적인 집보다는 누각(樓閣)처럼 높이 지은 집을 뜻합니다. 각하(閣下)는 '집(閣) 아래(下)에 있는 사람'으로 높은 사람을 일컫는 말입니다. 옛날에는 높은 사람의 이름을 부르지 않았습니다. '궁전(殿) 아래(下)에 있는 사람'이란 뜻의 전하(殿下)도 그런 예입니다. 사상누각(沙上樓閣)은 '모래(沙) 위(上)에 지은 누각(樓閣)'이라는 뜻으로, 기초가 튼튼하지 못하면 곧 무너지고 만다는 것을 일깨워주는 말입니다.

[객]으로 소리나는 경우

5/4 客 손님 객 ㊥客
집 면(宀) +
[각각 각(各)→객]

집(宀) 안에 발(夂)이 있는 손님 객(客)자는 '집(宀)에 오는(各) 사람이 손님이나 나그네이다'는 뜻입니다. 객관(客觀)은 '손님(客)의 입장에서 보다(觀)'는 뜻으로, 제삼자의 입장에서 사물을 보거나 생각하는 것을 말합니다. 반대는 주관(主觀)입니다. 과객(過客)은 '지나가는(過) 나그네(客)'입니다. 객지(客地)는 '나그네(客)의 땅(地)'이란 뜻으로, 자기 집을 멀리 떠나 있는 곳입니다.

[격]으로 소리나는 경우

5 3 **格** 격식 격 중 格
나무 목(木) + [각각 각(各)→격]

규격(規格), 본격(本格), 성격(性格), 품격(品格) 등에 들어가는 격식 격(格)자는 원래 '나무(木)로 만든 책시렁(선반)이나 나무의 가지'를 뜻하는 글자입니다. 나중에 격식(格式)이라는 의미가 생겼습니다. 격식(格式)은 '격(格)에 맞는 일정한 방식(式)'입니다.

[락]으로 소리나는 경우

3 2 **絡** 이을 락 중 络
실 사(糸) + [각각 각(各)→락]

2 2 **洛** 강이름 락 중 洛
물 수(氵) + [각각 각(各)→락]

맥락(脈絡), 연락(連絡) 등에 들어가는 이을 락(絡)자는 '실(糸)을 잇거나 묶다'는 뜻입니다. 연락선(連絡船)은 '항구나 나루터를 잇고(連) 이어주는(絡) 배(船)'입니다.

낙수(洛水, 뤄수이)는 중국 낙양(洛陽)에 있는 황하강의 지류입니다. 강이름 락(洛)자는 낙수(洛水)를 일컫는 말입니다. 낙양(洛陽)은 중국 하남성에 있는 도시로, 주나라, 한나라, 육조 시대의 수도였습니다.

[략]으로 소리나는 경우

4 3 **略** 간략할 략 중 略
밭 전(田) + [각각 각(各)→략]

간략할 략(略)자는 원래 '밭(田)을 다스려 경작하다'는 뜻이었으나, 나중에 노략질할 략(略), 꾀 략(略) 등의 의미가 추가되었습니다. 약도(略圖)는 '간략한(略) 지도(圖)', 약취(略取)는 '노략질하며(略) 가진다(取)', 전략(戰略)은 '전쟁(戰)의 계략(略)'을 뜻합니다.

[로]로 소리나는 경우

6 5 **路** 길 로 중 路
발 족(足) + [각각 각(各)→로]

도로(道路), 대로(大路), 선로(線路), 수로(水路), 통로(通路) 등에 들어가는 길 로(路)자에 '발(足)로 걸어서 집으로 들어오는(各) 길이다'는 뜻입니다. 《천로역정(天路歷程)》은 '하늘(天)로 가는 길(路)을 지나간(歷) 여정(旅程)'으로, 영국의 작가 버니언이 지은 우화 소설입니다. 신의 노여움을 두려워하는 한 기독교인이 갖은 고난을 겪고 천국에 이르는 과정을 그렸습니다.

[뢰]로 소리나는 경우

1 2 **賂** 뇌물줄 뢰 중 赂
조개 패(貝) + [각각 각(各)→뢰]

뇌물줄 뢰(賂)자는 '돈(貝)으로 뇌물(賂物)을 준다'는 뜻입니다. 수뢰(受賂)는 '뇌물(賂)을 받다(受)'는 뜻입니다. 배임수뢰(背任受賂)는 '임무를 배반하고 뇌물(賂)을 받다(受)'는 뜻으로, 본분의 임무(任務)를 어기고 부정한 청탁을 받으며 뇌물을 받아 재산 상의 이익을 취득하는 죄입니다.

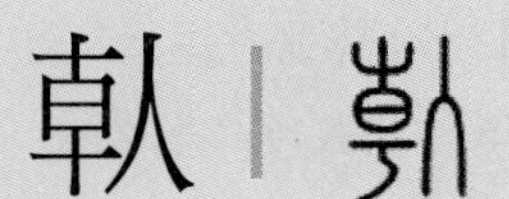

아침해빛날 간

아침해빛날 간(倝)자는 훈 그대로, 아침에 해가 뜰 때 햇빛이 빛나는 모양을 본떠 만든 글자입니다. 이 글자도 단독으로는 사용되지 않고 다른 글자와 만나 소리로 사용됩니다.

[간]으로 소리나는 경우

2/3 **幹** 줄기 간 ⓒ 干
방패/줄기 간(干) +
[아침해빛날 간(倝)]

3/4 **乾** 하늘/마를 건, 간 ⓒ 干,乾
새 을(乙) +
[아침해빛날 간(倝)→건, 간]

줄기 간(幹)자에 들어가는 방패 간(干)자는 나무의 줄기를 잘라 만든 방패로, 줄기라는 뜻도 있습니다. 줄기 간(干)자와 줄기 간(幹)자는 같은 의미를 가지고 있습니다. 줄기 간(幹)자의 중국 간체자가 간(干)으로 쓰는 것만 봐도 알 수 있습니다. 이후, '줄기→몸→중요한 부분' 등의 뜻이 생겼습니다. 근간(根幹)은 '뿌리(根)와 줄기(幹)'라는 뜻으로, 어떤 사물의 바탕이나 가장 중심되는 부분입니다. 어간(語幹)은 '말(語)의 몸(幹)'이고, 뒤에 꼬리인 어미(語尾)가 붙습니다. '먹다, 먹니, 먹고'에서 '먹'은 어간이고, '~다, ~니, ~고' 등이 어미입니다.

하늘 건(乾)자는 아침 햇살(倝)을 받고 자라나는 초목(乙)의 모습에서 '하늘로 솟아오르다'는 의미가 생겼고, 이러한 의미에서 '하늘'이란 뜻이 생겼습니다. 또 하늘은 물에 젖어 있는 바다와 반대이니까, 여기에서 '마르다'는 뜻도 생겼습니다. 건조체(乾燥體)는 '건조(乾燥)한 문체(體)'라는 뜻으로, 신문 기사나 설명문 따위가 대표적인 건조체입니다.

[한]으로 소리나는 경우

8/5 **韓** 나라이름 한 ⓒ 韩
가죽/둘러쌀 위(韋) +
[아침해빛날 간(倝)→한]

2/2 **翰** 글/날개 한 ⓒ 翰
깃 우(羽) +
[아침해빛날간(倝)→한]

대한민국(大韓民國)에 들어가는 나라이름 한(韓)자는 가죽/둘러쌀 위(韋)자와 소리를 나타내는 아침해 빛날 간(倝)자가 합쳐진 글자입니다. 원래는 '우물가를 둘러싸는(韋) 우물난간'을 뜻하는 글자였으나, 나중에 나라이름이 되었습니다. 나라이름 한(韓)자는 성씨로도 사용됩니다. 춘추전국 시대의 한비자(韓非子)나 당송 팔대가의 한 명인 한유(韓愈)가 그러한 예입니다.

글 한(翰)자는 원래 '높은 하늘 아침 햇살(倝) 사이로 보이는 새의 깃(羽)'을 뜻하는 글자입니다. 이후, 깃→깃털→날개→(깃털로 만든) 붓→글→편지' 등의 뜻이 생겼습니다. 서한(書翰)은 '글(書)로 쓴 편지(翰)'이고, 한림원(翰林院)은 '글과 편지(翰)가 숲(林)을 이루는 집(院)'이란 뜻으로, 고려 때에 임금의 명령을 받아 문서를 꾸미는 일을 맡아보던 관청입니다. 〈한림별곡(翰林別曲)〉은 '한림원에 근무하는 한림(翰林)학사들이 만든 별곡(別曲)'으로, 고려 말 무관들이 정권을 잡자, 벼슬 자리에서 물러난 문인들이 풍류적이며 향락적인 생활 감정을 현실도피적으로 읊은 노래입니다.

臤 | 臤

굳을 간, 어질 현

굳을 간(臤) 혹은 어질 현(臤)자는 신하 신(臣)자와 손의 상형인 또 우(又)자가 합쳐진 글자로, '노예나 신하(臣)의 손(又)이 굳건하다'는 뜻을 표현하였습니다. 나중에 뜻을 분명히 하기 위해 흙 토(土)자를 추가하여 굳을 견(堅)자가 되었습니다. 또, '노예나 신하는 어질어야 한다'고 해서, 굳을 간(臤)자는 어질 현(臤)자도 되었습니다. 나중에 뜻을 분명히 하기 위해 조개 패(貝)자를 추가하여 어질 현(賢)자가 되었습니다. '돈(貝)이 많아 여러 사람에게 나누어 주니 어질다'는 뜻입니다.

[견]으로 소리나는 경우

4/3 堅 굳을 견 중 坚 약 坚
흙 토(土) +
[굳을 간(臤)→견]

굳을 견(堅)자는 굳을 간(臤)자의 뜻을 분명히 하기 위해 흙 토(土)자를 추가하여 만든 글자입니다. 견고(堅固)는 '굳고(堅) 굳다(固)'는 뜻입니다. 견과류(堅果類)는 '밤이나 호두처럼 굳은(堅) 껍질을 가진 과일(果) 무리(類)'입니다. 견인주의(堅忍主義)는 '욕망 등을 굳게(堅) 참고(忍) 견디는 도덕적, 또는 종교적 주의(主義)'입니다.

[긴]으로 소리나는 경우

3/2 緊 팽팽할 긴 중 紧 약 紧
실 사(糸) +[굳을 간(臤)→긴]

팽팽할 긴(緊)자는 '실(糸)이 굳은(臤) 것처럼 팽팽하다'는 뜻으로 만든 글자입니다. 긴장(緊張), 긴급(緊急), 긴박(緊迫)이란 말을 들으면 팽팽함이 느껴집니다. '긴축 재정' '긴축 예산' 등의 긴축(緊縮)은 '팽팽하게(緊) 당겨 줄인다(縮)'는 뜻으로, 지출(支出)을 줄인다는 의미입니다.

[신]으로 소리나는 경우

2/2 腎 콩팥 신 중 肾
고기 육(肉/月) + [굳을 간(臤)→신]

콩팥은 신체 내부의 장기이니까, 콩팥 신(腎)자에는 고기 육(肉/月)자가 들어갑니다. 콩팥은 콩의 생김새와 팥의 빛깔을 띠고 있다고 해서 콩팥이라는 이름이 붙었고, 한자어로는 신장(腎臟)입니다.

[현]으로 소리나는 경우

4/3 賢 어질 현 중 贤
조개 패(貝) + [어질 현(臤)]

현인(賢人), 현명(賢明) 등에 들어가는 어질 현(賢)자는 '돈(貝)이 많아 여러 사람에게 나누어 주니 어질다(臤)'는 뜻입니다. 집현전(集賢殿)은 '현명(賢明)한 사람, 즉 학자들이 집합(集合)한 궁전(宮殿)'으로, 고려에서 조선 초기까지 궁중에 설치한 학문 연구기관입니다. 훈민정음은 집현전의 학자들이 만들었습니다. 죽림칠현(竹林七賢)은 '대나무(竹) 숲(林)에서 사는 7(七)명의 어진(賢) 사람'으로, 중국 진(晉)나라 초기에 죽림에 모여 노자와 장자의 무위사상(無爲思想)을 숭상하며 세월을 보낸 일곱 명의 선비입니다.

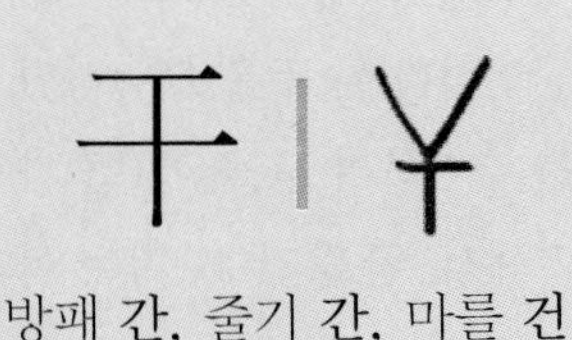

방패 간, 줄기 간, 마를 건

방패 간(干)자의 상형문자를 보면, Y자 모양으로 생겼습니다. V자 부분은 짐승이나 상대방을 밀쳐 가까이 오지 못하게 하는 방패(防牌) 구실을 하였습니다. 또, 끝이 뾰쪽하여 상대방을 찌를 수도 있습니다. 이러한 방패는 나무의 줄기로 만들었기 때문에 줄기 간(干)자도 됩니다. 또, 마를 건(乾)자와 소리가 비슷해 마를 건(干)자도 되었습니다. 어조사 우(于)자와 비슷하게 생겼음에 유의해야 합니다.

줄기 간(干)자는 은나라 때 날짜를 세기 위해 만든 십간십이지의 십간(十干)이라는 뜻으로도 사용됩니다. 십간(十干)은 '10(十)개의 줄기(干)'란 뜻이고, 십이지(十二支)는 '줄기에서 갈라져 나온 12(十二)개의 가지(支)'라는 뜻입니다.

[간]으로 소리나는 경우

3/2 肝 간 간 ⓢ肝
고기 육(肉/月) + [방패/줄기 간(干)]

간에서는 우리 몸에 들어오는 독을 분해합니다. 따라서, 간 간(肝)자는 '사람 몸(肉/月)의 방패(干) 역할을 한다'는 뜻도 있습니다. 간담상조(肝膽相照)는 '간(肝)과 쓸개(膽)가 서로(相) 비추어 준다(照)'는 뜻으로, '서로가 마음을 툭 털어놓고 숨김없이 친하게 사귀다'는 의미의 사자성어입니다.

3/3 刊 책펴낼 간 ⓢ刊
칼 도(刂) + [방패/줄기 간(干)]

책펴낼 간(刊)자는 원래 '칼(刂)로 대나무 줄기(干)에 글을 새기다'는 뜻인데, 이후 책을 펴내다'는 뜻이 파생되었습니다. 출간(出刊)은 '책을 펴내어(刊) 세상에 내놓다(出)'는 뜻입니다.

2/1 杆 몽둥이 간 ⓢ杆
나무 목(木) + [방패/줄기 간(干)]

몽둥이는 나무로 만들기 때문입니다. 몽둥이 간(杆)자에는 나무 목(木)자가 들어갑니다. 난간(欄杆)은 '층계나 다리의 가장자리를 일정한 높이로 가로막은 몽둥이(杆)'입니다.

1/2 奸 간사할 간 ⓢ奸
여자 녀(女) + [방패/줄기 간(干)]

간사할 간(奸)자는 '여자(女)가 간사하다'는 뜻입니다. 이후, '간사(奸邪)하다→간통(姦通)하다→(무례를)범하다→침범하다'는 뜻이 생겼습니다. 간계(奸計)는 '간사(奸邪)한 계략(計略)'입니다.

[안]으로 소리나는 경우

3/3 岸 언덕 안 ⓢ岸
메 산(山) + 기슭 엄(厂) + [마를 간(干)→안]

언덕 안(岸)자는 '산(山)에 있는 기슭(厂)이 언덕이다'는 뜻입니다. 융기해안(隆起海岸)은 '바다 속의 땅이 높이(隆) 일어나(起) 만들어진 해안(海岸)'이고, 침수해안(沈水海岸)은 '산이 물(水)에 잠겨(沈) 만들어진 해안(海岸)'으로, 복잡한 해안선이 생기고 많은 산봉우리들은 섬이 됩니다. 동안기후(東岸氣候)는 '대륙의 동쪽(東) 해안(岸)의 기후(氣候)'라는 뜻으로, 우리나라와 같이 계절풍의 영향을 받는 대륙성기후를 말합니다. 반대는 대륙 서쪽의 서안기후(西岸氣候)로, 편서풍과 난류의 영향을 받는 해양성기후를 말합니다.

[한]으로 소리나는 경우

3-2 汗 땀 한 ⓒ 汗
물 수(氵) + [마를 간(干)→안]

3-2 旱 가물 한 ⓒ 旱
날 일(日) + [마를 간(干)→안]

땀 한(汗)자는 '땀은 마르는(干) 물(氵)이다'는 뜻으로 만든 글자입니다. 한증탕(汗蒸湯)은 '땀(汗)을 내도록 증기(蒸)가 있는 탕(湯)'이란 뜻입니다. 한마지로(汗馬之勞)는 '말(馬)이 달려 땀(汗)투성이가 되는 노고(勞)'라는 뜻으로, 혁혁한 전공이나 운반하는 데 겪는 수고를 이르는 말입니다.

가물 한(旱)자는 '비가 오지 않고 해(日)만 나면 가물다'는 뜻입니다. 한천(旱天)은 '몹시 가문(旱) 여름 하늘(天)'입니다. 한재(旱災)는 '가뭄(旱)으로 인한 재앙(災殃)'입니다.

[헌]으로 소리나는 경우

3-2 軒 처마 헌 ⓒ 轩
수레 차/거(車) + [줄기 간(干)→헌]

처마 헌(軒)자는 원래 '대부(大夫) 이상의 벼슬아치가 타는 높고 큰 수레(車)'를 뜻하는 글자입니다. 이런 큰 수레에는 난간, 추녀, 처마 등이 있어서 난간이나 추녀, 처마 등을 의미하게 되었습니다. 이후 난간이나 큰 처마가 있는 집이란 뜻도 생겼습니다. 동헌(東軒)은 '동(東)쪽에 있는 집(軒)'이란 뜻으로 조선 시대에 지방 관아에서 고을 원님이 나랏일을 처리하던 건물을 일컫습니다. 오죽헌(烏竹軒)은 '까마귀(烏)처럼 검은 대나무(竹)가 있는 집(軒)'으로 강원도 강릉의 율곡(栗谷) 이이(李珥)가 태어난 집입니다.

가릴 간

가릴 간(柬)자는 동녁 동(東)자나 묶을 속(束)자처럼 자루를 아래위로 묶은 모습입니다. 원래 '자루 속의 물건을 종류별로 나눈 다음에 가려서 뽑다'는 뜻을 가졌습니다. 나중에 뜻을 분명히 하기 위해 손 수(手/扌)자를 추가하여 가릴 간(揀)자가 되었습니다.

[간]으로 소리나는 경우

1-2 諫 간할 간 ⓒ 谏
말씀 언(言) + [가릴 간(柬)]

1-1 揀 가릴 간 ⓒ 拣
손 수(扌) + [가릴 간(柬)]

간할 간(諫)자는 '윗사람의 잘못을 가려(柬) 윗사람에게 잘못하는 일을 고치도록 말(言)하다'는 뜻입니다. 간언(諫言)은 '윗사람에게 간하는(諫) 말(言)'입니다. 사간원(司諫院)은 '임금에게 간(諫)하는 일을 맡은(司) 집(院)'으로, 조선 시대에, 삼사(三司: 사헌부, 사간원, 홍문관) 가운데 임금에게 간(諫)하는 일을 맡아보던 관청입니다.

가릴 간(揀)자는 '손(扌)으로 이것저것 가리다'는 뜻입니다. '진짜인지 가짜인지 분간이 안 된다'에서 분간(分揀)은 '나누어(分) 가리다(揀)'는 뜻입니다. 간택(揀擇)은 '가려서(揀) 선택(擇)하다'는 뜻으로, 왕이나 왕자, 왕녀의 배우자를 고르는 일을 말합니다.

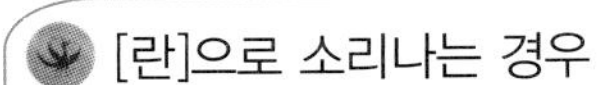

[란]으로 소리나는 경우

3/2 **欄** 난간 란 중 栏
나무 목(木) +
[가로막을 란(闌)]

3/2 **蘭** 난초 란 중 兰
풀 초(艹) +
[가로막을 란(闌)]

2/2 **爛** 빛날 란 중 烂
불 화(火) +
[가로막을 란(闌)]

난간 란(欄)자는 '층계나 다리, 마루 등의 가장자리를 가로막는(闌) 긴 나무(木)가 난간(欄干/欄杆)이다'는 뜻입니다. 신문이나 잡지의 공란(空欄)이나 광고란(廣告欄)과 같이 난(欄)을 뜻하기도 합니다. 소리로 사용되는 가로막을 란(闌)자는 '문(門)으로 가로막다'는 뜻입니다.

난초(蘭草)는 여러해살이 풀이므로, 난초 란(蘭)자에는 풀 초(艹)자가 들어갑니다. 난학(蘭學)은 '화란(蘭)에서 들어온 학문(學)'으로, 화란(和蘭)은 네덜란드(Netherlands)를 한자로 나타낸 말입니다. 네덜란드는 튤립으로 유명한데, 튤립이 난초와 비슷하게 생겨 화란이란 이름이 붙은 것으로 추측됩니다. 일본은 에도 시대에 네덜란드를 통해 서양의 과학 지식이 들어왔는데, 이것을 난학(蘭學)이라 합니다.

불은 빛이 나므로 빛날 란(爛)자에는 불 화(火)자가 들어갑니다. 휘황찬란(輝煌燦爛)은 '빛나고(輝), 빛나고(煌), 빛나고(燦), 빛나다(爛)'는 뜻입니다.

[련]으로 소리나는 경우

5/4 **練** 익힐 련 중 练
실 사(糸) +
[가릴 간(柬)→련]

3/2 **鍊** 단련할 련 중 炼
쇠 금(金) +
[가릴 간(柬)→련]

2/2 **煉** 달굴 련 중 炼
불 화(火) +
[가릴 간(柬)→련]

연습(練習/鍊習), 훈련(訓練/訓鍊), 연마(練磨/鍊磨) 등에 사용되는 익힐 련(練)자는 '실(糸)을 만드는 과정을 익히다'는 뜻입니다. 실 사(糸)자 대신 쇠 금(金)자가 들어가면 단련할 련(鍊)자가 되는데, 익힐 련(練)자와 같은 의미로 사용됩니다. 연병장(練兵場)은 '병사(兵)들이 훈련(練)하는 장소(場)'로, 군대의 운동장입니다. 연무대(鍊武臺)는 '무예(武)를 연마(鍊)하는 돈대(墩臺: 높게 두드러진 평평한 땅)'라는 뜻으로, 충청남도 논산군에 있는 마을로 육군 훈련소가 있습니다

쇠를 불에 달구므로 달굴 련(煉)자에는 불 화(火)자가 들어갑니다. 연옥(煉獄)은 '불로 달구는(煉) 감옥(獄)'이란 뜻으로, 죽은 사람의 영혼이 천국에 들어가기 전에 남은 죄를 씻기 위하여 불로써 단련받는 곳을 말합니다. 카톨릭에서 천국(天國)과 지옥(地獄) 사이에 있다고 주장합니다.

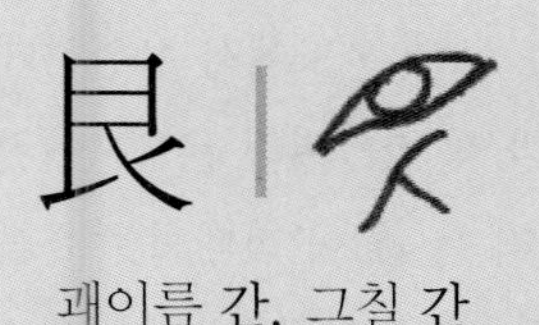

괘이름 간, 그칠 간

그칠 간(艮)자는 어질 량(良)자와 비슷하게 생겼으나, 상형문자는 완전히 다르게 생겼습니다. 오히려 어진사람 인(儿)자 위에 눈 목(目)자가 있는 볼 견(見)자와 유사하게 생겼습니다. 볼 견(見), 맏 형(兄)자와 같이, 다른 글자 아래에 들어가는 사람 인(人)자는 보통 어진사람 인(儿)자로 쓰지만, 긴 장(長), 괘이름 간(艮)자의 아래 부분처럼 쓰는 경우도 있습니다.

그칠 간(艮)자는 사람(人)이 눈(目)을 뒤로 향한 모습으로, 원래 '외면(外面)하다'는 뜻입니다. 이후, '외면하다→배신하다→거스르다→그치다' 등의 뜻이 생겼습니다. 또, 그칠 간(艮)자는 주역에 나오는 64괘 중 하나로 사용됩니다.

[간]으로 소리나는 경우

3 2 懇 정성 간 ⓢ 恳
마음 심(心) +
[간절할 간(豤)]

간청(懇請), 간절(懇切) 등에 들어가는 정성 간(懇)자는 '마음(心)이 간절하니(豤) 정성스럽다'는 뜻입니다. 간청(懇請)은 '간절히(懇) 청하다(請)'는 뜻입니다. 간담회(懇談會)는 '마음을 트고 정성스럽게(懇) 이야기하는(談) 모임(會)'입니다.

[근]으로 소리나는 경우

6 5 根 뿌리 근 ⓢ 根
나무 목(木) +
[괘이름/거스를 간(艮)→근]

뿌리 근(根)자는 '위로 나무(木)가 자라는 방향에 거스르며(艮) 자라는 것이 뿌리다'는 뜻입니다. 이후, '뿌리→근본(根本)→근원(根源)→생식기(生殖器)'라는 뜻도 파생되었습니다. 수학에서는 방정식을 만족하는 값을 근(根)이라 합니다. 근간(根幹)은 '뿌리(根)와 줄기(幹)'라는 뜻으로, 어떤 사물의 바탕이나 가장 중심 되는 부분을 말합니다. 여근곡(女根谷)은 '여자(女)의 생식기(根)처럼 생긴 계곡(谷)'으로, 경주 건천의 오봉산에 있는 계곡입니다. 《삼국유사》에 선덕여왕이 이곳에 백제군이 숨어 있는 것을 예언하고, 모두 섬멸하였다고 기록되어 있어 유명해진 곳입니다.

[안]으로 소리나는 경우

4 4 眼 눈 안 ⓢ 眼
눈 목(目) +
[괘이름 간(艮)→안]

눈 안(眼)자는 눈(目)을 강조한 사람(人)의 모습인 괘이름 간(艮)자에, 다시 눈 목(目)자가 추가되어 눈 안(眼)자가 되었습니다. 안하무인(眼下無人)은 '눈(眼) 아래(下)에 사람(人)이 없다(無)'는 뜻으로, 교만하여 남을 업신여김을 이르는 말입니다. 혈안(血眼)은 '핏(血)발이 선 눈(眼)'이란 뜻으로, 어떤 일을 이루려고 애가 달아 기를 쓰고 있는 상태를 말합니다. 별안간(瞥眼間)은 '눈(眼) 깜짝할(瞥) 사이(間)'입니다.

[은]으로 소리나는 경우

6/5 **銀** 은 은 ⓒ银
쇠 금(金) +
[괘이름/그칠 간(艮)→은]

2/2 **垠** 지경 은 ⓒ垠
흙 토(土) +
[그칠 간(艮)→은]

은도 금속(金屬)의 일종이므로, 은 은(銀)자에 쇠 금(金)자가 들어갑니다. 수은(水銀)은 '물(水)처럼 생긴 은(銀)'이란 뜻으로, 보통 온도에서 유일하게 액체 상태로 있는 은백색의 금속입니다. 중국 청나라 때 만들어진 은행(銀行)은 '은(銀)이 오고 가는(行) 집'이란 뜻으로, 청나라 때 은(銀)이 화폐의 주류를 이루면서 생긴 말입니다. 지정은제(地丁銀制)는 '땅(地)과 장정(丁)에게 매기는 세금을 은(銀)으로 징수하던 제도(制)'로, 중국 청나라 때 땅에 매긴 토지세(土地稅)와 사람에게 매긴 인정세(人丁稅)를 합쳐서 은(銀)으로 징수하던 징세 제도입니다.

지경 은(垠)자는 '땅(土)이 끝나는(艮) 곳이 지경(地境: 땅의 경계)이다'는 뜻입니다. 이후, '지경→땅끝→가장자리→낭떠러지' 등의 뜻이 생겼습니다. 지경 은(垠)자는 주로 사람 이름에 사용됩니다. 고종이 낳은 대한제국의 마지막 황태자인 영친왕(英親王)의 이름이 공교롭게도 땅끝이나 낭떠러지라는 뜻의 이은(李垠)입니다.

[한]으로 소리나는 경우

4/4 **限** 한정 한 ⓒ限
언덕 부(阜/阝) +
[그칠 간(艮)→한]

4/3 **恨** 한할 한 ⓒ恨
마음 심(忄) +
[외면할 간(艮)→한]

한정(限), 한계(限界), 제한(制限) 등에 사용되는 한정 한(限)자는 '땅이 끝나는(艮) 곳에 언덕(阝)으로 막혀 땅이 한정되다'는 뜻입니다. 한전제(限田制)는 '밭(田)의 소유를 한정(限)하는 제도(制)'로, 조선의 실학자인 이익이 주장한 토지제도입니다. 토지 매매로 양반들이 토지 소유를 늘렸기 때문에 한 사람이 소유할 수 있는 토지의 크기를 제한하자는 것입니다.

한할 한(恨)자는 원래 '외면하거나 배신하는(艮) 사람을 마음(忄)으로 미워하다'는 뜻입니다. 이후, '미워하다→원망스럽다→한하다→원통하다→후회하다' 등의 뜻이 생겼습니다. 원한(怨恨)은 '원망하고(怨) 미워하다(恨)'는 뜻이고, 한탄(恨歎)은 '한스럽게(恨) 탄식하다(歎)'는 뜻이고, 통한(痛恨)은 '가슴 아프게(痛) 원통하다(恨)'는 뜻이고, 회한(悔恨)은 '뉘우치고(悔) 후회하다(恨)'는 뜻입니다.

[흔]으로 소리나는 경우

1/2 **痕** 흉터 흔 ⓒ痕
병 녁(疒) +
[그칠 간(艮)→흔]

흉터 흔(痕)자는 '병(疒)이 그친(艮) 자리에 흉터가 남는다'는 뜻으로 만든 글자입니다. 흔적(痕跡)은 '흉터(痕)와 발자취(跡)'라는 뜻으로, 뒤에 남은 자국이나 자취를 말합니다. 조흔색(條痕色)은 '줄(條)을 그을 때 나타나는 흔적(痕跡)의 색(色)'으로, 광물로 조흔판(條痕板) 위에 줄을 그을 때 나타나는 흔적의 색을 말합니다.

曷 | 曷

어찌 갈

어찌 갈(曷)자는 가로 왈(曰)자와 '구걸하거나 빈다'는 뜻의 빌 개(匃)자가 합쳐진 글자로, '빌듯이(匃) 말하다(曰)'는 뜻에서 '아뢰다'는 의미가 생겼습니다. 나중에 가차되어 '어찌'라는 뜻으로 사용되면서, 원래의 뜻을 살리기 위해 말씀 언(言)자를 붙여 뵐/아뢸 알(謁)자가 만들어졌습니다. 어찌 갈(曷)자도 단독으로 사용되지 않고 다른 글자와 만나 소리로만 사용됩니다.

[갈]로 소리나는 경우

3/3 渴 목마를 갈 중 渴
물 수(氵) + [어찌 갈(曷)]

2/2 葛 칡 갈 중 葛
풀 초(艹) + [어찌 갈(曷)]

2/1 鞨 오랑캐 갈 중 鞨
가죽 혁(革) + [어찌 갈(曷)]

물이 없어 목이 마르므로, 목마를 갈(渴)자에는 물 수(氵)자가 들어갑니다. 갈망(渴望), 갈증(渴症) 등에 사용되며, 갈수기(渴水期)는 '물(水)이 마르는(渴) 시기(期)'로, 우리나라에서는 겨울철과 봄철이 갈수기입니다.

칡은 다년생 덩굴식물로서 겨울에도 얼어 죽지 않고 대부분의 줄기가 살아 남습니다. 줄기는 매년 굵어지기 때문에 나무로 분류됩니다. 하지만 중국 사람들은 풀로 여겨 칡 갈(葛)자에는 풀 초(艹)자가 들어갑니다. 갈근(葛根)은 '칡(葛) 뿌리(根)'로, 해열제 등의 약재로 씁니다. 갈분(葛粉)은 '칡(葛) 뿌리에서 나온 녹말가루(粉)'로, 국수나 냉면의 원료로 사용합니다. 제갈공명(諸葛孔明)은 중국 삼국 시대 촉한의 재상입니다.

말갈족(靺鞨族)은 만주에 살았던 민족으로 가죽을 잘 만들었다고, 오랑캐 갈(鞨)자에는 가죽 혁(革)자가 들어갑니다.

[게]로 소리나는 경우

2/2 揭 높이들 게 중 揭
손 수(扌) +
[어찌 갈(曷)→게]

높이들 게(揭)자는 '손(扌)으로 높이 들다, 높이 걸다'는 뜻입니다. 게시판(揭示板)은 원래 '높이 들어(揭) 보여주기(示) 위한 널빤지(板)'라는 뜻입니다. 태극기 게양대의 게양대(揭揚臺)는 '깃발을 높이 들어(揭) 날리기(揚) 위한 대(臺)'라는 뜻입니다. 게재(揭載)는 '높이 들어(揭) 싣다(載)'는 뜻으로, 신문이나 잡지 등에 글이나 그림을 싣는 것을 말합니다.

[알]로 소리나는 경우

3/2 謁 뵐/아뢸 알 중 谒
말씀 언(言) +
[어찌 갈(曷)→알]

뵐/아뢸 알(謁)자에 '높은 분에게 말(言)로 아뢴다'는 뜻입니다. 또 '아뢰기 위해 뵙다'는 뜻도 생겼습니다. 높은 사람을 뵙는 것을 알현(謁見)이라고 합니다. 이때 볼 견(見)자는 뵈올 현(見)자로 읽습니다. 알성시(謁聖試)는 '성스러운(聖) 분을 뵈올(謁) 때 치는 시험(試)'입니다. 조선 시대에 부정기적으로 치는 과거시험의 하나로, 왕이 문묘에 가서 제례를 올릴 때 성균관 유생에게 시험을 보게 하여 성적이 우수한 몇 사람을 선발하였습니다.

볼 감

볼 감(監)자는 사람(人)이 눈(臣)으로 그릇(皿) 속의 물을 거울처럼 비추어 보는 모습에서 '거울'이라는 뜻으로 만든 글자입니다. 글자에 들어 있는 한 일(一)자는 거울에 비친 그림자를 표현하는 것으로 추측됩니다. 이후, '거울→보다→살피다→(백성을 살펴보는) 관청'이란 뜻이 생겨, 원래의 뜻을 살리기 위해 쇠 금(金)자가 추가되어 거울 감(鑑)자가 되었습니다. 옛날에는 금속면을 매끈하게 갈아서 거울을 만들었기 때문입니다.

국사책을 읽어보면 볼 감(監)자가 자주 등장하는데, 이때 볼 감(監)자는 백성을 살피는 관청이나 벼슬을 의미합니다. 국자감(國子監)은 '나라(國)의 아이(子)들을 가르치는 관청(監)'으로 고려 시대의 학교입니다. '가르치고(敎) 결정하는(定) 우두머리(都) 관청(監)'이라는 뜻의 교정도감(敎定都監)은 고려시대 최충헌이 설치한 무신정권의 최고 정치기관으로 국정을 총괄하였습니다. 정치도감(整治都監), 주자감(胄子監), 감영(監營), 훈련도감(訓鍊都監) 등의 감(監)자는 모두 관청을 의미합니다. 벼슬이나 직책에도 감(監)자가 많이 들어갑니다. '상감마마 납시오'의 상감(上監)은 맨 위(上)에서 감독하는(監) 사람이고, 조선 시대 정2품 이상의 벼슬인 대감(大監)은 '크게(大) 감독하는(監) 사람'이고, 조선시대 종2품에서 정3품 벼슬인 영감(令監)은 '명령(令)을 내리고 감독하는(監) 사람'을 이르는 말이었으나, 나중에 노인을 부르는 호칭으로 바뀌었습니다. 또 교육감(敎育監)은 각 시 · 도의 교육청을 감독하는 우두머리입니다.

[감]으로 소리나는 경우

3/2 **鑑** 거울 감 ㊥ 鉴
쇠 금(金) + [볼 감(監)]

거울 감(鑑)자는 '쇠(金)로 만들어 자신의 모습을 보는(監) 것이 거울이다'는 뜻입니다. 유리가 없었던 옛날에는 금속면을 매끈하게 갈아서 거울을 만들었기 때문입니다. 귀감(龜鑑)은 '거북(龜)과 거울(鑑)'이라는 뜻으로, 거울로 삼아 본받을 만한 모범이나 본보기를 의미합니다. 옛날 중국에서 거북의 껍질로 길흉을 점치고 거울로 자신을 살펴보면서 '자신을 돌아보고 바로 잡는다'는 데서 유래합니다. 《동의보감(東醫寶鑑)》이나 《명심보감(明心寶鑑)》처럼 책 이름에 거울 감(鑑)자가 들어가는데, 이때는 '본보기'라는 뜻으로 사용됩니다. 따라서 보감(寶鑑)은 '다른 사람이나 후세에 본보기(鑑)가 될 만한 귀중한(寶) 것을 적은 책'이란 뜻이 됩니다. 참고로 동의보감의 동의(東醫)는 '동(東)쪽 나라, 즉 우리나라의 의술(醫)'을 말하고, 명심보감의 명심(明心)은 '마음(心)을 밝히다(明)'는 뜻입니다.

[람]으로 소리나는 경우

4/3 **覽** 볼 람 중 览 약 览
볼 견(見) + [볼 감(監)→람]

3/2 **濫** 넘칠 람 중 滥 약 滥
물 수(氵) + [볼 감(監)→람]

2/2 **藍** 쪽 람 중 蓝 약 蓝
풀 초(艹) + [볼 감(監)→람]

신사유람단 일원이었던 유길준. 우리나라 최초의 미국유학생이었고, 유럽을 둘러본 후 《서유견문록》을 집필하여 1895년에 출판하였다.

관람(觀覽), 유람(遊覽), 전람회(展覽會), 박람회(博覽會) 등에 사용되는 볼 람(覽)자는 볼 감(監)자의 뜻을 강조하기 위해 볼 견(見)자가 추가되었습니다. 신사유람단(紳士遊覽團)은 '신사(紳士)들이 돌아다니며(遊) 보기(覽) 위한 단체(團)'로 조선 말, 해외의 문물을 받아들이기 위해 일본을 돌아다니며 새로운 문물을 구경하기 위해 파견한 시찰단입니다. 시찰단은 모두 60여 명으로 약 4개월간 돌아다녔습니다. 일본에서 돌아온 후 개화 여론을 확대하는 데 큰 역할을 하였습니다.

넘칠 람(濫)자는 '물을 담아 거울(監)로 사용하는 그릇(皿)에 물(水/氵)이 넘치다'는 뜻입니다. 범람원(氾濫原)은 '물이 넘쳐서(氾濫) 만들어진 벌판(原)'으로, 홍수 때 강물이 범람하여 만들어지며 토지가 비옥하여 농경지로 이용되기도 합니다. 이집트 나일강 하류가 대표적인 범람원입니다. '신용카드를 남발한다'에서 남발(濫發)은 '넘치게(濫) 발행(發)하다'는 뜻이고, '약을 남용한다'에서 남용(濫用)은 '넘치게(濫) 사용하다(用)'는 뜻입니다.

쪽 람(藍)자에서, 쪽은 남(藍)색 물감을 만드는 데 사용하는 한해살이 풀(艹)입니다. 청출어람(青出於藍)은 '푸른색(青)은 쪽(藍)에서(於) 나왔다(出)'라는 뜻으로, 제자가 스승보다 더 나아짐을 일컫는 말입니다. 《순자(荀子)》에 나오는 청출어람 청어람(青出於藍 青於藍), 즉 '푸른색(青)은 쪽(藍)에서(於) 나왔으나(出) 쪽(藍)보다(於) 더 푸르다(青)'에서 유래합니다.

[염]으로 소리나는 경우

3/2 **鹽** 소금 염 중 盐 약 塩
소금밭 로(鹵) + [볼 감(監)→염]

소금 염(鹽)자는 뜻을 나타내는 소금밭 로(鹵)자와 소리를 나타내는 살필 감(監)자가 합쳐진 글자입니다. 염전(鹽田)은 '소금을 만드는 밭'이란 뜻으로, 이곳에 바닷물을 끌어들여, 햇볕에 증발시켜 소금을 만들어 내는 곳입니다. 염소(鹽素)는 '소금(鹽)을 이루는 원소(素)'라는 뜻으로, 소금인 염화나트륨(NaCl)의 성분인 'Cl'을 말합니다.

[함]으로 소리나는 경우

2/2 **艦** 싸움배 함 중 舰
배 주(舟) + [볼 감(監)→함]

군함(軍艦), 전함(戰艦) 등에 들어가는 싸움배 함(艦)자는 군함(軍艦), 잠수함(潛水艦), 항공모함(航空母艦), 구축함(驅逐艦) 등 전쟁하는 배를 일컫습니다. 항공모함(航空母艦)은 '항공기(航空)의 어머니(母)가 되는 배(艦)'로 항공기가 뜨고 내리기 때문에 매우 큰 갑판을 가지고 있습니다. 구축함(驅逐艦)은 '적함을 몰거나(驅) 쫓는(逐) 배(艦)'로, 어뢰(魚雷)를 주 무기로 하여 잠수함을 주로 공격하는 배입니다.

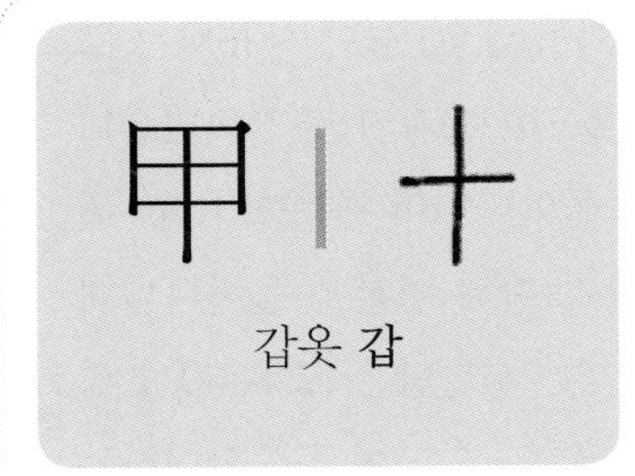

갑옷 갑(甲)자는 거북 껍질의 모습을 본떠 만든 글자로써, 거북 껍질로 만든 갑옷을 의미합니다. 나중에 뜻을 분명히 하기 위해 쇠 금(金)자가 추가되어 갑옷 갑(鉀)자가 되었습니다. 나중에 나온 갑옷은 쇠를 붙였기 때문입니다. 상형문자를 보면, 열 십(十)자가 갑옷 갑(甲)자의 원래 모습입니다. 오랑캐 융(戎)자는 갑옷 갑(十)자와 창 과(戈)자가 합쳐진 글자입니다. 즉 갑옷을 입은 오랑캐가 창을 들고 있는 모습입니다. 갑골문자(甲骨文字)는 '거북의 껍질(甲)과 소 뼈(骨)에 새길 문자(文字)'입니다.

[갑]으로 소리나는 경우

2/2 鉀 갑옷 갑 중 钾
쇠 금(金) + [갑옷 갑(甲)]

2/2 岬 산허리/곶 갑 중 岬
메 산(山) + [갑옷 갑(甲)]

1/1 匣 갑 갑 중 匣
감출 혜(匸) + [갑옷 갑(甲)]

갑옷 갑(鉀)자는 '쇠(金)로 만든 갑옷(甲)'을 말합니다.

산허리 갑(岬)자는 곶 갑(岬)자로도 사용됩니다. 곶은 바다나 들 쪽으로 좁고 길게 내민 부분을 말합니다. 황해도의 장산곶(長山串)이나 강화도의 갑곶(甲串) 등이 그러한 예입니다. 사갑(沙岬)은 '모래(沙)곶(岬)'으로, 해안에서 바다 가운데로 내밀어 곶을 이룬 모래사장입니다.

갑 갑(匣)자는 담배 한 갑, 성냥 두 갑에서와 같이 '작을 상자'를 의미합니다. 이러한 상자는 물건을 넣어 두거나 감추는 것이므로, 상자의 상형인 감출 혜(匸)자가 들어 갑니다. 수갑(手匣)과 장갑(掌匣)은 둘다 '손(手/掌)을 넣어두는 갑(匣)'이란 뜻이고, 지갑(紙匣)은 '지폐나 종이(紙)를 넣어두는 갑(匣)'이란 뜻입니다.

[압]으로 소리나는 경우

3/2 押 누를 압 중 押
손 수(扌) +
[갑옷 갑(甲)→압]

2/1 鴨 오리 압 중 鸭
새 조(鳥) +
[갑옷 갑(甲)→압]

누를 압(押)자는 '손(扌)으로 누르다'는 뜻입니다. 이후, '누르다→(억지로) 잡다→(잡아서) 맞추다→잡아 가두다' 등이 생겼습니다. 압정(押釘)은 '눌러서(押) 박는 못(釘)'으로, 압침(押針)과 같은 말입니다. 압운(押韻)은 '운(韻)을 맞추다(押)'뜻으로, 시나 노래에서 각 줄의 일정한 자리에 같은 운(韻)을 규칙적으로 다는 일입니다. 압수(押收)는 '잡아가두기(押) 위해 거두어(收) 들이다'는 뜻으로, 물건 따위를 강제로 빼앗는 것을 말합니다.

안압지는 기러기 안(雁)자와 오리 압(鴨)자를 써서 안압지(雁鴨池)라고 불렀지만 이 명칭은 신라 시대 때 썼던 명칭이 아니고 조선 시대, 폐허가 된 이곳 호수에 기러기와 오리들이 날아들면서 붙여진 이름입니다. 이후 이곳에서 발굴된 토기와 여러 유물들로 이곳이 월지(月池)라고 불렸음을 알게 되었고 2011년부터 '동궁과 월지'라는 명칭으로 바뀌었습니다.

岡 | 언덕 강

언덕 강(岡)자는 메 산(山)자와 소리를 나타내는 그물 망(网)자가 합쳐진 글자입니다. 나중에 뜻을 분명히 하기 위해 메 산(山)자가 한 번 더 추가되어 언덕 강(崗)자가 되었습니다. 언덕 강(岡)자는 그물 망(罔)자와 비슷하여 혼돈할 수 있으니 주의해야 합니다.

언덕 강(岡)자의 부수는 메 산(山)자이고, 그물 망(罔)자의 부수는 그물 망(网)자입니다.

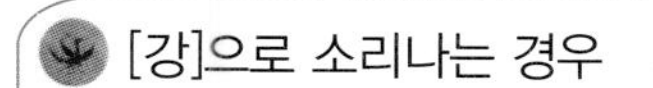

[강]으로 소리나는 경우

3/3 **鋼** 강철 강 중 钢
쇠 금(金) + [언덕 강(岡)]

3/2 **剛** 굳셀 강 중 刚
칼 도(刂) + [언덕 강(岡)]

3/2 **綱** 벼리 강 중 纲
실 사(糸) + [언덕 강(岡)]

강철(鋼鐵), 제강(製鋼), 철강(鐵鋼) 등에 사용되는 강철 강(鋼)자는 뜻을 나타내는 쇠 금(金)자와 소리를 나타내는 산등성이 강(岡)자가 합쳐진 글자입니다.

굳셀 강(剛)자는 '칼(刂)이 무르면 안 되고, 굳세어야 한다'는 뜻이 담겨 있습니다. 금강석(金剛石)은 '쇠(金)처럼 굳센(剛) 돌(石)'인 다이어몬드(diamond)를 일컫는 말입니다. 금강역사(金剛力士)는 '쇠(金)처럼 굳세고(剛) 힘(力)이 센 장사(士)'라는 뜻으로 절의 문 좌우에 서서 문을 지키며 불법(佛法)을 수호하는 신입니다.

벼리 강(綱)자에서, 벼리는 그물 가장자리의 굵은 줄로, 그물을 잡아당기는 줄입니다. 줄을 의미하는 글자에는 실 사(糸)자가 들어갑니다. 이후, '벼리→(벼리로 그물을) 다스리다→통치하다→규제하다→(인간을 규제하는) 도덕이나 규범'이라는 뜻도 생겼습니다. 벼리 기(紀)자와 벼리 강(綱)자가 합쳐진 기강(紀綱)은 '모든 인간이 지켜야 할 기본적인 도덕과 규범'이란 뜻입니다. 삼강오륜의 삼강(三綱)은 '인간 사회의 질서 유지를 위한 세(三) 가지 기본 규범(綱)'입니다.

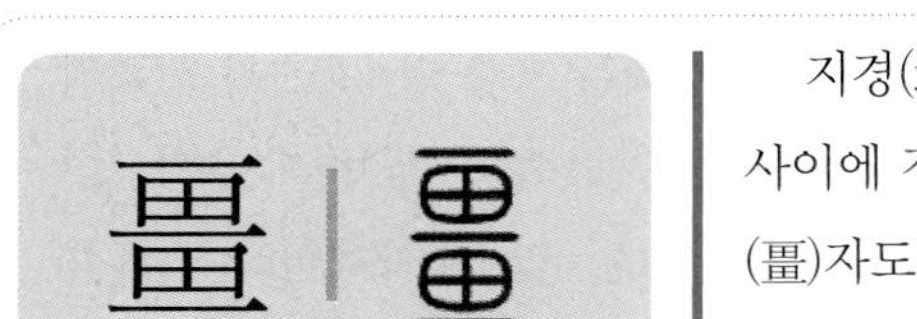

지경 강

지경(地境)은 땅의 경계라는 의미입니다. 지경 강(畺)자는 밭(田)과 밭(田) 사이에 경계를 나타내는 선(三)을 그려 땅의 경계를 나타내었습니다. 지경 강(畺)자도 단독으로는 사용되지 않고, 다른 글자와 만나 소리로 사용됩니다.

[강]으로 소리나는 경우

- 2/1 彊 굳셀 강 ㊥ 强 — 활 궁(弓) + [지경 강(畺)]
- 2/2 疆 지경 강 ㊥ 疆 — 흙 토(土) + [굳셀 강(彊)]
- 1/1 薑 생강 강 ㊥ 姜 — 풀 초(艹) + [지경 강(畺)]

굳셀 강(彊)자는 원래 힘이 센 활(弓)을 의미하는 글자였으나, '굳세다'는 의미가 생겼습니다. 변법자강운동(變法自彊運動)은 '법(法)을 변경(變)하고 스스로(自) 강(彊)해지는 운동(運動)'이란 뜻으로, 1898년인 청나라 말기 캉유웨이와 량치차오 등이 중심이 되어, 전통적인 황제의 통치체제를 고쳐 국회를 만들고 헌법을 제정하여 입헌군주제로 바꾸려는 개혁운동입니다.

지경 강(疆)자는 뜻을 나타내는 흙 토(土)자와 소리를 나타내는 굳셀 강(彊)자가 합쳐진 글자이지만, 땅의 경계가 활 궁(弓)자처럼 구불구불하다는 것을 표시하기 위해 활 궁(弓)자를 넣었고, 다시 이러한 경계는 땅 위에 있다고 흙 토(土)자를 추가하였습니다. 하지만 이 글자의 부수는 밭 전(田)자입니다. 만수무강(萬壽無疆)은 '목(壽)숨이 만(萬) 년이 되고, 끝(疆)이 없다(無)'는 뜻으로, 장수(長壽)하기를 비는 말입니다.

생강(生薑)은 맛이 매운 여러해살이 풀이므로, 생강 강(薑)자에는 풀 초(艹)자가 들어갑니다.

갈 거

갈 거(去)자의 상형문자를 보면 큰 사람(大)의 다리 사이에 입 구(口)자가 그려져 있습니다. 입 구(口)자가 구멍이나 들락날락하는 출입구(出入口)라는 뜻으로 많이 사용되기 때문에, 아마도 사람의 항문을 표시한 것으로 추측됩니다. 갈 거(去)자는 원래 '버리다'는 뜻을 가졌는데, 아마도 '항문을 통해 배설물을 버리다'는 뜻으로 만든 글자로 추측됩니다. 이후, '버리다→내쫓다→물리치다→피하다→가다→과거(過去)' 등의 뜻이 생겼습니다. 칠거지악(七去之惡)은 '일곱(七) 가지 내쫓을(去) 나쁜(惡) 허물'이란 뜻으로, 지난날 유교 도덕에서 아내를 내쫓을 수 있는 이유가 되었던 일곱 가지 허물을 말합니다. 칠거지악은 ① 시부모에게 순종하지 않으면 내쫓고(不順舅姑去), ② 아들이 없으면 내쫓고(無子去), ③ 음탕하면 내쫓고(淫去), ④ 질투하면 내쫓고(妬去), ⑤ 나쁜 병이 있으면 내쫓고(有惡疾去), ⑥ 말이 많으면 내쫓으며(口多言去), ⑦ 도둑질을 하면 내쫓는다(竊盜去) 등이 있습니다.

[겁]으로 소리나는 경우

1/2 **劫** 위협할 겁 ⓢ 劫
힘 력(力) + [갈 거(去)→겁]

1/1 **怯** 겁낼 겁 ⓢ 怯
마음 심(忄) +
[갈 거(去)→겁]

위협할 겁(劫)자는 '힘(力)으로 위협하여 물러가게(去) 하다'는 뜻입니다. 겁탈(劫奪)은 '위협하거나(劫) 폭력을 써서 빼앗다(奪)'는 뜻입니다.

불교에서 겁(劫)은 하늘과 땅이 한 번 개벽한 때에서부터 다음 개벽할 때까지의 무한히 긴 시간을 말합니다.

'겁쟁이' 혹은 '겁이 많다'에서 겁(怯)은 무서워하는 마음을 말하는데, 겁낼 겁(怯)자는 '무서워 뒤로 물러가는(去) 사람의 마음(心/忄)'을 뜻합니다. 비겁(卑怯)은 '비열(卑劣)하고 겁(怯)이 많다'는 뜻입니다. '놀라서 식겁했다'의 식겁(食怯)은 '겁(怯)을 먹다(食)'는 뜻입니다.

[법]으로 소리나는 경우

5/4 **法** 법 법 ⓢ 法
물 수(氵) +
[갈 거(去)→겁→법]

법 법(法)자는 '법은 물(氵) 흘러가듯이(去) 자연의 법칙을 따라야 한다'는 뜻으로 만든 글자입니다. 법치국가(法治國家)는 '법(法)에 따라 다스리는(治) 국가(國家)'입니다. 법인(法人)은 '법(法)에 의하여 사람(人)과 동일한 권리나 자격을 가진 단체나 재산'입니다. 예를 들어, 누가 학교의 유리창을 깨면 학교는 유리창을 깬 사람을 상대로 소송이 가능한데, 이 경우 학교는 법인이 되어 사람과 똑같은 법적 권리와 자격을 갖습니다. 회사, 학교, 비영리 단체 등은 대부분 법인입니다. 법인에 대하여 일반적인 사람을 자연인(自然人)이라고 합니다.

[각]으로 소리나는 경우

3/2 **却** 물리칠 각 ⓢ 却
병부 절(卩) +
[갈 거(去)→각]

3/3 **脚** 다리 각 ⓢ 脚
고기 육(肉/月) +
[물리칠 각(却)]

옛날에 높은 사람 앞에서 물러날 때에는 등을 보이지 않고, 항상 뒷걸음으로 물러났습니다. 중국의 옛 문화를 물려받은 일본의 어떤 고급 식당이나 요정에 가보면 지금도 종업원이 방에서 나갈 때 꿇어앉은 채 뒷걸음질로 나갑니다. 문화는 항상 물려준 나라보다 물려받은 나라에 더 잘 보존되어 있습니다. 물리칠 각(却)자는 원래 '꿇어앉은(卩) 채로 뒷걸음질로 물러가다(去)'는 뜻입니다. 이후, '물러나다→피하다→물리치다' 등의 뜻이 생겼습니다. 기각(棄却)은 '물리쳐(却) 버리다(棄)'는 뜻으로, 법원이 소송 이유가 없거나 적법하지 않다고 판단하여 무효를 선고하는 일입니다.

다리 각(脚)자는 '물러가거나 피할(却) 때 필요한 몸(肉/月)의 부위가 다리이다'는 뜻입니다. 각선미(脚線美)는 '다리(脚) 곡선(曲線)의 아름다움(美)'이고, 각기병(脚氣病)은 '다리(脚)에 공기(氣)가 들어간 것처럼 퉁퉁 붓는 병(病)'으로, 비타민 B의 결핍으로 생기는 병입니다.

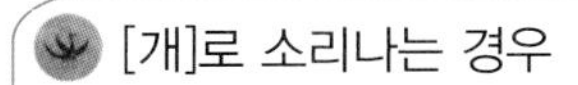

[개]로 소리나는 경우

3/2 蓋 덮을 개 ⓒ 盖 ⓐ 盖
풀 초(艹) + [갈 거(去)→개] +그릇 명(皿)

덮을 개(蓋)자는 '그릇(皿)의 뚜껑을 덮다'는 뜻으로 만든 글자에, 풀 초(艹)자를 추가하였습니다. 빈 땅이 있으면 금방 풀이 자라 땅을 덮어버리기 때문입니다. 발산개세(拔山蓋世)는 역발산기개세(力拔山氣蓋世)의 준말로 '힘(力)은 산(山)을 뽑고(拔) 기개(氣)는 세상(世)을 덮는다(蓋)'는 뜻이며, 초나라 왕 항우의 빼어난 힘과 기개를 표현한 말입니다. 두개골(頭蓋骨)은 '머리(頭)를 덮는(蓋) 뼈(骨)'입니다.

클 거

거인(巨人), 거대(巨大) 등에 들어가는 클 거(巨)자의 상형문자를 보면 목수들이 사용하는 곱자(직각을 확인하기 위해 만든 자)를 손으로 들고 있는 사람을 본떠 만든 글자입니다. 하지만 큰 대(大)자 모양의 사람은 사라지고, 자와 손만 남았습니다. 거(巨)자에서 ㄷ은 자의 모습이고, 중간에 있는 ㅁ이 손의 모습입니다. 나중에 가차되어 '크다, 많다'는 뜻이 생기면서, 원래의 뜻을 분명히 하기 위해 화살 시(矢)자를 붙여 곱자 구(矩)자가 되었습니다. 거문도(巨文島)는 '문장가(文)가 많은(巨) 섬(島)'이란 뜻으로, 전남 여수와 제주도 중간 지점에 위치한 섬입니다. 거문도라는 이름은 중국 청나라 제독 정여창이 섬에 학문이 뛰어난 사람이 많은 것을 보고 '거문(巨文)'으로 개칭하도록 건의하여 거문도가 되었다고 합니다.

[거]로 소리나는 경우

4/3 拒 막을 거 ⓒ 拒
손 수(扌) + [클 거(巨)]

3/3 距 떨어질 거 ⓒ 距
발 족(足) + [클 거(巨)]

거절(拒絕), 거부(拒否), 거역(拒逆) 등에 사용되는 막을 거(拒)자는 '손(扌)으로 막다, 거부(拒否)하다'는 뜻입니다. 거식증(拒食症)은 '음식 먹기(食)를 거부하는(拒) 병적 증상(症)'입니다.

떨어질 거(距)자는 원래 '닭의 발(足)에 있는 며느리발톱'을 뜻하는 글자입니다. 며느리발톱은 조류의 다리에서 뒤쪽으로 향해 있는 돌기로 사실 발톱은 아닙니다. 또 며느리발톱은 다른 발로 부터 떨어져 있어서 '떨어지다'는 뜻이 생겼습니다. 거리(距離)는 '떨어지고(距) 떨어진(離) 길이'입니다.

[구]로 소리나는 경우

1/1 矩 곱자 구 ⓒ 矩
화살 시(矢) + [클 거(巨)→구]

곱자 구(矩)자는 곧고 바른 화살(矢)이나 자(巨)에서 'ㄱ자로 꺽어진 곱자'나 '모나다'는 뜻이 생겼습니다. 또, 자로 바르게 재는 데에서 '법'이라는 의미가 생겼습니다. 일본에서는 직사각형을 장방형(長方形, ちょうほうけい) 혹은 구형(矩形, くけい)이라고 합니다.

見 |

볼 견, 뵈올 현

볼 견(見)자는 눈(目)을 강조한 사람(儿)의 모습에서 '보다'는 뜻이 생겼습니다. 뵈올 현(見)자로도 사용되는데, 알현(謁見)은 '아뢰며(謁) 뵙다(見)'는 뜻으로, 왕이나 높고 귀한 사람을 찾아가 뵙는 것을 말합니다. 《동방견문록(東方見聞錄)》은 '동(東)쪽 지방(方)을 여행하면서 보고(見) 들은(聞) 것을 기록(錄)한 책'으로, 이탈리아의 마르코 폴로가 1271년부터 1295년까지 동방을 여행한 체험담을 기록한 여행기입니다. 마르코 폴로는 1275년에 이탈리아를 출발하여 내륙으로 중앙아시아와 중국(원나라)을 여행하였고, 돌아오는 길은 배를 타고 동남아, 인도, 페르시아 등을 여행하면서 1295년 이탈리아로 돌아왔습니다. 중국에서는 얼마 동안 벼슬까지 하였습니다.

[연]으로 소리나는 경우

2/2 硯 벼루 연 ㊥ 砚
돌 석(石) + [볼 견(見)→연]

벼루는 먹을 갈기 위해 돌로 만든 것이므로, 벼루 연(硯)자에는 돌 석(石)자가 들어갑니다. 연적(硯滴)은 '벼루(硯)의 물방울(滴)'이란 뜻으로, 벼루에 먹을 갈 때 쓰는 물을 담아 두는 그릇입니다. 청자연적(青瓷硯滴)은 '푸른(青) 자기(瓷)로 만든 연적(硯滴)'으로, 국보 74호로 지정된 고려 시대의 오리 모양의 청자연적이 가장 유명합니다.

[현]으로 소리나는 경우

6/4 現 나타날 현 ㊥ 现
구슬 옥(玉/王) + [뵈올 현(見)]

현실(現實), 현재(現在) 등에 포함된 나타날 현(現)자는 '옥(玉/王)을 보면(見) 빛이 나타나다'는 뜻입니다. 현세주의(現世主義)는 '현재(現) 세상(世)을 중요하게 여기는 주의(主義)'로, 전생(前生)나 내세(來世)의 존재 여부에 대하여 관심이 없는 주의(主義)입니다.

2/2 峴 고개 현 ㊥ 岘
메 산(山) + [뵈올 현(見)]

고개는 산에 있으므로, 고개 현(峴)자에는 메 산(山)자가 들어갑니다. 서울 마포구 서소문 밖 아현동의 아현(阿峴)은 '굽은(阿) 고개(峴)'라는 뜻이지만 아이고개, 애고개라고 부르던 이름을 한자로 옮긴 것입니다. 조선 시대에 사람이 죽으면 서소문을 통해 시신을 성 밖에 버렸는데, 특히 아이 시체를 많이 묻었기 때문에 붙여진 이름입니다. 운현(雲峴)은 '구름(雲) 고개(峴)'라는 뜻으로, 서울 종로구에 있는 지명입니다. 원래 구름재라는 이름을 한자로 옮긴 것입니다. 운현궁(雲峴宮)은 고종의 아버지인 흥선대원군이 살았던 집으로, 운현(雲峴)의 옆에 위치합니다. 《운현궁의 봄》은 1933년 4월부터 1934년 2월까지 조선일보에 연재된 김동인의 대표적인 장편소설입니다. 흥선대원군의 파란만장한 일생과 조 선 말의 복잡한 내외 정세를 그렸습니다.

대원군이 살았던 운현궁

兼 | 䊢

겸할 겸

잡을 병(秉)자는 벼(禾)의 한 포기를 손(彐)으로 잡은 모습인 반면, 겸할 겸(兼)자는 벼 두 포기(秝)를 손(彐)으로 잡은 모습에서, '겸하다'는 뜻이 생겼습니다. 겸임(兼任)은 '두 가지 이상의 임무(任)를 겸하다(兼)'는 뜻입니다. 겸애설(兼愛說)은 '자기와 남을 겸하여(兼) 사랑하라(愛)는 말(說)'로, 노나라의 묵자(墨子)가 주장한 학설입니다. 자기 아버지, 자기 집, 자기 나라를 사랑하듯이, 겸하여 남의 아버지, 남의 집, 남의 나라도 사랑하면 천하가 태평하고 백성이 번영하는데, 이는 단순히 세상을 위해서가 아니라 하늘의 뜻이라고 주장하였습니다. 겸사겸사(兼事兼事)는 한 번에 이 일 저 일을 겸하여 하는 모양을 나타내는 말입니다.

[겸]으로 소리나는 경우

3/2 **謙** 겸손할 겸 ⓒ 谦
말씀 언(言) + [겸할 겸(兼)]

겸손할 겸(謙)자는 '말(言)을 할 때에는 겸손(謙遜)해야 한다'는 뜻입니다. 겸허(謙虛)는 '겸손하고(謙) 자신을 비우다(虛)'는 뜻입니다. 겸양지덕(謙讓之德)은 '겸손(謙遜)하게 사양(辭讓)하는 미덕(美德)'입니다.

[렴]으로 소리나는 경우

3/2 **廉** 청렴할 렴 ⓒ 廉
집 엄(广) + [겸할 겸(兼)→렴]

청렴할 렴(廉)자는 원래 '집(广)에서 두 벽이 겸(兼)하는 모서리'를 뜻합니다. 이후, '모서리→(모서리가) 곧다→바르다→검소하다→결백하다→청렴하다'는 뜻이 생겼습니다. 청렴결백(淸廉潔白)은 '맑고(淸) 청렴하고(廉) 깨끗하고(潔) 희다(白)'는 뜻입니다.

[혐]으로 소리나는 경우

3/2 **嫌** 싫어할 혐 ⓒ 嫌
여자 녀(女) + [겸할 겸(兼)→혐]

혐오(嫌惡), 혐의(嫌疑) 등에 들어가는 싫어할 혐(嫌)자는 '여자(女)는 남을 잘 의심하고, 미워하고, 싫어하다'는 3가지 뜻을 모두 가지고 있습니다. 혐오감(嫌惡感)은 '싫어하고(嫌) 미워하는(惡) 감정(感情)'입니다. 혐기성균(嫌氣性菌)은 '공기(氣)를 싫어하는(嫌) 성질(性)의 세균(菌)'으로, 산소가 없는 곳에서 자라는 파상풍균(破傷風菌)이 그러한 예입니다. 혐의(嫌疑)는 '의심스럽고(嫌) 의심스럽다(疑)'는 뜻으로, 범죄를 저질렀을 가능성이 있다고 보는 것을 말하며 수사를 개시하게 되는 동기가 됩니다. '무혐의로 풀려났다'에서 무혐의(無嫌疑)는 '혐의(嫌疑)가 없다(無)'는 뜻입니다.

물줄기 경

베를 짜는 사람을 기준으로, 가로(베의 폭 방향)로 들어가는 실을 씨줄, 세로(길이 방향)로 들어가는 실을 날줄이라고 합니다. 베틀에 걸려 있는 날줄 사이로 북(필통 크기의 배 모양으로 생긴 나무통으로 이곳에 씨줄이 들어 있습니다.)이 들락날락하면서 베를 짭니다. 물줄기 경(巠)자는 날줄이 걸려 있는 베틀의 모양을 본떠 만든 글자입니다. 물줄기라는 뜻이 생긴 이유는 글자 내에 있는 내 천(巛)자 때문인데, 실제 물줄기 경(巠)자를 자전에서 찾으려면 내 천(巛) 부에 있습니다. 물줄기 경(巠)자는 단독으로 사용되지 않고, 다른 글자와 만나 소리로 사용됩니다.

[경]으로 소리나는 경우

輕 5/4 가벼울 경 ⓢ 轻 ⓨ 軽
수레 차/거(車) + [물줄기 경(巠)]

經 4/4 날실/지날/글 경 ⓢ 经 ⓨ 経
실 사(糸) + [물줄기 경(巠)]

徑 3/2 지름길 경 ⓢ 径 ⓨ 径
걸을 척(彳) + [물줄기 경(巠)]

頸 1/1 목 경 ⓢ 颈
머리 혈(頁) + [물줄기 경(巠)]

가벼울 경(輕)자는 '수레(車)가 가볍다'는 뜻으로 만든 글자입니다. 마티즈나 티코와 같은 경차(輕車)는 '가벼운 차'라는 뜻으로 소형차를 말합니다. 경범죄(輕犯罪)는 '가벼운(輕) 범죄(犯罪)'로, 길에서 노상방뇨(路上放尿: 길 위에서 오줌을 눔)나 고성방가(高聲放歌: 큰 소리로 떠들고 노래를 부름)가 이에 해당합니다. 경공업(輕工業)은 '무게가 가벼운(輕) 물건을 만드는 공업(工業)'으로, 신발이나 옷을 만드는 공업이 이에 해당합니다.

날실 경(經)자는 '베틀(巠)에 걸려 있는 실(糸)'을 의미합니다. 이후, '날실→(베를 짤 때 날실이) 지나가다→(세로의 날실처럼 세로로 쓴) 글→경서(經書)→법→(법으로) 다스리다' 등의 뜻이 생겼습니다. 경로(經路)는 '지나가는(經) 길(路)'이고, 경전(經典), 불경(佛經), 성경(聖經), 사서삼경(四書三經) 등은 글이나 경서를 뜻하고, 우이독경(牛耳讀經)은 '소(牛) 귀(耳)에 경(讀) 읽기(經)'입니다. 경제(經濟)는 중국 수나라 때 왕통이 편찬한 《문중자(文中子)》에 나오는 경세제민(經世濟民), 즉 '세상(世)을 다스리고(經) 백성(民)을 구제하다(濟)'는 말의 줄임말입니다.

지름길 경(徑)자는 원의 지름이란 뜻도 있습니다. 반경(半徑)은 '원의 반(半)지름(徑)'이고, 첩경(捷徑)은 '빠른(捷) 지름길(徑)'이란 뜻으로 빠른 방법을 일컫습니다. 총의 구경(口徑)은 '총구(銃口)의 지름(徑)'으로, 1/100인치(inch) 단위입니다.

목은 머리에 있으니까, 목 경(頸)자에는 머리 혈(頁)자가 들어갑니다. 문경지교(刎頸之交)는 '목(頸)이 베이는(刎) 한이 있어도 마음이 변하지 않고 사귀는(交) 친한 사이'를 일컫는 말로, 사마천의 《사기(史記)》에 나오는 이야기에서 유래합니다.

서울 경

서울 경(京)자는 원래 높이 지은 건물의 모습을 본떠 만든 글자입니다. 상형문자를 보면, 높이 지은 집의 모양을 본떠 만든 높을 고(高)자나 높을 교(喬)자와 유사하게 생겼습니다. 왕이 사는 서울은 높은 건물이 많아 '서울'이라는 뜻이 생겼습니다. 하지만, 다른 글자와 만나면 큰 집이란 뜻으로 사용됩니다. 예를 들어 고래 경(鯨)자는 '고래 등처럼 큰 집(京) 같은 고기(魚)'라는 뜻입니다. 고래 경(鯨)자에도 서울 경(京)자가 들어 있는데, '고래 등처럼 큰 집(京) 같은 고기(魚)'라는 뜻입니다. 경강상인(京江商人)은 '서울(京)의 한강(江)을 중심으로 장사하던 상인(商人)'으로, 조선 시대에 한강을 중심으로 중요한 뱃길을 장악하여 곡류 따위를 도거리로 판매함으로써 이익을 보던 상인입니다. 경재소(京在所)는 '서울(京)에 소재(在)를 둔 연락소(所)'라는 뜻으로, 조선 초기에 정부와 지방의 유향소(留鄕所) 사이의 연락 기능을 담당하기 위하여 서울에 둔 기구입니다. 서울에 세금도 바쳐야 되고, 공문서도 받아와야 하는 등의 일을 하기 위하여 서울에 출장사무소를 둔 개념입니다. 또한 유향소를 중앙에서 직접 통제할 수 있게 함으로써 중앙 집권을 효율적으로 강화한 정책이었습니다.

[경]으로 소리나는 경우

5/4 **景** 볕 경 ⓢ 景
날 일(日) + [서울 경(京)]

2/2 **璟** 옥빛 경 ⓢ 璟
구슬 옥(玉/王) + [볕 경(景)]

1/1 **鯨** 고래 경 ⓢ 鲸
물고기 어(魚) + [서울 경(京)]

경복궁(景福宮), 경치(景致), 풍경(風景) 등에 들어가는 볕 경(景)자는 높은 건물(京) 위에 해(日)가 떠 있는 모습에서 '볕'이라는 뜻이 생겼습니다. 볕 경(景)자는 볕이 비치는 '경치'라는 뜻도 있습니다. 관동팔경(關東八景)은 '대관령(關) 동(東)쪽에 있는 여덟(八) 가지 좋은 경치(景)'라는 뜻으로, 관동 지방의 8가지 명승지를 일컫습니다.

옥빛 경(璟)자는 '옥(玉/王)에서 빛(景)이 나다'는 뜻입니다. 주로 이름에 많이 사용됩니다.

고래 경(鯨)자는 '고래 등처럼 큰 집(京)같은 고기(魚)'라는 뜻입니다. 포경(捕鯨)은 '고래(鯨)를 잡다(捕)'는 뜻입니다. 포경수술의 포경(包莖)은 '남자 줄기(莖)의 끝이 껍질에 싸여(包) 있는 것'을 말합니다. 두 낱말의 발음이 같아서, 포경수술 하는 것을 은어(隱語)로 '고래 잡으러 간다'고 합니다. 백경(白鯨)은 '흰(白) 고래(鯨)'로, 미국의 소설가 멜빌이 1851년에 지은 장편소설의 제목이기도 합니다. 원제목은 《모비 딕(Moby Dick)》으로, 모비 딕이라는 흰 고래에게 한쪽 다리를 잃은 포경선 선장인 에이햅(Ahab)이 바다를 모두 뒤져 백경을 찾아 작살을 명중시켰으나 결국 고래에게 끌려 바다 밑으로 빠져들어 가고 배도 함께 침몰한다는 이야기입니다.

[영]으로 소리나는 경우

3-2 **影** 그림자 영 ⓩ影
터럭 삼(彡) +
[볕 경(景)→영]

음영(陰影), 반영(反影), 영상(影像), 영향(影響) 등에 들어가는 그림자 영(影)자는 볕(景)으로 인해 생긴 그림자가 퍼져나가는 모습(彡)을 나타냅니다. 무영탑(無影塔)은 '그림자(影)가 없는(無) 탑(塔)'으로, 경주 불국사의 석가탑을 말합니다. 석가탑을 만든 백제의 석공(石工) 아사달을 그리며 찾아온 부인 아사녀가 영지(影池: 그림자가 비치는 연못)에 빠져 죽는 전설에서 생긴 이름입니다. 《무영탑》은 1937년, 현진건이 신문에 연재한 장편 소설 이름이기도 합니다.

[략]으로 소리나는 경우

3-2 **掠** 노략질할 략 ⓩ掠
손 수(扌) +
[서울 경(京)→략]

노략질할 략(掠)자는 '손(扌)으로 부자가 사는 큰 건물(京)을 노략(擄掠)질하다'는 뜻입니다. 약탈(掠奪)은 '노략질하여(掠) 뺏다(奪)'는 뜻입니다. 약탈농법(掠奪農法)은 '땅을 약탈(掠奪)하는 농업(農業) 방법(方法)'으로, 땅에 거름을 주지 않고 지력(地力)에만 의존하는 원시적인 방법입니다. 화전(火田) 등이 있으며, 지력이 다하면 다른 땅으로 옮깁니다.

[량]으로 소리나는 경우

3-3 **凉** 서늘할 량 ⓩ凉
얼음 빙(冫) +
[서울 경(京)→량]

3-2 **諒** 살필 량 ⓩ谅
말씀 언(言) +
[서울 경(京)→량]

서늘할 량(凉)자는 '높은 건물(京) 위는 여름에도 얼음(冫)처럼 시원하다'는 뜻입니다. 더운 여름이 되면, TV에서 납량특집(納凉特輯) 프로그램을 종종 보여주는데, '서늘함(凉)에 들어가도록(納) 특별히(特) 편집한(輯) 프로그램'이란 뜻으로, 주로 귀신이 등장하는 공포물입니다. 청량음료(淸凉飮料)는 '맑고(淸) 서늘한(凉) 음료수(飮料水)'라는 뜻으로, 사이다나 콜라와 같은 탄산음료를 일컫는 말입니다.

양해(諒解), 양지(諒知) 등에 사용되는 살필 량(諒)자는 '말(言)을 할 때에는 살펴서 해야 한다'는 뜻입니다. 양해각서(諒解覺書)는 '서로가 양해(諒解)했음을 밝히는(覺) 글(書)'로, 나라 간이나 기업 간에 정식계약 체결에 앞서 만드는 문서로, 쌍방의 의견을 미리 조율하고 확인하는 목적으로 법적 책임이나 구속을 가지지 않습니다. 영어로 MOU(Memorandun of Understanding)라고 합니다.

마침내 경(竟)자에 들어 있는 소리 음(音)자는 입에 피리를 물고 소리를 내는 모습을 본떠 만든 글자입니다. 따라서 마침내 경(竟)자는 입에 피리를 물고(音) 부는 사람(儿)의 모습입니다. '피리 불기를 마치다'에서 '마치다, 마침내'라는 뜻이 나왔습니다. 유지경성(有志竟成)은 '뜻(志)이 있으면(有) 마침내(竟) 이루어진다(成)'는 뜻으로, 후한(後漢)의 광무제(光武帝)와 그의 장수 경엄의 고사(故事)에서 나온 말입니다.

[경]으로 소리나는 경우

- 5/4 競 다툴 경 중 竞 — [마침내 경(竟)] X 2
- 4/3 境 지경 경 중 境 — 흙 토(土) + [마침내 경(竟)]
- 4/3 鏡 거울 경 중 镜 — 쇠 금(金) + [마침내 경(竟)]

경쟁(競爭), 경연(競演), 경기(競技) 등에 들어가는 다툴 경(競)자는 두 사람이 피리를 누가 잘 부는지 겨루고 있는 모습입니다. 경시대회(競試大會)는 '시험(試)으로 다투는(競) 큰(大) 모임(會)'으로, 지식이나 문제 해결 능력 등을 시험으로써 겨루는 대회입니다. 경매(競賣)는 '사는 사람들을 다투게(競) 만들어 판다(賣)'는 뜻으로, 사려하는 사람이 많은 경우에 값을 제일 많이 부르는 사람에게 물건을 파는 일입니다. 영어로 옥션(auction)입니다. 경주(競走)는 '누가 빨리 달리는지(步) 다투는(競) 경기'이고, 경보(競步)는 '누가 빨리 걷는지(步) 다투는(競) 경기'로, 한쪽 발이 땅에 떨어지기 전에 다른 발이 땅에 닿게 하여 빨리 걷는 육상 경기입니다.

변경(邊境), 국경(國境), 경계(境界) 등에 사용되는 지경 경(境)자는 '땅(土)이 끝나서 마치는(竟) 곳이 지경이다'는 뜻입니다. 경계(境界)는 '지경(境)과 지경(界)'이란 뜻입니다. 조경수역(潮境水域)은 '조류(潮)의 경계(境)에 있는 바닷물(水)의 영역(域)'으로, 한류와 난류가 만나 섞이는 영역입니다. 이런 곳에서는 플랑크톤의 양이 많고 물속에 녹아 있는 산소가 많아 한류성 물고기와 난류성 물고기들이 모두 모여들어 좋은 어장이 됩니다.

옛날에는 금속(金)의 면을 매끈하게 갈아서 거울로 사용하였습니다. 따라서, 거울 경(鏡)자나 거울 감(鑑)자에는 모두 쇠 금(金)자가 들어갑니다. 명경지수(明鏡止水)는 '맑은(明) 거울(鏡)과 고요한(止) 물(水)'이란 뜻으로 마음이 맑고 깨끗함을 일컫습니다. 파경(破鏡)은 '거울(鏡)을 깨다(破)'는 뜻으로, 부부 사이가 나빠서 헤어지는 것을 비유적으로 이르는 말입니다. 중국 송나라 때 설화를 모아 만든 《태평광기(太平廣記)》에 나오는 이야기로, 옛날 어느 부부가 이별할 때 거울을 둘로 쪼개어 한쪽씩 나누어 가지고 뒷날 다시 만날 증표로 삼았으나, 아내가 불의를 저질러 거울의 한쪽이 까치로 변하여 남편에게 날아와 부부의 인연이 끊어졌다는 데에서 유래합니다.

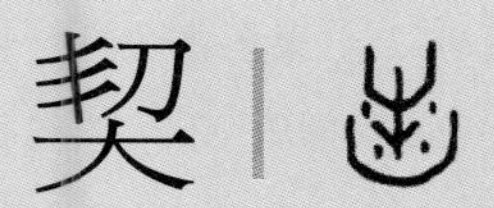

맺을 계, 부족이름 글

맺을 계(契)자의 상형문자를 보면 새길 계(丯), 칼 도(刀), 나무 목(木→大)자가 합쳐진 글자입니다. 새길 계(丯)자는 숫자나 글을 새긴 모습입니다. 즉 칼(刀)로 나무(木→大)에 숫자나 글(丯)을 새긴다는 의미입니다. 따라서 이 글자의 원래 의미는 '글'이라는 의미였으나, 나중에 '계약(契約)을 맺을 때 글로 새겨둔다'는 의미로 '맺는다'는 의미로 변했습니다. 계(契)는 경제적인 도움을 주고받거나 친목을 도모하기 위하여 만든 전래의 협동 조직을 이르는 말이기도 합니다. 이때 회원들을 계원(契員)이라 하고, 회원들이 내는 회비를 곗돈이라 합니다. 맺을 계(契)자는 부족이름 글(契)자로도 사용되는데, 이 때 부족이란 글안족(契丹族, 거란족)을 말합니다.

[결]로 소리나는 경우

43 潔 깨끗할 결 ㊥ 洁
물 수(氵) + [맺을 계(契)→결]

순결(純潔), 불결(不潔), 결백(潔白), 청결(淸潔), 정결(淨潔) 등에 사용되는 깨끗할 결(潔)자는 '물(氵)이 깨끗하다'는 뜻입니다. 간결체(簡潔體)는 '간단(簡)하고 깨끗한(潔)한 문체(體)'로, 김동인과 황순원의 소설이 대표적인 간결체입니다. 순결무구(純潔無垢)는 '순수하고(純) 깨끗하고(潔) 때(垢)가 없다(無)'는 뜻으로, 매우 깨끗하다는 뜻입니다. 결백(潔白)은 '깨끗하고(潔) 희다(白)'는 뜻이도, 결벽(潔癖)은 '깨끗함(潔)을 좋아하는 버릇(癖)'입니다.

[끽]으로 소리나는 경우

11 喫 마실 끽 ㊥ 吃
입 구(口) + [맺을 계(契)→끽]

마실 끽(喫)자는 '입(口)으로 마시다, 먹다'는 뜻입니다. 끽연(喫煙)은 '연기(煙)를 마시다(喫)'는 뜻으로, 담배 피우는 것을 말하고, 끽다(喫茶)는 '차(茶)를 마시다(喫)'는 뜻입니다. '행복을 만끽하다'에서 만끽(滿喫)은 '음식을 가득 차게(滿) 먹다(喫)'는 뜻과 함께, '마음껏 즐기거나 누리다'는 뜻도 있습니다.

[설]로 소리나는 경우

01 楔 쐐기 설 ㊥
나무 목(木) + [부족이름 글(契)→설]

쐐기 설(楔)자는 '나무(木)로 만든 삼각형 쐐기'를 말합니다. 설형문자(楔形文字)는 '쐐기(楔) 모양(形)의 문자(文字)'로, BC 3000년경부터 약 3,000년간 메소포타미아를 중심으로 고대 오리엔트에서 광범하게 사용된 문자입니다. 글자 모양이 흡사 쐐기처럼 생겼다고 해서 설형문자(楔形文字)라고 합니다.

쐐기 모양의 설형문자

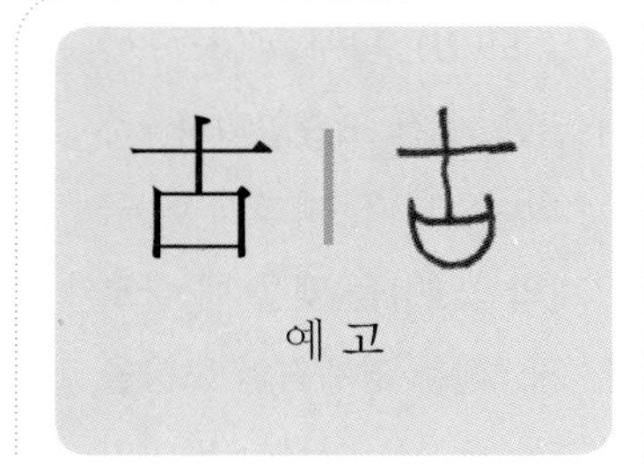

예 고

예 고(古)자는 '옛날 이야기가 부모의 입(口)에서 자식의 입으로 열(十)번 이나 전해 내려와 매우 오래되었다'는 뜻입니다. 동서고금(東西古今)은 '동(東)양과 서(西)양, 옛(古)날과 지금(今)'이란 뜻으로, 모든 때와 모든 지역을 일컫는 말입니다. '고물 자동차'의 고물(古物)은 '오래된(古) 물건(物)'입니다. 차마고도(茶馬古道)는 '차(茶)를 운반하는 말(馬)이 다니던 옛(古) 길(道)'로, 티벳과 중국 운남성(雲南省, 윈난성) 간의 무역로이며, 험준한 산길입니다.

[고]로 소리나는 경우

- 6/5 苦 괴로울 고 ⓩ 苦 — 풀 초(艹) + [예 고(古)]
- 5/4 固 굳을 고 ⓩ 固 — 둘러싸일 위(囗) + [예 고(古)]
- 4/4 故 연고 고 ⓩ 故 — 칠 복(攵) + [예 고(古)]
- 3/3 姑 시어미 고 ⓩ 姑 — 여자 녀(女) + [예 고(古)]
- 3/2 枯 마를 고 ⓩ 枯 — 나무 목(木) + [예 고(古)]

고생(苦生), 고통(苦痛), 고민(苦悶)에 들어가는 쓸 고(苦)자는 원래 풀의 일종인 씀바귀를 의미하는 글자였습니다. 씀바귀는 맛이 써, 쓴나물이라고도 합니다. 이후 '씀바귀→쓰다→괴롭다'는 의미가 생겼습니다. 고진감래(苦盡甘來)는 '쓴(苦)맛이 다하면(盡) 단(甘)맛이 온다(來)'는 뜻으로, '고통 뒤에 낙이 온다'는 의미입니다.

고정(固定), 고체(固體) 등에 들어가는 굳을 고(固)자는 '둘러싸인(囗) 채로 오래되면(古) 굳어져 버리다'는 뜻입니다. 응고(凝固)는 '엉겨서(凝) 굳음(固)' 이란 뜻이고, 액체가 고체가 되는 현상을 말합니다. 고유명사(固有名詞)는 '굳어져(固) 있는(有) 이름(名)을 나타내는 말(詞)'입니다.

연고 고(故)자는 원래 '쳐서(攵) 죽인다'는 뜻이었으나 나중에 '연고(緣故), 까닭'이라는 의미가 생겼습니다. 또, 예 고(古)자와 같은 뜻도 가지고 있습니다. '고인의 명복을 빕니다'에서 고인(故人)은 '죽은(故) 사람(人)'을 뜻합니다. 고사성어(故事成語)는 '옛날(故) 있었던 일(事)에서 이루어진(成) 말(語)'이고, 사자성어(四字成語)는 '네(四) 글자(字)로 이루어진(成) 말(語)'입니다. 고향(故鄕)은 '연고(故)가 있는 시골(鄕)'이란 뜻으로, 태어나고 자란 고장입니다.

시어미 고(姑)자는 '오래된 옛날(古) 여자(女)가 시어머니다'는 뜻입니다. 고(姑)자는 고모(姑母)라는 뜻도 가지고 있습니다. 고모부(姑母夫)는 고모(姑母)의 남편이고, 고종사촌(姑從四寸)은 고모(姑母)의 아들딸입니다. 고식지계(姑息之計)는 '시어머니(姑)와 자식(息), 즉 늙은이와 어린이의(之) 계책(計)' 이란 뜻으로, 당장의 편안함만을 꾀하는 일시적인 방편이나 계책을 말합니다. '고부 간의 갈등'의 고부(姑婦)는 '시어머니(姑)와 며느리(婦)'입니다.

고목(枯木), 고갈(枯渴) 등에 사용되는 마를 고(枯)자는 '나무(木)가 오래되고 늙어(古) 마른 나무가 되었다'는 뜻입니다. 고목(古木)은 '오래된(古) 나무(木)'지만, 고목(枯木)은 '말라(枯) 죽은 나무(枯)'입니다.

씀바귀 풀

[거]로 소리나는 경우

4 3 居 살 거 중 居
주검 시(尸) +
[예 고(古)→거]

살 거(居)자는 '집(尸)에 오랫(古)동안 살다'는 뜻입니다. 거주(居住), 주거(住居), 별거(別居), 동거(同居) 등에 사용됩니다. 동거인(同居人)은 '같이(同) 사는(居) 사람(人)'이란 뜻인데, 가족이 아니면서 어떤 가족과 한집에서 같이 사는 사람을 일컫는 말입니다. 거간(居間)꾼은 '사이(間)에 사는(居) 사람'으로, 물건을 사는 사람과 파는 사람 사이에 끼어 흥정을 붙이는 일을 직업으로 하는 사람을 말합니다.

[호]로 소리나는 경우

2 2 祜 복 호 중 祜
보일 시(示) + [예 고(古)→호]

3 2 胡 오랑캐 호 중 胡
고기 육(肉/月) +
[예 고(古)→호]

5 4 湖 호수 호 중 湖
물 수(氵) + [오랑캐 호(胡)]

1 1 糊 풀 호 중 糊
쌀 미(米) + [오랑캐 호(胡)]

1 1 瑚 산호 호 중 瑚
구슬 옥(玉/王) +
[오랑캐 호(胡)]

바다 속의 산호

제사상에서 복(福)을 빌거나 기도(祈禱)를 하므로, 복 호(祜)자에는 제사상의 상형인 보일 시(示)자가 들어갑니다. 주로 사람 이름에 사용됩니다.

오랑캐 호(胡)자는 뜻을 나타내는 고기 육(肉/月)자와 소리를 나타내는 예 고(古)자가 합쳐진 글자로, 원래 턱밑 살을 뜻하는 글자입니다. 이후 '턱밑 살→(턱밑에 난) 수염, 구레나루→(구레나루가 난) 오랑캐'라는 뜻이 파생되었습니다. 중국에서는 변두리 지역에 사는 민족들을 오랑캐라고 부르지만, 우리나라에서는 만주 지방에 사는 중국인들을 오랑캐라고 불렀습니다. 그래서 이름 앞에 '호(胡)'자가 붙은 것은 대부분 중국에서 들어온 것입니다. 호빵, 호떡, 호박(胡朴), 호두(胡豆), 호초(胡椒: 후추) 등이 그런 예입니다. 병자호란(丙子胡亂)은 '병자(丙子)년에 오랑캐(胡)의 침입으로 일어난 난(亂)'으로, 1636년(인조 14년)에 중국 청나라가 조선에 침입한 전쟁입니다.

호수에는 물이 있으므로, 호수 호(湖)자에는 물 수(氵)자가 들어갑니다. 지리 시간에 배우는 우각호(牛角湖)는 '소(牛) 뿔(角) 모양으로 휘어진 호수(湖)'로, '초승달호'라고도 합니다. 조선 성종 때 편찬한 우리나라의 지리서인 《동국여지승람》에 금강(錦江: 전라도와 충청도를 경계를 이루는 강)을 호강(湖江)이라고 기록하고 있습니다. 호남(湖南)은 '호강(湖江)의 남(南)쪽 지방'으로 전라도 지방을 일컫습니다.

풀 호(糊)자는 '쌀(米)로 풀을 만들다'는 뜻입니다. 호구지책(糊口之策)은 '입(口)에 풀(糊)칠할 방책(策)'이란 뜻으로, 가난한 살림에서 겨우 먹고 살아가는 방책을 일컫습니다.

산호(珊瑚)도 보석의 일종이므로, 산호 호(瑚)자에는 옥 옥(玉)자가 들어갑니다.

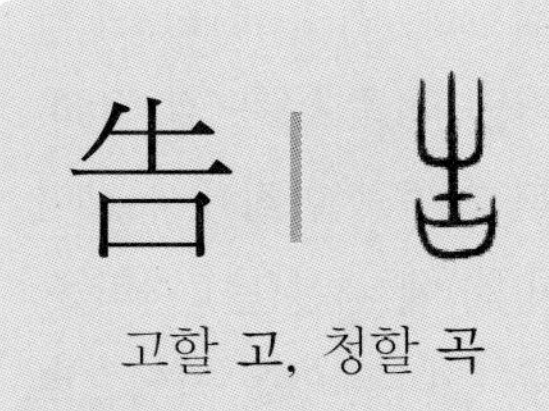

고할 고(告)자는 '소(牛)를 제물로 바친 후 조상에게 입(口)으로 고(告)하다'는 뜻입니다. 또, '제사를 지내면서 조상을 뵙고 소원이 이루어지도록 요청하다'는 뜻에서 청할 곡(告)자도 됩니다. '고사를 지내다'에서 고사(告祀)는 액운을 없애고 행운이 오도록 집안에서 섬기는 신령(조상신, 터주신, 성주신, 조왕신, 삼신신, 잡신)에게 음식을 차려 놓고 비는 제사입니다. 남자가 지내는 제사와 달리, 고사는 주부(主婦)가 지냅니다. 광고(廣告)는 '널리(廣) 알리다(告)'는 뜻이고, 고별(告別)은 '이별(離別)을 알리다(告)'는 뜻입니다.

[조]로 소리나는 경우

造 4/4 지을 조 중 造
갈 착(辶) + [고할 고(告)→조]

창조(創造), 제조(製造), 조형(造形), 조작(造作) 등에 들어가는 지을 조(造)자는 여러 가지 해석이 있습니다만, 글자 그대로 해석하면 '신 앞에 나아가(辶) 고(告)하면서 소원을 비는 모습'입니다. 이후, '(소원을) 이루다→만들다→짓다' 등의 뜻이 생겼습니다. 조선소(造船所)는 '배(船)를 짓는(造) 곳(所)'입니다. 조혈모세포(造血母細胞)는 '피(血)를 만드는(造) 어머니(母) 세포(細胞)'로, 골수 안에서 혈액세포를 만들어내는 세포입니다. 백혈병을 치료할 때 골수를 이식하는데, 골수에 있는 조혈모세포를 이식함으로써 병을 치료하는 것입니다.

[호]로 소리나는 경우

浩 3/2 넓을 호 중 浩
물 수(氵) + [고할 고(告)→호]

晧 2/2 밝을 호 중 晧
날 일(日) + [고할 고(告)→호]

皓 2/2 흴 호 중 皓
흰 백(白) + [고할 고(告)→호]

넓을 호(浩)자는 원래 '넓게 물(氵)이 흐르다'는 뜻에서, '넓다, 크다'는 뜻이 생겼습니다. 호연지기(浩然之氣)는 '넓고 큰(浩然) 기운(氣)'이란 뜻으로, 거침없이 넓고 큰 기개를 말합니다. 사람 이름으로 많이 사용됩니다.

해가 밝으니까, 밝을 호(晧)자에는 날 일(日)자가 들어갑니다. 이 글자도 사람 이름으로 많이 사용됩니다.

흴 호(皓)자는 뜻을 나타내는 흰 백(白)자와 소리를 나타내는 알릴 고(告)자가 합쳐진 글자입니다. 단순호치(丹脣皓齒)는 '붉은(丹) 입술(脣)과 흰(皓) 이빨(齒)'이란 뜻으로, 아름다운 여자의 얼굴을 이르는 말입니다.

[혹]으로 소리나는 경우

酷 2/2 독할 혹 중 酷
닭 유(酉) + [청할 곡(告)→혹]

냉혹(冷酷), 가혹(苛酷), 혹평(酷評), 혹독(酷毒), 참혹(慘酷), 잔혹(殘酷) 등에 들어가는 독할 혹(酷)자는 '조상에게 고하는 제사에 쓰는 술(酉)은 독하다'는 뜻입니다. 혹서(酷暑)는 '독하게(酷) 덥다(暑)'는 뜻이고, 혹한(酷寒)은 '독하게(酷) 춥다(寒)'는 뜻입니다.

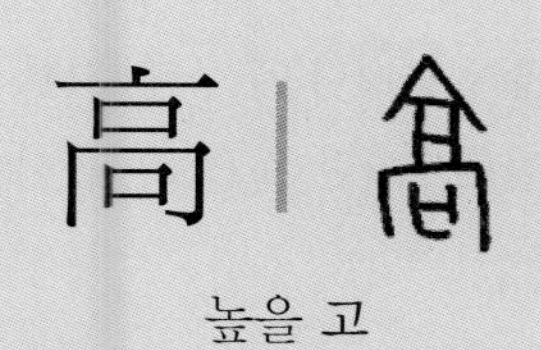
높을 고

높을 고(高)자는 높이 지은 건물이나 누각을 본떠 만든 글자입니다. 이런 높은 건물의 모습에서 '높다'는 뜻을 가지게 되었습니다. 고도(高度)는 '높은(高) 정도(度)'라는 뜻으로, 바다 수면을 0으로 하여 측정한 높이를 말합니다. 하지만, 태양이나 달, 별 등 천체의 고도는 천체가 지평선이나 수평선과 이루는 각도입니다. 예를 들어 태양의 고도는 태양에서 오는 햇빛과 지표면이 이루는 각도입니다. 남중고도(南中高度)는 '태양이나 달, 별 등의 천체가 남쪽(南) 중간(中)에 있을 때의 고도(高度)'입니다.

높을 고(高)자는 부수이기는 하지만 다른 글자와 만나 뜻을 나타내는 경우는 거의 없고, 대신 다른 부수와 만나 소리로 사용됩니다.

[고]로 소리나는 경우

3/3 稿 원고 고 중 稿
벼 화(禾) + [높을 고(高)]

1/2 膏 기름 고 중 膏
고기 육(肉/月) + [높을 고(高)]

1/1 敲 두드릴 고 중 敲
칠 복(攴) + [높을 고(高)]

원고 고(稿)자는 원래 '벼(禾)에서 이삭을 털어내고 남은 볏짚'을 뜻하는 글자입니다. 나중에 원고(原稿)라는 뜻이 생겼습니다.

기름은 고기에서 나오므로, 기름 고(膏)자에는 고기 육(肉/月)자가 들어갑니다. 연고(軟膏)는 '연한(軟) 기름(膏)'이란 뜻입니다. 피부에 바르는 약으로, 부드러워 피부에 잘 발라집니다. 고량진미(膏粱珍味)는 '기름진(膏) 고기와 좋은 곡식(粱)으로 만든 진귀하고(珍) 맛있는(味) 음식'입니다.

북 고(鼓)자와 비슷하게 생긴 두드릴 고(敲)자는 '쳐서(攴) 두드리다'는 뜻입니다. 아마도 북 소리를 멀리 가게 하려고, 높은 건물(高) 위에서 두드렸을 것으로 추측됩니다. 퇴고(推敲)는 원래 '밀고(推) 두드린다(敲)'는 뜻이지만, '글을 여러 번 고침'을 이르는 말이 되었습니다. 당나라의 시인이자 스님인 가도(賈島)는 어느 날 밤에 길을 가다 지은 시 중에서 '문을 두드린다(敲)'와 '문을 민다(推)' 중 어느 것이 더 좋은지 고민하면서 글을 고친 데에서 생긴 말입니다.

[호]로 소리나는 경우

3/2 豪 호걸 호 중 豪
돼지 시(豕) + [높을 고(高)→호]

호걸(豪傑), 호기(豪氣), 호화(豪華) 등에 사용되는 호걸 호(豪)자는 원래 고슴도치처럼 털이 빳빳한 멧돼지를 나타내는 글자입니다. 나중에 이러한 멧돼지처럼 용맹스러운 호걸(豪傑)을 의미하는 뜻이 생겼습니다. 호족(豪族)은 지방에서 재산이나 세력이 많은 사람을 일컫는 말입니다. 중앙집권적인 국가에서는 중앙에서 파견된 지방관이 중앙의 명령을 받아 지방을 관리하고 운영하였으나, 지방관의 영향이 미치지 않는 곳에서는 호족이 그 지방을 다스리기도 하였습니다.

ㄱ ㄴ ㄷ ㄹ ㅁ ㅂ ㅅ ㅇ ㅈ ㅊ ㅋ ㅌ ㅍ ㅎ 부록

3/2 毫 가는털 호 ❸毫
털 모(毛) +
[높을 고(高)→호]

2/2 鎬 호경 호 ❸镐
쇠 금(金) +
[높을 고(高)→호]

가는털 호(毫)자는 뜻을 나타내는 털 모(毛)자와 소리를 나타내는 높을 고(高)자가 합쳐진 글자입니다. '그런 생각은 추호도 없었습니다'에서 추호(秋毫)는 '짐승이 가을철(秋)에 털을 갈아서 가늘어진 털(毫)'이란 뜻으로, '몹시 작음'을 비유하여 이르는 말입니다.

호경 호(鎬)자는 원래 '높이(高) 매달아 아래에 불을 피워 뜨겁게 데워 먹는 쇠(金) 그릇'을 뜻하는 글자입니다. 호경 호(鎬)자를 냄비 호(鎬)자로 부르는 것은 이런 이유입니다. 호경(鎬京)은 주(周)나라를 창건한 무왕이 처음 도읍했던 곳으로, 중국 섬서성의 서안 부근에 있습니다. 도읍을 정하면서 '세상 천지 만물을 따뜻하게 해주는 큰 그릇'이라는 뜻으로 이름을 호(鎬)라고 지었습니다. 우리나라에서는 사람의 이름으로 많이 사용됩니다.

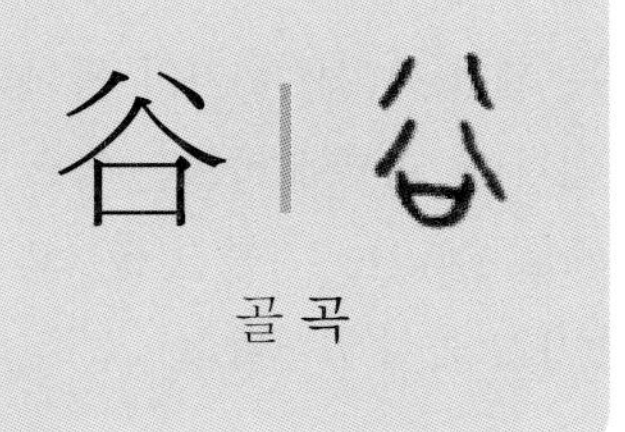

골 곡(谷)자는 물이 흐르는 계곡(溪谷)을 정면에서 본떠 만든 글자입니다. 글자 아래의 입 구(口)자는 계곡의 물이 고이는 못입니다. 진퇴유곡(進退維谷)은 '앞으로 나아가나(進) 뒤로 물러가나(退) 오직(維) 골짜기(谷)만 있다'는 뜻으로, 앞뒤로 나아가지 못하고 궁지에 빠진 상태를 말합니다. 비슷한 말로 진퇴양난(進退兩難)과 사면초가(四面楚歌)가 있습니다.

[속]으로 소리나는 경우

4/4 俗 풍속 속 ❸俗
사람 인(亻) +
[골 곡(谷)→속]

저속(低俗), 속어(俗語), 속세(俗世), 속설(俗說) 등에 사용되는 풍속 속(俗)자는 '사람(亻)이 풍속을 만들고 따르다'는 뜻입니다. 이후, '풍속(風俗)→관습→대중적이다→통속적(通俗的)이다→저속(低俗)하다→속(俗)되다' 등의 뜻이 생겼습니다. 속요(俗謠)는 '속된(俗) 노래(謠)'로, 고려 시대 민간에 널리 떠도는 고려가요를 말합니다. 주로 남녀 간의 사랑을 다루는 남녀상열지사(男女相悅之詞)를 내용으로 하고 있습니다. 속담(俗談)은 '대중적인(俗) 말(談)'이라는 뜻으로, 예전부터 민간에 전해져 내려오는 말입니다.

[욕]으로 소리나는 경우

4/4 浴 목욕할 욕 ❸浴
물 수(氵) + [골 곡(谷)→욕]

목욕(沐浴)에 들어가는 목욕할 욕(浴)자는 '계곡(谷)에서 물(氵)로 씻는다'는 뜻을 가졌습니다. 해수욕(海水浴)은 '바닷(海)물(水)로 목욕(浴)을 하다'는 뜻입니다. 산림욕(山林浴)은 '산(山)의 숲(林)에서 하는 목욕(浴)'으로, 숲 속을 거닐면서 숲의 기운(氣運)을 쐬는 일입니다. 산림욕을 하면 피톤치드로 인한 스트레스 해소 효과가 있습니다.

3/3 欲 하고자할 욕 ㊥ 欲
하품 흠(欠) + [골 곡(谷)→욕]

욕심(欲心/慾心)과 욕망(欲望/慾望)에 사용되는 하고자할 욕(欲)자는 '하품(欠)하듯이 입을 크게 벌리고, 욕심(欲心)을 내며 하고자 한다'는 뜻입니다. 나중에 뜻을 분명히 하기 위해 마음 심(心)자가 붙어 욕심 욕(慾)자가 되었습니다. 욕구불만(欲求不滿)은 '하고자 하거나(欲) 구하는(求) 것이 채워지지(滿) 않는다(不)'는 뜻입니다. 사리사욕(私利私慾)은 '사사로운(私) 이익(利)과 사사로운(私) 욕심(慾)'이란 뜻으로, 개인의 사사로운 이익과 욕심을 의미합니다. 오욕(五慾)은 '인간의 다섯(五) 가지 욕망(慾)'으로, 재물욕(財物慾), 색욕(色慾), 식욕(食慾), 명예욕(名譽慾), 수면욕(睡眠慾)을 말합니다.

3/3 慾 욕심 욕 ㊥ 欲
마음 심(心) + [하고자할 욕(欲)]

[용]으로 소리나는 경우

4/4 容 얼굴 용 ㊥ 容
집 면(宀) + [골 곡(谷)→용]

얼굴 용(容)자는 정확한 어원을 알 수 없는 글자입니다. 얼굴이란 뜻과 함께 용서하다는 뜻을 가지고 있습니다. 용모(容貌)는 '얼굴(容)의 모양(貌)'입니다. 용서(容恕)는 '용서하고(容) 용서하다(恕)'는 뜻입니다. 형용사(形容詞)는 '모양(形)을 꾸미는(容) 말(詞)'로, 명사를 수식하는 말입니다.

[유]로 소리나는 경우

3/3 裕 넉넉할 유 ㊥ 裕
옷 의(衣) + [골 곡(谷)→유]

여유(餘裕), 부유(富裕) 등에 들어가는 넉넉할 유(裕)자는 '옷(衣)이 커서 넉넉하다'는 뜻입니다. 부유(富裕)는 '부자(富)이거나 넉넉하다(裕)'는 뜻이고, 부유세(富裕稅)는 '재산이 부유(富裕)한 사람에게 매기는 세금(稅)'으로 북유럽 여러 나라에서 채택하고 있습니다.

公 | 田
공평할 공

공평할 공(公)자의 유래는 주나라 초기에 실시된 정전제(井田制)입니다. 정전제란 밭(田)을 9등분하여, 이중 바깥에 있는 8등분은 8명이 각자 자신들이 경작하여 여기서 나는 농산물을 자신이 가지고, 중앙에 있는 1등분은 8명이 공동으로 경작하여 국가에 바쳤습니다. 즉, 개인(厶)이 벼(禾)를 경작하는 밭을 사전(私田)이라 하고, 8(八)명의 개인(厶)들이 공동으로 경작하는 밭을 공전(公田 = 八+厶+田)이라 불렀고, 여기에서 '공평하다'는 뜻도 생겼습니다.

[곤]으로 소리나는 경우

1/1 袞 곤룡포 곤 ㊥ 衮
옷 의(衣) + [공평할 공(公)→곤]

곤룡포(袞龍袍)는 임금이 일을 할 때 입는 옷입니다. 곤룡포 곤(袞)자는 옷 의(衣)자와 공평할 공(公)자가 합쳐진 글자로, '임금이 공(公)적으로 입었던 옷(衣)'이라는 뜻입니다. 공평할 공(公)자가 옷 의(衣)자 중간에 들어가 다른 모양(八+口)으로 변했습니다.

[송]으로 소리나는 경우

4/4 松 소나무 송 중 松
나무 목(木) +
[공평할 공(公)→송]

4/3 頌 기릴 송 중 颂
머리 혈(頁) +
[공평할 공(公)→송]

3/3 訟 송사할 송 중 讼
말씀 언(言) +
[공평할 공(公)→송]

소나무는 나무 이름이므로, 소나무 송(松)자에는 나무 목(木)자가 들어갑니다. 우리나라는 예로부터 소나무가 많았는데, 그것이 지명이나 이름에 드러나 있습니다. 송도(松島)는 '소나무(松)가 많은 섬(島)', 송정(松亭)은 '소나무(松) 숲에 있는 정자(亭)', 송악(松嶽)은 '소나무(松)가 많은 큰 산(嶽)', 송강(松江)은 '소나무(松) 숲을 흐르는 강(江)' 이란 뜻입니다. 송강(松江)은 〈관동별곡(關東別曲)〉을 지은 조선 시대의 시인인 정철의 호(號)이기도 합니다.

기릴 송(頌)자는 '일처리에 공평(公)하고 얼굴(頁)도 잘 생겨 칭송(稱頌)하거나 기리다'는 뜻입니다. 송덕비(頌德碑)는 '공덕(德)을 기리기(頌) 위하여 세운 비석(碑)'입니다. 찬송가(讚頌歌)는 '하느님을 찬송하고(讚) 기리기(頌) 위한 노래(歌)'입니다.

송사(訟事)는 백성끼리 분쟁이 있을 때, 관청에 호소하여 판결을 구하던 재판을 말합니다. 잘잘못을 가리는 재판은 말이 오갑니다. 송사할 송(訟)자는 '말(言)로 공평함(公)을 가리다'는 뜻입니다. 소송(訴訟)은 '하소연하고(訴) 송사하다(訟)'는 뜻으로 재판을 거는 것입니다.

[옹]으로 소리나는 경우

3/2 翁 늙은이 옹 중 翁
깃 우(羽) +
[공평할 공(公)→옹]

늙은이 옹(翁)자는 원래 '새 목덜미의 털'을 뜻하는 글자인데, '늙은이의 목에 털(수염)이 있다'는 의미로 늙은이라는 뜻도 생겼습니다. 조선 초기에 권근(權近, 1352~1409년)이 지은 한문 수필 〈주옹설(舟翁說)〉은 '배(舟)에서 사는 늙은이(翁)의 말씀(說)'이란 뜻으로, 《동문선(東文選)》에 실려 있습니다. 내용은 손님과 주옹(舟翁: 배에서 사는 늙은이)이 주고받는 말입니다.물 위에서 배의 균형을 잡기 위해 사는 뱃사람의 생활이, 아무 생각 없이 편안함만 추구하다가 불행해지는 육지에 사는 이들의 삶보다 낫다는 것을 손님에게 깨우치고 있습니다. 《민옹전(閔翁傳)》은 '민(閔)씨 노인(翁)의 전기(傳)'라는 뜻으로, 연암 박지원이 지은 한문 단편 소설입니다. 실존 인물인 민유신(閔有信)의 전기(傳記)로, 능력은 있으나 불우하게 일생을 마친 그의 삶을 통해 당시의 세태를 풍자한 작품입니다. 《역옹패설(櫟翁稗說)》은 '상수리 나무(櫟) 아래의 노인(翁)이 쓴 작은(稗) 말(說)'이란 뜻으로, 1342년에 고려 말기의 문신이자 학자인 이제현이 지은 책입니다. 역사책에 나오지 않는 이야기와 경전, 인물, 시문, 서화 등을 비평한 글을 실었습니다. 이인로의 파한집(破閑集), 최자의 보한집(補閑集) 등과 함께 고려시대의 3대 비평문학서로 꼽힙니다. 역옹(櫟翁)은 이제현의 호(號)입니다.

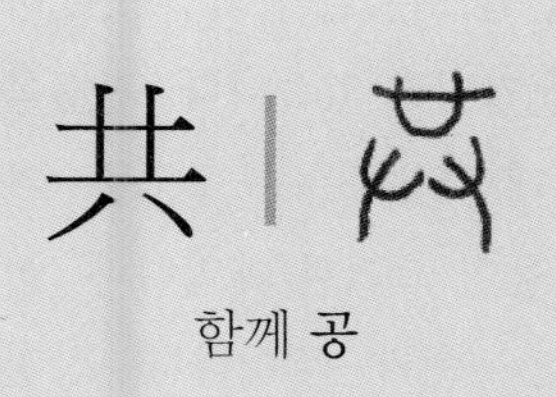

함께 공

함께 공(共)자는 두 손(廾)으로 함께 어떤 물건을 바치고 있는 모습입니다. 이 모습에서, '함께, 같이, 바치다, 공손하다' 등의 뜻이 생겼습니다. 공동(共同)은 '함께(共) 같이(同)'라는 뜻이고, 공생(共生)은 '서로 도우며 함께(共) 살다(生)'는 뜻으로, 악어와 악어새처럼 종류가 다른 생물이 같은 곳에서 살며 서로에게 이익을 주며 함께 사는 일입니다.

[공]으로 소리나는 경우

3/3 恭 공손할 공 ⓖ恭
마음 심(心) + [함께 공(共)]

3/3 供 이바지할 공 ⓖ供
사람 인(亻) + [함께 공(共)]

공손할 공(恭)자에 들어가는 함께 공(共)자는 두 손(廾)으로 공손하게 어떤 물건을 바치고 있는 모습입니다. 나중에 '(마음이) 공손하다'는 뜻을 분명히 하기 위해 마음 심(心)자가 추가되었습니다. 글자 아래에 있는 것이 마음 심(心)자의 변형 자입니다. 공경(恭敬), 공대(恭待), 공손(恭遜) 등에 쓰입니다.

이바지할 공(供)자는 원래 '사람(亻)이 공손하게 어떤 물건을 바치다(共)'는 뜻입니다. 이후, '바치다→주다→받들다→이바지하다' 등의 뜻이 생겼습니다. 공급(供給), 제공(提供) 등에서는 '주다', 공양(供養)에서는 '받들다', 공여(供與)에서는 '이바지하다'는 뜻으로 사용됩니다. 공양미 300석에 팔려간 심청의 이야기에 나오는 공양미(供養米)는 '부처님을 받들어(供) 봉양하기(養) 위한 쌀(米)'입니다.

[홍]으로 소리나는 경우

3/2 洪 넓을 홍 ⓖ洪
물 수(氵) + [함께 공(共)→홍]

넓을 홍(洪)자는 원래 홍수(洪水)를 나타내는 말이었으나, '넓다, 크다'는 뜻이 생겼습니다. 전라도 지방에서 즐겨 먹는 홍어(洪魚)는 '몸통이 넓은(洪) 물고기(魚)'라는 뜻입니다. 홍적세(洪積世)는 '넓은(洪) 범위의 퇴적층(積)이 만들어진 세대(世)'라는 뜻으로, 신생대 4기에서 전반의 기간입니다.

[항]으로 소리나는 경우

3/2 巷 거리 항 ⓖ巷
고을 읍(巳→邑) + [함께 공(共)→항]

4/3 港 항구 항 ⓖ港
물 수(氵) + [거리 항(巷)]

거리 항(巷)자는 '고을(邑→巳)' 이나 '고을에 있는 것이 거리'를 뜻합니다. 고을 읍(邑)자가 단순화되어 뱀 사(巳)자로 변했습니다. '항간에 떠도는 소문'의 항간(巷間)은 '마을(巷) 사람들 사이(間)'라는 뜻입니다. 가담항설(街談巷說)은 '길(街)에 떠도는 말(談)과 거리(巷)에 떠도는 말(說)'이란 뜻입니다. 누항사(陋巷詞)는 '누추(陋)한 거리(巷)에 대해 지은 가사(辭)'로, 노계 박인로가 1611년에 지은 가사(歌辭)입니다. 한음 이덕형과 사귈 때 자신의 곤궁한 생활을 묻는 데 대한 답으로 지은 것입니다.

항구 항(港)자는 '물길(氵)이 닿아 있는 거리(巷)가 항구(港口)이다'는 뜻입니다. 공항(空港)은 '항공기(航空機)가 드나드는 항구(港)'입니다.

장인 공

장인 공(工)자에서 장인(匠人)은 손으로 물건을 만드는 일을 직업으로 하는 사람입니다. 장인 공(工)자에 대한 해석도 여러 가지가 있습니다. 진흙을 바르고 고르는 데 사용되는 흙손, 진흙을 다지는 데 사용하는 도구, 목수가 사용하는 끌, 대장장이가 쇠를 벼리기 위한 모루 등이 그러한 예입니다. 이후에 '일하는 도구→만들다→공업(工業)→기능(技能)→솜씨→뛰어나다→장인(匠人)' 등이 생겼습니다. 공장(工場)은 '물건(工)을 만드는 장소(場)'입니다.

장인 공(工)자는 부수임에도 불구하고 뜻으로 사용되는 경우가 드뭅니다. 일반적으로 사용되는 글자로는 교묘할 교(巧)자 정도입니다. 대부분의 경우 소리를 나타내는 글자로 사용됩니다.

[공]으로 소리나는 경우

7/5 空 빌 공 ㊥空 구멍 혈(穴) + [장인 공(工)]

6/5 功 공 공 ㊥功 힘 력(力) + [장인 공(工)]

4/3 攻 칠 공 ㊥攻 칠 복(攵) + [장인 공(工)]

3/3 貢 바칠 공 ㊥贡 조개 패(貝) + [장인 공(工)]

3/2 恐 두려울 공 ㊥恐 마음 심(心) + [조심스러울 공(巩)]

공간(空間), 공군(空軍), 공기(空氣), 공중(空中) 등에 들어가는 빌 공(空)자는 '굴이나 구멍(穴)의 안이 비어 있다'는 뜻입니다. 필기를 하는 데 사용하는 공책(空册)은 '내용이 비어 있는(空) 책(册)'이고, 공명첩(空名帖)은 '이름(名)을 적는 란이 비어(空) 있는 장부(帖)'로, 조선 시대에 돈이나 곡식을 바치는 사람에게 벼슬을 주던 임명장입니다. 이름을 적는 란을 비워두었다가 돈이나 곡식을 바치는 사람에게 즉석에서 이름을 적어 넣었습니다. 임진왜란과 병자호란으로 국가 재정이 바닥나자, 국가에서는 공명첩을 발행하여 돈을 모아 가난한 백성을 구제하였습니다.

공 공(功)자는 '힘써(力) 싸워 공(功)을 세우다'는 뜻입니다. 공신전(功臣田)은 '공(功)을 세운 신하(臣)에게 지급한 밭(田)'을 말합니다. 조선 시대에 공(功)을 세운 사람에게 지급한 토지로 세습이 되었습니다.

칠 공(攻)자는 '적을 쳐서(攵) 공격(攻擊)하다'는 뜻입니다. 원교근공(遠交近攻)은 '먼(遠) 나라와 사귀고(交), 가까운(近) 나라를 치다(攻)'는 뜻으로, 중국 전국 시대에 진(秦)나라의 정치가인 범수가 진(秦)나라 왕에게 권한 외교 정책입니다.

중국 주나라 때 있었던 봉건제도는 왕이 공신이나 친척들로 하여금 땅을 주고 다스리는 대신, 공물(貢物)을 바치게 하였습니다. 공물은 원래 지방의 특산물을 바쳤으나, 나중에 돈으로 바뀌었습니다. 이런 이유로 바칠 공(貢)자에는 조개 패(貝)자가 들어갑니다. 조개는 옛날에 화폐로 사용했기 때문입니다. 우리나라에서도 고종 31년(1894년)에는 공물을 돈으로 바치게 하는 대동법(大同法)을 실시하였습니다.

두려울 공(恐)자는 '두려우면 마음(心)이 조심스럽다(巩)'는 뜻을 담고 있습니다. 공룡(恐龍)은 '두려운(恐) 용(龍)'이란 뜻으로, 중생대에 번성하였던 거대한 파충류를 통틀어 이르는 말입니다. 화석에 의하여 400여 종 이상이 알려져 있습니다. 공황(恐慌)은 '두려움(恐)에 질려 다급하다(慌)'는 뜻으로, 경제에서는 경제 혼란의 현상을 말합니다.

[강]으로 소리나는 경우

7/7 江 강 강 중 江
물 수(氵) + [장인 공(工)→강]

1/2 腔 빈속 강 중 腔
고기 육(肉/月) + [빌 공(空)→강]

강 강(江)자는 원래 양자강(揚子江, 양쯔강)을 지칭하는 고유명사로, '강남(江南) 갔던 제비'를 말할 때 강남(江南)은 양자강 남쪽을 일컫습니다. 양자 강은 길이가 약 6,300Km로 아시아에서 가장 큰 강으로, 중국 사람들은 장강(長江)이라고 부릅니다. 서강대학교(西江大學校)는 '한강(江)의 서쪽(西)에 위치하는 대학교(大學校)'입니다.

빈속 강(腔)자는 사람의 몸(肉/月) 안에서 속이 비어(空) 있는 부분을 의미합니다. 강장동물(腔腸動物)은 '속이 비어 있는(腔) 창자(腸)를 가진 동물(動物)'이란 뜻으로, 해파리나 말미잘과 같은 동물입니다. 이런 동물을 보면 몸의 중간에 구멍이 나있습니다. 이 구멍으로 먹이를 먹고 안쪽에서 소화를 하며 또한 배설도 합니다. 즉 이 구멍은 입인 동시에 항문이며, 위와 창자입니다.

[항]으로 소리나는 경우

3/3 項 목 항 중 项
머리 혈(頁) + [장인 공(工)→항]

목은 머리에 있으므로, 목 항(項)자에는 머리 혈(頁)자가 들어갑니다. 비슷한 글자로 목 경(頸)자가 있습니다. 이후 항목(項目)이란 뜻으로 사용됩니다. 수학에서 다항식(多項式)은 '많은(多) 항(項)이 있는 식(式)'이고, '이항정리'의 이항(二項)은 '항(項)이 두(二) 개 있는 것'이고, 방정식을 풀 때 이항(移項)은 '등식이나 부등식의 한 변에 있는 항(項)을 그 부호를 바꿔 다른 변으로 옮기는(移) 일'입니다.

[홍]으로 소리나는 경우

4/3 紅 붉을 홍 중 红
실 사(糸) + [장인 공(工)→홍]

실을 염색하여 색을 입히므로, 색을 나타내는 글자에는 실 사(糸)자가 들어가는 경우가 많습니다. 붉은 홍(紅), 자줏빛 자(紫), 푸를 록(綠)자 등이 그 예입니다. 홍의장군(紅衣將軍)은 '붉은(紅) 옷(衣)을 입은 장군(將軍)'으로, 임진왜란 때 의병장이었던 곽재우 장군의 별명입니다. 전쟁에서 붉은 옷을 입고 선두에서 많은 왜적을 무찔렀으므로 홍의장군이란 별명이 붙었습니다.

1-1 **虹** 무지개 홍 ⓩ 虹
벌레 충(虫) + [장인 공(工)→홍]

무지개 색이 나는
서양 사람의 홍채

무지개가 긴 뱀처럼 생겼으므로, 무지개 홍(虹)자에는 벌레 충(虫)자가 들어갑니다. 벌레 충(虫)자는 뱀의 모습을 본떠 만든 글자입니다. 홍채(虹彩)는 '무지개(虹) 색(彩)'이란 뜻이지만, 사람의 검은 눈동자 주변을 둘러싸고 있는 부분입니다. 동양 사람의 경우는 대부분 갈색이지만, 서양 사람의 경우 무지개처럼 여러 가지 색으로 이루어져 있어서, 아이리스(iris: 무지개)라고 부릅니다. 그래서 중국 원나라에서는 서양인을 색목인(色目人: 눈동자에 색이 있는 사람)이라 불렀습니다. 무지개(iris)를 중국에서는 홍채(虹彩)라고 하기 때문에 홍채라는 이름이 생겼습니다.

果 |
열매 과

열매 과(果)자는 나무(木) 위에 열매(田)가 달려 있는 모습입니다. 밭 전(田)자는 나무에 달려 있는 과일을 나타냅니다. 하지만 중앙에 있는 수직 획(丨)은 한 번에 써야 합니다. 열매는 농사를 짓고 난 결과로 얻어지는 수확물이라서, 열매 과(果)자는 결과(結果)라는 뜻도 가지고 있습니다. 과수원(果樹園)은 '과일(果) 나무(樹)를 심은 동산(園)'이고, 효과(效果)는 '드러낸(效) 결과(果)'입니다.

[과]로 소리나는 경우

5-4 **課** 매길 과 ⓩ 课
말씀 언(言) + [열매 과(果)]

2-2 **菓** 과자 과 ⓩ 果
풀 초(艹) + [열매 과(果)]

매길 과(課)자는 원래 '농사지은 결과(果)에 대해 말(言)로 세금을 매기다'는 뜻입니다. 이후, '매기다→부과(賦課)하다→세금(稅金)→(세금을 매기기 위해 분류한) 과목(科目)→과정(科程)→부서(部署)' 등의 뜻이 파생되었습니다. 과세(課稅)는 '세금(稅)을 매기다(課)'는 뜻입니다. 과외공부(課外工夫)는 '정해진 과정(課) 외(外)에 하는 공부(工夫)'입니다.

과자(菓子)는 단맛을 위주로 만들어 주로 끼니 외에 먹는 음식을 말합니다. 과자 과(菓)자는 '옛날에는 풀(艹)이나 열매(果)가 과자였다'는 뜻입니다. 제과점(製菓店)은 '과자(菓)를 만드는(製) 상점(店)'이고, 다과(茶菓)는 '마시는 차(茶)와 과자(菓)'입니다.

[나]로 소리나는 경우

2-2 **裸** 벌거벗을 라 ⓩ 裸
옷 의(衤) + [열매 과(果)→라]

나체(裸體), 나신(裸身)에 들어가는 벗을 라(裸)자는 '옷(衤)을 벗다'는 뜻입니다. '숨김없이 본디 모습 그대로 드러내다'는 뜻의 적나라(赤裸裸)는 '붉은(赤) 몸이 드러나도록 벗고(裸) 또 벗다(裸)'는 뜻으로, 읽을 때는 '적라라'가 아니고 '적나라'입니다. 전라(全裸)는 '전체(全)를 완전히 벗다(裸)'는 뜻이고, 반라(半裸)는 '반(半)만 벗다(裸)'는 뜻이지만, 최소한만 가린 상태를 말합니다.

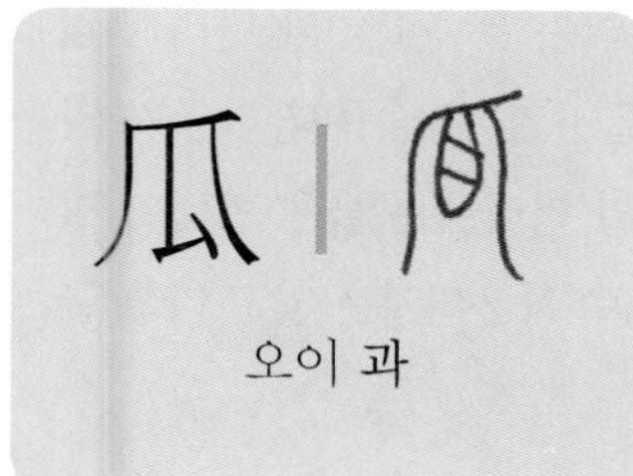
오이 과

오이 과(瓜)자는 중앙에 오이 1개와 양쪽으로 덩쿨 2개가, 위의 줄기에 달려 있는 모습을 본떠 만든 글자입니다. 하지만 과(瓜)자가 오이만을 일컫는 글자는 아니고, 참외, 수박, 호박, 박 등 덩쿨이 있는 박과의 식물을 모두 일컫습니다. 따라서 표주박 표(瓢)자에도 오이 과(瓜)자가 들어갑니다. 오이 과(瓜)자는 손의 상형인 손톱 조(爪)자와 비슷하게 생겼지만, 전혀 관계가 없습니다.

[고]로 소리나는 경우

4/3 孤 외로울 고 중 孤
아들 자(子) +
[오이 과(瓜)→고]

고독(孤獨), 고립(孤立), 고아(孤兒) 등에 들어가는 외로울 고(孤)자는 원래 '부모가 없는 아이(子)' 즉, 고아(孤兒)를 일컫습니다. 고아는 외로우므로 '외롭다'는 뜻이 생겼습니다. 고립어(孤立語)는 '글자 하나하나가 고립(孤立)된 언어(言語)'로, 중국의 한자처럼 조사나 어미가 없이 글자 하나하나가 고립된 언어입니다. 글자의 문법적인 기능은 주로 말 순서로 파악합니다. 예를 들어 '나는, 나의, 나와, 나를' 등을 모두 조사가 없이 '아(我)'로 표현합니다. 또 '가다, 가니, 가고' 등도 조사 없이 '거(去)'로 표현합니다. 고장난명(孤掌難鳴)은 '외로운(孤) 손(掌)은 울기(鳴)가 힘들다(難)'는 뜻인데, 한 손으로는 손뼉을 칠 수 없다는 의미입니다. '혼자서는 어떤 일을 이룰 수 없다'는 뜻과 함께, '상대(相對) 없이는 싸움이 일어나지 않는다'는 뜻을 가지고 있습니다.

[호]로 소리나는 경우

1/1 狐 여우 호 중 狐
개 견(犭) +
[오이 과(瓜)→호]

1/1 弧 활 호 중 弧
활 궁(弓) +
[오이 과(瓜)→호]

여우도 짐승의 일종이므로, 여우 호(狐)자에는 짐승을 의미하는 개 견(犭)자가 들어갑니다. 구미호(九尾狐)는 '꼬리(尾)가 9(九)개 달린 여우(狐)'입니다. 호가호위(狐假虎威)는 '여우(狐)가 범(虎)의 위세(威)를 빌려(假) 호기를 부리다' 뜻으로, 남의 권세에 의지하여 위세를 부림을 이르는 말입니다.

활 호(弧)자는 활을 뜻하는 동시에 곡선이나 원둘레의 한 부분을 뜻합니다. 이런 부분의 모습이 활과 같이 생겼다고 해서 호(弧)라고 부릅니다. 원호(圓弧)는 원둘레의 두 점 사이에 있는 한 부분입니다. 호상열도(弧狀列島)는 '활(弧)등처럼 굽은 형상(狀)으로 열(列)을 지어 있는 섬(島)의 집합체'로, 일본열도(日本列島)가 그런 예입니다. 호도법(弧度法)은 '호(弧)의 길이로 각도(度)를 표현하는 방법(法)'으로, 단위는 라디안(Radian) 입니다. 라디안(Radian)이란 말은 반지름을 의미하는 래디우스(radius)라는 단어에서 나왔습니다. 따라서, 1 라디안은 호의 길이가 반지름 길이와 같을 때의 각도로 약 57도입니다. 반지름의 3.14(=π)배가 되면 180도가 되고, 반지름의 6.28(=2π)배가 되면 360도가 됩니다.

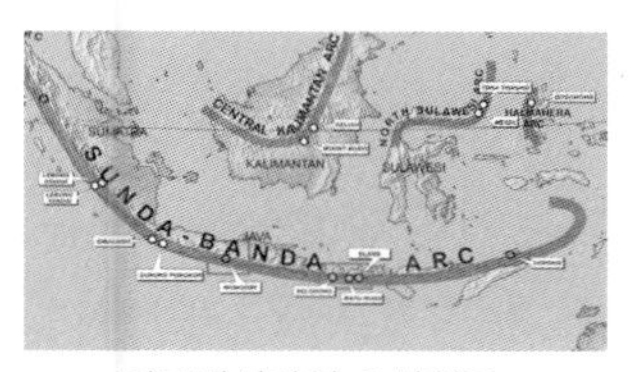

인도네시아의 호상열도

황새 관

황새 관(雚)자는 새(隹) 머리 부분에 두리번거리는 두 눈(吅)과 머리 위의 깃털 모습(艹)을 가진 황새의 모습을 본떠 만든 글자입니다. 목과 다리가 긴 황새는 학(鶴)과 닮았지만 다른 새입니다. 학(鶴)의 머리에는 붉은 반점이 있지만, 두루미는 없습니다. 황새 관(雚)자는 단독으로 사용되지는 않고 다른 글자와 만나 소리로 사용됩니다.

[관]으로 소리나는 경우

5/4 觀 볼 관 중 观 약 観
볼 견(見) + [황새 관(雚)]

1/1 灌 물댈 관 중 灌
물 수(氵) + [황새 관(雚)]

관객(觀客), 관광(觀光), 주관(主觀), 객관(客觀), 참관(參觀) 등에 사용되는 볼 관(觀)자는 '두 눈(吅)을 부릅뜬 황새(雚)가 보다(見)'는 뜻입니다. 관찰사(觀察使)는 '보고(觀) 살피기(察) 위해 임금이 보낸 사신(使)'이란 뜻으로, 조선 시대 각 도(道)의 으뜸 벼슬로 오늘날의 도지사에 해당합니다. 관찰사는 감사(監司)라고도 합니다.

물댈 관(灌)자는 뜻을 나타내는 물 수(氵)자와 소리를 나타내는 황새 관(雚)자가 합쳐진 글자입니다. 관개(灌漑)는 '물을 대고(灌) 물을 대다(漑)'는 뜻으로, 농사에 필요한 물을 논밭에 끌어대는 일입니다. 관장(灌腸)은 '장(腸)에다 물을 대다(灌)'는 뜻으로, 변비(便祕: 변이 숨음) 등에 걸린 사람의 항문으로 약물을 넣어서 직장이나 대장에 들어가게 하는 일입니다. 장 벽을 미끄럽게 하여 변을 잘나오게 해줍니다.

[권]으로 소리나는 경우

4/4 權 권세 권 중 权 약 权
나무 목(木) + [황새 관(雚)→권]

4/3 勸 권할 권 중 劝 약 劝
힘 력(力) + [황새 관(雚)→권]

권력(權力), 권세(權勢), 권리(權利), 인권(人權) 등에 들어가는 권세 권(權)자는 원래 '나무(木)로 만든 저울'을 뜻합니다. 이후, '저울→저울질하다→(저울의 한쪽이) 유리한 형세(形勢)→권세(權勢)' 등의 뜻이 추가되었습니다. 또, 때와 형편에 따라 저울질하는 데에서 '꾀하다'는 뜻도 생겼습니다.

권고(勸告), 권장(勸奬) 등에 들어가는 권할 권(勸)자는 원래는 '힘(力)쓰다'는 뜻입니다. 이후, '힘쓰다→애써 일하다→(일을) 즐기다→권장하다→권하다' 등의 뜻도 생겼습니다. 권선징악(勸善懲惡)은 '선(善)을 권하고(勸), 악(惡)을 징계하다(懲)'는 뜻입니다.

[환]으로 소리나는 경우

4/3 歡 기쁠 환 중 欢 약 欢
하품 흠(欠) + [황새 관(雚)→환]

환영(歡迎), 환호(歡呼), 환희(歡喜) 등에 사용되는 기쁠 환(歡)자는 '하품(欠)하듯이 입을 크게 벌리고 기뻐하다'는 뜻입니다. 환락(歡樂)은 '기쁘하며(歡) 즐거워하다(樂)'는 뜻입니다.

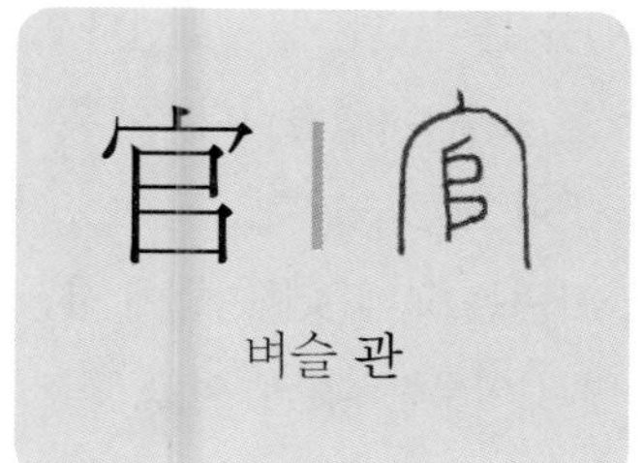

벼슬 관

벼슬 관(官)자는 집 면(宀)자와 언덕 부(阜)자의 변형 자가 합쳐진 글자로, '언덕(阜) 위에 우뚝 솟은 집(宀) 혹은 언덕(阜)처럼 높은 집(宀)이 관청(官廳)이다'는 뜻입니다. 이후, '집→관청(官廳)→(관청에서 일하는) 벼슬아치→벼슬'이란 뜻이 파생되었습니다. 비슷한 글자로, 집(宀) 안에 방(口)이 여러 개 있다는 의미의 글자인 집 궁(宮)자가 있습니다. 사관(史官)은 '고려 시대와 조선 시대에 역사(史)를 기록하던 벼슬(官)'이고, 역관(譯官)은 '통역이나 번역(譯)을 하는 관리(官)'입니다.

[관]으로 소리나는 경우

4-3 管 대롱 관 중 管
대 죽(竹) + [벼슬 관(官)]

3-2 館 집 관 중 馆 약 舘
먹을 식(食) + [벼슬 관(官)]

2-1 琯 옥피리 관 중 琯
구슬 옥(玉/王) + [벼슬 관(官)]

1-1 棺 널 관 중 棺
나무 목(木) + [벼슬 관(官)]

수도관(水道管)으로 사용하는 파이프를 지금은 플라스틱이나 금속으로 만들지만, 예전에는 모두 대나무로 만들었습니다. 대롱 관(管)자의 대롱은 파이프(pipe)의 순우리말입니다. 모세관현상의 모세관(毛細管)은 '털(毛)처럼 가는(細) 관(管)'입니다. 세뇨관(細尿管)은 '가는(細) 오줌(尿) 관(管)'으로, 신장에서 혈액 가운데 있는 노폐물을 오줌으로 걸러 내는 가는 관입니다. 수뇨관(輸尿管)은 '오줌(尿)을 보내는(輸) 관(管)으로 신장의 오줌을 방광까지 운반해주는 가늘고 긴 관입니다. 오줌관 또는 요관(尿管)이라고 합니다. 관악기(管樂器)는 '입으로 불어서 관(管) 안의 공기를 진동시켜 소리를 내는 악기(樂器)'입니다. 나무로 만든 목관악기와 금속으로 만든 금관악기의 두 가지가 있습니다.

집 관(館)자는 '먹고(食) 자는 집(官)'이란 뜻입니다. 이때 집은 일반인이 사는 집이 아니라, 여행객이 먹고 자는 객사(客舍)나 관리들이 먹고 자는 관사(官舍)를 뜻하는 글자입니다. 여관(旅館)은 '나그네(旅)들이 자는 집(館)'입니다. 왜관(倭館)은 '왜(倭)나라 사람들이 머물던 여관(旅館)'으로, 조선 시대에 외교적인 일이나 무역을 하러 온 왜인(倭人)들이 머물던 여관입니다. 경상북도 칠곡군 왜관읍(倭館邑)은 왜인(倭人)이 낙동강 하류에서 뱃길을 따라 올라와 이곳에서 무역을 하여 생긴 이름입니다.

옥피리는 옥으로 만든 피리니까, 옥피리 관(琯)자는 구슬 옥(玉/王)자가 들어갑니다. 주로 사람의 이름에 사용합니다.

널 관(棺)자는 '사람이 죽으면 들어가는 나무(木)로 만든 집(官)'이란 뜻입니다. 목관(木棺)은 '나무(木)로 만든 관(棺)'이고, 석관(石棺)은 '돌(石)로 만든 관(棺)'입니다. 옹관묘(甕棺墓)는 '옹기(甕器)로 관(棺)을 만든 묘(墓)'으로, 순우리말로 독무덤이라합니다.

ⓒ국립제주박물관의 옹관묘

사귈 교(交)자는 다리를 꼬고 서 있는 사람(大)을 본떠 만든 글자입니다. '양다리가 교차되어 있다'고 해서 원래 '교차하다'는 뜻을 가졌습니다. 이후 '교차하다→주고받다→오고 가다→사귀다' 등의 뜻이 생겼습니다. 교차(交叉), 주고받는 교류(交流), 오고 가는 교통(交通), 사귀는 교제(交際) 등에 사용됩니다. 교각(交角)은 '두 직선이 교차(交叉)하면서 이루는 각(角)'이고, 직교(直交)는 '직각(直)으로 교차(交叉)한다'는 뜻입니다. 깍지낄 차(叉)자는 손(又)으로 깍지낀 모습으로, 깍지를 끼려면 손가락을 교차해야 합니다. '전기의 직류와 교류'에서 교류(交流)는 '오고 가는(交) 흐르는(流) 전류'입니다.

[교]로 소리나는 경우

8/5 **校** 학교 교 ㊥ 校
나무 목(木) + [사귈 교(交)]

3/3 **較** 견줄 교 ㊥ 较
수레 차/거(車) + [사귈 교(交)]

3/2 **郊** 들 교 ㊥ 郊
고을 읍(邑/阝) + [사귈 교(交)]

2/2 **絞** 목맬 교 ㊥ 绞
실 사(糸) + [사귈 교(交)]

1/2 **狡** 교활할 교 ㊥ 狡
개 견(犭) + [사귈 교(交)]

학교 교(校)자는 원래 '죄인의 손발에 끼우는 나무인 차꼬나 형구(刑具)'를 뜻하는 글자입니다. 이후, '형구→(죄인을) 조사하다→(죄인을) 가르치다→학교(學校)' 등의 뜻이 파생되었습니다. 사귈 교(交)자가 들어가 있기 때문에, '나무(木)로 지은 집으로, 친구를 사귀는(交) 곳이 학교이다'라고 암기하면 쉽겠지요?

견줄 교(較)자는 원래 수레(車) 좌우의 널빤지 위에 댄 가로 나무 앞으로 나온 부분으로 수레 안에 서 있을 때 잡는 곳이었는데, 그게 수레 위 상자처럼 된 부분 전체를 가리키는 말로 쓰이다가 그것의 크기로 수레의 크기를 비교(比較)하면서 '비교하다, 견주다'라는 의미도 생겨났습니다. 비교(比較)는 '견주고(比) 견주다(較)'는 뜻입니다. 일교차(日較差)는 '하루(日) 동안의 비교한(較) 차이(差)'라는 뜻으로, 기온, 습도, 기압 따위가 하루 동안에 변화하는 차이입니다.

들 교(郊)자는 주나라 때 성 밖 100리 이내의 땅(邑/阝)을 일컫는 말이었습니다. 이후, '성 밖→들→근교(近郊)→시골'이란 뜻이 파생되었습니다. 근교농업(近郊農業)은 '도시 가까운(近) 들(郊)에서 짓는 농업(農業)'입니다. 교외(郊外)는 '도시의 외곽(外)에 있는 들(郊)'입니다.

목을 밧줄로 매니까, 목맬 교(絞)자에는 실 사(糸)자가 들어갑니다. 교살(絞殺)은 '목을 졸라(絞) 죽이다(殺)'는 뜻이고, 교수형(絞首刑)은 '머리(首)의 목을 매는(絞) 형벌(刑)'입니다.

짐승들이 교활(狡猾)하기 때문에, 교활할 교(狡)자에는 짐승을 의미하는 개 견(犭)자가 들어갑니다.

[효]로 소리나는 경우

5/4 **效** 본받을 효 중 效
칠 복(攵) + [사귈 교(交)→효]

효과(效果), 효능(效能), 효력(效力) 등에 사용되는 본받을 효(效)자는 원래 '회초리로 때려서(攵) 배우게 하다'는 뜻입니다. 이후, '배우다→본받다→(배운) 보람→(배운) 효과(效果)' 등의 뜻이 생겼습니다. 광전효과(光電效果)는 '금속 등의 물질에 빛(光)을 비추면 표면에서 전자(電)가 튀어나오는 효과(效果)'입니다.

喬 | 𠸜

높을 교

높을 교(喬)자는 높을 고(高)자와 비슷하게 생겼는데, 높을 고(高)자와 마찬가지로 높이 서 있는 건물이나 누각을 본떠 만든 글자입니다. 지붕 꼭대기에는 깃발이 나부끼고 있습니다. 높을 교(喬)자가 다른 글자와 만나 소리 역할을 할 때 '높다'라는 의미도 함께 가집니다. 높이 솟아 있는 다리 교(橋)자, 지위가 높아 교만할 교(驕)자, 미모가 높아 아리따울 교(嬌)자 등이 그런 예입니다. 교목(喬木)은 '줄기가 곧고 굵으며, 높이(喬) 자라는 나무(木)'를 말합니다. 반대로, 키가 작고 밑동에서 가지를 많이 치는 나무를 관목(灌木)이라고 합니다.

[교]로 소리나는 경우

5/4 **橋** 다리 교 중 桥
나무 목(木) + [높을 교(喬)]

3/2 **矯** 바로잡을 교 중 矫
화살 시(矢) + [높을 교(喬)]

2/2 **僑** 더부살이 교 중 侨
사람 인(亻) + [높을 교(喬)]

1/1 **驕** 교만할 교 중 骄
말 마(馬) + [높을 교(喬)]

1/1 **嬌** 아리따울 교 중 娇
여자 녀(女) + [높을 교(喬)]

다리 교(橋)자는 '나무(木)로 높이(喬) 설치한 다리'라는 뜻입니다. 육교(陸橋)는 '육상(陸)에 설치한 다리(橋)'이고, 연륙교(連陸橋)는 '섬과 육지(陸)를 연결하는(連) 다리(橋)'입니다.

바로잡을 교(矯)자는 '휘어진 화살(矢)을 바로잡는다'는 뜻입니다. 교정(矯正)은 '바로잡아(矯) 바르게(正)하다'는 뜻입니다. 교각살우(矯角殺牛)는 '뿔(角)을 바로잡으려다(矯) 소(牛)를 죽이다(牛)'는 뜻으로 작은 일에 힘쓰다가 큰 일을 망치는 것을 말합니다.

다른 사람이나 집에 얹혀사는 것을 더부살이라고 합니다. 더부살이 교(僑)자는 '사람(亻)이 크고 높은 집(喬)에 더부살이를 하다'는 뜻입니다. 재일교포(在日僑胞)는 '일본(日本)에 있으면서(在) 더부살이(僑)하는 동포(胞)'들입니다.

말은 다른 가축과는 달리 사람을 보더라도 아는 체하지 않아 교만(驕慢)한 것처럼 보여, 교만할 교(驕)자에는 말 마(馬)자가 들어갑니다. 교병필패(驕兵必敗)는 '능력만 믿고 교만하는(驕) 병사(兵)는 반드시(必) 패(敗)한다'는 뜻입니다. 병교자멸(兵驕者滅)과 같은 뜻입니다.

아리따울 교(嬌)자는 '여자(女)의 미모가 높으니(喬) 아리땁다'는 뜻입니다. 교태(嬌態)는 '아리따운(嬌) 태도(態)'라는 뜻이지만, 여자가 아양을 부리는 태도(態度)를 말합니다.

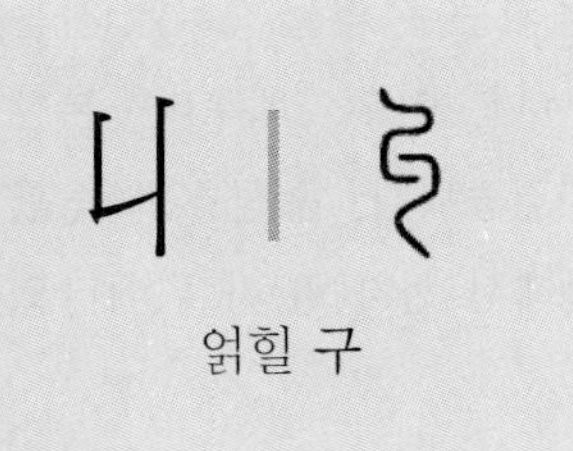

얽힐 구(丩)자는 실이 꼬여 얽힌 모습입니다. 덩굴이 얽혀 있는 넝쿨이라는 뜻도 있습니다. 나중에 뜻을 분명히 하기 위해 실 사(糸)자가 추가되어 얽힐 규(糾)자가 되었습니다. 이 글자도 단독으로는 거의 사용되지 않고, 다른 글자와 만나 소리로 사용됩니다.

[규]로 소리나는 경우

3/2 糾 얽힐/바로잡을 규 ㊥ 纠
실 사(糸) +
[얽힐 구(丩)→규]

3/2 叫 부르짖을 규 ㊥ 叫
입 구(口) +
[얽힐 구(丩)→규]

얽힐 규(糾)자는 '실(糸)이 얽히다(丩)'는 뜻입니다. 이후, '얽히다→살피다→(얽힌 것을) 바로잡다→규명(糾明)하다' 등의 뜻이 생겼습니다. 규명(糾明)은 '잘못된 사실을 바로잡아(糾) 밝히다(明)'는 뜻입니다. 노사분규(勞使粉糾)는 '노동자(勞)와 사용자(使) 간이 어지럽게(粉) 얽혀(糾) 있다'는 뜻으로, 노동자와 사용자 사이에 이해관계가 충돌하면서 일어나는 여러 가지 문제를 말합니다. '모든 세력을 규합한다'에서 규합(糾合)은 '얽히게(糾) 합(合)하다'는 뜻으로, 어떤 일을 꾸미려고 세력이나 사람을 모으는 것을 말합니다.

부르짖을 규(叫)자는 '입(口)으로 소리쳐 부르짖다'는 뜻입니다. 절규(絕叫)는 '숨이 끊어지도록(絕) 부르짖다(叫)'는 뜻입니다. 아비규환의 아비(阿鼻)와 규환(叫喚)은 각각 불교에서 말하는 8대 지옥 중 하나입니다. 규환(叫喚)은 '부르짖고(叫) 부르다(喚)'는 뜻인데, 규환지옥에는 살생, 절도, 음행, 음주의 죄를 지은 사람이 갑니다. 펄펄 끓는 가마솥에 들어가거나 뜨거운 불 속에 던져져 고통을 견디지 못하여 울부짖는다는 지옥입니다.

[수]로 소리나는 경우

4/4 收 거둘 수 ㊥ 收 ㉠ 収
칠 복(攵) +
[얽힐 구(丩)→수]

수거(收去), 흡수(吸收), 수익(收益), 수금(收金) 등에 들어가는 거둘 수(收)자는 '연장을 든 손(攵)으로 농작물을 거두어들이다'는 뜻입니다. 수확(收穫)은 '벼를 베어(穫) 거두어들이다(收)'는 뜻이고, 추수(秋收)는 '가을(秋)걷이(收)'입니다. 수렴(收斂)은 원래 '물건이나 돈을 거두고(收) 거둔다(斂)'는 뜻인데, 수학에서는 수열이나 함수가 어떤 확정된 값에 한없이 가까워지는 것을 일컫습니다. 수입(收入)은 '거두어(收入) 들이다(入)'는 뜻으로, 수지(收支)는 '수입(收入)과 지출(支出)'을 아울러 이르는 말입니다. 색수차(色收差)는 '색(色)에 따라 모이는(收) 초점의 차이(差)'라는 뜻으로, 렌즈에 의하여 물체의 상(像)이 만들어질 때, 색에 따라 상이 맺히는 위치가 달라지는 것을 말합니다. 빛의 색에 따라 굴절률이 다르기 때문에 렌즈를 통과한 빛이 모이는 초점의 위치가 색에 따라 다르기 때문입니다. 망원경이나 현미경과 같은 광학 기계에서는 두 가지 다른 렌즈를 써서 이것을 보정(補正)합니다.

冓 | 𠁥

쌓을 구

쌓을 구(冓)자는 나무를 쌓아 올린 더미의 옆 모습을 본떠 만든 글자입니다. 또, '나무가 쌓여 얽혀 있다'는 뜻도 있습니다. 원래의 훈은 '재목 어긋매껴 쌓을 구(冓)'자입니다. 나중에 뜻을 명확히 하기 위해 나무 목(木)자가 추가되어 얽을 구(構)자가 되었습니다. 이 글자도 단독으로 사용되지 않고 다른 글자와 만나 소리로 사용됩니다.

[구]로 소리나는 경우

4/3 **構** 얽을 구 중 构
나무 목(木) + [쌓을 구(冓)]

4/3 **講** 얽을 구, 익힐 강 중 讲
말씀 언(言) + [쌓을 구(冓)]

2/3 **購** 살 구 중 购
조개 패(貝) + [쌓을 구(冓)]

1/1 **溝** 도랑 구 중 沟
물 수(氵) + [쌓을 구(冓)]

얽을 구(構)자는 '나무(木)가 쌓여(冓) 얽혀 있다'는 뜻입니다. 구성(構成)은 '부분이나 요소가 얽혀져서(構) 전체를 이루다(成)'는 뜻으로, 문학에서 여러 요소들을 유기적으로 배열하거나 서술하는 일을 말합니다. 구조(構造)도 같은 의미입니다. 구조물(構造物)은 '부분이나 요소가 얽혀져서(構) 만들어진(成) 물건(物)'으로, 건물, 다리, 축대, 터널 등이 있습니다.

얽을 구(講) 혹은 익힐 강(講)자는 원래 '말(言)로 들은 것을 머릿 속에 쌓아(冓) 외우다'는 뜻입니다. 이후, '외우다→익히다→배우다→설명하다→강의(講義)하다'는 뜻도 생겼습니다. 강의(講義), 강습(講習), 강사(講師) 등이 그 예입니다. 학교 강당(講堂)은 '강의하는(講) 집(堂)'이란 뜻입니다. 또, '화해하다'는 뜻도 있음에 참고해야 합니다. 강화조약(講和條約)은 '화해하고(講) 화목하도록(和) 맺는 조약(條約)'입니다.

살 구(購)자는 '돈(貝)으로 물건을 사다'는 뜻입니다. 옛날에는 조개가 돈으로 사용되었습니다. 살 구(購)자는 구매(購買), 구입(購入), 구독(購讀), 구판장(購販場) 등에 사용됩니다.

도랑은 매우 좁고 작은 개울입니다. 도랑에 물이 흐르므로, 도랑 구(溝)자에는 물 수(氵)자가 들어갑니다. 하수구(下水溝)는 '하수(下水)가 흘러가는 도랑(溝)'입니다. 지구대(地溝帶)는 '땅(地)에 도랑(溝)과 같은 띠(帶) 모양의 낮은 땅'입니다. 포항-경주-울산을 잇는 형상강 지구대와 아프리카 모잠비크에서부터 요르단 근처까지 길이 6,000km의 동아프리카 대지구대 등이 유명합니다. 해구(海溝)는 '바다(海) 속에 있는 깊은 도랑(溝)'으로, 바다의 바닥에서 도랑처럼 움푹 들어간 좁고 긴 곳으로, 급경사면으로 둘러싸인 지형입니다. 해구는 보통 수심이 6,000m 이상이며, 대륙의 연변부에 많습니다. 세계에서 가장 깊은 마리아나해구(Mariana 海溝)는 길이가 2,550㎞, 평균 너비 70㎞, 평균 수심 7,000~8,000m입니다. 태평양에 있는 괌(Guam)과 사이판(Saipan) 섬의 옆에 있습니다.

해구

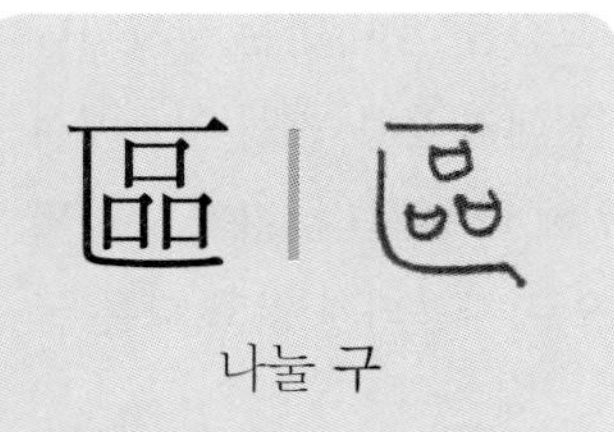

나눌 구

나눌 구(區)자는 창고(匚) 속에 쌓여 있는 물건들(品)의 모습입니다. 이런한 모습에서 '물건을 종류에 따라 구분하여 나누어 놓다'는 뜻이 생겼습니다. 구역(區域)은 '나누어(區) 놓은 지역(域)'이고, 구청(區廳)은 '행정구역인 구(區)를 관장하는 관청(廳)'입니다.

[구]로 소리나는 경우

3/2 驅 몰 구 중 驱 약 駆
말 마(馬) + [나눌 구(區)]

2/2 歐 토할 구 중 欧
하품 흠(欠) + [나눌 구(區)]

2/2 鷗 갈매기 구 중 鸥
새 조(鳥) + [나눌 구(區)]

1/1 毆 때릴 구 중 殴
창 수(殳) + [나눌 구(區)]

1/1 軀 몸 구 중 躯
몸 신(身) + [나눌 구(區)]

몰 구(驅)자는 '말(馬)을 타고 몰다'는 뜻입니다. 이후, '몰다→빨리 달리다→내쫓다→몰아내다' 등의 뜻이 생겼습니다. 구동장치(驅動裝置)는 '동력(動)으로 기계를 빨리 달리게(驅) 하는 장치(裝置)'입니다. 군대에서 사용하는 용어 중 구보(驅步)는 '빨리 달리는(驅) 걸음(步)'입니다.

토할 때에는 하품 하듯이 입을 크게 벌리니까, 토할 구(歐)자에는 하품 흠(欠)자가 들어갑니다. 구토(嘔吐)에 들어가는 '입(口)으로 토할 구(嘔)'자와 같은 뜻입니다. 구라파(歐羅巴)는 유럽(Europe)을 한자로 옮겨 놓은 것으로 중국에서는 '오우조우(ōuzhōu)'로 읽습니다. 구미(歐美)는 '구라파(歐羅巴)와 미국(美國)'의 줄임말이고, 서구(西歐)는 '서(西) 유럽(歐)'입니다.

갈매기는 새의 일종이므로, 갈매기 구(鷗)자에는 새 조(鳥)자가 들어갑니다. 조선 후기의 시조 작가인 김천택의 시조 중 '백구야 말 물어보자'에 나오는 백구(白鷗)는 '흰(白) 갈매기(鷗)'입니다.

때릴 구(毆)자는 뜻을 나타내는 창 수(殳)자와 소리를 나타내는 구분할 구(區)자가 합쳐진 글자입니다. 구타(毆打)는 '사람을 함부로 때리고(毆) 치다(打)'는 뜻입니다.

몸 구(軀)자는 뜻을 나타내는 몸 신(身)자와 소리를 나타내는 구분할 구(區)자가 합쳐진 글자입니다. 체구(體軀), 노구(老軀: 늙은 몸), 거구(巨軀: 큰 몸) 등에 사용됩니다.

[추]로 소리나는 경우

1/1 樞 지도리 추 중 枢
나무 목(木) + [나눌 구(區)→추]

지도리(돌쩌귀)는 문짝을 여닫을 때 문짝이 달려 있게 하는 물건입니다. 이런한 지도리를 옛날에는 나무로 만들었기 때문에 지도리 추(樞)자에는 나무 목(木)자가 들어갑니다. 또, 지도리는 문에서 가장 중요한 부분이므로, 지도리 추(樞)자는 '가장 중요한 부분'이란 뜻을 가지고 있습니다. 중추신경(中樞神經)과 중추원(中樞院)의 중추(中樞)는 '사물의 중심(中)이 되는 중요한 부분(樞)'이란 뜻입니다.

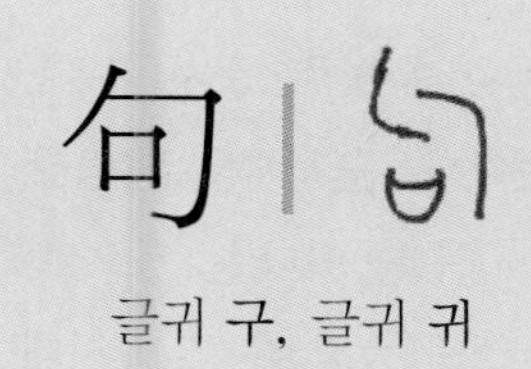

글귀 구, 글귀 귀

글귀 구(句) 혹은 글귀 귀(句)자는 입 구(口)자 주위에 무언가가 둘러싼 모습의 글자인데, 원래 어떤 의미로 글자를 만들었는지는 아직도 의문으로 남아 있습니다. 어쨌든 글의 글귀를 뜻하는 말이 되었습니다. 관용구(慣用句)는 '버릇(慣)처럼 사용(用)하는 글귀(句)'로, 두 개 이상의 단어로 이루어져 있으면서 그 단어들의 의미만으로는 전체의 의미를 알 수 없는, 특수한 의미를 나타내는 어구(語句)를 관용구라고 합니다. 예를 들어, 영어의 관용구인 'It rains cats and dogs'는 '비가 억수같이 쏟아지다'는 뜻입니다.

[구]로 소리나는 경우

- 3II 拘 잡을 구 ⊕拘 — 손 수(扌) + [글귀 구(句)]
- 3II 狗 개 구 ⊕狗 — 개 견(犭) + [글귀 구(句)]
- 3 苟 진실로 구 ⊕苟 — 풀 초(艹) + [글귀 구(句)]
- 1 枸 구기자 구 ⊕枸 — 나무 목(木) + [글귀 구(句)]

손(手/扌)으로 잡을 구(拘)자는 구금(拘禁), 구류(拘留), 구속(拘束) 등에 사용됩니다. 구류(拘留)는 '잡아서(拘) 일시 머무르게(留) 하다'는 뜻으로, 죄인을 1일~30일 미만의 기간 동안 교도소나 경찰서 유치장(留置場)에 가두어 놓는 일이나 형벌입니다. 구속(拘束)은 '잡아서(拘) 묶다(束)'는 뜻으로, 형사소송법상 구인(拘引)과 구금(拘禁)을 포함하는 개념입니다. 구인(拘引)은 '잡아서(拘) 끌고(引) 가다'는 뜻으로, 피고인 또는 피의자를 법원이 신문하기 위하여 법원 기타 일정한 장소에 강제로 끌고 가는 일이고, 구금(拘禁)은 '잡아서(拘) 감금(禁)한다'는 뜻으로, 피고인 또는 피의자를 구치소나 교도소 따위에 가두어 신체의 자유를 구속하는 강제 처분입니다.

우리나라에서는 개를 한자로 견(犬)이라고 쓰지만, 중국에서는 개 견(犬)자를 잘 사용하지 않고 개 구(狗)자를 주로 씁니다. 당구풍월(堂狗風月)은 '서당(堂) 개(狗) 삼 년에 풍월(風月)한다'는 뜻으로, 어떤 방면에 아는 것이 없는 사람도 그 방면에 오래 있으면 어느 정도 익히게 된다는 의미입니다. 이전투구(泥田鬪狗)는 '진흙(泥) 밭(田)에서 싸우는(鬪) 개(狗)'라는 뜻으로, 볼썽사납게 서로 헐뜯거나 다투는 모양을 일컫는 말입니다.

진실로 구(苟)자는 공손하게 서 있는 사람의 모습으로 추측되는 글자입니다. 가차되어 '진실로, 다만, 겨우, 간신히, 구차(苟且)하다' 등의 뜻을 가지고 있습니다.

진실로 구(苟)

구기자나무의 붉은 열매
구기자

구기자(枸杞子)는 구기자 나무의 열매로, 주로 차나 약의 재료로 사용됩니다. 구기자가 나무에서 나오니까 구기자 구(枸)자에는 나무 목(木)자가 들어갑니다.

임금 군(君)자는 다스릴 윤(尹)자와 입 구(口)자가 합쳐진 글자로, '말(口)로 다스리는(尹) 사람이 임금이다'는 뜻입니다. 하지만 이후 영주, 군자(君子), 남편, 아내, 부모, 그대, 자네 등의 많은 뜻이 생겼습니다. 군사부일체(君師父一體)는 '임금(君)과 스승(師)과 아버지(父)는 한(一)몸(體)이다'는 뜻으로, 임금과 스승과 아버지의 은혜는 똑같다는 말입니다. 대군(大君)은 조선 시대에 임금의 적자(嫡子)를 이르던 말입니다. 수양대군(首陽大君)이 그러한 예입니다. 반면 임금의 서자(庶子)를 군(君)이라고 불렀습니다. 대원군(大院君)은 조선시대에 왕위를 계승할 아들이나 형제가 없어 친척 중에서 왕위를 이어줄 때 새로운 왕의 아버지를 부르는 말입니다. 고종의 아버지인 흥선대원군(興宣大院君)이 그러한 예입니다.

[군]으로 소리나는 경우

6-5 **郡** 고을 군 ⓩ 郡
고을 읍(邑/阝) + [임금 군(君)]

4-3 **群** 무리 군 ⓩ 群
양 양(羊) + [임금 군(君)]

1-0 **窘** 막힐 군 ⓩ 窘
구멍 혈(穴) + [임금 군(君)]

고을 군(郡)자는 '임금(君)이 다스리는 고을(邑/阝)'이라는 뜻으로 주(周)나라 때의 행정구역을 말하며, 현(縣) 단위 바로 아래의 고을을 나타냅니다. 전국 시대 이후로는 현(縣)이 군(郡)의 아래가 되었습니다. BC 221년 진(秦)나라의 시황제가 천하를 통일하여 전국을 36개의 군(郡)으로 나누고, 다시 군은 몇 개의 현(縣)으로 나누어 통치하는 군현제(郡縣制)를 실시하였습니다. 군현제(郡縣制) 하에서는 중앙에서 직접 군수(郡守)나 현령(縣令)을 파견하여 다스림으로써 강력한 중앙집권식 왕권정치가 시행되었습니다. 이로써 제후가 다스렸던 봉건제가 완전히 붕괴되었습니다. 우리나라의 행정구역 단위인 군(郡)과 읍(邑)이나, 일본의 행정구역 단위인 현(縣)이 모두 고대 중국에서 나온 용어입니다.

군집(群集), 군생(群生), 군중(群衆) 등에 사용되는 무리 군(群)자는 양(羊)이 무리를 지어 다니는 특성을 나타내는 글자입니다. 군계일학(群鷄一鶴)은 '무리(群)의 닭(鷄) 중에 한마리(一)의 학(鶴)'이라는 뜻으로, 평범한 사람 중에 홀로 뛰어난 사람을 일컫습니다.

막힐 군(窘)자는 '구멍(穴)이 막히다'는 뜻입니다. '군색한 변명'의 군색(窘塞)은 '막히고(窘) 막히다(塞)'는 뜻으로, 일이 떳떳하지 못하여 거북함을 일컫는 말입니다.

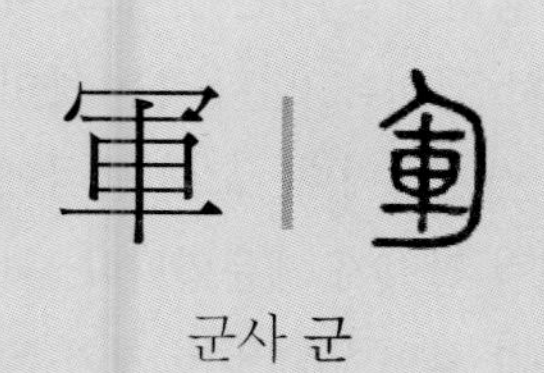

고대 중국에서는 마차(馬車)가 전쟁터에서 가장 중요한 무기였습니다. 한(漢)나라와 초(楚)나라의 전쟁을 게임으로 만든 장기를 보면, 가장 강력한 장기알이 차(車)입니다. 군사 군(軍)자는 뜻을 나타내는 수레 거(車)와 소리를 나타내는 두루 균(勻→勹→冖)자가 합쳐진 형성문자입니다. 군담소설(軍談小說)은 '군사(軍) 이야기(談)를 소재로 한 소설(小說)'로, 《징비록(懲毖錄)》, 《임진록(壬辰錄)》, 《유충렬전(劉忠烈傳)》 등이 있습니다.

[운]으로 소리나는 경우

6/5 運 움직일 운 중 运
갈 착(辶) + [군사 군(軍)→운]

움직일 운(運)자는 '군대(軍)가 이동하여 가다(辶)'는 뜻입니다. 이후 '움직이다→옮기다→운반(運搬)하다→운전(運轉)하다'는 뜻이 생겼습니다. 운동(運動)은 '움직이고(運) 움직이다(動)'는 뜻입니다. 운적토(運積土)는 '운반(運)되어 퇴적(積)된 토양(土)'으로, 암석의 풍화물이 강물, 바닷물, 바람 등에 의해 다른 지역으로 운반되어 퇴적된 토양입니다. 운지법(運指法)은 '악기를 연주할 때 손가락(指)을 움직이는(運) 방법(法)'이고, 운필법(運筆法)은 '붓글씨를 쓸 때 붓(筆)을 움직이는(運) 방법(法)'입니다.

'정말 운(運)이 없다'에서 보듯이, 움직일 운(運)자는 운수(運數)나 운명(運命)을 뜻하기도 하는데, 옛 사람들은 계속 변화하는 운수나 운명이 움직인다고 생각했기 때문입니다. 또, '기(氣)가 움직이다(運)'는 뜻의 기운(氣運)도 마찬가지입니다. 기운이 항상 일정하지 않고 상황이나 때에 따라 변화하기 때문입니다.

[휘]로 소리나는 경우

4/3 揮 휘두를 휘 중 挥
손 수(扌) + [군사 군(軍)→휘]

휘두를 휘(揮)자는 '군대(軍)를 지휘하기 위해 손(扌)을 휘두르다'는 뜻입니다. 이후, '휘두르다→지휘(指揮)하다→뿌리다→흩어지다' 등의 뜻이 생겼습니다. 휘발유, 휘발성 등에 들어가는 휘발(揮發)은 '액체가 흩어져(揮) 떠나다(發)'는 뜻입니다.

3/2 輝 빛날 휘 중 辉
빛 광(光) + [군사 군(軍)→휘]

빛 광(光)자가 들어간 빛날 휘(輝)자는 휘황찬란(輝煌燦爛)이란 낱말에 들어가는데, 네 글자 모두 '빛나다'는 뜻입니다. 휘석(輝石)은 '빛나는(輝) 돌(石)'이란 뜻으로, 유리 광택이 나는 암석의 일종입니다.

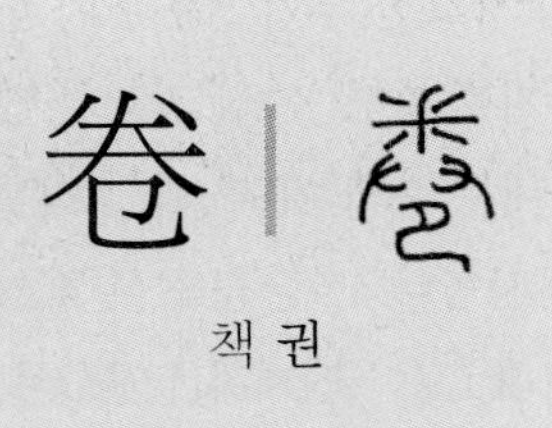

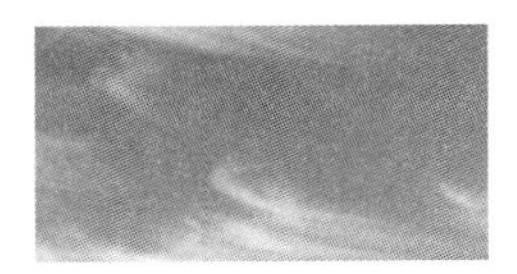

새털처럼 생긴 권운

책 권(卷)자의 윗부분은 '두 손(廾)으로 밥(米)을 둥글게 말다'는 뜻이고, 아래 부분은 무릎을 굽히고 앉아 있는 사람의 모양에서 '굽히다, 말다'라는 뜻이 나왔습니다. 이후, '말다→두루마리→책'이란 뜻이 생겼습니다. 고대 중국에서 책은 대나무 죽간(竹簡)으로 만들어 두루마리처럼 말았기 때문입니다. 나중에 '말다'는 원래의 뜻을 살리기 위해 손 수(扌)자가 붙어 말 권(捲)자가 되었습니다. 책 권(卷)자는 책을 세는 단위로도 사용됩니다. 권운(卷雲)은 '새털처럼 끝이 살짝 말린(卷) 구름(雲)'으로, 새털구름이라고도 합니다. 권운은 맑은 하늘에 높이 나타납니다. 새털처럼 가벼워 구름 중에 가장 높게 떠 있다고 암기하세요.

[권]으로 소리나는 경우

4 3 **券** 문서 권 (중) 券
칼 도(刀) + [책 권(卷)]

3 3 **拳** 주먹 권 (중) 拳
손 수(手) + [책/말 권(卷)]

2 2 **圈** 둘레 권 (중) 圈
둘러싸일 위(口) + [책/말 권(卷)]

1 2 **倦** 게으를 권 (중) 倦
사람 인(亻) + [책 권(卷)]

문서 권(券)자는 '대나무 죽간으로 된 책(卷)에 칼(刀)로 글을 새긴 것이 문서'라는 뜻입니다. 복권(福券)은 '복(福)을 가져오는 문서(券)'이고, 채권(債券)은 '빚(債)을 증명하는 문서(券)'입니다.

권투(拳鬪), 철권(鐵拳)에 들어가는 주먹 권(拳)자는 '손(手)을 말아(卷) 쥔 것이 주먹이다'는 뜻입니다. 권총(拳銃)은 '주먹(拳)으로 쥐는 총(銃)'이고, 적수공권(赤手空拳)은 '붉은(赤) 손(手), 즉 맨 손과 빈(空) 주먹(拳)'이란 뜻으로, 아무 것도 가진 것이 없다는 뜻입니다.

둘레 권(圈)자는 '말려 있는 책(卷)의 둘레를 둘러싸다(口)'는 뜻입니다. 수도권(首都圈)은 '수도(首都)의 둘레(圈)'이며, 대기권(大氣圈)은 '큰(大) 공기(氣)가 있는 지구 둘레(圈)'로, 지상에서 약 1,000km까지를 이릅니다.

게으를 권(倦)자는 '사람(亻)이 책(卷)처럼 둘둘 말려 누워 있으니 게으르다'는 뜻입니다. 권태(倦怠)는 '게으르고(倦), 게으르다(怠)'는 뜻으로, 게으름이나 싫증을 일컫는 말이며, 1937년 이상이 지은 수필의 이름이기도 합니다. 여름날의 권태로운 시골 풍경을 역설, 풍자, 반어 따위의 다양한 기법을 통하여 표현하였습니다.

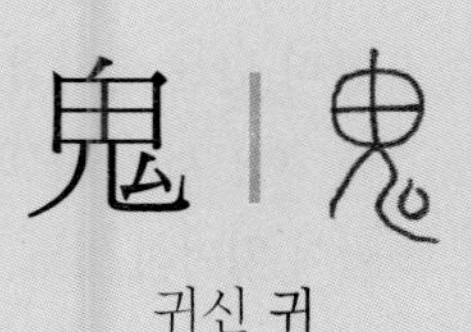

귀신 귀

귀신 귀(鬼)자는 어진사람 인(儿)자 위에 귀신 머리가 있는 모습입니다. 중국의 주나라에서는 방상씨(方相氏)라는 관직이 있었는데, 이 관직에 있는 사람은 눈이 4개 달린 탈을 쓰고, 몸에는 곰 가죽을 걸치고 악귀(惡鬼)를 물리쳤다고 합니다. 방상(方相)은 '사방(方)을 살피다(相)'는 뜻인데, 그래서 4개의 눈이 있습니다. 이런 이유로 귀신 귀(鬼)자는 이런 가면을 쓴 무당의 모습이라고도 합니다. 귀신 귀(鬼)자는 죽은 사람의 넋인 혼백(魂魄)을 뜻하기도 합니다. 가령《장화홍련전》에서는 죽은 장화와 홍련이 귀신이 되어 나타나는데, 이때의 귀신은 남을 해치는 나쁜 귀신이 아니라 죽은 사람의 넋인 혼백(魂魄)입니다.

[괴]로 소리나는 경우

3/2 **愧** 부끄러울 괴 중 愧
마음 심(心) +
[귀신 귀(鬼)→괴]

3/2 **塊** 흙덩이 괴 중 块
흙 토(土) +
[귀신 귀(鬼)→괴]

2/2 **傀** 꼭두각시 괴 중 傀
사람 인(亻) +
[귀신 귀(鬼)→괴]

2/1 **槐** 홰나무 괴 중 槐
나무 목(木) +
[귀신 귀(鬼)→괴]

부끄러울 괴(愧)자는 '죽은 사람의 넋인 귀신(鬼)이 우리들 마음(心)을 모두 들여다보니 부끄럽다'는 뜻입니다. 자괴지심(自愧之心)은 '스스로(自) 부끄러워하는(愧) 마음(心)'입니다.

금덩어리라는 뜻의 금괴(金塊)에 들어가는 괴(塊)자는 '흙덩이, 덩어리'라는 뜻을 가지고 있습니다. 경동지괴(傾動地塊)는 '경사지게(傾) 움직인(動) 땅(地) 덩어리(塊)'라는 뜻으로, 땅이 한쪽 부분만 솟아올라, 한쪽은 경사가 급한 절벽을 이루고 다른 한쪽은 경사가 완만한 지형입니다. 우리나라는 동쪽이 솟아오르고, 서쪽으로 완만히 비탈진 경동지괴입니다.

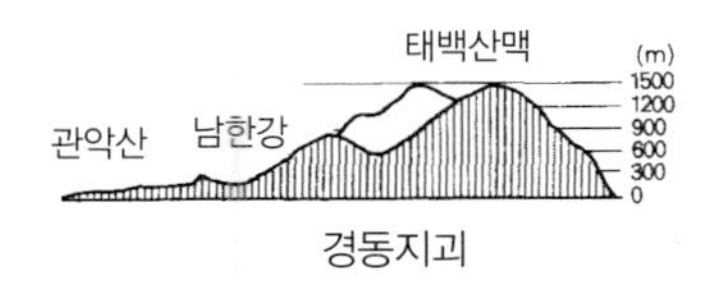

경동지괴

꼭두각시는 꼭두각시 놀음에 나오는 여러 가지 인형입니다. 꼭두각시 괴(傀)자는 '귀신(鬼)처럼 넋이 빠진 사람(亻)이 꼭두각시이다'는 뜻입니다. 괴뢰군(傀儡軍)은 '꼭두각시(傀)와 꼭두각시(儡)의 군대(軍)'라는 뜻으로, 꼭두각시처럼 조종하는 대로 움직이는 군대입니다. 요즘으로 말하면 아바타(avatar) 군대입니다. 냉전 시절, 우리나라에서는 북한군을 옛 소련의 꼭두각시로 비유하여 괴뢰군이라 불렀습니다.

예로부터, 괴목(槐木)이라 불리는 느티나무는 나쁜 귀신을 막아준다고 하여 마을 입구에 심어 놓았습니다. 홰나무 괴(槐)자는 '귀신(鬼)을 막아주는 나무(木)가 홰나무(느티나무)이다'는 뜻입니다. 충청북도 괴산군의 괴산(槐山)은 '느티나무(槐)가 있는 산(山)'이란 뜻입니다.

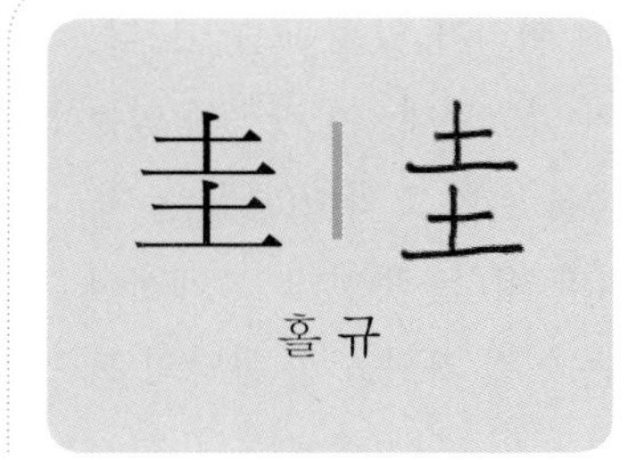

홀은 왕이 제후를 봉할 때 내려주던 막대 모양의 옥(玉)입니다. 서옥(瑞玉)이라고도 부르는데, 홀 규(圭)자는 이러한 홀의 모습을 본떠 만든 글자입니다. 나중에 뜻을 분명히 하기 위해 구슬 옥(玉/王)자를 추가하여, 서옥 규(珪)자가 되었습니다. 흙 토(土)자가 두개 나란히 쌍(雙)으로 들어 있어서 일명 쌍토(雙土)라고도 부릅니다.

[규]로 소리나는 경우

2/2 閨 안방 규 ⓒ 闺
문 문(門) + [홀 규(圭)]

2/2 珪 서옥 규 ⓒ 珪
구슬 옥(玉/王) + [홀 규(圭)]

2/2 奎 별이름 규 ⓒ 奎
큰 대(大) + 홀 규(圭)

안방 규(閨)자는 '문(門) 안에 있는 안방'을 말합니다. 또, 안방에는 부녀자들이 있다고 해서 '부녀자, 색시'라는 뜻도 생겼습니다. 규수(閨秀)는 '재주와 학문이 빼어난(秀) 부녀자(閨)'를 일컫는 동시에, 남의 집 처녀를 점잖게 이르는 말입니다. 규방가사(閨房歌辭)는 '안방(閨房)의 가사(歌辭)'라는 뜻으로, 조선 시대 부녀자가 짓거나 읊은 가사 작품을 통틀어 이르는 말입니다. 대표적인 것으로는 〈계녀가(戒女歌)〉, 〈규원가(閨怨歌)〉 등이 있습니다. 〈규중칠우쟁론기(閨中七友爭論記)〉는 '안방(閨) 가운데(中)에서 일곱(七) 친구(友)들이 다투며(爭) 논쟁하는(論) 것을 기록하다(記)'는 뜻으로, 조선 시대 연대 미상의 수필입니다. 규중칠우(閨中七友)란 바늘, 실, 골무, 자, 가위, 다리미, 인두 등 일곱 가지 옷 만드는 도구를 의인화한 것입니다. 작가는 이러한 일곱 가지 도구를 등장시켜 자신의 분수를 모르거나, 불평하고 사는 세태를 풍자하는 것이 주된 내용입니다.

서옥(瑞玉)은 '상서로운(瑞) 옥(玉)'이니까, 서옥 규(珪)자에는 구슬 옥(玉/王)자가 들어갑니다. 규소(珪素/硅素)는 화학 원소로, 영어로는 실리콘(Silicon)입니다. 지구의 지각에서 산소 다음으로 많은 원소로, 기호는 Si, 원자 번호는 14입니다. 서옥 규(珪)자는 사람 이름에 주로 사용됩니다.

옛 중국에서는 하늘을 28개 지역으로 구분하여, 각 구역에 있는 별들로 28수(宿)를 만들었는데, 그 중 15번째 수(宿)를 규(奎)라고 불렀습니다. 규장(奎章)은 '별(奎)처럼 귀한 글(章)'이란 뜻으로 '임금이 쓴 글이나 글씨'를 일컫는 말입니다. 규장각(奎章閣)은 정조가 즉위한 1776년 설치한 왕실 도서관입니다. 역대 왕의 시, 글, 그림 등을 보관하고, 각종 도서를 수집하고 보존, 간행하던 곳으로, 지금의 국립도서관입니다. 이 책들은 광복 후 서울대학교에서 인수하여 관리하고 있습니다. 별이름 규(奎)자도 사람 이름에 주로 사용됩니다.

규장각

[가]로 소리나는 경우

4/4 街 거리 가 ⊜ 街
다닐 행(行) +
[홀 규(圭)→가]

3/4 佳 아름다울 가 ⊜ 佳
사람 인(亻) +
[홀 규(圭)→가]

가로등(街路燈), 가판대(街販臺), 가로수(街路樹) 등에 쓰이는 거리 가(街)자는 '사람이 다니는 길(行)이 거리이다'는 뜻입니다. 빈민가(貧民街)는 '가난한 백성들이 사는 거리'이고, 홍등가(紅燈街)는 '붉은(紅) 등불(燈)이 있는 거리(街)'로, 술집이나 기생집이 있는 거리입니다.

아름다울 가(佳)자는 '사람(亻)이 아름답다'는 뜻입니다. 절세가인(絕世佳人)은 '세상(世)에 비할 바 없는(絕) 아름다운(佳) 사람(人)'으로, 절세미인(絕世美人)과 같은 말입니다. 점입가경(漸入佳境)은 '점점(漸) 아름다운(佳) 지경(境)에 들어가다(入)'는 뜻으로, '갈수록 더욱 좋거나 재미있는 경지로 들어가다'는 뜻입니다. 글짓기 대회에서 입상하면 '대상-우수상-가작' 순으로 상을 주는데, 이때 가작(佳作)은 '아름다운(佳) 작품(作)'이란 뜻입니다.

[계]로 소리나는 경우

3/2 桂 계수나무 계 ⊜ 桂
나무 목(木) +
[홀 규(圭)→계]

계수나무 계(桂)자의 계수나무는 토끼와 함께 달에 있다는 전설이 깃든 나무입니다. 주로 우리나라의 냇가나 양지바른 곳에 모여 삽니다. 《계원필경(桂苑筆耕)》은 '계수나무(桂) 동산(苑)에서 붓(筆)으로 밭을 갈다(耕)'는 뜻으로, 신라 때의 최치원이 중국에 유학을 다녀온 885년에 헌강왕에게 만들어 바친 시문집(詩文集: 시와 글을 모은 책)입니다. 계피(桂皮)는 흔히 '육계(肉桂) 나무의 껍질(皮)'로, 향료나 약재로 사용됩니다.

[괘]로 소리나는 경우

1/2 卦 점괘 괘 ⊜ 卦
점 복(卜) + [홀 규(圭)→괘]

3/2 掛 걸 괘 ⊜ 挂
손 수(扌) + [점괘 괘(卦)]

팔괘

점괘(占卦)는 '점(占)을 쳐서 나오는 괘(卦)'로, 이 괘를 풀이하여 길흉을 판단합니다. 원래 괘(卦)는 갑골문자가 만들어지기 전, 중국 고대 전설상의 제왕인 복희씨(伏羲氏)가 만든 글자로, 음양(陰陽)을 나타내는 효(爻)를 3개 조합하여 8가지의 팔괘(八卦)를 만들었습니다. 점을 칠 때는 음과 양을 표시한 산가지를 여러 개 넣어 놓은 통에서 3개나 8개를 뽑아 괘를 정합니다.

걸 괘(掛)자는 '손(扌)으로 물건을 걸다, 매달다'는 뜻입니다. 괘도(掛圖)는 '벽에 걸어(掛) 놓고 보는 학습용 그림(圖)이나 지도(圖)'입니다. 괘종시계(掛鐘時計)는 '종(鐘)이 걸려(掛) 있는 시계(時計)'입니다.

진흙 근

진흙 근(堇)자는 묶인 채로 불에 타고 있는 사람의 모습을 본떠 만든 글자입니다. 글자 맨 아래의 흙 토(土)자는 원래 불(火)의 상형이었습니다. 하지만 나중에 흙 토(土)자로 변하면서 일부에서는 진흙 밭에 빠진 사람이라는 해석도 있습니다. 어쨌든 불에 타거나, 진흙 밭에 빠져 어려운 상황임을 나타내고 있습니다. 따라서 이 글자는 다른 글자와 만나면 어렵다는 뜻으로 사용됩니다. 하지만 진흙이란 의미가 생긴 이유는 분명하지 않습니다. 또, 진흙 근(堇)자는 한수 한(漢)자의 오른쪽에 나오는 모습처럼 변형되어 사용되기도 합니다.

진흙 근(堇)자와 비슷하게 생긴 가죽 혁(革)자는 짐승의 껍질을 말리고 있는 모습입니다. 글자를 보면 윗부분부터 머리, 몸통, 양다리, 꼬리가 있습니다.

[근]으로 소리나는 경우

4/3 **勤** 부지런할 근 중 勤
힘 력(力) + [진흙 근(堇)]

3/3 **謹** 삼갈 근 중 谨
말씀 언(言) + [진흙 근(堇)]

3/2 **僅** 겨우 근 중 仅
사람 인(人) + [진흙 근(堇)]

2/2 **槿** 무궁화 근 중 槿
나무 목(木) + [진흙 근(堇)]

2/2 **瑾** 구슬 근 중 瑾
구슬 옥(玉/王) + [진흙 근(堇)]

근로(勤勞), 근무(勤務), 퇴근(退勤), 결근(缺勤) 등에 사용되는 부지런할 근(勤)자는 '어려움(堇)에 처하지 않기 위해 힘(力)으로 일을 부지런히 하다'는 뜻입니다. 근면(勤勉)은 '부지런히(勤) 힘쓰다(勉)'는 뜻이고, 근정전(勤政殿)은 '임금이 부지런하게(勤) 정치(政)를 하는 대궐(殿)'로, 경복궁의 가장 중심이 되는 건물입니다.

삼갈 근(謹)자는 '어려움(堇)에 처하지 않으려면 말(言)을 할 때에는 삼가야 한다'는 뜻입니다. 근하신년(謹賀新年)은 삼가(謹) 새해(新年)를 축하(賀)합니다'의 뜻으로, 연하장(年賀狀)에 쓰는 새해 인사말입니다. 근신(謹愼)은 '삼가하고(謹) 삼가한다(愼)'는 뜻으로, 벌(罰)로 일정 기간 동안 출근이나 등교, 집무 등의 활동을 하지 않고 말이나 행동을 삼가하는 것을 말합니다.

겨우 근(僅)자는 '힘이나 재주가 적어 어려운(堇) 사람(亻)'이란 뜻에서 '겨우, 적다'라는 뜻이 생겼습니다. '근근이 살아가다'의 근근(僅僅)은 '겨우(僅) 겨우(僅)'라는 뜻이고, '근소한 차이'의 근소(僅少)는 '적고(僅) 적다(少)'는 뜻입니다.

무궁화(無窮花)는 우리나라의 국화(國花)로, 꽃이 지면 새로 피고, 다시 지면 또 다시 피어, '다함(窮)이 없는(無) 꽃(花)'이란 뜻의 이름이 붙었습니다. 무궁화 근(槿)자에도 나무 목(木)자가 들어갑니다. 무궁화(無窮花)을 근화(槿花)라고도 합니다.

구슬 근(瑾)자는 뜻을 나타내는 구슬 옥(玉/王)자와 소리를 나타내는 진흙 근(堇)자가 합쳐진 글자입니다. 구슬 근(瑾)자는 사람 이름에 주로 사용됩니다.

[한]으로 소리나는 경우

7/5 漢 한수 한 중 汉
물 수(氵) +
[진흙 근(堇)→한]

한강(漢江), 한문(漢文), 한자(漢字) 등에 사용되는 한수 한(漢)자는 한나라의 수도였던 장안(長安: 지금의 서안) 남서쪽에 위치하는 양자강의 지류입니다. 한(漢)자는 한나라 한(漢)자로도 사용됩니다. 한자(漢字)는 '한(漢)나라에서 만든 문자(字)'라는 뜻입니다. 한자의 전신인 갑골문자는 중국 은나라에서 만들었지만, 지금 우리가 쓰는 한자는 한(漢)나라 때 완성되었습니다. 우리나라 서울을 중국 사람들은 한성(漢城)이라고 하는데, '한강(漢)에 있는 성(城)'이란 뜻입니다. 중국에서는 한성(漢城) 대신 간체자인 한성(汉城)이라고 써야 알아봅니다.

[난]으로 소리나는 경우

4/3 難 어려울 난 중 难
새 추(隹) +
[진흙 근(堇)→난]

재난(災難), 수난(受難), 난해(難解), 고난(苦難) 등에 들어가는 어려울 난(難)자는 원래 새의 종류를 가리키는 글자였으나, '어렵다'라는 의미로 가차되었습니다. 난형난제(難兄難弟)는 '형(兄)이라 하기도 어렵고(難), 동생(弟)이라 하기도 어렵다(難)'는 뜻으로, '우열(優劣)을 가리기 어렵다'는 의미입니다.

[탄]으로 소리나는 경우

4/3 歎 탄식할 탄 중 叹
하품 흠(欠) +
[진흙 근(堇)→탄]

2/1 灘 여울 탄 중 滩
물 수(氵) +
[어려울 난(難)→탄]

탄식(歎息), 감탄(感歎), 한탄(恨歎) 등에 들어가는 탄식할 탄(歎)자는 '하품(欠)하듯이 입을 크게 벌리고 어려움(堇)을 탄식(歎息)하다'는 뜻입니다.

여울은 강이나 바다의 바닥이 얕거나 폭이 좁아 물살이 세게 흐르는 곳입니다. 여울 탄(灘)자는 '바닥이 얕거나 폭이 좁아 물(氵)이 어렵게(難) 흘러가는 곳이 여울이다'는 뜻입니다. 한탄강(漢灘江)은 임진강(臨津江)으로 흘러드는 강원도의 하천입니다. 서울 지하철 3호선에 있는 학여울역은, 역 바로 옆에 '학(鶴)이 날아오는 여울(灘)'이 있어 지어진 이름입니다. 조선 시대에 학여울의 이름은 학탄(鶴灘)입니다.

도끼 근(斤)자는 세워 놓은 도끼의 모습을 본떠 만든 글자입니다. 옛날에는 밥을 짓거나 난방을 위해 땔감으로 나무를 사용했기 때문에 장작을 패기 위한 도끼는 집안의 필수품이었습니다. 또한, 전쟁이 나면 무기로 사용하였는데, 두 손(廾) 위에 도끼(斤)를 들고 있는 병사 병(兵)자가 그런 예입니다.

갑골문자가 만들어진 상나라에서는 장사가 성행하였고, 자연히 무게를 헤아릴 필요성이 대두되었습니다. 그래서 도끼 근(斤)자는 무게를 재는 단위로 사용되어 몇 천 년이 지난 지금까지도 사용되고 있습니다. 우리나라에서 한 근은 원래 375g이었으나 지금은 600g입니다.

[근]으로 소리나는 경우

6/5 近 가까울 근 ⓖ 近
갈 착(辶) + [도끼 근(斤)]

가까울 근(近)자는 '가는 길(辶)이 가깝다'는 뜻입니다. 근대(近代)는 '현재와 가까운(近) 시대(代)'이고, 근시(近視)는 '가까운(近) 것이 잘 보이는(視) 눈'입니다. 백제 13대 왕인 근초고왕(近肖古王)은 '백제 5대 왕인 초고왕(肖古王)의 업적에 가까운(近) 왕'이란 뜻으로, 백제가 가장 번성하던 시기의 왕이었습니다. 초고왕은 말갈과 신라의 여러 성을 쳐서 함락시켜 백제의 영토를 넓힌 왕입니다. 근초고왕은 백제는 강력한 군사력과 경제력을 바탕으로 고구려 군사를 대동강에서 무찌르고 평양성을 점령하여 고국원왕을 전사시켰습니다.

[흔]으로 소리나는 경우

1/1 欣 기뻐할 흔 ⓖ 欣
하품 흠(欠) + [도끼 근(斤)→흔]

기뻐할 흔(欣)자는 '하품(欠) 하듯이 입을 크게 벌리고 기뻐하다'는 뜻입니다. '흔쾌히 양보했다', '그는 나의 제안을 흔쾌하게 받아들였다'의 흔쾌(欣快)는 '기쁘고(欣) 유쾌하다(快)'는 뜻입니다.

[기]로 소리나는 경우

3/3 祈 빌 기 ⓖ 祈
귀신 기(示) +
[도끼 근(斤)→기]

제사상에 복을 빌거나 기도를 하므로, 빌 기(祈)자에는 제사상의 상형인 보일 시(示)자가 들어갑니다. 기우제(祈雨祭)는 '비(雨)가 오기를 비는(祈) 제사(祭)'입니다.

2/1 沂 물이름 기 ⓖ 沂
물 수(氵) +
[도끼 근(斤)→기]

기수(沂水)는 중국 산동성(山東省)에 있는 강 이름입니다. 물이름 기(沂)자는 이 강을 가리키는 글자입니다. 욕기(浴沂)는 '기수(沂)에서 목욕한다(浴)'는 뜻으로, 속세를 떠나 아무 속박 없이 조용하고 편안하게 삶을 이르는 말입니다. 공자가 몇몇 제자에게 각자가 가진 뜻을 말해 보라고 하자, 증석(曾皙)이 기수(沂水)에서 목욕하고 기우제를 지내는 제단에 올라가 바람을 쐬고 노래하며 돌아오겠다고 대답한 고사에서 유래합니다.

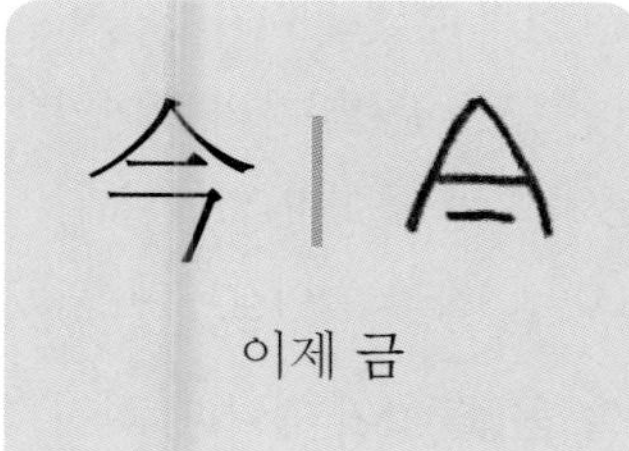

이제 금

이제 금(今)자는 쇠 금(金)자와 마찬가지로 주물을 만들기 위한 거푸집을 본떠 만든 글자로 추정됩니다. 일설에는 무엇을 지붕으로 덮어 씌워 놓은 모습으로 보고 '포함(包含)한다'는 의미로도 해석합니다. 가차되어 '이제'라는 의미를 가지게 되었습니다. 금방(今方)은 '이제(今) 곧(方)'이란 뜻으로, 방금(方今)과 같은 말입니다. 모 방(方)자는 '곧'이란 뜻도 있습니다.

[금]으로 소리나는 경우

3/2 琴 거문고 금 중 琴
구슬 옥(玉/王) × 2 + [이제 금(今)]

3/2 禽 날짐승 금 중 禽
떠날 리(离) + [이제 금(今)]

거문고 금(琴)자에는 옥(玉→王)자가 두 개 겹쳐 들어가 있는데, 상형문자를 보면 옥(玉)과는 상관없이 현악기 줄을 나타냅니다. 하지만 부수가 구슬 옥(玉) 부입니다. 거문고/비파 슬(瑟), 비파 비(琵), 비파 파(琶) 등에도 옥(玉)자가 두 개 겹쳐 들어가 있지만, 상형문자를 보면 옥(玉)과는 상관없이 현악기 줄을 나타냅니다. 금슬(琴瑟)은 '거문고(琴)와 비파(瑟)의 음이 서로 잘 어울리는 악기'에서 유래해 '부부 사이의 사랑'을 의미합니다.

날짐승 금(禽)자는 '그물(离)로 날짐승을 잡다'는 뜻입니다. 《금수회의록(禽獸會議錄)》은 '날짐승(禽)과 짐승(獸)이 회의(會議)한 기록(錄)'이란 뜻으로, 개화기의 대표적인 지식인이었던 안국선이 1908년 발표한 신소설이자 우리나라에서 최초로 판매 금지된 소설입니다.

[근, 긍]으로 소리나는 경우

1/2 矜 창자루 근,자랑할 긍 중 矜
창 모(矛) + [이제 금(今)→긍]

창 모(矛)자가 들어 있는 창자루 근(矜)자는 자랑할 긍(矜)자로 더 잘 알려져 있습니다. 긍지(矜持)는 '자랑을 가지다'는 뜻으로, 자신의 능력을 믿음으로써 가지는 자랑입니다. 자긍심(自矜心)은 '자기 스스로(自) 자랑하는(矜) 마음(心)'입니다.

[념]으로 소리나는 경우

5/4 念 생각 념 중 念
마음 심(心) + [이제 금(今)→념]

일념(一念), 신념(信念), 기념(記念), 관념(觀念) 등에 들어가는 생각 념(念)자는 원래 '지금(今) 마음(心)에 두다'는 뜻입니다. 이후, '마음에 두다→생각하다→(마음에 두도록) 기억하다→외우다→읊다→암송하다' 등의 뜻이 생겼습니다. 상념(想念)은 '생각(想)과 생각(念)'이란 뜻으로, 마음에 떠오르는 생각을 말합니다. 염불(念佛)은 '부처님의 이름이나 불경(佛)을 외우다(念)'는 뜻입니다. 원효대사의 정토신앙에서는 부처의 이름을 부르면 반드시 극락(極樂)에 간다고 합니다. 주로 부처님의 이름인 관세음보살(觀世音菩薩)이나 나무아미타불(南無阿彌陀佛)을 욉니다.

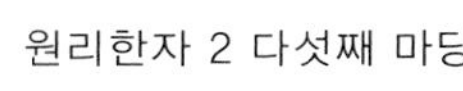

[음]으로 소리나는 경우

44 陰 그늘 음 ⓙ 阴 ⓨ 侌
언덕 부(阜/阝) + [이제 금(今)→음] + 이를 운(云)

10 蔭 풀그늘 음 ⓙ 荫
풀 초(艹) + [그늘 음(陰)]

33 吟 읊을 음 ⓙ 吟
입 구(口) + [이제 금(今)→음]

언덕 뒤쪽에 그늘이 지므로, 그늘 음(陰)자에는 언덕 부(阜/阝)자가 들어갑니다. 그늘 음(陰)자에 들어있는 이를 운(云)자는 구름 운(雲)자의 고어입니다. 즉 '해가 구름(云)에 가려져 그늘이 진다'는 뜻으로 들어가 있습니다. 그늘 음(陰)의 반대말인 볕 양(陽)자에도 언덕 부(阜/阝)자가 들어갑니다.

그늘 음(陰)자에 풀 초(艹)자를 추가하면, 풀그늘 음(蔭)자가 됩니다. 하지만, 풀그늘이란 뜻보다는 '조상의 그늘' 혹은 '조상의 덕택'이란 뜻으로 사용됩니다. '조상의 음덕으로 먹고 산다'라고 할 때, 음덕(蔭德)이 바로 그러한 예입니다. 이 글자는 일반적으로 잘 사용되지 않는 글자이지만, 국사 시간에는 자주 등장하는 글자입니다. 공음전(功蔭田)은 '공(功)을 세우거나 공을 세운 조상의 덕택(蔭)으로 받은 밭(田)'이란 뜻으로, 고려와 조선 시대에 있었던 토지제도입니다. 문음(門蔭)은 '가문(門)이나 조상의 덕택(蔭)'이란 뜻으로, 고려와 조선 시대에 높은 벼슬을 한 가문(家門)의 자제를 과거에 의하지 않고 관리로 채용하던 것을 말합니다. 음서(蔭敍)는 '조상의 덕택(蔭)으로 차례(敍)를 서다'는 뜻으로, 문음(門蔭)과 같은 말입니다.

읊을 음(吟)자는 '입(口)으로 시(詩) 등을 읊다'는 뜻입니다. '읊다'는 억양을 넣어 큰소리로 시를 읽거나 외는 것입니다. 음유시인(吟遊詩人)은 '시를 읊으면서(吟) 돌아다니는(遊) 시인(詩人)'으로, 중세 유럽에서 여러 지방을 떠돌아다니면서 시를 읊었던 시인입니다.

[탐]으로 소리나는 경우

32 貪 탐할 탐 ⓙ 贪
조개 패(貝) + [이제 금(今)→탐]

탐할 탐(貪)자는 '돈(貝)을 탐하다'는 뜻입니다. 옛날에는 조개를 화폐로 사용했습니다. 소탐대실(小貪大失)은 '작은(小) 것을 탐하다(貪)가 큰(大) 것을 잃다(失)'는 뜻입니다. 식탐(食貪)은 '음식(飮食)을 탐내는(貪) 일'입니다.

[함]으로 소리나는 경우

32 含 머금을 함 ⓙ 含
입 구(口) + [이제 금(今)→함]

포함(包含), 함량(含量) 등에 들어가는 머금을 함(含)자는 '입(口)으로 음식을 삼키지 않고, 머금고 있다'는 뜻입니다. 고인 눈물을 흘리지 않고 있는 것도 '눈물을 머금다'고 합니다. 함분축원(含憤蓄怨)은 '분함(憤)을 머금고(含) 원한(怨)을 쌓다(蓄)'는 뜻입니다.

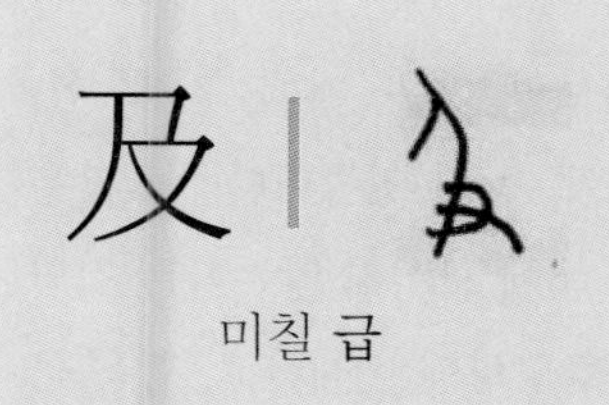

미칠 급(及)자는 '앞에서 도망가는 사람(人)을 손(又)으로 잡다'는 뜻입니다. 즉 '(손이) 닿다→이르다→미치다→함께→~와' 등의 뜻이 생겼습니다. 과거 급제의 급제(及第)는 '합격(第)에 이르다(及)'는 뜻입니다. 소급(遡及)은 '지나간 일에까지 거슬러(遡) 올라가서 미치게(及) 하는 것'입니다. 법률불소급(法律不遡及)의 원칙은 '모든 법률은 행위시의 법률을 적용하고, 나중에 만든 법률(法律)로 소급(遡及)해서 적용할 수 없다(不)는 원칙'입니다. 출애굽기(出埃及記)는 '애급(埃及)을 탈출한(出) 기록(記)'으로, 구약 성경의 둘째 권입니다. 이스라엘 민족이 모세(Moses)의 인도로 노예 생활을 하던 이집트에서 탈출하여 시나이(Sinai) 산에 이르기까지의 일을 기록한 것입니다. 유명한 십계(十戒)도 이 안에 기록되어 있습니다. 애급(埃及)은 이집트(Egypt)의 음역입니다.

[급]으로 소리나는 경우

6/5 急 급할 급 ❸急
마음 심(心) + [미칠 급(及)]

6/3 級 등급 급 ❸级
실 사(糸) + [미칠 급(及)]

급속(急速), 급행(急行), 특급(特急) 등에 들어가는 급할 급(急)자에 들어가는 미칠 급(及→⺈)자는 '앞에서 도망가는 사람(人)을 손(又, 彐)으로 잡다, 미치다'는 뜻입니다. 따라서 급할 급(急)자는 '도망가는 사람이나 잡는 사람의 마음(心)이 급하다'는 뜻입니다. 급성질환(急性疾患)은 '급한(急) 성질(性)의 질환(疾患)'으로, 급성 맹장염같이 급히 일어나는 성질을 가진 병(病)입니다.

등급(等級), 계급(階級), 고급(高級), 급수(級數) 등에 들어가는 등급 급(級)자는 원래 '앞의 실(糸)을 따라 붙어(及) 실을 잇다'는 뜻입니다. 이후 '실을 잇다→이은 곳의 매듭→(매듭과 같이 단이 지는) 계단→등급'이란 뜻이 파생되었습니다. 급수(級數)는 '계단(級)처럼 증가하는 수(數)'라는 뜻으로, 수열(數列)을 차례로 덧셈 기호로 묶은 합(合)을 말합니다. 이렇게 차례대로 묶으면 층계나 계단을 올라 가는 것처럼 점차 합(合)이 증가한다고 해서 급수라는 이름이 붙었습니다.

[흡]으로 소리나는 경우

4/3 吸 숨들이쉴 흡 ❸吸
입 구(口) + [미칠 급(及)→흡]

숨들이쉴 흡(吸)자는 '입(口)으로 숨을 들이쉬다'는 뜻과 함께 '입(口)으로 빨아들이다'는 뜻도 있습니다. 흡연(吸煙)은 '연기(煙)를 들이쉬다(吸)'는 뜻이나, 흡수(吸收)는 '빨아서(吸) 거두어(收) 들이다'는 뜻입니다. 흡혈귀(吸血鬼)는 '사람의 피(血)를 빨아먹는(吸) 귀신(鬼)'입니다.

기운 기(气)자는 아지랑이나 안개 등이 옆으로 깔려 있는 모습을 본떠 만든 글자입니다. 이 글자가 가지고 있는 뜻을 살펴보면 '기운, 기백, 기세, 힘, 숨, 공기, 냄새, 바람, 기후, 날씨, 자연 현상, 기체' 등이 있습니다. 이 많은 낱말들의 공통점은 분명히 무엇이 있기는 하지만 눈에 보이지 않는다는 것입니다. 현대 과학으로 보면 몸의 기운은 혈액 속의 혈당량에 비례하고, 힘은 근육의 수축으로 생기고, 기후는 공기의 온도로 결정되고, 기체는 분자가 자유롭게 운동하는 것입니다. 하지만 옛 사람들은 이런 과학적인 지식이 없기 때문에, 눈에 보이지 않으나 느낄 수 있는 이런 것들을 통틀어 기(氣) 혹은 기운(氣運: 기의 움직임)이라고 불렀습니다. 이후 기(气)자의 뜻을 분명히 하기 위해 쌀 미(米)자를 추가하여 기운 기(氣)자를 만들었습니다. 쌀(米)로 만든 밥을 먹으면 기운이 생기기 때문에, 쌀에 기운(氣運)을 만드는 무언가가 있다고 생각했습니다.

중국에서는 기운 기(气)자를 이용해서 원자 기호 이름을 만들어 사용합니다. 산소 양(氧), 수소 경(氫), 아르곤 아(氬), 크립토 극(氪), 라돈 동(氡) 등이 그러한 예입니다.

[기]로 소리나는 경우

氣 (7급, 5획) 기운 기 ㊥气
쌀 미(米) + [기운 기(气)]

汽 (5급, 2획) 증기 기 ㊥汽
물 수(氵) + [기운 기(气)]

기운 기(氣)자에 '쌀(米)로 밥을 만들어 먹으면 기운(气)이 난다'는 뜻으로 만든 글자입니다. 기절(氣絕)은 '기(氣)가 끊어지다(絕)'는 뜻으로, 정신을 잃는 것을 말합니다. 공기(空氣), 기력(氣力), 대기(大氣), 심기(心氣), 일기(日氣), 전기(電氣), 활기(活氣) 등에 사용됩니다.

증기 기(汽)자에 들어가는 기운 기(气)자는 아지랑이나 안개, 수증기 등이 옆으로 깔려 있는 모습을 본떠 만든 글자입니다. 나중에 기운이라는 뜻이 생기자, 원래 뜻을 살리기 위해 물 수(氵)자를 추가하여 증기 기(汽)자를 만들었습니다. 기차(汽車)는 '증기(汽)의 힘으로 가는 차(車)'라는 뜻이지만, 중국에서는 자동차를 기차(汽車)라고 합니다.

[개]로 소리나는 경우

愾 (1급, 0획) 성낼 개 ㊥忾
마음 심(忄) +
[기운 기(氣)→개]

성낼 개(愾)자는 '마음(忄)으로 성을 내면 거칠게 숨(氣)을 쉰다'는 뜻으로 만든 글자입니다. 적개심(敵愾心)은 '적(敵)을 미워하며 분개(憤慨)하는 마음(心)'이고, 비분강개(悲憤慷慨)는 '슬프고(悲) 분하고(憤) 슬프고(慷) 분하다(慨)'는 뜻으로, 슬프고 분한 느낌이 마음 속에 가득 차 있음을 이르는 말입니다. 슬퍼할 개(慨)자는 '분하다'는 뜻도 있습니다.

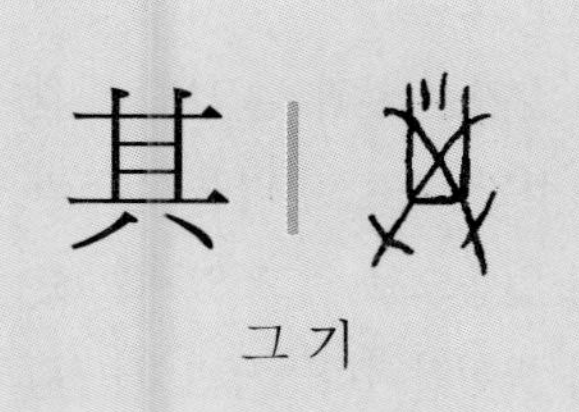

그 기(其)자는 곡식을 까부르는 키를 두 손(廾)으로 잡고 있는 모습을 본떠 만든 글자입니다. 기(其)자가 지시대명사 '그(it)'로 사용되자, 원래의 뜻을 분명히 하기 위해 대나무 죽(竹)을 붙여 키 기(箕)자가 되었습니다. 기타(其他)는 '그(其)외 다른(他) 것'을 말합니다. 기인제도(其人制度)는 '기인(其人)을 뽑아 중앙에 보냈던 제도(制度)'입니다. 기인(其人)은 '그(其) 사람(人)'이라는 뜻으로, 고려 · 조선 시대에, 지방 호족 및 토호의 자제로서 중앙에 볼모로 와서, 출신 지방의 행정을 도와주거나 중앙의 일을 도와주던 사람입니다. 기인제도는 지방 세력을 견제하고 중앙 집권을 강화하기 위한 제도로, 신라의 상수리제도(上守吏制度)에서 유래하였습니다. 상수리(上守吏)는 '위(上)에서 지키는(守) 관리(吏)'라는 뜻으로, 기인과 같은 사람입니다.

[기]로 소리나는 경우(1)

7/3 **旗** 기 기 ⓢ旗
깃발 언(㫃) + [그 기(其)]

5/4 **期** 기약할 기 ⓢ期
달 월(月) + [그 기(其)]

5/4 **基** 터 기 ⓢ基
흙 토(土) + [그 기(其)]

3/2 **棄** 버릴 기 ⓢ弃 ⓨ弃
아이돌아나올 돌(𠫓) + [그 기(其)]

3/3 **欺** 속일 기 ⓢ欺
하품 흠(欠) + [그 기(其)]

깃발 언(㫃)자가 들어가는 기 기(旗)자는 태극기(太極旗), 국기(國旗), 군기(軍旗) 등에 사용됩니다. 사령기(司令旗)는 '명령(令)을 맡은(司) 깃발(旗)'이란 뜻으로 군대를 지휘할 때에 쓰는 깃발입니다.

시기(時期), 초기(初期), 말기(末期), 임기(任期) 등에 사용되는 기약할 기(期)자는 원래 '달(月)이 차고 지는 한 달'을 뜻하는 글자입니다. 이후, '한 달→1주년→기간(期間)→때→기일(期日)→기약(期約)하다' 등의 뜻이 생겼습니다. 기약(期約)은 '때(期)를 정하여 약속하다(約)'는 뜻입니다. 또, 조기방학이나 조기유학의 조기(早期)는 '이른(早) 때(期)'를 말합니다.

터 기(基)자도 '땅(土) 위의 터'를 뜻합니다. 군사기지, 우주기지, 남극기지 등에 나오는 기지(基地)는 '터(基)가 되는 땅(地)'이란 뜻으로, 군대나 탐험대 따위의 활동의 기점이 되는 근거지를 의미합니다.

입 엽(葉)자와 비슷하게 생긴 버릴 기(棄)자는 나무 목(木)자와 전혀 상관없이 엽기적(獵奇的)인 의미를 가집니다. 상형문자를 보면 어린 아기(𠫓)를 키(其)에 담아 두 손으로 들고 있는 모습입니다. 즉, 죽은 아이를 버리려고 하는 모습에서 '버리다'는 뜻이 생겼습니다. 지금은 의학의 발달로 영아 사망률이 낮지만 당시에는 많은 아기들이 죽은 데에서 이런 글자가 생겼습니다. 기권(棄權)은 '권리(權)를 버리다(棄)'는 뜻이고, 포기(抛棄)는 '던져(抛) 버리다(棄)'는 뜻입니다.

사기(詐欺), 기만(欺瞞) 등에 들어가는 속일 기(欺)자는 '하품(欠) 하듯이 입을 크게 벌려 그럴 듯하게 이야기하면서 남을 속이다'는 뜻입니다.

[기]로 소리나는 경우(2)

2/2 **麒** 기린 기 중 麒
사슴 록(鹿) + [그 기(其)]

2/2 **騏** 준마 기 중 骐
말 마(馬) + [그 기(其)]

2/2 **棋** 바둑 기 중 棋
나무 목(木) + [그 기(其)]

2/2 **琪** 옥 기 중 琪
구슬 옥(玉/王) + [그 기(其)]

2/1 **淇** 물이름 기 중 淇
물 수(氵) + [그 기(其)]

2/1 **箕** 키 기 중 箕
대 죽(竹) + [그 기(其)]

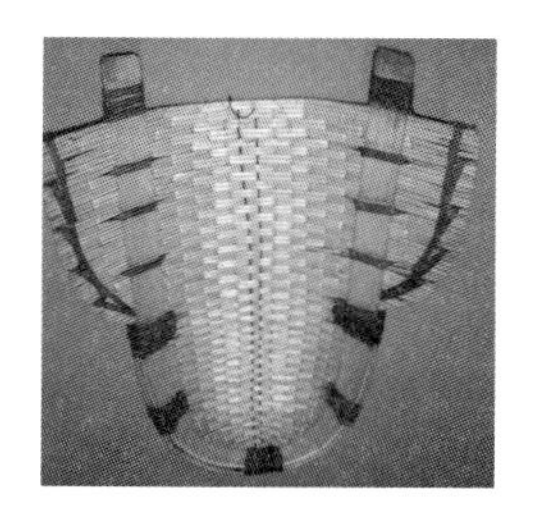
대나무로 만든 키

목이 긴 기린(麒麟)은 원래 고대 중국의 전설에 나오는 상상 속의 동물입니다. 몸이 사슴 같고, 꼬리는 소와 같으며, 발굽과 갈기는 말과 같으며, 빛깔은 5색이라고 합니다. 또 이것이 출현하면 세상에 성왕(聖王)이 나올 길조라고 여겼습니다. 옛 사람은 기린이 상스러운 사슴의 일종으로 알고 있으므로, 기린 기(麒)자와 기린 린(麟)자에는 사슴 록(鹿)자가 들어갑니다. 기린 기(麒)자는 수컷, 기린 린(麟)자는 암컷 기린입니다. '문단의 기린아', '축구계의 기린아'의 기린아([麒麟兒)는 '기린아(麒麟)처럼 뛰어난 아이(兒)'라는 뜻으로, 장래가 촉망되는 뛰어난 젊은 사람을 말합니다.

준마 기(騏)자에서 준마(駿馬)는 빠르게 잘 달리는 말입니다. 준마 기(騏)자와 준마 린(驎)자가 합쳐진 기린(騏驎)은 하루에 천 리를 달린다는 말입니다.

바둑 기(棋)자는 원래 '나무(木)로 만든 장기알'을 의미하는 글자였으나, 나중에 장기(將棋)나 바둑을 의미하는 글자가 되었습니다. 같은 의미의 바둑 기(碁)자는 '돌(石)로 만든 바둑알'을 의미하는 글자였으나, 나중에 장기나 바둑을 의미하는 글자가 되었습니다. 기사(棋士)는 '바둑(棋)을 두는 선비(士)'라는 뜻으로, 바둑이나 장기를 잘 두는 사람을 일컫는 말입니다. 기원(棋院/碁院)은 '바둑(棋/碁)을 두는 집(院)'이란 뜻으로, 바둑을 두는 사람에게 장소와 시설을 빌려 주고 돈을 받는 곳입니다.

구슬 옥(玉/王)자가 들어간 옥 기(琪)자는 사람의 이름으로 사용됩니다.

기수(淇水)는 중국 하남성 안양의 서남으로 흐르는 강 이름입니다. 물이름 기(淇)자는 기수(淇水)를 뜻하는 글자입니다.

키 기(箕)자는 '대나무(竹)로 만든 키(其)'를 뜻하는 글자입니다. 기자(箕子)는 중국 은나라 마지막 왕인 주왕(紂王)의 숙부입니다. 주(周)나라가 은나라를 멸망시키자 기자는 주(周)의 신하가 되기를 거부하며 은나라의 유민(遺民)을 이끌고 북쪽으로 이주하였습니다. 일부에서는 기자(箕子)가 한반도로 옮겨가 그 곳에 기자조선(箕子朝鮮)을 세웠다는 이야기도 전해집니다.

몸 기(己)자가 어떤 모습을 본떠 만든 글자인지는 학자들 간에도 의견이 분분합니다. 가장 쉽게 상상할 수 있는 모습은 상체를 구부리고 꿇어 앉아 있는 사람의 모습입니다. 그런데 사람을 나타내는 글자인 인(儿), 비(匕), 대(大), 립(立), 시(尸), 절(卩), 자(子), 여(女), 노(老/耂) 등 모든 글자의 상형문자를 보면 공통적으로 들어가는 것이 사람의 팔입니다. 하지만 몸 기(己)자는 사람의 팔이 보이지 않습니다. 따라서 사람의 모습은 아닌 것 같습니다.

가장 설득력이 있는 이야기는 기(己)자가 끈이나 새끼줄을 꼬아놓은 모습이라는 것입니다. 옛날에 문자가 탄생되기 전에는 끈이나 새끼줄에 매듭을 만들어 문자를 대신하였습니다. 이와 같은 문자를 '끈(繩)을 묶어(結) 만든 문자(文字)'라는 뜻으로 결승문자(結繩文字)라고 하며, 고대 중국과 남아메리카 지방에서 사용되었습니다. 중국의 결승이 어떤 것인지는 오늘날에 와서는 알 수 없으나, 고대 남아메리카의 결승문자는 아직도 남아 있고, 페루의 키푸(quipu)가 대표적입니다. 기(己)자에 실 사(糸)자를 더하면 벼리 기(紀)자가 되는데, 벼리 기(紀)자는 '적다, 기록하다'는 뜻이 있습니다. 또 말씀 언(言)자를 추가하면 '말(言)을 기록하다'는 뜻의 기록할 기(記)자가 됩니다. 이런 글자로 미루어 보면, 기(己)자가 결승(結繩)을 위한 끈이나 새끼줄의 상형이라는 설이 설득력이 있습니다.

나중에는 몸 기(己)자가 꿇어앉아 있는 사람의 몸이란 뜻을 가지게 됩니다. 더 나아가 자기(自己)라는 뜻도 가지게 됩니다.

[기]로 소리나는 경우

7/5 **記** 기록할 기 ⓩ 记
말씀 언(言) + [몸 기(己)]

4/4 **起** 일어날 기 ⓩ 起
달릴 주(走) + [몸 기(己)]

기사(記事), 수기(手記), 일기(日記) 등에 사용되는 기록할 기(記)자는 '사람의 말(言)을 기록하다'는 뜻입니다. 일기(日記)는 '날마다(日) 적는 기록(記)'이고, 사성삼경 중 하나인 《예기(禮記)》는 '고대 중국의 관혼상제 등의 예법(禮法)을 기록한(記) 책'입니다.

기상(起床), 기립(起立), 기공식(起工式) 등에 사용되는 일어날 기(起)자는 '꿇어앉아 있는 사람(己)이 가기(走) 위해 일어나다'는 뜻입니다. 《기중도설(起重圖說)》은 '무거운(重) 물건을 일으켜(起) 세우는 방법을 그림(圖)으로 설명한(說) 책'으로, 조선시대의 실학자 정약용이 1792년에 지은 책입니다. 이 책에는 정약용이 만든 거중기(擧重機)의 그림이 실려 있습니다. 기상(起床)은 '평상(床), 즉 침대에서 일어나다(起)'는 뜻입니다.

4-3 紀 벼리 기 ⓩ 纪
실 사(糸) + [몸 기(己)]

3-2 忌 꺼릴 기 ⓩ 忌
마음 심(心) + [몸 기(己)]

1-1 杞 구기자나무 기 ⓩ 杞
나무 목(木) + [몸 기(己)]

벼리 기(紀)자에서, 벼리는 그물 가장자리의 굵은 줄로, 그물을 잡아당기는 줄입니다. 줄을 의미하는 글자에는 실 사(糸)자가 들어갑니다. 이후, '벼리→(벼리로 그물을) 다스리다→통치하다→규제하다→(인간을 규제하는) 도덕이나 규범'이라는 뜻도 생겼습니다. 벼리 기(紀)자와 벼리 강(綱)자가 합쳐진 기강(紀綱)은 '모든 인간이 지켜야 할 기본적인 도덕과 규범'이란 뜻입니다. 군기(軍紀)는 군대의 질서 유지를 위한 기본 규범입니다.

또 세월이나 해라는 뜻도 있습니다. 기원(紀元)은 '해(紀)를 헤아리는 시초(元)'이고, 중생대 삼첩기(三疊紀), 쥐라기(Jurassic紀), 백악기(白堊紀) 등에서는 지질의 연대를 일컫습니다. 삼첩기(三疊紀)는 '세(三) 개의 층이 중첩된(疊) 시기(紀)'라는 뜻으로, 육성층-해성층-육성층 등이 3개 층이 중첩되어 나타난 시기입니다. 트라이아스기(Trias紀)라고도 합니다. 쥐라기(Jurassic紀)는 '프랑스와 스위스 사이의 쥐라(Jura) 산맥이 만들어진 시기(紀)'로, 숲과 공룡이 번성했습니다. 쥐라(Jura)는 숲이란 뜻입니다. 백악기(白堊紀)는 '흰(白) 백토(堊)가 지층을 이룬 시기(紀)'로, 중생대의 마지막 지질 시대입니다.

또 앞의 결승문자에서 이야기했듯이, 벼리 기(紀)자는 '적다, 기록하다'는 뜻이 있습니다. 《제왕운기(帝王韻紀)》는 '황제(帝)와 왕(王)의 사적을 운율(韻)을 넣어 적은(紀) 책'으로, 고려의 학자인 이승휴가 지은 우리나라와 중국의 역사책입니다. 기사본말체(紀事本末體)는 '사건(事)을 본말(本末: 시작과 끝)을 적은(紀) 문체(體)'로, 사건 중심으로 역사를 서술하는 방법입니다.

꺼릴 기(忌)자는 '몸(己)과 마음(心)이 모두 꺼리다'는 뜻입니다. 이후, '꺼리다→싫어하다→미워하다→시기(猜忌)하다' 등의 뜻이 생겼습니다. 기일(忌日)은 '꺼리는(忌) 날(日)'이란 뜻으로 조상이 죽은 날을 말하며, 기제사(忌祭祀)는 '기일(忌日)에 지내는 조상의 제사(祭祀)'입니다. 병역기피(兵役忌避)는 '병역(兵役)을 꺼리어(忌) 피하다(避)'는 뜻으로, 군대를 가지 않으려고 하는 일을 말합니다.

구기자(枸杞子)나무는 차나 약의 재료로 사용하는 구기자가 열리는 나무입니다. 구기자나무 기(杞)자는 나라 이름으로도 사용됩니다. 기우(杞憂)는 '기(杞)나라 사람의 근심(憂)'이란 뜻입니다. 중국의 기(杞)나라 사람이 하늘이 무너질까봐 침식을 잊고 근심 걱정하였다는 이야기에서 나왔는데, 쓸데없는 걱정을 나타내는 말입니다.

[개]로 소리나는 경우

5/4 改 고칠 개 ⓢ 改
칠 복(攵) + [몸 기(己)→개]

교육의 목적이 사람을 고치거나 변하게 만드는 것이고, 이런 목적을 위해서 매로 때리는 것이 가장 효과적이라고 옛 중국 사람들은 생각하였다. 고칠 개(改)자는 '꿇어앉아 있는 사람(己)을 매로 때려서(攵) 잘못된 것을 고치다'는 뜻입니다. 개정(改定), 개선(改善), 개량(改良) 등에 사용됩니다. 창씨개명(創氏改名)은 '성씨(氏)를 만들어(創) 이름(名)을 고치다(改)'는 뜻으로, 일제강점기에 이름을 일본식 이름으로 강제로 바꾸게 한 일입니다. 갑오개혁(甲午改革)은 '갑오(甲午)년에 실시한 개혁(改革)'으로, 1894년 7월(고종 31년)부터 1896년 2월(고종 33년) 사이에 추진되었던 개혁 운동입니다. 개화당이 정권을 잡아 3차에 이르는 개혁을 통하여, 정치, 경제, 사회 전반적인 면에서 조선의 전통적인 제도를 새롭게 변화시키려고 하였습니다. 가장 큰 변화가 양반, 서민, 노비 등의 신분을 없앤 것입니다. 우리나라는 갑오개혁을 통하여 근대적인 제도를 갖춘 나라로 변화할 수 있는 계기를 마련하였습니다.

[비]로 소리나는 경우

3/2 妃 왕비 비 ⓢ 妃
여자 녀(女) + [몸 기(己)→비]

왕비 비(妃)자는 원래 '남자 앞에 꿇어앉아 있는(己) 여자(女)가 아내이다'는 뜻입니다. 이후 왕의 아내인 왕비(王妃)라는 뜻이 생겼습니다. 대비(大妃)는 왕의 어머니이고, 대왕대비(大王大妃)는 왕이 할머니입니다. 비빈(妃嬪)은 '왕비(妃)와 궁녀(嬪)'입니다.

[배]로 소리나는 경우

4/3 配 짝 배 ⓢ 配
닭 유(酉) + [몸 기(己)→배]

짝 배(配)자는 술(酉) 옆에 사람이 꿇어앉아 있는 사람(己)의 모습입니다. 닭 유(酉)자는 술병의 상형으로, 술을 뜻하는 글자입니다. 옛날에 결혼식을 할 때 술(酉)을 나누어 마시면서 짝을 맞이하는 데에서 '(술을) 나누다, 짝짓다'라는 뜻이 생겼습니다. 분배(分配), 배정(配定)에서는 '나누다', 배우자(配偶者), 배필(配匹)에서는 '짝짓다'라는 뜻으로 사용됩니다.

幾 | 𢆶

몇/기미 기

기미 기(幾)자는 '창(戈)을 맨 사람(人)이 작은(幺幺) 기미(낌새)를 살피다'는 뜻입니다. 일설에는 기(幾)자가 베틀의 상형이라고도 합니다. 즉 창 과(戈)자를 베틀의 형상으로 보고, '사람(人)이 베틀(戈)에서 실(幺幺)로 베를 짜다'는 뜻으로 해석합니다. 베틀에서 베를 짤 때 매우 섬세하게 하지 않으면 실이 끊어지거나 베의 품질이 나빠지므로 조그마한 기미에도 주의해야 한다는 데에서 기미라는 뜻이 생겼고, 나중에 원래의 뜻을 보존하기 위해 나무 목(木)자를 붙여 베틀 기(機)자를 만들었다고 합니다.

이후 가차되어 '몇, 얼마, 어느 정도' 등의 뜻으로도 사용됩니다. 삼일 독립선언서에서 '아 생존권의 박상됨이 무릇 기하(幾何)며, 심령상 발전의 장애됨이 무릇 기하(幾何)며, 민족적 존영의 훼손됨이 무릇 가하(幾何)며...'에 나오는 '기하(幾何)며'는 '얼마이며'라는 뜻으로 사용됩니다.

기하학의 기하(幾何)는 영어 지오메트리(geometry)의 지오(geo)를 소리 나는 대로 적은 것입니다. 지오메트리(geometry)는 그리스어 지오(geo: 땅)와 메트리아(metria: 측량)가 합쳐진 글로, '땅을 측량하다'는 뜻입니다. 그리스에서 땅을 측량하면서 얻은 면적이나 길이에 대한 지식에서 출발하여 유클리드와 같은 수학자에 의해서 도형을 다루는 학문인 기하학(幾何學)으로 발전하였습니다.

[기]로 소리나는 경우

4/3 **機** 베틀 기 ㊥ 机
나무 목(木) + [몇/기미 기(幾)]

3/3 **畿** 경기 기 ㊥ 畿
밭 전(田) + [몇/기미 기(幾)]

2/1 **璣** 구슬 기 ㊥ 玑
구슬 옥(玉/王) + [몇/기미 기(幾)]

한자가 만들어졌던 은(殷), 주(周) 시대에 금속을 가공하는 기술은 청동으로 솥이나 칼을 만드는 정도였습니다. 그래서 지금은 쇠로 만드는 기계(機械)를 당시에는 나무로 만들었습니다. 기계(機械)라는 글자에 들어가는 베틀 기(機)자는 '나무(木)로 만들어 베 짜는 기계가 베틀이다'는 뜻입니다.

봉건제도 하에서 왕은 서울 주위의 땅을 다스리고, 나머지 땅들은 공을 세운 신하들에게 나누어 주어 다스리게 하였습니다. 경기(京畿)란 서울 주위의 오백 리 이내의 땅으로, 왕(王)이 직접 다스리는 지역을 의미합니다. 경기 기(畿)자는 뜻을 나타내는 밭 전(田)자와 소리를 나타내는 기미 기(幾)자가 합쳐진 글자입니다. 우리나라의 경기도(京畿道)는 서울 주변을 둘러싸고 있는 땅이라고 해서 붙여진 이름입니다. 기호(畿湖)는 '경기(京畿) 지역과 호서(湖西) 지역'으로, 경기도와 충청도를 합쳐 부르는 말입니다.

구슬 기(璣)자는 뜻을 나타내는 구슬 옥(玉)자와 소리를 나타내는 몇/기미 기(幾)자가 합쳐진 글자입니다. 주로 사람의 이름에 사용됩니다.

旣 | 𣪠

이미 기

기득권(旣得權), 기왕(旣往), 기존(旣存), 기혼(旣婚) 등에 들어가는 이미 기(旣)자는 이미 밥을 먹고 돌아앉은 모습에서 '이미'라는 뜻이 생겼습니다. 기득권(旣得權)은 '이미(旣) 얻은(得) 권리(權)'라는 뜻으로, 정당한 절차를 밟아 이미 차지한 권리를 말합니다. 기약분수(旣約分數)는 '이미(旣) 약분(約分)이 되어 있는 분수(分數)'라서, 더 이상 약분되지 않는 분수입니다. 기출문제(旣出問題)는 '이전에 이미(旣) 한 번 나왔던(出) 문제(問題)'입니다.

[개]로 소리나는 경우

3급 **槪** 대개 개 ㊥ 概
나무 목(木) +
[이미 기(旣)→개]

3급 **慨** 슬퍼할 개 ㊥ 慨
마음 심(忄) +
[이미 기(旣)→개]

1급 **漑** 물댈 개 ㊥ 溉
물 수(氵) +
[이미 기(旣)→개]

평미레

대개 개(槪)자는 원래 곡식을 되로 잴 때, 그 위를 밀어서 고르게 하는 원기둥 모양의 나무 방망이인 '평미레'를 뜻하는 글자입니다. 이후, '평미레→고르게 하다→대개' 등의 뜻이 생겼습니다. 개요(槪要)는 '대강(槪) 간결하게 추려 낸 주요(要) 내용'을 뜻합니다. 개념(槪念)은 '대강(槪)의 생각(念)'이란 뜻으로, 어떤 사물 현상에 대한 일반적인 지식을 말합니다.

슬퍼할 개(慨)자는 '좋은 시절이 이미(旣) 지나가버려 마음(忄)이 슬프다, 분하다, 탄식하다'는 뜻입니다. 개탄(慨歎)은 '분하게(慨) 여겨 탄식하다(歎)'는 뜻입니다. 감개무량(感慨無量)은 '매우 감격(感激)하여 탄식함(慨)을 이루 헤아릴(量) 수 없다(無)'는 뜻입니다.

물을 대니까, 물댈 개(漑)자에는 물 수(氵)자가 들어갑니다. 관개(灌漑)는 '물을 대고(灌) 물을 대다(漑)'는 뜻으로, 농사에 필요한 물을 논밭에 끌어 대는 일입니다. 관개농업(灌漑農業)은 '물을 대어(灌漑) 짓는 농업(農業)'으로, 저수지나 강, 지하수 등의 물을 수로(水路)를 통해 공급하여 농사를 짓는 것을 일컫습니다. 옛날에는 하늘에서 오는 비나 강에서 자연적으로 흐르는 물을 이용하여 농사를 짓는 반면, 관계농업은 인공적으로 물을 흘려보내 농사를 짓습니다. 관개수로(灌漑水路)는 '물을 대기(灌漑) 위한 물(水)길(路)'입니다.

여자 녀

여자 녀(女)자는 여자가 다소곳이 앉아 있는 모습을 본떠 만든 글자입니다. 남좌여우(男左女右)는 '남자(男)는 왼쪽(左), 여자(女)는 오른쪽(右)'이란 뜻으로, 음양설(陰陽說)에서 왼쪽이 양(陽)이고, 오른쪽은 음(陰)인데, 남자는 양(陽)인 왼쪽이 중하고, 여자는 음(陰)인 오른쪽이 중하다는 말입니다. 이런 이유에서, 제사를 지낼 때 남자는 왼쪽에 서고 여자는 오른 쪽에 섭니다. 또 손금을 볼 때에도 남자(男子)는 왼 손을, 여자는 오른 손을 봅니다. 여자 녀(女)자는 부수 글자로 여자(女子)에 관련된 글자에 들어가지만, 소리로 사용되는 경우도 있습니다. 아래가 그러한 예입니다.

[여]로 소리나는 경우

4/4 **如** 같을 여 중 如
[여자 녀(女)→여] + 입 구(口)

3/3 **汝** 너 여 중 汝
물 수(氵) + [여자 녀(女)→여]

같을 여(如)자는 원래 '여자(女)가 주인의 말(口)에 따르다, 순종하다'는 뜻입니다. 이후, 가차되어 '~같이, 만약'이란 뜻으로 사용됩니다. 일일여삼추(一日如三秋)는 '하루(一日)가 세 번의 가을(三秋: 3년)과 같다(如)'는 뜻이고, 백문불여일견(百聞不如一見)은 '백(百) 번 듣는(聞) 것이 한(一) 번 보는(見) 것만 같지(如) 않다(不)'는 뜻입니다. 만사여의(萬事如意)는 '만(萬) 가지 일(事)이 뜻(意)과 같이(如) 되다'는 뜻이고, 용이 가지고 다니는 여의주(如意珠)는 '뜻(意)과 같이(如), 즉 뜻대로 모든 일을 이룰 수 있는 구슬(珠)'입니다. '여전히 잘있다'의 여전(如前)은 '전(前)과 같이(如)'라는 뜻입니다.

너 여(汝)자는 원래 중국 하남성 남부에 있는 강 이름이기 때문에, 물 수(氵)자가 들어갑니다. 아마도 여자(女子)들이 많이 와서 목욕을 했기 때문에 이런 이름이 붙지 않았을까요? 나중에 가차되어 2인칭 대명사로 사용되었습니다. 천지지지여지아지(天知地知汝知我知)는 '하늘이 알고(天知), 땅이 알고(地知), 네가 알고(汝知), 내가 안다(我知)'는 뜻으로, 세상에 비밀이란 없음을 이르는 말입니다. 오심즉여심(吾心卽汝心)은 '내(吾) 마음(心)이 곧(卽) 네(汝) 마음(心)'이라는 뜻으로, 천도교의 교조 최제우가 한울님과의 대화에서 인간은 근본에서 같다고 한 말입니다.

[서]로 소리나는 경우

3/3 **恕** 용서할 서 중 恕
마음 심(心) + [같을 여(如)→서]

용서할 서(恕)자는 '주인의 말(口)에 여자(女)가 순종하니까(如), 마음(心)으로 용서(容恕)하다'는 뜻입니다. 같을 여(如)자는 원래 '순종하다'는 뜻을 가졌습니다. 비슷한 글자인 성낼 노(怒)자는 '주인의 손(又)에 잡혀온 여자(女)가 종(奴)이 되니, 마음(心)으로 성을 내다'는 뜻입니다.

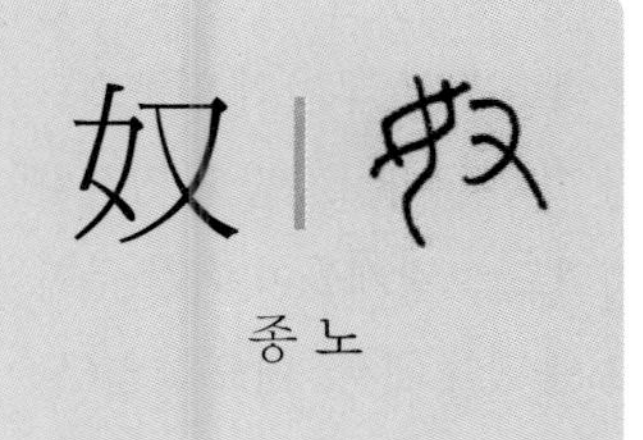

노비(奴婢), 노예(奴隷) 등에 사용되는 종 노(奴)자는 '손(又)으로 잡아온 여자(女)가 종이다'는 뜻입니다. 솔거노비(率居奴婢)는 '주인이 거느리며(率) 주인집에서 거주(居)하는 노비(奴婢)'이고, 외거노비(外居奴婢)는 '주인집에 거주하지 않고 바깥(外)에서 거주(居)하는 노비(奴婢)'입니다. 납공노비(納貢奴婢)는 '공물(貢)을 납부하는(納) 노비(奴婢)'라는 뜻으로, 조선 시대의 공노비(公奴婢)들은 매년 일정기간 동안 소속관청에서 일을 해주어야 했는데, 일을 하는 대신, 베나 돈으로 공물(貢物)을 바쳤던 노비입니다. 경당문노(耕當問奴)는 '밭 가는(耕) 농사일은 마땅히(當) 종(奴)에게 물어야(問) 한다'는 뜻으로, 모든 일은 그 방면의 전문가에게 물어야 한다는 의미입니다.

[노]로 소리나는 경우

怒 (4/4) 성낼 노 중 怒
마음 심(心) + [종 노(奴)]

努 (4/3) 힘쓸 노 중 努
힘 력(力) + [종 노(奴)]

성낼 노(怒)자는 '종(奴)들은 마음(心) 속으로 항상 성을 내다'는 뜻입니다. 잡혀온 것만 해도 분한데, 평생 일만 해야 하니까 성을 내는 것은 당연합니다. 분노(憤怒)는 '분하여(憤) 성을 내다(怒)'는 뜻입니다. 천인공노(天人共怒)는 '하늘(天)과 사람(人)이 함께(共) 성을 내다(怒)'는 뜻으로, 누구나 분노할 만큼 증오스럽다는 뜻입니다. 일노일로(一怒一老)는 '한(一) 번 성내면(怒) 한(一) 번 늙는다(老)'는 뜻입니다. 반대는 일소일소(一笑一少)입니다.

힘쓸 노(努)자는 '종(奴)이 힘(力)을 쓰다'는 뜻입니다. 노력(努力)은 '힘(力)을 다해 힘을 쓰다(努)'는 뜻입니다.

[라]로 소리나는 경우

拏 (1/1) 붙잡을 라 중 拿
손 수(手) + [종 노(奴)→라]

붙잡을 라(拏)자는 '손(手)으로 종(奴)을 잡아오다'는 뜻입니다. 나포(拏捕)는 '붙잡고(拏) 잡다(捕)'는 뜻으로, 붙잡아 가두다는 뜻입니다. 한라산(漢拏山)은 '은한(銀漢)을 붙잡을(拏) 수 있을 정도로 높은 산(山)'이란 뜻입니다. 은한(銀漢)은 은하수(銀河水)를 말합니다.

홑 단, 오랑캐이름 선

단독(單獨), 단일(單一), 단어(單語) 등에 들어가는 홑 단(單)자는 줄 양끝에 돌을 매어 던져 짐승이나 사람이 줄에 감겨 산 채로 잡는 무기의 일종으로 추정하고 있습니다. 하지만 짐승을 잡는 그물이라고 주장하는 사람도 있습니다. 이 글자는 오랑캐이름 선(單)자도 되는데, 아마도 오랑캐들이 이런 무기를 사용했을 것으로 추정됩니다. '단도직입적으로 묻겠다'에서, 단도직입(單刀直入)은 '혼자서(單) 칼(刀)을 들고, 적진에 바로(直) 들어가다(入)'는 뜻으로, 여러 말을 늘어놓지 않고 바로 요점으로 들어가 말함을 이르는 말입니다.

[선]으로 소리나는 경우

3/2 **禪** 고요할 선 ⓩ 禅
보일 시(示) +
[오랑캐이름 선(單)]

고요할 선(禪)자는 원래 '제단(祭壇)을 설치하여 하늘에 제사(示)를 지내다'는 뜻이였으나, 이러한 제사를 지낼 때 조용히 지냈기 때문에 '고요하다'는 뜻이 생겼습니다. 나중에 불교에서 마음을 고요히 하여 진리를 찾는다는 의미의 선(禪)이라는 뜻이 추가되었습니다. 선종(禪宗)은 '참선(禪)을 하는 불교의 종파(宗)'로, 정신 수양을 통한 해탈을 강조한 반면, 불교의 가르침을 중시하는 종파를 교종(敎宗)이라고 합니다.

[전]으로 소리나는 경우

6/4 **戰** 싸움 전 ⓩ 战 ⓨ 战
창 과(戈) +
[오랑캐이름 선(單)→전]

싸울 전(戰)자는 '오랑캐(單)와 창(戈)으로 싸우다'는 뜻입니다. 전국 시대(戰國時代)는 '싸우는(戰) 나라(國)의 시대(時代)'라는 뜻으로, 기원전 403년부터 진나라가 중국을 통일한 기원전 221년까지의 약 200년 동안을 가리키는데, 한나라 유향이 저술한 역사책 《전국책(戰國策)》에서 그 시대의 일을 서술한 데서 붙여진 이름입니다. 이 시대는 나라간의 전쟁이 끊임없이 일어났지만, 역설적으로 제자백가와 함께 중국 대부분의 사상과 학문이 발현된 중흥기이기도 했습니다.

[탄]으로 소리나는 경우

4/3 **彈** 탄알 탄 ⓩ 弹 ⓨ 弾
활 궁(弓) + [홑 단(單)→탄]

탄알 탄(彈)자에 들어가는 궁(弓)자와 단(單)자는 모두 전쟁이나 사냥에서 사용된 무기입니다. 탄알 탄(彈)자는 원래 탄알을 쏘는 활이란 뜻에서 '(탄알을 쏘는) 활→(탄알을) 쏘다→탄알→(탄알을) 튕기다→치다' 등의 뜻이 생겼습니다. 총탄(銃彈), 폭탄(爆彈), 탄약(彈藥)에서는 탄알이란 뜻으로 사용되지만, 탄력(彈力), 탄성(彈性)에서는 '튕기다'는 뜻으로 사용됩니다. 탄력(彈力)은 '튕기는(彈) 힘(力)'이고, 탄성(彈性)은 '튕기는(彈) 성질'(性)입니다.

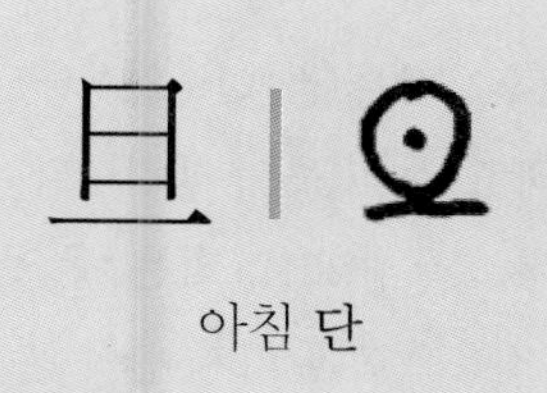

아침 단

아침 단(旦)자는 '지평선(一) 위로 해(日)가 떠오르니 아침이다'는 뜻입니다. 원단(元旦)이란 '으뜸(元)이 되는 아침(旦)'이란 뜻으로, '설날 아침'을 의미하며 주로 연하장에 많이 쓰는 낱말입니다. 설날을 나타내는 한자어로는 원단(元旦) 외에도 원일(元日), 정조(正朝), 세수(歲首), 세초(歲初), 세시(歲時), 연두(年頭), 연시(年始) 등이 있습니다.

[단]으로 소리나는 경우

5/3 **壇** 제단 단 ⓒ 坛
흙 토(土) + [믿음 단(亶)]

4/2 **檀** 박달나무 단 ⓒ 檀
나무 목(木) + [믿음 단(亶)]

3/3 **但** 다만 단 ⓒ 但
사람 인(亻) + [아침 단(旦)]

옛날에는 제사를 지낼 때 귀신이 있는 하늘에 가까이 갈 수 있도록 높이 제단을 쌓았습니다. 제단 단(壇)자는 '제사를 지내는 제단(祭壇)은 흙(土)으로 높이 쌓은 곳이다'는 뜻입니다. 교단(教壇)은 '공부를 가르치기(教) 위해 높이 쌓은 단(壇)'이고, 등단(登壇)은 '단(壇)에 오르다(登)'는 뜻으로, 화단(畵壇)이나 문단(文壇) 등의 특수한 사회 분야에 처음으로 나타남을 일컫는 말입니다.

박달나무는 아주 단단하여 건축이나 가구를 만드는 재료로 많이 쓰입니다. 박달나무 단(檀)자는 단군왕검, 단군조선, 단군신화의 단군(檀君)이라는 단어 외에는 거의 사용되지 않습니다. 단국대학교의 단국(檀國)은 '단군(檀)이 세운 나라(國)', 즉 우리나라를 일컫는 말입니다.

다만 단(但)자는 '아침 해가 드러나듯이, 사람(亻)의 상반신을 드러내다'는 뜻으로, 원래 '윗도리를 벗다'는 뜻이었으나 가차되어 '다만'이란 뜻이 생겼습니다. 단지(但只)는 '다만(但) 오직(只)'이란 뜻입니다.

[탄]으로 소리나는 경우

1/1 **坦** 평평할 탄 ⓒ 坦
흙 토(土) +
[아침 단(旦)→탄]

평평할 탄(坦)자는 '땅(土)이 평평하다'는 뜻입니다. 탄탄대로(坦坦大路)는 '평평하고(坦) 평평한(坦) 큰(大) 길(路)'이란 뜻으로, 아무런 어려움이 없이 탄탄(坦坦)하거나 순탄(順坦)한 장래를 이르는 말입니다. 고위평탄면(高位平坦面)은 '높은(高) 위치(位)에 평탄(平坦)한 면(面)'으로, 해발고도가 높은 곳에서 평탄한 면이 넓게 펼쳐져 있는 지형입니다.

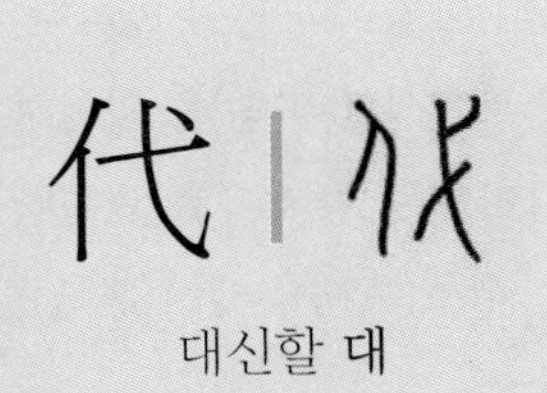
대신할 대

대신할 대(代)자는 명확한 어원 해석이 없습니다. 다만 '사람(亻)의 한 세대(世代)'라는 뜻으로 만든 글자로 짐작됩니다. 이후, '세대(世代)→일생(一生)→시대(時代)→(세대나 시대가) 교체하다→대신하다' 등의 뜻이 생깁니다. 〈수난이대(受難二代)〉는 '어려움(難)을 받은(受) 두(二) 세대(代)'라는 뜻으로, 하근찬이 지은 단편소설입니다. 일제강점기에 징용으로 끌려가 한쪽 팔을 잃은 아버지와, 6 · 25 전쟁에 참전하였다가 한쪽 다리를 잃은 아들의 모습을 통하여 우리 민족이 근현대사에서 겪은 고통과 극복 의지를 담은 소설입니다. 대유법(代喩法)은 '다른 것으로 대신하여(代) 비유(喩)하는 방법(方法)'으로, 우리 민족을 '흰옷'으로, 간호사를 '백의(白衣)의 천사'로 비유하는 방법이 대유법의 예입니다.

[대]로 소리나는 경우

3/3 **貸** 빌릴 대 중 贷
조개 패(貝) + [대신할 대(代)]

2/2 **垈** 터 대 중 垈
흙 토(土) + [대신할 대(代)]

1/2 **袋** 자루 대 중 袋
옷 의(衣) + [대신할 대(代)]

유대류 동물인 캥거루

임대(賃貸), 대여(貸與), 대부(貸付) 등에 들어가는 빌릴 대(貸)자는 '돈(貝)을 내고 대신(代) 물건을 빌리다'는 뜻입니다. 대여(貸與)는 '빌려(貸) 주다(與)'는 뜻입니다. 은대지제도(恩貸地制度)는 '은혜로이(恩) 땅(地)을 임대(貸)해주는 제도(制度)'로, 중세 유럽 봉건제에서 영주가 신하나 기사들에게 땅을 주는 대가로 군역 따위의 봉사 의무를 요구한 제도입니다.

집이나 건물을 짓는 자리를 '터'라고 합니다. 한자로는 대지(垈地)라고 하는데, 이때 대(垈)자가 터를 말합니다. 대지면적(垈地面積)은 '집의 터(垈)가 차지하는 땅(地)의 면적(面積)'입니다.

자루는 옷감으로 만들므로 자루 대(袋)자에는 옷 의(衣) 자가 들어갑니다. 포대(包袋)는 '물건을 싸는(包) 자루(袋)'이고, 마대(麻袋)는 '마(麻)로 만든 자루(袋)'입니다. 유대류(有袋類)는 '자루(袋)가 있는(有) 종류(類)'라는 뜻으로, 캥거루와 같이 새끼가 보통 어미의 배에 있는 자루 속에서 젖을 먹고 자라는 포유류의 한 종류입니다.

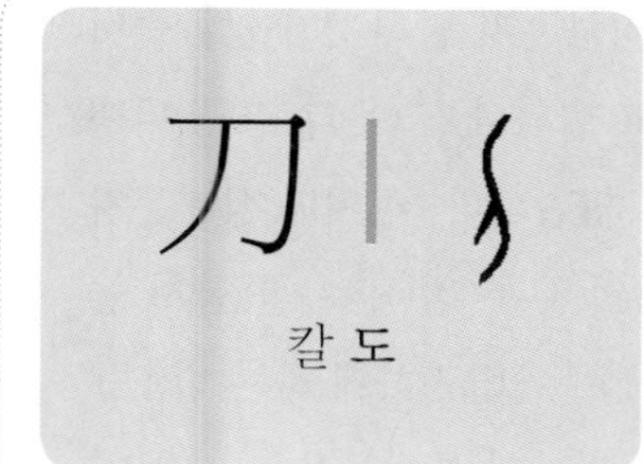

고대 사회에서 인간이 만든 도구 중에 가장 유용한 것 중 하나가 칼입니다. 칼로 나무를 깎아 다른 도구를 만들 수 있었고, 사냥을 하거나, 음식을 만들 때도 사용하였습니다. 청동기 문화를 꽃피웠던 중국 황하 문명에서도 많은 칼을 만들었습니다. 칼 도(刀/刂)자는 칼의 모습을 본떠 만든 글자입니다. 보통 사용하는 칼은 날이 한쪽에만 있지만, 전쟁에서 사용하는 칼은 양날로 되어 있습니다. 이런 칼을 검(劍)이라고 합니다. 면도(面刀)는 '얼굴(面)의 털을 깎는 칼(刀)'입니다.

[도]로 소리나는 경우

5/4 到 이를 도 ⓒ 到
이를 지(至) + [칼 도(刂)]

3/3 倒 넘어질 도 ⓒ 倒
사람 인(亻) + [이를 도(到)]

도착(到着), 도달(到達)에 사용되는 이를 도(到)자는 뜻을 나타내는 이를 지(至)자에 소리를 나타내는 칼 도(刂)자가 합쳐진 글자입니다. 정신일도하사불성(精神一到何事不成)은 '정신(精神)을 한(一) 곳에 이르게(到) 하면, 무슨(何) 일(事)이든 이루어지지(成) 않으랴(不)'는 뜻으로, 정신을 집중하여 노력하면 어떤 어려운 일이라도 성취할 수 있다는 말입니다.

넘어질 도(倒)자는 '(화살이 땅에 이르듯이) 사람(亻)이 땅바닥에 이르다(到), 즉 넘어지다'는 뜻입니다. 이후, '넘어지다→도산(倒産)하다→거꾸로 되다' 등의 뜻이 생겼습니다. 도치법(倒置法)은 '문장을 거꾸로(倒) 두는(置) 방법(法)'으로 '갑시다, 저곳으로!' 등이 도치법의 예입니다. 도착증(倒錯症)은 '꺼꾸로(倒) 착각하는(錯) 증세(症)'입니다. 졸도(卒倒)는 '갑자기(卒) 넘어지다(倒)'는 뜻으로, 심한 충격이나 피로 등으로 정신을 잃는 것을 말합니다. 군사 졸(卒)자는 '갑자기'라는 뜻도 있습니다.

[소]로 소리나는 경우

3/2 召 부를 소 ⓒ 召
입 구(口) + [칼 도(刀)→소]

부를 소(召)자는 '입(口)으로 사람을 부르다'는 뜻입니다. 칼 도(刀)자가 소리로 사용되었습니다. 소환(召還)은 '불러서(召) 돌아오게(還) 하다'는 뜻이고, 소집(召集)은 '불러서(召) 모으다(集)'는 뜻입니다. 국민소환제(國民召還制)는 '(잘못하는 정치인을) 국민(國民)들이 소환(召還)하는 제도(制)'로, 선거로 선출된 정치인이 잘못된 정치를 하는 경우, 임기가 끝나기 전에 국민 투표에 의하여 파면시키는 제도입니다.

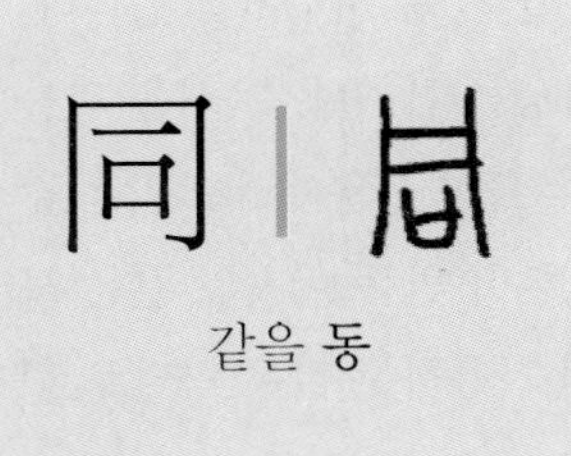

같을 동

같을 동(同)자는 아직도 정확하게 무엇을 의미하는지 밝혀지지 않았습니다. 크기가 같은(그래서 '같다'라는 뜻이 생겼다고 합니다) 그릇과 그릇 뚜껑을 본떠 만든 글자, 혹은 큰 쇠솥이라고 추측하고 있습니다. 하지만 상형문자를 보면 그렇지도 않은 것 같습니다. 입 구(口)자와 무릇 범(凡)자를 합쳐 놓은 글자로 추측됩니다. 대동법(大同法)은 '크게(大) 동일(同)하게 하는 법(法)'으로, 조선 시대의 세금 제도입니다. 세금으로 각 지방의 특산물을 바치게 하였는데, 부담이 불공평하고 수송과 저장에 불편이 많았습니다. 대동법은 이러한 공물을 쌀로 통일하여 바치게 한 납세 제도입니다. 동화작용(同化作用)은 '자신과 동일한(同) 물질로 변화(化)시키는 작용(作用)'으로, 생물이 외부로부터 받아들인 물질을 이용해 자신에게 필요한 물질로 합성하는 작용입니다. 식물이 이산화탄소와 물을 받아들여 탄수화물을 만드는 광합성(光合成)이 동화작용의 대표적인 예입니다. 동화작용의 반대는 이화작용(異化作用)인데, '자신과 다른(異) 물질로 변화(化)시키는 작용(作用)'이란 뜻으로, 자신의 몸에 있는 영양소가 변화하여 에너지가 생성되며, 이 에너지는 생물체가 활동하는 데에 쓰입니다.

[동]으로 소리나는 경우

7/5 洞 골 동 중 洞
물 수(氵) + [같을 동(同)]

4/3 銅 구리 동 중 铜
쇠 금(金) + [같을 동(同)]

2/2 桐 오동나무 동 중 桐
나무 목(木) + [같을 동(同)]

골 동(洞)자의 골은 '골짜기'나 '고을'의 줄임말입니다. 동(洞)자는 '골짜기'나 '고을'이란 두 가지 뜻을 모두 가지고 있습니다만, '고을, 마을, 동네'라는 뜻으로 많이 시용됩니다. 옛부터 사람이 사는 고을이나 마을에는 강이 지나가므로, 골 동(洞)자에는 물 수(氵)자가 들어갑니다. 동민(洞民), 동사무소(洞事務所) 등에 사용됩니다. '동구 밖 과수원 길~♬'의 동구(洞口)는 '동네(洞)의 입구(口)'입니다.

구리도 금속의 일종이니므로, 구리 동(銅)자에는 쇠 금(金)자가 들어갑니다. 청동(靑銅)은 '푸른색(靑)의 구리(銅)'라는 뜻으로, 구리에 주석(朱錫)이나 아연(亞鉛) 등을 조금씩 섞어 구리를 단단하게 만든 금속입니다. 금동불상(金銅佛像)은 '금(金)으로 도금하거나 금박을 입힌 구리(銅)로 만든 부처님(佛) 동상(像)'입니다.

오동나무 동(桐)자에서 오동(梧桐)나무는 가볍고 휘거나 트지 않아 거문고, 장롱, 나막신을 만들고 정원수로 재배합니다. 특히 푸른색의 벽오동(碧梧桐)은 정원수로 인기가 많습니다.

동녁 동

동녁 동(東)자는 나무(木) 사이로 해(日)가 떠오르는 곳이 동쪽이라고 하는 사람이 있는데, 갑골문을 보면 자루의 아래위를 묶은 모습입니다. 가차되어 동쪽이란 뜻으로 사용됩니다. 역사 시간에 동학(東學), 동의보감(東醫寶鑑), 대동여지도(大東輿地圖), 동도서기론(東道西器論), 동문선(東文選), 동사강목(東史綱目), 동국통보(東國通寶) 등 동(東)자가 들어가는 글자가 유난히 많이 나옵니다. 이때 동(東)자는 '우리나라'란 뜻으로 사용됩니다. 중국(中國)은 '가운데(中)에 있는 나라(國)'라는 뜻이고, 중국의 동쪽에 있는 나라가 우리나라이기 때문입니다. 동(東)자와 같은 뜻으로 사용되는 글자 중에는 해동(海東)이란 말도 있습니다. 해동(海東)은 '바다(海)의 동쪽(東)'이란 뜻입니다. 해동통보(海東通寶), 해동가요(海東歌謠), 해동고승전(海東高僧傳), 해동공자(海東孔子), 해동성국(海東盛國) 등이 그러한 예입니다.

[동]으로 소리나는 경우

3/2 凍 얼 동 중 冻
얼음 빙(冫) + [동녁 동(東)]

2/2 棟 마룻대 동 중 栋
나무 목(木) + [동녁 동(東)]

냉동(冷凍), 동상(凍傷) 등에 들어가는 얼 동(凍)자는 '얼음(冫)이 얼다'는 뜻입니다. 동토(凍土)는 '얼어붙은(凍) 땅(土)'이란 뜻으로, 한대(寒帶) 지방의 땅을 이르는 말입니다. 동상(凍傷)은 '추위 때문에 살갗이 얼어서(凍) 상(傷)한다'는 뜻입니다. 동빙한설(凍氷寒雪)은 '얼음(氷)이 얼고(凍) 눈보라(寒)가 치는 추위(寒)'입니다.

마룻대 동(棟)자의 마루는 집안의 마루가 아니라, 산마루, 고개마루에서 보듯이 '꼭대기'나 '높다'를 의미하는 순우리말입니다. 따라서 마룻대는 '집에서 가장 높은 곳에 수평으로 걸려 있는 나무 막대'입니다. 집을 지을 때 기둥을 세우고 나서 맨 위에 마룻대를 올리는데, 이를 상량식(上樑式)이라고 합니다. 마룻대 위에는 용 룡(龍)자를 쓰고 아래에는 거북 귀(龜)자를 쓰기 때문에, 용(龍)마루라고도 합니다. 동량지재(棟樑之材)는 '마룻대(棟)와 대들보(樑)로 쓸 만한 재목(材木)'이라는 뜻으로, 나라의 중임을 맡을 만한 큰 인재(人材)을 일컫는 말입니다. 참고로, 수직으로 들어가는 막대를 기둥 주(柱)라고 하고, 수평으로 들어가는 막대를 대들보 량(梁)이라 하고, 대들보 중 맨위에 있는 막대를 마룻대 동(棟)이라 합니다.

지붕 맨위에 놓인 마룻대

[중]으로 소리나는 경우

7/5 重 무거울 중 중 重
사람 인(亻) +
[동녁 동(東)→중]

소중(所重), 중량(重量), 중대(重大) 등에 들어가는 무거울 중(重)자의 상형문자를 보면 사람 인(亻)자와 함께 동녁 동(東)자가 들어 있습니다. 즉, 사람(亻)이 무거운 자루(東)를 지고 있는 모습에서 '무겁다'는 뜻이 생겼습니다.

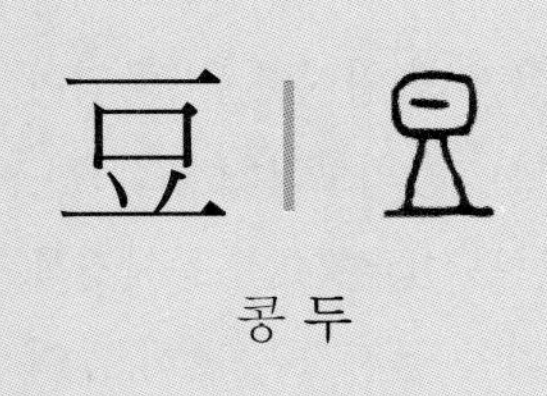

콩 두

콩으로 만든 두부(豆腐)로 우리에게 잘 알려진 콩 두(豆)자는 원래 밑받침이 있는 그릇 모양을 본떠 만든 글자입니다. 하지만 이 그릇에 콩을 많이 담았던 때문인지, 이후 콩이라는 뜻으로 쓰이게 되었습니다. 두부(豆腐)는 '콩(豆)을 부패시켜(腐) 만든 음식'이란 뜻인데, 콩을 물에 담갔다가 갈아 그 액을 가열한 후, 비지를 짜내고 응고제를 첨가하여 굳혀서 만듭니다. 두유(豆乳)는 '콩(豆)으로 만든 우유(乳)'라는 뜻입니다. 호두(胡豆)는 '오랑캐(胡)의 콩(豆)'이란 뜻으로, 호두가 중국에서 들어왔음을 알 수 있습니다. 녹두장군(綠豆將軍)은 '푸른(綠) 콩(豆)인 녹두(綠豆)처럼 작은 장군(將軍)'이란 뜻으로, 조선 후기 동학농민 운동의 지도자인 전봉준(1855~1895)의 별명입니다. 전봉준은 몸집이 작았기 때문에 사람들이 녹두(綠豆)라 불렸고, 훗날 관군과 일본군과 싸우면서 녹두장군이라는 별명이 생겼습니다.

[두]으로 소리나는 경우

6/5 頭 머리 두 중 头
머리 혈(頁) + [콩 두(豆)]

1/1 痘 천연두 두 중 痘
병 녁(疒) + [콩 두(豆)]

머리 두(頭)자에 들어가는 콩 두(豆)자는 제사에 쓰는 받침대가 있는 그릇의 모습입니다. 아마도 목이 있는 사람의 머리 모양과 비슷하여 머리 두(頭)자에도 들어갔을 것으로 짐작됩니다. 두족류(頭足類)는 오징어, 낙지 등과 같이 '머리(頭)에 다리(足)가 있는 무리(類)'입니다. 우리가 오징어 머리라고 알고 있는 세모 부분은 사실 오징어의 지느러미이고, 눈과 입이 있는 머리 부분은 몸통과 다리 사이에 있습니다.

천연두(天然痘)는 바이러스에 의해 일어나는 전염병으로, 피부에 발진이 나서 나은 뒤에도 곰보자국이 남는 병입니다. 천연두 두(痘)자는 '얼굴에 콩(豆) 자국과 같은 곰보가 생기는 병(疒)이 천연두이다'는 뜻입니다.

[단]으로 소리나는 경우

6/5 短 짧을 단 중 短
화살 시(矢) + [콩 두(豆)→단]

짧을 단(短)자는 '화살(矢)이 콩(豆)과 같이 작다, 짧다'는 뜻입니다. 이후, '작다, 짧다→모자라다→뒤떨어지다→결점' 등의 뜻이 생겼습니다. 장단(長短)은 '길고(長) 짧음(短)', '장점(長)과 단점(短)', '길고(長) 짧은(短) 박자' 등의 뜻이 있습니다. 단소(短簫)는 '(길이가) 짧은(短) 통소(簫)'로, 우리나라 관악기의 하나입니다. 단가(短歌)는 '짧은(短) 노래(歌)'라는 뜻으로, 길이가 긴 가사(歌辭)와 비교해서 길이가 짧은 시조(時調)를 이르는 말입니다. 판소리를 부르기 전에 목청을 가다듬기 위하여 부르는 짧은 노래도 단가라고 합니다.

[등]으로 소리나는 경우

7/5 **登** 오를 등 ㊥ 登
걸을 발(癶) +
[콩 두(豆)→등]

4/4 **燈** 등잔 등 ㊥ 灯 ㊥ 灯
불 화(火) + [오를 등(登)]

2/1 **鄧** 나라이름 등 ㊥ 邓
고을 읍(邑/阝) +
[오를 등(登)]

등장(登場), 등교(登校), 등산(登山) 등에 사용되는 오를 등(登)자는 '두 발로 걸어서(癶) 올라가다'는 뜻입니다. 걸을 발(癶)자는 좌우 두발의 상형입니다. 등교(登校)는 '학교(校)에 오르다(登)'는 뜻으로, 학교에 가다는 의미입니다. 등기(登記)는 '기록(記)에 올리다(登)'는 뜻으로, 국가 기관이 법정 절차에 따라 등기부에 부동산에 관한 일정한 권리관계를 적는 일이나 적어 놓은 것을 의미합니다. 예를 들어 집이나 토지를 구입하면 법원에 가서 소유권을 등기해야 합니다. 가등기(假登記)는 '거짓으로(假) 하는 등기(登記)'로, 등기를 할 요건이 갖추어지지 못하였을 경우 등기의 순위를 보전하기 위하여 임시로 하는 등기입니다.

전등(電燈), 가로등(街路燈) 등에 사용되는 등잔 등(燈)자는 '등잔에 불(火)을 올리다(登)'는 뜻으로 만든 글자입니다. 등화가친(燈火可親)은 '등잔(燈) 불(火)과 가히(可) 친(親)할 만하다'는 뜻으로, 가을 밤은 등불을 가까이 하여 글 읽기에 좋음을 이르는 말입니다. 등하불명(燈下不明)은 '등잔(燈) 밑(下)이 어둡다(不明)'라는 뜻으로, '가깝게 있는 것을 도리어 잘 모른다'는 뜻입니다.

등(鄧)나라는 춘추전국 시대에 있었던 나라입니다. 나라 이름이나 지역 이름에는 고을 읍(邑)자가 들어갑니다. 나라이름 등(鄧)자는 성씨로 사용됩니다. 1970년대 말 중국의 개혁과 개방을 이끈 중국의 정치가인 등소평(鄧小平, 덩샤오핑)이 그런 예입니다.

[증]으로 소리나는 경우

4/3 **證** 증거 증 ㊥ 证 ㊊ 証
말씀 언(言) +
[오를 등(登)→증]

증명(證明), 증언(證言), 증인(證人) 등에 사용되는 증거 증(證)자는 '재판정에 올린(登) 말(言)이 증거(證據)가 되다'는 뜻입니다. '증거인멸 및 도주 우려가 있다고 구속영장 발부 사유를 밝혔다'에서 증거인멸(證據湮滅)은 '증거(證據)를 감추거나(湮) 없애다(滅)'는 뜻입니다. 실증주의(實證主義)는 '실제(實)로 증명(證)되는 지식만 인정하는 주의(主義)'로, 19세기 후반 서유럽에서 나타난 철학적 경향입니다. 형이상학적 사변(思辨: 생각으로 판별함)을 배격하고 과학적 증명을 중시하는 주의(主義)입니다.

진칠 둔

진칠 둔(屯)자는 땅(一)을 어렵게 뚫고 나온 풀을 그려 놓은 모습에서, '(풀이 나는) 언덕'이나 '(어렵게) 진을 치다'는 뜻이 생겼습니다. 주둔(駐屯)은 '군사가 머무르면서(駐) 진을 치다(屯)'는 뜻입니다. 둔전제(屯田制)는 '군인들이 주둔(屯)하면서 밭(田)을 경작하는 제도(制)'입니다. 중국에서 한나라 이후 청나라 때까지 시행된 토지 제도로, 옛 로마 제국에서도 실시되었습니다.

'햇볕(日)에 풀(艹)이 돋아나니 봄이다'는 뜻의 봄 춘(春)에서도 진칠 둔(屯)자가 소리로 사용되는데, 모양이 많이 바뀌어 알아 볼 수 없습니다.

[둔]으로 소리나는 경우

3II 鈍 무딜 둔 ㊥ 钝
쇠 금(金) + [진칠 둔(屯)]

무딜 둔(鈍)자는 '쇠(金)로 만든 칼이 무디다'는 뜻입니다. 둔각(鈍角)은 90°보다 크고 180°보다 작은 각(角)을 말하고, 둔각삼각형鈍角三角形)은 3개의 내각(內角) 중 하나가 둔각인 삼각형입니다. 우둔(愚鈍)은 '바보(愚)처럼 무디다(鈍)'는 뜻입니다.

[돈]으로 소리나는 경우

2II 頓 조아릴/갑자기 돈 ㊥ 顿
머리 혈(頁) + [진칠 둔(屯)→돈]

1 沌 돌/어두울 돈 ㊥ 沌
물 수(氵) + [진칠 둔(屯)→돈]

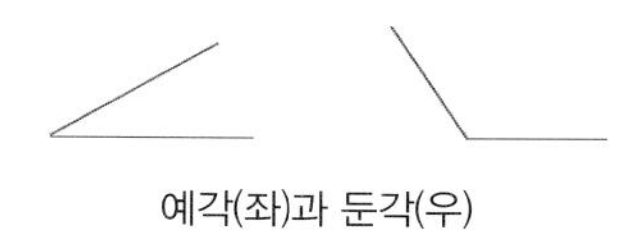

예각(좌)과 둔각(우)

조아릴 돈(頓)자는 '머리(頁)를 조아리다'는 뜻입니다. 하지만, '가지런히 하다, 갑자기' 등의 뜻으로도 사용됩니다. 정돈(整頓)은 '정리하고(整) 가지런히 하다(頓)'는 뜻이고, 돈호법(頓呼法)은 '갑자기(頓) 부르는(呼) 방법(法)'으로, 사람이나 사물의 이름을 불러 주의를 새롭게 환기시키는 방법입니다. 이육사의 시 〈청포도〉에 나오는 "아이야, 우리 식탁엔 은쟁반에 하이얀 모시 수건을 마련해 두렴"이 돈호법을 사용해 쓴 문장입니다.

돌/어두울 돈(沌)자는 원래 중국 호북성(湖北省)에 있는 양자강의 지류(支流)입니다. 이 강의 물이 소용돌이치며 흐른다고 해서 '물(氵)이 소용돌이치며 돌다'는 뜻이 생겼습니다. 이후, '돌다→혼탁하고 어지럽다→엉기다→어둡다' 등의 뜻이 생겼습니다. 혼돈(渾沌/混沌)은 '섞이고(渾/混) 어둡다(沌)'는 뜻으로, 마구 뒤섞여 있어 갈피를 잡을 수 없다는 뜻입니다.

[순]으로 소리나는 경우

4II 純 순수할 순 ㊥ 纯
실 사(糸) + [진칠 둔(屯)→순]

누에에서 뽑아낸 명주실은 맨 먼저 잿물에 삶아 희고 부드럽게 만듭니다. 이러한 과정을 '누인다'고 하는데, 순수할 순(純)자는 원래 누이지 않은 실을 의미하였는데, 이후 '가공하지 않아 순수하다'는 의미가 추가되었습니다. 순수(純粹), 순결(純潔), 순진(純眞), 순금(純金), 단순(單純) 등에 사용됩니다.

朕 | 𦨖

밀어올릴 등, 나 짐

밀어올릴 등(朕)자의 상형문자를 보면, 배 주(舟→月)자와 두 손의 상형인 손맞잡을 공(廾)자에 막대기(丨)가 있는 형상입니다. 즉, '두 손(廾)으로 삿대(丨)를 밀어 배(舟→月)를 상류로 밀어 올리다'는 뜻입니다. 여기서 파생된 글자는 (말 위로) 오를 등(騰), (풀이 위로 솟은) 등나무 등(藤), (힘을 올려) 이길 승(勝) 등인데, 공통적으로 '밀어 올리다'는 뜻을 담고 있습니다. 나중에 '나'라는 뜻이 생겨 나 짐(朕)자가 되었고, 진시황 이후에는 천자(天子)만이 자기 자신을 지칭하는 말로 사용되었습니다. 루이 14세가 말한 '짐(朕)이 곧 국가다'가 그러한 예입니다.

[등]으로 소리나는 경우

3-2 **騰** 오를 등 ⓢ 腾
말 마(馬) + [밀어올릴 등(朕)]

2-2 **藤** 등나무 등 ⓢ 藤
풀 초(艹) + [밀어올릴 등(朕)] + 물 수(氺)

2-2 **謄** 베낄 등 ⓢ 誊
말씀 언(言) + [밀어올릴 등(朕)]

오를 등(騰)자는 '말(馬)에 밀어 올려(朕), 올라타다'는 뜻입니다. 폭등(暴騰)은 '물가나 주가가 폭발적(暴)으로 오르다(騰)'는 뜻이고, 등락(騰落)은 '오르락(騰) 내리락(落)한다'는 뜻입니다. 또, 비등(沸騰)은 '끓어(沸) 오르다(騰)'는 뜻으로, 액체가 어느 온도 이상으로 가열되어 그 증기압이 주위의 압력보다 커져서 액체의 표면뿐만 아니라 내부에서도 기화(氣化)하는 현상을 이릅니다.

등나무 등(藤)자는 '밀어 올려(朕) 솟구치는 물(氺)처럼 여러 갈래로 위를 향해 자라나는 풀(艹)이 등나무이다'는 뜻입니다. 갈등(葛藤)은 '칡(葛)과 등나무(藤)'라는 뜻으로, 칡과 등나무가 서로 얽히는 것과 같이, 목표나 이해관계가 달라 서로 적대시하거나 불화를 일으키는 상태를 말합니다.

베낄 등(謄)자는 '말(言)을 종이에 올려(朕) 베껴 쓰다'는 뜻입니다. 호적등본이나 주민등록등본의 등본(謄本)은 '원본(本)을 베끼다(謄)'는 뜻입니다. 등사기(謄寫機)는 '베끼고(謄) 베끼는(寫) 기계(機)'로, 복사기가 없던 시절에 사용하였던 인쇄기의 하나입니다.

[승]으로 소리나는 경우

6-5 **勝** 이길 승 ⓢ 胜
힘 력(力) + [밀어올릴 등(朕)→승]

승리(勝利), 승패(勝敗), 승부(勝負) 등에 들어가는 이길 승(勝)자는 '힘(力)으로 밀어붙여(朕) 이기다'는 뜻입니다. 이후, '이기다→뛰어나다→훌륭하다→경치가 좋다'는 뜻도 파생되었습니다. 명승지(名勝地)는 '경치 좋기로(勝) 이름(名)난 땅(地)'입니다. 《동국여지승람(東國輿地勝覽)》은 '동쪽나라(東國: 우리나라) 땅(輿地)의 경치 좋은(勝) 곳을 둘러보다(覽)'는 뜻으로, 조선 성종의 명(命)에 따라 노사신 등이 편찬한 우리나라 지리책입니다.

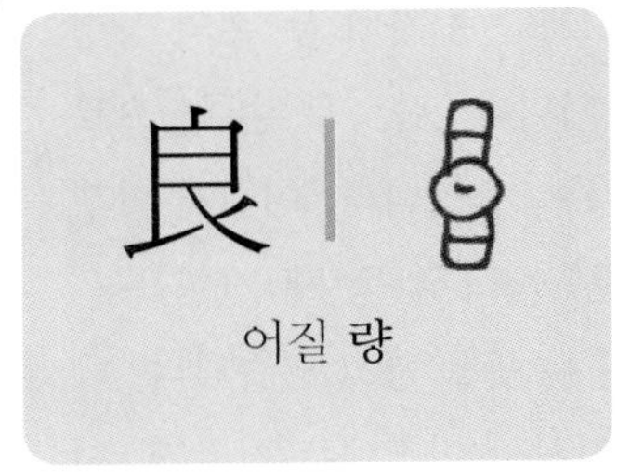

어질 량(良)자는 무슨 형상을 본떠 만들었는지 정확히 알려져 있지 않은 글자입니다. 회랑(回廊)이라는 설과 안채와 바깥채를 구분짓는 담이라는 설이 있습니다. 그칠 간(艮)자와 비슷하게 생겼으나, 상형문자는 완전히 다르게 생겼습니다. 그칠 간(艮)자는 사람 인(人)자 위에 눈 목(目)자가 있는 볼 견(見)자와 유사하게 생겼습니다.

[랑]으로 소리나는 경우

5/2 朗 밝을 랑 중 朗
달 월(月) + [어질 량(良)→랑]

3/3 浪 물결 랑 중 浪
물 수(氵) + [어질 량(良)→랑]

3/3 郎 사내 랑 중 郎
고을 읍(邑/阝) + [어질 량(良)→랑]

2/3 廊 행랑 랑 중 廊
집 엄(广) + [사내 랑(郎)]

궁궐의 회랑

밝을 랑(朗)자는 '달(月)이 밝다'는 뜻입니다. 또 '목소리가 맑고 깨끗하다'는 뜻도 있습니다. 밝고 유쾌한 것을 '명랑(明朗) 하다'고 합니다. '낭랑 18세'의 낭랑(朗朗)은 '밝고(朗) 명랑하다(朗)'라는 뜻이지만 '목소리가 낭랑하다'의 낭랑(朗朗)은 '목소리가 맑고(朗) 명랑하다(朗)'는 뜻입니다. 낭독(朗讀)은 '낭낭하게(朗) 읽는다(讀)'는 뜻입니다.

물결 랑(浪)자는 '물결→(물결과 같이) 떠돌아다니다→마구, 함부로 (물결이 일다)' 등의 뜻이 새로 생겼습니다. 유랑(流浪)은 '흘러서(流) 떠돌아다니다(浪)', 낭설(浪說)은 '떠돌아다니는(浪) 이야기(說)', 낭비(浪費)는 '마구(浪) 쓰다(費)', 파랑(波浪)은 '물결(波)과 물결(浪)'이란 뜻입니다.

사내 랑(郎)자는 원래 중국 춘추전국 시대에 노(魯)나라의 땅 이름이었으나, 가차되어 사내라는 의미로 사용됩니다. 고을 읍(邑/阝)자는 나라, 지역, 지명 등을 나타내는 글자에 들어갑니다. 신라 시대에 왕과 귀족의 자제로 외모가 단정한 사람으로 조직된 청소년 단체인 화랑(花郎)은 '꽃(花) 같은 사내(郎)'라는 뜻으로 요즘 말로 하면 꽃미남입니다.

행랑(行廊)은 대문 안에 죽 벌여서 지어 주로 하인이 거처하던 방입니다. 행랑 랑(廊)자는 '사내(郎)들이 머무르는 집이 행랑(广)이다'는 뜻입니다. 또 이러한 행랑은 처마를 길게 늘어뜨려 만든 복도로 연결되어 복도라는 뜻도 가지고 있습니다. 회랑(回廊)은 '빙빙 도는(回) 복도(廊)'라는 뜻으로, 건물 주변에 처마를 길게 늘어뜨려 만든 복도입니다.

[낭]으로 소리나는 경우

3/3 娘 아가씨 낭 중 娘
여자 녀(女)+ [어질 량(良)→낭]

아가씨가 여자니까, 아가씨 낭(娘)자에는 여자 녀(女)가 붙습니다. 낭자(娘子)는 '소녀, 어머니, 아내, 궁녀, 처녀, 젊은 여자' 등 여러 가지 뜻을 가지고 있습니다. 중국에서는 어머니를 마마(媽媽)라고 하지만, 아가씨 낭(娘)자도 어머니라는 뜻으로 사용됩니다.

列 | (고문자)

벌일 렬

벌일 렬(列)자는 '죽은(歹) 짐승이나 가축에서 뼈와 살을 칼(刀/刂)로 갈라서 벌여 놓다'는 뜻입니다. '그물(网/罒)을 벌여 놓다'는 의미의 벌일 라(羅)자와 합치면 나열(羅列)이 되고, 열도(列島)는 '일렬(一列)로 길게 줄을 지어 있는 섬(島)'입니다. 직렬(直列)은 '곧게(直) 벌여(列) 놓다'는 뜻이고, 병렬(竝列)은 '나란히(竝) 벌여(列) 놓다'는 뜻입니다. 수학 시간에 나오는 수열(數列)은 일정한 법칙을 갖고 나열된 수들을 말합니다. '같은(等) 차이(差)로 늘어나는 수열(數列)'을 등차수열(等差數列), '같은(等) 비율(比)로 늘어나는 수열(數列)'을 등비수열(等比數列)이라고 합니다.

[렬, 열]로 소리나는 경우

4/4 **烈** 뜨거울 렬, 열 ❸ 烈
불 화(灬) + [벌일 렬(列)]

3/2 **裂** 찢을 렬, 열 ❸ 裂
옷 의(衣) + 벌일 렬(列)

열렬(熱烈), 극렬(極烈) 등에 사용되는 세찰 렬(烈)자는 '불(灬)이 타면서 넓게 벌어져(列) 세차다'는 뜻입니다. 이후, '세차다→뜨겁다→맵다→빛나다' 등의 뜻이 생겼습니다. 민족을 위해 저항하다 의롭게 죽은 사람을 열사나 의사라고 부릅니다. 의로운 선비라는 뜻의 의사(義士)는 목적을 달성하고 죽은 사람인 반면, 열사(烈士)는 목적을 달성하지 못하고 죽은 사람을 일컫습니다. 유관순 열사와 이준 열사는 목적을 달성하지 못했지만, 윤봉길 의사와 안중근 의사는 각각 도시락 폭탄과 총으로 일본 요인들을 저격하였습니다.

찢을 렬(裂)자는 '옷(衣)을 찢어 벌여(列) 놓다'는 뜻입니다. 균열(龜裂)은 '터지고(龜) 찢어지다(裂)', 분열(分裂)은 '나누어지고(分) 찢어지다(裂)', 파열(破裂)은 '깨지고(破) 찢어지다(裂)'는 뜻입니다. 감수분열(減數分裂)은 '염색체의 수(數)가 감소(減)하는 세포 분열(分裂)'로, 생식세포를 만들기 위해 세포가 분열될 때 염색체의 수가 절반으로 줄어드는 분열입니다.

[례]로 소리나는 경우

6/4 **例** 법식 례 ❸ 例
사람 인(亻) + [벌일 렬(列)→례]

법식 례(例)의 법식(法式)은 사람이 따르는 법도(法度)와 양식(樣式)을 의미합니다. 법식 례(例)자는 '사람(亻)이 만들고 따르는 법식'을 뜻합니다. 이후, '법식→규칙→본보기→예(例), 보기→선례(先例)' 등의 뜻이 생겼습니다. 예문(例文)은 '예(例)로 드는 문장(文章)'이고, 예시(例示)는 '보기(例)를 보여주다(示)'는 뜻입니다. 판례법(判例法)은 '앞서 판결(判決)한 선례(先例)로 성립하는 법(法)'입니다.

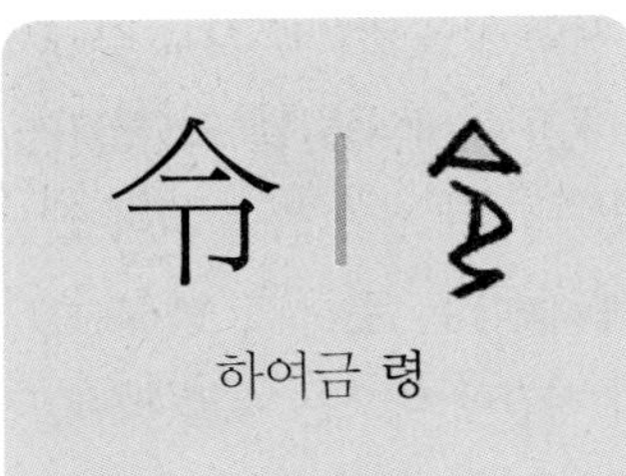

하여금 령(令)자는 지붕(亼) 아래에서 무릎을 꿇어앉아 있는 사람(卩)의 모습을 본떠 만든 글자입니다. 즉 누군가의 명령(命令)을 듣고 있는 모습입니다. 이후, '명령하다→부리다→하여금→(명령하는) 우두머리→벼슬→법령(法令)' 등의 뜻이 생겼습니다. 조령모개(朝令暮改)는 '아침(朝)에 명령(令)을 내렸다가 저녁(暮)에 다시 고치다(改)'는 뜻으로, 법령을 자꾸 고쳐서 갈피 잡기가 어려움을 이르는 말입니다.

[령]으로 소리나는 경우

5/4 領 옷깃/다스릴 령 ㊥ 领
머리 혈(頁) + [하여금 령(令)]

3/3 嶺 고개 령 ㊥ 岭
메 산(山) + [옷깃/다스릴 령(領)]

3/2 零 떨어질 령 ㊥ 零
비 우(雨) + [하여금 령(令)]

2/2 玲 옥소리 령 ㊥ 玲
구슬 옥(玉/王) + [하여금 령(令)]

1/2 齡 나이 령 ㊥ 龄
이 치(齒) + [하여금 령(令)]

1/1 囹 옥 령 ㊥ 囹
둘러싸일 위(囗) + [하여금 령(令)]

옷깃 령(領)자는 원래 옛날 죄수를 가두어 둘 때 목에 채우던 칼을 의미하는 글자입니다. 그래서 '칼→목→(목의) 옷깃→중요한 부분→우두머리→다스리다→(다스림을) 받다→(다스려) 거느리다' 등의 뜻이 파생되었습니다. '옷깃은 옷에서 가장 중요하다'는 의미로 우두머리란 뜻이 생겼습니다. 대통령(大統領), 소령(少領), 중령(中領), 대령(大領)에서는 '우두머리', 영주(領主), 영토(領土), 영해(領海)에서는 '다스리다', 수령(受領)이나 영수증(領收證)에서는 '받다'로 사용됩니다. 대통령(領)은 '크게(大) 거느리는(統) 우두머리(大統領)'라는 뜻이고, 영주(領主)는 '다스리는(領) 주인(主)'이란 뜻으로, 중세 유럽의 봉건제 하에서, 영지(領地)를 소유하고 거기에 사는 사람들을 다스리던 사람입니다. 영수증(領收證)은 '돈이나 물건을 받거나(領) 거둔(收) 것을 표시하는 증서(證書)'입니다.

고개 령(嶺)자는 '산(山)의 목(領) 부분이 고개다'는 뜻입니다. 우리나라 지역은 주로 산맥으로 구분되어 있는데, 이러한 지역을 넘나들 때 반드시 고개를 넘어야 했습니다. 그래서 우리나라 지명에는 고개 령(嶺)자가 많이 들어갑니다. 영남(嶺南)은 '소백산맥에 있는 죽령(竹嶺), 조령(鳥嶺), 혹은 추풍령(秋風嶺)의 남(南)쪽 지방'으로, 지금의 경상도 지방을 일컫습니다. 영동(嶺東)은 '대관령(大關嶺)의 동(東)쪽 지방'이라는 의미입니다. 관동(關東)도 '대관령(關)의 동(東)쪽 지방'으로, 영동과 같은 말입니다. 문경에 있는 조령(鳥嶺)을 '문경새재'라고도 하는데, 조(鳥)는 우리말로 '새'이고, 령(嶺)은 우리말로 '재(고개)'입니다.

떨어질 령(零)자는 원래 '하늘의 명령(令)으로 비(雨)가 내리다'는 뜻입니다. 이후 '비가 내리다→떨어지다→(떨어지고) 없다→영(0)' 등의 뜻이 생겼습니다. 영점(零點)은 '시험 점수가 0(零)점(點)'이고, 영하(零下)는 '0(零)도 아래(下)로 떨어진 기온'입니다.

옥소리는 옥에서 나는 소리이니까, 옥소리 령(玲)자에는 구슬 옥(玉/王)자가 들어갑니다. 옥소리 령(玲)자는 주로 사람 이름에 사용됩니다.

과학 수사대에서 죽은 사람의 나이를 알기 위해서는 주로 입속의 이를 봅니다. 또 무덤을 발굴하여 나온 미이라의 나이도 이를 보고 알아냅니다. 나이 령(齡)자는 '이(齒)를 보면 나이를 알 수 있다'는 뜻입니다. 연령(年齡), 고령(高齡), 노령(老齡) 등에 사용됩니다. '입학 적령기', '결혼 적령기'의 적령기(適齡期)는 '적당한(適) 나이(齡)의 시기(期)'입니다.

감옥은 사방이 둘러싸여 있으니까, 옥 령(囹)자에는 둘러싸일 위(囗)자가 들어갑니다. 영어(囹圄)는 '감옥(囹)과 감옥(圄)'이란 뜻으로, 죄수를 가두는 곳입니다. '영어(囹圄)의 몸이 되다'는 '감옥(監獄)에 들어가다'는 뜻입니다.

[랭]으로 소리나는 경우

5/4 冷 찰 랭 ⓢ冷
얼음 빙(冫) +
[하여금 령(令)→랭]

냉정(冷情), 냉수(冷水), 냉대(冷待), 냉기(冷氣) 등에 사용되는 찰 랭(冷)자는 '높은 사람의 명령(令)이 얼음(冫)처럼 차다'는 뜻입니다. 냉장고(冷藏庫)는 '찬(冷) 것을 저장(貯藏)하는 창고(庫)'라는 뜻입니다. 또 냉장고에 들어가는 냉매(冷媒)는 '차게(冷) 해주는 매개체(媒)'라는 뜻으로, 냉장고나 에어컨에서 안쪽의 열을 받아서 바깥쪽으로 전달하는 매개 역할을 하는 물질입니다. '우물에 가 숭늉 찾는다'에서 숭늉은 '찬(冷) 물을 뜨겁게 익혔다(熟: 끓였다)'는 의미의 숙랭(熟冷)이 변한 말입니다.

ㄱ ㄴ ㄷ ㄹ ㅁ ㅂ ㅅ ㅇ ㅈ ㅊ ㅋ ㅌ ㅍ ㅎ 부록

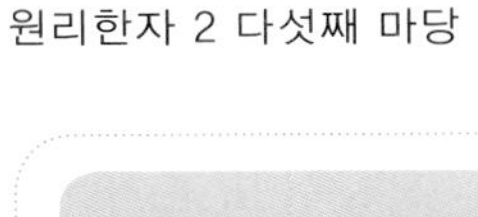

盧

밥그릇 로

밥그릇 로(盧)자는 원래는 화로(火爐)의 모습을 본떠 만든 글자였으나, 나중에 뜻을 나타내는 그릇 명(皿)자와 소리를 나타내는 범 호(虍)자가 합쳐진 형성문자로 바뀌었습니다. 이후, 밥그릇이란 뜻으로 사용되자 원래의 의미를 보존하기 위해 불 화(火)자를 추가하여 화로 로(爐)자가 되었습니다. 밥그릇 로(盧)자는 성씨로도 사용되는데, 고 노무현(盧武鉉) 대통령과 고 노태우(盧泰愚) 대통령이 그 예입니다.

[로]로 소리나는 경우

3/2 **爐** 화로 로 ㊥炉 ㊪炉
불 화(火) + [밥그릇 로(盧)]

2/2 **蘆** 갈대 로 ㊥芦
풀 초(艹) + [밥그릇 로(盧)]

화로

지금은 거의 사용하지 않는 화로(火爐)는 숯불을 담아 놓는 그릇입니다. 성냥이 귀하던 시절 불씨를 보존하거나, 추운 겨울 난방을 위해 사용하였습니다. 어린 시절 추운 겨울밤에 화로(火爐)에 밤이나 고구마를 구워 먹으며 외할아버지의 옛날 이야기를 듣던 기억이 납니다. '불(火)을 담는 그릇(盧)'인 화로 로(爐)자는 이제 용광로(鎔鑛爐)에나 사용됩니다. 청자향로(靑瓷香爐)는 '푸른(靑) 도자기(瓷)로 만든 향(香)을 피우는 화로(爐)'이고, 용광로(熔鑛爐)는 '광물(鑛)을 녹이는(熔) 화로(爐)'입니다. 노변정담(爐邊情談)은 '화로(爐) 주변(邊)에 둘러앉아서 정답게(情) 주고받는 이야기(談)'입니다.

갈대는 물가나 축축한 곳에서 자라는 여러해살이풀이니까, 갈대 로(蘆)자에는 풀 초(艹)자가 들어갑니다. 서울시 노원구의 노원(蘆原)은 '갈대(蘆) 벌판(原)'을 뜻합니다.

[려]로 소리나는 경우

4/3 **慮** 생각 려 ㊥虑
마음 심(心) +
[밥그릇 로(盧)→려]

2/2 **廬** 오두막집 려 ㊥庐 ㊪庐
집 엄(广) +
[밥그릇 로(盧)→려]

배려(配慮), 염려(念慮), 고려(考慮) 등에 사용되는 생각 려(慮)자는 '마음(心)으로 생각하다'는 뜻입니다. 조불려석(朝不慮夕)은 '아침(朝)에 저녁(夕) 일을 생각하지(慮) 못한다(不)'는 뜻으로, 앞일을 돌아볼 겨를이 없음을 일컫는 말입니다.

오두막집 려(廬)자는 '추워서 화로(盧)를 피워놓은 집(广)이다'는 뜻입니다. 천려일득(千廬一得)은 '하찮은 천(千)개의 오두막집(廬)이라도 얻을(得) 만한 집이 하나(一)는 있다'는 뜻으로, 바보 같은 사람이라도 많은 생각 속에는 한 가지 쓸 만한 것이 있음을 이르는 말입니다. 삼고초려(三顧草廬)는 '풀(草)로 만든 초라한 오두막집(廬)을 3(三)번이나 돌아보다(顧)'는 뜻으로, 훌륭한 인물을 얻기 위해서는 많은 수고가 있어야 한다는 말입니다. 중국 후한의 유비가 난양에 은거하던 제갈공명의 집을 세 번이나 찾아가 간청하여 제갈공명을 맞아들인 이야기에서 유래합니다.

彔 | 𢑚

새길 록

'나무에 깍아 새기다'는 뜻이 있는 새길 록(彔)자의 상형문자는 정확하게 어떤 모습을 본떠 만들었는지 알 수 없습니다. 이 글자도 단독으로 사용되지 않고, 다른 글자와 만나 소리로 사용됩니다.

[록]으로 소리나는 경우

6/5 **綠** 푸를 록 ㊥绿
실 사(糸) + [새길 록(彔)]

4/3 **錄** 기록할 록 ㊥录
쇠 금(金) + [새길 록(彔)]

3/2 **祿** 녹 록 ㊥禄
보일 시(示) + [새길 록(彔)]

청동 그릇에 새긴 금석문자

실을 염색하여 색을 입히므로, 색을 나타내는 글자에는 실 사(糸)자가 들어가는 경우가 많습니다. 푸를 록(綠), 붉은 홍(紅), 자줏빛 자(紫), 흴 소(素) 등이 그 예입니다. 엽록소(葉綠素)는 '잎(葉)에 있는 푸른(綠) 색소(色素)'로 빛을 흡수하여 에너지로 전환시키는데, 식물의 엽록체(葉綠體) 안에 있습니다. 녹색(綠色), 청록(青綠), 초록(草綠) 등에 사용됩니다.

한자를 만들었던 은(殷)나라에서는 갑골(甲骨)에 글을 새겨 남겼지만, 이후 주(周)나라 때에는 쇠(金)로 만든 청동 그릇이나 종(鐘)에 글을 새겼습니다. 이러한 글자를 금석문자(金石文字)라고 합니다. 기록할 록(錄)자는 '쇠(金)에 글을 새겨(彔) 기록하다'는 뜻입니다. 녹음(錄音)은 '소리(音)를 기록한다(錄)'는 뜻이고, 녹화(錄畫)는 '그림(畫)을 기록한다(錄)'는 뜻입니다. 《조선왕조실록(朝鮮王朝實錄)》은 '조선(朝鮮) 왕조(王朝)의 역사적 사실(實)을 기록(錄)한 책'입니다.

녹 록(祿)자는 원래 귀신이 내려준 복(福)을 뜻하는 글자이기 때문에 보일 시(示)자가 들어갑니다. 보일 시(示)자는 제사상의 상형으로 귀신에 관련되는 글자에 들어갑니다. 이후, '(신이 준) 복(福)→(신이 준) 선물→녹봉(祿俸)→봉급(俸給)'이란 뜻이 추가되었습니다. 녹(祿)이나 녹봉(祿俸)은 관리들의 봉급을 뜻하는 말입니다. 요즘 말로 하면, 공무원의 월급은 신이 내려준 복이란 뜻입니다. 녹읍(祿邑)은 '녹(祿)으로 주던 고을(邑)'이란 뜻으로 신라에서 고려 초기까지 벼슬아치에게 월급 대신 고을을 배정해 주고, 그 고을에서 세금을 받을 수 있도록 해주는 것입니다.

[박]으로 소리나는 경우

1/1 **剝** 벗길 박 ㊥剥
칼 도(刂) +
[새길/깎을 록(彔)→박]

벗길 박(剝)자는 '칼(刂)로 껍질을 깍아서(彔) 벗기다'는 뜻입니다. 박탈(剝奪)은 '벗겨서(剝) 빼앗다(奪)'는 뜻이고, 박제(剝製)는 '새나 짐승의 가죽을 곱게 벗겨(剝) 솜 같은 것으로 속을 메워 살아 있는 모양대로 만들어(製) 둔 것'입니다. 박피수술(剝皮手術)은 '피부(皮)를 벗기는(剝) 수술(手術)'로, 주근깨, 피부 점, 여드름 흉터 등을 없애기 위해 하는 레이저 성형수술입니다.

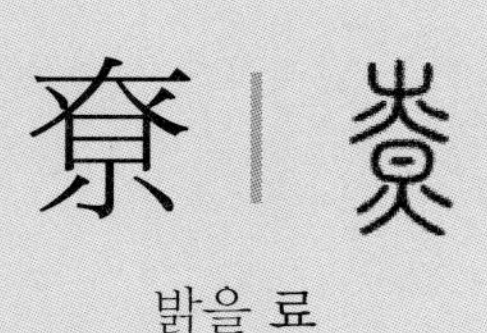

밝을 료

밝을 료(尞)자는 하늘에 제사 지내기 위해 섶에 불을 놓는 모습을 본떠 만든 글자입니다. 글자 위의 큰 대(大)자는 사람의 상형인데, 제물로 바쳐지는 사람을 불태우는 모습으로 해석하기도 합니다. 밝을 료(尞), 불놓을 료(尞), 제사지낼 료(尞) 등 여러가지 뜻이 있습니다. 이 글자도 단독으로 사용되지 않고, 다른 글자와 만나 소리로 사용됩니다.

[료]로 소리나는 경우

3-2 僚 동료 료 중 僚
사람 인(亻) + [밝을 료(尞)]

2-2 療 병고칠 료 중 疗
병 녁(疒) + [밝을 료(尞)]

2-1 遼 멀 료 중 辽
갈 착(辶) + [밝을 료(尞)]

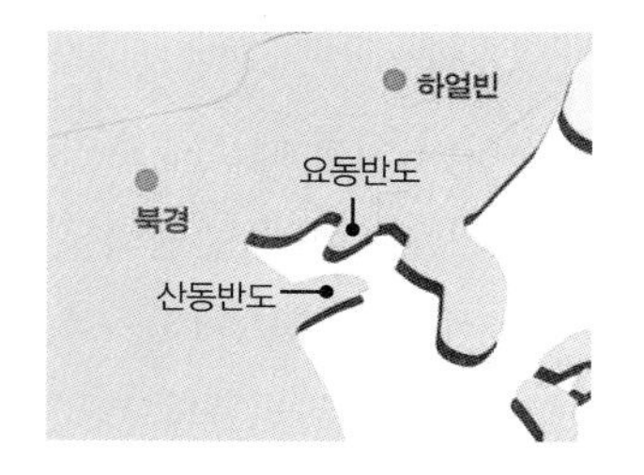

요동반도

동료 료(僚)자는 동료(同僚)라는 뜻보다는 벼슬하는 관리라는 뜻으로 더 많이 사용됩니다. 각료(閣僚), 관료(官僚), 막료(幕僚) 등이 그런 예입니다. 관료전(官僚田)은 '벼슬(官)을 가진 관리(僚)에게 지급하는 밭(田)'으로 통일신라 시대에, 관료에게 월급 대신에 주던 토지 또는 토지 제도입니다.

병고칠 료(療)자는 '병(疒)을 고치니 마음이 밝아졌다(尞)'는 뜻입니다. 치료(治療), 진료(診療), 의료(醫療) 등에 사용됩니다

멀 료(遼)자는 '가기에 멀다(辶)'는 뜻입니다. 요원(遼遠)은 '멀고(遼) 멀다(遠)'는 뜻입니다. 요하(遼河, 랴오허)는 '먼(遼) 곳에 있는 강(河)'이란 뜻으로, 중국 동북 지방에 있는 강입니다. 요동반도(遼東半島)는 '요하(遼河) 동(東)쪽에 있는 반도(半島)'로 황해의 북쪽에 위치합니다. 공료계(攻遼計)는 '고려 말기인 1388년 최영이 중심이 되어 명나라의 요동(遼東)을 공격하려던(攻) 계획(計)'입니다. 하지만 이성계의 위화도 회군으로 무산되었습니다.

龍 | (전서)

용 룡, 은총 총

용 룡(龍)자는 용의 모습을 본떠 만든 글자입니다. 용(龍)은 비늘을 가진 동물 중에서 가장 힘세고 신령스러운 동물입니다. 그래서 중국인들은 용을 가장 숭배하고 있습니다. 또한 용은 임금을 뜻하는 동시에 중국의 상징이기도 합니다. 그래서 임금의 얼굴을 용안(龍顔)이라 하고, 임금이 앉는 평상을 용상(龍床)이라고 합니다. 임금을 뜻하는 용 룡(龍)자는 임금이 은총을 내려준다고 해서 은총 총(龍)자도 됩니다.

용 룡(龍)자가 4개 모여 만들어진 '수다스러울 절'자는 64획으로 한자에서 획수가 가장 많은 글자입니다만, 실제로 사용하지는 않습니다.

[롱]으로 소리나는 경우

2/2 **籠** 새장/대바구니 롱 ㊥笼 ㊖篭
대 죽(竹) + [용 룡(龍)→롱]

1/1 **聾** 귀먹을 롱 ㊥聋
귀 이(耳) + [용 룡(龍)→롱]

플라스틱이나 철사가 없었던 옛날에는 새장이나 바구니를 대나무로 만들었습니다. 새장/대바구니 롱(籠)자는 대나무(竹)로 만든 새장이나 대바구니를 뜻하는 글자입니다. 조롱(鳥籠)은 '새(鳥)가 들어가는 새장(籠)'이고, 농구(籠球)는 '대바구니(籠)에 공(球)을 넣는 경기'입니다.

상상 속의 동물인 용(龍)은 귀가 없어서 뿔로 소리를 듣는다고 합니다. 귀먹을 롱(聾)자는 '용(龍)은 귀(耳)로 듣지 못한다'는 뜻을 가지고 있습니다. 농아(聾啞)는 '귀가 먹은(聾) 벙어리(啞)'입니다. 말을 배우기 전에 귀가 멀면, 들을 수 없기 때문에 말을 배울 수 없습니다.

[습]으로 소리나는 경우

3/2 **襲** 염습할 습 ㊥袭
옷 의(衣) + [용 룡(龍)→습]

염습할 습(襲)자의 염습(殮襲)은 죽은 사람을 관에 넣기 전에 몸을 씻긴 다음, 삼베옷을 입히고 홑이불로 싸는 일입니다. 죽은 분에게 옷을 입혀드리니까, 옷 의(衣)자가 들어갑니다. 이후, '염습→(옷을) 입다→껴입다→거듭하다→물려받다' 등의 뜻이 생겼습니다. 세습(世襲)은 '대(世)를 이어 물려받다(襲)'는 뜻으로, 그 집에 속하는 신분, 재산, 작위, 업무 등을 대대로 물려받는 것을 말합니다. 답습(踏襲)은 '앞서간 사람의 행적을 밟거나(踏) 물려받다(襲)'는 뜻으로 전해온 방식을 그대로 하는 것을 말합니다.

[총]으로 소리나는 경우

1/2 **寵** 사랑할 총 ㊥宠
집 면(宀) + [은총 총(龍)]

사랑할 총(寵)자는 집(宀) 안에 임금(龍)이 있는 모습에서, 임금의 은혜라는 뜻과 함께 사랑하다는 뜻이 생겼습니다. 은총(恩寵)은 '은혜(恩)와 사랑(寵)'이란 뜻으로, 높은 사람에게서 받는 특별한 은혜와 사랑을 말하고, 총애(寵愛)는 '사랑(寵)과 사랑(愛)'이란 뜻으로, 남달리 귀여워하고 사랑한다는 말입니다.

포갤 루, 별이름 루

포갤 루(婁)자는 여자(女)의 머리 위에 물건을 두 손으로 잡으며 이고 있는 모습을 본떠 만든 글자입니다. 물건을 머리에 포개어 인다고 '포갠다'라는 뜻이 생겼습니다. 또, 다른 글자와 만나면 '여러 개를 포개다'라는 뜻으로 사용됩니다.

포갤 루(婁)자는 28수(宿)의 별자리 중 16째 별자리를 뜻하기도 합니다.

[루]로 소리나는 경우

3/2 **樓** 다락 루 중 楼 약 楼
나무 목(木) + [포갤 루(婁)]

3/2 **屢** 여러 루 중 屡
주검 시(尸) + [포갤 루(婁)]

중국의 누각

다락은 부엌 위에 이층처럼 만들어서 물건을 넣어 두는 곳입니다. 다락 루(樓)자는 '이층으로 포개져(婁) 있는 집'이란 뜻입니다. 이후, '다락→여러 층으로 지어진 집→누각(樓閣)→높이 지은 망루(望樓)'라는 뜻이 파생되었습니다. 사상누각(沙上樓閣)은 '모래(沙) 위(上)에 지은 누각(樓閣)'이라는 뜻으로, 기초가 견고하지 못하여 오래 견디지 못함을 일컫는 말입니다. 마천루(摩天樓)는 '하늘(天)을 문지르는(摩) 누각(樓)'이란 뜻으로, 아주 높게 지은 고층 건물을 말합니다. 망루(望樓)는 '멀리 바라보는(望) 누각(樓)'이란 뜻으로, 주위를 살피려고 세운 높은 누각을 말합니다.

여러 루(屢)자는 '집(尸)이 여러 개 포개어져(婁) 있다'는 뜻입니다. 주검 시(尸)자는 집의 상형이기도 합니다. 누차(屢次)는 '여러(屢) 차례(次)'입니다. '누누히 강조했음에도 불구하고...'에 나오는 누누(屢屢)는 여러 번이라는 뜻입니다.

[수]로 소리나는 경우

7/4 **數** 셀 수 중 数 약 数
칠 복(攵) +
[포갤 루(婁)→수]

옛날 중국에서는 젓가락같이 생긴 대나무 꼬챙이(산가지)를 가지고 숫자를 세었는데, 셀 수(數)자에 들어 있는 칠 복(攵)자는 손(又)에 이러한 대나무 꼬챙이를 들고 있는 형상을 본떠 만든 글자입니다. 따라서, 셀 수(數)자는 '손에 든 산가지(攵)로 여러(婁) 개의 숫자를 세다'는 뜻입니다. 이후, '세다→헤아리다→생각하다→꾀→방법' 등의 뜻이 생겼습니다. '나에게 좋은 수가 있다'에서 수(數)는 꾀나 방법을 뜻합니다. 또, 산가지로 점을 쳐서 헤아리는 운수(運數)라는 뜻도 있습니다. 산수(算數)는 '수(數)를 헤아리다(算)'는 뜻이고, 수학(數學)은 '수(數)에 대한 학문(學問)'이라는 뜻입니다.

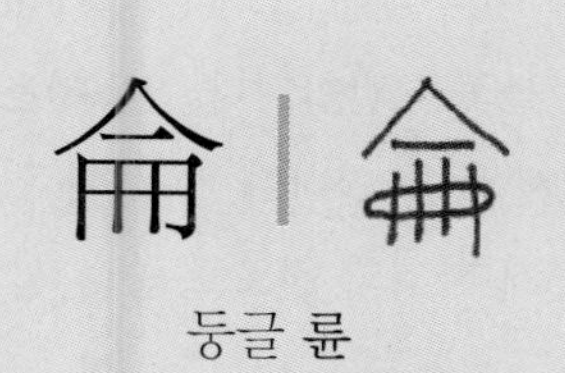

둥글 륜

둥글 륜(侖)자는 모을 집(亼)자와 책 책(冊)자가 합쳐진 글자로, 죽간으로 된 책(冊)을 둥글게 말아 모아(亼) 놓은 모습입니다. 이러한 모습에서 '둥글다'는 뜻이 생겼습니다. 둥글 륜(侖)자는 단독으로 사용되지 않고 다른 글자를 만나 소리로 사용되며, 이때 '책'이나 '둥글다'는 뜻으로 사용됩니다.

[륜]으로 소리나는 경우

4|3 輪 바퀴 륜 ㊥ 轮
수레 차/거(車) + [둥글 륜(侖)]

3|4 倫 인륜 륜 ㊥ 伦
사람 인(亻) + [둥글 륜(侖)]

2|1 崙 산이름 륜 ㊥ 仑
메 산(山) + [둥글 륜(侖)]

바퀴 륜(輪)자는 '수레(車)에서 둥근(侖) 것이 바퀴이다'는 뜻입니다. 올림픽의 오륜기(五輪旗)는 '다섯(五) 개의 바퀴(輪)를 그린 깃발(旗)'입니다. 이륜차(二輪車)는 '바퀴(輪)가 둘(二) 달린 차'(車)로, 자전거, 오토바이 등이 있습니다. '연륜이 쌓였다'에서 연륜(年輪)은 '나이(年)를 알 수 있는 둥근 바퀴(輪)'라는 뜻으로, 나무의 나이테를 말합니다. 이후, 여러 해 동안 쌓은 경험에 의하여 이루어진 숙련의 정도를 나타내는 말이 되었습니다.

인륜(人倫)은 사람이 지켜야할 도리입니다. 문명이 탄생되기 전에는 인간도 동물과 다를 바가 없었습니다. 인륜 륜(倫)자는 '문명이 탄생되면서 사람(亻)이 지켜야 할 도리를 책(侖)에 적어 두었다'는 뜻을 포함하고 있습니다. 삼강오륜의 오륜(五倫)은 '사람(人)이 지켜야 할 5가지 인륜(倫)'입니다. 윤리(倫理)는 '인륜(人倫)의 원리(原理)'입니다.

곤륜산(崑崙山)은 중국 고대의 전설상의 성산(聖山)입니다. 곤륜산(崑崙山)에 들어가는 산이름 륜(崙)자는 '온갖 산(山)들이 모여(侖) 있는 큰 산이 곤륜산이다'는 뜻입니다.

[론]으로 소리나는 경우

4|4 論 논할 론 ㊥ 论
말씀 언(言) + [둥글 륜(侖)→론]

의논(議論), 논쟁(論爭), 논의(論議), 서론(序論), 결론(結論) 등에 사용되는 논할 론(論)자는 '말(言)로 책(侖)에 대해서 논하다'는 뜻입니다. 사서삼경 중의 하나인 《논어(論語)》는 '토론(論)과 말씀(語)'이란 뜻으로, 공자(孔子)의 가르침을 전하는 책입니다. 책에는 공자와 그 제자들이 토론(討論)한 내용과 공자가 남긴 말씀이 실려 있습니다. 그래서 책 이름이 논어가 되었습니다.

도깨비불 린

도깨비불은 밤에 무덤이나 축축한 땅 또는 고목이나 낡고 오래된 집에서 인(燐) 따위의 작용으로 저절로 번쩍이는 푸른빛의 불꽃을 말합니다. 인(燐)은 동물의 뼈, 인광석 따위에 들어 있고 어두운 곳에서 빛을 냅니다. 독성이 있고 공기 가운데서 발화하기 쉬우며, 성냥이나 살충제 따위의 원료로 씁니다.

옛 사람들은 이런 불을 도깨비가 춤을 추면 보이는 불로 생각했습니다. 도깨비불 린(粦)자는 원래 두 팔을 벌린 도깨비(大→十)가 번쩍이는 불빛(네 개의 점)을 내며 두 발(舛)로 춤을 추는 모습을 강조하였습니다. 혹은, 도깨비 대신 무당이 몸에 인을 바르고 춤을 추는 모습이라고도 합니다. 나중에 뜻을 분명히 하기 위해 불 화(火)을 추가하여 도깨비불 린(燐)자가 만들어졌습니다.

[린]으로 소리나는 경우

3/2 隣 이웃 린 중 邻
언덕 부(阜/阝) + [도깨비불 린(粦)]

2/1 麟 기린 린 중 麟
사슴 록(鹿) + [도깨비불 린(粦)]

1/1 鱗 비늘 린 중 鳞
물고기 어(魚) + [도깨비불 린(粦)]

이웃 린(隣)자는 원래 다섯 집으로 이루어진 주민의 조직을 뜻하였습니다. 고대 중국에서 집들이 홍수를 피해 언덕(阝) 위에 위치해 있었고, 이러한 조직에서 이웃이란 의미가 생겼으며, 다시 인근(隣近)이나 인접(隣接)에서와 같이 '가깝다'라는 의미도 생겼습니다. 사대교린주의(事大交隣主義)는 '큰(大) 나라는 섬기고(事) 이웃(隣) 나라와는 사귀는(交) 주의(主義)'입니다. 조선 전기의 외교 정책으로, 사대(事大)는 명나라에 대한 외교책이며, 교린(交隣)은 일본과 여진족에 대한 외교정책입니다.

목이 긴 기린(麒麟)은 원래 고대 중국의 전설에 나오는 상상 속의 동물입니다. 몸이 사슴 같고 꼬리는 소와 같으며, 발굽과 갈기는 말과 같으며, 빛깔은 5색이라고 합니다. 또, 이것이 출현하면 세상에 성왕(聖王)이 나올 길조라고 여겼습니다. 기린 기(麒)는 수컷 기린이고, 기린 린(麟)은 암컷 기린입니다.

비늘은 물고기에 있으므로, 비늘 린(鱗)자에는 물고기 어(魚)자가 들어갑니다. 역린(逆鱗)은 '거꾸로(逆) 나 있는 비늘(鱗)'이란 뜻으로, 군주의 노여움을 일으키는 일을 비유한 말입니다. 《한비자(韓非子)》에 '용(龍)의 목에 거꾸로 나 있는 비늘을 건드리면, 용은 그 사람을 죽인다'는 이야기에서 유래합니다.

[련]으로 소리나는 경우

3/2 憐 불쌍할 련 중 怜
마음 심(忄) + [도깨비불 린(粦)→련]

연민(憐憫), 애련(哀憐), 가련(可憐) 등에 사용되는 불쌍할 련(憐)자는 '마음(忄)으로 이웃(隣→粦)을 불쌍히 여기다'는 뜻입니다. 동병상련(同病相憐)은 '같은(同) 병(病)의 환자끼리 서로 가엾게(相) 여기다(憐)'는 뜻으로, 어려운 처지에 있는 사람끼리 동정하고 도운다는 의미입니다.

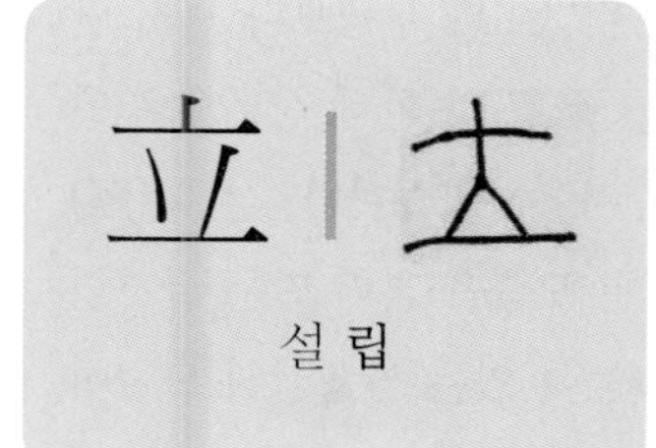

설 립(立)자는 두 팔을 벌린 사람(大→六)이 땅(一)을 딛고 서 있는 모습을 본떠 만든 글자입니다. 입체파(立體派)는 '입체(立體)를 평면적으로 그리는 유파(派)'란 뜻으로, 20세기 초에 프랑스에서 활동한 유파입니다. 입체적인 물건을 여러 방향에서 본 상태를 평면적으로 한 화면에 구성하여 표현하였습니다. 대표적인 입체파 화가로는 스페인 출신의 피카소(Picasso)가 있습니다. 국립학교(國立學校)는 '나라(國)에서 세운(立) 학교(學校)'이고 사립학교(私立學校)는 '개인(私)이 세운(立) 학교(學校)'입니다.

[립]으로 소리나는 경우

1/2 粒 낟알 립 ㊥粒
쌀 미(米) + [설 립(立)]

1/1 笠 삿갓 립 ㊥笠
대 죽(竹) + [설 립(立)]

낟알 립(粒)자는 '쌀(米)의 낟알'을 이르는 말입니다. 입자(粒子)는 '낟알(粒) 알갱이(子)'란 뜻으로, 과학에서는 분자(分子), 원자(原子), 소립자(素粒子) 등과 같이 물질을 구성하는 아주 작은 크기의 물체를 의미합니다. 소립자(素粒子)는 '바탕(素)이 되는 입자(粒子)'로, 물질을 이루는 가장 기본적인 요소들을 가리킵니다. 원자를 이루고 있는 전자, 양자, 중성자나 양성자, 중간자 등을 일컫는 말입니다. 1950년쯤부터 많은 소립자가 발견되기 시작하여, 현재는 약 300종류의 소립자가 알려져 있습니다.

삿갓은 대나무로 만들므로, 삿갓 립(笠)자에는 대 죽(竹)자가 들어갑니다. 김립(金笠)은 조선 후기 방랑시인으로 이름은 김병연(金炳淵)이고 별호가 김삿갓 또는 김립(金笠)입니다.

[랍]으로 소리나는 경우

2/2 拉 꺾을 랍 ㊥拉
손 수(扌) + [설 립(立)→랍]

꺾을 랍(拉)자는 '세워(立) 놓은 것을 손(扌)으로 꺾다'는 뜻입니다. 이후, '꺾다→당기다→끌다→끌고가다→잡아가다' 등의 뜻이 생겼습니다. 납치(拉致), 피랍(被拉) 등에 사용됩니다. 중국에 가면 문에 추(推)와 납(拉)이라는 글자가 붙어 있는 것을 종종 볼 수 있는데, 추(推)는 '문을 미시오(push)'라는 뜻이고, 납(拉)은 '문을 당기시오(pull)'라는 뜻입니다.

[읍]으로 소리나는 경우

3/3 泣 울 읍 ㊥泣
물 수(氵) + [설 립(立)→읍]

울 읍(泣)자는 '서(立) 있는 사람이 눈물(氵)을 흘리며 울다'는 뜻입니다. 읍참마속(泣斬馬謖)은 '울면서(泣) 마속(馬謖)의 목을 벤다(斬)'는 뜻으로, 큰 목적을 위하여 자기가 아끼는 사람을 버림을 이르는 말입니다. 《삼국지》에 나오는 말로, 제갈공명이 명령을 어기어 싸움에서 패한 마속을 눈물을 머금고 목을 벤 데서 유래합니다. 읍소(泣訴)는 '울면서(泣) 간절히 하소연하다(訴)'는 뜻입니다.

삼 마

삼은 마(麻)로 만든 베이고, 고대 중국에서는 비단이나 무명보다 먼저 탄생되었습니다. 또 마(麻)의 잎으로 만든 대마초(大麻草)의 환각 성분으로 인해, 예로부터 중국에서는 치료 과정에서 진정제로 사용하였습니다. 삼 마(麻)자는 선반(广) 위에 삼껍질(林)을 올려 놓고 말리는 모습을 본떠 만든 글자입니다. 글자 안에 있는 수풀 림(林)자는 가지런히 놓여 있는 쌈껍질의 모습이고, 엄(广)자는 선반의 모습입니다. 어떤 사람은 집(广) 안에서 삼(林)을 말리는 모습이라고도 합니다. 삼 마(麻)자는 부수이지만, 다른 부수와 만나 소리로 사용됩니다.

[마]로 소리나는 경우

- 3/2 磨 갈 마 중 磨 — 돌 석(石) + [삼 마(麻)]
- 2/2 摩 문지를 마 중 摩 — 손 수(手) + [삼 마(麻)]
- 2/2 痲 저릴/마비될 마 중 麻 — 병 녁(疒) + [삼 마(麻)]
- 2/2 魔 마귀 마 중 魔 — 귀신 귀(鬼) + [삼 마(麻)]

갈 마(磨)자는 '거칠거칠한 삼베(麻)의 표면이 흡사 돌(石)을 갈아 만든 면과 비슷하다'는 뜻입니다. 연마(研磨)는 '갈고(研) 간다(磨)'는 뜻으로, 학문이나 기술을 갈고 닦는다는 의미입니다. 달마대사(達磨大師)는 '통달하기(達) 위해 연마하는(磨) 큰(大) 스승(師)'이란 뜻으로, 중국 남북조 시대에 중국 선종(禪宗)을 창시한 사람입니다. 남인도(일설에는 페르시아) 향지국의 셋째 왕자로 태어나 520년경 중국에 들어와 하남성 소림사에서 9년간 벽을 바라보며 좌선하였고, 소림 무술을 만들기도 하였습니다.

문지를 마(摩)자는 '손(手)으로 문지르다'는 뜻입니다. 마찰(摩擦)은 '문지르고(摩) 비비다(擦)'는 뜻이고, 마천령산맥(摩天嶺山脈)은 '너무 높아 하늘(天)을 문지르는(摩) 고개(嶺)가 있는 산맥(山脈)'이란 뜻으로, 2,000m 이상의 높은 봉우리가 많이 있는 함경남도와 함경북도 사이에 있는 산맥입니다.

마취(痲醉), 마비(痲痺), 마약(痲藥) 등에 사용되는 저릴/마비될 마(痲)자에는 삼 마(麻)자가 들어 있는데, 마(麻)의 잎에는 THC(Tetra Hydro Cannabinol)를 주성분으로 하는 마취(痲醉) 성분이 들어있기 때문입니다.

마귀 마(魔)자에는 삼 마(麻)자가 들어있는데, 마(麻)는 삼베를 짜는 원료이지만 동시에 대마초(大麻草)라고 부르는 마약(麻藥, 痲藥, 魔藥)의 원료입니다. 마귀 마(魔)자에 삼 마(麻)자가 들어가는 이유도 이와 관련이 있습니다. 호사다마(好事多魔)는 '좋은(好) 일(事)에는 마귀(魔)가 많다(多)'는 뜻으로 좋은 일에 방해되는 것이 많음을 일컫는 말입니다.

달마대사

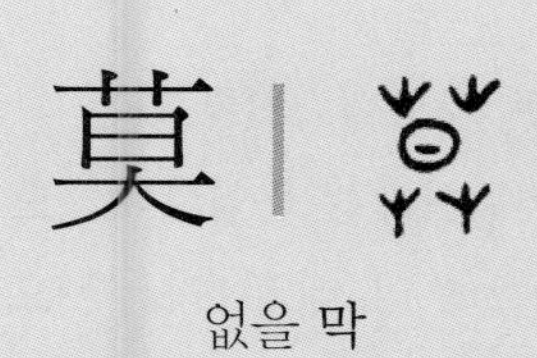

없을 막

없을 막(莫)자의 상형문자를 보면 날 일(日)자 위와 아래에 풀 초(艹)자가 그려져 있습니다. 즉 '해(日)가 풀(艹)속 사이로 저물다'는 뜻으로 만들어진 글자입니다. 하지만, '해가 풀속 사이로 저물어 없어지다'는 뜻으로 사용되면서, 원래의 뜻을 살리기 위해 다시 날 일(日)자가 추가되어 저물 모(暮)자를 만들었습니다. 막무가내(莫無可奈)는 '어찌(奈)할 수(可) 없고(莫) 없다(無)'는 뜻입니다.

[막]으로 소리나는 경우

3/2 漠 사막 막 ⓩ漠
물 수(氵) + [없을 막(莫)]

3/2 幕 장막 막 ⓩ幕
수건 건(巾) + [없을 막(莫)]

2/2 膜 꺼풀 막 ⓩ膜
고기 육(肉/月) + [없을 막(莫)]

1/2 寞 고요할 막 ⓩ寞
집 면(宀) + [없을 막(莫)]

사막 막(漠)자는 '물(水)이 없는(莫) 땅'이란 뜻입니다. 사막(沙漠)은 글자 그대로 해석하면 '모래(沙)만 있고, 물이 없는 땅(漠)'입니다.

장막 막(幕)자는 '천(巾)으로 안을 볼 수 없게(莫) 만드는 것이 장막(帳幕)이다'는 뜻입니다. 천막(天幕)은 '하늘(天)의 해나 비를 가리기 위한 장막(幕)'입니다. 막부(幕府)는 '천막(幕) 관청(府)'라는 뜻으로, 중국에서 전쟁 중에 장군이 머물던 천막이나 막사를 가리키는 말이었습니다. 또 1192년에서 1868년까지 일본의 쇼군(將軍: 장군)들이 다스린 무신 정부도 막부(幕府)라고 합니다. 천황은 상징적인 존재가 되고 쇼군이 실질적인 통치권을 가졌습니다.

복막(腹膜), 각막(角膜), 흉막(胸膜)에서 보듯이, 막(膜)은 생물체의 모든 기관을 싸고 있거나 경계를 이루는 얇은 꺼풀입니다. 이러한 막도 신체의 일부이니까 꺼풀 막(膜)자에는 고기 육(肉/月)자가 들어갑니다. 또한 '막(膜)은 얇아서 고기(肉/月)가 없다(莫)'는 의미도 됩니다. 망막(網膜)은 '눈에서 시신경이 그물(網)처럼 분포되어 있는 막(膜)'입니다. 고막(鼓膜)은 '소리가 두드리는(鼓) 막(膜)'이란 뜻으로, 귓구멍 안쪽에 있는 타원형의 반투명한 막입니다. 공기의 진동을 속귀 쪽으로 전달하여 들을 수 있게 하여 줍니다.

고요할 막(寞)자는 '집(宀)에 아무도 없으니(莫) 고요하다(寞)'는 뜻입니다. 적막(寂寞)은 '고요하고(寂) 고요하다(寞)'는 뜻입니다.

[모]로 소리나는 경우

4/3 模 법/본보기 모 ⓩ模
나무 목(木) + [없을 막(莫)→모]

법 모(模)자는 원래 '나무(木)를 깎아 실제 모습을 똑같이 본뜨다'는 뜻의 글자입니다. 이후 '본뜨다→본보기→(본보기가 되는) 법'이란 뜻이 생겼습니다. 모형(模型), 모방(模倣), 모조품(模造品)은 '본뜨다'는 뜻으로 사용되었고, 모범(模範)은 본보기라는 뜻으로 사용되었습니다. 모의(模擬)는 '모방(模倣)하여 흉내내다(擬)'는 뜻입니다. 모의시험이나 모의고사는 실제의 시험에 대비하여 그것을 흉내내어 쳐보는 시험입니다. 모의재판은 실제의 재판을 흉내

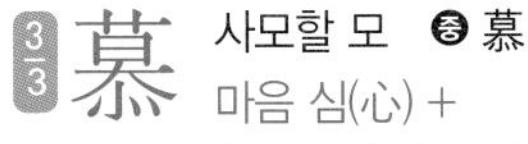

3 3 **慕** 사모할 모 ㊥ 慕
마음 심(心) +
[없을 막(莫)→모]

3 3 **募** 모을 모 ㊥ 募
힘 력(力) +
[없을 막(莫)→모]

3 3 **暮** 저물 모 ㊥ 暮
날 일(日) +
[없을 막(莫)→모]

2 2 **謨** 꾀 모 ㊥ 谋
말씀 언(言) +
[없을 막(莫)→모]

내어 해보는 재판입니다.

사모(思慕), 연모(戀慕), 애모(愛慕) 등에 들어가는 사모할 모(慕)자는 '보고 싶은 사람이 가까이 없으니(莫) 마음(心)으로 그리워하다'는 뜻입니다. 〈모죽지랑가(慕竹旨郎歌)〉는 '죽지랑(竹旨郎)을 사모하는(慕) 노래(歌)'라는 뜻으로, 신라 효소왕 때 화랑 득오가 자기가 모시던 죽지랑이 죽자 그를 그리워하며 읊은 향가(鄕歌)입니다. 추모제(追慕祭)는 '죽은 사람을 사모하고(追) 사모하며(慕) 지내는 제사(祭)'입니다. 쫓을 추(追)자는 '사모하다'는 뜻도 있습니다.

모을 모(募)자는 '나에게 없는(莫) 것을 힘(力)으로 모으다'는 뜻입니다. 모금(募金), 모집(募集) 등에 사용됩니다.

저물 모(暮)자에 '해(日)가 풀속 사이로 저물어 없어지다(莫)'는 뜻으로 만든 글자입니다. 조삼모사(朝三暮四)는 '아침(朝)에 3(三)개 저녁(暮)에 4(四)개'라는 뜻으로, '간사한 꾀로 남을 속이고 농락하다'는 의미입니다. 춘추 시대 송(宋)나라에 어떤 원숭이 기르는 사람이 원숭이에게 "도토리를 주되 아침에 세 개 저녁에 네 개씩을 주겠다"고 하니, 원숭이들이 성을 내므로, 말을 바꾸어 "아침에 네 개 저녁에 세 개를 주겠다"고 하니 좋아하더라는 이야기에서 유래합니다. 세모(歲暮)는 '한 해(歲)가 저무는(暮) 연말'을 말합니다.

말로 꾀를 부리니까 꾀 모(謨)자에는 말씀 언(言)자가 들어갑니다. 이후 '꾀→속이다→도모하다→의논하다' 등의 뜻이 생겼습니다. 음모(陰謀)는 '어두운(陰) 꾀(謀)'라는 뜻으로, 남이 모르게 일을 꾸미는 나쁜 꾀를 말합니다. 모략(謀略)은 '남을 속이는(謀) 꾀(略)'입니다. 모의(謀議)는 '의논하고(謀) 의논하다(議)'는 뜻입니다.

[묘]로 소리나는 경우

4 3 **墓** 무덤 묘 ㊥ 墓
흙 토(土) +
[없을 막(莫)→묘]

분묘(墳墓)는 무덤 분(墳)자와 무덤 묘(墓)자가 합쳐진 글자인데, 이 중에서 분(墳)은 땅 위로 솟아 오른 무덤인 반면, 묘(墓)는 원래 땅 위에 봉분이 없는 평평한 무덤입니다. 무덤 묘(墓)자는 '땅(土) 위에 봉분이 없는(莫) 평평한 무덤'입니다. 추석에 가는 성묘(省墓)는 '묘(墓)를 살피다(省)'는 뜻으로, 조상의 묘에 가서 인사를 드리고 묘를 살피는 일입니다.

曼 | 𢀖

길게끌 만

길게끌 만(曼)자의 상형문자를 보면, 맨위에 있는 날 일(日)자는 손을 의미하는 손톱 조(爪)자의 모습입니다. 따라서 만(曼)자는 두 손(爪, 又)으로 눈(目→罒)을 비비는 모습입니다. 만다라(曼陀羅/曼荼羅)는 '부처나 보살의 상을 모시고 예배하며 공양하는 단(壇)'으로, 산스크리트어 만다라(mandala)를 음역한 것입니다. 만다라는 불교의 깨달음을 주제로 한, 김성종이 지은 장편소설의 이름이기도 합니다. 만(曼)자는 사람의 이름에도 사용되는데, 신라의 제27대 선덕여왕의 이름인 덕만(德曼), 제28대 진성여왕의 이름인 승만(勝曼), 홍콩의 영화배우 장만옥(張曼玉) 등이 그런 예입니다.

[만]으로 소리나는 경우

3/2 **慢** 거만할 만 중 慢
마음 심(忄) + [길게끌 만(曼)]

3/2 **漫** 물질편할 만 중 漫
물 수(氵) + [길게끌 만(曼)]

1/0 **饅** 만두 만 중 馒
먹을 식(食) + [길게끌 만(曼)]

만두

거만할 만(慢)자는 '일을 항상 길게 끌어서(曼) 하는 것은 마음(忄)이 게으르기 때문이다'는 뜻으로, 원래 '게으르다'는 뜻을 가지고 있습니다. 이후 '게으르다→느리다→방종하다→거만하다' 등의 뜻이 생겼습니다. 태만(怠慢)은 '게으르고(怠) 게으르다(慢)'는 뜻이고, 만성질환(慢性疾患)은 '느린(慢) 성질(性)의 질환(疾患)'으로, 잘 낫지도 않으며 오래 끄는 병(病)입니다. 급성질환(急性疾患)의 반대입니다. 오만(傲慢)은 '거만하고(傲) 거만하다(慢)'는 뜻입니다.

물질편할 만(漫)자는 쓰임새가 적지만, 물결 랑(浪)자와 합쳐지면 낭만(浪漫)이란 낱말이 됩니다. 낭만(浪漫)은 일본인들이 로망(Roman)을 소리대로 적은 것입니다. 로망(Roman)은 로마(Roma)의 형용사형으로, '로마의, 로마사람의'라는 뜻을 가지고 있습니다. 고대 로마는 당시 세계 제일의 제국이었고 물질적 풍요 속에서 살았습니다. 이 시기에 문화와 예술이 번영하던 시기였는데, 주로 꿈이나 공상, 모험, 감정 등의 주제들이 많았습니다. 그래서 '로마스러운'이란 뜻으로 로망(Roman)이란 말이 만들어졌고, 일본인이 한자로 옮기면서 낭만(浪漫)이란 이름이 붙었습니다.

만두 만(饅)자는 '반죽한 밀가루를 늘여서(曼) 껍질을 만든 음식(飮食)이 만두이다'는 뜻입니다. 《삼국지》를 읽어 보면 만두를 만든 유래가 나옵니다. 촉나라 제갈공명이 군사를 이끌고 남만을 정벌하고 돌아오는 도중, 노수라는 강을 건너게 되었는데, 갑자기 강에서 바람이 치고 파도가 치는 등 도저히 건너갈 엄두가 나지 않아서 지역 주민들에게 물어보니 사람의 머리를 바쳐야 된다고 답했습니다. 그러자 제갈공명은 밀가루 반죽 속에 양과 소고기를 넣고, 껍질에 사람 얼굴을 그려 제물로 바치니 그때서야 바람과 파도가 멎어서 강을 건넜다는 이야기가 있습니다. 그 음식이 바로 만두입니다. 이런 이유로, 만두(饅頭)라는 낱말에 머리 두(頭)자가 들어갑니다.

망할 망(亡)자의 해석에 대해서는 여러 가지 설이 있으나, 부러진 칼의 모습을 본떠 만든 상형문자라는 설이 가장 널리 받아들여집니다. 이 글자는 '망하다→멸망(滅亡)하다→도망(逃亡)하다→없어지다→잃다→죽다→잊다' 등의 여러 가지 뜻이 있으며, 좋지 않은 뜻의 글자에만 들어갑니다. 〈제망매가(祭亡妹歌)〉는 '죽은(亡) 여동생(妹)을 제사지내기(祭) 위한 노래(歌)'라는 뜻으로, 신라 제 35대 경덕왕 때의 승려 월명사가 지은 향가로, 《삼국유사(三國遺事)》에 실려 있습니다.

[망]으로 소리나는 경우

5/4 望 바랄 망 ⓐ望
달 월(月) + 줄기 정(壬) + [망할 망(亡)]

3/4 忘 잊을 망 ⓐ忘
마음 심(心) + [망할 망(亡)]

3/3 忙 바쁠 망 ⓐ忙
마음 심(忄) + [망할 망(亡)]

3/3 妄 망령될 망 ⓐ妄
여자 녀(女) + [망할 망(亡)]

3/2 罔 없을/그물 망 ⓐ罔
그물 망(网/罒) + [망할 망(亡)]

2/2 網 그물 망 ⓐ网
실 사(糸) + [없을/그물 망(罔)]

바랄 망(望)자의 아래에 있는 줄기 정(壬)자는 흙(土) 위에 사람(人)이 서 있는 모습을 본떠 만든 글자로, '언덕(土) 위에 사람(人)이 서서 보름달(月)을 바라본다'는 뜻입니다. 이후 '바라다'와 '보름'이란 뜻이 생겨났습니다. 망루(望樓)는 '바라보는(望) 누각(樓)'이고, 망원경(望遠鏡)은 '멀리(遠) 바라보는(望) 안경(鏡)'입니다. 희망(希望)은 '바라고(希) 바라다(望)'는 뜻이고, 욕망(慾望)은 '욕심내어(慾) 바라다(望)'는 뜻입니다. 삭망(朔望)은 '음력 초하루(朔)와 보름(望)'입니다.

잊을 망(忘)자와 바쁠 망(忙)자는 둘 다 마음 심(心/忄)자에 망할 망(亡)자가 합쳐진 글자입니다. 하나는 '마음(心)을 잊다(亡)'는 뜻이고, 다른 하나는 '마음(忄)을 잊어버릴(亡) 정도로 바쁘다'는 뜻입니다. 망우초(忘憂草)는 '근심(憂)을 잊게(忘) 해주는 풀(草)'이란 뜻으로, 담배를 이르는 말입니다. 망중한(忙中閑)은 '바쁜(忙) 중(中)에도 한가한(閑) 때'를 말하고, 공사다망(公私多忙)은 '공적인(公) 일과 사적인(私) 일로 많이(多) 바쁘다(忙)'는 뜻입니다.

망령될 망(妄)자는 요망(妖妄), 망령(妄靈), 허망(虛妄), 망언(妄言), 망상(妄想) 등에 사용합니다. 경거망동(輕擧妄動)은 '가볍게(輕) 들고(擧), 망령되게(妄) 움직이다(動)'는 뜻으로, 경솔하게 행동함을 일컫습니다.

그물 망(罔)자는 그물 망(网)의 변형 자에 소리를 나타내는 망할 망(亡)자가 들어가 있습니다. 그물의 실 사이가 비어져 없다고 해서 '없다'는 뜻도 생겼습니다. 나중에 본래의 뜻을 분명히 하기 위해 실 사(糸)자가 추가되어 그물 망(網)자가 만들어졌습니다. TV 사극을 보면 자주 나오는 대사 중에 '성은이 망극하오이다'의 망극(罔極)은 '끝(極)이 없다(罔)'는 뜻입니다. 그물 망(網)자의 간체자는 옛 사람이 사용하던 망(网)자입니다. 중국에서 인터넷(internet)은 인특망(因特网, 인터왕)라고 하고 네티즌(netizen)은 망민(网民, 왕민)이라고 합니다.

[맹]으로 소리나는 경우

3/3 盲 소경/눈멀 맹 ⓙ 盲
눈 목(目) +
[망할 망(亡)→맹]

맹인(盲人)에 들어가는 소경/눈멀 맹(盲)자는 '눈(目)이 망(亡)하면 소경이 된다'는 뜻입니다. 야맹증(夜盲症)은 '밤(夜)에 눈이 머는(盲) 증세(症)'로, 비타민 A의 결핍으로 밤에는 사물이 잘 보이지 않는 결핍증입니다. 또 색맹(色盲)은 '색(色)을 구분하지 못하는 맹인(盲人)'이란 뜻으로, 망막의 시세포에 이상이 있어서, 명암만을 분간하고 색을 분간하지 못하고, 유전이 됩니다. 빨간색과 녹색을 구분하지 못하는 적록색맹(赤綠色盲)이 가장 많으며, 이외에도 청황색맹(靑黃色盲)과 녹색맹(綠色盲), 적색맹(赤色盲) 등이 있습니다. 보이지 않는 색은 모두 회색으로 보입니다.

[황]으로 소리나는 경우

3/2 荒 거칠 황 ⓙ 荒
풀 초(艹) + [망할 황(巟)]

황폐(荒廢), 황무지(荒蕪地)의 거칠 황(荒)자는 '풀(艹)이 없어질(巟) 정도로 땅이 황폐해지다'는 뜻입니다. 이후 '거칠다→폐기하다→흉년(凶年)이 들다→어둡다→허황하다' 등의 뜻이 생겼습니다. 파천황(破天荒)은 '하늘(天)의 어둠(荒)을 깨다(破)'는 뜻으로, 이전에 아무도 하지 못한 일을 처음으로 해냄을 이르는 말입니다. 황당(荒唐)은 '허황되고(荒) 황당하다(唐)'는 뜻입니다.

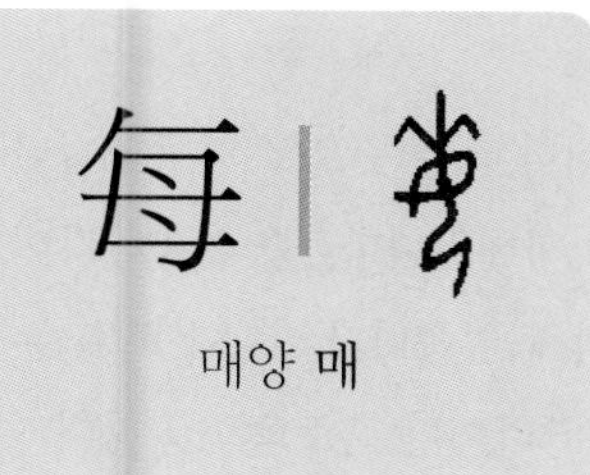

매일(每日), 매월((每月), 매회(每回), 매사(每事) 등에 들어가는 매양 매(每)자는 어미 모(母)자 위에 머리 장식을 추가한 모습으로, 원래는 아이를 낳은 여자를 의미하였습니다. 하지만 나중에 '매양'이라는 의미로 가차되어 사용되었습니다. 아마도 어머니의 사랑이 한결같다고 해서 생긴 것이 아닐까요? 매양 매(每)자에 물 수(氵)자가 붙으면 바다 해(海)자가 됩니다. 바다는 '물(氵)의 어머니(每)와 같다'는 뜻에서 만든 글자입니다.

[매]로 소리나는 경우

3/3 梅 매화 매 ⓙ 梅
나무 목(木) + [매양 매(每)]

매화나무의 정식 명칭은 매실나무입니다. 매화 매(梅)자에는 나무 목(木)자가 들어갑니다. 매실(梅實)은 '매화나무(梅) 열매(實)'를 일컫기도 합니다. 중국 명나라 때의 장편소설로, 중국 사대기서(中國四大奇書)의 하나인《금병매(金甁梅)》는 주인공 서문경(西門慶)의 첩인 반금련(潘金蓮)과 이병아(李甁兒), 그리고 반금련의 시녀 춘매(春梅)에서 한 글자씩 땄습니다. 매독(梅毒)은 '피부에 매화(梅) 무늬의 반점이 생기고, 온몸으로 독(毒)이 퍼지는 병'이란 뜻으로, 성병(性病)의 일종입니다. 초기에는 음부에 병이 생기지만 차츰 몸 전체로 퍼져나갑니다.

[모]로 소리나는 경우

3/2 **侮** 업신여길 모 ⊜ 侮
사람 인(亻) +
[매양 매(每)→모]

업신여길 모(侮)자는 '사람(亻)이 여자(毎)를 업신여기다'는 뜻입니다. 모멸(侮蔑), 모욕(侮辱) 등에 사용합니다. 수모(受侮)는 '업신여김(侮)을 받다(受)'는 뜻입니다. 공즉불모(恭則不侮)는 '공손(恭) 하면(則) 수모(侮)를 당하지 않는다(不)'는 뜻입니다.

[민]으로 소리나는 경우

3/3 **敏** 재빠를 민 ⊜ 敏
칠 복(攵) + [매양 매(每)→민]

재빠를 민(敏)자는 원래 '회초리로 때려서(攵) 일하게 하다'는 뜻입니다. 이후 '일하다→힘쓰다→재빠르다→민첩(敏捷)하다' 등의 뜻이 생겼습니다. 민감(敏感)은 '예민(銳敏)한 감각(感覺)'입니다. 과민성(過敏性)은 '감각이나 감정이 지나치게(過) 예민한(銳敏) 특성(特性)'입니다.

[번]으로 소리나는 경우

3/3 **繁** 번성할 번 ⊜ 繁
실 사(糸) +
[재빠를 민(敏)→번]

번성(繁盛), 번영(繁榮) 등에 사용되는 번성할 번(繁)자는 원래 말의 갈기에 붙이는 장식인데, '장식이 많다'는 뜻에서 '번성하다'는 뜻이 생겼습니다. 농번기(農繁期)는 '농사일(農)이 번성하는(繁) 시기(期)'라는 뜻입니다. 농사일이 가장 바쁜 시기, 곧 모내기, 논매기, 추수 등을 할 때를 이르는 말입니다. 반대로 '농사일(農)이 가장 한가한(閑) 시기(期)'를 농한기(農閑期)라고 합니다.

[해]로 소리나는 경우

7/5 **海** 바다 해 ⊜ 海
물 수(氵) +
[매양 매(每)→해]

바다 해(海)자는 '물(氵)의 어머니(毎)가 바다이다'라는 뜻으로 만들었습니다. 황해(黃海)는 '황색(黃) 바다(海)'로, 우리나라 서해입니다. 중국 황하강이 누런 황토 흙을 황해로 내려보내 바닷물이 황색이 되었습니다. 흑해(黑海)는 '검은(黑) 바다(海)'라는 뜻으로, 흑해 북쪽에는 우크라이나 흑토(黑土) 지대가 있습니다. 흑토(黑土) 지대는 아르헨티나 팜파 지역, 미국의 콘벨트(corn belt)와 함께 세계 3대 곡창 지대입니다. 홍해(紅海)는 '붉은(紅) 바다(海)'라는 뜻으로, 아프리카 북동부와 아라비아 반도 사이에 있는 길고 좁은 바다로, 수에즈 운하 개통 후 아시아와 유럽을 이어주는 중요 항로가 되었습니다. 홍해는 바닷물 색이 붉은 것이 아니라, 붉은 산호초가 번성하여 홍해라는 이름이 붙었습니다.

[회]로 소리나는 경우

3/3 **悔** 뉘우칠 회 ⊜ 悔
마음 심(忄) +
[매양 매(每)→회]

뉘우칠 회(悔)자는 '마음(忄)으로 뉘우치다'는 뜻입니다. 후회(後悔)는 '지난 뒤(後)에 뉘우치다(悔)'는 뜻입니다. 회개(悔改)는 '잘못을 뉘우치고(悔) 고치다(改)'는 뜻입니다. 후회막급(後悔莫及)은 '후회(後悔)해도 미치지(及) 못한다(莫)'는 뜻으로, 후회해도 어찌할 수가 없음을 이르는 말입니다.

免 | 免

벗어날 **면**, 해산할 **문**

면할 면(免) 혹은 해산할 문(免)자의 갑골문자를 보면 다리를 벌리고 사람이 아이를 낳는 모습을 본떠 만든 글자입니다. 나중에는 글자 모양이 변해, 글자 맨위에 사람(人)이 있고, 아래에도 사람(儿)이 있는 형상입니다. 아기가 빠져 나오는 모양에서, '어떤 상태를 면하다'는 뜻이 생겼습니다. 나중에 원래 뜻을 분명히 하기 위해 여자 녀(女)자를 붙여 해산할 만(娩)자가 되었습니다. 면책특권(免責特權)은 '책임(責)을 면하는(免) 특별한(特) 권리(權)'로, 국회의원이 국회에서 직무상 행한 발언과 표결에 대하여 국회 밖에서 책임을 지지 않는 특권이나, 외교 대사가 현행범이 아니면 주재국의 법을 적용받지 않는 특권 등을 말합니다.

면(免)자와 혼돈하기 쉬운 글자로 토끼 토(兎)자가 있습니다. 토끼 토(兎)자는 토끼의 모습을 본떠 만든 글자입니다. 첫 획이 토끼의 귀이고, 마지막 획인 점이 토끼의 꼬리입니다. 토끼 토(兎)자에서 꼬리 점을 생략하면 벗어날 면(免)자의 속자가 됩니다.

[면]으로 소리나는 경우

4-3 **勉** 힘쓸 면 중 勉
힘 력(力) + [면할 면(免)] 70

힘쓸 면(勉)자에 들어가는 면할 면(免)자는 아이를 낳는 모습으로, '아이를 낳을 때 힘(力)을 쓴다'는 의미입니다. 근면(勤勉)은 '부지런히(勤) 힘쓰다(勉)'는 뜻입니다. '도서관은 면학의 열기로 가득 찼다'의 면학(勉學)은 '학문(學)에 힘쓰다(勉)'는 뜻입니다.

[만]으로 소리나는 경우

3-3 **晩** 저물/늦을 만 중 晚
날 일(日) + [면할 면(免)→만]

늦을 만(晩)자는 원래 '해(日)가 저물다'는 뜻을 가지고 있습니다. 이후 '저물다→저녁→늦다→늙다' 등의 뜻이 파생되었습니다. 이탈리아 화가인 레오나르도 다 빈치가 그린 〈최후의 만찬(晩餐)〉은 '예수가 십자가에서 죽기 전날 열두 제자와 저녁(晩)을 먹는(餐) 모습'을 그린 그림이고, 만시지탄(晩時之歎)은 '늦었을(晩) 때(時)의 한탄(恨歎)'이며, 만년(晩年)은 '늙은(晩) 때(年)'입니다.

2-2 **娩** 해산할 만 중 娩
여자 녀(女) + [면할 면(免)→만]

해산할 만(娩)자에 들어가는 면할 면(免)자는 아이를 낳는 모습으로, 나중에 뜻을 분명히 하기 위해 여자 녀(女)자를 붙여 해산할 만(娩)자가 되었습니다. 아이를 낳는다는 뜻의 해산(解産)과 분만(分娩)에는 각각 풀 해(解)자와 나눌 분(分)자가 들어 있는데, 아이를 낳으면 어머니와 아기가 나누어진다는 뜻입니다.

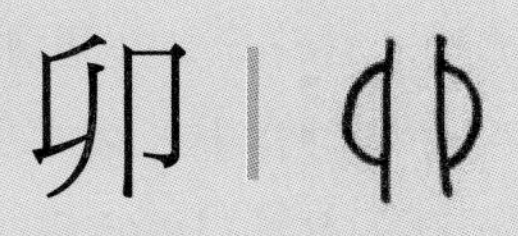

토끼 묘, 넷째지지 묘

토끼 묘(卯)자는 칼로 물건을 반으로 갈라 놓은 모습을 본떠 만든 글자입니다. 또 다른 해석은 같은 값의 물건 두 개를 놓아 둔 형상으로 보고, 두 물건을 서로 바꾸려고 한다고 해서' 바꾸다'라는 의미로 해석하는데, 나중에 의미를 분명히 하기 위해 조개 패(貝)자가 붙어 무역할 무(貿)자가 되었다고 합니다.

묘(卯)자는 간지(干支)로 사용되면서, 십이지(十二支)의 하나인 토끼와 짝이 되어 토끼 묘(卯)자가 되었을 뿐, 토끼의 모습과는 전혀 상관없습니다. 묘(卯)자는 십이지 중 네번째입니다.

[묘]로 소리나는 경우

2-1 昴 별이름 묘 중 昴
날 일(日) + [토끼 묘(卯)]

별이름 묘(昴)자는 28수(宿) 별자리 중 서쪽 방향에 있는 18번째 별자리입니다. 사람 이름에 사용되는데, 일본에서는 스바루(すばる, 昴)라는 성씨로 사용되고, 일본의 자동차 회사 이름으로도 유명합니다.

[무]로 소리나는 경우

3-3 貿 무역할 무 중 贸
조개 패(貝) +
[토끼 묘(卯)→무]

무역할 무(貿)자는 '돈(貝)으로 무역을 하다'는 뜻입니다. 무역풍(貿易風)은 '무역(貿易)을 하는 배에 불어주는 바람(風)'이란 뜻으로, 아열대지방(난대지방)에 부는 바람으로, 옛 사람들이 이 바람을 타고 무역선을 항해했기 때문에 붙여진 이름입니다

[류]로 소리나는 경우

4-3 留 머무를 류 중 留
밭 전(田) +
[토끼 묘(卯)→류]

4-3 柳 버들 류 중 柳
나무 목(木) +
[토끼 묘(卯)→류]

2-2 劉 죽일 류 중 刘
칼 도(刂) + 쇠 금(金) +
[토끼 묘(卯)→류]

머무를 류(留)자는 '밭(田)이 있는 곳에 머물면서 농사를 짓다'는 뜻입니다. 체류(滯留)는 '머무르고(滯) 머무르다(留)'는 뜻이고, 유학(留學)은 '머무르면서(留) 배우다(學)'는 뜻입니다.

버들은 나무 이름이므로, 버들 류(柳)자에는 나무 목(木)자가 들어갑니다. '미루나무 꼭대기에 조각구름이 걸려 있네~♬'라는 노래에 나오는 미루나무는 원래 미류(美柳)나무로, '미국(美國)에서 수입된 버드나무(柳)'라는 뜻입니다. 이후 발음하기가 쉽다는 이유로 미루나무가 되었습니다. 우리나라 성씨에도 사용되는데, 3.1 독립운동가인 유관순(柳寬順) 열사가 그러한 예입니다.

죽일 류(劉)자는 '칼(刂)로 사람을 죽인다'는 뜻입니다. 우리나라와 중국의 성씨로 사용됩니다. 중국의 《삼국지》에 나오는 유비(劉備)가 그러한 예입니다.

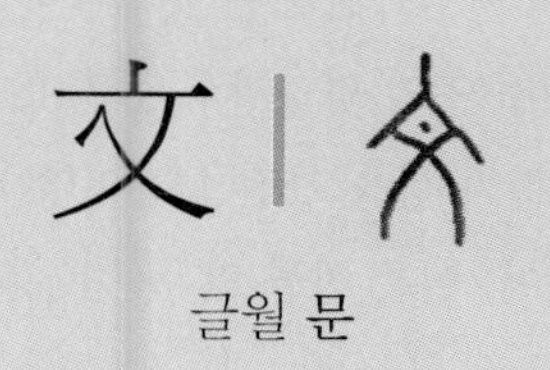

글월 문

글월 문(文)자는 가슴에 문신을 한 사람의 모습을 본떠 만든 글자입니다. 상형문자를 보면 가슴에 점이 하나 있는 글자에서부터, X나 口 등 여러 가지 글자나 그림이 그려져 있습니다. 이후 '문신→무늬→글자→학문→문화(文化)' 등의 뜻이 생겼습니다. 문장(文章)이란 단어에 나오는 글 장(章)자도 문신을 새기는 침(辛)과 문신의 모양(早)이 들어 있는 글자입니다. 즐문토기(櫛文土器)는 '머리빗(櫛) 무늬(文)의 토기(土器)'라는 뜻의 빗살무늬토기를, 무문토기(無文土器)는 '무늬(文)가 없는(無) 토기(土器)'라는 뜻의 민무늬토기를, 채문토기(彩文土器)는 '채색(彩)을 한 무늬(文)의 토기(土器)'라는 뜻의 채색무늬토기를 말합니다. 성문법(成文法)은 '문장(文)을 이루는(成) 법(法)'으로, 문자로 적어 만든 법입니다. 성문법이 생기기 전에는 주로 관습이나 습관에 의한 관습법(慣習法)이 법의 효력을 지녔습니다. 이와 같이 '문장(文)으로 되어 있지 않은(不) 법(法)'을 불문법(不文法)이라고 합니다. 산문(散文)은 '(정돈되지 않고) 흩어진(散) 글(文)'로, 일정한 형식이나 규칙에 얽매이지 않고 자유로운 문장으로 쓴 글로, 소설, 수필 등이 그러한 예입니다. 반면 운문(韻文)은 '운율(韻)이 있는 글(文)'으로, 보통 시의 형식으로 지은 글을 의미합니다.

[문]으로 소리나는 경우

3/1 紋 무늬 문 중 纹
실 사(糸) + [글월 문(文)]

2/2 紊 어지러울 문 중 紊
실 사(糸) + [글월 문(文)]

2/2 汶 물이름 문 중 汶
물 수(氵) + [글월 문(文)]

1/1 蚊 모기 문 중 蚊
벌레 충(虫) + [글월 문(文)]

무늬 문(紋)자는 '실(糸)로 베를 짜면서 문신(文身)을 새긴 것이 무늬이다'는 뜻입니다. 유문암(流紋岩)은 '흐르는(流) 물결 무늬(紋)가 있는 암석(岩)'으로, 화산암(火山岩)의 일종입니다. 규산이 많이 들어 있는 유리질 광석으로, 흰색을 띠며 물결무늬가 있습니다. 화문석(花紋席)은 '꽃(花) 무늬(紋)가 있는 돗자리(席)'로, 물들인 한해살이풀인 왕골로 무늬를 엮어 짠 돗자리입니다.

어지러울 문(紊)자도 무늬 문(紋)자와 마찬가지로 실 사(糸)자와 글월 문(文)자가 합쳐진 글자이지만, '실(糸)로 짠 무늬(文)가 어지럽다'는 뜻으로 만든 글자입니다. 문란(紊亂)은 '어지럽고(紊) 어지럽다(亂)'는 뜻입니다.

문수(汶水)는 중국 사천성 중부를 흐르는 강입니다. 물이름 문(汶)자는 문수(汶水)를 뜻하는 글자입니다. 문산(汶山)은 경기도 파주에 있는 도시입니다.

모기 문(蚊)자는 '벌레(虫)인 모기에 물리면 몸에 문신(文)처럼 자국이 남는다'는 뜻으로 만든 글자입니다. 견문발검(見蚊拔劍)은 '모기(蚊)를 보고(見) 칼(劍)을 뺀다(拔)'는 의미로, 대단치 않은 일에 쓸데없이 크게 화를 내는 사람을 일컫는 말입니다.

[민]으로 소리나는 경우

2/2 閔 근심할 민 ⓗ 闵
문 문(門) +
[글월 문(文)→민]

3/2 憫 불쌍히여길 민 ⓗ 悯
마음 심(忄) +
[근심할 민(閔)]

2/2 旻 가을하늘 민 ⓗ 旻
날 일(日) +
[글월 문(文)→민]

2/2 旼 온화할 민 ⓗ 旻
날 일(日) +
[글월 문(文)→민]

2/2 玟 옥돌 민 ⓗ 玟
구슬 옥(玉/王) +
[글월 문(文)→민]

명성황후 민비의 영정

근심할 민(閔)자는 '문중(門)에 불행한 일이 있어 근심스럽다'는 뜻입니다. 주로 사람의 성씨에 사용됩니다. 조선 고종황제의 비(妃)인 명성황후 민비(閔妃)가 그러한 예입니다. 〈민옹전(閔翁傳)〉은 '민(閔)씨 성을 가진 늙은이(翁)의 전기(傳)'라는 뜻으로, 조선 정조 때 연암 박지원이, 실존 인물 민유신(閔有信)을 주인공으로 하여 지은 한문 단편소설입니다.

불쌍히여길 민(憫)자는 원래 '마음(忄)으로 근심하다(閔)'는 뜻입니다. 이후 '근심하다→고민하다→가엾게 생각하다→불쌍히 여기다→(불쌍한 모습이) 민망(憫惘)하다' 등의 뜻이 생겼습니다. 연민(憐憫)은 '불쌍하고(憐) 불쌍하게 여기다(憫)'는 뜻입니다.

가을하늘 민(旻)자는 '가을 하늘에는 해(日)가 높이 떠 있다'는 뜻으로 만든 글자입니다. 사람 이름에 사용되는 글자입니다.

온화할 민(旼)자도 가을하늘 민(旻)자와 마찬가지로, 날 일(日)자와 글워 문(文)자가 합쳐진 글자이지만, '해(日)가 비쳐 날씨가 온화하다'는 뜻입니다. 가을하늘 민(旻)자와 마찬가지로 사람 이름에 사용되는 글자입니다.

구슬 옥(玉/王)자가 들어가는 옥돌 민(玟)자도 사람 이름으로 사용되는 글자입니다.

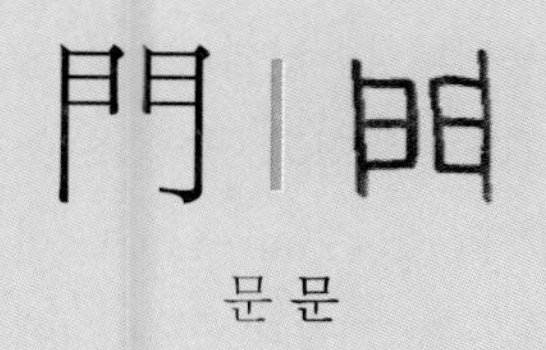

문 문(門)자는 문의 모양을 본떠 만든 글자입니다. 또 모든 집에는 반드시 문이 있기 때문에 집이나 집안을 뜻하기도 합니다. 문중(門中)이나 문벌(門閥)이 그러한 예입니다. 또 학문을 배우는 학교나 전문(專門) 분야를 이르기도 합니다. 동문(同門), 문하생(門下生), 문파(門派) 등이 그러한 예입니다. 또, 문외한(門外漢)은 '문(門) 밖(外)의 사나이(漢)'란 뜻으로, 어떤 일에 전문적(專門的) 지식이 없는 사람을 일컫습니다. 문하성(門下省)은 '왕실의 문(門) 아래(下)에 있는 관청(省)'이란 뜻으로, 왕명의 출납을 맡아보던 관청입니다. 왕의 명령을 받기 위해 왕실의 문 아래에 기다리고 있다는 의미로 문하성(門下省)이라는 이름이 붙었습니다. 중국에서는 진(晉)나라 때부터, 수, 당, 송나라까지 있었습니다. 우리나라는 고려 시대에 최고 중앙 의정 기관이었습니다.

[문]으로 소리나는 경우

7/5 問 물을 문 중 问
입 구(口) + [문 문(門)]

6/5 聞 들을 문 중 闻
귀 이(耳) + [문 문(門)]

물을 문(問)자는 '남의 집(門)을 방문하여 입(口)으로 묻다'는 뜻과 '방문(訪問)하다'는 뜻도 있습니다. 동문서답(東問西答)은 '동(東)쪽을 묻는데(問) 서(西)쪽을 대답(答)한다'는 뜻으로, 묻는 말에 대하여 엉뚱한 대답을 하는 것을 일컫는 말입니다. '문안 인사를 드리다'에서 문안(問安)은 '편안한지(安) 묻다(問)'는 뜻입니다. 의산문답(醫山問答)은 '의무려산(醫巫閭山: 의사와 무당이 있는 마을의 산이란 뜻으로, 만주의 요녕성에 있는 중국 12대 명산)에서의 질문(問)과 대답(答)'이란 뜻으로, 조선 후기 실학자 홍대용이 지은 자연관 및 과학사상서입니다. 조선의 학자 허자(虛子)가 의무려산에 은둔하고 있는 실옹(實翁: 실용적인 늙은이)을 만나 여러 가지 실학(實學)에 대해 묻고 대답하는 형식으로 쓴 글입니다.

들을 문(聞)자는 '문(門)을 통해 외부의 말을 듣듯이, 사람의 귀(耳)로 듣다'는 뜻이 담겨 있습니다. 청문회(聽聞會)는 '듣고(聽) 듣는(聞) 모임(會)'으로, 주로 국가기관에서 입법 및 행정상의 결정을 내리기에 앞서 관련자의 의견을 듣기 위하여 열립니다. 신문(新聞)은 '새로운(新) 것을 듣다(聞)'는 뜻이고, 견문(見聞)은 '보고(見) 듣다(聞)'는 뜻입니다.

[민]으로 소리나는 경우

1/2 悶 답답할 민 중 闷
마음 심(心) + [문 문(門)→민]

답답할 민(悶)자는 '문(門) 안에 갇혀 있으니 마음(心)이 답답하다'는 뜻입니다. 이후 '답답하다→혼미(昏迷)하다→번민(煩悶)하다' 등의 뜻이 생겼습니다. 번민(煩悶)은 '마음이 번거롭고(煩) 답답하여(悶) 괴로워하다'는 뜻이고, 고민(苦悶)은 '괴롭고(苦) 번민하다(悶)'는 뜻입니다.

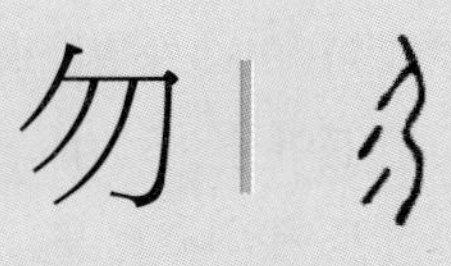

말 물, 없을 물

말 물(勿)자의 상형문자에 대해서는 여러 가지 해석이 있으나, 설득력 있는 해석이 없습니다. 없거나 금지한다는 의미로 사용됩니다. '남녀노소를 물론하고~'에서 물론(勿論)은 '논(論)할 것도 없이(勿)'라는 뜻이고, 물망초(勿忘草)는 '나를 잊지(忘) 말라(勿)는 풀(草)'로, 영어의 'Forget-me-not'을 번역한 것입니다. 독일의 전설에 따르면, 옛날에 도나우 강 가운데 있는 섬에서 자라는 이 꽃을 애인에게 꺾어주기 위해 한 청년이 그 섬까지 헤엄을 쳐서 건너가 그 꽃을 꺾어 가지고 오다가 급류에 휘말리자, 가지고 있던 꽃을 애인에게 던져 주고는 '나를 잊지 말라'는 한마디를 남기고 사라졌다고 합니다.

[물]로 소리나는 경우

7/5 **物** 물건 물 ⓩ 物
소 우(牛) + [말 물(勿)]

물건 물(物)자는 원래 '희생(犧牲)으로 사용하는, 부정한 것이 없는(勿) 깨끗한 소(牛)'를 뜻합니다. 나중에 물건(物件)이란 뜻이 생겼습니다. 제물(祭物)은 '제사(祭祀)에 소용되는 음식물(飮食物)'입니다. 생물(生物)은 '살아(生) 있는 물건(物)'이고, 무생물(無生物)은 '살아(生) 있지 않는(無) 물건(物)'입니다. 동물(動物)은 '움직이는(動) 물건(物)'이고, 식물(植物)은 '땅에 심어져(植) 있는 물건(物)'입니다.

[문]으로 소리나는 경우

0/1 **刎** 목벨 문 ⓩ
칼 도(刂) + [말 물(勿)→문]

목벨 문(刎)자는 '칼(刂)로 목을 베다'는 뜻입니다. 문경지교(刎頸之交)는 '목(頸)이 베이는(刎) 한이 있어도 마음이 변하지 않고 사귀는 친한 사이(交)'로, 사마천의 《사기(史記)》에 나오는 이야기에서 유래합니다.

[홀]로 소리나는 경우

3/2 **忽** 갑자기 홀 ⓩ 忽
마음 심(心) + [말 물(勿)→홀]

갑자기 홀(忽)자는 원래 '마음(心)에 두지 않다(勿)'는 뜻입니다. 이후 '마음에 두지 않다→소홀(疏忽)히 하다→잊다→문득 (잊다)→갑자기' 등의 뜻이 생겼습니다. 홀대(忽待)는 '소홀히(忽) 대접하다(待)'는 뜻이고, '인사도 없이 홀연히 떠났다'에서 홀연(忽然)은 '갑자기(忽) 그러하다(然)'라는 뜻입니다.

1/1 **惚** 황홀할 홀 ⓩ 惚
마음 심(忄) + [갑자기 홀(忽)]

황홀할 홀(惚)자는 '마음(忄)이 황홀하다'는 뜻입니다. 황홀(恍惚)은 '황홀하고(恍) 황홀하다(惚)'는 뜻입니다.

아닐 미(未)자는 '나무 목(木)자 위에 나뭇가지를 하나(一) 덧붙인 모습으로, 원래는 '가지가 무성한 나무에서 열린 과일이 맛있다'는 데에서 '맛있다'는 의미를 가졌으나, 나중에 가차되어 '아니다'라는 뜻이 생겼습니다. 이후 본래의 뜻을 살리기 위해 입 구(口)자를 추가하여 맛 미(味)자를 만들었습니다. '폐를 끼쳐 미안하다'고 할 때 미안(未安)은 '(마음이) 편안(安)하지 않다(未)'는 뜻이고, '이상, 이하, 미만'의 미만(未滿)은 '가득차지(滿) 않았다(未)'는 뜻입니다.

[미]로 소리나는 경우

4/4 **味** 맛 미 ⓒ味
입 구(口) + [아닐 미(未)]

맛 미(味)자가 들어가는 미각(味覺)은 '맛(味)을 느끼는 감각(感覺)'이고, 미뢰(味蕾)는 '맛(味)을 보는 꽃봉오리(蕾)'란 뜻으로, 혀의 윗면에 맛을 느끼는 감각이 있는 꽃봉오리 모양의 기관입니다. 차로 끓여 먹는 오미자(五味子)는 '단맛, 신맛, 쓴맛, 짠맛, 매운맛의 다섯(五) 가지 맛(味)이 나는 열매(子)'입니다. 기침과 갈증 또는 땀과 설사를 멎게 하는 약재로 쓰입니다.

[매]로 소리나는 경우

4/4 **妹** 아랫누이 매 ⓒ妹
여자 녀(女) + [아닐 미(未)→매]

2/1 **魅** 매혹할 매 ⓒ魅
귀신 귀(鬼) + [아닐 미(未)→매]

1/2 **昧** 어두울 매 ⓒ昧
날 일(日) + [아닐 미(未)→매]

1/2 **寐** 잠잘 매 ⓒ寐
집 면(宀) + 나무조각 장(爿) + [아닐 미(未)→매]

여형제를 뜻하는 자매(姉妹)는 맏누이 자(姉)자와 아랫누이 매(妹)자가 합쳐진 글자입니다. 그런데, 자형(姉兄)이나 매형(妹兄)은 손윗누이의 남편이고, 매제(妹弟)는 아랫누이의 남편입니다.

매혹(魅惑), 매료(魅了), 매력(魅力) 등에 들어가는 매혹할 매(魅)자는 '귀신(鬼)이 사람을 매혹하다'는 뜻입니다. 매력(魅力)은 '매혹하는(魅) 힘(力)' 입니다.

어두울 매(昧)자는 '해(日)가 없어(未) 어둡다'는 뜻입니다. 무지몽매(無知蒙昧)는 '아는(知) 것이 없고(無) 어리고(蒙) 사리에 어둡다(昧)'는 뜻입니다. 옛 사람들은 어리석은 사람은 머리가 어둡다고 생각한 것 같습니다. 우매(愚昧)는 '어리석고(愚) 어둡다(昧)'는 뜻입니다.

잠잘 매(寐)자는 '집(宀)의 침대(爿)에서 잠을 자다'는 뜻입니다. 숙흥야매(夙興夜寐)는 '아침에 일찍(夙) 일어나고(興) 밤(夜)에는 늦게 자다(寐)'는 뜻으로 부지런히 일함을 이르는 말입니다.

절반 반

절반 반(半)자는 '소(牛)를 반으로 나누다(八)'는 의미로 만든 글자입니다. 여덟 팔(八)자는 나눌 분(分)자에서 보듯 원래 둘로 나누어진 모습을 나타냅니다. 한반도, 그리스 반도, 이탈리아 반도 등에 나오는 반도(半島)는 '반(半)이 섬(島)인 지역'이란 뜻으로, 4면이 모두 바다로 둘러싸이면 섬인데, 한쪽이 육지와 이어져 반쯤 섬이 되다가 말았다는 뜻입니다. 반신반의(半信半疑)는 '반(半)은 믿고(信) 반(半)은 의심하다(疑)'는 뜻으로, 믿으면서도 한편으로는 의심한다는 의미입니다. 절반(折半)은 '반(半)으로 꺽다'(折)는 뜻으로, 하나를 둘로 똑같이 나누다는 뜻입니다. 과반수(過半數)는 '반(半)의 지난(過) 수(數)'라는 뜻으로, 반이 더 되는 수를 말합니다.

[반]으로 소리나는 경우

3/2 伴 짝 반 중 伴
사람 인(亻) + [절반 반(半)]

3/2 叛 배반할 반 중 叛
돌이킬 반(反) + [절반 반(半)]

짝 반(伴)자는 '자신의 나머지 반쪽(半)인 사람(亻)'이란 뜻입니다. 이후 '짝, 반려자(伴侶者)→동반자(同伴者)→따르다' 등의 뜻도 파생되었습니다. 반주(伴奏)는 '노래를 부를 때, 따라서(伴) 악기를 연주하는(奏) 것'이고, 반주(飯酒)는 '밥(飯)을 먹을 때 한두 잔 마시는 술(酒)'입니다.

배반할 반(叛)자는 '되돌아(反) 반대하여 배반(背叛)하다'는 뜻입니다. 모반(謀叛), 반란(叛亂), 반역(叛逆) 등에 들어갑니다.

[판]으로 소리나는 경우

4/4 判 판단할 판 중 判
칼 도(刂) +
[절반 반(半)→판]

판단할 판(判)자는 원래 '칼(刂)로 물건을 반(半)으로 자르다'는 의미입니다. '재판(裁判)에서 잘잘못을 판단(判斷)할 때 칼로 자르듯이 정확하게 판단해야 한다'고 해서 '판단(判斷)하다, 판결(判決)하다, 판별(判別)하다'는 뜻이 생겼습니다. 판사(判事)는 '판단(判)하는 일(事)을 하는 사람'으로서 판사(判士)나 판사(判師)가 아님에 유의하세요.

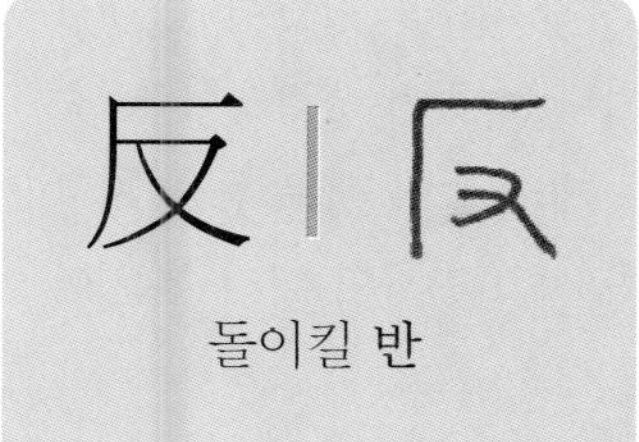

반대(反對), 반감(反感), 반성(反省) 등에 사용되는 돌이킬 반(反)자는 '손(又)으로 기어서 절벽(厂)을 되돌아 올라가다'는 뜻입니다. 광해군을 몰아낸 인조반정과 연산군을 몰아낸 중종반정의 반정(反正)은 '돌이켜서(反) 바르게(正) 세우다'는 뜻으로, 정치를 잘못하는 왕을 폐위시키고 새로운 왕을 세우는 일을 의미합니다. 반사(反射)는 '(들어오는 빛 등을) 되돌려(反) 쏘다(射)'는 뜻입니다.

[반]으로 소리나는 경우

3/4 飯 밥 반 ⓩ 饭
먹을 식(食) + [돌이킬 반(反)]

3/3 返 돌아올 반 ⓩ 返
갈 착(辶) + [돌이킬 반(反)]

밥 반(飯)자는 '그릇(食)에 들어 있는 밥'이란 뜻과 함께 '밥(食)을 먹다'는 뜻도 함께 가지고 있습니다. 중국 음식점인 북경반점이나 상해반점에 들어가는 반점(飯店)은 '밥(飯)을 파는 가게(店)'로, 우리나라의 식당(食堂)입니다. 하지만, 중국에서는 여관이나 호텔의 이름에도 반점(飯店)이 들어갑니다. 옛날에는 잠을 자는 여관에서 밥도 함께 팔았기 때문입니다. 우리나라의 주막(酒幕)도 술과 밥을 팔고, 잠자리도 제공하였습니다.

반환(返還), 반납(返納), 반송(返送) 등에 사용되는 돌아올 반(返)자는 '돌이켜(反) 오는(辶) 것이 돌아오다'는 뜻입니다. 마라톤에서 반환점(返還點)은 '돌아오고(返) 돌아오는(還) 지점(點)'입니다.

[판]으로 소리나는 경우

5/3 板 널빤지 판 ⓩ 板
나무 목(木) + [돌이킬 반(反)→판]

3/3 版 판목 판 ⓩ 版
조각 편(片) + [돌이킬 반(反)→판]

3/3 販 팔 판 ⓩ 贩
조개 패(貝) + [돌이킬 반(反)→판]

널빤지 판(板)자에서 널빤지는 넓고 판판하게 켠 나뭇조각으로, 판자(板子)라고도 합니다. 판각본(板刻本)은 '널빤지(板)에 글을 새겨(刻) 찍은 책(本)'이며, 필사본(筆寫本)은 '붓(筆)으로 베낀(寫) 책(本)'입니다. 근본 본(本)자는 책이란 뜻도 있습니다. 합판(合板)은 '종이처럼 얇은 나무를 여러 겹 합친(合) 널빤지(板)'입니다.

판목 판(版)자에서 판목(版木)은 인쇄하기 위하여 글자나 그림을 새긴 나무를 말합니다. 이런 판목은 원래의 글이나 그림을 반대로 새겨야 인쇄하면 바르게 나옵니다. 판목 판(版)자는 '나무 조각(片)에 글자나 그림을 반대로(反) 새기다'는 뜻을 포함합니다. 판화(版畵), 출판(出版), 목판(木版) 등에 사용됩니다. 판도(版圖)는 '판목(版) 위의 그림(圖)'이란 뜻으로, 어떤 세력이 미치는 영역 또는 범위를 말합니다.

판매(販賣)에 들어가는 팔 판(販)자는 '돈으로 산 물건을 팔아, 돈(貝)을 되돌려(反) 받다'는 뜻으로, '장사'라는 뜻도 있습니다. '신문 가판대'의 가판(街販)은 '길(街)에서 팔다(販)'는 뜻입니다.

걸을 발

걸을 발(癶)자의 상형문자를 보면 그칠 지(止)자가 좌우로 나란히 두 개가 그려져 있습니다. 이러한 모습에서 앞으로 '걸어가다'는 뜻이 생겼습니다. 걸을 발(癶)자는 보통 '등질 발(癶)'로 부르는데, '두 개의 발이 서로 등을 지고 있다'는 뜻입니다. 또, '필발머리'라고도 하는데, '필 발(發)자의 머리 부분'이라는 뜻입니다. 걸을 발(癶)자는 부수 글자입니다.

[발]로 소리나는 경우

6/5 發 필 발 ㊥ 发 ㊕ 発
활 궁(弓) + 창 수(殳) + [걸을 발(癶)]

1/0 醱 빚을/술익을 발 ㊥ 酦
닭 유(酉) + [필 발(發)]

1/1 潑 물뿌릴 발 ㊥ 泼
물 수(氵) + [필 발(發)]

필 발(發)자는 원래 '손(又)에 화살을 들고(殳) 활(弓)을 쏜다, 발사(發射)한다'는 뜻입니다. 창 수(殳)자는 손(又)에 창이나 연장, 막대기 등을 들고 있는 모습입니다. 여기에서는 화살을 들고 있습니다. 이후 '쏘다→떠나다→나타나다→드러내다→일어나다→피다' 등의 여러 가지 뜻이 파생되었습니다. 발사(發射), 발포(發砲)에서는 '쏘다', 발차(發車), 출발(出發)에서는 '떠나다', 발병(發病), 발생(發生)에서는 '나타내다', 발명(發明), 발표(發表)에서는 '드러내다', 발화(發火), 발기(發起)에서는 '일어나다', 발화(發花)에서는 '피다'의 뜻으로 사용됩니다.

(술을) 빚을/술익을 발(醱)자는 '술(酉)로 발전한다(發)', 즉 '술(酉)이 익다'는 뜻으로 만든 글자입니다. 발효(醱酵)는 '효모(酵母)로 술이 익다(醱)'는 뜻으로, 효모나 세균 따위의 미생물이 유기화합물을 분해하여 알코올류, 유기산류, 이산화탄소 따위를 생기게 하는 작용입니다. 술뿐만 아니라 된장, 간장, 치즈 등도 비슷한 원리로 만들어 집니다.

물뿌릴 발(潑)자는 말 그대로 '물(氵)을 뿌리다'는 뜻입니다. 이후 '물을 뿌리다→새다→솟아나다→활발(活潑)하다' 등의 뜻이 생겼습니다. 발랄(潑剌)은 '활발하고(潑) 발랄하다(剌)'는 뜻입니다. 동양화에서 발묵법(潑墨法)은 '먹(墨)을 뿌려서(潑) 그리는 법(法)'으로, 먹물을 뿌리듯이 떨어뜨려 종이에 스미고 번지게 그리는 기법입니다.

[폐]로 소리나는 경우

3/2 廢 폐할 폐 ㊥ 废 ㊕ 廃
집 엄(广) + [필 발(發)→폐]

폐간(廢刊), 폐기(廢棄), 폐수(廢水), 폐지(廢止), 폐인(廢人) 등에 들어가는 폐할 폐(廢)자는 원래 '한쪽 벽이 없는 집(广)이 한쪽으로 기울다'는 뜻입니다. 이후 '집이 기울다→무너지다→못 쓰게 되다→버리다→폐하다' 등의 뜻이 생겼습니다. 폐가(廢家)는 '버려두어(廢) 낡아 빠진 집(家)'이고, 폐허(廢墟)는 '건물이 못 쓰게 되어(廢) 황폐하게 된 터(墟)'입니다.

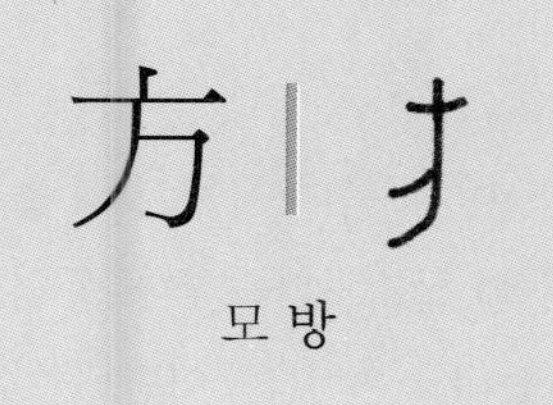

모 방

모서리를 의미하는 모 방(方)자는 원래 손잡이가 달린 쟁기의 모습을 본떠 만든 글자입니다. 쟁기는 땅을 가는데 사용하였고, 옛 중국 사람들은 땅이 네모졌다고 생각하였습니다. 그래서 방(方)자는 '네모'라는 뜻이 생겼습니다. 네모는 말 그대로 '네 개의 모가 있다'는 뜻입니다. 이후 '네모→모→모서리→가장자리→변방(邊方)→지방(地方)' 등의 뜻이 생겼습니다. '하늘(天)은 둥글고(圓) 땅(地)은 네모(方)나다'는 뜻의 천원지방(天圓地方)은 옛 중국 사람들이 본 하늘과 땅의 모습을 나타내는 말입니다. 또, 〈공방전(孔方傳)〉은 '네모(方) 모양의 구멍(孔)을 가진 엽전의 전기(傳記)'라는 뜻으로 고려 때 임춘이 엽전을 의인화하여 지은 소설입니다. 방언(方言)은 '지방(方)의 말(言)'이란 뜻으로 사투리를 의미합니다. 모 방(方)자도 부수 글자이지만, 주로 다른 글자와 만나 소리로 사용됩니다.

[방]으로 소리나는 경우(1)

6/5 放 놓을 방 ㊥ 放
칠 복(攵) + [모 방(方)]

4/4 防 막을 방 ㊥ 防
언덕 부(阜/阝) + [모 방(方)]

4/4 房 방 방 ㊥ 房
지게문 호(戶) + [모 방(方)]

해방(解放), 추방(追放) 등에 들어가는 놓을 방(放)자는 '죄인을 때려서(攵) 변방(邊方)으로 내쫓다'는 뜻입니다. 또 방(放)자는 죄인을 중앙에서 변방으로 쫓아내는 형벌의 이름이기도 합니다. 이후 '내쫓다→추방(追放)하다→석방(釋放)하다→떠나가다→달아나다→멋대로 하다' 등의 뜻이 생겼습니다. 방학(放學)은 '배움(學)에서 해방되다(放)'는 뜻입니다. 방귀는 방기(放氣)가 변한 말로, '몸안의 기체(氣)를 방출하다(放)'는 뜻입니다. 방임(放任)은 '멋대로 하고(放) 마음대로 하다(任)'는 뜻입니다. 맡길 임(任)자는 '일을 맡아서, 마음대로 하다'는 뜻도 있습니다. 자유방임주의(自由放任主義)는 '자유(自由)롭게 방임(放任)하는 주의(主義)'란 뜻인데, 국가 권력이 간섭을 하지 않고 기업들이 마음대로 자유롭게 경제활동을 하게 내버려 두는 18세기 중엽 자본주의의 기본 정책으로, 영국의 아담 스미스(1723~1790년) 같은 고전학파 학자들이 사상적 토대를 제공했습니다.

방화(防火), 방충(防蟲), 방지(防止), 방재(防災), 방위(防衛) 등에 사용되는 막을 방(防)자는 '언덕으로 변방(邊方)을 막다'는 뜻입니다. 중구난방(衆口難防)은 '여러 사람(衆)의 말(口)을 막기(防) 어렵다(難)'는 뜻입니다. 방곡령(防穀令)은 '곡식(穀)의 유출을 방지(防)하는 명령(令)'이란 뜻으로, 조선 고종 때인 1889년 식량난을 해소하기 위해 함경도 관찰사 조병식이 일본으로 곡물 수출을 금지한 명령입니다.

방 방(房)자는 '외짝 문(戶)이 있고, 네모(方)난 곳이 방이다'는 뜻입니다.

4/4 **訪** 찾을 방 ⓒ 访
말씀 언(言) + [모 방(方)]

4/3 **妨** 방해할 방 ⓒ 妨
여자 녀(女) + [모 방(方)]

3/3 **芳** 꽃다울 방 ⓒ 芳
풀 초(艹) + [모 방(方)]

2/2 **紡** 길쌈 방 ⓒ 纺
실 사(糸) + [모 방(方)]

1/2 **肪** 비계 방 ⓒ 肪
고기 육(肉/月) + [모 방(方)]

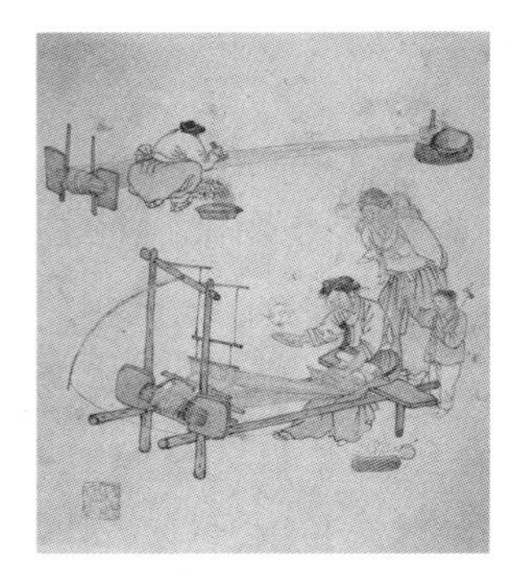

김홍도의 풍속화 중
길쌈 풍경

내방가사(內房歌辭)는 '안(內) 방(房)의 가사(歌辭)'라는 뜻으로, 규방가사(閨房歌辭)와 같은 뜻입니다.

찾을 방(訪)자는 원래 '말(言)로 묻다'는 뜻입니다. 이후 '묻다→(물어서) 조사하다→(묻기 위해) 방문(訪問)하다→(조사하기 위해) 살펴보다→찾다' 등의 뜻이 생겼습니다. 방문객(訪問客)은 '찾아와(訪) 묻는(問) 손님(客)'이란 뜻이지만, 찾아온 손님을 말합니다.

방해할 방(妨)자는 '남자가 일하는데 여자(女)는 방해(妨害)만 된다'는 뜻입니다. '내방에서 놀아도 무방하다'의 무방(無妨)은 '방해(妨)가 되지 않다(無)'는 뜻입니다.

꽃다울 방(芳)자는 원래 '향기가 나는 풀(艹)의 이름'이었으나, '향초(香草)→향기(香氣)→(향기가) 나다→꽃답다→아름답다→청춘'이라는 뜻이 파생되었습니다. 방향족화합물(芳香族化合物)은 '꽃다운(芳) 향기(香)가 나는 족속(族)의 화합물(化合物)'로, 분자 속에 벤젠고리를 가지는 유기화합물을 통틀어 이르는 말입니다. 향기로운 냄새가 나서 방향족이라는 이름이 붙었습니다. 방년(芳年)은 여자(女子)의 '20세 전후 여자의 꽃다운(芳) 나이(年)'입니다. 방명록(芳名錄)은 '꽃다운(芳) 이름(名)을 기록(錄)하는 책'으로, 결혼식이나 장례식과 같이 특별한 자리에 참석한 사람의 이름을 기록하는 책입니다.

길쌈은 주로 집에서 삼, 누에, 목화 등의 원료에서부터 삼베, 명주, 무명 등의 베를 짜는 모든 과정을 말합니다. 길쌈 방(紡)자와 길쌈 적(績)자를 합치면 방적(紡績)이 되는데, 방적(紡績)은 동식물의 섬유를 가공하여 베를 만드는 것을 의미합니다. 혼방(混紡)은 '성질이 다른 섬유를 섞어서(混) 짠(紡) 베'입니다.

비계 방(肪)자는 '고기(肉/月)에 기름이 있다'는 뜻입니다. 지방(脂肪)은 '기름(脂)과 비계(肪)'라는 뜻으로, 지방산과 글리세롤이 결합한 유기화합물입니다. 동물에서는 피부밑, 근육, 간 등에 저장되며, 에너지원이지만 몸무게가 느는 원인이 되기도 합니다.

[방]으로 소리나는 경우(2)

3/2 **旁** 두루 방 ㊥ 旁
무릇 범(凡) + [모 방(方)]

3/2 **傍** 곁 방 ㊥ 傍
사람 인(亻) + [두루 방(旁)]

1/2 **謗** 헐뜯을 방 ㊥ 谤
말씀 언(言) + [두루 방(旁)]

1/1 **膀** 오줌통 방 ㊥ 膀
고기 육(肉/月) + [두루 방(旁)]

1/0 **榜** 방붙일 방 ㊥ 榜
나무 목(木) + [두루 방(旁)]

顯祖妣孺人昌寧曺氏神位
顯祖考學生府君神位

顯祖考學生府君神位

지방

두루 방(旁)자는 뜻으로 나타내는 무릇 범(凡)자와 소리를 나타내는 모 방(方)자가 합쳐진 글자입니다. 다른 글자와 만나 소리로 사용됩니다. 아래 나오는 글자들이 그러한 예입니다.

곁 방(傍)자는 '사람(亻)의 곁'이란 뜻입니다. 방송국의 방청객(傍聽客)은 '곁(傍)에서 듣는(聽) 손님(客)'이란 뜻입니다. 수수방관(袖手傍觀)은 '손(手)을 소매(袖)에 넣고, 즉 팔짱을 끼고 곁(傍)에서 본다(觀)'는 뜻으로, 어떤 일을 당(當)하여 옆에서 보고만 있는 것을 말합니다. 방심(傍心)은 '마음(心)을 곁(傍)에 두다'는 뜻으로, 주의(注意)를 하지 않음을 일컫는 말입니다.

헐뜯을 방(謗)자는 '말(言)로 헐뜯다'는 뜻입니다. 비방(誹謗)은 '남을 헐뜯고(誹) 헐뜯다(謗)'는 뜻입니다.

오줌통 방(膀)자의 오줌통은 사람 몸에 있는 방광(膀胱)을 말합니다. 신장에서 걸러낸 오줌을 저장했다가, 일정량이 되면 몸 밖으로 배출시키는 주머니 모양의 장기입니다. 즉, 우리가 오줌을 누기 전에 오줌을 모아두는 창고입니다. 그래서 '오줌보' 또는 '오줌통'이라고도 합니다. 방광으로 오줌이 들어오는 관을 수뇨관(輸尿管)이라 하고 방광에서 오줌이 나가는 길을 요도(尿道)라고 합니다.

TV나 신문이 없던 옛날에는 사람이 많이 오가는 길거리나 시장에 방을 붙여 알렸습니다. 방붙일 방(榜)자는 '여러 사람에게 두루(旁) 알리기 위해 나무(木)로 된 게시판에 방을 붙이다'는 뜻입니다. 방문(榜文)은 '방(榜)에 써 붙이는 글(文)'이고, 낙방(落榜)은 '방(榜)에서 떨어지다(落)'는 뜻으로, 합격자의 성명을 적은 방(榜)에 이름이 오르지 않았다는 의미입니다. 지방(紙榜)은 '종이(紙)에 쓴 방(榜)'이란 뜻으로, 제사를 지낼 때 돌아가신 분의 이름을 쓴 종이로, 귀신이 앉는 자리에 놓아둡니다. 사당(祠堂)이 있는 집이라면 사당에 모셔둔 나무로 만든 신주(神主)에 제사를 지내지만, 사당이 없는 집에서는 지방으로 제사를 지냅니다.

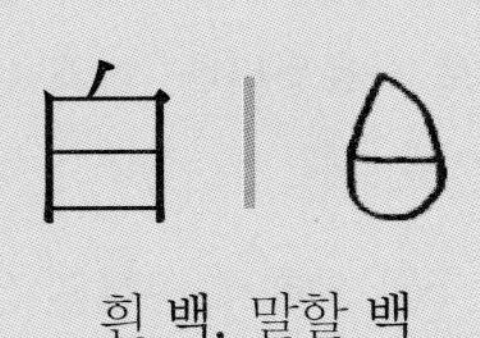

흰 백, 말할 백

흰 백(白)자는 원래 하얀 해골의 모습을 본떠 만든 글자입니다. 쌀알, 도토리, 촛불, 엄지손가락이라고 하는 설도 있습니다. 어쨌든 '해골이 희다'는 뜻으로 흰 백(白)자가 되었습니다. 하지만 흰 백(白)자는 가로 왈(曰)자와 닮아서, 가로 왈(曰)자처럼 '말하다'는 뜻으로 사용되기도 합니다. 고백(告白), 독백(獨白), 방백(傍白) 등이 그러한 예입니다.

[백]으로 소리나는 경우

7/7 百 일백 백 중 百
한 일(一) + [흰 백(白)]

3/2 伯 맏 백 중 伯
사람 인(亻) + [흰 백(白)]

2/2 柏 잣나무 백 중 柏
나무 목(木) + [흰 백(白)]

2/2 奭 클 석 중 奭
큰 대(大) +
[이백 백(皕)→석]

2/1 貊 북방종족 맥 중 貊
발없는 벌레 치(豸) +
[일백 백(百)→맥]

1/2 魄 넋 백 중 魄
귀신 귀(鬼) + [흰 백(白)]

1/2 帛 비단 백 중 帛
수건 건(巾) + [흰 백(白)]

일백 백(百)자는 숫자를 뜻하는 한 일(一)자와 소리를 나타내는 흰 백(白)자가 합쳐진 글자입니다. 옛 사람들은 백(百)을 큰 숫자로 여겼기 때문에, '모두, 모든, 여러, 온갖' 등의 뜻도 생겼습니다. 가령 '백방으로 노력했다'의 백방(百方)은 '백(百) 가지 방법(方)'이란 뜻보다, '온갖(百) 방법(方)'이란 뜻입니다. 백약무효(百藥無效)는 '모든(百) 약(藥)이 효과(效)가 없다(無)'는 뜻이고, 백성(百姓)은 '모든(百) 성(姓)'이란 뜻으로, 모든 국민을 의미합니다.

형제(兄弟)를 나타내는 한자로는 백중숙계(伯仲叔季)가 있습니다. 맏 백(伯)자는 맏이를 일컫고, 버금 중(仲)자는 둘째를 일컫는 말입니다. 아재비 숙(叔)자는 아래 동생을 뜻하고, 막내 계(季)자는 막내를 뜻합니다. 아버지의 형제를 일컫는 말로 큰아버지를 백부(伯父)라고 하며, 작은아버지를 숙부(叔父)라고 합니다. 백중지세(伯仲之勢)는 '맏이(伯)와 둘째(仲)의(之) 형세(勢)'로, 우열을 가리기 어려운 형세를 뜻하며, '어려운(難) 형(兄)과 어려운(難) 동생(弟)'이란 뜻의 난형난제(難兄難弟)와 같은 말입니다.

잣나무 백(柏)자는 '목재가 흰(白)색인 나무(木)가 잣나무이다'는 뜻입니다. 설중송백(雪中松柏)은 '눈(雪) 속(中)의 소나무(松)와 잣나무(柏)'라는 뜻으로, 소나무와 잣나무는 눈 속에서도 그 색이 변치 않는다 하여, 절조가 굳은 사람을 비유해 이르는 말입니다.

클 석(奭)자는 큰 대(大)자와 함께 백(百)이 두 번이나 들어가 '크다'는 뜻을 강조한 글자입니다. 사람 이름에 사용됩니다.

맥(貊)은 고대 중국의 동북부와 한반도 북부 지역에 거주한 민족으로, 일명 예맥(濊貊) 혹은 예(濊, 穢, 薉)로도 불렸습니다. 또, 맥국(貊國)은 삼국 시대 이전 강원도 춘천(春川)에 있던 원시부족국가의 이름입니다. 맥궁(貊弓)은 '맥(貊)에서 만든 활(弓)'이란 뜻으로, 고구려에서 생산한 활입니다. 단궁(檀弓)은 박달나무로 만든 목궁(木弓)'이고, 맥궁은 쇠붙이나 동물의 뿔로 만든 각궁(角弓)입니다.

옛 사람들은 사람이 죽으면 정신적인 넋인 혼(魂)은 하늘로, 육체적인 넋인 백(魄)은 육신과 함께 땅으로 들어간다고 믿었습니다. 넋 백(魄)자에 '사람이 죽어 땅에 묻히면 백골(白骨)과 함께 귀신(鬼)이 되는 것이 백(魄)이다'는 뜻입니다. 혼비백산(魂飛魄散)은 '혼(魂)이 하늘로 날아가고(飛) 백(魄)이 땅에서 흩어지다(散)'는 뜻으로 몹시 놀라 어찌할 바를 모름을 일컫는 말입니다.

비단 백(帛)자는 '흰색(白)의 천(巾)이 비단이다'는 뜻입니다. 비단 백(帛)자에 실 사(糸)자가 합쳐지면 솜 면(綿)자가 됩니다.

[박]으로 소리나는 경우

4/2 拍 칠 박 ㊥拍
손 수(扌) + [흰 백(白)→박]

3/2 迫 핍박할 박 ㊥迫
갈 착(辶) + [흰 백(白)→박]

3/2 泊 배댈 박 ㊥泊
물 수(氵) + [흰 백(白)→박]

2/2 舶 큰배 박 ㊥舶
배 주(舟) + [흰 백(白)→박]

칠 박(拍)자는 '손(扌)으로 손뼉을 치다'는 뜻입니다. 박수(拍手)는 '손(手)을 마주쳐(拍) 소리를 내는 것'이고, 박장대소(拍掌大笑)는 '손바닥(掌)을 치며(拍) 크게(大) 웃다(笑)'는 뜻입니다.

박해(迫害), 압박(壓迫), 협박(脅迫) 등에 들어가는 핍박할 박(迫)자는 원래 '가까이 다가오다(辶)'는 뜻입니다. 이후 '다가오다→닥치다→다급하다→궁하다→핍박하다' 등의 뜻이 생겼습니다. 영화관에 붙어있는 개봉박두(開封迫頭)는 '봉(封)한 것을 여는(開) 것이 머리(頭)에 닥치다(迫)'는 뜻으로, 새로운 영화의 상영할 시기가 가까이 다가옴을 일컫는 말입니다.

배댈 박(泊)자는 '물(氵)가에 배를 대다'는 뜻입니다. 이후 '배를 대다→머무르다→묵다'는 뜻이 파생되었습니다. 숙박(宿泊)은 '자면서(宿) 머무르다(泊)'는 뜻입니다. 1박2일(一泊二日)은 '하룻(一)밤 숙박(宿泊)하면서 2일(二日)을 지내다'는 뜻입니다.

선박(船舶)에 들어가는 큰배 박(舶)자는 뜻을 나타내는 배 주(舟)자와 소리를 나타내는 흰 백(白)자가 합쳐진 글자입니다.

[벽]으로 소리나는 경우

3/2 碧 푸를 벽 ㊥碧
돌 석(石) + 구슬 옥(玉/王) + [흰 백(白)→벽]

중국의 옥은 대부분 누런색이지만, 푸른색 옥도 있습니다. 푸를 벽(碧)자는 원래 '푸른 옥(玉/王) 돌(石)'을 가리키는 글자였으나, '푸르다'는 뜻이 생겼습니다. '벽안의 외국인'에서 벽안(碧眼)은 '눈(眼)동자가 파란(碧) 외국인'이란 뜻이고, 벽오동(碧梧桐)은 '푸른색(碧) 오동(梧桐)나무'입니다. 상전벽해(桑田碧海)는 '뽕나무(桑) 밭(田)이 푸른(碧) 바다(海)가 되다'는 뜻으로, 세상일이 덧없이 바뀜을 이릅니다.

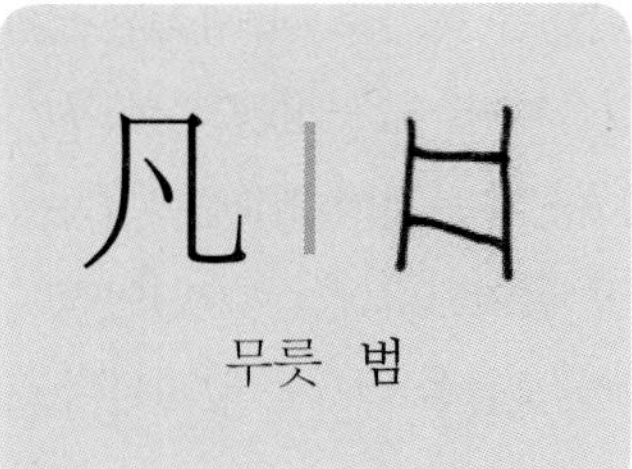

무릇 범(凡)자는 원래 돛의 모습을 본떠 만든 글자인데, '무릇'이란 뜻으로 가차되어 사용되자, 원래 뜻을 분명히 하기 위해 수건 건(巾)자를 추가하여 돛 범(帆)자가 만들어졌습니다. 무릇 범(凡)자는 '보통'이란 뜻도 있는데, 평범(平凡)은 '평평하고(平) 보통이다(凡)'는 뜻이고, 범인(凡人)은 '보통(凡) 사람(人)'입니다. 비범(非凡)은 '평범하지(凡) 않다(非)'는 뜻으로, 보통이 아니고 아주 뛰어남을 일컫는 말입니다.

[범]으로 소리나는 경우

2/2 **汎** 뜰 범 ㊥泛
물 수(氵) + [무릇 범(凡)]

1/1 **帆** 돛 범 ㊥帆
수건 건(巾) + [무릇 범(凡)]

뜰 범(汎)자는 '돛(凡)을 단 배가 물(氵)에 뜨다'는 뜻입니다. 이후 '뜨다→가볍다→빠르다→넓다' 등의 뜻이 생겼습니다. 범람(汎濫)은 '물이 넓게(汎) 넘치다(濫)'는 뜻으로, 강물이 넘쳐 흐르는 것을 말합니다.

돛 범(帆)자에 들어가는 무릇 범(凡)자는 원래 돛의 모습을 본떠 만든 글자인데, '무릇'이란 뜻으로 가차되어 사용되자, 원래 뜻을 분명히 하기 위해 수건 건(巾)자를 추가하여 돛 범(帆)자가 만들어졌습니다. 범선(帆船)은 '돛(帆)을 단 배(船)'로, 돛단배라고도 합니다.

[봉]으로 소리나는 경우

3/2 **鳳** 봉황새 봉 ㊥凤
새 조(鳥) +[무릇 범(凡)→봉]

봉황(鳳凰)은 고대 중국에서 상서로운 새로 여기던 상상의 새입니다. 봉황 봉(鳳)자는 '바람을 타는 돛(凡)처럼 하늘을 날아다니는 새(鳥)가 봉황이다'는 뜻입니다. 봉황(鳳凰)에서 봉황 봉(鳳)자는 수컷, 봉황 황(凰)자는 암컷 봉황입니다.

[풍]으로 소리나는 경우

6/5 **風** 바람 풍 ㊥风
벌레 충(虫) +
[무릇 범(凡)→풍]

3/2 **楓** 단풍나무 풍 ㊥枫
나무 목(木) + [바람 풍(風)]

옛 사람들은 눈에 보이지 않는 바람을 어떻게 표현하였을까요? 바람 풍(風)자는 '벌레(虫)가 바람에 날려 다니며, 돛(凡)도 바람을 받아 움직이다'는 뜻으로 만들어진 글자입니다. 바람 풍(風)자는 '경치'라는 뜻도 가지고 있습니다. 풍경(風景)이나 풍광(風光)이 그 예입니다. 소풍(逍風)은 '거닐면서(逍) 경치(風)를 즐기다'는 뜻입니다.

단풍나무 풍(楓)자는 '가을의 찬바람(風)이 불어오면 나뭇잎이 붉은색으로 물이 드는 나무(木)'라는 뜻입니다. 단풍(丹楓)의 단(丹)자도 '붉다'는 뜻을 가지고 있습니다. 풍악산(楓嶽山)은 '단풍(楓)이 물든 큰 산(嶽山)'이란 뜻으로, 가을의 금강산(金剛山)을 부르는 이름입니다.

辟

임금 벽, 죄다스릴 벽, 피할 피

임금 벽(辟) 혹은 피할 피(辟)자의 상형문자는 꿇어앉아 있는 사람(尸) 옆에 형벌 기구(辛)가 있는 모습입니다. 사람(尸) 아래에 있는 입 구(口)자는 상처의 상형입니다. '형벌로 죄를 다스리다'는 뜻과 함께, '이러한 형벌을 피하다'는 뜻도 있으며, 나중에 원래 뜻을 강조하기 위해 갈 착(辶)자가 추가되어 피할 피(避)자가 되었습니다. 또한 죄를 다스리는 사람이 천자나 제후들이기 때문에 임금이란 의미도 생겼습니다. 이 글자는 주로 다른 글자와 만나 소리로 사용되며, 이때 '형벌'이나 '(형벌을) 피하다'는 뜻으로 사용합니다.

[벽]으로 소리나는 경우

4/3 **壁** 벽 벽 중 壁
흙 토(土) + [임금/피할 벽(辟)]

2/2 **僻** 후미질 벽 중 僻
사람 인(亻) + [임금 벽(辟)]

벽 벽(壁)자는 '도둑이나 적으로부터 피하기(辟) 위해 흙(土)으로 쌓은 것이 벽이다'는 뜻입니다. 적벽(赤壁)은 '붉은(赤) 절벽(壁)'이란 뜻으로, 중국 호북성(湖北省)에 있는 양자 강 중류의 남쪽 강가의 붉은 절벽입니다. 경치가 뛰어나고, 《삼국지》에서 제갈공명이 조조의 백만대군을 물리친 적벽대전(赤壁大戰)으로 유명한 곳입니다. 〈적벽가(赤壁歌)〉는 '적벽(赤壁)대전을 소재로 한 노래(歌)'로, 판소리 열두 마당 중의 하나입니다.

후미질 벽(僻)자는 원래 '사람(亻)이 형벌(辟)을 피하다'는 뜻입니다. 이후 '피하다→멀리하다→치우치다→후미지다' 등의 뜻이 생겼습니다. 벽지(僻地)는 '후미진(僻) 땅(地)'이란 뜻으로, 도시에서 멀리 떨어진 외진 곳을 말합니다. 괴벽(乖僻)은 '성격이 어그러지고(乖) 한쪽으로 치우치다(僻)'는 뜻으로, 성격 따위가 이상야릇하고 까다로움을 일컫는 말입니다.

[피]로 소리나는 경우

4/3 **避** 피할 피 중 避
갈 착(辶) + [피할 피(辟)]

피할 피(避)자는 '형벌을 피해(辟) 도망가다(辶)'는 뜻입니다. 도피(逃避)는 '달아나서(逃) 피하다(避)'는 뜻이고, 피수대(避水帶)는 '홍수(水)를 피하기(避) 위한 지대(地帶)'로, 홍수 피해가 자주 일어나는 지역에 인공적으로 설치한 높은 지대(地帶)를 일컫습니다. 피난(避難)은 '어려움(難)을 피하다(避)'는 뜻이고, 피서(避暑)는 '더위(暑)를 피하다(避)'는 뜻입니다. 또 학교 체육시간에 하는 피구(避球)는 '공(球)을 피하는(避) 경기'입니다. 상피제(相避制)는 '서로(相) 피하는(避) 제도(制)'로, 고려와 조선 시대에 일정범위 내의 친족간에는 같은 관청에서 근무할 수 없게 한 제도입니다.

남녘 병(丙)자는 물건 받침대를 본떠 만든 글자로 추정됩니다. 나중에 십간십이지의 십간(十干) 중 하나로 사용되면서 천간 병(丙)자가 되었습니다. 또 천간(天干)은 방향을 나타내는 데에도 사용되었는데, 병(丙)자가 남쪽을 가리키면서 남녘 병(丙)자가 되었습니다. 병자호란(丙子胡亂)은 '병자(丙子)년에 오랑캐(胡)의 침입으로 일어난 난(亂)'으로, 병자(丙子)년인 1636년(인조 14년)에 중국 청나라가 조선에 침입한 전쟁입니다. 청나라는, 우리가 오랑캐라 부르는 만주 지방의 여진족이 만든 후금(後金)이라는 나라가 명나라를 멸망시킨 후 이름을 청(淸)으로 바꾸었습니다.

[병]으로 소리나는 경우

65 病 병 병 ⓢ 病
병 녁(疒) + [남녘 병(丙)]

22 柄 자루 병 ⓢ 柄
나무 목(木) + [남녘 병(丙)]

22 炳 불꽃 병 ⓢ 炳
불 화(火) + [남녘 병(丙)]

21 昺 밝을 병 ⓢ 昺
날 일(日) + [남녘 병(丙)]

20 昞 밝을 병 ⓢ 昞
날 일(日) + [남녘 병(丙)]

잎자루 없이 잎이 바로 줄기에 붙는 무병엽의 일종인 엉겅퀴 풀

병 병(病)자는 질병(疾病), 발병(發病), 병실(病室), 문병(問病) 등에 사용됩니다. 전염병(傳染病)은 '다른 사람에게 전하거나(傳) 물들이는(染) 병(病)'입니다. 염병(染病)이라고도 합니다. 물들일 염(染)자는 염색(染色)이란 말에 사용됩니다. 광견병(狂犬病)은 '미친(狂) 개(犬)에 의해 발병되는 병(病)'이고, 광우병(狂牛病)은 '소(牛)가 미치는(狂) 병(病)'입니다. 광우병(狂牛病)을 유발하는 인자인 프리온(Prion)은 100℃ 이상의 고온에서도 죽지 않아, 일반 음식을 익혀 먹어도 프리온을 제거할 수 없습니다. 백혈병(白血病)은 '피(白)가 희게(白) 되는 병(病)'이란 뜻입니다. 백혈병에 걸리면 혈액 속에 백혈구가 없어서 걸리는 병이라고 생각하는 사람이 많습니다. 하지만 백혈병은 피를 만드는 골수 조직에 종양이 생겨서, 완전하게 자라지 못한 백혈구가 비정상적으로 많이 생기는 병입니다. 이렇게 많이 늘어난 백혈구의 영향으로 피를 현미경으로 보면 흰색으로 보이게 됩니다. 하지만 현미경이 아닌 맨 눈으로 피를 보면 여전히 붉은 색으로 보입니다.

자루 병(柄)자는 '나무(木) 자루'를 뜻합니다. 무병엽(無柄葉)은 '자루(柄)가 없는(無) 잎(葉)'으로, 냉이 · 엉겅퀴의 잎 따위와 같이 잎자루가 없이 바로 줄기에 붙는 잎입니다. 일반적은 잎은 대부분 잎자루가 있는 유병엽(有柄葉)입니다. 이 글자도 주로 사람 이름에 사용됩니다.

불꽃 병(炳)자는 주로 사람 이름에 사용됩니다. 조병화(趙炳華) 시인과 김삿갓으로 잘알려진 조선 후기의 방랑 시인 김병연(金炳淵)이 그 예입니다.

밝을 병(昺)자와 밝을 병(昞)자는 '해(日)가 밝다'는 뜻으로, 둘 다 사람 이름에 사용합니다.

幷 | 𢆶

아우를 **병**

'아우르다'는 '여럿을 모아 한 덩어리나 하나로 되게 하다'는 뜻의 순우리말입니다. 아우를 병(幷)자는 두 사람이 서 있는 모습에서 '(두 사람을) 아우르다 합(合)하다, 겸(兼)하다' 등의 뜻이 생겼습니다. 두 사람이 나란히 서 있는 나란할 병(竝)자를 대신하여 쓰기도 합니다. 나중에 뜻을 분명히 하기 위해 사람 인(亻)자를 하나 더 추가하여 아우를 병(倂)자가 되었습니다.

[병]으로 소리나는 경우

3/2 屛 병풍 병 ⓢ 屏
주검 시(尸) + [아우를 병(幷)]

2/1 倂 아우를 병 ⓢ 并
사람 인(亻) + [아우를 병(幷)]

1/1 餠 떡 병 ⓢ 饼
먹을 식(食) + [아우를 병(幷)]

1/1 甁 병 병 ⓢ 瓶
기와 와(瓦) + [아우를 병(幷)]

중국의 월병

병풍 병(屛)자는 원래 '죽은 시신(尸)을 가리다'는 뜻인데, 이후 '가리다→숨기다→(가리는) 병풍'이란 뜻이 생겼습니다. 병풍(屛風)의 원래 뜻은 '바람(風)을 가리다(屛)'는 뜻입니다. 금일월병(金日月屛)은 '금(金)으로 해(日)와 달(月)을 그린 병풍(屛)'으로, 임금님이 앉는 자리에 친 병풍입니다.

아우를 병(倂)자는 두 사람(亻)을 하나로 묶어 놓은 모습의 아우를 병(幷)자에 뜻을 분명히 하기 위해 사람 인(亻)자를 하나 더 추가하였습니다. 한일병합(韓日倂合)은 '한국(韓)과 일본(日)을 아울러(倂) 합치다(合)'는 뜻으로, 1910년에 일제가 우리나라의 통치권을 빼앗고 식민지로 삼은 일입니다. 이후 우리나라는 1945년 8월 15일까지 36년간 지배되었습니다. '괄호 안에 한자를 병기하다'의 병기(倂記)는 '아울러(倂) 나란히 적다(記)'는 뜻입니다.

떡 병(餠)자는 '떡이 먹는(食) 음식이다'는 뜻입니다. 화중지병(畵中之餠)은 '그림(畵)속(中)의(之) 떡(餠)'이란 뜻으로, 그림속의 떡은 먹을 수가 없으므로 실용적이지 못함을 비유해 이르는 말입니다. 월병(月餠)은 '둥근 달(月)모양의 흰떡(餠)'으로 달떡이라고도 합니다. 중국에서는 추석에 만들어 먹는 둥근 밀가루 과자를 이르는데, 밀가루를 주재료로 한 반죽으로 껍질을 만들고 팥소와 말린 과일을 넣어 구워 만듭니다. 송병(松餠)은 ' 바닥에 솔(松)잎을 깔고 찐 떡(餠)'으로, 송편을 말합니다. 우리나라에서는 추석에 송편을 먹는데, 중국에서는 월병을 먹습니다. 혈병(血餠)은 '피(血)떡(餠)'이란 뜻으로, 피가 엉기어 굳을 때에 검붉은 핏덩어리와 맑고 투명한 액체로 분리되는데, 검붉은 핏덩어리를 혈병(血餠)이라 하고 맑고 투명한 액체를 혈청(血淸)이라 합니다.

병 병(甁)자는 '기와(瓦)처럼 가마에서 구워서 만드는 것이 병이다'는 뜻입니다. 화병(花甁)은 '꽃(花)병(甁)'이고, 화염병(火焰甁)은 '불(火)의 불꽃(焰)이 나는 병(甁)'이란 뜻으로, 휘발유나 시너 따위의 화염제를 넣어 만든 유리병입니다. 심지에 불을 붙여 던지면 병이 깨지면서 불이 확산됩니다.

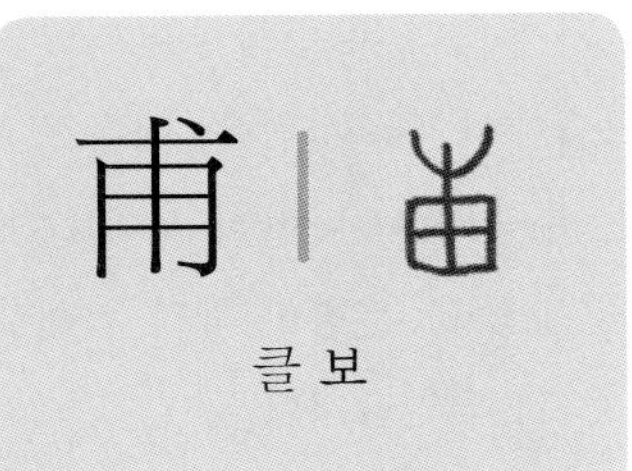

클 보(甫)자는 밭(田)에 새싹(屮)이 돋아나는 형상을 본떠 만든 글자로써, '밭(田)의 새싹(屮)이 크고 있다'는 뜻입니다. 클 보(甫)자와 손 모양의 마디 촌(寸)자를 합쳐놓은 글자인 펼 부(尃)자는 클 보(甫)자와는 전혀 상관이 없습니다. 상형문자를 보면 손에 실패나 북실을 들고 있는 모습을 상형화한 오로지 전(專)자와 비슷합니다.

[보]로 소리나는 경우

3/3 補 기울 보 ㊥ 补
옷 의(衣) + [클 보(甫)]

2/2 輔 도울 보 ㊥ 辅
수레 차/거(車) + [클 보(甫)]

기울 보(補)자는 '찢어진 옷(衣)을 깁다'는 뜻입니다. 이후 '깁다→고치다→돕다→보태다' 등의 뜻이 파생되었습니다.보수(補修)는 '고치다', 보조(補助)는 '돕다', 보급(補給)과 보충(補充)은 '보태다' 등의 뜻을 가지고 있습니다. 절장보단(絕長補短)은 '긴(長) 것을 잘라(絕) 짧은(短) 것에 기워(補) 붙이다'는 뜻으로, 장점으로 단점을 보충함을 일컫는 말입니다.

도울 보(輔)자는 원래 '수레(車)에 무거운 짐을 실을 때 바퀴에 묶어 바퀴를 튼튼하게 하던 덧방나무'라는 뜻입니다. 이러한 덧방나무가 바퀴를 돕는다고 해서 '돕다'는 뜻이 생겼습니다. 보필(輔弼)은 '돕고(輔) 돕는다(佐)'는 뜻으로, '임금을 도우다'는 의미입니다. 보좌관(輔佐官)은 '돕고(輔) 돕는(佐) 벼슬(官)'이란 뜻으로, 높은 사람을 보좌하는 관리입니다.

[포]로 소리나는 경우

3/3 浦 물가 포 ㊥ 浦
물 수(氵) + [클 보(甫)→포]

3/3 捕 잡을 포 ㊥ 捕
손 수(扌) + [클 보(甫)→포]

2/2 葡 포도 포 ㊥ 葡
풀 초(艹) + [길 포(匍)]

2/2 鋪 펼 포 ㊥ 铺 ㊛ 舗
쇠 금(金) + [클 보(甫)→포]

1/2 哺 먹일 포 ㊥ 哺
입 구(口) + [클 보(甫)→포]

물가 포(浦)자가 들어가는 포구(浦口)는 배가 드나드는 바닷가 어귀입니다. 포항(浦港)은 '포구(浦)와 항구(港)'를 아울러 이르는 말입니다. 전라남도 목포(木浦)는 '나무(木)가 많은 포구(浦)' 혹은 '일제 시대에 목화(木)가 많이 난 포구(浦)', '영상강에서 바다로 들어가는 길목에 있는 포구(浦)' 등 여러 가지 해석이 있습니다.

체포(逮捕), 포획(捕獲), 생포(生捕) 등에 사용되는 잡을 포(捕)자는 '손(扌)으로 잡다'는 뜻입니다. 포도청(捕盜廳)은 '조선 시대에 도둑(盜)을 잡는(捕) 관청(廳)'이고, 포졸(捕卒)은 '도둑을 잡는(捕) 병졸(卒)'입니다.

고대 중국 사람들은 칡, 등나무, 포도나무와 같은 덩굴식물도 풀로 여겼기 때문에, 이런 글자에도 초(艹)자가 들어갑니다. 포도 포(葡)자는 '덩굴처럼 기어가는(匍) 풀(艹)이 포도나무이다'는 뜻입니다. 포도당(葡萄糖)은 '포도(葡萄) 속의 당분(糖)'으로, 우리 몸의 뇌나 근육에 있는 세포로 가서 분해되어 에너지로 변합니다. 병원에 가보면 음식을 먹지 못하는 환자들이 링거 주사를 맞고 있는데, 이때 맞는 주사가 포도당액입니다.

펼 포(鋪)자는 '쇠(金)를 불에 달구어 두드려 크게(甫) 펴다'는 뜻입니다. 이후 '펴다→늘어놓다→(팔 물건을 늘어놓은) 점포(店鋪)' 등의 뜻이 생겼습니다. 포장(鋪裝)은 '콘크리트나 아스팔트를 펴서(鋪) 길을 꾸미는(裝) 일'이고, 포도(鋪道)는 '콘크리트나 아스팔트로 포장(鋪裝)한 길(道)'입니다.

먹일 포(哺)자는 '입(口)으로 먹이다'는 뜻입니다. 포유류(哺乳類)는 '젖(乳)을 먹이는(哺) 동물의 종류(類)'입니다. 반포지효(反哺之孝)는 '까마귀 새끼가 자란 뒤에 늙은 어미에게 반대로(反) 먹이를 물어다 주는(哺) 효성(孝誠)'이라는 뜻으로, 자식이 자라서 부모를 봉양함을 일컫는 말입니다.

[부]로 소리나는 경우

2-1 **敷** 펼 부 중 敷 약 旉
칠 복(攵) + 모 방(方) +
[클 보(甫)→부]

펼 부(敷)자는 '두드려서(攵) 사방(方)으로 크게(甫) 펴다'는 뜻입니다. 부지(敷地)는 '펼쳐진(敷) 땅(地)'이란 뜻으로, 건물이나 도로에 쓰이는 땅을 말합니다. 고수부지(高水敷地)는 '물(水)가의 높은(高) 언덕에 있는 땅(敷地)'으로, 큰물이 날 때에만 잠기는 강변의 땅을 말합니다. 부설(敷設)은 '펴서(敷) 설치하다(設)'는 뜻으로, 다리나 철도 등을 설치하는 것을 말합니다. 경인철도부설권(京仁鐵道敷設權)은 '서울(京)과 인천(仁) 사이의 철도(鐵道)를 부설(敷設)하는 권리(權)'로, 대한제국 정부가 미국인 모스(Morse)에게 부여하였습니다. 이후 경부철도부설권(서울–부산)은 일본에게, 경의철도부설권(서울–의정부)은 프랑스에게 넘겼습니다.

复 |

돌아올 복, 다시 부

두 발로 풀무질하는
고대 이집트인

돌아올 복(复) 혹은 다시 부(复)자는 풀무질을 하는 모습을 본떠 만든 글자입니다. 풀무는 대장간에서 쇠를 달구거나 쇳물을 녹여 땜질 등을 하는 데, 그리고 부엌에서 불을 지피는 데 이용되는 기구입니다. 보통 손이나 발을 움직여 바람을 일으키기 때문에, 복(复)자의 아래에는 발의 상형인 걸을 쇠(夊)자가 들어 있습니다. 또, 풀무에 발로 눌렀다 떼었다를 반복하는 모습에서 '가고 오다'는 뜻이 생겼습니다. 이후 '돌아오다→회복하다→반복하다→다시 (반복하다)' 등의 뜻이 생겼습니다. 나중에 뜻을 분명히 하기 위해 걸을 척(彳)자가 추가되어 돌아올 복(復)자와 다시 부(復)자가 되었습니다. 돌아올 복(复)자도 단독으로 사용되지 않고 다른 글자와 만나 소리로 사용됩니다. 다른 글자에 들어가면 '여러 번 반복(反復)하다'는 뜻으로 사용됩니다.

[복, 부]로 소리나는 경우

4/4 復 돌아올 복, 다시 부 ⓒ 复
걸을 척(彳) + [돌아올 복(复)]

돌아올 복(復) 혹은 다시 부(復)자는 돌아올 복(复)자에 뜻을 분명히 하기 위해 걸을 척(彳)자가 추가되었습니다. 왕복(往復)은 '갔다(往)가 돌아오다(復)'는 뜻이고, 복귀(復歸)는 '돌아오고(復) 돌아오다(歸)'는 뜻입니다. 부흥(復興)은 '다시(復) 일어나다(興)'는 뜻이고, 부활(復活)은 '죽었다가 다시(復) 살아오다(活)'는 뜻으로 쇠퇴하였다가 다시 성하게 됨을 일컫는 말입니다.

4/3 複 겹칠 복, 겹칠 부 ⓒ 复
옷 의(衤) + [돌아올 복(复)]

복사(複寫), 복수(複數), 복식(複式), 복잡(複雜) 등에 나오는 겹칠 복(複) 혹은 겹칠 부(複)자는 원래 '옷(衤)을 여러 번 반복하여(复) 겹쳐 입는 겹옷'는 뜻하는 글자입니다. 이후 '겹옷→겹치다→거듭되다'는 뜻이 생겼습니다. 복사기(複寫機/複寫器)는 '거듭(複) 베끼는(寫) 기계(機)나 도구(器)'입니다.

3/2 覆 엎을 복, 덮을 부 ⓒ 覆
덮을 아(襾) + [돌아올 복(復)]

엎을 복(覆) 혹은 덮을 부(覆)자는 '덮은(襾) 것을 다시(復) 뒤집어엎다'는 뜻입니다. 이후 '엎다→엎어지다→뒤집다→덮다→반복하다' 등의 뜻이 생겼습니다. '심판이 판정을 번복하다'의 번복(飜覆)은 '뒤집고(飜) 뒤엎다(覆)'는 뜻입니다. '배(자동차)가 전복되었다'에서 전복(顚覆)은 '뒤집혀(顚) 엎어지다(覆)'는 뜻입니다.

[복]으로 소리나는 경우

3/3 腹 배 복 ⓒ 腹
고기 육(肉/月) + [돌아올 복(复)]

배 복(腹)자는 '사람의 몸(肉/月)이 호흡을 할 때 나왔다 들어갔다를 반복하는(复) 곳이 배이다'는 뜻입니다. 복부(腹部), 복통(腹痛), 복대(腹帶), 복막염(腹膜炎) 등에 사용됩니다. 복족류(腹足類)는 '배(腹)를 발(足)로 사용하는 무리(類)'로, 달팽이, 전복, 소라, 우렁이와 같이 배를 발로 사용하여 움직이는 동물의 종류(種類)입니다.

2/1 馥 향기 복 중 馥
향기 향(香) + [돌아올 복(复)]

향기 복(馥)자는 '향기(香)가 계속 반복하여(复) 나다'는 뜻입니다. 향기 복(馥)자는 주로 사람 이름에 사용됩니다. 만화《먼나라 이웃나라》시리즈로 유명한 이원복(李元馥) 교수가 그런 예입니다.

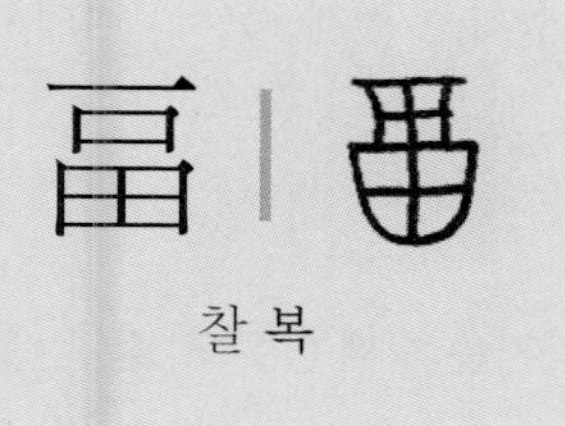

찰 복(畐)자는 항아리의 모습을 본떠 만든 글자로, '항아리가 가득 차 있다'는 뜻입니다. 이 글자도 단독으로는 사용되지 않고 다른 글자와 만나 소리로 사용됩니다. 다른 글자와 만나면 '가득 찬, 항아리' 등의 뜻을 가집니다.

[복]으로 소리나는 경우

5/4 福 복 복 중 福
보일 시(示) + [찰 복(畐)]

복 복(福)자는 '제물이 가득 찬 항아리(畐)를 제사상(示)에 올리며 복을 빈다'는 뜻입니다. 기복신앙(祈福信仰)은 '복(福)을 비는(祈) 신앙(信仰)'으로, 종교를 믿는 목적이 사업, 건강, 공부 등이 잘되도록 복(福)을 비는 것입니다. 복음(福音)은 '복(福)을 주는 소리(音)'라는 뜻으로 예수의 가르침을 말합니다.

[복, 부]로 소리나는 경우

4/3 副 버금 부, 쪼갤 복 중 副
칼 도(刂) + [찰 복(畐)→부,복]

쪼갤 복(副)자는 원래 '칼(刂)로 물건을 쪼개다'는 뜻입니다. 하지만 나중에 버금 부(副)자가 되면서 '쪼개다'라는 의미로는 거의 사용하지 않습니다. 버금은 다음이나 둘째라는 순우리말입니다. 이후 둘째의 사람이 첫 번째 사람을 '돕다, 보좌하다'는 뜻도 생겼습니다. 사장(社長)-부사장(副社長), 회장(會長)-부회장(副會長), 반장(班長)-부반장(副班長) 등이 그러한 예입니다.

1/1 輻 바퀴살 복, 몰려들 부 중 辐
수레 차/거(車) + [찰 복(畐)→부, 복]

바퀴살 복(輻)자의 바퀴살은 바퀴 중앙에서 테를 향하여 부챗살 모양으로 뻗친 가느다란 나무나 쇠막대입니다. 복사(輻射)는 '수레의 바퀴살(輻)처럼 사방으로 퍼져나가게 쏘다(射)'는 뜻으로, 물체가 빛이나 열을 방출할 때 수레의 바퀴살처럼 사방으로 퍼져나간다고 해서 복사(輻射)라는 이름이 붙었습니다.

[부]로 소리나는 경우

4/4 富 부자 부 중 富
집 면(宀) + [찰 복(畐)→부]

부자(富者), 부귀(富貴), 부강(富强), 풍부(豊富), 빈부(貧富) 등에 나오는 부자 부(富)자는 '집에(宀) 가득 차 있는 항아리(畐)가 있으니 부자(富者)이다'는 뜻입니다. 부익부 빈익빈(富益富 貧益貧)은 '부(富)가 부(富)를 더하고(益), 가난(貧)이 가난(貧)을 더하다(益)'는 뜻으로 '부자일수록 더욱 부자가 되고, 가난할수록 더욱 가난해지다'는 뜻입니다.

[폭]으로 소리나는 경우

3/2 **幅** 너비 폭 ㊥ 幅
수건 건(巾) +
[찰 복(畐)→폭]

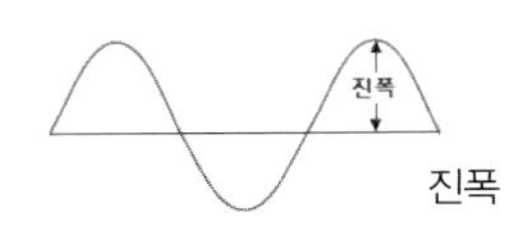

진폭

너비 폭(幅)자는 '베(巾)의 너비가 폭(幅)이다'는 뜻입니다. 한 폭이란 사람의 가슴너비를 뜻합니다. 이렇게 사람의 가슴너비로 옷감을 만드는 이유는 옷을 만들 때 몸통 부분의 앞쪽과 뒤쪽은 각각 한 폭을 사용하고, 소매를 만들 때에는 한 폭을 반으로 접으면 됩니다. 열두 폭(幅) 치마란 열두 폭을 접어 만든 주름치마로, 호화스러운 치마를 일컬을 때 쓰는 말입니다. 진폭(振幅)은 '진동(振)하는 폭(幅)'이란 뜻으로, 물리에서는 진동하는 전체 폭(최고점에서 최하점까지의 거리)의 절반이 진폭입니다.

은나라 때는 거북의 배 껍질이나 소뼈가 갈라지는 형태를 보고 점(占)을 쳤습니다. 점을 치는 방법은 거북의 배 껍질이나 소뼈 등을 불에 달군 쇠막대기로 찔러 갈라지는 모양을 보고 좋은지 나쁜지를 판단했습니다. 점 복(卜)자는 이와 같이 거북 배 껍질에 갈라진 모습을 나타냅니다. 점을 치고 나면 반드시 점친 결과를 거북의 배 껍질이나 소뼈에 적어 두었습니다. 이것이 바로 한자의 시작인 갑골문자입니다. 복채(卜債)는 '점(卜)을 친 빚(債)'이란 뜻으로, 점을 쳐준 값으로 점쟁이에게 주는 돈을 말합니다.

[박]으로 소리나는 경우

6/5 **朴** 성/순박할 박 ㊥ 朴
나무 목(木) + [점 복(卜)→박]

성 박(朴)자는 원래 '후박나무'를 뜻하는 글자입니다. 신라를 건국한 박혁거세가 박에서 태어났다고 해서 성씨로도 사용됩니다. 소리만 같을 뿐 뜻은 전혀 상관없습니다. 나중에 '순박(淳朴)하다, 소박(素朴)하다'는 의미도 생겼습니다. 호박(胡朴)은 '오랑캐(胡)의 박(朴)'이란 뜻으로, 호박이 중국에서 들어왔음을 알 수 있습니다.

[부]로 소리나는 경우

3/2 **赴** 다다를 부 ㊥ 赴
달릴 주(走) +
[점 복(卜)→부]

1/2 **訃** 부고 부 ㊥ 讣
말씀 언(言) +
[점 복(卜)→부]

다다를 부(赴)자는 '가서(走) 다다르다'는 뜻입니다. 부임(赴任)은 '임명(任命)을 받은 관리가 근무할 곳에 다다르다(赴)'는 뜻으로, 임명을 받은 관리가 근무할 곳으로 가는 것을 말합니다. 〈용궁부연록(龍宮赴宴錄)〉은 '용궁(龍宮)의 잔치(宴)에 간(赴) 기록(記錄)'으로 조선 시대 김시습이 지은 한국 최초의 한문 소설집인 《금오신화》에 수록된 5편 중 하나입니다.

부고 부(訃)자에서 부고(訃告)는 '사람의 죽음을 알리는 말(言)이나 글'로, 부음(訃音)이라고도 합니다. 신문 광고를 보면 가끔 부고를 알리는 글이 실립니다.

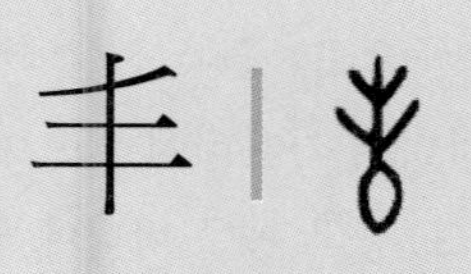

우거질 봉, 새길 계

우거질 봉(丰)자는 흙덩이 위에 풀이 무성하게 우거져 있는 모습을 본떠 만든 글자입니다. 또한 숫자 등을 표시하기 위해 칼로 나무에 새긴 모습에서 새길 계(丰)자도 됩니다. 맺을 계(契)자가 그러한 예인데, 상형문자를 보면 새길 계(丰), 칼 도(刀), 나무 목(木→大)자가 합쳐진 글자입니다. 따라서 칼(刀)로 나무(木→大)에 숫자나 글(丰)을 새긴다는 의미입니다. 즉, 이 글자의 원래 의미는 '글'이라는 의미였으나 나중에 '계약(契約)을 맺을 때 글로 새겨둔다'는 의미로 '맺는다'는 의미로 변했습니다.

우거질 봉(丰)자 두 개에 손의 상형인 고슴도치 머리 계(彐)자를 합치면 빗자루 혜(彗)자가 됩니다. 풀로 만든 빗자루(丰丰)를 손(彐)으로 들고 있는 형상을 본떠 만들 글자입니다. 빗자루로 쓸듯이 긴꼬리를 가지고 있는 별을 혜성(彗星)이라 부릅니다.

봉으로 소리나는 경우(1)

3/3 **逢** 만날 봉 ⓩ逢
갈 착(辶) + [만날/이끌 봉(夆)]

3/3 **峰** 봉우리 봉 ⓩ峰
메 산(山) + [만날/이끌 봉(夆)]

3/2 **蜂** 벌 봉 ⓩ蜂
벌레 충(虫) + [만날/이끌 봉(夆)]

2/2 **縫** 꿰맬 봉 ⓩ缝
실 사(糸) + [만날 봉(逢)]

2/1 **蓬** 쑥 봉 ⓩ蓬
풀 초(艹) + [만날 봉(逢)]

1/1 **烽** 봉화 봉 ⓩ烽
불 화(火) + [만날/이끌 봉(夆)]

만날 봉(逢)자는 '가서(辶) 만나다(夆)'는 뜻입니다. 뒤져올 치(夂)자와 소리를 나타내는 우거질 봉(丰)자가 합쳐진 만날/이끌 봉(夆)자는 정확한 어원을 알 수 없는 글자입니다. 이산가족상봉(離散家族相逢)은 '해방 후 남북 분단과 한국 전쟁 중에 남북으로 이별(離)하거나 흩어진(散) 가족(家族)이 서로(相) 만나다(逢)'는 뜻입니다.

봉우리 봉(峰)자는 메 산(山)자가 위로 올라간 봉우리 봉(峯)자와 같은 글자입니다. 봉우리는 산의 맨 꼭대기이기 때문에 위로 올라간 것 같습니다. 설악산에는 대청봉(大靑峯)이 있고, 지리산에는 천왕봉(天王峯)이 있습니다.

벌도 곤충의 일종이므로, 벌 봉(蜂)자에는 벌레 충(虫)자가 들어갑니다. 양봉(養蜂)은 '벌(蜂)을 기르다(蜂)'는 뜻이고, 농민봉기의 봉기(蜂起)는 '벌(蜂) 떼처럼 일어나다(起)'는 뜻입니다.

꿰맬 봉(縫)자는 '실(糸)로 찢어진 부분을 서로 만나게(逢) 하여 꿰매다'는 뜻입니다. 봉제인형의 봉제(縫製)는 '꿰매어(縫) 만든다(製)'는 뜻입니다. 미봉책(彌縫策)은 '깁고(彌) 꿰매어(縫) 만든 꾀(策)'라는 뜻으로, 눈가림만 하는 일시적인 계책(計策)을 말합니다. 천의무봉(天衣無縫)은 '천상(天)의 옷(衣)은 원래 바늘이나 실로 바느질하는(縫) 것이 아니다(無)'는 뜻으로, 시가나 문장 따위가 매우 자연스럽게 잘 되어 완전 무결함을 이릅니다. 중국 송나라 때 설화집인 《태평광기(太平廣記)》에 나오는 곽한(郭翰)의 이야기에서 유래합니다.

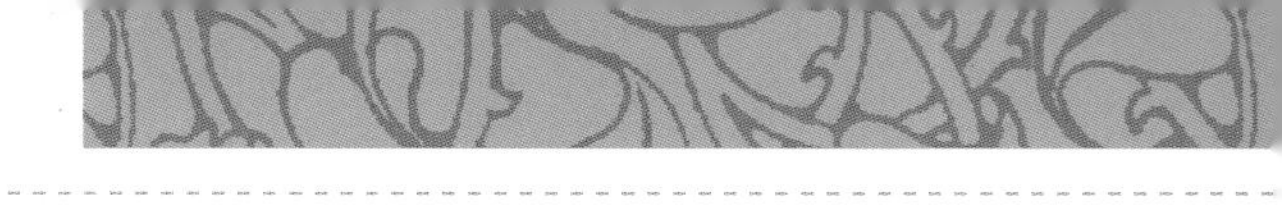

쑥은 풀의 이름이니까 쑥 봉(蓬)자에는 풀 초(艹)자가 들어갑니다. 봉래산(蓬萊山)은 '쑥(蓬)과 잡초(萊)가 있는 산(山)'이란 뜻으로, 중국 전설에서 나타나는 삼신산(三神山) 가운데 하나입니다. 동쪽 바다의 가운데에 있으며, 신선이 살고 불로초와 불사약이 있다고 합니다. 아마도 중국 동쪽 바다에 있는 우리나라에 있는 산을 이르는 듯한데, 우리나라에서는 여름의 금강산을 봉래산이라고 합니다.

봉화 봉(烽)자에서 봉화(烽火)는 '전화나 인터넷이 없던 시절, 나라에 전쟁이 있을 때 신호로 올리던 불(火)'입니다. 전국의 주요 산의 봉우리에 봉수대(烽燧臺)를 설치하여 낮에는 토끼 똥을 태운 연기로, 밤에는 불로 신호를 하였습니다. 조선 전기에는 전국에 650여 개의 봉수대가 있었고, 상황에 따라 봉화를 1개에서 5개까지 피우게 되어 있어서, 각 봉수마다 봉수대 5개가 있었습니다.

서울 남산의 봉수대

[봉]으로 소리나는 경우(2)

5/4 **奉** 받들 봉 ⓩ奉
[우거질 봉(丯)] + 손 맞잡을 공(廾) + 손 수(手→扌)

2/2 **俸** 녹 봉 ⓩ俸
사람 인(亻) + [받들 봉(奉)]

1/1 **棒** 몽둥이 봉 ⓩ棒
나무 목(木) + [받들 봉(奉)]

받들 봉(奉)자의 상형문자를 보면 두 손(廾)으로 어떤 물건을 받들고 있는 모습입니다. 이후 글자 아래에 손 수(手/扌)자가 추가되어 세 손으로 받드는 모습입니다. 또 어떤 물건은 소리를 나타내는 우거질 봉(丯)자로 변했습니다. 나중에 뜻을 분명히 하기 위해 다시 손 수(手/扌)자가 추가되어 받들 봉(捧)자가 되었습니다. 따라서 이 글자에는 모두 네 개의 손이 들어있습니다. 봉사(奉仕)는 '받들고(奉) 섬기다(仕)'는 뜻으로, 국가나 남을 위하여 열심히 일하는 것입니다. 봉양(奉養)은 '받들어(奉) 기르다(養)'는 뜻으로, 부모나 조부모와 같은 웃어른을 받들어 모시는 것을 말합니다.

봉급(俸給)이나 연봉(年俸)에 사용되는 녹 봉(俸)자는 '벼슬이 있는 사람(亻)을 받들기(奉) 위해 주는 금품이 녹이다'는 뜻입니다. 박봉(薄俸)은 '봉급(俸)이 적다(薄)'는 뜻으로, 적은 봉급을 말합니다. 엷을 박(薄)자는 '적다'는 뜻도 있습니다.

몽둥이 봉(棒)자는 '몽둥이는 나무(木)로 만든다'는 뜻이 들어 있는 글자입니다. 침소봉대(針小棒大)는 '바늘(針)같이 작은(小) 것을 몽둥이(棒)같이 크다(大)고 한다'는 뜻으로, 심하게 과장하여 말하는 것을 일컫는 말입니다. 학교 운동장에 있는 철봉(鐵棒)은 '쇠(鐵)로 만든 몽둥이(棒)'입니다.

咅 | 𠫓

침 부, 침뱉을 투

침 부(咅) 혹은 침뱉을 투(咅)자의 상형문자를 보면 아닐 부(否)자 위에 점 주(丶)자를 합쳐 만든 형태로서 침이나 침을 뱉는 소리를 나타내는 글자입니다. 이 글자도 단독으로는 사용되지 않고, 다른 글자와 만나 소리로 사용됩니다.

[부]로 소리나는 경우

6/5 部 떼 부 중 部
고을 읍(邑/⻏) + [침 부(咅)]

1/2 剖 쪼갤 부 중 剖
칼 도(刂) + [침 부(咅)]

떼 부(部)자는 원래 중국 신강성(新疆省)의 땅 이름입니다. 이후 가차되어 사람의 무리나 떼라는 뜻이 생겼습니다. 이후 '무리, 떼→분야→(사람의 무리가 사는) 마을, 부락(部落)→(마을을) 통솔하다, 거느리다→(통솔하는) 관청→부서' 등의 뜻이 생겼습니다. 삼부회(三部會)는 '세(三) 무리(部)로 구성된 모임(會)'으로 성직자(제1신분), 귀족(제2신분), 평민(제3신분) 출신 의원으로 구성된 프랑스의 신분제 의회(議會)입니다. 1신분과 2신분이 의원직을 독점하자, 평민층의 불만이 고조되어 프랑스 혁명의 실마리가 되었습니다. 외교부(外交部)는 '외국(外)과 교류하는(交) 관청(部)'이고, 영업부(營業部)는 '회사에서 영업(營業)을 담당하는 부서(部)' 입니다.

쪼갤 부(剖)자는 '칼(刂)로 물건을 쪼개다'는 뜻입니다. 해부(解剖)는 '분해(分解)하고 쪼개다(剖)'는 뜻이고, 부관참시(剖棺斬屍)는 '죽은 사람의 관(棺)을 쪼개어(剖) 시신(屍)을 베다(斬)'는 뜻으로, 죽은 뒤에 큰 죄가 드러난 사람을 극형에 처하던 일입니다. 무덤을 파고 관을 꺼내어 시체를 베거나 목을 잘라 거리에 내걸었습니다.

[배]로 소리나는 경우

5/3 倍 갑절 배 중 倍
사람 인(亻) + [침 부(咅)→배]

3/2 培 북돋을 배 중 培
흙 토(土) + [침 부(咅)→배]

2/2 賠 배상할 배 중 赔
조개 패(貝) + [침 부(咅)→배]

갑절 배(倍)자는 원래 '사람(亻)에게 침(咅)을 뱉고 배반하다'는 뜻입니다. 이후 '배반하다→위배되다→(위배한 것에) 배상하다→(배상을) 배가(倍加)하다→갑절' 등의 뜻이 생겼습니다. 배율(倍率), 배수(倍數), 공배수(公倍數) 등에 사용됩니다.

북돋을 배(培)자의 북은 치는 북이 아니고, '식물의 뿌리를 싸고 있는 흙'을 말합니다. 식물이 잘 자라게 하기 위해 북을 위로 쌓아 올려 주는 것을 '북돋우다'고 하고, 이 말은 '기운을 더욱 높여 주다'는 뜻으로도 사용됩니다. 이후 '북돋우다→배양하다→양성하다→불리다'는 뜻이 파생되었습니다. 배양(培養), 재배(栽培) 등에 사용됩니다.

배상할 배(賠)자는 '돈(貝)으로 배상(貝)하다'는 뜻입니다. 손해배상(損害賠償)은 '손실(損害)을 배상하거나(賠) 갚다(償)'는 뜻입니다.

펼 부

펼 부(尃)자는 밭(田)에 새싹이 돋아나는 모습의 클 보(甫)자와 손 모양의 마디 촌(寸)자를 합쳐 놓은 글자이나, 클 보(甫)자와는 아무런 상관없습니다. 상형문자를 보면 손에 실패나 북실을 들고 있는 모습을 상형화한 오로지 전(專)자와 비슷합니다. 이후 '펴다'는 뜻이 생겼는데, 뜻을 분명히 하기 위해 물 수(氵)자가 추가되어 펼 부(溥)자가 되었습니다. 이 글자는 단독으로 사용되지 않고, 다른 글자와 만나 소리로 사용됩니다.

[부]로 소리나는 경우

3/2 簿 문서 부 ⓢ簿
대 죽(竹) + [펼 부(溥)]

2/1 傅 스승 부 ⓢ傅
사람 인(亻) + [펼 부(尃)]

1/2 賻 부의 부 ⓢ赙
조개 패(貝) + [펼 부(尃)]

문서 부(簿)자는 '죽간(竹)을 펼쳐(溥) 놓은 문서'라는 뜻입니다. 졸업생이나 동창생 명부(名簿)나 돈의 출입을 기록한 장부(帳簿) 등에 사용됩니다. 부기(簿記)는 '문서(簿)에 적다(簿記)'는 뜻으로, 기업이나 정부 등이 관리하는 자산, 자본, 부채의 변동 사항을 기록하는 방법입니다.

스승도 사람이므로 스승 부(傅)자에는 사람 인(亻)자가 들어갑니다. 사부(師傅)는 '스승(師)과 스승(傅)'이란 뜻입니다.

부의 부(賻)자의 부의(賻儀)는 초상난 집에 도우려고 보내는 돈이나 물건을 의미합니다. 보통 돈으로 부의를 하므로, 조개 패(貝)자가 들어갑니다.

[박]으로 소리나는 경우

4/3 博 넓을 박 ⓢ博
열 십(十) + [펼 부(尃)→박]

3/3 薄 엷을 박 ⓢ薄
풀 초(艹) + [펼 부(溥)→박]

1/1 縛 묶을 박 ⓢ缚
실 사(糸) + [펼 부(尃)→박]

넓을 박(博)자는 '10(十)번이나 펼치니(尃) 넓다'는 뜻입니다. 나중에 '많다'는 뜻도 생겼습니다. 박학다식(博學多識)은 '학문(學)이 넓고(博) 지식(識)이 많다(多)'는 뜻입니다. 박사(博士)는 '많이(博士) 아는 선비(博士)'이고, 박물관(博物館)은 '많은(博) 물건(物)이 있는 집(館)'입니다.

경박(輕薄), 천박(淺薄), 희박(稀薄) 등에 사용되는 엷을 박(薄)자는 '풀(艹) 잎이 엷다'는 뜻으로 만든 글자입니다. 이후 '엷다→적다'는 뜻이 파생되었습니다. 미인박명(美人薄命)은 '아름다운(美) 여자(人)는 수명(命)이 적다(薄)'는 뜻입니다. 박리다매(薄利多賣)는 '이익(利)은 적지만(薄) 많이(多) 팔아(賣) 이문을 올리다'는 뜻입니다.

결박(結縛), 속박(束縛), 포박(捕縛) 등에 사용되는 묶을 박(縛)자는 '줄(糸)로 묶다'는 뜻입니다. 자승자박(自繩自縛)은 '자기(自)가 만든 줄(繩)로 자신(自)을 묶는다(縛)'는 뜻으로, 자기가 한 말과 행동에 자기 자신이 옭혀 곤란하게 됨을 비유적으로 이르는 말입니다.

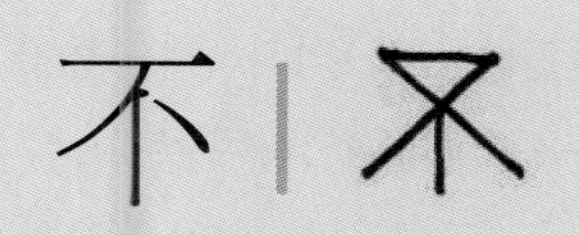

아닐 부, 아닐 불

아닐 부(不) 혹은 아닐 불(不)자는 꽃받침이 없고 씨방만 있는 꽃대의 모습입니다. 씨방만 있고 열매는 없다고 해서 '아니다'라는 의미가 생겼다는 설과 가차하여 '아니다'라는 설이 있습니다. 꽃받침까지 있는 꽃대의 상형은 임금 제(帝)자가 있습니다. 임금이란 뜻도 소리가 같아 가차되었다는 설과 농경사회에서는 꽃이 열매를 맺기 때문에 매우 중요해서 임금이라는 의미가 생겼다는 설이 있습니다.

아닐 부(不)자는 '불'로도 소리가 나는데, 부정(不正), 부단(不斷), 부당(不當), 불구(不具), 불연(不然), 불편(不便)에서와 같이 뒤에 오는 글자의 자음이 ㄷ이나 ㅈ이면 '부'로 읽고, 그 외에는 '불'로 읽습니다. 한 개의 예외가 있는데, 부실(不實)이 그 예외입니다.

[부]로 소리나는 경우

4/4 否 아닐 부 ㊥否
입 구(口) + [아닐 부(不)]

부인(否認), 가부(可否), 거부(拒否), 부결(否決)자의 아닐 부(否)자는 '입(口)으로 아니라(不)고 부정(否定)한다'는 뜻입니다. 구속적부심사(拘束適否審査)는 '구속(拘束)하는 것이 적합(適)한지 아닌지(否) 법원이 심사(審査)하는 일'로, 의심을 받는 피의자나 변호인이 신청할 수 있습니다.

[비]로 소리나는 경우

2/1 丕 클 비 ㊥丕
한 일(一) +
[아닐 부(不)→비]

클 비(丕)자는 원래 '처음(一)'이라는 뜻을 가졌습니다. 이후 '처음→으뜸→크다' 등의 뜻이 생겼습니다. 주로 사람의 이름에 사용됩니다. 《삼국지》에 나오는 조조(曹操)의 아들이 조비(曹丕)입니다. 형제의 싸움을 자두연기(煮豆燃萁: 콩깍지를 태워서 콩을 삶음)라는 시로 표현한 조식(曹植)의 형입니다.

[배]로 소리나는 경우

3/3 杯 잔 배 ㊥杯
나무 목(木) +
[아닐 부(不)→배]

잔 배(杯)자는 '옛날에 나무(木)로 만든 잔'을 뜻합니다. 그릇 명(皿)자가 들어간 잔 배(盃)자와 같습니다. 독배(毒杯)는 '독(毒)이 든 잔(杯)'이고, 건배(乾杯)는'잔(杯)을 마르게(乾)한다', 즉 잔을 비운다는 뜻이고, 고배(苦杯)는 '쓴(苦) 즙을 담은 잔(杯)'으로, 쓰라린 경험을 뜻하는 말입니다.

1/0 胚 아이밸 배 ㊥胚
고기 육(肉/月) +
[클 비(丕)→배]

임신한 아이도 몸의 일부이므로, 아이밸 배(胚)자에는 고기 육(肉/月)자가 들어갑니다. 임신 1개월된 아기를 배(胚)라고 부르고, 임신 3개월이 지난 아이를 태(胎)라고 부릅니다. 배아(胚芽)는 '아이밴(胚) 싹(芽)'이란 뜻으로, 식물의 씨눈을 말합니다.

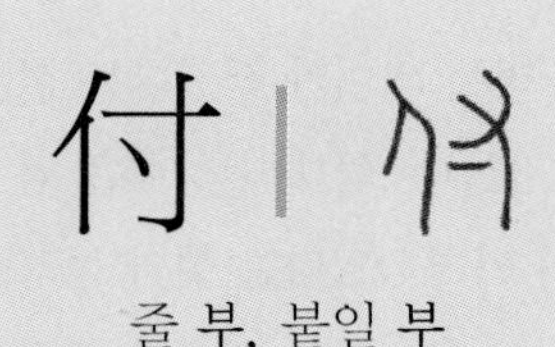

줄 부, 붙일 부

줄 부(付)자는 '손(寸)으로 사람(亻)에게 주다'는 뜻입니다. 마디 촌(寸)자는 손의 상형입니다. 이후 '주다→맡기다→부탁(付託)하다→의지하다→붙이다' 등의 뜻이 생겼습니다. 발부(發付)는 '증명서 등을 발행(發行)하여 주다(付)'는 뜻이고, 부탁(付託)은 '부탁하고(付) 부탁하다(託)'는 뜻입니다. '명찰을 부착하다'에서 부착(付着)은 '붙이고(付) 붙이다(着)'는 뜻입니다.

[부]로 소리나는 경우

4/3 府 관청 부 ⓙ 府
집 엄(广) + [줄/붙일 부(付)]

3/2 腐 썩을 부 ⓙ 腐
고기 육(肉/月) + [관청 부(府)]

3/2 符 부신 부 ⓙ 符
대 죽(竹) + [줄/붙일 부(付)]

3/2 附 붙을 부 ⓙ 附
언덕 부(阜/阝) + [줄/붙일 부(付)]

관청 부(府)자는 '백성의 부탁(付)을 들어주는 집(广)이 관청(官廳)이다'는 뜻입니다. 의정부(議政府)는 '정사(政)를 의논하는(議) 관청(府)'으로, 조선 시대 최고의 행정기관이며 오늘날의 국무총리실에 해당합니다. 영의정, 좌의정, 우의정 등 3정승(三政丞)이 의정부에 소속되어 있었습니다.

썩을 부(腐)자는 '관청(府)이나 고기(肉)가 잘 부패(腐敗)한다'는 뜻입니다. 부패(腐敗)는 '썩고(腐) 썩다(敗)'는 뜻입니다. 패할 패(敗)자는 '썩다'는 뜻도 있습니다. 두부(豆腐)는 '콩(豆)을 썩힌(腐) 음식'이란 뜻이지만, 실제로는 물에 불린 콩을 갈아 가열하여 응고제를 첨가하여 굳힌 것입니다.

부적 부(符)자는 '귀신을 쫓기 위해 그림이나 글씨를 써서 붙이는(付) 대나무(竹)'란 뜻입니다. 부적(符籍)은 원래 대나무에 썼지만, 지금은 종이나 복숭아나무 조각에도 씁니다. 복숭아나무는 귀신을 쫓는다는 속설이 있기 때문입니다.

첨부(添附), 부록(附錄), 부가(附加) 등에 나오는 붙을 부(附)자는 '언덕(阝)에 의지하여(付) 붙어 있다'는 뜻입니다. 교과서 중에 사회과부도(社會科附圖)는 '사회(社會) 과목(科)의 부록(附)으로 있는 지도(圖)'라는 뜻입니다. 부속고등학교(附屬高等學校)는 '사범 대학에 붙거나(附) 소속되어(屬) 있는 고등학교(高等學校)'입니다.

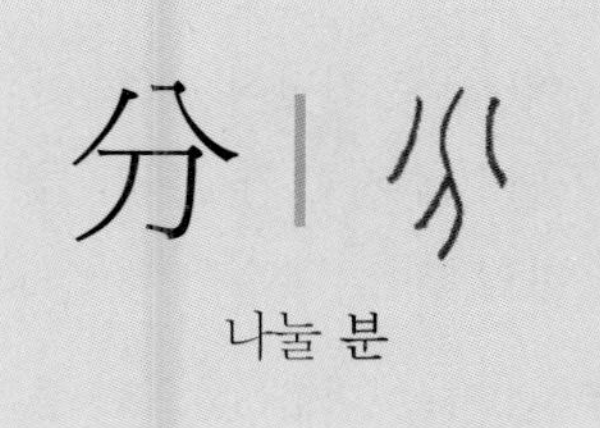

나눌 분(分)자에 들어 있는 여덟 팔(八)자는 둘로 나누어져 있는 모습으로 원래 '나누다'는 뜻을 가지고 있었으나, 나중에 가차되어 여덟이란 뜻이 생기면서 원래의 뜻을 분명히 하기 위해 칼 도(刀)자가 추가되어 나눌 분(分)자가 되었습니다. 고등학교 수학 시간에 배우는 미분(微分)은 '작게(微) 나누다(分)'는 뜻으로, 어떤 함수에서 아주 작은 구간을 나누어 이 구간에서 일어나는 현상을 연구하는 수학이며, 반대로 적분(積分)은 '작게 나누어진(分) 것을 합쳐서 쌓다(積)'는 뜻으로, 어떤 함수에서 아주 작은 구간들을 합쳐서 쌓으면 일어나는 현상을 연구하는 수학입니다.

[분]으로 소리나는 경우

- 4/3 粉 가루 분 ㊥粉 — 쌀 미(米) + [나눌 분(分)]
- 3/3 紛 어지러울 분 ㊥纷 — 실 사(糸) + [나눌 분(分)]
- 2/1 芬 향기 분 ㊥芬 — 풀 초(艹) + [나눌 분(分)]
- 1/2 盆 동이 분 ㊥盆 — 그릇 명(皿) + [나눌 분(分)]
- 1/1 忿 성낼 분 ㊥忿 — 마음 심(心) + [나눌 분(分)]
- 1/1 雰 안개 분 ㊥雰 — 비 우(雨) + [나눌 분(分)]

복원 전의 분황사 석탑과 주변

옛날에는 피부를 곱게 하기 위해 쌀뜨물로 세수를 하였고, 쌀가루로 분(粉)을 만들어 발랐습니다. 쌀이 피부에 좋다는 것은 현대에 와서 과학적으로 입증이 되고 있습니다. 가루 분(粉)자는 원래 '쌀(米)을 잘게 나누어(分) 가루로 만든 분(粉)'을 뜻하는 글자였으나, 나중에 가루라는 뜻이 추가되었습니다. 분골쇄신(粉骨碎身)은 '뼈(骨)는 가루(粉)가 되고 몸(身)은 부서지다(碎)'는 뜻으로, 목숨을 걸어 있는 힘을 다함을 말합니다. 분식(粉食)은 '밀가루(粉)로 만든 음식(食)'으로, 국수, 수제비, 라면 등을 말합니다. 분필(粉筆)은 '가루(粉)가 생기는 붓(筆)'으로, 칠판 위에 글씨를 쓰는 데에 사용됩니다.

분쟁(紛爭), 내분(內紛), 분란(紛亂) 등에 쓰이는 어지러울 분(紛)자는 '여러 개로 나누어(分) 놓은 실(糸)들이 엉클어져 어지럽다'는 뜻입니다. 종교 분쟁(宗敎紛爭)은 '종교(宗敎)로 인해 어지럽게(紛) 다투다(爭)'는 뜻으로, 다른 종교를 믿는 사람들이 서로 싸우는 것을 말합니다. 가장 종교 분쟁이 많은 곳은 서남아시아(중동 지역)입니다. 서남아시아는 유대교, 유대교에서 탄생한 그리스도교, 다시 그리스도교에서 탄생한 이슬람교 등이 섞여 있는데다 영토 분쟁(領土紛爭)까지 겹쳐서 지구상에서 가장 혼란스런 곳입니다.

향기 분(芬)자는 '풀(艹)을 칼로 가르면(分) 향기가 난다'는 뜻입니다. 이 글자도 사람 이름으로 사용됩니다. 신라 선덕여왕 때 만들어진 경주 분황사의 분황(芬皇)은 '향기(芬)로운 황제(皇)'라는 뜻인데, '연꽃 중의 연꽃'을 일컫는 말입니다. 한때 분황사에서 머물었던 원효대사의 법호(法號: 승려의 호)도 분황(芬皇)입니다.

동이 분(盆)자의 동이는 질그릇으로 만든 큰 항아리로, 양쪽에 손잡이가 달려 있습니다. 물동이는 '물을 담는 동이'이고, 양(洋)동이는 '서양(洋)에서

중국의 분지

들어온 동이'로 함석이나 알루미늄으로 만들고 한손으로 들 수 있도록 손잡이가 달려 있습니다. 화분(花盆)은 '꽃(花)을 심는 동이(盆)'로 간단히 분(盆)이라고도 합니다. 지리 시간에 나오는 분지(盆地)는 '동이(盆)처럼 가운데가 들어간 땅(地)'이란 뜻으로, 산으로 둘러싸인 평지를 말합니다.

격분(激忿), 분노(忿怒) 등에 사용되는 성낼 분(忿)자는 '마음(心)으로 성을 내다'는 뜻입니다. 분기충천 (憤氣衝天)은 '분한(憤) 마음(氣)이 하늘(天)을 찌르다(衝)'는 듯으로, 분기탱천(憤氣撑天)과 같은 말입니다.

안개 분(雰)자는 '빗방울(雨)이 잘게 나누어져(分) 공기 중에 떠다니는 것이 안개이다'는 뜻으로 만들었습니다. 분위기(雰圍氣)는 '안개(雰)처럼 주위(圍)에 감도는 느낌이나 기운(氣)'입니다.

[빈]으로 소리나는 경우

4/4 貧 가난할 빈 중 贫
조개 패(貝) +
[나눌 분(分)→빈]

빈곤(貧困), 빈민(貧民), 빈부(貧富)에 들어가는 가난할 빈(貧)자는 '돈(貝)을 여러 사람이 나누어(分) 가져 가난하다'는 뜻입니다. 빈처(貧妻)는 '가난한(貧) 아내(妻)'라는 뜻으로, 1921년 《개벽(開闢)》지에 발표한 현진건의 단편소설로, 가난한 무명 작가와 양순하고 어진 아내의 이야기를 그린 작품입니다. 빈혈(貧血)은 '피(血)가 부족하다(貧)'는 뜻으로, 혈액 속의 적혈구가 정상값 이하로 감소한 상태입니다. 안빈낙도(安貧樂道)는 '가난(貧)에 안주(安)하면서 도(道)를 즐기다(樂)'는 뜻으로, 가난한 생활에서도 편안한 마음으로 도를 즐기면서 살아가는 것을 일컫는 말입니다. 활빈당(活貧黨)은 '가난한(貧) 사람을 살리는(活) 무리(黨)'란 뜻으로, 넉넉한 사람의 재물을 빼앗아다가 어려운 사람을 구원하여 주는 도둑의 무리를 말합니다.

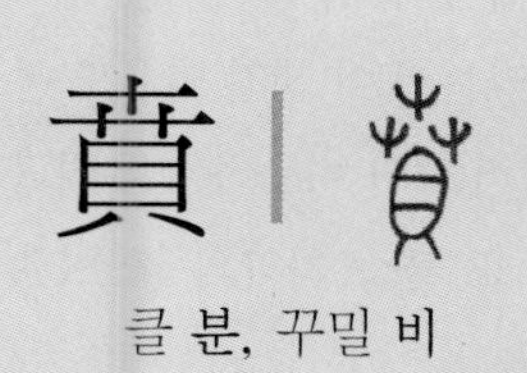

클 분, 꾸밀 비

클 분(賁) 혹은 꾸밀 비(賁)자는 풀 훼(卉)자와 조개 패(貝)자가 합쳐진 글자입니다. 즉 풀과 조개 등으로 무엇(아마도 무덤인 듯)을 꾸민다는 데에서 뜻이 유래한 글자입니다. 다른 글자 속에서 '크게 솟아오르다'는 뜻으로 사용됩니다. 맹분지용(孟賁之勇)은 '맹분(孟賁)의(之) 용맹(勇)'라는 뜻으로, 매우 용맹함을 말합니다. 맹분(孟賁)은 중국 전국 시대에 제나라의 역사(力士)로 호랑이도 무서워하지 않았다고 합니다.

[분]으로 소리나는 경우

- 4Ⅱ 憤 분할 분 ㊥ 愤 마음 심(忄) + [클 분(賁)]
- 3Ⅱ 墳 무덤 분 ㊥ 坟 흙 토(土) + [클 분(賁)]
- 1Ⅱ 噴 뿜을 분 ㊥ 喷 입 구(口) + [클 분(賁)]

분할 분(憤)자는 '분하면 마음(忄)이 크게(賁) 솟아오르다'는 뜻으로 만든 글자입니다. 분노(憤怒)는 '분하여(憤) 몹시 성을 내다(怒)'는 뜻이고,《분노(憤怒)의 포도(葡萄)》는 1939년 미국 작가 존 스타인벡의 장편소설입니다. 대공황기의 캘리포니아 소작농들의 비참한 이야기를 그린 이야기로 사회주의적 경향이 짙은 작품입니다. 1940년에는 영화로 만들어져 두 개의 아카데미상을 받았습니다.

분묘(墳墓)는 무덤 분(墳)자와 무덤 묘(墓)자가 합쳐진 글자인데, 이중에서 분(墳)은 땅위로 솟아오른 무덤인 반면, 묘(墓)는 원래 땅위에 봉분이 없는 평평한 무덤입니다. 무덤 분(墳)자는 '흙(土)을 크게(賁) 솟아오르게 한 것이 무덤이다'는 뜻입니다. 적석목곽분(積石木槨墳)은 '나무(木)로 만든 곽(槨) 위에 돌(石)을 쌓고(積) 그 위에 흙을 입힌 무덤(墳)'으로, 신라 고분(古墳)인 천마총(天馬塚)이 대표적입니다. 전방후원분(前方後圓墳)은 '앞(前)은 네모(方), 뒤(後)는 둥근(圓) 무덤(墳)'입니다. 백제와 일본 고분 시대의 무덤에서 이러한 무덤이 발견됩니다. 고분시대(古墳時代)는 '고분(古墳)이 많이 만들어졌던 시대(時代)'로, 일본 최초의 통일정권인 야마토(大和) 정권이 있었던 3세기 말~7세기 초 사이의 시대를 말합니다. 이 시대에 거대한 전방후원분(前方後圓墳)이 많이 만들어졌는데, 왕권이 얼마나 강력했는지를 보여줍니다. 야마토(大和) 시대라고도 합니다.

전방후원분

뿜을 분(噴)자는 '입(口)에서 크게(賁) 뿜어내다'는 뜻입니다. 분출(噴出)은 '세차게 뿜어(噴) 나오다(出)'는 뜻이고, 분수(噴水)는 '물(水)이 뿜어져(噴) 나오는 곳'이며, 분화구(噴火口)는 '화산에서 불(火)이 뿜어져(噴) 나오는 출구(口)'입니다. 분무기(噴霧器)는 '물이나 약품을 안개(霧)처럼 내뿜는(噴) 기구(器)'입니다.

弗 | 弗(고문자)

아닐 불

아닐 불(弗)자의 상형문자를 보면 영어 S자 중앙에 두 줄이 그어져 있습니다. 무엇을 나타내는지 분명치 않을 뿐더라, '아니다'라는 뜻이 생긴 연유도 분명치 않습니다. 아닐 불(弗)자는 미국 돈의 단위인 달러($)와 비슷하여 우리나라에서는 달러($)를 한자로 불(弗)자로 표시합니다. 또 불소 치약의 불소(弗素)는 영어의 플루오린(fluorine)을 음역한 것입니다.

[불]로 소리나는 경우

佛 (4/4) 부처 불 ㊥佛 ㊒仏
사람 인(亻) + [아니 불(弗)]

拂 (3/3) 떨칠 불 ㊥拂 ㊒払
손 수(扌) + [아니 불(弗)]

부처님도 사람이므로 부처 불(佛)자에는 사람 인(亻)자가 들어갑니다. 불교(佛敎), 불경(佛經) 등에 들어갑니다. 신라 시대에 경주에 지은 불국사(佛國寺)는 '부처님(佛)의 나라(國)가 있는 절(寺)'입니다.

떨칠 불(拂)자는 원래 '아니다(弗)고 생각하는 것을 손(扌)으로 떨치다'는 뜻입니다. 나중에 '손(扌)으로 돈(弗)을 지불하다'는 뜻도 생겼습니다. 불식(拂拭)은 '먼지를 떨치고(拂) 씻다(拭)'는 뜻으로, 의심 따위를 말끔히 떨어 없앰을 이르는 말입니다. 지불(支拂), 체불(滯拂), 환불(還拂) 등에서는 '돈을 지불하다'는 뜻으로 사용됩니다.

[비]로 소리나는 경우

費 (5/3) 쓸 비 ㊥费
조개 패(貝) +
[아니 불(弗)→비]

沸 (1/0) 끓을 비, 용솟음할 불 ㊥沸
물 수(氵) +
[아니 불(弗)→비,불]

소비(消費), 식비(食費), 학비(學費), 비용(費用) 등에 들어가는 쓸 비(費)자는 '돈(貝)을 쓰면 없어지다(弗)'는 뜻을 가지고 있습니다. 비용(費用)은 '어떤 일을 하는 데 쓰거나(費) 사용하는(用) 돈'을 말합니다. 기회비용(機會費用)은 '어떤 기회(機會)를 포기하였을 때 발생되는 비용(費用)'입니다. 은행에 1억원을 저축해 두고 연간 5%의 이자(500만 원)를 받고 있다고 가정해 봅시다. 만약 이 1억원을 은행에서 인출하여 가게를 차린다고하면, 은행에서 이자를 받는 것을 포기해야합니다. 이와 같이 어떤 선택(가게를 차림)을 위해 다른 하나(은행에서 이자를 받음)를 포기하였을 때, 포기함으로써 손해보는 금액을 기회비용이라고 합니다. 이 경우에는 가게를 차리기 위해 은행에서 이자를 받을 수 있는 기회를 포기하였으니까, 기회비용은 연간 500만 원이 됩니다.

끓을 비(沸)자는 '물이 끓어 수증기가 되니 더 이상 물(氵)이 아니다(弗)'는 뜻입니다. 이후 물이 끓어 수증기가 위로 용솟음친다고 용솟음할 불(沸)자가 되었습니다. 비등(沸騰)은 '액체가 끓어(沸)오르다(騰)'는 뜻으로, 떠들썩하게 일어남을 일컫는 말이고, 비등점(沸騰點)은 '액체가 끓어(沸)오르는(騰) 점(點)의 온도'입니다.

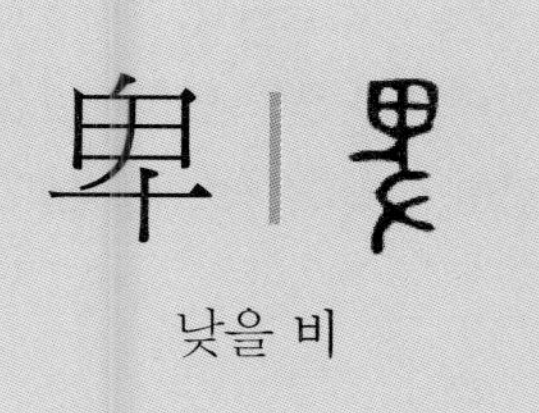

낮을 비

낮을 비(卑)자의 상형문자를 보면 밭 전(田)자와 손(又)에 도구(卜)를 들고 있는 모습인 칠 복(攵)자가 합쳐진 글자입니다. 즉 '밭(田)에서 손(又)에 도구(卜)를 들고 일을 하는 사람의 신분이 낮다'고 해서 '낮다'는 뜻이 생겼습니다. 비속어(卑俗語)는 '격이 낮고(卑) 속된(俗) 말(語)'입니다. 다른 글자 내에서 '낮다, 작다'는 뜻으로 사용됩니다. 비겁(卑怯)은 '비열(卑劣)하고 겁(怯)이 많다'는 뜻입니다.

[비]로 소리나는 경우

4-2 碑 비석 비 ⓩ 碑
돌 석(石) + [낮을 비(卑)]

3-2 婢 계집종 비 ⓩ 婢
여자 녀(女) + [낮을 비(卑)]

묘비(墓碑), 비문(碑文), 비석(碑石)에 사용되는 비석 비(碑)자는 돌로 만들므로 돌 석(石)자가 들어갑니다. 구비문학(口碑文學)은 '말(口)로 된 비석(碑)과 같이 오랫동안 전해 내려오는 문학(文學)'이란 뜻으로, '입(口)으로 전(傳)해 내려오는 문학(文學)'이란 뜻의 구전문학(口傳文學)과 같은 뜻입니다.

계집종 비(婢)자는 '낮은(卑) 계급의 여자(女)가 여자 종이다'는 뜻입니다. 노비종모법(奴婢從母法)은 '노비(奴婢)인 어머니(母)를 따라가는(從) 법(法)'으로, 어머니가 노비면 자식도 노비가 되는 법입니다. 고려 시대에는 부모 중 한 명만 노비이면 자식도 노비가 되었으나, 평민과 노비가 결혼하면서 노비의 수가 많아지고 군역 부담자의 수가 줄어들자, 조선 시대에는 노비종모법(奴婢從母法)과 노비종부법(奴婢從父法)을 번갈아 시행했습니다.

[패]로 소리나는 경우

1-1 牌 패 패 ⓩ 牌
조각 편(片) +
[낮을 비(卑)→패]

1-0 稗 피 패 ⓩ 稗
벼 화(禾) +
[낮을 비(卑)→패]

조선시대의 마패

패 패(牌)는 '작은(卑) 나무조각(片)이 패이다'는 뜻입니다. 호패(號牌)는 '이름(號)을 적어둔 패(牌)'로, 조선 시대에 신분을 증명하기 위하여 16세 이상의 남자가 가지고 다녔던 패를 말합니다. 오늘날의 주민등록증입니다. 마패(馬牌)는 '고려와 조선 시대에 역마(驛馬)를 징발할 수 있는 패(牌)'로, 암행어사도 이 패(牌)를 들고 다녔습니다.

피 패(稗)자의 피는 몸속의 피가 아니라, 논에서 자라는 벼와 비슷하게 생겼으나 이삭에 알맹이가 작은 벼의 일종입니다. 농부들이 논에 나가 논을 매는 이유가 주로 벼 사이에서 자라는 피를 뽑아 버리기 위함입니다. 피 패(稗)자는 '등급이 낮은(卑) 벼(禾)'라는 뜻입니다. 패관문학(稗官文學)은 '패관(稗官)이 쓴 문학(文學)'입니다. 패관(稗官)은 옛날 중국에서 임금이 백성들의 풍속이나 생활을 살피기 위하여, 백성들 사이에 몰래 숨어들어 거리의 소문이나 이야기를 모아 기록시키던 벼슬 이름입니다. 흡사 벼 사이에 피가 숨어 있듯이 백성 사이에 숨어서 지냈습니다. 패관문학은 이와 같이 임금의 정사를 돕기 위하여 거리의 소문을 모아 엮은 설화문학으로 출발하였습니다. 하지만, 나중에는 백성들의 이야기 등을 모아 엮어 만든 문학이란 뜻으로 변화하였습니다. 고려 시대의 《역옹패설(櫟翁稗說)》과 《파한집(破閑集)》, 《보한집(補閑集)》 등이 대표적인 패관문학입니다.

견줄 비(比)자는 두 사람이 같은 방향을 보고 있는 형상의 상형문자입니다. 두 사람이 무언가 겨루기 위해 출발선에 서 있는 모습에서 '견주다, 경쟁하다'는 뜻이 생겼습니다. 견줄 비(比)자는 5획이 아니라 4획임에 유의해야 합니다. 비교(比較), 대비(對比), 비례(比例), 비중(比重) 등에 사용됩니다. 과학에서 비중(比重)은 '물의 무게(重)와 비교한(比) 크기'입니다. 예를 들어 수은의 비중은 13.55인데, 같은 부피의 물과 비교하면 13.55 배가 무겁다는 의미가 됩니다.

[비]로 소리나는 경우

4/3 批 비평할 비 ㊥ 批
손 수(扌) + [견줄 비(比)]

2/2 毗 도울 비 ㊥ 毗
밭 전(田) + [견줄 비(比)]

1/1 琵 비파 비 ㊥ 琵
구슬 옥(玉) × 2 + [견줄 비(比)]

1/0 砒 비소 비 ㊥ 砒
돌 석(石) + [견줄 비(比)]

비평할 비(批)자는 원래 '손(扌)으로 치다'는 뜻입니다. 이후 '치다→때리다→(때려서) 바로잡다→비평(批評)하다'등의 뜻이 생겼습니다. 비판(批判)은 '비평(批評)하여 판정(判定)하다'는 뜻입니다. 비난(批難)은 '비평하여(批) 나무라다(難)'는 뜻입니다. 어려울 난(難)자는 '나무라다'는 뜻도 있습니다.

도울 비(毗)자는 '밭(田) 일을 두 사람(比)이 서로 도와서 하다'는 뜻입니다. 밭 전(田)자가 위로 올라간 비(毘)자와 같은 글자입니다. 다비(茶毘)는 불교에서 화장(火葬)을 가리키는 말로, '태우다'는 뜻의 산스크리트어 자페티(jhā peti)를 음역한 낱말입니다. 비로봉(毘盧峰)은 속리산, 금강산, 묘향산의 산봉우리 이름입니다. 비로(毘盧)는 불교에서 비로자나불(Vairocana, 毘盧遮那佛)을 말합니다. 산스크리트어로 '태양'이라는 뜻입니다.

비파 비(琵)자에는 옥(玉→王)자를 두 개 겹쳐져 들어가 있는데, 상형문자를 보면 옥(玉)과는 상관없이 현악기 줄을 나타냅니다. 하지만 부수가 구슬 옥(玉) 부입니다. 비파(琵琶)는 현악기의 일종으로 길이가 60~90cm이며, 중국에서 한국과 일본으로 전래되었습니다.

비소 비(砒)자의 비소(砒素)는 광택이 나는 결정성의 비금속 원소입니다. 원자 기호는 As, 원자 번호는 33입니다. 옛날에 사약으로 많이 쓰던 비상(砒霜)은 비석(砒石)을 승화시켜서 만든 결정체로, 흔히 말하는 독약입니다.

非 | 非(전서)

아닐 비, 어긋날 비

비행(非行), 비상(非常), 비리(非理) 등에 들어가는 아닐 비(非)자는 좌우 양쪽으로 펼친 새의 날개를 본떠 만든 글자입니다. 좌우 양 날개가 서로 반대 방향을 향해 있다고 해서 '아니다'라는 뜻이 생겼습니다. 아닐 비(非)자는 부수이기는 하지만 다른 글자와 만나 소리로 사용됩니다. '시비를 가리다'고 할 때의 시비(是非)는 '옳음(是)과 그름(非)'이란 뜻이고, '사소한 시비 끝에 사람을 죽였다'고 할 때의 시비(是非)는 '옳고(是) 그름(非)을 따지는 말다툼'입니다.

[비]로 소리나는 경

4/4 悲 슬플 비 중 悲
마음 심(心) + [아닐 비(非)]

2/2 匪 도둑 비 중 匪
감출 혜(匸) + [아닐 비(非)]

1/1 緋 비단 비 중 绯
실 사(糸) + [아닐 비(非)]

슬플 비(悲)자는 '마음(心)이 기쁘지 않고(非) 슬프다'는 뜻입니다. 비극(悲劇)은 '슬픈(悲) 연극(劇)'이란 뜻과 함께 인생에서 일어나는 비참(悲慘)한 사건을 뜻하기도 합니다. '시험 결과가 비관적이다'에서 비관(悲觀)은 '슬프게(悲) 보다(觀)'는 뜻입니다.

도둑 비(匪)자는 '도둑이 물건을 훔치면 감추다(匸)'는 뜻이 담겨 있습니다. 비적(匪賊)은 '도둑(匪)과 도둑(賊)'이란 뜻으로, 무장을 하고 떼를 지어 다니면서 사람들을 해치는 도둑을 말합니다.

비단 비(緋)자는 '비단(緋緞)은 실(糸)로 짜서 만든다'는 뜻입니다.

[배]로 소리나는 경우

3/3 輩 무리 배 중 辈
수레 차/거(車) +
[아닐 비(非)→배]

3/2 排 밀어낼/물리칠 배 중 排
손 수(扌) +
[아닐 비(非)→배]

2/2 俳 광대 배 중 俳
사람 인(亻) +
[아닐 비(非)→배]

2/2 裵 성 배 중 裵
옷 의(衣) +
[아닐 비(非)→배]

무리 배(輩)자는 좌우로 펼친 새의 날개(非)처럼 진영을 갖춘 수레(車)의 무리를 의미입니다. 폭력배(暴力輩)는 '폭력(暴力)을 휘두르는 무리(輩)'입니다. 선배(先輩)는 '먼저(先) 간 무리(輩)'이고, 후배(後輩)는 '뒤(後)에 오는 무리(輩)'입니다.

밀어낼/물리칠 배(排)자는 '아니라(非)고 손(扌)으로 밀어내거나 물리치다'는 뜻입니다. 배구(排球)는 '손으로 공(球)을 밀어내는(排) 경기'입니다. 배척(排斥)은 '물리치고(排) 물리치다(斥)'는 뜻입니다. 배란(排卵)은 '알(卵)을 배설(排泄)하다'는 뜻입니다.

광대 배(俳)자는 '광대는 자신이 아닌(非) 다른 사람이 되어 연기하는 사람(亻)이다'는 뜻이 담겨 있습니다. 배우(俳優)는 '광대(俳)와 광대(優)'라는 뜻입니다. 넉넉할 우(優)자는 광대라는 뜻도 가자고 있습니다.

성 배(裵)자는 원래 '새의 날개처럼 옷(衣)이 치렁치렁하다'는 뜻입니다. 하지만 이 글자는 성씨로만 사용됩니다. 배우 배용준(裵勇俊)이 그 예입니다.

맡을 사, 시킬 사

맡을 사(司)자는 원래 '숟가락(匕)으로 노인이나, 병자, 아기의 입(口)으로 밥을 먹이다'는 뜻입니다. 숟가락을 뜻하는 비수 비(匕)자가 거꾸로 들어가 있습니다. '나중에 이런 일을 맡다'는 뜻이 생기자, 원래의 뜻을 살리기 위해 먹을 식(食)자를 추가하여 먹일 사(飼)자가 되었습니다. 사서(司書)는 '책(書)을 맡은(司) 사람'으로 도서관에서 일하는 사람이고, 사제(司祭)는 '(하느님에 대한) 제사(祭)를 맡은(司) 사람'으로 천주교의 신부를 이르는 말입니다. 사령관(司令官)은 '명령(命令)을 맡은(司) 관리(官)'로 군대의 최고 지휘관이고, 사간원(司諫院)은 '조선 시대에 임금에게 간하는(諫) 일을 맡은(司) 관아(院)'입니다.

[사]로 소리나는 경우

3/2 詞 말 사 중 词
말씀 언(言) + [맡을 사(司)]

2/2 飼 먹일 사 중 饲
먹을 식(食) + [맡을 사(司)]

1/2 祠 사당 사 중 祠
보일 시(示) + [맡을 사(司)]

제사를 지내는 사당

명사(名詞), 동사(動詞), 형용사(形容詞), 부사(副詞) 등에 사용되는 말 사(詞)자는 말이라는 뜻뿐만 아니라 글이나 문장이라는 뜻도 가지고 있습니다. 〈태평사(太平詞)〉는 '태평(太平) 시절을 노래하는 말(詞)'로, 조선 선조 31년(1598년)에 박인로(朴仁老, 1561~1642년)가 지은 가사(歌辭)입니다. 임진왜란 때 전쟁에 지친 병사들을 위로하기 위하여 지은 작품으로, 찬란한 우리 문화를 예찬하고 왜군의 침입과 병사들의 활약, 승전, 개선을 읊은 다음 다시 찾아온 태평성대(太平聖代)를 노래하는 내용입니다.

먹일 사(飼)자는 '음식을 먹이다(食)'는 뜻입니다. 이후 '먹이다→기르다→사육(飼育)하다→사료(飼料)' 등의 뜻이 생겼습니다. 사육(飼育)은 '먹여서(飼) 기르다(育)'는 뜻이고, 사료(飼料)는 '먹이는(飼) 재료(料)'입니다.

사당 사(祠)자는 '조상에 음식을 먹이기(司) 위해 제사상(示)을 차려 놓은 곳이 사당(祠堂)이다'는 뜻입니다. 충렬사(忠烈祠)는 '충신(忠臣) 열사(烈士)를 제사 지내는 사당(祠堂)'이고, 현충사(顯忠祠)는 '충무공(忠武公) 이순신 장군의 공을 나타내기(顯) 위해 세운 사당(祠堂)'입니다.

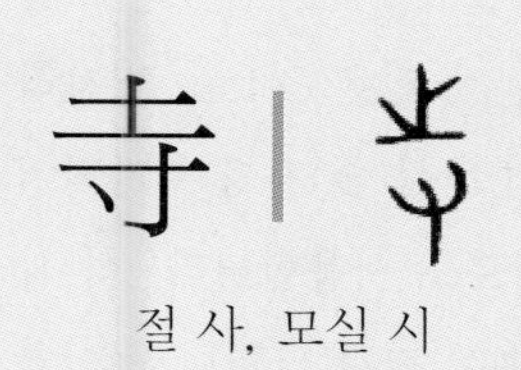

절 사, 모실 시

절 사(寺)자로 더 널리 알려져 있는 모실 시(寺)자는 손(寸) 위에 발(止→土)을 받들고 있는 모습으로, '높은 사람을 받들어 모시다'는 뜻을 가진 글자입니다. 이후 '모시다→(높은 사람을 모셔야 하는) 관청→(부처님을 모시는) 절' 등의 뜻이 생겼습니다. 나중에 본래의 뜻을 보존하기 위해 사람 인(亻)자를 추가하여 모실 시(侍)자가 되었습니다.

[시]로 소리나는 경우

7/5 **時** 때 시 중 时
날 일(日) + [모실 시(寺)]

4/5 **詩** 시 시 중 诗
말씀 언(言) + [모실 시(寺)]

3/2 **侍** 모실 시 중 侍
사람 인(亻) + [모실 시(寺)]

시계가 없었던 옛날에는 해의 움직임을 보고 시간이나 때를 알았습니다. 시간(時間), 일시(日時) 등에 들어 있는 때 시(時)자는 '해(日)를 보고 때를 안다'는 뜻입니다.

요즘의 시(詩)는 주로 눈으로 읽지만 옛날에는 노래로 부르기 위해 만들었습니다. 시 시(詩)자는 '말(言)로 시를 읊다'는 뜻입니다. 정형시(定型詩)는 '형식(型)이 정해진(定) 시(詩)'로, 우리나라의 시조가 대표적인 정형시입니다.

모실 시(侍)자에 '높은 사람을 사람(亻)이 모시다(寺)'는 뜻입니다. 시종(侍從)은 '모시고(侍) 따르는(從) 사람'으로 임금을 모시는 사람입니다. 내시(內侍)는 '임금의 방 안(內)에서 왕을 모시는(侍) 사람'으로 조선 시대에 내시부에 속하여 임금의 시중을 드는 남자인데, 모두 거세된 사람이었습니다. 시녀(侍女)는 '항상 몸 가까이에서 시중(侍)을 드는 여자(女)'입니다.

[지]로 소리나는 경우

4/4 **持** 가질 지 중 持
손 수(扌) + [모실 시(寺)→지]

가질 지(持)자는 원래 '손(扌)으로 쥐다'는 뜻입니다. 이후 '쥐다→지니다→가지다→지키다→버티다' 등의 뜻이 생겼습니다. 지분(持分)은 '가지는(持) 부분(分)'이란 뜻으로, 공유물이나 공유 재산 따위에서 공유자 각자가 소유하는 몫을 말합니다. 지지(支持)는 '지탱하고(支) 버티다(持)'는 뜻이고, 지구력(持久力)은 '오래(久) 버티는(持) 힘(力)'입니다.

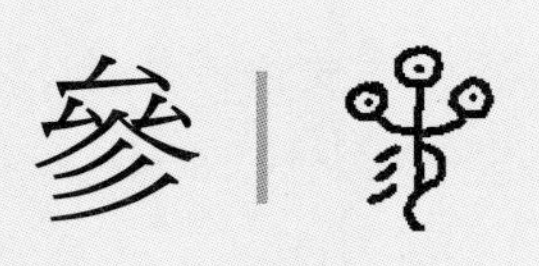

석 삼, 참여할 참

석 삼(參)자는 원래 사람(人)의 머리 위에 3개의 별(晶→厽)이 있는 모습으로, 28개의 별자리인 28수(宿) 중 서쪽 하늘에 있는 오리온(Orion) 별자리를 가리키는 글자입니다. 3이란 뜻으로 사용되면서 터럭 삼(彡)자가 추가되어 소리로 사용됩니다. 잘 수(宿)자는 별자리 수(宿)자로도 사용합니다. 석 삼(參)자는 참여할 참(參)자로도 사용되는데, 참가(參加), 참관(參觀), 참석(參席) 등에 들어갑니다.

[삼]으로 소리나는 경우

蔘 (2/2) 삼 삼 ㊥参
풀 초(艹) + [석 삼(參)]

滲 (1/0) 스밀 삼 ㊥渗
물 수(氵) + [석 삼(參)]

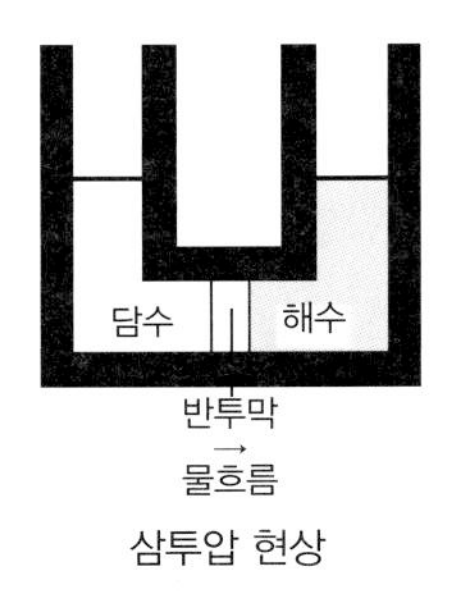

삼투압 현상

인삼(人參/人蔘)도 풀의 일종이므로 삼 삼(蔘)자에는 풀 초(艹)자가 들어갑니다. 삼 삼(蔘)자는 한국에서 만든 글자입니다. 중국에서는 삼(参)으로 씁니다. 수삼(水蔘)은 '말리지 않아 물기(水)가 있는 인삼(蔘)'이고, 백삼(白蔘)은 '뿌리의 잔털을 다듬어서 햇볕에 말린 흰(白) 빛깔의 인삼(蔘)'이며, 홍삼(紅蔘)은 '수삼을 쪄서 말린 붉은(紅) 빛깔의 인삼(蔘)'입니다.

스밀 삼(滲)자는 '물(氵)이 스며들다'는 뜻입니다. 삼투압(滲透壓)은 '물이 스며서(滲) 투과(透過)하게 하는 압력(壓)'으로, 농도가 다른 두 액체를 반투막(半透膜)으로 막아 놓았을 때에 농도가 높은 쪽에서 농도가 낮은 쪽으로 액체가 옮겨 가는 현상입니다. 반투막(半透膜)은 '반(半)만 투과시키는(透) 막(膜)'이란 뜻으로, 용액이나 기체의 혼합물에 대하여 어떤 성분은 통과시키고 다른 성분은 통과시키지 아니하는 막입니다.

[참]으로 소리나는 경우

慘 (3/2) 참혹할 참 ㊥惨 ㊀惨
마음 심(忄) + [참여할 참(參)]

참혹할 참(慘)자는 '마음(忄)이 참혹(慘酷)하다'는 뜻입니다. 참사(慘死)는 '참혹하게(慘) 죽다(敗)'는 뜻이고, 참사(慘事)는 '참혹한(慘) 일(事)'입니다. 참패(慘敗)는 '참혹하게(慘) 패하다(敗)'는 뜻이고, 비참(悲慘)은 '슬프도록(悲) 참혹하다(慘)'는 뜻입니다.

오히려 상

오히려 상(尙)자는 원래 높이 지은 건물 모습을 본떠 만든 글자입니다. 그래서 '높다'는 뜻을 가지고 있습니다. '학문을 숭상하다'에서 숭상(崇尙)은 '높고(崇) 높게(尙) 여기다'는 뜻입니다. 상서성(尙書省)은 '높은(尙) 곳의 글(書)을 받아 집행하는 관청(省)'으로 고려 때 왕의 명령을 집행하는 관청입니다. 고려 때 조직이나 관직 이름 중에 상(尙)자가 들어가는 것이 많은데, 모두 높은 곳에 있는 왕과 관련됩니다. 예를 들어, 상궁(尙宮)은 왕을 모시던 여자입니다.

[상]으로 소리나는 경우

5/4 賞 상줄 상 ㊥赏 조개 패(貝) + [오히려 상(尙)]

3/3 償 갚을 상 ㊥偿 사람 인(亻) + [상줄 상(賞)]

4/4 常 항상 상 ㊥常 수건 건(巾) + [오히려 상(尙)]

3/2 裳 치마 상 ㊥裳 옷 의(衣) + [오히려 상(尙)]

3/2 嘗 맛볼 상 ㊥尝 ㊏甞 뜻/맛있을 지(旨) + [오히려 상(尙)]

조선시대의 화폐
상평통보

금상(金賞), 대상(大賞), 상금(賞金), 상품(賞品), 입상(入賞) 등에 들어가는 상줄 상(賞)자는 '공을 세운 사람에게 재물(貝)을 주다'는 뜻입니다. 이후 '상주다→(상을 주며) 칭찬하다→(상을 받아) 즐기다'는 뜻이 파생되었습니다. 관상식물(觀賞植物)은 '보고(觀) 즐기는(賞) 식물(植物)'이라는 뜻이고, 상춘곡(賞春曲)은 '봄(春)을 즐기는(賞) 노래(曲)'라는 뜻으로 조선 성종 때 정극인이 만든 최초의 가사(歌辭)입니다. 조선시대에 단종이 왕위를 빼앗기자 벼슬을 버리고 고향인 전라북도 태인에 은거한 그가 그 곳의 봄 경치를 읊은 것입니다.

상줄 상(賞)자에 사람 인(亻)자를 붙이면, 갚을 상(償)자가 됩니다. '사람(亻)이 상(賞)을 받은 은혜를 갚다'는 뜻입니다. 배상(賠償), 변상(辨償), 보상(報償), 상환(償還) 등에 사용됩니다.

정상(正常), 상식(常識), 비상(非常), 무상(無常) 등에 사용되는 항상 상(常)자는 '천(巾)이 처음부터 끝까지 항상(恒常) 똑같다'는 데에서 유래합니다. 상평통보(常平通寶)는 '항상(常) 고르게(平) 통용되는(通) 보배(寶)'라는 뜻으로, 조선 시대의 화폐입니다. 상록수(常綠樹)는 '소나무와 같이 잎이 항상(常) 푸른(綠) 나무(樹)'입니다.

치마는 옷이므로 치마 상(裳)자에는 옷 의(衣)자가 들어갑니다. 의상(衣裳)은 '옷(衣)과 치마(裳)'라는 뜻이고, 동가홍상(同價紅裳)은 '같은(同) 값(價)이면 다홍(紅) 치마(裳)'라는 뜻으로, '같은 값이면 보기 좋은 것을 택하다'는 뜻입니다.

맛있을 지(旨)자에 오히려 상(尙)자를 추가하면, 맛볼 상(嘗)자가 됩니다. 와신상담(臥薪嘗膽)은 중국 춘추 시대 오나라의 왕부차(夫差)가 아버지의 원수를 갚기 위하여 섶나무(薪) 장작더미 위에서 잠을 자며(臥) 월나라의 왕 구천(句踐)에게 복수할 것을 맹세하였고, 그에게 패배한 월나라의 왕구천이 쓸개(膽)를 맛보면서(嘗) 복수를 다짐한 데서 유래합니다.

[장]으로 소리나는 경우

3/2 掌 손바닥 장 ⓒ掌
손 수(手) +
[오히려 상(尙)→장]

손바닥 장(掌)자는 '손(手)에 있는 손바닥'이란 뜻입니다. 중국 무협소설에 등장하는 장풍(掌風)은 '손(掌)에서 나오는 바람(風)'입니다. 여반장(如反掌)은 '손바닥(掌)을 뒤집는(反) 것 같다(如)'는 뜻으로, 일이 매우 쉬움을 이르는 말입니다. 손바닥 장(掌)자는 '손(手)으로 맡다'는 뜻도 있습니다. 장궤(掌櫃)는 '돈을 보관하는 궤(櫃)를 맡은(掌) 사람'이란 뜻으로, 돈 많은 사람이라는 뜻과 함께 중국 사람을 속되게 이르는 말이기도 합니다.

[당]으로 소리나는 경우

6/5 堂 집 당 ⓒ堂
흙 토(土) +
[오히려 상(尙)→당]

5/5 當 마땅할 당 ⓒ当 ⓨ当
밭 전(田) +
[오히려 상(尙)→당]

4/3 黨 무리 당 ⓒ党 ⓨ党
검을 흑(黑) +
[오히려 상(尙)→당]

식당(食堂), 서당(書堂) 등에 들어가는 집 당(堂)자는 '흙(土) 위의 건물(尙)이 집이다'는 뜻입니다. 당상관(堂上官)은 '임금의 집(堂)에 올라갈(上) 수 있는 벼슬(官)'로, 조선 시대에 왕과 같은 자리에서 정치의 중대사를 논의하는 자격을 갖춘 정3품 이상의 벼슬을 가진 사람을 말합니다. 반대로 정3품 미만의 벼슬을 가진 사람을 당하관(堂下官)이라고 합니다.

마땅할 당(當)자는 원래 '밭(田)이 건물(尙)을 짓기 위한 밑바탕이다'는 뜻입니다. 이후 '밑바탕→(밑바탕을) 맡다→(맡아서) 대하다→(맡기에) 마땅하다' 등의 뜻이 생겼습니다. 담당자(擔當者)는 '일을 맡고(擔) 맡은(當) 사람(者)'이고, 당신(當身)은 '마주 대하는(當) 몸(身)'이란 뜻으로 2인칭 대명사이며, 당연(當然)은 '마땅히(當) 그러하다(然)'는 뜻입니다. 또 '(일을 맡은 바로) 그, 이'와 같은 뜻으로도 사용되는데, 당장(當場)은 '지금 바로 이(當) 자리(場)'이고, 당시(當時)는 '그(當) 때(時)'이며, 당대(當代)는 '그(當) 시대(代)'입니다.

정당(政黨), 여당(與黨), 야당(野黨), 당원(黨員) 등에 들어가는 무리 당(黨)자는 검은(黑) 무리들이 큰 건물(尙)에 모여 있는 모습에서 '무리'라는 뜻이 생겼습니다. 무리가 부정적인 이미지를 가진다고 해서 검을 흑(黑)자가 들어갔습니다. 당파(黨派)는 이해를 같이하는 사람들끼리 뭉쳐진 단체이고, '친구(朋)나 무리(黨)'라는 뜻의 붕당(朋黨)은 조선 시대에 같은 지방 또는 서원 출신의 친구나 무리들을 이르던 말입니다. 붕당정치(朋黨政治)의 폐해는 말할 필요가 없겠지요.

서로 상

서로 상(相)자는 원래 '어린 나무(木)가 잘 자라는지 눈(目)으로 살펴보다'는 뜻입니다. 이후 '살펴보다→모양, 형상(을 살펴보다)', '살펴보다→(살펴 보면서) 시중드는 사람→정승', '살펴보다→(살펴볼) 상대→서로' 등의 여러 가지 뜻이 생겼습니다. 관상(觀相)은 '얼굴의 모양(相)을 보고(觀) 그 사람의 운명, 성격, 수명 따위를 판단하는 일'이고, 수상(手相)은 '손(手)금 모양(相)을 보고 판단하는 일'입니다. 재상(宰相)과 수상(首相)의 상(相)은 '왕의 시중을 드는 사람' 혹은 '정승'이란 뜻입니다. 상호(相互), 상대(相對), 상반(相反), 상이(相異)의 상(相)은 '상대' 혹은 '서로'라는 뜻으로 사용되는 예입니다.

[상]으로 소리나는 경우

4/4 **想** 생각 상 ⓩ 想
마음 심(心) + [서로 상(相)]

3/3 **霜** 서리 상 ⓩ 霜
비 우(雨) + [서로 상(相)]

1/0 **孀** 과부 상 ⓩ 孀
여자 녀(女) + [서리 상(霜)]

2/2 **箱** 상자 상 ⓩ 箱
대 죽(竹) + [서로 상(相)]

생각 상(想)자는 '상대(相)를 마음(心)으로 생각하다'는 뜻입니다. 사상(思想)은 '생각(思)과 생각(想)'이란 뜻으로, 어떠한 대상에 대하여 가지고 있는 구체적인 생각을 말합니다.

서리 상(霜)자는 '자세히 살펴보지(相) 않으면 보이지 않는 것이 서리이다'는 뜻입니다. 설상가상(雪上加霜)은 '눈(雪) 위(上)에 서리(霜)가 더해지다(加)'는 뜻으로, '어려움이 점점 커져 가다'는 뜻입니다. 즉 '엎친 데 덮친 격'입니다. 〈이상곡(履霜曲)〉은 '서리(霜)를 밟는(履) 노래(曲)'라는 뜻으로, 〈서경별곡(西京別曲)〉, 〈쌍화점(雙花店)〉 등과 아울러 남녀상열지사(男女相悅之詞)를 노래한 고려가요입니다.

과부 상(孀)자는 '여자(女)가 서리(霜)를 맞았다'는 뜻입니다. 젊은 과부를 청상(靑孀) 혹은 청상과부(靑孀寡婦)라고 하는데, 이때 푸를 청(靑)자는 '젊다'는 뜻이 있습니다. 청춘(靑春)이 그런 예입니다.

플라스틱이 없던 옛날에는 대나무 껍질로 상자나 바구니를 만들었습니다. 상자 상(箱)자는 '대나무(竹)로 만든 상자(箱子)'를 뜻하는 글자입니다.

生

날 생

날 생(生)자는 땅(土) 위에 어린 새싹이 올라오는 모습에서 '태어나다'는 뜻이 생겼습니다. 날 생(生)자는 부수이지만 부수로 사용되는 경우는 낳을 산(産)자 정도이고, 주로 다른 부수와 만나 소리로 사용됩니다. 생장점(生長點)은 '(새로운 세포가) 나서(生) 자라는(長) 점(點)'으로, 식물의 줄기나 뿌리 끝에 있으며, 이곳에서 세포분열이 활발하게 일어나서 새로운 세포가 생기고 자랍니다.

[생]으로 소리나는 경우

1/1 **牲** 희생 생 ⓙ 牲
소 우(牛) + [날 생(生)]

옛 중국에서는 소를 제사상의 제물로 사용하였는데, 이런 소를 희생(犧牲)이라고 합니다. 희생 생(牲)자는 '소(牛)가 산(生) 채로 제물이 되다'는 뜻입니다. '남을 위해 희생한다'는 의미의 희생(犧牲)이란 낱말이 여기에서 유래합니다.

[성]으로 소리나는 경우

7/5 **姓** 성씨 성 ⓙ 姓
여자 녀女 + [날 생(生)→성]

5/5 **性** 성품 성 ⓙ 性
마음 심(忄) + [날 생(生)→성]

4/4 **星** 별 성 ⓙ 星
날 일(日) + [날 생(生)→성]

1/1 **醒** 깰 성 ⓙ 醒
닭 유(酉) + [별 성(星)]

한자에는 모계사회의 흔적이 많이 남아 있습니다. 성씨 성(姓)자는 여자(女)가 낳은(生) 아이에게 자신의 성(姓)을 따르게 한 모계사회에서 유래하는 글자이고, 뿌리의 모습을 본떠 만든 뿌리 씨(氏)자는 부계사회로 옮겨가면서 아버지 성을 일컫는 글자입니다. 지금은 둘을 합쳐서 성씨(姓氏)라고도 합니다. 백성(百姓)은 '백(百) 가지의 성(姓)' 즉 온갖 성이란 뜻으로, 일반 국민을 가르키는 말입니다.

성격(性格), 성질(性質), 이성(理性), 인성(人性) 등에 들어가는 성품 성(性)자는 '태어날(生) 때 가지는 마음(忄)이 사람의 천성(天性)인 성품(性品)이다'는 뜻입니다. 이후 '성품(性品)→바탕→성질(性質)→성별(性別)→남녀(男女)' 등의 뜻이 생겼습니다.

별 성(星)자의 상형문자에는 소리를 나타내는 생(生)자 위에 날 일(日)자가 세 개 있는 모습(晶)으로 그려져 있습니다. 즉 여기에서 날 일(日)자는 해가 아니라 별들을 의미합니다. 나중에 날 일(日)자와 날 생(生)자가 합쳐진 글자로 변형되었는데, '해(日)에서 떨어져 나와 생긴(生) 것이 별이다'는 뜻입니다.

깰 성(醒)자는 '술(酉)이 깨다'는 뜻입니다. 닭 유(酉)자는 술병의 상형으로, 술이나 식초, 간장과 같이 발효식품과 관련되는 글자에 들어갑니다. 각성(覺醒)은 '깨달거나(覺) 깨다(醒)'는 뜻으로, 정신을 차리거나 잘못을 깨닫는 것을 말합니다.

[정]으로 소리나는 경우

2/2 **旌** 기 정 ⓙ 旌
깃발 언(㫃) + [날 생(生)→정]

기 정(旌)자는 원래 '새의 깃으로 장식한 깃발(㫃)'을 뜻하는 글자입니다. 예전에 왕이 궁궐을 떠나 임시로 거처를 정하면 이런 깃발을 세워 왕이 있음을 나타낸다고 해서 '나타내다'는 뜻이 생겼습니다. 정문(旌門)은 '충신이나 효자, 열녀 등을 나타내기(旌) 위하여 그 집 앞이나 마을 앞에 세우던 붉은 문(門)'입니다. 강원도 정선군의 정선(旌善)은 '착한(善) 행실을 드러내어(旌) 상을 주다'는 뜻입니다.

庶 | 𠩺

여러 서

여러 서(庶)자는 정확한 의미를 알 수 없는 글자입니다. 상형문자를 보면 언덕(厂→广) 아래에 솥(口)이 있고, 솥 아래에 불(灬)이 있는 모습으로, 음식물을 삶고 있는 모습으로 추측합니다. 또 다른 해석은 돌 석(石=厂+口)자 아래에 불 화(灬)자가 있는 모습으로 보고, 돌로 굽는 요리법으로 추측합니다. 어쨌든 음식이나 요리와 관련되는 글로 추측됩니다. 이후, '(음식을 먹어) 살찌다→넉넉하다→많다→무리→여러' 등의 뜻이 생겼습니다. 서민(庶民)은 '여러(庶) 백성(民)'이란 뜻으로 보통 사람을 일컫는 말입니다.

[석]으로 소리나는 경우

6/5 席 자리 석 중 席
수건 건(巾) +
[여러 서(庶)→석]

자리 석(席)자는 '여럿이(庶) 앉도록 천(巾)을 깔아놓은 자리'라는 뜻입니다. 이후 '자리→여럿이 모인 자리→앉을 자리→자리를 깔다→벌이다→벌여놓다' 등의 뜻이 생겼습니다. 좌석(座席)은 '앉는(座) 자리(席)', 공석(空席)은 '빈(空) 자리(席)', 상석(上席)은 '어른이 앉는 윗(上)자리(席)'입니다. 출석(出席)은 '자리(席)에 나아가다(出)'는 뜻이고, 결석(缺席)은 '자리(席)에서 빠지다(缺)'는 뜻입니다.

[차]로 소리나는 경우

2/2 遮 막을 차 중 遮
갈 착(辶) +
[여러 서(庶)→차]

막을 차(遮)자는 '가는(辶) 사람을 막다'는 뜻입니다. 차단(遮斷)은 '오가지 못하게 가로막거나(遮) 끊다(斷)'는 뜻이고, 차양(遮陽)은 '볕(陽)을 막다(遮)'는 뜻입니다. '차광 유리'나 '차광 안경'에서 차광(遮光)은 '빛(光)을 막다(遮)'는 뜻입니다.

[도]로 소리나는 경우

6/5 度 헤아릴 탁, 법도 도 중 度
또 우(又) +
[여러 서(庶)→도]

3/2 渡 건널 도 중 渡
물 수(氵) + [법도 도(度)]

1/1 鍍 도금할 도 중 镀
쇠 금(金) + [법도 도(度)]

헤아릴 탁(度)자는 '여러(庶) 개를 손(又)으로 헤아리다'는 뜻입니다. 탁지부(度支府)는 '돈을 헤아리고(度) 지출(支出)하는 부(部)'입니다. 1895년(고종 32년) 탁지아문(度支衙門)을 개칭한 것으로 지금으로 말하면 국가 재정을 담당하는 재경부에 해당합니다. 이후, '헤아리다→횟수→재다→(재는 자) 자→정도→법도' 등의 뜻이 생겼습니다. 법도나 정도를 뜻할 때에는 도(度)로 읽습니다. 온도(溫度), 속도(速度), 각도(角度) 등에서는 '정도'라는 뜻으로 사용되었고, 제도(制度)에서는 법도라는 뜻으로 사용되었습니다. 도량형(度量衡)은 '길이(度), 부피(量), 무게(衡)를 재는 법이나 기구'입니다.

건널 도(渡)자는 '물(氵)을 건너가는 나루'라는 뜻도 있습니다. 벽란도(碧瀾渡)는 '푸른(碧) 파도(瀾)가 치는 나루(渡)'라는 뜻으로, 고려 시대 예성강

고려시대 예성강
하류의 벽란도

하구의 무역항이자 요충지입니다. 개경에서 30리 떨어진 황해안에 위치한 벽란도는 원래 예성항으로 불렸으나, 그곳에 있던 벽란정(碧瀾亭: 푸른 파도가 있는 정자)의 이름을 따서 벽란도라는 이름을 붙였습니다. 도하(渡河)나 도강(渡江)은 '강(河/江)을 건너다(渡)'는 뜻입니다. 수표나 어음을 발행한 후 약속한 일자에 돈을 지불하지 못하는 것을 '부도'라고 하는데, 부도(不渡)는 '건너가지(渡) 못하다(不)'는 뜻입니다.

도금(鍍金)은 금속의 표면을 장식하거나 녹슬지 않게 하기 위해 금이나 은 따위의 금속을 얇게 입히는 일입니다. 도금할 도(鍍)자는 '금속(金)에 도금하다'는 뜻입니다.

옛 석

옛 석(昔)자의 상형문자를 보면 강과 해가 있는 모습으로, 본래 의미는 옛날(日)의 홍수(川)를 의미한다고 합니다. 나중에 옛날이나 저녁을 지칭하는 의미로 변화되었습니다. 금석지감(今昔之感)은 '지금(今)과 옛날(昔)을 비교할 때 차이가 매우 심하여 느껴지는 감정(感)'으로, 격세지감(隔世之感)과 같은 말입니다. 또 옛 석(昔)자는 성씨로 사용되는데, 신라 제4대 왕 석탈해(昔脫解)가 그런 예입니다.

[석]으로 소리나는 경우

3/3 惜 아낄 석 (중) 惜
마음 심(忄) + [옛 석(昔)]

아낄 석(惜)자는 원래 '지나간 옛날(昔)을 마음으로(忄) 아쉬워하다'는 뜻입니다. 이후 '아쉬워하다→아깝다→아끼다' 등의 뜻이 생겼습니다. 석별(惜別)은 '이별(離別)을 아쉬워하다(惜)'는 뜻이며, 석패(惜敗)는 '작은 점수 차로 아깝게(惜) 패배하다(敗)'는 뜻이고, 매점매석(買占賣惜)은 '물건을 모두 차지하여(占) 사두었다가(買), 아껴서(惜) 팔다(賣)'는 뜻으로, 물건을 필요 이상으로 사들여 물가가 오른 뒤 다시 팔아 이익을 챙기는 일을 말합니다. 점 점(占)자는 '차지하다, 점령(占領)하다'는 뜻도 있습니다.

[적]으로 소리나는 경우

4/3 籍 문서 적 (중) 籍
대 죽(竹) + 쟁기 뢰(耒) + [옛 석(昔)→적]

서적(書籍), 부적(符籍) 등에 사용되는 문서 적(籍)자는 원래 대나무 죽간을 뜻하는 글자입니다. '이후 '문서(文書)→서적(書籍)→호적(戶籍)→신분(身分)→등록(登錄)하다' 등의 뜻이 파생되었습니다. 신분이나 등록이란 뜻으로 쓰인 예로 국적(國籍), 호적(戶籍), 본적(本籍), 제적(除籍) 등이 있습니다.

[작]으로 소리나는 경우

1/1 鵲 까치 작 ⓢ 鹊
새 조(鳥) + [옛 석(昔)→작]

까치도 새의 일종이므로 까치 작(鵲)자에는 새 조(鳥)자가 들어갑니다. 오작교(烏鵲橋)는 '까마귀(烏)와 까치(鵲)가 은하수에 놓는다는 다리(橋)'로, 칠월 칠석날(음력 7월 7일) 저녁에 견우와 직녀를 만나게 하기 위하여 이 다리를 놓는다고 합니다.

[착]으로 소리나는 경우

3/2 錯 섞일 착 ⓢ 错
쇠 금(金) + [옛 석(昔)→착]

섞일 착(錯)자는 원래 '쇠(金)를 도금하여 꾸미다'는 뜻입니다. 이후 '도금하다→꾸미다→(도금하기 위해 쇠를) 섞다→(섞여서) 어긋나다→잘못되다→틀렸다'는 뜻이 생겼습니다. 착각(錯覺), 착란(錯亂), 착오(錯誤)는 모두 '잘못하거나 틀렸다'는 뜻을 갖고 있습니다. 착시현상(錯視現象)은 '착각으로 잘못(錯) 보는(視) 현상(現象)'입니다.

[차]로 소리나는 경우

3/3 借 빌릴 차 ⓢ 借
사람 인(亻) +
[옛 석(昔)→차]

빌릴 차(借)자는 '다른 사람(亻)에게 물건 등을 빌리다'는 뜻입니다. 임차(賃借), 차용(借用) 등에 사용됩니다. 차명통장(借名通帳)은 '남의 이름(名)을 빌려서(借) 만든 통장(通帳)'으로, 세금 회피나 불법 거래용으로 만드는 통장입니다. 조차(租借)는 '세금(租)을 내고 빌린다(借)'는 뜻으로, 특별한 합의에 따라 한 나라가 다른 나라 영토의 일부를 빌려 일정한 기간 동안 통치하는 일입니다. 아편전쟁 이후 영국은 99년간(1898~1997년) 홍콩을 중국으로부터 조차(租借)하였습니다.

[초]로 소리나는 경우

1/0 醋 식초 초 ⓢ 醋
닭 유(酉) + [옛 석(昔)→초]

술이 오래되면 시어져 식초(食醋)가 됩니다. 식초 초(醋)자는 '옛날(昔)에 담근 오래된 술(酉)은 발효되어 식초(食醋)가 되다'는 뜻입니다. 닭 유(酉)자는 술병의 상형으로, 술이나 식초, 간장과 같이 발효식품과 관련되는 글자에 들어갑니다. 초산(醋酸)은 신맛이 나는 무색의 액체로 물과 알코올에 잘 녹습니다. 수분이 적은 것은 겨울에 얼기 때문에 빙초산(氷醋酸)이라고도 합니다. 식초(食醋)에는 초산(醋酸)이 들어 있습니다.

[조]로 소리나는 경우

2/2 措 둘 조 ⓢ 措
손 수(扌) + [옛 석(昔)→조]

둘 조(措)자는 '손(扌)으로 물건을 갖다 두다'는 뜻입니다. 이후 '두다→놓다→처리하다' 등의 뜻이 생겼습니다. 조치(措置)는 '처리하여(措) 두다(置)'인데, 벌어지는 사태를 잘 살펴서 필요한 대책을 세워 행하다는 뜻입니다. '처리하고(措) 처리하다(處)'는 뜻의 조처(措處)와 같은 뜻입니다.

韱 | 韱

산부추 섬

산이나 들에서 자라는 산부추 섬(韱)자는 부추 모습을 본떠 만든 부추 구(韭)자와 끊을 첨(𢦏)자가 합쳐진 형성문자입니다. 글자가 좀 복잡하지만, '두 사람(人人)이 낫(戈)으로 부추(韭)를 자른다'고 암기하면 쉽습니다. 다른 글자와 만나 소리로 사용됩니다.

[섬]으로 소리나는 경우

2/2 **纖** 가늘 섬 ㊥ 纤
실 사(糸) + [산부추 섬(韱)]

1/1 **殲** 다죽일 섬 ㊥ 歼
부서진뼈 알(歹) + [산부추 섬(韱)]

섬유(纖維), 섬세(纖細) 등에 사용하는 가늘 섬(纖)자는 '실(糸)이나 산부추(韱)처럼 가늘다'는 뜻으로 만든 글자입니다. 섬섬옥수(纖纖玉手)는 '가늘고(纖) 가는(纖) 옥(玉)같이 고운 손(手)'이란 뜻으로, 가냘프고 고운 여자의 손을 일컫는 말입니다. 섬모운동(纖毛運動)은 '가는(纖) 털(毛)들이 움직이는 운동(運動)'으로, 짚신벌레 등이 세포 표면에 나 있는 가는 털로 흡사 노를 젓듯이 움직여서 앞으로 나아가는 운동입니다. 다죽일 섬(殲)자에는 죽음을 의미하는 뼈앙상할 알(歹)자가 들어갑니다. 섬멸(殲滅)은 '다 죽이고(殲) 멸하다(滅)'는 뜻입니다.

[참]으로 소리나는 경우

1/1 **懺** 뉘우칠 참 ㊥ 忏
마음 심(忄) + [산부추 섬(韱)→참]

1/0 **讖** 예언서 참 ㊥ 谶
말씀 언(言) + [산부추 섬(韱)→참]

뉘우칠 참(懺)자는 '마음(忄)으로 뉘우치다'는 뜻입니다. 참회(懺悔)는 '뉘우치고(懺) 후회하다(悔)'는 뜻입니다. 예언서 참(讖)자는 '예언자의 말(言)들을 기록한 것이 예언서'라는 뜻입니다. 도참사상(圖讖思想)은 '미래를 헤아리고(圖) 예언(讖)을 하는 사상(思想)'으로, 미래 길흉에 관한 예언을 따르고자 하는 믿음입니다. 조선 중기 이후 민간에 널리 퍼진 정감록(鄭鑑錄)이 대표적은 도참사상의 예입니다. 참요(讖謠)는 '예언(讖)적인 노래(謠)'로, 시대적 상황이나 정치적 징후 따위를 암시하는 민요입니다. 신라 멸망과 고려 건국을 암시한 〈계림요(鷄林謠)〉, 이(李=木+子)씨의 조선 건국을 암시한 〈목자요(木子謠)〉, 미나리와 장다리로 인현왕후와 장희빈을 빗대어 노래한 〈미나리요〉 따위가 여기에 속합니다.

[첨]으로 소리나는 경우

1/1 **籤** 제비 첨 ㊥ 签
대 죽(竹) + [산부추 섬(韱)→첨]

제비는 승부나 차례를 결정하는 물건입니다. 옛날 대나무를 잘라 만들었기 때문에, 제비 첨(籤)자에는 대나무 죽(竹)자가 들어갑니다. 추첨(抽籤)은 '제비(籤)를 뽑다(抽)'는 뜻이고, 당첨(當籤)은 '제비(籤)뽑기에 당선(當選)되다'는 뜻이며, 낙첨(落籤)은 '제비(籤)뽑기에서 떨어지다(落)'는 뜻입니다.

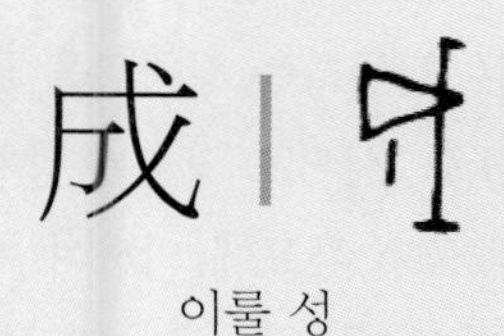

이룰 성

이룰 성(成)자는 도끼날이 붙은 창(戊) 안에 丨가 추가된 글자입니다. 丨가 무엇을 의미하는지는 분명하지 않습니다. '도끼날이 붙은 창(戊)으로 적을 평정하여 원하는 바를 이루다'는 뜻입니다. 참고로, 이룰 성(成)자를 천간 무(戊)자에 소리를 나타내는 정(丁)자가 합쳐진 형성문자로 해석하는 사람도 있습니다. 하지만 상형문자를 보면 그렇지 않습니다. 성공(成功)은 '공(功)을 이루다(成)'는 뜻이고, 변성암(變成岩)은 '성질이 변하여(變) 이루어진(成) 바위(岩)'입니다.

이룰 성(成)자의 획수가 6획이냐 7획이냐 논란의 대상이 됩니다. 戊이 6획이고 丨가 1획이면 총 7획이 됩니다. 하지만 戊(5획)에 ㄱ(1획)을 덧붙이면 6획이 됩니다. 옛날에는 7획으로 썼으나, 최근에는 글자 쓰기의 편리성으로 6획으로 씁니다. 따라서 책마다 다를 수 있습니다.

[성]으로 소리나는 경우

- 4/4 **城** 재/성 성 (중) 城 — 흙 토(土) + [이룰 성(成)]
- 4/4 **盛** 성할 성 (중) 盛 — 그릇 명(皿) + [이룰 성(成)]
- 4/4 **誠** 정성 성 (중) 诚 — 말씀 언(言) + [이룰 성(成)]
- 2/2 **晟** 밝을 성 (중) 晟 — 날 일(日) + [이룰 성(成)]

재는 '높은 산의 고개'를 뜻하는 순우리말입니다. 이런 고개는 주로 흙으로 이루어져 있기 때문에 재 성(城)자에는 흙 토(土)자가 들어갑니다. 이 글자는 남한산성(南漢山城)이나 북한산성(北漢山城)처럼 '적을 막기 위한 성(城)'이란 글자로도 사용되는데, 옛 중국에서는 성을 흙으로 만들었기 때문입니다. 우리에게 잘 알려진 만리장성(萬里長城)도 춘추 시대 제(齊)나라에서 명나라에 걸쳐 만들어졌는데, 초기에 만든 성은 모두 황토로 만들거나 황토로 만든 벽돌을 사용하였습니다.

풍성(豊盛), 왕성(旺盛), 무성(茂盛) 등에 사용되는 성할 성(盛)자는 원래 '그릇(皿)이 두텁다'는 뜻입니다. 이후 '두텁다→성대(盛大)하다→무성(茂盛)하다→성(盛)하다' 등의 뜻이 생겼습니다. 성수기(盛需期)는 '수요(需要)가 두터운(盛) 시기(期)'로, 상품이나 서비스의 수요가 많은 시기입니다.

충성(忠誠), 성의(誠意), 성실(誠實), 정성(精誠) 등에 들어가는 정성 성(誠)자는 '말(言)을 할 때에는 정성(精誠)스럽게 해야 한다'는 뜻입니다. 지성감천(至誠感天)은 '정성(誠)을 다하면(至) 하늘(天)도 감동(感)한다'는 뜻입니다.

밝을 성(晟)자는 '해(日)가 밝다'는 뜻입니다. 밝을 성(晟)자는 주로 사람 이름에 사용됩니다.

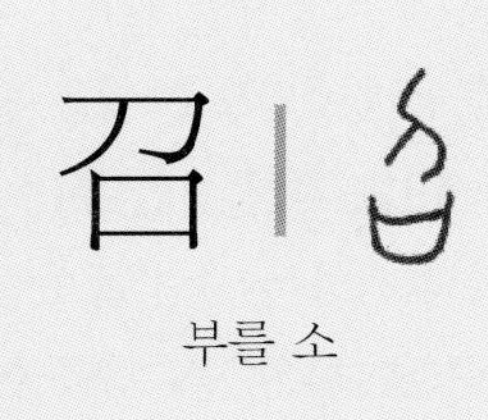

부를 소

부를 소(召)자는 '입(口)으로 사람을 부르다'는 뜻입니다. 칼 도(刀)자가 소리로 사용되었습니다. 국민소환제(國民召還制)는 '잘못하는 정치인을 국민(國民)들이 불러서(召) 돌아오게(還) 하는 제도(制)'로, 선거로 선출된 정치인이 잘못된 정치를 하는 경우 임기가 끝나기 전에 국민 투표에 의하여 파면시키는 제도입니다. 소환장(召喚狀)은 '부르고(召) 부르는(喚) 문서(狀)'라는 뜻으로, 재판에서 당사자나 관계자에게 날짜를 알려 출석을 명령하는 뜻을 기재한 서류입니다.

[소]로 소리나는 경우

3/2 昭 밝을 소, 비출 조 ⓩ 昭
날 일(日) + [부를 소(召)→소,조]

2/2 沼 늪 소 ⓩ 沼
물 수(氵) + [부를 소(召)]

2/2 紹 이을 소 ⓩ 绍
실 사(糸) + [부를 소(召)]

2/1 邵 성 소 ⓩ 邵
고을 읍(邑/阝) + [부를 소(召)]

밝을 소(昭)자는 '해(日)가 있어 밝다'는 뜻입니다. 밝을 소(昭)자는 비출 조(昭)자로도 사용됩니다. '사건을 소상하게 밝히다'에 나오는 소상(昭詳)은 '밝고(昭) 자세하다(詳)'는 뜻입니다.

늪에는 물이 괴어 있으니까 늪 소(沼)자에는 물 수(氵)자가 들어갑니다. 소택지(沼澤地)는 '늪(沼)이나 연못(澤)이 있는 땅(地)'이란 뜻으로, 연못, 늪, 하천 등으로 둘러싸인 낮고 습한 땅입니다. 호소(湖沼)는 '호수(湖水)와 늪(沼)'을 아울러 이르는 말입니다.

이을 소(紹)자는 '끊어진 실(糸)을 이어주다'는 뜻입니다. 소개(紹介)는 '두 사람의 사이에 끼어(介) 이어주다(紹)'는 뜻입니다.

고을 읍(邑/阝)자가 들어가는 성 소(邵)자는 원래 중국의 땅 이름이었으나, 성씨로 사용됩니다. 원래 중국의 성씨로 주(周)나라 소공(召公)의 후예로 알려져 있습니다.

[조]로 소리나는 경우

3/3 照 비칠 조 ⓩ 照
불 화(灬) + 날 일(日) + [부를 소(召)→조]

비칠 조(照)자는 '해(日)와 불(灬)이 밝게 비치다'는 뜻입니다. 조명(照明)은 '밝게(明) 비치는(照) 불빛'입니다. 일조량(日照量)은 '해(日)가 비치는(照) 양(量)'으로, 일조량이 많아야 식물이 잘 자랍니다. 조도(照度)는 '밝은(照) 정도(度)'로, 단위면적이 단위시간에 받는 빛의 양을 말합니다. 단위는 럭스(lux)입니다. 일조권(日照權)은 '해(日)가 비치는(照) 것을 쬘 수 있는 권리(權)'로, 법률상 보호되어 있는 권리입니다. 인접 건물 등에 의하여 자기 집에 햇빛이 충분히 닿지 못하여 생기는 신체적, 정신적, 재산적 피해에 대하여 보상을 청구할 수 있습니다.

[초]로 소리나는 경우

招 4/3 부를 초 ㊥ 招
손 수(扌) +
[부를 소(召)→초]

超 3/3 넘을 초 ㊥ 超
달릴 주(走) +
[부를 소(召)→초]

초대(招待), 초청(招請) 등에 사용되는 부를 초(招)자는 '손짓(扌)하여 부르다(召)'는 뜻입니다. 초혼(招魂)은 '혼(魂)을 부르다(招)'는 뜻으로, 사람이 죽었을 때 허공으로 흩어진 죽은 사람의 혼을 불러모으는 일로, 그 사람이 생시에 입던 저고리를 왼손에 들고 오른손은 허리에 대어 지붕에 올라서거나 마당에서 북쪽을 향해 '아무 동네 아무개 복(復: 돌아오십시오)'라고 세 번 부르는 일입니다. 또한 1925년에 펴낸 김소월의 시집 《진달래꽃》에 처음 발표된 김소월의 시 이름이기도 합니다. 시는 "산산이 부서진 이름이여! 허공 중에 헤어진 이름이여! 불러도 주인 없는 이름이여! 부르다가 내가 죽을 이름이여!..."으로 시작합니다.

초과(超過), 초월(超越), 초인(超人) 등에 쓰이는 넘을 초(超)자는 '뛰어(走) 넘다'는 뜻입니다. 초인(超人)은 '능력이 보통 사람을 뛰어넘는(超) 사람(人)'으로, 영어로 슈퍼맨(superman)입니다. 초현실주의(超現實主義)는 '현실(現實)을 초월하는(超) 주의(主義)'로, 현실 세계를 초월(超越)한 공상, 환상, 무의식, 꿈의 세계를 표현하려는 20세기의 문학, 예술사조입니다.

적을 소

적을 소(少)자의 갑골문자를 보면 네 개의 작은 점이 있는 모습입니다. 이 점들이 무엇인지에 대한 논란이 많으데, 나중에 모래 사(砂, 沙)자가 생긴 것으로 보아 모래의 모습으로 추측됩니다. 적을 소(少)자는 크기가 작다는 작을 소(小)자와 비슷하지만, 양이 적다는 적을 소(少)자입니다. 예를 들어, 소년(少年)과 소녀(少女)에서는 '나이가 적다'는 뜻이므로 적을 소(少)자를 사용합니다. 하지만 적을 소(少)자가 다른 글자와 만나면 '적다' 혹은 '작다'는 뜻으로 사용됩니다. 소우지(少雨地)는 '비(雨)가 적게(少) 오는 땅(地)'으로, 비가 연평균 1000mm 이하로 오는 곳을 말합니다. 반대는 다우지(多雨地)라고 합니다.

[초]로 소리나는 경우

抄 3/2 베낄/뽑을 초 ㊥ 抄
손 수(扌) +
[적을 소(少)→초]

베낄/뽑을 초(抄)자는 '손(扌)으로 적은(少) 일부분을 뽑다'는 뜻입니다. 이후 '뽑다→뽑아서 기록하다→베끼다' 등의 뜻이 생겼습니다. 초록(抄錄)은 '필요한 부분만을 뽑아(抄) 적은 기록(錄)'입니다. 삼별초(三別抄)는 '3(三)개의 특별(別)히 뽑은(抄) 군대'로, 원래 고려 무신정권을 위해 특별히 만든 부대였으나 몽골이 쳐들어오자 몽골군에 대항하여 끝까지 항쟁하였습니다. 호적초본이나 주민등록초본의 초본(抄本)은 '원본(本)에서 필요한 부분만 뽑아서 베낀(抄) 책이나 문서'입니다.

초 초, 까끄라기 묘 ⓙ 秒
벼 화(禾) +
[적을 소(少)→초,묘]

까끄라기 묘(秒)자는 '벼(禾)의 아주 작은(少) 조각이 까끄라기이다'는 뜻입니다. 또 '까끄라기는 작다'는 뜻에서 작은 시간 단위인 초 초(秒)자가 되었습니다.

1/0 炒 볶을 초 ⓙ 炒
불 화(火) +
[적을 소(少)→초]

중국 식당의 메뉴에서 가장 많이 보이는 글자는 볶을 초(炒)자입니다. 볶을 초(炒)자는 '강한 불(火)에 볶는다'는 뜻입니다. 중국인이 좋아하는 돼지볶음은 초육(炒肉, 차오러우)이라 하고, 볶음 국수는 초면(炒麵, 차우멘)이라고 합니다.

[묘]로 소리나는 경우

4/4 妙 묘할 묘 ⓙ 妙
女 + [적을 소(少)→묘]

묘할 묘(妙)자는 '여자(女)가 작아(少) 젊다'는 뜻입니다. 이후 '젊다→아름답다→훌륭하다→오묘(奧妙)하다→미묘(微妙)하다' 등의 뜻이 생겼습니다. '묘령의 여인'에서 묘령(妙齡)은 '아름다운(妙) 여자의 나이(齡)'라는 뜻으로, 스물 안팎의 꽃다운 나이를 말합니다. 기묘(奇妙)는 '기이하고(奇) 오묘하다(妙)'는 뜻이고, 묘기(妙技)는 '기묘(奇妙)한 기술(技術)'을 말합니다. 묘향산(妙香山)은 '묘(妙)한 향기가 나는 향(香)나무가 많은 산(山)'으로, 평안남도와 평안북도 사이에 있는 산입니다.

[사]로 소리나는 경우

3/2 沙 모래 사 ⓙ 沙
물 수(氵) +
[적을 소(少)→사]

모래 사(沙)자는 '물(氵)가에 있는 모래'라는 뜻입니다. 물 수(氵)자 대신 돌 석(石)자가 들어가도 모래 사(砂)자가 됩니다. 사구(沙丘)는 '모래(沙) 언덕(丘)'이란 뜻으로, 해안이나 사막에서 바람에 의하여 운반, 퇴적되어 이루어진 모래 언덕입니다. 사암(沙岩)은 '모래(沙)가 퇴적되어 만들어진 암석(岩)'입니다.

1/1 紗 깁 사 ⓙ 纱
실 사(糸) +
[적을 소(少)→사]

깁 사(紗)자에서 깁은 명주실로 바탕을 조금 거칠게 짠 비단입니다. 조지훈의 시 〈승무(僧舞)〉를 보면 '얇은 사(紗) 하이얀 고깔은...'로 시작하는데, '얇은 비단으로 만든 하얀 고깔은...'이란 뜻입니다. 분벽사창(粉壁紗窓)은 '하얗게(粉) 꾸민 벽(壁)과 얇은 비단(紗)으로 바른 창(窓)'이란 뜻으로 아름다운 여자가 거처하는 곳을 이르는 말입니다.

肖 | 肖

쇠약할 소, 닮을 초

쇠약할 소(肖)자는 '살(肉/月)이 빠져(小) 기운이 쇠약하다'는 뜻입니다. 나중에 '쇠약해서 살이 빠졌지만 얼굴은 닮았다'는 뜻의 닮을 초(肖)자가 되었습니다. 초상화(肖像畵)는 '얼굴 형상(像)을 닮게(肖) 그린 그림(畵)이고, 초상권(肖像權)은 '자신의 얼굴 형상(像)과 닮은(肖) 그림이나 사진에 대한 독점권(權)'입니다.

[소]로 소리나는 경우

6/5 消 사라질 소 ㊥消
물 수(氵) + [쇠약할 소(肖)]

사라질 소(消)자는 '물(氵)을 그냥 두면 증발하여 점점 작아져(肖) 사라진다'는 뜻입니다. 소화(消化)는 '몸속에 들어온 음식물이 변화(化)하여 사라진다(消)'는 뜻입니다. 소화기(消火器)는 '불(火)을 사라지게(消) 하는 기구(器具)'입니다.

[조]로 소리나는 경우

2/2 趙 나라이름 조 ㊥赵
달릴 주(走) + [닮을 초(肖)→조]

나라이름 조(趙)자는 원래 '빨리 달아나다(走)'는 뜻입니다만, 춘추전국 시대의 나라 이름이나 성씨(姓氏)로 잘 알려져 있습니다. 주초위왕사건(走肖爲王事件)은 '조(走+肖→趙)씨가 왕(王)이 된다(爲)는 사건(事件)'으로, 위훈삭제사건(僞勳削除事件)으로 궁지에 몰린 훈구파가 궁중 동산의 나뭇잎에 꿀로 '주초위왕(走肖爲王)' 네 글자를 쓴 뒤, 이것을 벌레들이 갉아먹어 글자 모양이 나타나는 기묘(奇妙)한 일이 생기자, 그 잎을 왕에게 보여 주면서 사림파의 조광조(趙光祖, 1482~1519년)가 왕이 된다는 뜻이므로 조광조 일당을 죽여야한다고 이야기를 한 사건입니다. 결국 중종은 조광조를 비롯한 사림파들을 모두 죽이거나 귀양을 보냈는데, 이것이 기묘사화(己卯士禍)입니다.

[삭]으로 소리나는 경우

3/2 削 깎을 삭 ㊥削
칼 도(刂) + [닮을 초(肖)→삭]

깎을 삭(削)자는 '칼(刂)로 고기(肉/月)를 작게(小) 깎아내다'는 뜻입니다. 삭제(削除), 삭감(削減), 삭발(削髮) 등에 사용됩니다. 첨삭(添削)은 '더하거나(添) 깎아낸다(削)'는 뜻으로 글이나 답안을 고치는 일을 말합니다.

[초]로 소리나는 경우

2/2 哨 망볼 초 ㊥哨
입 구(口) + [닮을 초(肖)]

망볼 초(哨)자는 망을 보다가 적이 나타나면 입(口)으로 고함을 지른다'는 뜻이 담긴 글자입니다. 초소(哨所)는 '망을 보는(哨) 곳(所)'이고, 전초(前哨)는 '전방(前方)에서 망을 보는(哨) 작은 부대'이고, 전초전(前哨戰)은 '전초(前哨)가 벌이는 소규모 전투(戰)'라는 뜻으로, 큰 전투가 벌어지기 전의 작은 충돌을 말합니다.

발 소

발 소(疋)자는 발 족(足)자의 간략형인데, 짝 필(匹)자의 속자로도 사용됩니다. 또 말 한 필, 비단 한 필 등 단위에도 사용됩니다. 하지만 다른 글자 내에서는 발 족(足)자와 같은 의미로 사용됩니다.

발 소(疋)자는 부수 글자이지만, 소통할/트일 소(疏)자나 초나라 초(楚)자 등에서는 소리로 사용됩니다.

[소]로 소리나는 경우

3/2 疏 소통할/트일 소 ⓐ 疏
[발 소(疋)] + 흐를 류(㐬)

3/3 蔬 나물 소 ⓐ 蔬
풀 초(艹) + [소통할/트일 소(疏)]

소통할/트일 소(疏)자는 '빽빽하지 않고 트여 있어서, 물이 흐르듯이(㐬) 소통(疏通)하다'는 뜻입니다. 이 글자는 의외로 많은 낱말에 사용됩니다. '남편에게 소박(疏薄)당하다', '소외(疏外)된 계층', '소원(疏遠)한 관계', '소홀(疏忽)히 여기다', '길이 생소(生疏)하다' 등이 그런 예입니다.

나물도 풀의 일종이므로 나물 소(蔬)자에는 풀 초(艹)자가 들어갑니다. 채소(菜蔬)는 '나물(菜)과 나물(蔬)'이란 뜻이고, 소반(蔬飯)은 '나물(蔬)과 밥(飯)'이란 뜻으로, 변변치 못한 음식을 일컫는 말입니다.

[초]로 소리나는 경우

2/2 楚 초나라 초 ⓐ 楚
나무 목(木) + 나무 목(木) + [발 소(疋)→초]

3/3 礎 주춧돌 초 ⓐ 础
돌 석(石) + [초나라 초(楚)]

주춧돌

초나라 초(楚)자는 원래 가시나무를 말합니다. 이후 '가시나무→회초리→매질하다→아프다→괴롭다' 등의 뜻이 생겼습니다. 옛날에는 죄인들을 때리는 매로 가시나무를 사용했습니다. 또, 춘추전국시대의 나라 이름이 되었습니다. 고초(苦楚)는 '고통스럽고(苦) 괴롭다(楚)'는 뜻입니다. 간어제초(間於齊楚)는 '제(齊)나라와 초(楚)나라의(於) 사이(間)'라는 뜻으로, 약자가 강자들의 틈에 끼여서 괴로힘을 받음을 이르는 말입니다. 춘추전국 시대에 등나라가 제(齊)나라와 초(楚)나라 사이에 끼여 괴로힘을 받은 데서 유래합니다. 사면초가(四面楚歌)는 '사면(四面)에서 들리는 초(楚)나라의 노래(歌)'라는 뜻으로, 적에게 둘러싸인 상태나 누구의 도움도 받을 수 없는 고립 상태에 빠짐을 이르는 말입니다. 초나라 항우와 한나라 유방의 전쟁에서 나온 고사성어입니다.

주춧돌은 건축물의 기둥을 받쳐주는 돌이기 때문에 주춧돌 초(礎)자에는 돌 석(石)자가 들어갑니다. 주춧돌을 초석(礎石)이라고도 합니다. '수학의 기초'나 '기초 영어법' 등에 나오는 기초(基礎)는 원래 '기본(基)이 되는 주춧돌(礎)'이란 뜻으로, 건물이나 다리 등과 같은 구조물의 무게를 받치기 위하여 만든 밑받침을 이르는 말입니다.

[서]로 소리나는 경우

11 **壻** 사위 서 ⓒ
선비 사(士) + [게젓 서(胥)]

사위 서(壻)자는 '사위는 선비와 같은 사람이어야 한다'는 뜻을 포함하고 있습니다. 부수가 흙 토(土)자가 아니고 선비 사(士)자임에 주의해야합니다. 꽃게와 같은 게로 만든 젓갈인 게젓 서(胥)자는 뜻을 나타내는 고기 육(肉/月)자와 소리를 나타내는 발 소(疋)자가 합쳐진 글자입니다. 동서(同壻)는 '같은(同) 사위(壻)'라는 뜻으로, 한 집의 사위들을 이르는 말입니다. 즉, 처형(妻兄: 아내의 언니)이나 처제(妻弟: 아내의 여동생)의 남편을 이르는 말입니다. 동서(同壻)는 한 집의 며느리들을 이르는 말이기도 합니다. 즉, 시아주버니(남편의 형)나 시동생(남편의 남동생)의 아내를 이르는 말입니다. 질서(姪壻)는 '조카(姪)사위(壻)'로, 조카의 남편을 이르는 말입니다.

巽 | 巽

괘이름 손, 뽑을 손

뽑을 손(巽)자는 제단(共) 위에 제물로 바쳐지기 위해 꿇어앉아 머리를 숙이고 있는 두명의 사람(巳巳) 모습을 본떠 만든 글자입니다. 이와 같이 제물로 희생될 사람을 뽑는다고 해서 '뽑는다'는 의미가 생겼습니다. 물건을 두 손으로 들고 있는 모습을 본떠 만든 글자인, 함께 공(共)자와는 아무런 관계가 없습니다. 또 뽑을 손(巽)자는 주역에 나오는 64괘 중 하나로 사용됩니다.

[선]으로 소리나는 경우

54 **選** 가릴 선 ⓒ 选
갈 착(辶) +
[괘이름/뽑을 손(巽)→선]

11 **撰** 가릴 선, 글지을 찬 ⓒ 撰
손 수(扌) +
[괘이름/뽑을 손(巽)→선]

선별(選別), 선택(選擇), 선출(選出) 등에 사용되는 가릴 선(選)자는, 뽑을 손(巽)자에 '뽑혀서 제단으로 가다'는 뜻으로 갈 착(辶)자가 추가되어 가릴 선(選)자가 되었습니다. 《동문선(東文選)》은 '동(東)쪽 나라의 글(文)들을 가려 뽑아(選) 만든 책'으로, 조선 시대의 문신이며 학자인 서거정(徐居正, 1420~1488)이 신라 때부터 조선 숙종 때까지의 시문(詩文)을 모아 편집한 책입니다. 동(東)쪽 나라는 우리나라를 일컫는 말입니다.

가릴 선(撰)자는 '손(扌)으로 뽑아(巽) 가린다'는 뜻입니다. 가릴 선(選)자와 같은 의미로 사용됩니다. 또 '손(扌)으로 기록하거나 글을 짓는다'는 뜻의 글지을 찬(撰)자도 됩니다.

[찬]으로 소리나는 경우

10 **饌** 반찬 찬 ⓒ 馔
먹을 식(食) +
[괘이름/뽑을 손(巽)→찬]

반찬 찬(饌)자는 '만든 음식(食) 중에서 맛있는 것을 뽑아(巽) 제단에 올린다'는 뜻을 포함합니다. 나중에 음식(飮食)이란 뜻이 추가되었습니다. 반찬(飯饌)은 '밥(飯)에 곁들여 먹는 온갖 음식(饌)'이고, 진수성찬(珍羞盛饌)은 '보배(珍)같이 맛있고(羞) 풍성하게(盛) 차린 음식(饌)'입니다.

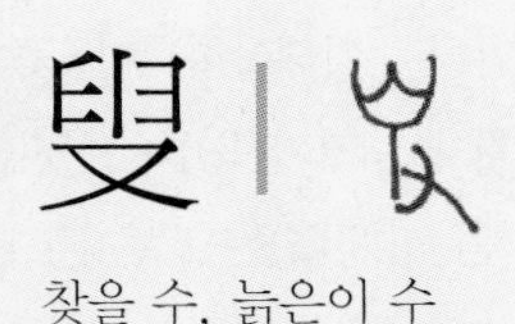
찾을 수, 늙은이 수

찾을 수(叟)자의 상형문자를 보면 집안에서 손(又)에 횃불(火→臼)을 들고 무언가를 찾고 있는 모습을 본떠 만든 글자입니다. 나중에 가차되어 늙은이라는 뜻으로 사용되자, 손 수(扌)자가 추가되어 찾을 수(搜)자가 되었습니다. 〈전기수(傳奇叟)〉는 '기이한 이야기(奇)를 전해주는(傳) 늙은이(叟)'라는 뜻으로, 예전에 사람이 많이 모이는 곳에서 소설이나 재미있는 이야기를 낭독하던 사람을 일컫는 말입니다. 또한 조선 말기의 시인이었던 조수삼(1762~1849년)이 지은 수필의 이름이기도 합니다.

[수]로 소리나는 경우

3/2 搜 찾을 수 ⓩ 搜
손 수(扌) + [찾을 수(叟)]

1/1 瘦 파리할 수 ⓩ 瘦
병 녁(疒) + [찾을 수(叟)]

1/1 嫂 형수 수 ⓩ 嫂
여자 녀(女) + [찾을 수(叟)]

수사(搜査), 수색(搜索) 등에 사용되는 찾을 수(搜)자는 '손(扌)으로 찾다(叟)'는 뜻입니다. 수사(搜査)는 '찾아서(搜) 조사하다(査)'는 뜻으로, 범인을 찾고 증거를 수집, 보전하는 수사 기관의 활동입니다. 수색(搜索)은 '찾고(搜) 찾다(索)'는 뜻입니다.

파리할 수(瘦)자에서 '파리하다'는 '몸이 마르고 낯빛이나 살색이 핏기가 전혀 없다'는 뜻입니다. 파리할 수(瘦)자는 '병(疒)이 들어 파리하다'는 뜻입니다. 수척(瘦瘠)은 '몸이 파리하고(瘦) 여위다(瘠)'는 뜻입니다.

형수 수(嫂)자에서 형수(兄嫂)는 형의 아내입니다. 반대로 동생의 아내는 제수(弟嫂) 혹은 계수(季嫂)라고 합니다.

목숨 수

복잡하게 생긴 목숨 수(壽)자에 대해서는 정확한 해석이 없습니다. 하지만 상형문자를 보면 S자 모양의 표시가 있는데, 이를 올록볼록한 밭 이랑으로 보는 학자도 있습니다. 그래서 나중에 뜻을 분명히 하기 위해 밭 전(田)자가 추가되어 이랑 주(疇)자가 되었다는 것입니다. 또 파도(波濤)라는 낱말에 들어가는 큰물결 도(濤)자에도 목숨 수(壽)자가 들어 있는데, 파도가 밭이랑처럼 올록볼록하기 때문이라는 것입니다. 어쨌든 목숨 수(壽)자는 한자 시험에 자주 나오는 글자라서 꼭 암기해야만 합니다. 쉽게 암기하려면, 전화번호가 4101-9000번, 즉 '사(士)일(一)공(工)일(一)-구(口)천(寸)번' 혹은 '사일(士一)이와 공일(工一)이는 구촌(口寸) 간이다'고 암기하세요. 수의(壽衣)는 '목숨(壽)을 다하고 입는 옷(衣)'으로, 염습(殮襲)할 때에 송장에 입히는 옷입니다. 장수왕(長壽王)은 '긴(長) 목숨(壽)을 가졌던 왕(王)'으로, 고구려 제20대 왕입니다. 98세까지 살아 장수왕이라는 이름을 얻었습니다.

[주]로 소리나는 경우

3/2 **鑄** 부어만들 주 ㊥ 铸
쇠 금(金) +
[목숨 수(壽)→주]

2/1 **疇** 이랑 주 ㊥ 畴
밭 전(田) +
[목숨 수(壽)→주]

1/1 **躊** 머뭇거릴 주 ㊥ 踌
발 족(足) +
[목숨 수(壽)→주]

부어만들 주(鑄)자에는 목숨 수(壽)자가 들어있는데, '쇠(金)를 부어 물건을 만들다'는 뜻이 '쇠(金)에 목숨(壽)을 주다'와 같다고 보고 만든 글자로 짐작됩니다. 주물(鑄物)은 쇠를 녹여서 거푸집에 부어 만든 물건입니다. 주철(鑄鐵)은 '거푸집에 녹은 쇠를 부어 만드는(鑄) 데 주로 사용되는 철(鐵)'로, 1.7% 이상의 탄소를 함유하는 철의 합금입니다. 단단하기는 하나 부러지기 쉽고 강철에 비하여 쉽게 녹이 습니다.

이랑은 갈아 놓은 밭의 한 두둑(볼록한 부분)과 한 고랑(오목한 부분)을 아울러 이르는 말입니다. 이랑 주(疇)자는 '밭(田)에 있는 이랑'을 이르는 말입니다. 홍범구주(洪範九疇)는 '큰(洪) 규범(範)이 되는 9(九)개의 이랑(疇)'이란 뜻으로, 서경(書經)에 9개의 조항으로 기록되어 있는 중국 하나라 우왕(禹王)의 정치 이념입니다.

머뭇거릴 주(躊)자는 '발걸음(足)을 머뭇거리다'는 뜻입니다. 주저(躊躇)는 '머뭇거리고(躊) 머뭇거리다(躇)'는 뜻으로, 나아가지 못하고 망설임을 일컫는 말입니다.

[도]로 소리나는 경우

2/2 **燾** 비출 도 ㊥ 焘 ㊣ 焘
불 화(灬) + [목숨 수(壽)→도]

1/2 **禱** 빌 도 ㊥ 祷
보일 시(示) +
[목숨 수(壽)→도]

1/1 **濤** 큰물결 도 ㊥ 涛
물 수(氵) +
[목숨 수(壽)→도]

비출 도(燾)자는 '불빛(灬)을 비추다'는 뜻입니다. 주로 사람 이름에 사용됩니다.

기도(祈禱)에 들어가는 빌 도(禱)자는 '제사상(示)에서 오래 살게 해달라고 목숨(壽)을 빌다'는 뜻입니다. 안수기도(按手祈禱)는 '손(手)으로 머리를 누르며(按) 하는 기도(祈禱)'로서, 목사나 신부 등이 기도를 받는 사람의 머리 위에 손을 얹고 하는 기도입니다. 〈도천수관음가(禱千手觀音歌)〉는 '천수관음(千手觀音)에게 기도(禱)하는 노래(歌)'로, 신라 경덕왕 때 희명(希明)이 지은 향가입니다. 천수관음(千手觀音)은 '천(千) 개의 손(手)을 가지고 세상의 모든 소리(音)를 살펴보는(觀) 보살'입니다. 경덕왕 때 한기리에 살던 희명이란 여자의 아들이 태어난 지 5년 만에 눈이 멀자 분황사 천수관음 앞에서 이 노래를 지어 아이에게 부르게 하자 눈을 떴다고 합니다.

파도(波濤)에 들어가는 큰물결 도(濤)자는 '물(氵)에서 파도는 생기다'는 뜻입니다. 노도(怒濤)는 '성난(怒) 파도(濤)'입니다.

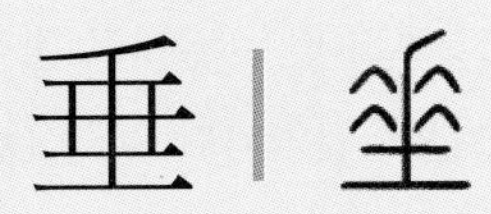

드리울/변방 수

드리울/변방 수(垂)자의 상형문자를 보면 흙(土) 위에 풀이 시들어 잎을 아래로 드리우고 있는 모습입니다. 이후 '(아래로) 드리우다→(드리우진) 가장자리→변두리→변방(邊方)'이란 뜻도 생겼습니다. 수직(垂直)은 '직각(直角)으로 드리우다(垂)'는 뜻으로, 수평에 대하여 직각을 이룬 상태입니다. 수렴청정(垂簾聽政)은 '발(簾)을 드리우고(垂) 정사(政)를 듣다(聽)'는 뜻으로, 나이 어린 왕이 즉위했을 때 왕의 어머니나 할머니가 왕의 뒤에서 발을 드리우고 앉아서 이야기를 듣고, 왕에게 어떻게 하라고 지시하였던 일을 말합니다.

[수]로 소리나는 경우

3/2 睡 졸 수 중 睡
눈 목(目) +
[드리울/변방 수(垂)]

졸 수(睡)자는 '눈(目)꺼풀이 드리워지면(垂) 졸린 것이다'는 뜻입니다. 수면제(睡眠劑)는 '졸거나(睡) 잠자게(眠) 하는 약(劑)'입니다. 수련(睡蓮)은 '잠자는(睡) 연꽃(蓮)'입니다. 밤에 꽃잎을 닫고 잠을 잔다고 해서 붙은 이름입니다. 수면제(睡眠劑)는 '졸거나(睡) 잠자게(眠) 하는 약(劑)'입니다.

[우]로 소리나는 경우

4/3 郵 우편 우 중 邮
고을 읍(邑/阝) +
[드리울/변방 수(垂)→우]

우편 우(郵)자는 원래 '변방(垂)에 있는 고을(邑/阝)'이란 뜻입니다. 이후 '변방의 고을→(변방으로 가는) 역말→역참→우편(郵便)'이란 뜻이 파생되었습니다. 우정국(郵政局)은 '우편(郵)을 다스리는(政) 관청(局)'으로, 조선 후기에 체신 사무를 맡아보던 관청으로 오늘날의 우체국입니다. 우표(郵票)는 '우편물(郵便物)에 붙이는 표(票)'입니다.

[추]로 소리나는 경우

1/1 錘 저울추 추 중 锤
쇠 금(金) +
[드리울/변방 수(垂)→추]

저울추 추(錘)자는 '쇠(金)로 만들어져 아래로 드리워진(垂) 것이 저울추이다'는 뜻입니다. 시계추(時計錘)는 '시계(時計)에서 아래로 드리워져 있는 추(錘)'입니다. 방추(紡錘)는 물레로 실을 자을 때 실이 감기는 막대로, 막대에는 회전력을 강하게 유지시켜 주는 바퀴 모양의 추(錘)가 달려 있습니다. 방추사(紡錘絲)는 '방추(紡錘)의 실(絲)'이란 뜻으로, 세포의 체세포분열 때 형성되는 가는 실 모양의 섬유질 단백질입니다.

[타]로 소리나는 경우

1/1 唾 침 타 중 唾
입 구(口) +
[드리울/변방 수(垂)→타]

침 타(唾)자는 '입(口)에서 아래로 드리워져(垂) 흘러 나오는 것이 침이다'는 뜻입니다. 타액(唾液)은 침의 다른 말입니다. 타매(唾罵)는 '침(唾)을 뱉어가며 꾸짖는다(罵)'는 뜻입니다. 앙천이타(仰天而唾)는 '하늘(天)을 바라보고(仰) 침(唾)을 뱉는다'는 뜻으로, '제 얼굴에 침뱉기'입니다.

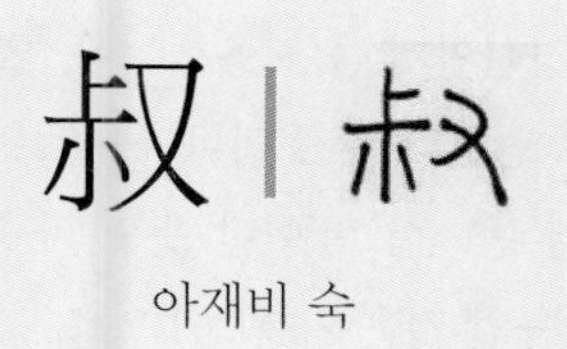

아재비는 아저씨의 낮춤말인 동시에 경상도에서는 작은아버지를 뜻하는 말입니다. 아재비 숙(叔)자에 들어 있는 콩 숙(尗)자의 상형문자를 보면 덩굴(上)에 달려 있는 콩(小)의 모습입니다. 나중에 뜻을 더욱 분명히 하기 위해 또 우(又)자를 추가하여 콩 숙(叔)자가 만들어졌습니다. 즉, 손(又)으로 콩(尗)을 따는 모습입니다. 이후 가차되어 '아재비'라는 뜻으로 사용되자, 원래 뜻을 살리기 위해 풀 초(艹)자가 붙여 콩 숙(菽)자를 만들었습니다. 숙부(叔父)는 작은아버지(아버지의 동생)이고, 숙모(叔母)는 작은어머니(숙부의 아내)입니다.

[숙]으로 소리나는 경우

3/3 淑 맑을 숙 ⓢ 淑
물 수(氵) + [아재비 숙(叔)]

1/0 菽 콩 숙 ⓢ 菽
풀 초(艹) + [아재비 숙(叔)]

맑을 숙(淑)자는 '물(氵)이 맑다'는 뜻입니다. 주로 여자 이름에 많이 사용됩니다. 정숙(貞淑), 영숙(英淑), 현숙(賢淑), 숙희(淑姫) 등이 그 예입니다.

콩 숙(菽)자는 손(又)으로 콩(尗)을 따는 모습의 콩 숙(叔)자에 풀 초(艹)자를 붙여 만든 글자입니다. 콩은 중국에서 가장 먼저 재배되어 서양으로 건너갔습니다. 콩으로 만든 간장을 영어로 소이 소스(soy source)라고 하는데, 이때 소이(soy)는 한자 숙(菽)의 중국어 발음인 '슈우(sh ū)'가 변해서 만들어진 단어입니다. 어리석은 사람을 일컬어 숙맥(菽麥)이라고 하는데, 숙맥은 '콩(菽)인지 보리(麥)인지를 분별하지(辨) 못하다(不)'라는 뜻의 숙맥불변(菽麥不辨)의 줄임말입니다.

[독]으로 소리나는 경우

4/3 督 감독할 독 ⓢ 督
눈 목(目) +
[아재비 숙(叔)→독]

총독(總督), 감독(監督) 등에 들어가는 감독할 독(督)자는 원래 '눈(目)으로 살피다'는 뜻입니다. 이후 '살피다→감독(監督)하다→다스리다→우두머리' 등의 뜻이 생겼습니다. 도독부(都督府)는 '우두머리(都) 감독(督) 관청(府)'으로, 중국에서 외지(外地)를 통치하던 기관입니다. 당나라는 고구려와 백제가 멸망한 뒤 그 땅에 각각 9도독부와 5도독부를 두었고, 신라 땅에도 계림 도독부를 두었습니다. 기독교(基督教)는 중국에서 그리스도(Christ)를 한자로 음역하면서 기리사독(基利邪督, 지리스뚜)으로 만들었다가, 간단하게 줄여 기독(基督, 지뚜)이 되었습니다.

[적]으로 소리나는 경우

3/2 寂 고요할 적 ⓢ 寂
집 면(宀) + [아재비 숙(叔)→적]

고요할 적(寂)자는 '집(宀) 안이 고요하다'는 뜻입니다. 적막(寂寞)은 '고요하고(寂) 고요하다(寞)'는 뜻이고, 한적(閑寂)은 '한가하고(閑) 고요하다(寂)'는 뜻입니다. 입적(入寂)은 '고요한(寂) 곳으로 들어가다(入)'는 뜻으로, 불교에서 승려가 죽음을 의미하는 말입니다.

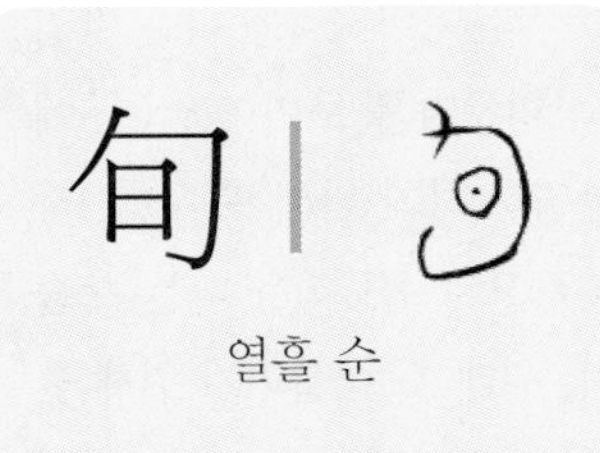

열흘 순

초순(初旬), 중순(中旬), 하순(下旬)은 한 달을 열흘 씩 나눈 것입니다. 옛 중국에서 날짜를 셀 때 십간(十干: 갑을병정무기경신임계)을 사용했는데, 열흘 순(旬)자는 '십간(十干)을 묶어(勹) 열흘(旬)로 만든다'는 뜻입니다. 쌀 포(勹)자는 '묶다'는 뜻도 있습니다. 이후, '열흘→열 번→십 년'이란 뜻도 파생되었습니다. 《순오지(旬五志)》는 '십(旬)오(五)일 동안 지은 기록(志)'으로, 조선 인조 때 학자인 홍만종이 15일간 병석에 있을 때 쓴 문학평론집입니다. 칠순노모(七旬老母)는 '나이가 칠(七) 십(旬)세인 늙은(老) 어머니(母)'입니다.

[순]으로 소리나는 경우

3/2 殉 따라죽을 순 중 殉
부서진 뼈 알(歹) + [열흘 순(旬)]

2/2 荀 풀이름 순 중 荀
풀 초(艹) + [열흘 순(旬)]

2/2 珣 옥그릇 순 중 珣
구슬 옥(玉) + [열흘 순(旬)]

2/1 洵 참으로 순 중 洵
물 수(氵) + [열흘 순(旬)]

1/2 筍 죽순 순 중 笋
대 죽(竹) + [열흘 순(旬)]

중국 요리의 주요 재료가 되는 죽순

고대 국가에서 왕이나 귀족의 장례 때 부인, 신하, 종 등을 함께 매장하였습니다. 이런 것을 순장(殉葬)이라 부르는데, 순(殉)자는 따라죽을 순(殉)자입니다. 은나라 시대에 만들어진 왕의 무덤을 발굴해 보면 수백 명이 순장되었습니다. 따라죽을 순(殉)자는 '목숨을 바치다'는 뜻으로도 사용되는데, 종교, 나라, 직업 등을 위해 목숨을 바치는 순교(殉敎), 순국(殉國), 순직(殉職) 등이 그러한 예입니다. 순애보(殉愛譜)는 '사랑(愛)을 위해 목숨을 바치는(殉) 이야기(譜)'로, 〈낙랑공주〉나 〈로미오와 줄리엣〉 이야기가 대표적인 순애보입니다.

풀 초(艹)자가 들어 가는 풀이름 순(荀)자는 중국 성(性)의 하나입니다. 순자(荀子)는 중국 전국 시대 조나라의 사상가입니다. 맹자의 〈성선설〉에 대하여 〈성악설〉을 제창하였습니다.

참으로 순(洵)자는 원래 '눈물(氵)을 흘리다'는 뜻이지만, 가차되어 '참으로'라는 뜻이 생겼습니다. 이 글자도 사람의 이름으로 사용됩니다. 중국 북송의 문인인 소순(蘇洵, 1009~1066년)이 그러한 예입니다. 소순(蘇洵)은 북송 때 최고의 시인이자, 〈적벽부(赤壁賦)〉를 지은 소식(蘇軾)의 아버지입니다. 소순은 소식, 소철과 함께 삼소(三蘇)라 불렸고, 3명 모두 당송팔대가입니다.

구슬 옥(玉)자가 들어가는 옥그릇 순(珣)자도 사람 이름에 사용됩니다.

죽순(竹筍)은 대나무의 땅속줄기에서 돋아나는 어리고 연한 싹으로, 자라는 속도는 무척이나 빨라서 하루에 1m 이상 자라기도 합니다. 중국에서는 요리 재료로 많이 사용합니다. 죽순 순(筍)자는 '대나무(竹)의 싹이 죽순이다'는 뜻입니다. 우후죽순(雨後竹筍)은 '비(雨)가 온 뒤(後)에 여기저기 솟는 죽순(竹筍)'이라는 뜻으로, 어떤 일이 한때에 많이 생겨남을 비유적으로 이르는 말입니다. 석순(石筍)은 '돌(石)로 만들어진 죽순(筍)'이란 뜻으로, 석회동굴의 종유석에서 떨어진 물속에 있는 석회 성분이 굳어 조금씩 커진 것입니다.

戠 | 𢦏

새길/진흙 시, 새길 지

새길/진흙 시(戠)자는 소리 음(音)자와 창 과(戈)자가 합쳐진 글자로 '소리(音)를 듣고 창(戈)으로 (진흙 위에) 글을 새기다, 적다'는 뜻입니다. 아마도 진흙 위에 글을 새겨서 진흙이란 뜻도 생긴 것 같습니다. 새길 시(戠) 자는 새길 지(戠)자도 됩니다. 하지만, 새길 시(戠)자는 독자적으로는 거의 사용되지 않고, 다른 글자와 만나 소리로 사용됩니다.

[식, 지]로 소리나는 경우

5/4 識 알 식, 표시할 지 ⓙ 识
말씀 언(言) +
[새길 시(戠)→식, 지]

화장실 표지

지식(知識), 무식(無識), 의식(意識), 학식(學識) 등에 들어가는 알 식(識)자는 '말(言)을 머리에 새겨(戠) 넣는 것이 아는 것이다'는 뜻입니다. 지식(知識)은 '알고(知) 알다(識)'는 뜻입니다. 알 식(識)자는 '적다, 표시하다'는 뜻도 있습니다. 이때는 표시할 지(識)자가 됩니다. 통행금지 표지, 공중전화 표지, 화장실 표지 등에 나오는 표지(標識)는 '표하고(標) 표시하다(識)'는 뜻으로, 표시나 특징으로 어떤 사물을 다른 것과 구별함을 이르는 말입니다. 표식으로 읽지 않도록 주의해야 합니다.

[직]으로 소리나는 경우

4/3 職 벼슬 직 ⓙ 职
귀 이(耳) +
[새길 지(戠)→직]

4/3 織 짤 직 ⓙ 织
실 사(糸) +
[새길 지(戠)→직]

직업(職業), 직원(職員), 직무(職務), 실직(失職), 관직(官職) 등에 들어가는 벼슬 직(職)자는 '귀(耳)로 듣고 머리에 새겨(戠) 맡은 일을 하다'는 데에서 벼슬이나 직책(職責)이란 뜻이 유래합니다. 직전법(職田法)은 '벼슬(職)에 있는 사람에게만 밭(田)을 주는 법(法)'으로, 조선 초기에 관직에 있는 사람에게 내린 토지가 세습되면서 토지가 모자라게 되자, 세조 때에는 관직에 있는 사람에게만 토지를 지급하는 제도로 바뀌었는데, 이를 직전법이라고 합니다.

직물(織物), 방직공장(紡織工場), 모직(毛織) 등에 들어가는 짤 직(織)자는 '실(糸)로 무늬를 새겨(戠) 넣으며 베를 짜다'는 뜻입니다. '견우와 직녀'의 직녀(織女)는 '베를 짜는(織) 여자(女)'입니다. 조직(組織)은 '짜고(組) 짜다(織)'는 뜻으로, 원래 실을 가지고 베를 짠다는 의미였으나, 지금은 '어떤 목적을 위해 여러 명의 사람들이 모여 짜여진 집단'을 뜻하는 단어가 되었습니다. 조직이란 단어가 많이 사용되는 예로는 조직 폭력배(줄여서 '조폭')가 있는데, 여러 명의 사람들이 모여 만든 폭력 집단의 폭력배를 일컫는 말입니다. 같은 폭력배들이 모여 폭력 조직을 만들듯이, 모양과 기능이 같은 여러 세포들이 모여 만들어진 세포의 집단도 조직이라고 합니다. 상피조직(上皮組織), 신경조직(神經組織), 근육조직(筋肉組織) 등이 그러한 예입니다.

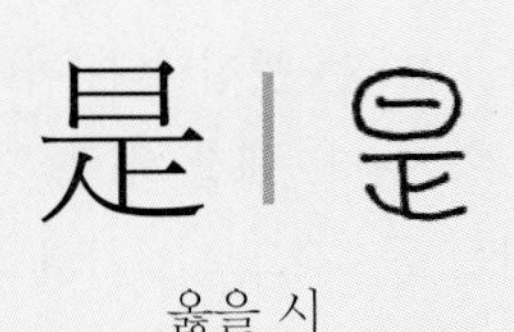

옳을 시

옳을 시(是)자는 날 일(日)자와 바를 정(正)자의 변형자가 합쳐진 글자입니다. '해(日)가 뜨고 지는 것처럼 정확하고 바르다(正)'는 뜻에서 '옳다'라는 의미가 생겼습니다. '혹시나 했더니 역시나...'라는 말에서, 혹시(或是)는 '혹(惑) 옳을지도(是)'라는 뜻이고, 역시(亦是)는 '또(亦) 옳다(是)'는 뜻입니다.

[시]로 소리나는 경우

匙 10 숟가락 시 ㉤ 匙
비수 비(匕) + [옳을 시(是)]

숟가락 시(匙)자는 뜻을 나타내는 숟가락 비(匕)자와 소리를 나타내는 바를 시(是)자가 합쳐진 글자입니다. 시저(匙箸)는 '숟가락(匙)과 젓가락(箸)'으로, 수저의 원래 말입니다. 십시일반(十匙一飯)은 '열(十) 숟가락(匙)이면 한(一) 그릇의 밥(飯)이 되다'는 뜻으로, '여러 사람이 조금씩만 도우면 한 사람을 충분히 도울 수 있다'는 뜻입니다.

[제]로 소리나는 경우

題 65 제목 제 ㉤ 题
머리 혈(頁) + [옳을 시(是)→제]

提 43 끌 제 ㉤ 提
손 수(扌) + [옳을 시(是)→제]

堤 33 둑 제 ㉤ 堤
흙 토(土) + [옳을 시(是)→제]

제목(題目), 주제(主題), 문제(問題), 출제(出題) 등에 들어가는 제목 제(題)자는 원래 '머리(頁)의 이마'를 일컫는 말입니다. 사람 얼굴의 제일 앞에 나와 있는 부분이 이마이듯이, 책의 제일 앞에 나와 있는 부분이 제목이라서, 제목(題目)이란 뜻이 생겼습니다. 학교 숙제(宿題)는 '집에서 하루 자고(宿) 오면서 풀어야 할 문제(問題)'입니다.

제출(提出), 제의(提議), 제안(提案), 제시(提示) 등에 사용되는 끌 제(提)자는 '손(扌)으로 끌다'는 뜻입니다. 나중에 '제시(提示)하다'는 뜻도 생겼습니다. 대제학(大提學)은 '학문(學)을 끌고 가는(提) 큰(大) 사람'으로, 조선 시대 집현전(集賢殿)과 홍문관(弘文館)을 관장한 정2품(지금의 장관)의 고위 관리입니다. 당대 최고의 학자가 대제학을 지냈습니다. 오늘날의 국립연구소장 및 국립도서관장입니다.

황하강 주변은 홍수가 많아 옛부터 강 주변에는 둑을 쌓았습니다. 둑 제(堤)자는 '흙(土)으로 쌓은 둑 혹은 제방(堤防)'을 이르는 글자입니다. 벽골제(碧骨堤)는 '벽골(碧骨: 지금의 전라북도 김제)에 있는 제방(堤)'으로, 신라 16대 흘해왕 21년(330)에 쌓은 저수지 둑입니다. 지금은 그 터가 논 가운데 드문드문 남아 있습니다.

김제의 벽골제

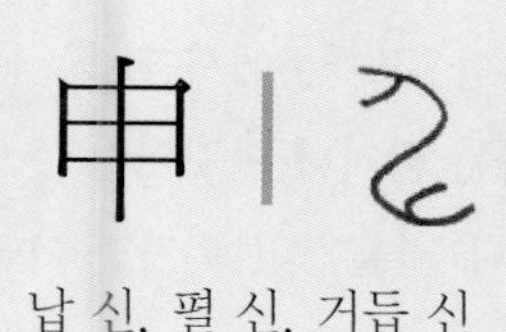

납 신, 펼 신, 거듭 신

납 신(申)자는 번개의 모습을 본떠 만든 글자입니다. 납은 원숭이의 옛말인데, 신(申)자가 십이간지에 들어가면서 12마리의 동물 중 원숭이와 짝을 이루어 납 신(申)자가 되었을 뿐입니다. 번개 전(電)자나 우레 뢰(雷)자의 아래 부분이 납 신(申)자가 변형된 모습입니다. 이후 '번개→(번개가 칠 때에는 한 번만 치지 않고 여러 번) 거듭하다→(번개가) 펴지다→베풀다→알리다→말하다'는 뜻이 생겼습니다. 신신당부(申申當付)는 '거듭하고(申) 거듭하여(申) 간곡히 하는 당부(當付)'입니다. 신고(申告)는 '알리고(申) 고하다(告)'는 뜻으로, 국민이 법에 따라 행정 관청에 일정한 사실을 진술하는 것입니다.

[신]으로 소리나는 경우

6/5 神 귀신 신 중 神
보일 시(示) + [납 신(申)]

3/2 伸 펼 신 중 伸
사람 인(亻) + [납 신(申)]

2/2 紳 띠 신 중 绅
실 사(糸) + [납 신(申)]

귀신 신(神)자는 '번갯불(申)을 만드는 것은 하늘을 떠도는 귀신(示)이다'는 뜻입니다. 보일 시(示)자는 제사상의 상형으로 귀신이란 뜻도 있습니다. 사람이 죽으면 사람의 정신이 귀신이 된다고 생각했기 때문에 귀신 신(神)자는 '정신(精神), 혼(魂), 마음'이란 뜻도 함께 가지고 있습니다. 사람의 몸속에 있는 신경(神經)은 '사람의 마음이나 정신(神)이 지나가는 길(經)'이란 뜻입니다. 신성(神聖)로마제국은 '신(神)처럼 성(聖)스러운 로마제국(帝國)'이란 뜻으로 962년부터 1806년까지에 있었던 독일제국의 이름입니다. 독일제국이지만 고대 로마제국의 부활이라고 여겨 로마제국이라 불렀고, 15세기부터는 그리스도 교회와 일체라는 뜻에서 신성(神聖)이라는 말을 붙였습니다.

펼 신(伸)자는 원래 '사람(亻)이 기지개를 켜다'는 뜻으로 만든 글자입니다. 이후 '기지개를 켜다→(기지개를 켤 때 몸을 쭉) 뻗다→펴다→(몸을 펴) 늘어나다'라는 뜻이 생겼습니다. 신축성(伸縮性)은 '늘어나고(伸) 줄어드는(縮) 성질(性)'입니다.

띠 신(紳)자는 옛날 중국에서 옷을 입을 때 허리에 매는 큰 띠를 의미합니다. 또 이러한 띠는 끈으로 만들므로, 실 사(糸)자가 들어갑니다. 영어 젠틀맨(gentleman)을 신사라고 부르는데, 신사(紳士)란 이러한 '띠(紳)를 맨 선비(士)'라는 뜻입니다. 중국 명나라와 청나라 때의 신사(紳士)는 지방의 양반 계급을 이르기도 하였습니다. 이후 벼슬아치라는 뜻도 생겼습니다. 향신(鄕紳)은 '시골(鄕)에 사는 벼슬아치(紳)'라는 뜻으로, 중국 명나라, 청나라 때에, 시골에 살던 과거 합격자나 퇴직한 벼슬아치로, 그 지방의 실질적인 지배자였습니다.

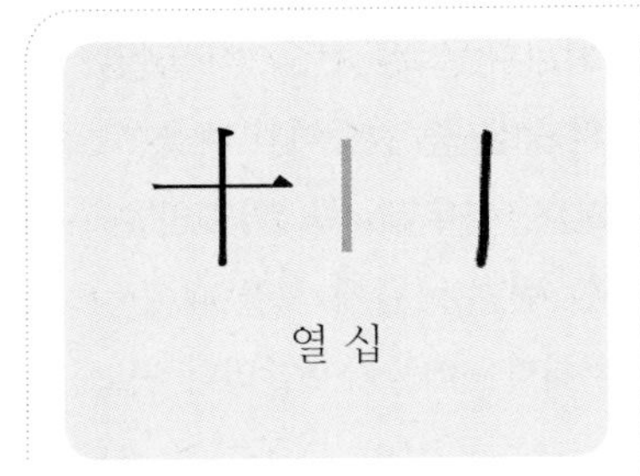

열 십(十)자는 10을 나타내는 기호입니다. 갑골문에는 '丨'으로 표시되어 있는데 나중에 모습이 변해 지금의 모양이 되었습니다. 갑골문에서 열 십(十)자는 갑옷 갑(甲)자로 사용되었습니다. 열 십(十)자는 많거나 여럿이란 뜻으로 사용됩니다. (여러 사람이) 힘을 합할 협(協)자나 넓을 박(博)자가 그러한 예입니다.

[십]으로 소리나는 경우

1/1 什 열사람 십 ⓒ 什
사람 인(亻) + [열 십(十)]

열사람 십(什)자는 '사람(亻)이 열(十) 명이다'는 뜻입니다. 비슷한 경우로, 다섯사람 오(伍)자도 있습니다. 열 십(十)자와 같은 뜻으로 쓰기도 합니다. 공사장의 십장(什長)은 '인부 열 사람(什)의 우두머리(長)'라는 뜻으로, 인부를 직접 감독, 지시하는 인부의 우두머리입니다. 또, 병졸 열 사람 가운데의 우두머리를 이르는 말이기도 합니다.

[침]으로 소리나는 경우

4/4 針 바늘 침 ⓒ 针
쇠 금(金) + [열 십(十)→침]

바늘 침(針)자에 들어 있는 열 십(十)자의 옛 글자는 1자(丨)처럼 생겼습니다. 즉, '1자(丨)처럼 생긴 쇠(金)가 바늘이다'는 뜻입니다. 침엽수(針葉樹)는 소나무나 잣나무처럼 '잎(葉)이 바늘(針)처럼 생긴 나무(樹)'입니다. 나침반(羅針盤)은 '침(針)을 벌려(羅) 놓은 쟁반(盤)'이란 뜻으로, 최초로 나침반을 발명한 중국에서는 자석인 침(針)이 항상 남북을 가리키는 것을 이용하여 가벼운 갈대나 나무 등에 붙여서 쟁반(錚盤)에 담긴 물에 띄워 방향을 아는데 사용하였습니다. 그래서 이름도 바늘을 벌려 놓은 쟁반이란 뜻의 나침반이라고 이름을 지었습니다.

[즙]으로 소리나는 경우

1/1 汁 즙 즙 ⓒ 汁
물 수(氵) + [열 십(十)→즙]

즙 즙(汁)자는 '과일 등을 침(針→十)으로 찌르면 배어 나오는 물(氵)이 즙이다'는 뜻입니다. 담즙(膽汁)은 '쓸개(膽) 즙(汁)'으로, 간장에서 만들어져 십이지장에서 분비되는 소화액입니다. 과즙(果汁)은 '과일(果)에서 짜낸 즙(汁)'이고, 육즙(肉汁)은 '고기(肉) 즙(汁)'이란 뜻으로, 보통 쇠고기를 다져 삶아 짠 국물을 말합니다.

亞 | 亞(갑골문)

버금 아

버금 아(亞)자는 十자 형태의 분묘를 위에서 본 모습을 본떠 만들었습니다. 이러한 형태의 분묘 중에서도 특히 은허에서 발굴된 후가장(候家莊)의 묘(墓)는 가로와 세로의 크기가 수십 m에 이르는 엄청난 규모와 부장품으로 유명합니다. 가차되어 '버금'이란 뜻으로 사용됩니다. 버금은 '으뜸의 바로 아래'를 의미하는 순우리말입니다. 다른 글자와 만나면 '버금, 부족한, 못한, 나쁜' 등의 의미로 사용됩니다.

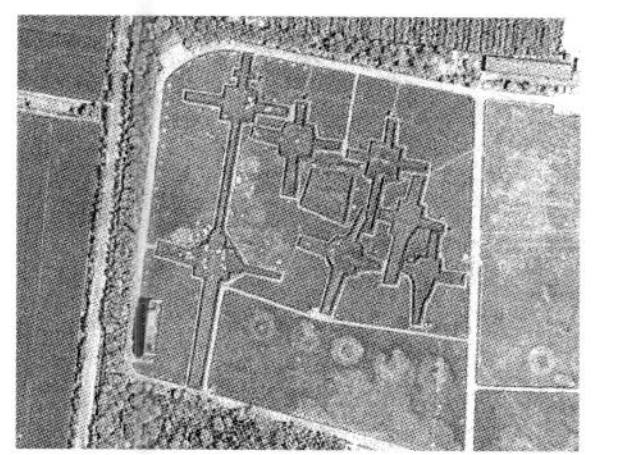

하늘에서 본 十자 형태의 분묘들(중국 안양)

화학 시간에 배우는 분자 이름 중에서 버금 아(亞)자가 들어가는 이름이 있는데, 버금 아(亞)자가 들어가면 산소가 하나 부족함을 나타냅니다. 예를 들어 아황산(亞黃酸: H_2SO_3)은 황산(黃酸: H_2SO_4)보다 산소(O)가 하나 부족하며, 아질산(亞窒酸: HNO_2)은 질산(窒酸: HNO_3)보다 산소(O)가 하나 부족합니다. 아열대(亞熱帶)는 '열대(熱帶)에 버금가는(亞) 지역'으로 열대와 온대의 중간 지대입니다.

[아]로 소리나는 경우

啞 (1/1) 벙어리 아 ⓒ哑
입 구(口) + [버금 아(亞)]

벙어리 아(啞)자는 '입(口)으로 말을 못하다(亞)'는 뜻입니다. 농아(聾啞)는 '귀머거리(聾)와 벙어리(啞)'라는 뜻입니다. 일반적으로 귀머거리인 사람이 벙어리입니다. 아연실색(啞然失色)은 '너무 놀라 입을 벌린(啞) 상태(然)로 얼굴 빛(色)을 잃다(失)'는 뜻으로, 뜻밖의 일에 얼굴빛이 변할 정도로 놀람을 일컫는 말입니다.

[악, 오]로 소리나는 경우

惡 (5/4) 악할 악, 싫을 오
ⓒ恶 ⓙ悪
마음 심(心) + [버금 아(亞)→악, 오]

악인(惡人), 악마(惡魔), 악당(惡黨) 등에 들어가는 악할 악(惡)자 혹은 싫을 오(惡)자는 '마음(心)이 악하다(亞)'는 뜻으로, '악한 마음(心)이 싫다(亞)'는 뜻도 있습니다. 증오(憎惡)는 '미워하고(憎) 싫어하다(惡)'는 뜻입니다. 성악설(性惡說)은 '사람이 태어날 때의 성품(性)은 악(惡)하다고 생각하는 학설(說)'로, 고대 중국의 유학자 순자(荀子)가 주장한 학설입니다. 악당(惡黨)은 '악한(惡) 무리(黨)'입니다.

[악]으로 소리나는 경우

堊 (1/1) 백토 악 ⓒ垩
흙 토(土) +
[버금 아(亞)→악]

백토 악(堊)자는 '황토(黃土)가 가장 좋은 흙이고 백토(白土)가 버금(亞)으로 좋은 흙(土)이다'는 뜻입니다. 백악관(白堊館)은 '흰(白) 백토(堊)로 지은 집(館)'이고, 백악기(白堊紀)는 '흰(白) 백토(堊)의 지층을 가진 연대(紀)'로, 중생대 쥐라기와 신생대 제3기 사이의 연대입니다.

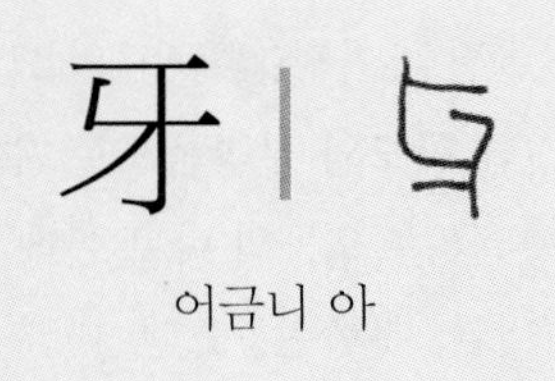

어금니 아

어금니 아(牙)자는 맞물려 있는 어금니의 모습을 본떠 만든 글자입니다. 이빨의 모습을 본떠 만든 글자는 어금니 아(牙)자 외에도 이 치(齒)자가 있는데, 이 치(齒)자는 얼굴 앞에서 본 앞니의 모습과 소리를 나타내는 그칠 지(止)자가 합쳐진 글자입니다. 따라서 치아(齒牙)는 '앞니(齒)와 어금니(牙)'라는 뜻으로 전체 이빨을 일컫습니다. 상아(象牙)는 '코끼리(象)의 어금니(牙)'라는 뜻으로, 코끼리 코옆에 길게 나온 이빨입니다. 아성(牙城)은 '상아(牙)로 장식한 깃발이 있는 성(城)'이란 뜻으로, 옛날에 임금이나 대장이 거처하는 성에 꽂아 둔 깃대에는, 성이 상아처럼 단단하라는 의미로 상아(象牙)로 장식하였습니다. 이러한 깃발을 아기(牙旗: 상아로 장식한 기)라고 하였고, 이런 깃발이 있는 성을 아성(牙城)이라 불렀습니다. 따라서 아성은 상아처럼 매우 단단해서 깨뜨리기 어려운 성(城)이라는 뜻입니다.

[아]로 소리나는 경우

3/3 雅 맑을/바를 아 ㊥ 雅
새 추(隹) + [어금니 아(牙)]

3/2 芽 싹 아 ㊥ 芽
풀 초(艹) + [어금니 아(牙)]

고아(高雅), 단아(端雅), 아담(雅淡), 우아(優雅) 등에 사용되는 맑을 아(雅)자는 원래 띠까마귀를 일컫는 글자입니다. 띠까마귀는 무리 중에 나쁜 놈이 있으면 죽임을 당한다고 합니다. 이런 특성으로 인해 '맑다, 바르다'는 뜻이 생겼고, 또 그 모습에서 '우아(優雅)하다, 아담(雅淡)하다' 등의 의미가 추가되었습니다. 아악(雅樂)은 '고상하고 기품이 있는 우아(優雅)한 음악(樂)'이란 뜻으로, 고려와 조선 시대에 궁중 의식에서 연주된 전통 음악입니다.

싹 아(芽)자는 '어금니(牙)처럼 조그마한 풀(艹)이 싹이다'는 뜻입니다. 맥아당(麥芽糖)은 '보리(麥)의 싹(芽)에서 나오는 당분(糖)'으로, 엿당이라고도 합니다. 두 개의 포도당이 결합되어 이루어진 이당류입니다. 발아(發芽)는 '싹(芽)이 발생(發生)하다'는 뜻입니다.

[사]로 소리나는 경우

3/2 邪 간사할 사 ㊥ 邪
고을 읍(邑/阝) + [어금니 아(牙)→사]

간사(奸邪), 사악(邪惡) 등에 사용되는 간사할 사(邪)자는 원래 중국 전국 시대에 제(齊)나라의 고을 이름이었으나, 가차되어 '간사하다'는 뜻이 생겼습니다. 사무사(思無邪)는 '생각(思)에 사악한(邪) 것이 없다(無)'라는 뜻으로 마음이 올바름을 일컫는 말입니다. 《논어》의 공자 이야기에서 유래합니다.

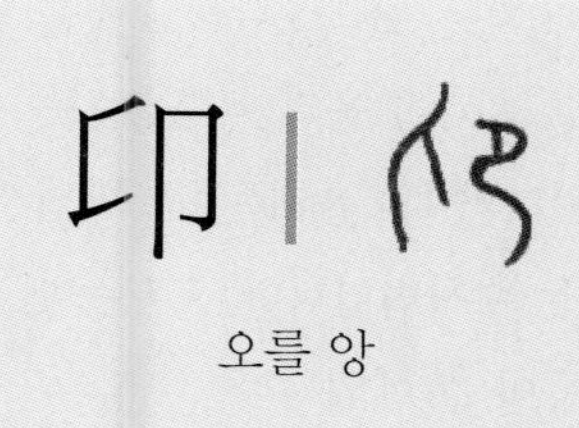

오를 앙(卬)자의 상형문자를 보면 왼쪽에 서 있는 사람(亻)과 오른쪽에 꿇어앉아 있는 사람(卩)이 있는 모습입니다. 즉, 꿇어앉아 있는 사람이 서 있는 사람을 올려 보고 있습니다. 따라서 원래의 뜻은 '우러러본다'는 의미였으나, 나중에 원래의 뜻을 분명히 하기 위해 사람 인(亻)자를 더하여 우러를 앙(仰)자가 생겼습니다. 앙(卬)자와 모양이 닮은 글자로, 반드시 알아야 할 글자들은 다음과 같습니다.

[앙(仰)]자와 유사한 글자

- 4/3 卵 알 란 ❸卵 — 두개의 알 모습
- 3/4 卯 토끼 묘 ❸卯 — 물건이 둘로 나누어진 모습
- 4/4 印 도장 인 ❸印 — 고슴도치머리 계(彐) + 병부 절(卩)

알 란(卵)자는 두 개의 물고기 알(◉◉)의 모습을 본떠 만든 글자입니다. 계란(鷄卵)은 '닭(鷄)의 알(卵)'입니다. 추석 음식의 하나인 토란국의 토란(土卵)은 '흙(土)에서 나는 알(卵)'이란 뜻입니다.

토끼 묘(卯)자는 칼로 물건을 반으로 갈라 놓은 모습을 본떠 만든 글자입니다. 또 다른 해석은 같은 값의 물건 두 개를 놓아 둔 형상으로 보고, 두 물건을 서로 바꾸려고 한다고 해서 '바꾸다'라는 의미가 되는데, 나중에 의미를 분명히 하기 위해 조개 패(貝)자가 붙어 무역할 무(貿)자가 되었다고 합니다. 묘(卯)자는 간지(干支)로 사용되면서 십이지(十二支)의 하나인 토끼와 짝이 되어 토끼 묘(卯)자가 되었을 뿐, 토끼의 모습과는 전혀 상관없습니다.

인장(印章), 검인(檢印) 등에 사용되는 도장 인(印)자의 상형문자를 보면, 손(彐를 뒤집은 모양)으로 꿇어앉아 있는 사람(卩)의 머리를 누르고 있는 모습입니다. 이후 '누르다→찍다→(머리에 찍힌) 인상(印象)→(종이에 찍은) 도장'이란 뜻이 생겼습니다.

[앙]으로 소리나는 경우

- 3/3 仰 우러를 앙 ❸仰 — 사람 인(亻) + [오를 앙(卬)]

우러를 앙(仰)자는 '사람(亻)이 올려 보며(卬) 우러보다'는 뜻입니다. 앙각(仰角)은 '우러러(仰) 올려 보는 각(角)'으로, 낮은 곳에서 높은 곳에 있는 목표물을 올려다 볼 때 시선과 지평선이 이루는 각도입니다. 대포를 위로 향하였을 때에 포신(砲身)과 수평면이 이루는 각도도 앙각이라고 합니다.

[영]으로 소리나는 경우

- 4/3 迎 맞이할 영 ❸迎 — 갈 착(辶) + [오를 앙(卬)→영]

환영(歡迎), 영접(迎接) 등에 들어가는 맞이할 영(迎)자는 '오는(辶) 사람을 우러러보며(卬) 맞이하다'는 뜻입니다. 송구영신(送舊迎新)은 '묶은(舊) 해를 보내고(送) 새(新) 해를 맞이하다(迎)'는 뜻입니다. '새 선수를 영입한다'에서 영입(迎入)은 '맞이하여(迎) 들이다(入)'는 뜻입니다.

[억]으로 소리나는 경우

3/2 抑 누를 억 ⓙ 抑
손 수(扌) +
[오를 앙(卬)→억]

억제(抑制), 억압(抑壓) 등에 들어가는 누를 억(抑)자는 '올라오는(卬) 것을 손(扌)으로 누르다'는 뜻입니다. 억양(抑揚)은 '눌렀다가(抑) 올리다(揚)'는 뜻으로 말의 높낮이를 말하고, 억양법(抑揚法)은 '눌렀다가(抑) 올리는(揚) 방법(法)'으로 문세(文勢)에 기복을 두어 그 효과를 노리는 수사법입니다. "그는 바보다. 그는 자신의 모든 것을 남에게 주기만 한다" 등이 그 예입니다.

央 | 𡗕
가운데 앙

가운데 앙(央)자는 양팔을 벌리고 누운 사람(大)이 머리에 베개를 베고 있는 모습을 본떠 만든 글자입니다. 베게는 가운데를 베기 때문에 가운데라는 뜻이 생겼습니다. 중앙(中央)은 '가운데(中)와 가운데(央)'라는 뜻입니다. 중앙집권(中央集權)은 '중앙(中央)에 권력(權)이 모이다(集)'는 뜻으로, 지방자치(地方自治)나 지방분권(地方分權)의 반대입니다.

[앙]으로 소리나는 경우

3/2 殃 재앙 앙 ⓙ 殃
부셔진뼈 알(歹) +
[가운데 앙(央)]

1/1 鴦 원앙새 앙 ⓙ 鴦
새 조(鳥) + [가운데 앙(央)]

재앙 앙(殃)자는 '죽음(歹)이 재앙(災殃)이다'는 뜻입니다. 부서진뼈 알(歹)자는 죽음을 의미합니다.

원앙새 앙(鴦)자에서 원앙새는 암수가 늘 같이 다니기 때문에, 원앙(鴛鴦)은 화목하고 금실이 좋은 부부를 비유하는 말로도 사용됩니다. 원앙금침(鴛鴦衾枕)은 '원앙(鴛鴦)을 수놓은 이불(衾)과 베개(枕)'라는 뜻으로, 신혼부부가 쓰던 이불과 베개를 뜻합니다.

[영]으로 소리나는 경우

6/5 英 꽃부리 영 ⓙ 英
풀 초(艹) +
[가운데 앙(央)→영]

4/3 映 비칠 영 ⓙ 映
날 일(日) +
[가운데 앙(央)→영]

꽃부리 영(英)자의 꽃부리는 꽃잎 전체를 이르는 말로, 화관(花冠)이라고도 합니다. 하지만 영웅(英雄)이나 영재(英才)처럼 '재주가 뛰어나다'는 뜻으로 더 많이 사용됩니다. 잉글랜드(England)의 첫 글자를 한자로 음역한 영국(英國)은 '재주가 뛰어난(英) 나라(國)'라는 뜻입니다. 영국은 1840년 아편전쟁으로 청나라를 굴복시키고 홍콩을 차지하였는데, 아마도 영국을 전쟁 재주가 뛰어난 나라로 보았을 겁니다.

영화(映畵), 영사(映寫), 상영(上映) 등에 들어가는 비칠 영(映)자는 '해(日)가 하늘 가운데(央)에서 밝게 비치다'는 뜻입니다. 극장에서 보는 영화(映畵)는 '스크린에 비치는(映) 그림(畵)'입니다.

也 | (古字)

어조사 야, 이것 이

어조사 야(也) 혹은 이것 이(也)자의 상형문자를 보면 정확하게 무엇인지 알 수 없으나, 일설에는 여자의 음문(陰門)이라고 말하기도 합니다. 그 이유는, 땅(土)의 어머니(也)를 의미하는 땅 지(地)자와 물(氵)의 어머니(也)를 의미하는 못 지(池)자에 근거를 두고 있습니다. 가차되어 어조사로 사용됩니다.

[이]로 소리나는 경우

1/1 弛 (활줄) 늦출 이 ⓢ 弛
활 궁(弓) + [이것 이(也)]

늦출 이(弛)자는 '활(弓) 줄을 느슨하게 늦추다'는 뜻입니다. 이완(弛緩)은 '늦추어지고(弛) 느슨해지다(緩)'는 뜻으로, 긴장(緊張)의 반대말입니다. 도덕적 해이(道德的解弛)는 '도덕적(道德的)으로 풀어지고(解) 늦추어지다(弛)'는 뜻으로, 모럴 해저드(moral hazard)라는 용어로도 알려져 있습니다. 이 말은 원래 보험에서 쓰던 용어로, 보험 든 사람은 보험을 들기 전보다 행동이 더 느슨해짐을 일컫습니다. 가령, 화재 보험을 들기 전에는 화재 예방에 열심이던 사람이, 보험을 들고 난 후부터는 화재 예방에 소홀함을 도덕적 해이라고 합니다.

[시]로 소리나는 경우

4/3 施 베풀 시 ⓢ 施
깃발 언(㫃) +
[이것 이(也)→시]

실시(實施), 시행(施行) 등에 사용되는 베풀 시(施)자는 원래 '깃발(㫃)이 흔들거리다'는 뜻으로 만든 글자입니다. 이후 '흔들거리다→드러내다→널리 퍼지다→실시(實施)하다→베풀다' 등의 뜻이 생겼습니다.

[지]로 소리나는 경우

7/5 地 땅 지 ⓢ 地
흙 토(土) +
[이것 이(也)→지]

땅 지(地)자는 천지(天地), 토지(土地), 지명(地名), 지상(地上), 지하(地下), 평지(平地) 등에 사용됩니다. 지문(地文)은 '바탕(地)에 있는 글(文)'이란 뜻으로, 희곡(戱曲)에서 해설과 대사를 뺀 나머지 부분의 글로, 인물의 동작, 표정, 심리, 말투 따위를 지시(指示)합니다.

3/3 池 못 지 ⓢ 池
물 수(氵) +
[이것 이(也)→지]

못 지(池)자는 '물(氵)이 모이는 곳이 못이다'는 뜻입니다. 백두산 천지(天池)는 '하늘(天)에 맞닿은 못(池)'이란 뜻입니다. 축전지(蓄電池)는 '전기(電)가 저장되어(蓄) 있는 못(池)'이란 뜻입니다.

[타]로 소리나는 경우

5/4 他 다를 타 ⓢ 他
사람 인(亻) +
[어조사 야(也)→타]

다를 타(他)자는 '다른 사람(亻)'을 뜻하는 말입니다. 자타(自他), 타인(他人), 타지(他地) 등에 사용됩니다. 영어의 자동사(自動詞)는 '주어 스스로(自)에게 영향을 주는 동사(動詞)'이고, 타동사(他動詞)는 '주어가 아닌 다른(他) 것에 영향을 주는 동사(動詞)'입니다. 영향을 받는 대상을 목적어라고 합니다.

빛날 양

빛날 양(昜)자는 태양(日) 아래로 햇살이 비치는 모습을 본떠 만든 글자입니다. 나중에 뜻을 분명히 하기 위해 언덕 부(阜/阝)자를 추가하여 볕 양(陽)자가 되었습니다. 언덕의 앞쪽에 볕이 비치기 때문입니다. 빛날 양(昜)자도 단독으로는 사용되지 않고 다른 글자와 만나 소리로 사용됩니다. 빛날 양(昜)자와 비슷하게 생긴 글자로는 쉬울 이(易) 혹은 바꿀 역(易)자가 있습니다. 바꿀 역(易)자는 도마뱀의 상형입니다. 글자 위의 날 일(日)자는 머리를, 아래의 아닐 물(勿)자는 몸통과 4 다리입니다. 카멜레온 등 일부 도마뱀의 종류는 주변의 색상이나 상태에 따라 '몸의 색깔을 쉽게 바꿀 수 있다'고 해서 '쉽다, 바꾸다'라는 뜻이 생겼습니다.

[양]으로 소리나는 경우

6/5 **陽** 볕 양 중 阳
언덕 부(阜/阝) + [빛날 양(昜)]

3/3 **揚** 날릴/오를 양 중 扬
손 수(扌) + [빛날 양(昜)]

3/2 **楊** 버들 양 중 杨
나무 목(木) + [빛날 양(昜)]

1/1 **瘍** 종기 양 중 疡
병 녁(疒) + [빛날 양(昜)]

음양(陰陽)이란 낱말에 들어가는 그늘 음(陰)자와 볕 양(陽)자에는 언덕 부(阜/阝)자가 나란히 들어가 있습니다. 그 이유는 언덕의 앞쪽에는 볕이 비치고, 뒤쪽에는 그늘이 지기 때문입니다. 음덕양보(陰德陽報)는 '그늘(陰)에서의 덕(德)이 양지(陽)에서 보답(報)한다'는 뜻으로, '남 모르게 덕을 쌓은 사람은 반드시 뒤에 복을 받는다'는 의미입니다. 석양(夕陽)은 '저녁(夕) 무렵의 볕(陽)'이고, 양지(陽地)는 '볕(陽)이 있는 땅(地)'입니다.

날릴/오를 양(揚)자는 '손(扌)으로 햇살(昜)처럼 하늘 위로 올리다, 날리다'는 뜻입니다. 국기 게양대(揭揚臺)는 '깃발을 높이 들어(揭) 날리기(揚) 위해 만들어 놓은 대(臺)'입니다. 양력(揚力)은 '날리는(揚) 힘(力)'으로, 날개 모양의 물체가 유체 속을 운동할 때 운동 방향과 수직 방향으로 작용하는 힘을 이르는 말입니다. 비행기는 날개에서 생기는 양력에 의하여 공중을 날 수 있습니다. 부양(浮揚)은 '물 위로 띄우고(浮) 하늘로 날리다(揚)'는 뜻으로, 가라앉은 것을 떠오르게 하는 것입니다.

버들 양(楊)자는 주로 성씨로 사용됩니다. 양귀비(楊貴妃)가 그러한 예입니다.

종기(腫氣)는 피부의 털구멍 따위로 화농성균이 들어가 생기는 염증(炎症)입니다. 옛 사람들은 염증(炎症)에서 열이 나기 때문에, 양(陽)의 기운이 많아 생기는 병으로 생각했습니다. 염증(炎症)의 불꽃 염(炎)자에도 불 화(火)자가 2개나 들어 있습니다. 종기 양(瘍)자는 '양(昜)의 기운이 많아 생기는 병(疒)'이란 뜻이 있습니다. 이후 '종기→부스럼→헐다' 등의 뜻이 생겼습니다. 궤양(潰瘍)은 '피부 또는 점막에 상처가 생겨 짓무르거나(潰) 헐어서(瘍) 출혈하기 쉬운 상태'이고, 종양(腫瘍)은 '종기(腫)와 종기(瘍)'라는 뜻으로, 세포 분열이 계속 일어나 종기처럼 조직이 커집니다. 종양은 주위로 전이가 되는 악성 종양과 전이가 되지 않는 양성 종양으로 크게 나눌 수 있습니다.

[장]으로 소리나는 경우

7/5 場 마당 장 ⓒ 场
흙 토(土) + [빛날 양(昜)→장]

4/3 腸 창자 장 ⓒ 肠
고기 육(肉/月) + [빛날 양(昜)→장]

장소(場所), 공장(工場), 농장(農場), 시장(市場) 등에 사용되는 마당 장(場)자는 '햇볕이 비치는(昜) 땅(土)이 마당이다'는 뜻입니다. 시장(市場)의 글자 바꾸어 놓은 장시(場市)는 조선 시대에 보통 5일마다 열리던 사설 시장입니다.

창자 장(腸)자는 대장(大腸), 소장(小腸), 맹장(盲腸), 십이지장(十二指腸) 등처럼 창자 관련한 글자에 사용합니다. 십이지장(十二指腸)은 '12(十二)개의 손가락(指) 마디 길이의 창자(腸)'로, 위와 작은창자 사이에 있으며, 길이는 약 25~30cm입니다. 구절양장(九折羊腸)은 '아홉(九) 번 꺾어진(折) 양(羊)의 창자(腸)'라는 뜻으로, 꼬불꼬불하며 험한 산길을 이르는 말입니다.

[상]으로 소리나는 경우

4/3 傷 상할 상 ⓒ 伤
사람 인(亻) + 화살 시(矢) + [빛날 양(昜)→상]

상처(傷處), 부상(負傷), 손상(損傷), 중상(重傷) 등에 들어가는 상할 상(傷)자는 '사람(亻)이 화살(矢→人)에 맞아 다쳤다'는 뜻입니다. 상심(傷心)은 '마음(心)을 다쳤다(傷)'는 뜻으로, 마음이 아프다는 의미입니다. 상처(傷處)는 '다친(傷) 곳(處)'입니다.

[창]으로 소리나는 경우

3/2 暢 화창할 창 ⓒ 畅
납/펼 신(申) + [빛날 양(昜)→창]

화창할 창(暢)자는 '햇볕(昜)이 넓게 펼쳐져(申) 화창(和暢)하다'는 뜻입니다. 이후 '화창하다→통쾌하다→후련하다→통하다→막힘이 없다' 등의 뜻이 생겼습니다. '말을 유창하게 한다'에서 유창(流暢)은 '흐름(流)에 막힘이 없다(暢)'는 뜻입니다.

[탕]으로 소리나는 경우

3/2 湯 끓을 탕 ⓒ 汤
물 수(氵) + [빛날 양(昜)→탕]

끓을 탕(湯)자는 '물(氵)이 끓다'는 뜻입니다. 끓을 탕(湯)자는 목욕탕(沐浴湯), 삼계탕(蔘鷄湯), 쌍화탕(雙和湯) 등에 사용합니다. 탕약(湯藥)은 '끓여(湯) 먹는 한약(韓藥)'이고, 쌍화탕(雙和湯)은 '음과 양의 두(雙) 기운을 조화(和)시키는 탕약(湯藥)'으로, 피로를 쉽게 느끼거나 몸이 허약해진 사람이 마시면 좋다고 합니다.

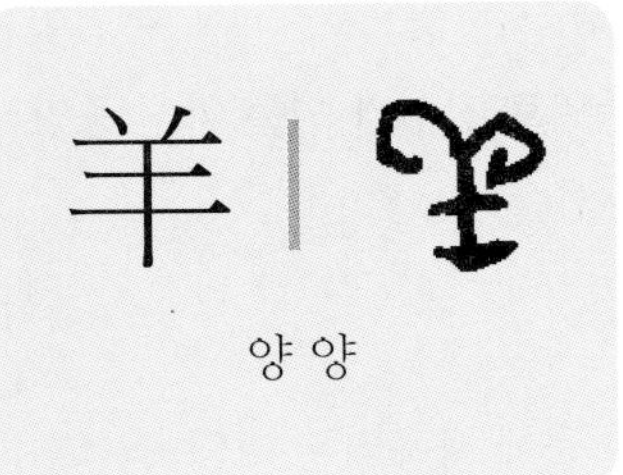

양 양(羊)자는 털(毛)이 부숭부숭 나있는 머리에 뿔이 난 모습을 본떠 만들었습니다. 양은 고대 중국에서 좋은 동물로 여겼습니다. 고기와 젖을 제공하고, 털과 가죽으로 옷감을 제공하며, 성질이 순해서 사람을 해치지 않았기 때문입니다. 그래서 양(羊)은 아름다울 미(美), 착할 선(善), 옳을 의(義), 상스러울 상(祥)이나 고울 선(鮮)과 같은 좋은 의미의 글자에 등장합니다. 또한 제사의 제물로 소(牛) 대신 사용되어 희생양(犧牲羊)이라는 단어도 생겼습니다. '양(羊)의 머리(頭)를 내걸어 놓고 실제로는 개(狗)의 고기(肉)를 판다'는 뜻의 고사성어인 양두구육(羊頭狗肉)은 중국 춘추 시대(春秋時代)의 이야기인데, 당시에 양이 가장 비싼 고기였던 것 같습니다. 지금도 중국에서는 양고기를 가장 많이 먹고 돼지고기나 소고기보다 비쌉니다.

[양]으로 소리나는 경우

6/5 洋 큰바다 양 ⓢ洋
물 수(氵) + [양 양(羊)]

5/4 養 기를 양 ⓢ养
먹을 식(食) + [양 양(羊)]

4/3 樣 모양 양 ⓢ样
나무 목(木) + 길 영(永) + [양 양(羊)]

큰바다 양(洋)자는 서양(西洋)의 줄임말로 더 많이 사용됩니다. 옛날에는 서양인들이 모두 배를 타고 바다를 건너왔기 때문입니다. 양식(洋食), 양복(洋服), 양장(洋裝), 양주(洋酒), 양춤, 양배추, 양송이, 양파 등은 모두 서양에서 들어온 것들입니다. 또 우리가 신는 양말(洋襪)은 '서양(洋) 버선(襪)'이고, 알루미늄으로 만든 그릇인 양재기는 원래 양자기(洋磁器), 즉 '서양(西洋)에서 들어온 자기(磁器)'입니다.

중국에서 양고기는 고급 요리의 재료입니다. 기를 양(養)자는 원래 '맛있는 양(羊)을 먹다(食)'는 뜻입니다. 이후 '먹다→(먹여서) 기르다→치료하다→가르치다' 등의 뜻이 생겼습니다. 양육(養育), 양친(養親), 봉양(奉養), 양분(養分), 휴양(休養), 교양(敎養), 수양(修養) 등에 사용됩니다.

모양(模樣), 다양(多樣), 양상(樣相) 등에 사용되는 모양 양(樣)자는 원래 '상수리나무'를 일컫는 글자입니다. 나중에 모양(模樣)이라는 뜻이 생겼습니다. 이양선(異樣船)은 '다른(異) 모양(樣)의 배(船)'라는 뜻으로, 나무로 배를 만들었던 조선 시대에 쇠로 만든 외국의 철선(鐵船)을 이르는 말입니다.

[강]으로 소리나는 경우

2/2 姜 성 강 ⓢ姜
여자 녀(女) + [양 양(羊)→강]

고대 중국이 모계사회였기 때문에 성씨를 보면 계집 녀(女)자가 들어가는 성이 많습니다. 성 강(姜)자가 그런 예인데, 아마도 강(姜)씨 집안에서는 양(羊)을 많이 기른 것으로 추측됩니다. 강태공(姜太公)은 중국 주(周)나라 초기의 정치가인 동시에 '낚시꾼'을 비유적으로 이르는 말로 사용됩니다. 정치를 하기 전에 위수(渭水)에서 낚시를 하며 세월을 보낸 데에서 유래합니다.

[상]으로 소리나는 경우

3/2 **詳** 자세할 상 중 详
말씀 언(言) +
[양 양(羊)→상]

3/3 **祥** 상서로울 상 중 祥
보일 시(示) +
[양 양(羊)→상]

2/1 **庠** 학교 상 중 庠
집 엄(广) + [양 양(羊)→상]

1/1 **翔** 날 상 중 翔
깃 우(羽) + [양 양(羊)→상]

상세(詳細), 상술(詳述) 등에 들어가는 자세할 상(詳)자는 '말(言)을 할 때 자세하게 하다'는 뜻입니다. 《고금상정예문(古今詳定禮文)》은 '상세하게(詳) 정하여(定) 놓은 옛날(古)과 지금(今)의 예법(禮)을 모아 편찬한 글(文)'로, 고려 인종 때 최윤의(崔允儀)가 고금의 예문을 모아 편찬한 책입니다. 이 책은 고려 때의 문인 이규보가 엮은 《동국이상국집》에 고종 21년(1234년)에 금속활자로 찍어냈다는 기록이 있어, 세계 최초의 금속활자본으로 추정됩니다.

'상서로움'은 복되고 길한 일이 있을 듯함을 일컫습니다. 상서로울 상(祥)자는 '제사상(示)에 양(羊)을 희생으로 바쳐 복을 비니 상서롭다'는 뜻입니다. 고대 4대 문명의 발상지, 불교의 발상지 등에 나오는 발상지(發祥地)는 '상서로운(祥) 것이 발생(發)하는 땅(地)'이란 뜻입니다.

학교 상(庠)자는 '공부를 배우는 집(广)이 학교이다'는 뜻입니다. 상서(庠序)는 학교라는 뜻인데, 지방의 학교인 향교(鄕校)를 주나라에서는 상(庠), 은나라에서는 서(序)라고 부른 데서 나온 말입니다. 차례 서(序)자도 원래는 집 옆으로 펼쳐져 있는 부속 건물을 뜻하는 글자입니다.

날 상(翔)자는 '깃(羽) 있는 새가 하늘을 날다'는 뜻입니다. '더 높은 곳으로 비상하다'에서 비상(飛翔)은 '날고(飛) 날다(翔)'는 뜻입니다. 인잠우상(鱗潛羽翔)은 '비늘(鱗) 있는 고기는 물속에 잠기고(潛), 깃(羽) 있는 새는 공중에 날다(翔)'는 뜻으로, 천자문(千字文)에 나오는 글귀입니다.

[선]으로 소리나는 경우

5/4 **鮮** 고울 선 중 鲜
물고기 어(魚) +
[양 양(羊)→선]

고울 선(鮮)자는 원래 물고기의 이름이었으나 '물고기 이름→생선→날것→싱싱하다→깨끗하다→곱다' 등의 뜻이 파생되었습니다. 생선(生鮮)은 '살아(生) 있는 물고기(鮮)'이고, 선도(鮮度)는 '싱싱한(鮮) 정도(度)'이고, 선명(鮮明)은 '깨끗하고(鮮) 밝다(明)'는 뜻입니다. 삼선자장면(三鮮煮醬麵)은 '고기, 해물, 채소 등 세(三) 가지 신선한(鮮) 재료로 만든 자장면(煮醬麵)'입니다.

襄

도울 양

도울 양(襄)자의 상형문자를 보면 옷 의(衣)자 위에 도구를 든 두 손이 보입니다. 아마도 옷에 장식을 달거나 수선을 하는 모습에서 도와주다는 뜻이 생긴 글자로 추측됩니다. 다른 글자와 만나 소리로 사용됩니다.

[양]으로 소리나는 경우

讓 (3/3) 사양할 양 ⓩ 让
말씀 언(言) + [도울 양(襄)]

壤 (3/3) 흙 양 ⓩ 壤 ⓐ 壌
흙 토(土) + [도울 양(襄)]

孃 (2/2) 아가씨 양 ⓩ 娘
여자 녀(女) + [도울 양(襄)]

釀 (1/1) 술빚을 양 ⓩ 酿
닭 유(酉) + [도울 양(襄)]

사양(辭讓), 양보(讓步) 등에 사용되는 사양할 양(讓)자는 '말(言)로 사양하다'는 뜻입니다. 이후 '넘겨주다'는 뜻이 생겼습니다. 할양(割讓)은 '나누어(割) 넘겨주다(讓)'는 뜻으로 국가 사이에 합의가 이루어져 자기 나라 영토의 일부를 다른 나라에 넘겨주는 일을 가리키고, 양위(讓位)는 '자리(位)를 넘겨주다(讓)'는 뜻으로 임금이 자리를 물려주는 일입니다. 난징조약에서 청나라가 홍콩을 영국에 할양(割讓)하였고, 헤이그밀사사건으로 고종은 일본의 강압에 못 이겨 황위를 순종에게 양위(讓位)하였습니다.

토양(土壤)에 들어가는 흙덩이 양(壤)자는 땅이란 뜻도 있습니다. 천양지차(天壤之差)는 '하늘(天)과 땅(壤) 사이의(之) 차이(差)'라는 뜻으로 큰 차이를 일컫습니다. 또 고복격양(鼓腹擊壤)은 '배(腹)를 두드리고(鼓) 땅(壤)을 친다(擊)'는 뜻으로, 살기 좋은 시절을 일컫습니다. 요순(堯舜) 시절 백성들이 배를 두드리고 땅을 치며 노래를 불렀다는 이야기에서 유래하는 사자성어입니다. 북한의 평양(平壤)은 '평평한(平) 땅(壤)'이란 뜻입니다.

아가씨는 여자므로 아가씨 양(孃)자에는 여자 녀(女)자가 붙습니다. 예전에는 이름이나 성 뒤에 붙여 아랫사람을 조금 높여 이르거나 부르는 말로 사용했으나, 요즘에는 성 뒤에 쓰일 때는 낮잡는 느낌을 줍니다.

술빚을 양(釀)자에서 '술을 빚다'는 술을 만들다는 뜻입니다. 닭 유(酉)자는 술병의 상형으로 술이나 간장, 식초와 같이 발효 식품과 관련되는 글자에 들어갑니다. 양조장(釀造場)은 '술을 빚고(釀) 만드는(造) 공장(工場)'이란 뜻이지만, 술뿐만 아니라 간장, 식초 등도 만드는 공장입니다.

[낭]으로 소리나는 경우

囊 (1/1) 주머니 낭 ⓩ 囊
입 구(口) + [도울 양(襄)→낭]

주머니 낭(囊)자는 '주머니에 입구(入口)가 있다'는 뜻으로 만든 글자입니다. 배낭(背囊)은 '등(背)에 지는 주머니(囊)'입니다. 낭중지추(囊中之錐)는 '주머니(囊) 속(中)의(之) 송곳(錐)'이란 뜻으로 송곳이 주머니 속에 들어 있어도 그 날카로운 끝을 드러내는 것처럼, 재능이 뛰어 난 사람은 세상에서 피해 있어도 자연히 사람들에게 알려짐을 비유하는 말입니다.

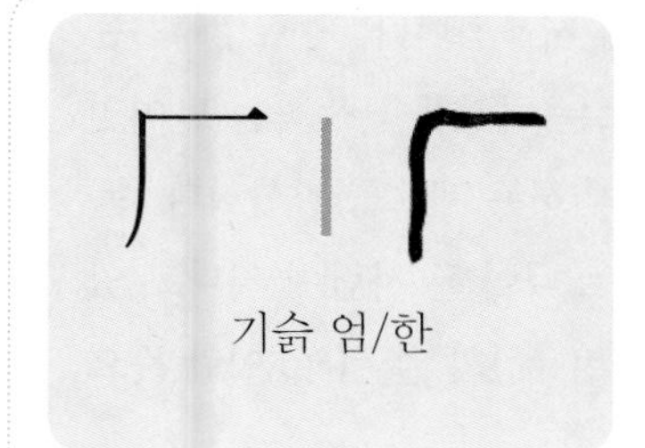

옛 중국 사람들이 살았던 황하강 중류는 황토로 쌓인 높은 황토 고원을 이루고 있습니다. 이렇게 쌓인 황토 고원은 비가 오면 빗물에 의해 작은 개울이 되어 흘러가면서 부드러운 황토를 깎아 골짜기를 이루거나 절벽이 되기도 하는데, 골짜기나 비탈진 언덕 그리고 절벽의 형상을 본떠 만든 상형문자가 기슭 엄(厂) 혹은 기슭 한(厂)자입니다.

[안]으로 소리나는 경우(1)

3/2 雁 기러기 안 ⓢ 雁
새 추(隹) + 사람 인(亻) + [기슭 엄/한(厂)→안]

기러기 안(雁)자는 '사람(亻)의 덕성을 갖춘 새(隹)가 기러기이다'는 뜻입니다. 그 때문에 기러기는 결혼의 상징물로 쓰기도 했습니다. 전안례(奠雁禮)는 '기러기(雁)로 제사(奠)를 지내는 예식(禮)'으로, 전통혼례에서 결혼 당일 신랑이 신부집에 갈 때 기러기를 가지고 가서 전안상(奠雁床) 위에 놓고 절을 하는 절차입니다. 평사낙안(平沙落雁)은 '평평한(平) 모래(沙)톱에 기러기(雁)가 내려(落)앉다'는 뜻으로, 글씨를 예쁘게 잘 쓰거나 아름다운 여인의 맵시를 비유하는 말입니다.

[염]으로 소리나는 경우

2/2 厭 싫을 염 ⓢ 厌
[기슭 엄/한(厂)→염] + 가로 왈(曰) + 고기 육(肉/月) + 개 견(犬)

싫을 염(厭)자는 '개(犬)가 맛있는(甘→曰) 고기(肉/月)를 실컷 먹어 싫증이 나다'는 뜻입니다. 싫증을 염증(厭症)이라고도 합니다. 염세주의(厭世主義)는 '세상(世)을 싫어하는(厭) 주의(主義)'로, '세상을 즐겁게(觀) 보는(樂) 주의(主義)'인 낙관주의(樂觀主義)의 반대입니다.

[언]으로 소리나는 경우

2/2 彦 선비 언 ⓢ 彦
터럭 삼(彡) + 글월 문(文) + [기슭 엄/한(厂)→언]

1/1 諺 상말 언 ⓢ 谚
말씀 언(言) + [선비 언(彦)]

선비 언(彦)자는 '학문이나 인문학(文)에서 크게 빛난(彡) 사람이 선비이다'는 뜻입니다.

상말은 상스러운 말이니까, 상말 언(諺)자에는 말씀 언(言)자가 들어갑니다. 조선 시대는 한글을 언문(諺文)이라고 낮추어 부른 반면, 한문(漢文)은 '진짜 글'이란 뜻으로 높여서 진서(眞書)라고 불렀습니다. 언해본(諺解本)은 '한자를 언문(諺)으로 풀어(解) 쓴 책(本)'이란 뜻입니다. 《훈민정음언해(訓民正音諺解)》는 '훈민정음(訓民正音)을 언문(諺)으로 풀이한(解) 책'으로, 훈민정음의 반포 후에 나온 것으로 추정됩니다. 《두시언해(杜詩諺解)》는 '두보(杜甫)의 시(詩)를 언문(諺)으로 풀이한(解) 책'으로, 조선 성종 12년(1481년)에 왕명에 따라 만들었습니다.

[안]으로 소리나는 경우(2)

3/3 **顔** 얼굴 안 중 颜
머리 혈(頁) +
[선비 언(彦)→안]

얼굴 안(顔)자는 안면(顔面), 안색(顔色) 등에 사용됩니다. 안료(顔料)는 '얼굴(顔)에 바르는 재료(料)'로 원래 얼굴에 바르는 화장품을 뜻하는 말이었으나, 지금은 페인트나 착색제처럼 물건에 색을 입히는 재료를 말합니다. 동안(童顔)은 '아이(童)와 같은 얼굴(顔)'이란 뜻으로 나이 든 사람이 지니고 있는 어린아이 같은 얼굴을 말하며, 용안(龍顔)은 '용(龍)의 얼굴(顔)'이란 뜻으로 임금의 얼굴을 높여 부르는 말입니다.

[산]으로 소리나는 경우

5/4 **産** 낳을 산 중 产
날 생(生) +
[선비 언(彦)→산]

산업(産業), 생산(生産), 수산(水産), 양산(量産), 재산(財産), 출산(出産) 등에 사용되는 낳을 산(産)자는 뜻을 나타내는 날 생(生)자와 소리를 나타내는 선비 언(彦)자가 합쳐진 글자입니다. 이후 '낳다→생기다→생산(生産)하다→재산(財産)' 등의 뜻이 생겼습니다. 산모(産母)는 '아이를 낳는(産) 어머니(母)'입니다.

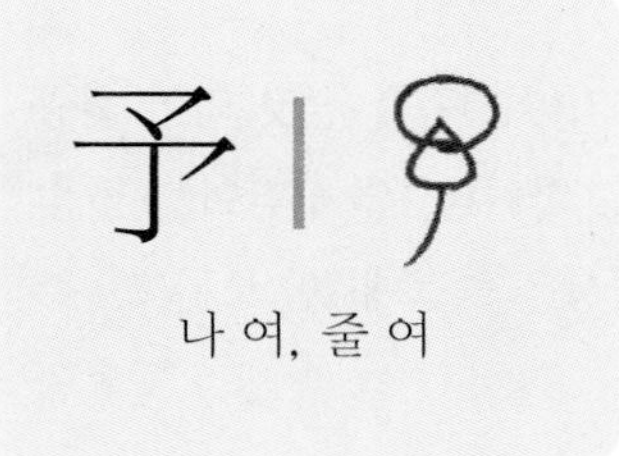

나 여, 줄 여

나 여(予)자는 베틀에서 사용하는 북의 모습을 본떠 만든 글자입니다. 북이란 씨줄의 실꾸러미가 들어 있는 방추(紡錘)로, 날줄 사이로 오가며 씨줄을 만드는 역할을 합니다. '북을 날줄 사이로, 좌우(左右)로 건네주다'고 해서 '주다'는 뜻이 생겼고, 가차되어 '나'라는 뜻이 생겼습니다. 비슷한 글자로는 창의 모습을 본떠 만든 글자인 창 모(矛)자가 있습니다.

[서]로 소리나는 경우

5/4 **序** 차례 서 중 序
집 엄(广) + [나 여(予)→서]

2/2 **舒** 펼 서 중 舒
집 사(舍) + [나 여(予)→서]

차례 서(序)자는 원래 집(广) 옆으로 펼쳐져 있는 부속 건물을 뜻하는 글자입니다. 이후 '부속 건물→(건물이) 펼쳐 있다→(건물을 차례로) 지나가다→차례→(차례대로) 서술하다→서문(序文)' 등의 여러 가지 뜻이 생겼습니다. 서문(序文)은 머리말이고, 순서(順序)는 '따르는(順) 차례(序)'입니다. 장유유서(長幼有序)는 '어른(長)과 어린이(幼) 사이에는 순서(順序)가 있다(有)'는 뜻으로, 삼강오륜에 나오는 말입니다. 긴 장(長)자는 머리카락이 긴 노인의 상형으로 어른이라는 뜻이 있습니다.

펼 서(舒)자는 '집(舍)이 옆으로 펼쳐져 있다'는 뜻입니다. 서정(舒情)은 '사물을 보고 감정(情)을 펼치다(舒)'는 뜻입니다. 충청남도 서천군(舒川郡)은 '내(川)가 펼쳐진(舒) 고을(郡)'입니다.

[예]로 소리나는 경우

4/2 **豫** 미리 예 중 预 약 予
코끼리 상(象) +
[나 여(予)→예]

2/2 **預** 미리/맡길 예 중 预
머리 혈(頁) +
[나 여(予)→예]

코끼리는 의심이 많은 동물이어서 행동 전에 미리 생각을 해 본다고 해서 미리 예(豫)자에는 코끼리 상(象)자가 들어갑니다. 또 '바로 행동하지 않고 생각하며 머뭇거리다'는 뜻도 있습니다. 예언(豫言), 예감(豫感), 예상(豫想), 예산(豫算) 등에 사용되는 예(豫)자는 '미리'라는 뜻입니다. 하지만 집행유예, 기소유예 등에 사용되는 유예(猶豫)는'머뭇거리고(猶) 머뭇거린다(豫)'는 뜻으로, '망설이며 실행하지 않고 시일을 늦추다'는 뜻입니다. 집행유예(執行猶豫)는 '형의 집행(執行)를 유예(猶豫)하다'는 뜻입니다. 3년 이하의 징역 또는 금고의 형이 선고된 범죄자에게 정상을 참작하여 일정한 기간 동안 형의 집행을 유예하는 일로 그 기간을 사고 없이 넘기면 형의 선고 효력이 없어집니다.

미리 예(預)자는 '머리(頁)로 미리 예상하다'는 뜻입니다. 이후 '미리 준비하다, 맡기다' 등의 뜻이 생겼습니다. 예금(預金)은 '돈(金)을 맡기다(預)'는 뜻이고, 예치(預置)는 '맡겨(預) 두다(置)'는 뜻입니다.

[야]로 소리나는 경우

6/5 **野** 들 야 중 野
마을 리(里) +
[나 여(予)→야]

들 야(野)자는 '땅(土) 위에 밭(田)이 있는 곳이 들이다'는 뜻입니다. 이후 '들→야생(野生)의→시골→범위' 등의 뜻이 생겼습니다. 예전에는 떳떳하지 못한 관계의 남녀가 보리밭에서 만나 정을 통했습니다. 야합(野合)은 '들에서(野) 만나다(合)'는 뜻으로, '부부가 아닌 남녀가 보리밭과 같은 들에서 만나 정을 통하다'는 뜻입니다. 나중에 '좋지 못한 목적으로 서로 어울리다'는 뜻이 되었습니다. 야구(野球)는 '들(球)에서 하는 공(球)놀이'입니다. 야채(野菜)는 원래 '들(野)에서 자란 나물(菜)'이지만, 무, 배추, 시금치 등의 심어서 가꾸는 나물도 야채라고 부릅니다. 수영야유(水營野遊)는 '수영(水營)의 들(野) 놀이 (遊)'로, 부산 수영 지방에 전승되고 있는 탈놀이입니다. 모두 4마당으로 되어 있는 양반에 대한 풍자극입니다. 분야(分野)나 시야(視野)에서는 범위(範圍)라는 뜻으로 사용됩니다.

나 여

나 여(余)자는 고대 중국의 관리들이 지방을 순시할 때 들고 다니던 물건의 모습이라고 합니다. 지금으로 말하면 자신의 신분을 증명하는 신분 증명서입니다. 아마도 자신의 신분을 나타낸다고 해서 '나'라는 의미가 생긴 것 같습니다. 나 여(予)자와 같은 뜻으로 사용됩니다.

[여]로 소리나는 경우

4/4 餘 남을 여 중 余 약 余
먹을 식(食) + [나 여(余)]

여분(餘分), 여유(餘裕), 여가(餘暇) 등의 남을 여(餘)자는 '먹을(食) 것이 남아 있다'는 뜻입니다. 여각(餘角)은 '남은(餘) 각(角)'이라는 뜻으로, 두 각의 합이 직각일 때에 그 한 각에 대한 다른 각을 이르는 말입니다. 즉 x의 여각은 90−x가 됩니다. 코사인(cosine)은 '여각(餘角: complementary angle)의 사인(sine)'이란 뜻입니다. 즉 cos(x)는 sin(90−x)입니다. cos(x)=sin(90−x)라는 공식을 암기하는 대신, cosine에서 'co~'가 여각의 줄임말이라는 것을 알면 저절로 알 수 있습니다. 여집합(餘集合)은 '남은(餘) 집합(集合)'이란 뜻으로, 전체 집합에서 어떤 집합에 포함되지 않은 나머지 집합입니다. 또 20개가 조금 넘는 개수를 '20여 개'라고 하는데, 이때 '여'자가 남을 여(餘)자입니다.

[서]로 소리나는 경우

3/2 徐 천천히 서 중 徐
걸을 척(彳) + [나 여(余)→서]

3/2 敍 차례 서 중 叙 약 叙
칠 복(攴) + [나 여(余)→서]

천천히 서(徐)자는 '천천히 걷다(彳)'는 뜻입니다. 서행(徐行)은 '천천히(徐) 다니다(行)'는 뜻입니다. '서서히 움직이다'의 서서(徐徐)는 '천천히(徐) 천천히(徐)'라는 뜻입니다. 이 글자는 서희(徐熙), 서경덕(徐敬德), 서재필(徐載弼) 등에서 보듯이 성씨로 많이 사용됩니다.

서사(敍事), 서술(敍述) 등에 나오는 차례 서(敍)자는 '수를 셈하기 위해 손(又)에 산가지(卜)를 들고 차례대로 나열하다'는 뜻입니다. 이후 '나열하다→차례→(차례대로) 서술(敍述)하다' 등의 뜻이 생겼습니다. 서사시(敍事詩)는 '사건(事件)을 서술(敍)하는 내용을 담은 시(詩)'로, 역사적 사건이나 신화, 전설, 영웅의 사적 따위를 서술하는 형태로 쓴 시(詩)입니다. 대표적인 서사시로는 그리스의 시인 호메로스의 《일리아스》와 《오디세이아》가 있습니다. 일리아스(Ilias)는 '일리오스(Ilios)의 이야기'라는 뜻으로, 일리오스는 트로이의 별명입니다. 내용은 10년간에 걸친 트로이 전쟁을 노래한 것입니다. 오디세이아(Odysseia)는 '오디세우스(Odysseus)의 노래'라는 뜻으로, 오디세우스는 트로이 전쟁에 참가한 그리스 영웅입니다. 내용은 트로이 전쟁 후 오디세우스가 집으로 돌아오는 과정에 격은 10년간의 모험을 노래한 것입니다.

[사]로 소리나는 경우

3-2 斜 비낄 사 중 斜
말 두(斗) + [나 여(余)→사]

피사의 사탑

비낄 사(斜)자의 '비끼다'는 '기울다, 비스듬하다, 경사(傾斜)지다'는 의미입니다. '국자(斗)에 담긴 것을 비우려면 국자를 반드시 비스듬히 기울여야 한다'고 해서 '비끼다, 기울다'라는 뜻이 생겼습니다. 대륙사면(大陸斜面)은 '대륙붕(大陸棚) 옆의 경사진(斜) 면(面)'으로, 대륙붕과 심해 사이의 급경사면입니다. 삼사정계(三斜晶系)는 'x, y, z의 3(三)축이 서로 경사진(斜) 광물의 결정계(結晶系)'입니다. 이탈리아 밀라노에 있는 '피사의 사탑'에서 사탑(斜塔)은 '기울어진(斜) 탑(塔)'입니다.

[제]로 소리나는 경우

4-4 除 덜 제 중 除
언덕 부(阜/阝) + [나 여(余)→제]

제거(除去), 삭제(削除), 해제(解除) 등에 들어 있는 덜 제(除)자는 원래 언덕으로 올라가는 계단을 의미하는 글자입니다. 이런 계단으로 올라가면 힘이 적게 들어, '덜다'라는 뜻이 생겼습니다. 이후 '계단→(힘을) 덜다→없애다→제외(除外)하다→면제(免除)하다→나누다→나눗셈' 등의 뜻이 생겼습니다. 조립제법(組立除法)은 '숫자를 조립(組立)하여 틀에 넣은 다음 나누기(除)를 하는 방법(法)'으로, 고차방정식을 풀 때에 인수분해를 하는 방법의 하나입니다.

[다, 차]로 소리나는 경우

3-3 茶 차 다, 차 차 중 茶
풀 초(艹) + [나 여(余)→다, 차]

차 다(茶) 혹은 차 차(茶)자는 풀 초(艹)자와 소리를 나타내는 나 여(余)의 변형 자가 합쳐진 글자입니다. 하지만 '사람(人)이 풀(艹)이나 나무(木)의 잎을 다려 먹는 음료'라고 해석하기도 합니다. 녹차(綠茶)는 '푸른(綠) 빛이 그대로 나도록 말린 찻잎이나 그 찻잎으로 만든 차(茶)'이고, 다방(茶房)은 '차(茶)를 팔고 마시는 집(房)'입니다.

[도]로 소리나는 경우

3-2 途 길 도 중 途
갈 착(辶) + [나 여(余)→도]

3-2 塗 진흙/바를 도 중 涂
흙 토(土) + 물 수(氵) + [나 여(余)→도]

길 도(途)자는 길 도(道)자와 음이 같아 혼동하기 쉽습니다. 하지만 두 글자의 차이를 정확하게 구분할 방법은 없고, 사용되는 단어를 통해서 익힐 수밖에 없습니다. 중도(中途), 도중(途中) 등에 사용됩니다. 별도(別途)는 '다른(別) 길(途)'이란 뜻으로, 딴 방면이나 방법을 말합니다.

진흙 도(塗)자는 '흙(土)에 물(氵)을 섞으면 진흙이 된다'는 뜻입니다. 도탄지고(塗炭之苦)는 '진흙(塗)탕이나 숯(炭)불에 빠지는 고통(苦)'이란 뜻으로, 몹시 고생스러움을 말합니다.

엿볼 역

엿볼 역(睪)자는 '눈(目/罒)으로 죄수(幸)를 엿보면서 감시하다'는 뜻입니다. 다행 행(幸)자는 수갑을 본떠 만든 글자로, 수갑을 차고 있는 죄수를 의미하기도 합니다. 이 글자는 단독으로 사용되지는 않고 다른 글자와 만나면 소리로 사용됩니다.

[역]으로 소리나는 경우

3/3 驛 역마 역 중 驿 약 駅
말 마(馬) + [엿볼 역(睪)]

3/2 譯 번역할 역 중 译 약 訳
말씀 언(言) + [엿볼 역(睪)]

지금의 역은 기차나 전철이 다니지만, 옛날의 역(驛)은 말을 갈아타고 쉬어가는 곳이었습니다. 갈아타는 말을 역마(驛馬)라고 불렀습니다. 역 역(驛)자는 역마(驛馬)라는 뜻도 함께 가지고 있습니다. 그래서 역마 역(驛)자에는 말 마(馬)자가 들어갑니다. 우리나라의 역마제도(驛馬制度)는 삼국시대부터 있었지만, 가장 잘 활용한 나라는 징기스칸의 몽고제국입니다. 당시 몽고 군은 하루 150~250Km를 달려 왕의 명령이나 지방의 소식을 전했다고 합니다. 서울에서 부산까지 2일이면 도달했다는 이야기입니다. 몽고제국이 건설한 원(元)나라를 여행했던 마르코 폴로의 《동방견문록》을 보면 원나라 전역에 역(驛)이 1만 개, 역마(驛馬)가 24만 필이 있었다고 합니다.

번역할 역(譯)자는 '말(言)로 통역(通譯)하거나 번역(飜譯)한다'는 뜻입니다. 역관(譯官)은 '통역이나 번역(譯)을 하는 관리(官)'로, 고려와 조선 시대에 외국어의 번역 및 통역에 관한 일을 맡아보던 관리입니다. 역어체(譯語體)는 '한문을 번역할(譯) 때 쓰는 말(語)의 문체(體)'로, 《훈민정음언해》나 《두시언해》와 같은 것이 대표적인 역어체입니다.

[석]으로 소리나는 경우

3/2 釋 풀 석 중 释 약 釈
분별할 변(釆) + [엿볼 역(睪)→석]

석방(釋放), 해석(解釋) 등에 사용되는 풀 석(釋)자는 원래 '짐승의 발자국(釆)을 보고(睪) 무슨 짐승인지를 분별하다'는 뜻입니다. 분별한 변(釆)자는 짐승의 발자국을 본떠 만든 글자입니다. 이후 '분별하다→설명하다→풀다→석방(釋放)하다' 등의 뜻이 생겼습니다. 수불석권(手不釋卷)은 '손(手)에서 책(卷)을 놓지(釋) 않는다(不)'는 뜻으로, 늘 책을 가까이하여 공부를 열심히 함을 일컫는 말입니다.

[탁]으로 소리나는 경우

1/2 鐸 방울 탁 중 铎
쇠 금(金) + [엿볼 역(睪)→탁]

방울은 쇠로 만들므로 방울 탁(鐸)자에는 쇠 금(金)자가 들어갑니다. 스님들이 두드리는 목탁(木鐸)은 '나무(木)로 만든 방울(鐸)'이란 뜻입니다. 목탁이 큰 방울처럼 생겼기 때문입니다.

[택]으로 소리나는 경우

4|3 **擇** 가릴 택 ⓢ择 ⓨ択
손 수(扌) + [엿볼 역(睪)→택]

3|3 **澤** 못 택 ⓢ泽 ⓨ沢
물 수(氵) + [엿볼 역(睪)→택]

가릴 택(擇)자는 '손(扌)으로 이것저것 선택(選擇)하다'는 뜻입니다. 택일(擇一)은 '하나(一)를 선택하다(擇)'는 뜻이고, 택일(擇日)은 '좋은 날(日)을 선택하다(擇)'는 뜻입니다. 하해불택세류(河海不擇細流)는 '황하강(河)과 바다(海)는 가는(細) 흐름(流)을 가리지(擇) 않는다(不), 즉 작은 개울물도 마다하지 않는다'는 뜻으로, 사소한 의견이나 인물을 수용할 수 있는 자만이 큰 인물이 될 수 있음을 비유한 말입니다. 《택리지(擇里志)》는 '마을(里)을 가려(擇) 놓은 기록(志)'으로, 조선 영조 27년(1751년)에 이중환이 지은 우리나라 지리서입니다. 전국 8도의 지형, 풍토, 풍속, 인심 등을 상세히 기록하였습니다.

못 택(澤)자는 원래 못이나 늪을 말하는 글자이지만, 이후 '못→늪→축축하다→젖다→(축축하게 젖어) 빛나다→윤택(潤澤)→덕택(德澤)' 등의 뜻이 생겼습니다. 우로지택(雨露之澤)은 '비(雨)와 이슬(露)의(之) 큰 덕택(澤)'이란 뜻으로, 임금의 넓고 큰 은혜를 일컫는 말입니다. 혜택(惠澤)은 '은혜(恩惠)와 덕택(德澤)'이란 뜻입니다.

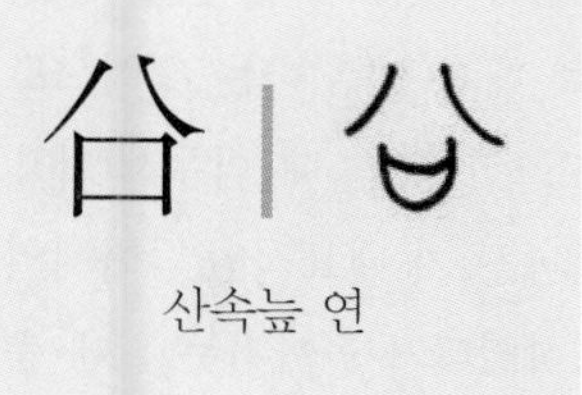
산속늪 연

산속늪 연(㕣)자의 상형문자를 보면 계곡 곡(谷)자와 비슷하게 생겼습니다. 계곡 곡(谷)자는 물이 흐르는 계곡(溪谷)을 정면에서 본떠 만든 글자입니다. 글자 아래의 입구(口)자는 계곡의 물이 고이는 못입니다. 산속늪 연(㕣)자도 계곡의 물이 고이는 산속의 늪을 나타낸 것 같습니다. 이 글자는 단독으로는 사용되지 않고 다른 글자와 만나 소리로 사용됩니다.

[연]으로 소리나는 경우

4|3 **鉛** 납 연 ⓢ铅
쇠 금(金) + [산속늪 연(㕣)]

3|3 **沿** 물따라내려갈 연 ⓢ沿
물 수(氵) + [산속늪 연(㕣)]

납은 금속의 일종이기 때문에, 납 연(鉛)자에는 쇠 금(金)자가 들어갑니다. 아연은 납처럼 무겁고 무릅니다. 그래서 아연(亞鉛)은 '납(鉛)에 버금(亞)가는 금속'이란 이름이 붙었습니다. 흑연(黑鉛)은 '검은색(黑)의 납(鉛)'이란 뜻으로, 순수한 탄소로 이루어진 광물입니다. 검은색의 금속 광택이 나고, 납처럼 전기가 잘 통하여 '검은색의 납'이란 이름이 붙었습니다. 흑연으로 심을 만드는 연필(鉛筆)은 '흑연(鉛)으로 만든 붓(筆)'입니다.

물따라내려갈 연(沿)자는 '물(氵)따라 내려가는 주변이나 가장자리'라는 뜻도 있습니다. 연안(沿岸)은 강, 호수 또는 바닷가를 따라서 잇닿아 있는 땅을 말하며, 연변(沿邊)은 국경, 강, 철도, 도로 따위를 끼고 따라가는 언저리 일대를 말합니다. 중국에 동포들이 사는 연변(延邊, 옌볜)과는 한자가 다릅니다.

[선]으로 소리나는 경우

5/4 船 배 선 중 船
배 주(舟) +
[산속늪 연(㕣)→선]

배 선(船)자는 일반적인 배를 일컫는 말입니다. 선박(船舶), 어선(漁船), 선장(船長) 등에 사용됩니다. 판옥선(板屋船)은 '널빤지(板)로 지붕(屋)을 덮은 배(船)'입니다. 왜선을 무찌르기 위해 1555년(명종 10년)에 만들었는데, 임진왜란(壬辰倭亂, 1592~1598년) 때에 크게 활약하였습니다. 지붕을 덮은 배에서 노를 젓는 병사들은 지붕 아래쪽에, 공격을 담당하는 병사들은 지붕 위쪽에 배치하여 서로 방해받지 않고 전투를 할 수 있었습니다.

炎

불꽃 염, 아름다울 담

불꽃 염(炎)자는 불 화(火)자가 2개로, 불꽃의 모습을 표현했습니다. 이후 '불꽃이 아름답다'고 해서 아름다울 담(炎)자도 되었습니다. 염증(炎症)은 '몸에 불꽃(炎)처럼 열이 나는 증세(症勢)'로, 주로 세균에 의해 감염되어 나타납니다. 염증의 종류로는 비염(鼻炎: 코의 염증), 중이염(中耳炎: 귀의 염증), 폐렴(肺炎: 폐의 염증), 위염(胃炎: 위의 염증), 대장염(大腸炎: 큰창자의 염증) 등이 있습니다.

[담]으로 소리나는 경우

5/4 談 말씀 담 중 谈
말씀 언(言) +
[아름다울 담(炎)]

3/3 淡 맑을 담 중 淡
물 수(氵) + [아름다울 담(炎)]

2/0 毯 담요 담 중 毯
털 모(毛) + [아름다울 담(炎)]

1/1 痰 가래 담 중 痰
병 녁(疒) + [아름다울 담(炎)]

말씀 담(談)자는 '인간의 말(言)이 아름답다(炎)'는 뜻입니다. 담화체(談話體)는 '말하고(談) 말하는(話) 문체(體)'로, 서로 대화(對話)하는 형식으로 된 문체입니다. 대화체(對話體)와 같은 말인데, 조선 숙종 때 박두세(朴斗世:1654~?)의 수필집 《요로원야화기(要路院夜話記)》가 대표적인 담화체입니다. 저자가 1678년(숙종 4년) 과거를 보러 상경하였다가 돌아가는 길에 충청도 아산(牙山) 요로원의 어느 주막에서 하룻밤을 묵을 때 서울 양반과 문답한 내용을 기록한 대화체의 수필집입니다. 면담(面談)은 '얼굴을(面) 마주보며 하는 말(談)'입니다.

맑을 담(淡)자는 '맑은 물(氵)이 아름답다(炎)'는 뜻을 담고 있습니다. 담수(淡水)는 '바닷물처럼 소금이 들어가지 않은 맑은(淡) 물(水)'로, 민물을 말합니다. 담채화(淡彩畵)는 '맑게(淡) 채색(彩)한 그림(畵)'이란 뜻으로, 물감을 엷게 써서 담백(淡白)하게 그린 그림입니다.

담요 담(毯)자는 '짐승의 털(毛)로 만들어 불(炎)처럼 따뜻하게 해주는 것이 담요이다'는 뜻입니다.

가래는 몸에 병이 나면 생기니까, 가래 담(痰)자에는 병 녁(疒)자가 들어갑니다. 객담(喀痰)은 '가래(痰)를 뱉어내다(喀)'는 뜻이고, 거담제(祛痰劑)는 '가래(痰)를 묽게 하여 없애는(祛) 약(劑)'입니다.

葉 | 𦯧

잎 엽

잎 엽(枼)자는 나무(木) 위에 나뭇잎(世)이 달려 있는 형상입니다. 세상 세(世)자가 여기에서는 나무잎의 모양으로 사용되었습니다. 풀 처럼 생긴 나뭇잎의 뜻을 명확하게 하기 위해 풀 초(艹)가 나중에 추가되어 잎 엽(葉)자가 되었습니다. 이 글자는 단독으로는 사용하지 않고 다른 글자와 만나 소리로 사용됩니다.

[엽]으로 소리나는 경우

5/4 葉 잎 엽 ⓒ 叶
풀 초(艹) + [잎 엽(枼)]

잎 엽(葉)자는 잎 엽(枼)자의 뜻을 명확하게 하기 위해 풀 초(艹)가 추가되어 만들어진 글자입니다. 엽차(葉茶)는 '잎(葉)을 달이거나 우려낸 차(茶)'입니다. 낙엽(落葉)은 '떨어진(落) 잎(葉)'이고, 고생대 바다에 살았던 삼엽충(三葉蟲)은 '좌, 우, 중앙 3(三)부분이 나뭇잎(葉)처럼 생긴 벌레(蟲)'입니다.

[접]으로 소리나는 경우

3/2 蝶 나비 접 ⓒ 蝶
벌레 충(虫) + [잎 엽(枼)→접]

접영

나비 접(蝶)자는 '날개가 나뭇잎(枼)처럼 생긴 벌레(虫)가 나비이다'는 뜻입니다. 호접지몽(蝴蝶之夢)은 '나비(蝴蝶)의(之) 꿈(夢)'이란 뜻으로, 인생의 덧없음을 이르는 말입니다. 중국 전국 시대의 사상가인 장자(莊子)가 꿈속에서 나비가 되었는데, 꿈이 깬 뒤에 '자기가 꿈속에서 나비가 되었는지, 나비가 꿈속에서 자기가 된 것인지 분간이 가지 않는다'는 이야기입니다. 이 이야기는 현실과 가상세계를 오가는 영화 〈매트릭스(Matrix)〉의 소재가 되기도 하였습니다. 접영(蝶泳)은 '나비(蝶)처럼 헤엄치다(泳)'는 뜻으로, 두 손을 동시에 앞으로 뻗쳐 물을 아래로 끌어내리며 발등으로 물을 치면서 나아가는 수영법으로, 두팔이 나비의 날개를 움직이는 모습과 비슷하여 접영(蝶泳)이라는 이름이 붙었습니다.

[첩]으로 소리나는 경우

2/2 諜 염탐할 첩 ⓒ 谍
말씀 언(言) + [잎 엽(枼)→첩]

1/1 牒 편지 첩 ⓒ 牒
조각 편(片) + [잎 엽(枼)→첩]

염탐할 첩(諜)자는 '염탐한 내용을 말(言)로 전하다'는 뜻을 담고 있습니다. 간첩(間諜)은 '두 나라 사이(間)를 오가며 염탐하는(諜) 사람'으로, 첩자(諜者)와 같은 말입니다. 첩보(諜報)는 '상대방의 정보나 형편을 몰래 염탐(諜)하여 보고(報告)하다'는 뜻입니다.

편지 첩(牒)자는 '종이가 없던 시절에 나뭇 조각(片)을 나뭇잎(枼)처럼 얇게 만들어 쓴 것이 편지이다'는 뜻입니다. 청첩장(請牒狀)은 '결혼과 같은 경사가 있을 때에 남을 초청(招請)하는 편지(牒)나 문서(狀)'입니다. '최후의 통첩'에서 통첩(通牒)은 '통지(通知)하는 문서나 편지(牒)'입니다.

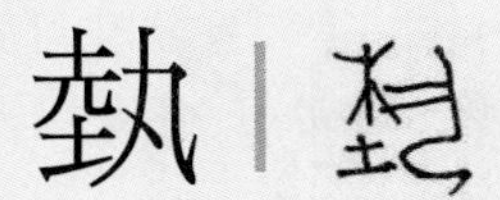

심을 예, 재주 예

심을 예(埶)자는 두 손을 앞으로 내밀고 꿇어앉아 있는 사람(丸)이 땅(土) 위에 나무(屮)를 심는 모습입니다. 나중에 '풀도 심는다'는 뜻에서 풀 초(艹)가 추가되어 심을 예(蓺)자가 되었고, '나무나 풀을 심어 키우는 사람이 재주가 있다'는 의미로 재주라는 뜻이 생겼습니다. 이 글자는 단독으로 사용되지 않고 다른 글자와 만나 소리로 사용됩니다.

[예]로 소리나는 경우

4/4 藝 재주 예 중 艺 약 芸
풀 초(艹) +
[심을 예(埶)] + 이를 운(云)

예술(藝術), 예능(藝能), 연예(演藝), 서예(書藝), 무예(武藝), 공예(工藝) 등에 들어가는 재주 예(藝)자는 땅(土) 위에 나무(屮)를 심는 사람(丸)의 모습에, '풀(艹)은 심는다'는 뜻에서 풀(艹)을 자가 추가되고, 꿇어앉아 있는 사람의 다리가 운(云)자로 변하여 만들어진 글자입니다. '나무나 풀을 심어 키우는 사람이 재주가 있다'는 의미로 재주라는 뜻이 생겼습니다. 하지만 여전히 '심다'는 뜻을 가지고 있습니다. 원예농업(園藝農業)은 '뜰(園)에 나무를 심는(藝) 농업(農業)'이란 뜻으로, 채소, 과일, 화초 따위를 집약적으로 재배하는 농업입니다. 예술(藝術)이란 낱말에 들어 있는 술(術)자도 '재주' 혹은 '기술'이라는 뜻을 가지고 있습니다. 예술(藝術)이란 낱말이 좀 거창하게 들리지만, 글자대로 풀이하면 '재주(藝)와 기술(術)'입니다.

[세]로 소리나는 경우

4/4 勢 권세 세 중 势
힘 력(力) +
[심을 예(埶)→세]

세력(勢力), 실세(實勢), 시세(時勢), 승세(勝勢), 기세(氣勢) 등에 들어가는 권세 세(勢)자는 '힘(力)과 재주(埶)가 곧 권세(權勢)'이다는 뜻입니다. 권문세족(權門勢族)은 '권세(權)를 가진 가문(家門)과 권세(勢)가 있는 혈족(血族)'이고, 권문세가(權門勢家)는 '권세(權)를 가진 가문(家門)과 권세(勢)가 있는 집(家)'으로, 둘 다 벼슬이 높고 권세가 있는 집안을 일컫는 말입니다.

[열]로 소리나는 경우

5/4 熱 더울 열 중 热
불 화(灬) +
[심을 예(埶)→열]

더울 열(熱)자는 '불(灬)이 있으니 덥다'는 뜻입니다. 《열하일기(熱河日記)》는 '중국의 열하(熱河)로 여행하면서 날(日)마다 기록(記)한 책'으로, 조선 정조 4년(1780년)에 박지원이 중국 청나라의 건륭제 칠순 잔치에 가는 사신을 따라 갔을 때, 보고 들은 것을 일기(日記)처럼 적은 기행문입니다. 이 책에는 당시 중국에 소개되었던 새로운 서양 학문이 소개 되어 있고, 〈허생전(許生傳)〉과 〈호질(虎叱)〉 등의 단편소설도 실려 있습니다. 열하는 중국의 하북성에 있는 강으로 겨울에도 강이 얼지 않기 때문에 열하(熱河, 러허)라고 합니다. '열심히 공부하다'의 열심(熱心)은 '열심히 하면 몸뿐만 아니라 마음(心)에 열(熱)이 나다'는 뜻입니다. '열(熱)나게 공부하다'도 같은 뜻입니다.

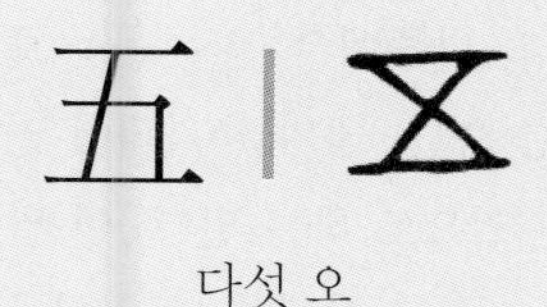

다섯 오

다섯 오(五)자는 5를 나타내는 글자입니다. 갑골문에는 'X'로 표시되어 있는데 나중에 모습이 변해 지금의 모양이 되었습니다. 오미자(五味子)는 '단맛, 신맛, 쓴맛, 짠맛, 매운맛의 다섯(五) 가지 맛(味)이 나는 열매(子)'로, 기침과 갈증 또는 땀과 설사를 멎게 하는 약재로 쓰입니다. 오감(五感)은 시각(視覺), 청각(聽覺), 후각(嗅覺), 미각(味覺), 촉각(觸覺) 등 5가지 감각을 말합니다.

[오]로 소리나는 경우(1)

1/2 伍 다섯사람 오 ⓩ 伍
사람 인(亻) + [다섯 오(五)]

다섯사람 오(伍)자는 '사람(亻)이 다섯(五)명이다'는 뜻입니다. 비슷한 경우로, 열사람 십(什)자도 있습니다. 남자들은 군대에 가서 행군을 할 때 '오(伍)와 열(列)을 맞추어라'는 말을 많이 듣습니다. 옛 중국에서는 부대(部隊)가 행군을 할 때, 가로로 5명씩 열을 지어 갔습니다. 이런 이유로 다섯사람 오(伍)자는 대오(隊伍)나 대열(隊列)을 뜻하기도 합니다. 또 한 줄에 있는 다섯 사람도 오(伍)라고 불렀습니다. 따라서 '오(伍)와 열(列)을 맞추어라'는 '가로와 세로 줄을 맞추어라'는 뜻입니다. 낙오자(落伍者)는 '오(伍)에서 떨어진(落) 사람(者)'이란 뜻으로 행군하는 줄에서 뒤처진 사람을 일컫는 말이지만, 사회나 시대의 진보에 뒤떨어진 사람을 일컫는 말로 사용됩니다.

[오]로 소리나는 경우(2)

3/3 吾 나 오 ⓩ 吾
입 구(口) + [다섯 오(五)]

3/3 悟 깨달을 오 ⓩ 悟
마음 심(忄) + [나 오(吾)]

2/2 梧 오동나무 오 ⓩ 梧
나무 목(木) + [나 오(吾)]

1/1 寤 깰 오 ⓩ 寤
집 면(宀) + 나무조각 장(爿) + [나 오(吾)]

나 오(吾)자는 입 구(口)자와 소리를 나타내는 다섯 오(五)가 합쳐진 글자로, 원래 '입(口)으로 글을 읽는 소리'를 뜻하는 글자입니다. 나중에 가차되어 '나'라는 뜻으로 사용됩니다. 삼일 독립선언서는 '오등은...'으로 시작하는데, 이때 오등(吾等)은 '나(吾)의 무리(等)', 즉 '우리'라는 뜻입니다.

깨달을 오(悟)자는 '글을 읽으면서(吾) 마음(忄)으로 깨닫다'는 뜻입니다. 대오각성(大悟覺醒)은 '크게(大) 깨닫고(悟), 깨닫고(覺), 깨닫다(醒)'는 뜻입니다. 돈오점수(頓悟漸修)는 '갑자기(頓) 깨달은(悟) 후 점진적으로(漸) 수행하다(修)'는 뜻으로, 불교에서 깨닫고 나서도 점진적으로 수행하여야 깨달음의 경지를 유지할 수 있다는 것입니다.

오동나무 오(梧)자에서 오동(梧桐)나무는 가볍고 휘거나 트지 않아 거문고, 장롱, 나막신을 만들고 정원수로 재배합니다.

깰 오(寤)자는 '집(宀)의 침대(爿)에서 잠을 깨다'는 뜻입니다. 오매불망(寤寐不忘)은 '자나(寐) 깨나(寤) 잊지(忘) 못하다(不)'는 뜻입니다.

[어]로 소리나는 경우

7/5 語 말씀 어 중 语
말씀 언(言) +
[나 오(吾)→어]

1/1 圄 옥 어 중 圄
둘러싸일 위(口) +
[나 오(吾)→어]

국어(國語), 영어(英語) 등의 말씀 어(語)자에 들어가는 나 오(吾)자는 원래 '입(口)으로 글을 읽는 소리'를 뜻하는 글자입니다. 나중에 '나'라는 뜻으로 가차되어 사용되면서 원래의 뜻을 살리기 위해 말씀 언(言)자가 추가되어 말씀 어(語)자가 되었습니다. 어불성설(語不成說)은 '입으로 하는 말(語)이 말(說)을 이루지(成) 않는다(不)는 뜻으로, 하는 말이 조금도 사리에 맞지 않음을 일컫는 말입니다.

감옥은 사방이 둘러싸여 있으므로, 옥 어(圄)자에는 둘러싸일 위(囗)자가 들어갑니다. 영어(囹圄)는 '감옥(囹)과 감옥(圄)'이란 뜻으로, 죄수를 가두는 곳입니다. '영어(囹圄)의 몸이 되다'는 '감옥(監獄)에 들어가다'는 뜻입니다.

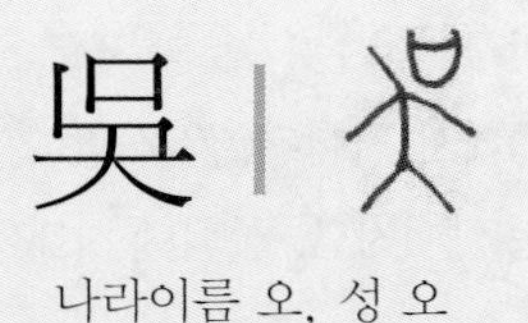

나라이름 오, 성 오

나라이름 오(吳)자의 상형문자를 보면 사람(大) 위에 입(口)이 있는 형상입니다. 입으로 큰소리를 지르는 사람의 모습인데, 나라 이름으로 더 잘 알려져 있습니다. 아마도 오나라 사람들은 시끄러워서 그런 나라 이름을 붙인 것으로 짐작됩니다. 또 오(吳)자는 사람 성씨로 사용됩니다. 오월동주(吳越同舟)는 '오(吳)나라 사람과 월(越)나라 사람이 같은(同) 배(舟)를 타다'는 뜻으로, 어려운 상황에서는 원수라도 협력하게 된다는 말입니다. 《손자병법》에서 손자(孫子)가 "오나라와 월나라는 원수처럼 미워하는 사이지만 그들이 한 배를 타고 바다를 건너다가 풍랑을 만났다고 가정한다면 원수처럼 맞붙어 싸우지는 않을 것이다. 오히려 양쪽 어깨에 붙은 오른손과 왼손의 관계처럼 도울 것이다."는 말에서 유래합니다.

[오]로 소리나는 경우

3/2 娛 즐거워할/놀 오 중 娱
여자 녀(女) +
[나라이름/큰소리칠 오(吳)]

4/4 誤 그릇될 오 중 误
말씀 언(言) +
[나라이름 오(吳)]

오락(娛樂)에 들어가는 즐거워할/놀 오(娛)자는 '여자(女)들이 큰소리(吳)로 즐거워하며 논다'는 뜻입니다. 또 '큰소리(吳)로 즐겁게 노는 자리에는 여자(女)가 있어야 한다'는 뜻으로 해석하기도 합니다. 오락실(娛樂室)은 '놀고(娛) 즐기는(樂) 집(室)'입니다.

오해(誤解), 오인(誤認) 등에 들어가는 그릇될 오(誤)자는 '말(言)을 그릇되거나 틀리게 하다'는 뜻입니다. 오답(誤答)은 '틀린(誤) 답(答)'으로, 정답(正答)의 반대입니다. 오차(誤差)는 '틀린(誤) 차이(差)'로, 근사값과 참값의 차이(差異)입니다. 오발탄(誤發彈)은 '잘못(誤) 발사된(發) 탄환(彈)'으로, 6 · 25 전쟁 뒤 분단의 상처를 그린 이범선의 단편소설의 이름이기도 합니다. 전후문학의 대표적인 작가의 대표작입니다.

[우]로 소리나는 경우

1/1 **虞** 염려할/나라이름 우 ㊥虞
범 호(虍) +
[나라이름 오(吳)→우]

염려할 우(虞)자는 '호랑이(虍)를 염려하다'는 뜻입니다. 우범지대(虞犯地帶)는 '범죄(犯)가 염려되는(虞) 지대(地帶)'입니다. 우미인(虞美人)은 '우(虞)나라의 미인(美人)'이란 뜻으로, 옛날 중국 초왕 항우의 애첩(愛妾)인데 절세의 미인입니다.

咼 | 咼

입삐뚤어질 와,
입삐뚤어질 괘

입삐뚤어질 와(咼) 혹은 입삐뚤어질 괘(咼)자는 뜻을 나타내는 입 구(口)자와 소리를 나타내는 살을 바를 와(冎)자가 합쳐진 글자입니다. 살을바를 와(冎)자는 살을 발라내고 난 앙상한 뼈의 모습을 본떠 만든 글자입니다. 이 글자도 단독으로는 사용되지 않고 다른 글자와 만나 소리로 사용됩니다.

[와]로 소리나는 경우

1/1 **渦** 소용돌이 와 ㊥涡
물 수(氵) +
[입삐뚤어질 와(咼)]

1/0 **蝸** 달팽이/고둥 와 ㊥蜗
벌레 충(虫) +
[소용돌이 와(渦→咼)]

와각지쟁에
나오는 달팽이

물이 소용돌이치니까, 소용돌이 와(渦)자에는 물 수(氵)자가 들어갑니다. 와류(渦流)는 '물이 소용돌이(渦)치면서 흐르다(流)'는 뜻입니다. '시끄러운 와중에도 책을 읽는다'의 와중(渦中)은 '소용돌이(渦) 가운데(中)'라는 뜻으로, '일이나 사건 따위가 시끄럽고 복잡하게 벌어지는 가운데'라는 의미입니다.

고대 중국인은 파충류(뱀, 개구리, 자라 등), 갑각류(새우 등), 연체동물(조개, 달팽이)을 모두 벌레로 보았기 때문에, 이런 글자에는 벌레 충(虫)자가 들어갑니다. 달팽이/고둥 와(蝸)자는 '소용돌이(渦→咼)처럼 생긴 벌레(虫)가 달팽이나 고둥이다'는 뜻입니다. 와각지쟁(蝸角之爭)은 '달팽이(蝸) 뿔(角)끼리 싸운다(爭)'는 뜻으로, 극히 하찮은 일로 다투는 것을 일컬는 말입니다. 《장자(莊子)》에 있는 양나라 혜왕이 제나라 위왕을 치려고 할 때 재상인 혜시가 전쟁을 말리려고 한 이야기에서 유래합니다.

[과]로 소리나는 경우

5/4 **過** 지날 과 ㊥过
갈 착(辶) +
[입삐뚤어질 와(咼)→과]

지날 과(過)자는 '길을 지나가다(辶)'는 뜻입니다. 이후 '지나다→경과(經過)하다→초과(超過)하다→지나치다→허물, 잘못' 등의 뜻이 생겼습니다. 과거(過去)는 '지나(過) 간(去) 시간'입니다. 소독약으로 사용되는 과산화수소(過酸化水素: H_2O_2)는 '산소(酸)가 지나치게(過) 들어가 화합(化)한 수소(水素)'라는 뜻으로, 산화수소(酸化水素: H_2O)보다 산소가 1개 많습니다. '공과를 따지다'에서 공과(功過)는 '공로(功)와 잘못(過)'을 아울러 이르는 말입니다.

[화]로 소리나는 경우

3-2 禍 재앙 화 ⓒ 祸
보일 시(示) +
[입삐뚤어질 와(咼)→화]

재앙 화(禍)자에는 제사상의 상형인 보일 시(示)자가 들어 있습니다. 고대 중국인들은 인간에게 닥치는 길흉화복(吉凶禍福)이 모두 돌아가신 조상신(祖上神)과 관련 있다고 믿었습니다. 이런 이유로 화(禍)를 물리치고, 복(福)을 빌기 위해 제사를 지냈습니다. 원화소복(遠禍召福)은 '화(禍)를 멀리(遠)하고 복(福)을 부르다(召)'라는 뜻입니다. 사화(士禍)는 '선비(士)들의 재앙(禍)'이란 뜻으로 조선 중기 당파 싸움에서 진 많은 선비들이 죽임을 당하거나 귀양을 갔기 때문에 '선비들의 재앙'이란 의미로 사화(士禍)라는 이름이 붙었습니다. 조선 시대의 사대사화(四大士禍)로 무오사화, 갑자사화, 기묘사화, 을사사화가 있습니다. '화근을 미리 없애다'에서 화근(禍根)은 '재앙(禍)의 뿌리(根)'입니다.

王 | 王

임금 왕

임금 왕(王)자는 선비 사(士)자와 마찬가지로 자루가 없는 큰 도끼날의 모양을 본떠 만든 글자입니다. 도끼는 무력을 상징으로 하는 것으로, 왕을 뜻하게 되었습니다. '물(水) 중의 왕(王)'이란 뜻의 왕수(王水)는 진한 염산과 진한 질산을 3대1 정도의 비율로 혼합한 액체로, 강한 산화제입니다. 염산이나 질산에도 녹지 않는 금이나 백금과 같은 귀금속도 녹기 때문에 이런 이름이 붙었습니다. 임금 왕(王)자를 자전에서 찾으려면 구슬 옥(玉) 변에서 찾아야 합니다. 임금 왕(王)자의 획수는 4획으로 자신의 부수(玉)보다 적습니다.

[왕]으로 소리나는 경우

4-4 往 갈 왕 ⓒ 往
걸을 척(彳) + 그칠 지(止)
+ [임금 왕(王)]

2-2 汪 넓을 왕 ⓒ 汪
물 수(氵) + [임금 왕(王)]

2-2 旺 성할 왕 ⓒ 旺
날 일(日) + [임금 왕(王)]

왕복(往復), 왕래(往來)에 들어가는 갈 왕(往)자의 상형문자를 보면, 소리를 나타내는 임금 왕(王)자 위의 점이 원래는 발의 상형인 그칠 지(止)자입니다. 따라서 갈 왕(往)자는 '발(止→丶)로 걸어서(彳) 가다'는 뜻입니다. 《왕오천축국전(往五天竺國傳)》은 '다섯(五) 개의 천축국(天竺國)을 가보고(往) 쓴 전기(傳)'로, 신라의 승려 혜초(慧超, 704~787년)가 고대 인도의 다섯 천축국을 답사하고 쓴 여행기입니다. 다섯 천축국은 오늘날 인도의 동부, 서부, 남부, 중부, 북부를 말합니다. 천축국은 손오공으로 알려진 중국 소설 《서유기(西遊記)》에도 나오는데, 《서유기》는 손오공과 함께 삼장법사가 황제의 명령으로 불경을 구하러 천축국으로 가는 이야기입니다. '내가 이래 봬도 왕년엔 잘 나갔었다'에 나오는 왕년(往年)은 '지나간(往) 해(年)'입니다.

넓을 왕(汪)자는 원래 바다라는 뜻과 함께 '물(氵)이 있는 바다가 넓다'는 뜻입니다. 주로 성씨나 이름으로 사용됩니다.

성할 왕(旺)자는 '해(日)가 성하다'는 뜻입니다. '고령에도 불구하고 왕성한 활동을 한다'에서 왕성(旺盛)은 '성하고(旺) 성하다(盛)'는 뜻입니다. 화왕지절(火旺之節)은 '오행(五行)에서 화기(火氣)가 왕성(旺盛)한 계절(節)'이라는 뜻으로, 여름을 이르는 말입니다.

[광]으로 소리나는 경우

3/2 狂 미칠 광 중 狂
개 견(犭) + [임금 왕(王)→광]

개 견(犬/犭)자는 짐승의 종류뿐만 아니라 짐승의 특성에 관련되는 글자에도 들어갑니다. 미칠 광(狂)자는, 사람이 볼 때 '짐승(犭)들은 정상적인 이성을 가지지 않고 미친 것 같다'는 뜻으로 만든 글자입니다. 〈광화사(狂畵師)〉는 '미친(狂) 화가(畵師)'란 뜻으로 김동인(金東仁)이 1930년에 지은 단편소설 제목입니다. 이 소설은 신라 때의 화가 솔거를 주인공으로 한 작품입니다. 광견병(狂犬病)은 '미친(狂) 개(犬)에 의해 발병되는 병(病)'으로 보통 개에게 물려 감염되는 전염병입니다.

[황]으로 소리나는 경우

3/3 皇 임금 황 중 皇
흰 백(白) + [임금 왕(王)→황]

1/2 凰 봉황새 황 중 凰
무릇 범(凡) + [임금 황(皇)]

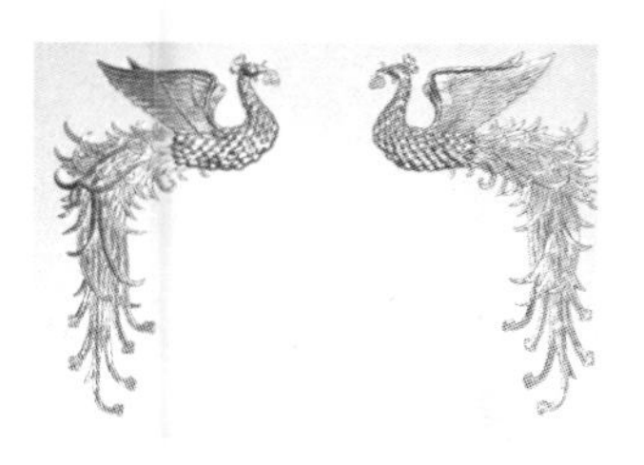

봉황의 문양

황제(皇帝)에 들어가는 임금 황(皇)자에 대한 정확한 해석은 아직 없습니다. '백(白) 명의 왕(王)을 거느리는 사람이 임금이다'는 이야기는 속설에 불과합니다. 황국협회(皇國協會)는 '황제(皇)의 나라(國)를 지지하는 협회(協會)'로 독립협회에 대항하려고 1898년 정부가 조직한 단체입니다. 독립협회가 고종을 폐하고 공화국체로 변화시키려고 한다는 벽서를 붙여, 반독립협회 여론을 일으켜 독립협회 간부들을 검거하였습니다. 또 독립협회를 비롯하여 모든 사회단체의 해산을 명하였고, 만민공동회(萬民共同會)와도 충돌하여 강제로 해산시켰습니다. 황국사관(皇國史觀)은 '일본의 역사를 천황(皇) 중심의 국가주의적(國)인 관점에서 역사(史)를 보는(觀) 견해'입니다.

봉황새는 임금을 상징하는 새이므로, 봉황새 황(凰)자는 임금 황(皇)자가 들어갑니다. 봉황(鳳凰)에서 봉황새 봉(鳳)자는 수컷, 봉황새 황(凰)자는 암컷입니다.

ㄱ ㄴ ㄷ ㄹ ㅁ ㅂ ㅅ ㅇ ㅈ ㅊ ㅋ ㅌ ㅍ ㅎ 부록

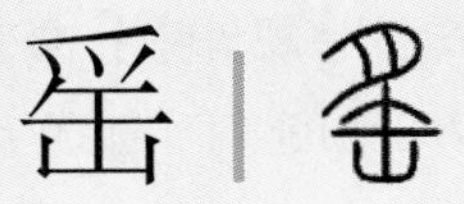

질그릇 요

질그릇 요(䍃)자는 큰 항아리의 모습인 장군 부(缶)자와 고기 육(肉/月)자가 합쳐진 글자입니다. 즉 큰 항아리에 고기가 담긴 모습으로, 고기가 담긴 '질그릇'이란 뜻으로 만든 글자입니다. 이 글자도 단독으로는 사용되지 않고 다른 글자와 만나 소리로 사용됩니다.

[요]로 소리나는 경우

4/3 謠 노래 요 ⓩ谣
말씀 언(言) + [질그릇 요(䍃)]

3/2 遙 멀 요 ⓩ遥
갈 착(辶) + [질그릇 요(䍃)]

3/2 搖 흔들 요 ⓩ摇
손 수(扌) + [질그릇 요(䍃)]

노래 요(謠)자는 '말(言)로 노래를 부르다'는 뜻입니다. 동요(童謠)는 '아이(童)들의 노래(謠)'이고, 민요(民謠)는 '백성(民)들의 노래(謠)'입니다. 속요(俗謠)는 '백성들 사이에서 널리 떠도는 속된(俗) 노래(謠)'로, 고려가요를 일컫는 말입니다.

멀 요(遙)자는 '가는 길(辶)이 멀다'는 뜻입니다. '갈 길이 요원하다'에서 요원(遙遠)은 '멀고(遙) 멀다(遠)'는 뜻입니다.

흔들 요(搖)자는 '손(扌)으로 흔들다'는 뜻입니다. '빈 수레가 요란하다'의 요란(搖亂)은 '흔들어(搖) 어지럽다(亂)'는 뜻이고, 요지부동(搖之不動)은 '흔들어도(搖) 움직이지(動) 않는다(不)'는 뜻입니다. 요람(搖籃)은 '아기를 놀게 하거나 재우기 위하여 올려놓고 흔들도록(搖) 만든 바구니(籃)'입니다.

堯

요임금 요

요임금 요(堯)자는 사람 머리 위에 흙을 이고 있는 모습입니다. 무슨 의미로 이런 글자를 만들었는지는 알려지지 않았으나 요(堯) 임금은 중국 전설 상의 임금으로, 오제(五帝) 중의 한 사람입니다. 요순시절(堯舜時節)은 '요(堯) 임금과 순(舜) 임금의 시절'이란 뜻으로, 고대 중국의 태평천국을 일컫는 말입니다.

[요]로 소리나는 경우

1/1 饒 넉넉할 요 ⓩ饶
먹을 식(食) + [요임금 요(堯)]

넉넉할 요(饒)자는 '먹을(食) 것이 넉넉하다'는 뜻입니다. '먹을(食) 것이 남는다'는 뜻의 남을 여(餘)자와 비슷한 뜻을 가졌습니다. 풍요(豊饒)는 '풍부하고(豊) 넉넉하다(饒)'는 뜻입니다.

[효]로 소리나는 경우

3/2 曉 새벽 효 ⓩ晓
날 일(日) + [요임금 요(堯)→효]

새벽 효(曉)자는 '해(日)가 뜨기 시작하는 때가 새벽이다'는 뜻입니다. 효성그룹의 효성(曉星)은 '새벽(曉) 별(星)'이란 뜻으로, 새벽의 동쪽 하늘에 가장 빛나 보이는 금성(金星)을 이르는 말입니다. 우리말로 샛별입니다.

[소]로 소리나는 경우

3/2 **燒** 불사를 소 ⓒ 烧
불 화(火) +
[요임금 요(堯)→소]

불사를 소(燒)자가 들어가는 글자로는 연소(燃燒), 소각(燒却), 소진(燒盡) 등이 있습니다. 완전연소(完全燃燒)는 산소의 공급이 충분한 상태에서 물질이 완전히 타는 연소이고, 소주(燒酒)는 '불에 탈(燒) 정도로 알코올 도수가 높은 술(酒)'입니다. 막걸리는 알코올 도수가 낮아서 오래 두면 대개 식초가 되거나 부패합니다. 이러한 결점을 없애기 위해 고안된 것이 도수가 높은 소주입니다.

夭 | 夭

일찍죽을 요, 어린아이 오

일찍죽을 요(夭)자는 머리를 갸우뚱하게 하고 요염(妖艶)하게 교태를 부리고 있는 젊은 여자의 모양을 본떠 만든 글자로, 원래 '어리다, 젊다'는 뜻을 가지고 있습니다. 또 고개를 갸우뚱하게 기울인 모습에서 '고개를 숙인다'는 뜻도 생겼고, '고개가 꺾여 죽다'는 뜻도 생겼습니다. 요절(夭折)은 '일찍 죽고(夭), 일찍 죽다(折)'는 뜻으로, 젊은 나이에 죽음을 뜻합니다. 꺾을 절(折)자도 '일찍 죽다'는 뜻이 있습니다.

[요]로 소리나는 경우

2/2 **妖** 요망할 요 ⓒ 妖
여자 녀(女) + [일찍죽을 요(夭)]

요망할 요(妖)자는 '교태를 부리는 젊은(夭) 여자(女)는 요망하다'는 뜻입니다. 요술(妖術)은 '사람의 눈을 어리게 하는 요망한(妖)한 재주(術)'이고, 요괴(妖怪)는 '요망한(妖) 괴물(怪物)'입니다. 요염(妖艶)은 '요망할(妖) 정도로 곱다(艶)'는 뜻으로 사람을 호릴 만큼 아리따움을 말합니다.

[소]로 소리나는 경우

4/4 **笑** 웃음 소 ⓒ 笑
대 죽(竹) +
[어린아이 오(夭)→소]

웃을 소(笑)자는 '바람에 흔들리는 대나무(竹)의 소리가 웃는 소리와 비슷하고, 어린아이(夭)가 잘 웃는다'고 해서 '웃다'는 뜻이 생겼습니다. 박장대소(拍掌大笑)는 '손바닥(掌)을 치며(拍) 크게(大) 웃는다(笑)'는 뜻입니다. '정말 가소롭기 짝이 없다'에서 가소(可笑)는 '가히(可) 웃습다(笑)'는 뜻입니다.

[옥]으로 소리나는 경우

2/2 **沃** 기름질 옥 ⓒ 沃
물 수(氵) +
[어린아이 오(夭)→옥]

옥토(沃土), 옥답(沃畓), 비옥(肥沃) 등에 들어가는 기름질 옥(沃)자는 '농사를 짓는 땅에 물(氵)을 댈 수 있어서, 땅이 비옥하고 기름지다'는 뜻입니다. 문전옥답(門前沃畓)은 '문(門) 앞(前)의 기름진(沃) 논(畓)'이란 뜻으로, 많은 재산을 일컫는 말입니다. 상처 소독에 사용하는 옥도정기(沃度丁幾)는 요오드와 요오드화칼륨 등을 알코올에 녹인 용액으로, 독일어 요오드팅크(Jod-tinktur)를 한자로 음역한 말입니다.

얼굴 용, 용서할 용

얼굴 용(容)자는 정확한 어원을 알 수 없는 글자입니다. 얼굴이란 뜻과 함께 용서하다는 뜻을 가지고 있습니다. 용모(容貌)는 '얼굴(容)의 모양(貌)'입니다. 용서(容恕)는 '용서하고(容) 용서하다(恕)'는 뜻입니다. 〈처용가(處容歌)〉는 '처용(處容)이 부른 노래(歌)'로 신라 시대의 향가입니다. 자신의 아내를 빼앗아간 역신(疫神)을 용서하는 내용입니다. 처용(處容)이란 이름 또한 '역신을 용서(容恕)에 처(處)한다', 즉 '용서하다'는 뜻을 가지고 있습니다.

[용]으로 소리나는 경우

2급 熔 녹일 용 ㊥熔
불 화(火) + [얼굴 용(容)]

2급 鎔 녹일 용 ㊥镕
쇠 금(金) + [얼굴 용(容)]

2급 溶 녹을 용 ㊥溶
물 수(氵) + [얼굴 용(容)]

2급 瑢 패옥소리 용 ㊥瑢
구슬 옥(玉) + [얼굴 용(容)]

1급 蓉 연꽃 용 ㊥蓉
풀 초(艹) + [얼굴 용(容)]

녹일 용(熔)자는 '불(火)에 녹는다'는 뜻입니다. 용암(熔岩)은 '불에 녹은(熔) 바위(岩)'입니다.

녹일 용(鎔)자는 '쇠(金)가 녹는다'는 뜻입니다. 용접(鎔接)은 '쇠를 녹여(鎔) 접합하다(接)'는 뜻입니다.

녹을 용(溶)자는 '물(氵)에 녹는다'는 뜻입니다. 용질(溶質)은 '녹는(溶) 물질(質)'이며, 용매(溶媒)는 '녹게 하는(溶) 매체(媒)'이고, 용해(溶解)는 '녹아서(溶) 풀어지다(解)'는 뜻이며, 용액(溶液)은 '녹은(溶) 액체(液)'입니다. 용질(溶質)은 용매(溶媒)에 용해(溶解)되어 용액(溶液)이 됩니다. 용액(溶液)은 액체에 고체가 녹아 있지만, 고용체(固溶體)는 '고체(固)에 다른 고체가 녹아(溶) 하나가 된 결정체(體)'입니다. 예를 들어 철 속에 탄소 원자가 들어가 만들어진 강철이나, 금속과 다른 금속이 합쳐진 합금(合金)이 고용체입니다. 수용성(水溶性)은 '어떤 물질이 물(水)에 녹는(溶) 성질(性)'이고, 지용성(脂溶性)은 '기름(脂)에 녹는(溶) 성질(性)'입니다.

구슬 옥(玉)자가 들어가는 패옥소리 용(瑢)자에서 패옥(佩玉)은 옷에 장식용으로 차는 옥(玉)입니다. 이 글자는 주로 이름에 사용됩니다.

연꽃도 풀의 일종이므로 연꽃 용(蓉)자에는 풀 초(艹)자가 들어갑니다. 무협소설을 보면 부용이란 이름을 가진 아가씨가 자주 등장하는데, 부용(芙蓉)은 '연꽃(芙)과 연꽃(蓉)'이란 뜻입니다. 또 산과 들에서 자라는 나무의 이름이기도 합니다.

甬 | 甬

길 용, 섬 용

길 용(甬)자는 나무로 만든 통의 모습을 본떠 만든 쓸 용(用)자 위에 손잡이(マ)를 붙인 형상입니다. 쓸 용(用)자는 통을 의미하는 글자였으나, '쓴다'는 의미로 사용되면서 손잡이를 하나 붙여 용(甬)자를 만들었습니다. 하지만 다시 용(甬)자의 의미가 길(path)로 바뀌면서, 나무 목(木)자를 붙여 통 통(桶)자를 만들었습니다. 길 용(甬)자는 부피의 단위로도 사용되는데, 1섬(10말)이 1용(甬)입니다.

[용]으로 소리나는 경우

6/5 勇 날쌜 용 중 勇
힘 력(力) + [길 용(甬)]

1/2 踊 뛸 용 중 踊
발 족(足) + [길 용(甬)]

용맹(勇猛), 용기(勇氣), 용감(勇敢) 등에 들어가는 날쌜 용(勇)자는 '힘(力) 센 사람이 날쌔다'는 뜻입니다. 무용담(武勇談)은 '무사(武)들이 용감(勇)하게 싸운 이야기(談)'로, 유럽 중세 문학인 영국의《아서왕 이야기》, 프랑스의《롤랑의 노래》, 독일의《니벨룽겐의 노래》등에서 무용담을 소재로 하였습니다.

뛸 용(踊)자는 '발(足)로 길(甬)을 뛰어가다'는 뜻입니다만, '발(足)로 춤추다'는 뜻도 있습니다. 무용(舞踊)은 '춤추고(舞) 춤추다(踊)'는 뜻입니다.

[통]으로 소리나는 경우

6/5 通 통할 통 중 通
갈 착(辶) + [길 용(甬)→통]

4/3 痛 아플 통 중 痛
병 녁(疒) + [길 용(甬)→통]

1/1 桶 통 통 중 桶
나무 목(木) + [길 용(甬)→통]

통할 통(通)자는 '길(甬)을 통해 가다(辶)'는 뜻입니다. 이후 '통하다→알리다→(편지 따위를 세는 단위) 통' 등의 뜻이 생겼습니다. 통과(通過), 관통(貫通), 교통(交通)에서는 '통하다'는 뜻으로 사용되었고, 통신(通信), 통보(通報), 통지(通知)는 모두 '알리다'는 뜻으로 사용되었습니다.

아플 통(痛)자는 '병(疒)이 나면 아프다'는 뜻입니다. 고통(苦痛), 두통(頭痛), 요통(腰痛), 생리통(生理痛), 치통(齒痛) 등에 사용됩니다.

통 통(桶)자는 '나무(木)로 만든 통'이란 뜻입니다. 오물통(汚物桶)은 '더러운(汚) 물건(物)을 담아 옮기는 통(桶)'입니다. 휴지통(休紙桶)은 '더 이상 쓸모가 없어서, 쉬어야(休) 하는 종이(紙)들을 담는 통(桶)'입니다.

[송]으로 소리나는 경우

3/2 誦 욀 송 중 诵
말씀 언(言) + [길 용(甬)→송]

욀 송(誦)자는 원래 '입으로 말하다(言)'는 뜻입니다만, 이후 '말하다→읽다→외다' 등의 뜻이 생겼습니다. 옛 사람들은 글을 외우기 위해서는 책을 여러 번 읽었기 때문입니다. 암송(暗誦)은 '어둡게(暗) 하고 외다(誦)'는 뜻으로, 책을 보지 않고 글을 외는 것을 말합니다. 애송시(愛誦詩)는 '사랑하여(愛), 늘 즐겨 외는(誦) 시(詩)'입니다.

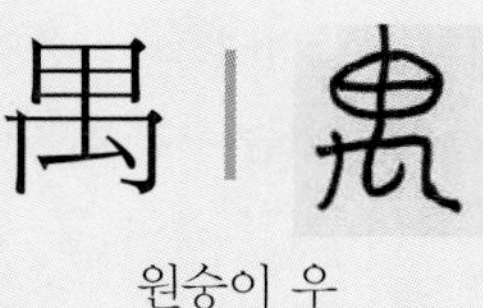

원숭이 우

원숭이 우(禺)자는 꼬리가 긴 원숭이의 모습을 본떠 만든 글자입니다. 이 글자는 단독으로 거의 사용되지 않고, 다른 글자와 만나 소리로 사용됩니다.

원숭이 우(禺)자와 비슷한 글자로는 일만 만(萬)자가 있습니다. 일만 만(萬)자는 전갈의 모양을 본떠 만든 글자이나, 숫자 만을 일컫는 말과 소리가 같아서 가차해 쓴 글자입니다.

[우]로 소리나는 경우

4/4 遇 만날 우 중 遇
갈 착(辶) + [원숭이 우(禺)]

3/3 愚 어리석을 우 중 愚
마음 심(心) + [원숭이 우(禺)]

3/2 偶 짝 우 중 偶
사람 인(亻) + [원숭이 우(禺)]

1/2 寓 붙어살 우 중 寓
집 면(宀) + [원숭이 우(禺)]

신라시대의 토우

만날 우(遇)자도 '가서(辶) 만나다'는 뜻입니다. 〈우적가(遇賊歌)〉는 '도적(賊)을 만난(遇) 노래(歌)'로, 신라 때의 화랑이며 승려인 영재(永才)가 지은 향가입니다. 영재가 90세에 승려가 되고자 지리산으로 가는 도중 60여 명의 도둑떼를 만났는데, 도둑들이 노래 잘 짓는 영재임을 알고 노래를 지으라고 하자 즉석에서 이 노래를 지어 불렀는데, 도둑들이 감동하여 그를 따라 지리산으로 가서 승려가 되었다고 합니다. 천재일우(千載一遇)는 '천(千) 년(載)에 한(一) 번 만나다(遇)'는 뜻으로, 좀처럼 얻기 어려운 좋은 기회를 이르는 말입니다. 실을 재(載)자는 '년'이란 뜻으로도 사용됩니다.

어리석을 우(愚)자는 '원숭이(禺)의 마음(心)이 어리석다'는 뜻입니다. 우공이산(愚公移山)은 '어리석은(愚) 사람(公)이 산(山)을 옮기다(移)'라는 뜻으로, 아무리 우직하다 해도 쉬지 않고 노력하면 큰일도 해낼 수 있음을 일컫습니다. 만우절(萬愚節)은 '많은(萬) 사람이 바보(愚)가 되는 명절(節)'입니다. 우문현답(愚問賢答)은 '어리석은(愚) 질문(問)에 현명(賢)한 대답(答)'이란 뜻입니다.

짝 우(偶)자는 '사람(亻)의 짝'으로, 사람의 모습을 흉내낸 허수아비나 인형을 뜻하기도 합니다. 배우자(配偶者)에서는 짝이란 의미로 사용되지만, 흙으로 만든 인형인 토우(土偶)에서는 인형이란 뜻으로 사용됩니다. 우상숭배(偶像崇拜)는 '허수아비(偶)로 만든 형상(像)을 존중하고(崇) 절하다(拜)'는 뜻입니다. 또 가차되어 우연(偶然)이란 뜻으로도 사용됩니다.

붙어살 우(寓)자는 '사람이 사는 집(宀)에 원숭이(禺)가 붙어살다'는 뜻입니다. 이후 '붙어 살다→의지하다→맡기다→부치다→핑계삼다' 등의 뜻이 생겼습니다. 어릴 때 읽은 〈이솝(Esop) 우화〉의 우화(寓話)는 '다른 사물이나 동물에 의지하여(寓) 교훈적, 풍자적 내용을 엮은 이야기(話)'입니다.

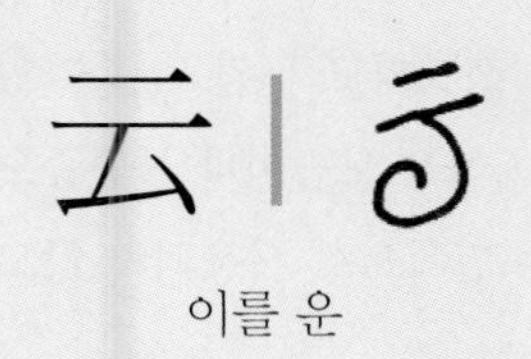

이를 운(云)자는 원래 구름의 모습을 본떠 만든 글자입니다. 운(云)자가 '이르다, 말하다, 도달하다'는 뜻으로 가차되어 사용되자, 구름이란 의미를 분명히 하기 위해 비 우(雨)자가 추가되어 구름 운(雲)자가 되었습니다. 하지만 지금 중국 간체자에서는 옛 글자인 운(云)을 사용하고 있습니다. 간체자 중에서는 이와 같이 간단한 옛 글자를 사용하는 경우가 많습니다.

[운]으로 소리나는 경우

5/4 **雲** 구름 운 ⓩ云
비 우(雨) + [이를 운(云)]

2/1 **芸** 향풀 운 ⓩ芸
풀 초(艹) + [이를 운(云)]

1/1 **耘** 김맬 운 ⓩ耘
쟁기 뢰(耒) + [이를 운(云)]

비는 구름에서 오기 때문에 구름 운(雲)자에는 비 우(雨)자가 들어갑니다. 적운(積雲)은 '(수직으로) 높이 쌓여 있는(積) 구름(雲)'이고, 층운(層雲)은 '(수평으로) 층(層)을 이루는 구름(雲)'이고, 권운(卷雲)은 '끝이 말려(卷) 있는 새털 구름(雲)'이며, 난운(亂雲)은 '어지럽게(亂) 떠도는 구름(雲)'입니다.

향풀 운(芸)자는 '향기가 구름(云)처럼 떠도는 풀(艹)이 향풀이다'는 뜻입니다. 재주 예(藝)자의 약자가 향풀 운(芸)자와 똑같이 생겼습니다.

김은 논밭에 난 잡풀이고, 김매기는 논밭의 잡초를 뽑는 일입니다. 옛 사람들은 쟁기로 흙을 뒤집어 풀이 땅속에 묻히도록 하였습니다. 그래서 김맬 운(耘)자에는 쟁기 뢰(耒)자가 들어갑니다. 쟁기 뢰(耒)자가 들어가는 글자로는 밭갈 경(耕)자가 있습니다. 따라서 경운기(耕耘機)는 '밭을 갈고(耕) 김을 매는(耘) 기계(機)'입니다.

[혼]으로 소리나는 경우

3/2 **魂** 넋 혼 ⓩ魂
귀신 귀(鬼) +
[이를 운(云)→혼]

혼(魂)자와 백(魄)자는 둘 다 죽은 사람의 넋을 뜻하지만, 차이가 있습니다. 옛 사람들은 사람이 죽으면 정신적인 넋인 혼(魂)은 하늘로, 육체적인 넋인 백(魄)은 육신과 함께 땅으로 들어간다고 믿었습니다. 넋 혼(魂)자는 '사람이 죽으면 구름(云)처럼 허공을 떠도는 귀신(鬼)이 되는 것이 혼(魂)이다'는 뜻입니다. 진혼곡(鎭魂曲)은 '죽은 사람의 혼(魂)을 진정시키는(鎭) 곡(曲)'으로, 천주 교회에서 죽은 사람의 영혼을 위로하기 위한 미사곡입니다. 진혼곡 중에서는 모짜르트의 〈레퀴엠(Requiem)〉이 유명합니다.

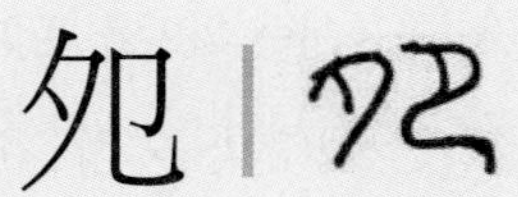

누워딩굴 원

누워딩굴 원(夗)자는, 달의 상형인 저녁 석(夕)자와 쪼그리고 있는 사람의 상형인 병부 절(卩)자가 합쳐진 글자로, '달(夕)아래 쪼그리고 누워 뒹굴고 있는 사람(卩)'의 형상입니다. 아마도 밤이 되어 잠을 청하는 모습이나 불면증으로 잠을 못 이루는 모습으로 추측됩니다. 이 글자는 단독으로 사용되지 않고 다른 글자와 만나 소리로 사용됩니다.

[우]로 소리나는 경우

4/3 怨 원망할 원 ㊥ 怨
마음 심(心) +
[누워딩굴 원(夗)]

2/2 苑 나라동산 원 ㊥ 苑
풀 초(艹) +
[누워딩굴 원(夗)]

1/1 鴛 원앙새 원 ㊥ 鸳
새 조(鳥) +
[누워딩굴 원(夗)]

원수(怨讐), 원한(怨恨), 원망(怨望), 원성(怨聲) 등에 사용되는 원망할 원(怨)자는 '마음(心)으로 원망하다'는 뜻입니다. 원가(怨歌)는 '원망하는(怨) 노래(歌)'라는 뜻으로, 신라 때의 승려 신충(信忠)이 737년에 지은 향가입니다. 한때 친했던 자신을 잊어버린 왕을 원망하는 노래입니다.

나라동산 원(苑)자에서 나라 동산은 임금이 사냥을 할 수 있도록 짐승을 기르는 동산입니다. 이런 동산에는 풀이 있으므로 풀 초(艹)자가 들어갑니다. 비원(祕苑)은 '비밀스러운(祕) 나라 동산(苑)'으로, 서울 창덕궁 안에 있는 후원(後苑)입니다. 임금이 소풍을 가거나 산책을 하였습니다. 예원(藝苑)은 '예술(藝)의 동산(苑)'이란 뜻으로, 예술의 사회를 말합니다.

원앙새 원(鴛)자에서 원앙새는 암수가 늘 같이 다니기 때문에, 원앙(鴛鴦)은 화목하고 금실이 좋은 부부를 비유하는 말로도 사용됩니다. 원앙금침(鴛鴦衾枕)은 '원앙(鴛鴦)을 수놓은 이불(衾)과 베개(枕)'라는 뜻으로 신혼부부가 쓰던 이불과 베개를 뜻합니다.

[완]으로 소리나는 경우

1/1 腕 팔 완 ㊥ 腕
고기 육(肉/月) +
[동산 완(宛)]

팔은 신체의 일부이므로 팔 완(腕)자에는 고기 육(肉/月)자가 들어갑니다. 소리로 사용되는 동산 완(宛)자는 큰 집의 정원에 만들어 놓은 작은 산이나 숲을 뜻하는 글자입니다. 완장(腕章)은 '팔(腕)에 두르는 표장(標章)'입니다. 좌완투수(左腕投手)는 '야구에서 왼(左)팔(腕)로 공을 던지는 투수(投手)'입니다. 영어로 사우스포(southpaw)라고 하는데, 남쪽(south)과 손(paw)을 합성한 말로 미국의 남부 지역에서 왼손잡이 투수가 많아 생긴 말입니다. 바다에 사는 조개의 일종으로, 고생대에 번성했던 완족류(腕足類)는 '팔(腕)-다리(足) 류(類)'라는 뜻으로, 그리스어로 '팔(brachium)-다리(pod)'라는 뜻의 brachiopod를 번역한 말입니다. 완족류를 우리나라에서는 조개와 비슷하게 생긴 이유로 '조개사돈'이라고 부릅니다.

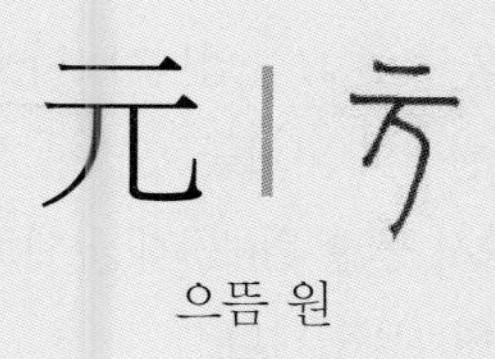

으뜸 원

으뜸 원(元)자는 머리(二)를 강조한 사람(儿)의 모습으로, 사람의 몸에서 머리가 으뜸이라는 데에서 으뜸이라는 의미가 생겼습니다. 이후 '으뜸→시초→우두머리→근원'이란 뜻이 생겼습니다. 일원론(一元論)은 '근원(元)이 하나(一)인 이론(論)'으로, 하나의 원리나 원인으로써 사물이나 우주를 설명하려는 이론입니다. 예를 들면, 그리스의 철학자 탈레스가 말한 "만물의 근원은 물이다"나, 헤라클레이토스가 말한 "만물의 근원은 불이다" 등은 모두 일원론입니다. 이원론(二元論)은 '근원(元)이 두(二) 개인 이론(論)'으로, 세상을 선과 악, 주관과 객관, 음과 양 등 두 가지 근원으로 설명하는 것입니다.

[완]으로 소리나는 경우

5/4 完 완전할 완 ⓒ完
집 면(宀) +
[으뜸 원(元)→완]

2/1 莞 왕골 완 ⓒ莞
풀 초(艹) + [완전할 완(完)]

완전(完全), 완공(完工), 완성(完成)에 들어가는 완전할 완(完)자는 '사람(元)이 집(宀) 안에 있으니 부족함이 없다, 온전한다, 완전하다'는 뜻입니다. 으뜸 원(元)자는 머리를 강조한 사람의 모습입니다. 불완전명사(不完全名詞)는 '완전(完全)하지 않은(不) 명사(名詞)'라는 뜻으로, 홀로 쓰일 수가 없고 수식하는 말이 있어야만 쓰일 수 있는 명사입니다. 홀로 사용될 수 없어 의존명사(依存名詞)라고도 합니다. '것, 따름, 뿐, 바, 수' 등이 그러한 예입니다.

왕골 완(莞)자의 왕골은 방석이나 돗자리를 만드는 한두해살이 풀입니다. 전라남도 완도(莞島)는 '왕골(莞)이 많이 나는 섬(島)'이 아니고, 섬에 풀과 나무가 무성한 것이 마치 왕골밭과 같다고 해서 붙여진 이름입니다. 왕골은 강화도에서 많이 납니다. 왕골 완(莞)자는 주로 사람의 이름에 사용됩니다.

[원]으로 소리나는 경우

5/3 院 집 원 ⓒ院
언덕 부(阜/阝) +
[완전할 완(完)→원]

병원(病院), 학원(學院) 등에 들어가는 집 원(院)자는 원래 '언덕(阝)처럼 튼튼한 담장'을 의미했으나 나중에 담장으로 둘러싸인 집을 의미하게 되었습니다. 서원(書院)은 '글(書)을 배우는 집(院)'으로, 조선 시대 선비들이 모여 공부도 하고, 유명한 선비들의 제사를 지내기도 하였습니다.

[관]으로 소리나는 경우

3/3 冠 갓 관 ⓒ冠
덮을 멱(冖) +
[으뜸 원(元)→관] +
마디 촌(寸)

갓 관(冠)자는 사람의 머리(元) 위에 손(寸)으로 갓을 덮어쓰는(冖) 모습을 본떠 만든 글자입니다. 의관(衣冠)이란 '옷(衣)과 갓(冠)'입니다. 관상동맥(冠狀動脈)은 '관(冠) 모양(狀)으로 생긴 동맥(動脈)'으로, 심장을 둘러싼 동맥입니다. 심장을 둘러싸고 있는 모습이 마치 심장이 관을 쓰고 있는 것 같아 이런 이름이 붙었습니다.

員 | 

인원 원, 수효 원, 둥글 원

인원 원(員)자의 상형문자를 보면 둥근 원(○→口) 아래에 솥 정(鼎→貝)자가 있습니다. 즉 둥근 원을 강조하기 위해 둥근 솥을 그린 모습입니다. 나중에 '인원, 수효(數爻)'라는 뜻이 생기면서 '둥글다'는 원래의 의미를 분명히 하기 위해 다시 한 번 둥근 원(○→口)을 바깥에 둘러싸서 둥글 원(圓)자를 새로 만들었습니다. 위원(委員)은 '어떤 일을 맡은(委) 인원(員)'입니다.

[원]으로 소리나는 경우

4/3 圓 둥글 원 ㊥ 圆
둘러싸일 위(口) +
[인원/둥글 원(員)]

둥글 원(圓)자는 둥글 원(員)자에 둥근 원(○→口)을 추가하여 만든 글자입니다. 원주(圓柱)는 '원(圓) 기둥(柱)'이고, 원탁(圓卓)의 기사(騎士)는 '둥근(圓) 탁자(卓)에 앉은 말타는(騎) 무사(武士)'로, 6세기경 영국에 있었던 전설적인 군주 아더왕(King Arthur) 휘하의 기사입니다. 원탁은 아더왕이 결혼할 때 왕비가 선물로 100명의 기사와 함께 주었다고 합니다. 원탁 둘레에는 상하 구별이 없어 앉아 아더왕이 기사들과 동등한 위치에서 이야기했다고 합니다.

[운]으로 소리나는 경우

3/2 韻 운 운 ㊥ 韵
소리 음(音) +
[인원 원(員)→운]

1/1 殞 죽을 운 ㊥ 殒
부서진뼈 알(歹) +
[인원 원(員)→운]

1/0 隕 떨어질 운 ㊥ 陨
언덕 부(阜/阝) +
[인원/둥글 원(員)→운]

운 운(韻)자의 운은 한자의 음절에서 초성을 제외한 부분 혹은 이를 분류한 것입니다. 예전에는 200여 운이었으나 뒤에 정리되어 100여 운이 되었습니다. 시(詩)의 각 줄에서 같은 위치에 규칙적으로 쓰인, 소리가 비슷한 글자를 이르기도 합니다. 운율(韻律)은 '운(韻)의 규칙(律)'이란 뜻으로, 리듬(rhythm)을 뜻합니다. 두운(頭韻)은 '머리(頭)에 있는 운(韻)'이며, 요운(腰韻)은 '허리(腰)에 있는 운(韻)'이고, 각운(脚韻)은 '다리(脚)에 있는 운(韻)'으로 각 시행의 마지막에 운이 오게 하는 방법입니다.

죽을 운(殞)자는 뜻을 나타내는 뼈앙상할 알(歹)자와 소리를 나타내는 수효 원(員)자가 합쳐진 글자입니다. '유언도 없이 운명하고 말았다'의 운명(殞命)은 '목숨(命)이 끝나 죽다(殞)'는 뜻입니다.

떨어질 운(隕)자는 '둥근(員) 것이 언덕(阝)에서 굴러 떨어지다'는 뜻입니다. 운석(隕石)은 '우주에서 날아와 지구에 떨어진(隕) 돌(石)'입니다.

[손]으로 소리나는 경우

4/3 損 덜 손 [중]损
손 수(扌) +
[인원 원(員)→손]

덜 손(損)자는 '손(扌)으로 덜어내다'는 뜻입니다. 이후 '덜다→줄이다→감소(減少)하다→손해(損害)보다→손상(損傷)하다' 등의 뜻이 생겼습니다. 손익(損益)은 '손해(損)와 이익(益)'이고, 파손(破損)은 '깨어져(破) 손상되다(損)'는 뜻입니다.

爰 | (상형문자)

당길 원

당길 원(爰)자의 상형문자를 보면 위의 손(爪)이 아래의 손(又)에 덩굴 같은 것을 던져주고 잡아당기는 모습입니다. 아마도 구덩이에 빠진 사람을 구해주는 모습인 것 같습니다. 나중에 다시 손 수(扌)자를 추가하여 구원할 원(援)자가 생겼습니다. 당길 원(爰)자는 단독으로 거의 사용되지 않고 다른 글자와 만나 소리로 사용됩니다.

[원]으로 소리나는 경우

4/3 **援** 구원할 원 ⓙ 援
손 수(扌) + [당길 원(爰)]

2/2 **媛** 미인 원 ⓙ 媛
여자 녀(女) + [당길 원(爰)]

2/1 **瑗** 구슬 원 ⓙ 瑗
구슬 옥(玉/王) + [당길 원(爰)]

구원할 원(援)자는 '구덩이에 빠진 사람을 손(扌)으로 당겨(爰) 구원하다'는 뜻입니다. 원조(援助)는 '구원해(援) 주고 도와주다(助)'는 뜻입니다. 야구의 구원투수(救援投手)는 '구원(救援)해 주는 투수(投手)'라는 뜻으로, 앞서 던지던 투수가 위기에 몰렸을 때 대신 나가서 던지는 투수입니다. 원군(援軍)은 '구원하기(援) 위한 군대(軍隊)'입니다.

미인 원(媛)자는 '여자(女)가 미인이다'는 뜻입니다. 주로 여자 이름에 사용됩니다. 재원(才媛)은 '재주(才)가 뛰어난 젊은 미인(媛)'를 일컫는 말입니다.

구슬 원(瑗)자는 원래 '옛날 벼슬아치들의 망건줄을 꿰기 위해 옥(玉/王)으로 만든 고리'를 뜻하는 글자입니다. 주로 사람 이름에 사용됩니다.

[완]으로 소리나는 경우

3/2 **緩** 느릴 완 ⓙ 缓
실 사(糸) + [당길 원(爰)→완]

느릴 완(緩)자는 원래 '실(糸)이 느슨하다'는 뜻입니다. 이후 '느슨하다→부드럽다→늦추다→느리다' 등의 뜻이 파생되었습니다. 완행열차(緩行列車)는 '느리게(緩) 다니는(行) 열차(列車)'로, 반대는 급행열차(急行列車)입니다. 산록완사면(山麓緩斜面)은 '산(山) 기슭(麓)의 완만하게(緩) 경사진(斜) 면(面)'으로, 주로 밭농사를 짓거나 과일 나무를 재배합니다.

[난]으로 소리나는 경우

4/3 **暖** 따뜻할 난 ⓙ 暖
날 일(日) + [당길 원(爰)→난]

1/0 **煖** 따뜻할 난 ⓙ 煖
불 화(火) + [당길 원(爰)→난]

따뜻할 난(暖)자는 '해(日)가 있어 따뜻하다'는 뜻입니다. 난류(暖流)는 '따뜻한(暖) 해류(海流)'로, 적도 부근에서 고위도 방향으로 흐르는 온도가 높은 해류입니다. 난대(暖帶)는 '따뜻한(暖) 지대(帶)'로, 열대와 온대의 중간 지대입니다. 아열대(亞熱帶)라고도 합니다. 대체로 남북 위도 각각 20~30도 사이의 지대를 말하고, 건조 지역이 많습니다.

날 일(日)자 대신 불 화(火)자가 들어가도 따뜻할 난(煖)자가 됩니다. 난방(煖房)은 '방(房)을 따뜻하게(煖) 하다'는 뜻이고, 난로(煖爐)는 '방 안을 따뜻하게(煖) 하는 화로(爐)'입니다.

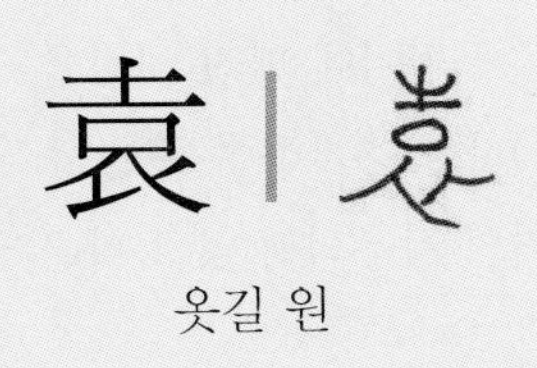

옷길 원

옷길 원(袁)자는 옷(衣) 중앙에 둥근 옥(○→口)이 달린 모습을 본떠 만든 글자입니다. '옥 장식으로 옷이 치렁치렁한 모양'을 뜻하는 동시에 '옷이 길다'는 뜻도 생겼습니다. 하지만 다른 글자와 만나면 소리로 사용되면서, '둥글다, 돌다'라는 뜻을 가집니다. 멀 원(遠)자는 '머니까 언젠가는 돌아와야(袁) 할 길(辶)이다'는 뜻이고, 울타리 원(園)자는 '둥글게(袁) 둘러싸다(口)'는 뜻입니다.

옷길 원(袁)자는 성씨로 사용되는데, 조선의 임오군란과 갑신정변, 중국의 무술정변에 관여하였던 원세개(袁世凱, 위안스카이)가 원(袁)씨입니다.

[원]으로 소리나는 경우

6/4 園 동산 원 ㊥园
둘러싸일 위(口) +
[옷 길/성씨 원(袁)]

6/5 遠 멀 원 ㊥远 ㊕逺
갈 착(辶) +
[옷 길/성씨 원(袁)]

1/1 猿 원숭이 원 ㊥猿
개 견(犭) +
[옷 길/성씨 원(袁)]

낙원(樂園), 공원(公園), 농원(農園), 정원(庭園) 등에 들어가는 동산 원(園)자는 원래 '둘러싸인(口) 울타리'을 의미합니다. 둘러싸일 위(口)자는 동그라미나 울타리를 뜻하는 글자입니다. 이후 '울타리→구역→밭→뜰→동산'이란 뜻이 생겼습니다. 국립공원(國立公園)은 '나라(國)에서 세운(立) 공(公)적인 동산(園)'입니다.

멀 원(遠)자는 '가는 길(辶)이 멀다'는 뜻입니다. 원양어업(遠洋漁業)은 '먼(遠) 바다(洋)에서 물고기를 잡는(漁) 일(業)'이고, 망원경(望遠鏡)은 '멀리(遠) 바라보는(望) 안경(鏡)'입니다. 원근법(遠近法)은 '멀고(遠) 가까움(近) 나타내는 방법(法)'으로, 물체를 볼 때 멀고 가까움을 느낄 수 있도록 평면 위에 표현하는 방법이며, 주로 소실점(消失點)을 사용합니다. 원심력(遠心力)은 '중심(心)에서 멀어지게(遠) 하는 힘(力)'으로, 물체가 원운동을 하고 있을 때 회전 중심에서 멀어지려는 힘입니다. 구심력(求心力)과 크기가 같고 방향은 반대입니다.

원숭이도 짐승의 일종이므로 원숭이 원(猿)자에는 짐승을 의미하는 개 견(犭)자가 들어갑니다. 견원지간(犬猿之間)은 '개(犬)와 원숭이(猿)의(之) 사이(間)'라는 뜻으로, 사이가 나쁜 두 사람의 관계를 비유하여 일컫는 말입니다. 유인원(類人猿)은 '사람(人)과 유사한(類) 원숭이(猿)'로, 긴팔원숭이류, 고릴라, 침팬지, 오랑우탄 등이 있습니다.

韋 |

가죽 위, 둘러쌀 위

가죽 위(韋)자는 원래 성이나 지역(囗)의 아래위로 발의 모습을 그려 '성이나 지역을 포위하다, 둘러싸다'라는 뜻을 가진 글자였으나, 나중에 '가죽'이란 뜻이 생겼습니다. 이후 원래의 뜻을 살리기 위해 둘러싸일 위(囗)자를 추가하여 둘레 위(圍)자가 만들어졌습니다. 가죽 위(韋)자는 부수 글자이지만, 소리로 많이 사용됩니다.

[위]로 소리나는 경우

5/4 偉 큰 위 중 伟
사람 인(亻) + [둘러쌀 위(韋)]

4/3 衛 지킬 위 중 卫
다닐 행(行) + [둘러쌀 위(韋)]

4/3 圍 둘레 위 중 围 약 囲
둘러싸일 위(囗) + [둘러쌀 위(韋)]

3/2 緯 씨줄 위 중 纬
실 사(糸) + [둘러쌀 위(韋)]

3/2 違 어긋날 위 중 违
갈 착(辶) + [둘러쌀 위(韋)]

위인(偉人), 위대(偉大), 위력(偉力) 등에 사용되는 클 위(偉)자는 '여러 사람에게 둘러싸여 다니는 사람(亻)은 위대(偉大)하다, 훌륭하다, 크다'는 뜻입니다.

지킬 위(衛)자는 '왕이나 높은 사람들이 길을 다닐(行) 때 전후좌우로 둘러싸(韋) 호위(護衛)한다'는 뜻입니다. 경비로 부르는 수위(守衛)는 '지키고(守) 지키는(衛) 사람'이고, 위성(衛星)은 '큰 별의 주위를 돌며 호위하는(衛) 작은 별(星)'이란 뜻이고, 위생(衛生)은 '생명(生命)을 지키는(衛) 일'입니다. 친위대(親衛隊)는 '왕이나 대통령을 가까이(親)에서 지키는(衛) 부대(隊)'입니다.

둘레 위(圍)자는 둘러쌀 위(韋)자의 둘레에 둥근 원(○→囗)을 추가하여 만들었습니다. 포위(包圍)는 '둘레(圍)를 둘러싸다(包)'는 뜻입니다.

씨줄 위(緯)자는 '날실을 둘러싸듯이(韋) 지나가는 실(糸)'입니다. 위선(緯線)는 지도의 위나 아래에 수평으로 지나가는 선입니다.

위반(違反), 위법(違法) 등에 들어가는 어긋날 위(違)자는 원래 '포위된(韋) 곳에서 달아나다(辶)'는 뜻입니다. 이후 '달아나다→피하다→어기다→어긋나다→다르다' 등의 뜻이 생겼습니다. 위화감(違和感)은 '조화되지(和) 아니하는(違) 어설픈 느낌(感)'입니다.

[휘]로 소리나는 경우

1/0 諱 꺼릴 휘 중 讳
말씀 언(言) + [가죽 위(韋)→휘]

꺼릴 휘(諱)자는 '말(言)하기를 꺼리다'는 뜻입니다. 조상이나 돌아가신 어른의 이름도 휘(諱)라고 하는데, 이런 이름은 함부르 부르면 안 되기 때문입니다. 휘일(諱日)은 '꺼리는(諱) 날(日)'이란 뜻으로, 조상(祖上)의 돌아간 날입니다. 제사를 지낼 때 읽는 축문에 휘일부림(諱日復臨)이라는 말이 나오는데, 이는 '꺼리는(諱) 날(日)이 다시(復) 임하다(臨)'는 뜻으로, '돌아가신 날이 다시 돌아오다'는 의미입니다.

성 유, 말그럴 유, 점점 유, 통나무배 유

성 유(俞)자는 배(舟→月)들이 모여(亼) 강(巛)에서 물살을 헤치고 앞으로 점점 나아가는 모습에서, '점점 나아가다'는 뜻이 생겼습니다. 여기서 파생된 글자는 (입으로) 깨우칠 유(喻), (병이) 나을 유(癒), (발로) 넘을 유(踰), (차로) 보낼 수(輸) 등인데, 공통적으로 '점점 나아가다, 나아지다'는 뜻을 담고 있습니다. 비슷하게 생긴 유(俞)자는 유(兪)자의 속자(俗字)이지만, 유(兪)자로 많이 씁니다.

우리나라에서 유씨는 한자로 유(兪), 유(劉), 유(柳)자 3가지가 있습니다. 이중 유(柳)씨는 '버들 류(柳)'씨로 부르지만, 나머지 두 글자는 글자를 풀어서 '인월도(人月刂) 유(兪)'씨와 '묘금도(卯金刂) 유(劉)'씨로 부르기도 합니다.

[유]로 소리나는 경우

1/1 愉 즐거울 유 중 愉
마음 심(忄) + [성 유(俞)]

3/2 愈 더욱 유 중 愈
마음 심(心) + [성 유(俞)]

2/2 踰 넘을 유 중 逾
발 족(足) + [성 유(俞)]

2/2 楡 느릅나무 유 중 榆
나무 목(木) + [성 유(俞)]

1/2 喻 깨우칠 유 중 喻
입 구(口) + [성 유(俞)]

1/1 癒 병나을 유 중 愈
병 녁(疒) + [성 유(俞)]

유쾌(愉快)에 들어가는 즐거울 유(愉)자와 더욱 유(愈)자는 둘 다 마음 심(心/忄)자에 성 유(俞)자가 합쳐진 글자로, 원래는 둘 다 '마음(心/忄)이 즐겁다'는 뜻을 가지고 있습니다. 이중에서 유(愈)자는 나중에 가차되어 '점점 더, 더욱'이란 뜻이 생겼습니다. 또 유(愈)자는 사람 이름에 사용됩니다. 중국 당송 팔대가의 제일인자인 한유(韓愈)가 그런 예입니다.

넘을 유(踰)자는 '발(足)로 넘어가다'는 뜻입니다. 유월절(逾越節)은 '넘고(逾) 넘는(越) 명절(節)'이란 뜻으로, 유대교의 3대 명절의 하나입니다. 여호와가 애굽(이집트) 사람의 맏아들을 모두 죽일 때 이스라엘 사람들의 집에는 어린 양(羊)의 피를 문기둥에 발라서 표를 하여 놓은 까닭에 그대로 넘어가 그 재난을 면한 데서 유래하는 말입니다. 넘을 유(踰)자는 주로 사람 이름에 사용됩니다.

느릅나무 유(楡)자도 사람 이름에 사용됩니다.

깨우칠 유(喻)자는 '입(口)으로 가르쳐 깨우치다'는 뜻입니다. 나중에 쉽게 깨우치도록 '비유(比喻)하다'는 뜻도 생겼습니다. 직유법(直喻法)은 '직접(直) 비유(喻)를 하는 방법(法)'으로, 문장 안에 '같다', '~처럼', '~같이' 등의 비유를 나타내는 단어가 있습니다. 반면 은유법(隱喻法)은 '숨겨서(隱) 비유(喻)를 하는 방법(法)'으로, 문장 안에 비유를 나타내는 단어가 없습니다.

병나을 유(癒)자는 '병(疒)이 점점(俞) 나아지다'는 뜻입니다. 치유(治癒)는 '병을 고쳐서(治) 낫게(癒) 하다'는 뜻입니다. 다스릴 치(治)자는 '병을 다스려 고치다'는 뜻도 있습니다. 병을 완전히 고치는 것을 완치(完治)라고 합니다.

[수]로 소리나는 경우

3/3 輸 보낼 수 ⓢ 输
수레 차/거(車) +
[성 유(俞)→수]

수송(輸送), 수출(輸出), 수입(輸入), 밀수(密輸) 등에 들어가는 보낼 수(輸)자는 '수레(車)에 실어 보내다'는 뜻으로 만든 글자입니다. 수뇨관(輸尿管)은 '오줌(尿)을 보내는(輸) 관(管)'으로 신장의 오줌을 방광까지 운반해 주는 가늘고 긴 관인데, 오줌관 또는 요관(尿管)이라고 합니다.

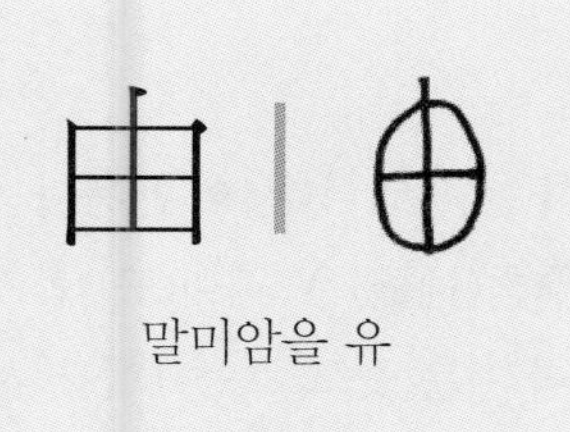

말미암을 유(由)자는 투구의 모습을 본떠 만든 글자입니다. 나중에 가차되어 '말미암을'이란 뜻을 가지면서, 원래의 뜻을 살리기 위해 쓰게 모(冃)자를 추가하여 투구 주(冑)자가 되었습니다. 이유(理由)는 '말미암은(由) 이치(理)'입니다.

모양이 비슷한 글자로 갑옷 갑(甲)자가 있습니다. 갑옷 갑(甲)자는 거북 껍질의 모습을 본떠 만든 글자로서, 거북 껍질로 만든 갑옷을 의미합니다.

[유]로 소리나는 경우

6/5 油 기름 유 ⓢ 油
물 수(氵) + [말미암을 유(由)]

1/1 柚 유자나무 유 ⓢ 柚
나무 목(木) +
[말미암을 유(由)]

기름 유(油)자는 '기름도 물(氵)과 같은 액체이다'는 뜻입니다. 석유(石油)는 '돌(石)에서 나오는 기름(油)'이란 뜻이고, 주유소(注油所)는 '기름(油)을 주입(注)하는 곳(所)'이고, 유전(油田)은 '기름(油)이 나는 밭(田)'입니다. 원유(原油)는 '유전에서 퍼낸 원래(原)의 기름(油)'입니다. 원유(原油)를 정유(精油)하면 등유(燈油), 경유(輕油), 중유(重油), 휘발유(揮發油) 등이 나옵니다.

유자나무 유(柚)자에서 유자나무는 유자가 열리는 나무입니다. 유자(柚子)는 감귤(柑橘)이나 오렌지와 비슷하게 생긴 노란색 열매로 껍질이 울퉁불퉁하고 신맛이 납니다.

[주]로 소리나는 경우

3/3 宙 집 주 ⓢ 宙
집 면(宀) +
[말미암을 유(由)→주]

1/1 冑 투구 주 ⓢ 胄
쓰게 모(冃) +
[말미암을 유(由)→주]

집 주(宙)자는 원래 집(宀)의 대들보를 가리키는 말입니다. 이후 '대들보→지붕→집→하늘→천지사방(天地四方)'이란 뜻이 생겼습니다. 우주(宇宙)는 천지사방이란 뜻입니다.

투구 주(冑)자는 투구의 상형인 말미암을 유(由)자에 쓰게 모(冃)자가 합쳐진 글자입니다. 쓰게 모(冃)자는 머리카락(二)으로 표시된 머리에 두건으로 된 모자(冖)를 쓴 모습입니다. 갑주어(甲冑魚)는 '갑옷(甲)과 투구(冑)를 쓴 물고기(魚)'라는 뜻으로, 고생대에 번성했던 어류의 하나입니다. 머리와 몸통의 앞부분은 석회질의 단단한 판으로 덮이고 뒷부분은 비늘로 덮혀 있습니다.

[수]로 소리나는 경우

1/1 袖 소매 수 ⓒ 袖
옷 의(衤) +
[말미암을 유(由)→수]

소매는 옷의 일부이므로 소매 수(袖)자에는 옷 의(衤)자가 들어갑니다. 수수방관(袖手傍觀)은 '소매(袖)에 손(手)을 넣고 곁(傍)에서 본다(觀)'는 뜻으로, '팔짱 끼고 보고만 있다'는 의미입니다. '영수회담'의 영수(領袖)는 글자대로 해석하면 '옷깃(領)과 소매(袖)'라는 뜻입니다. 목이 나오는 옷깃과 손이 나오는 소매가 옷에서 가장 중요하기 때문에 가장 중요한 사람, 즉 우두머리라는 뜻이 생겼습니다.

[추]로 소리나는 경우

3/2 抽 뽑을 추 ⓒ 抽
손 수(扌) +
[말미암을 유(由)→추]

뽑을 추(抽)자는 '밭의 채소를 손(扌)으로 뽑다'는 뜻입니다. 이후 뽑다→거두다→빼다→당기다' 등의 뜻이 생겼습니다. 추첨(抽籤)은 '제비(籤) 뽑기(抽)'이고, 추출(抽出)은 '뽑아서(抽) 나오게(出) 하다'는 뜻으로 용매를 써서 어떤 물질을 뽑아내는 일입니다. 추상화(抽象畵)는 '물체의 형상(象)에서 특성을 뽑아내어(抽) 그린 그림(畵)'으로, 사물의 실제 모습이 아닌 추상적인 형상을 그린 그림을 말합니다. 점, 선, 면, 색채에 의한 표현을 중시하는 그림입니다. '모양(象)을 구체적(具)으로 상세하게 그린 그림(畵)'인 구상화(具象畵)의 반대입니다.

[축]으로 소리나는 경우

2/2 軸 굴대 축 ⓒ 轴
수레 차/거(車) +
[말미암을 유(由)→축]

좌표의 x축(軸), y축(軸)에 들어가는 굴대 축(軸)자는 양쪽 수레바퀴의 한가운데에 뚫린 구멍에 끼우는 긴 막대로, 바퀴의 회전축(回轉軸)입니다. 축색돌기(軸索突起)는 '축(軸)이나 동아줄(索)처럼 길게 솟아나 돌기(突起)'라는 뜻으로, 신경세포인 뉴런을 구성하는 한 부분입니다. 다른 뉴런에 신호를 전하는 기능을 가지고 있으며 그 기능을 위해 길게 뻗어 있는 섬유 같은 모양을 하고 있습니다.

[적]으로 소리나는 경우

3/2 笛 피리 적 ⓒ 笛
대 죽(竹) +
[말미암을 유(由)→적]

옛날에는 피리를 대나무로 만들기 때문에 피리 적(笛)자에 대 죽(竹)자가 들어갑니다. 〈만파식적(萬波息笛)〉은 '수많은(萬) 파도(波)를 쉬게(息) 하는 피리(笛)'로, 《삼국유사(三國遺事)》의 설화에 나오는 신라의 피리입니다. "왕이 이 피리를 부니 나라의 모든 근심과 걱정이 해결되었다"고 전해집니다. '기적을 울리며 배가 출발했다'에서 기적(汽笛)은 '증기(汽)로 소리를 내는 피리(笛)'라는 뜻으로, 기차나 배 따위에서 증기를 내뿜는 힘으로 경적 소리를 내는 장치입니다.

攸 |

바 유

바 유(攸)자의 싱형문자를 보면 매를 맞아가며(攵), 땀을 흘려가면서(丨), 열심히 수련하는 사람(亻)의 모습입니다. 가차되어 '바'라는 뜻으로 사용되자, 원래의 뜻을 살리기 위해 터럭 삼(彡)자가 추가되어 닦을 수(修)자가 되었습니다. 터럭 삼(彡)자는 빛나는 모습으로도 사용되는데, 열심히 수련함으로써 '빛나게 하다'는 뜻입니다.

참고로 바 유(攸)자의 '바'는 '각자 맡은 바 책임을 다하라', '내가 알던 바와는 다르다' 등에 사용됩니다.

[유]로 소리나는 경우

3/3 **悠** 멀 유 중 悠
마음 심(心) + [바 유(攸)]

멀 유(悠)자는 원래 '마음(心)으로 근심하다'는 뜻입니다. 이후 '근심하다→생각하다→한가하다→아득하다→멀다' 등의 뜻이 생겼습니다. 유유자적(悠悠自適)은 '한가하고(悠) 한가하게(悠) 스스로(自) 즐기다(適)'는 뜻으로, 속세에 속박됨이 없이 자기가 하고 싶은 대로 마음 편히 지냄을 이르는 말입니다. '유구한 역사'에서 유구(悠久)는 '아득히 먼(悠) 오래(久)'란 뜻입니다.

[수]로 소리나는 경우

4/4 **修** 닦을 수 중 修
[바 유(攸)→수] + 터럭 삼(彡)

닦을 수(修)자는 매를 맞으며(攵), 땀을 흘려가면서(丨) 열심히 수련하는 사람(亻)의 모습에, 열심히 수련함으로써 '빛나게 하다'는 뜻으로 삼(彡)자가 추가되었습니다. 수련(修鍊)은 '학문이나 기술을 닦아서(修) 단련한다(鍊)'는 뜻입니다. 수학여행(修學旅行)은 '수학(數學) 공부하러 가는 여행(旅行)'이 아니고, '학교 밖에서 학문(學)을 닦기(修) 위해 가는 여행(旅行)'입니다. 수양(修養)은 '몸과 마음을 닦고(修) 기르다(養)'는 뜻입니다. 수능시험(修能試驗)은 대학수학능력시험(大學修學能力試驗)의 줄임말로, '대학(大學)의 학문(學)을 닦을(修) 능력(能)이 있는지를 보는 시험(試驗)'입니다.

[조]로 소리나는 경우

4/3 **條** 조목/가지 조 중 条 약 条
나무 목(木) + [바 유(攸)→조]

조목/가지 조(條)자는 원래 나무의 가지를 뜻하는 글자였습니다만, 이후 '나뭇 가지→막대→줄→조목(條目)→법규(法規)' 등의 뜻이 파생되었습니다. 성조기(星條旗)는 '별(星)과 줄(條)이 그려진 깃발(旗)'이란 뜻으로 미국 국기(Stars and Stripes)를 일컫는 말입니다. 조약(條約)은 '법규(條)와 약속(約束)'이고, 조례(條例)는 '법규(條)와 규칙(例)'입니다. 금과옥조(金科玉條)는 '금(金)과 같은 법률(科)이나 옥(玉)과 같은 법규(條)'라는 뜻으로, 금이나 옥처럼 귀중히 여겨 꼭 지켜야 할 법칙이나 규정을 말합니다.

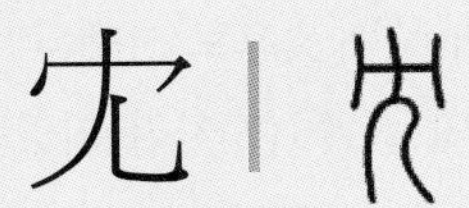

베개 음, 머뭇거릴 유

베개 음(冘)자의 상형문자를 보면 사람(儿)이 베개(冖)를 베고 있는 모습입니다. 이후, '머뭇거리다, 망설이다'는 뜻이 생겨 머뭇거릴 유(冘)자로 사용되면서, 원래의 뜻을 분명히 하기 위해 나목 목(木)자가 추가되어 베개 침(枕)자가 되었습니다. 옛날에는 나무로 만든 베개를 베었기 때문입니다. 이 글자도 단독으로는 거의 사용되지 않고 다른 글자와 만나 소리로 사용됩니다.

[침]으로 소리나는 경우

3/2 沈 잠길 침, 성 심 중 沈 약 沉
물 수(氵) + [베개 음(冘)→침]

3/2 枕 베개 침 중 枕
나무 목(木) + [베개 음(冘)→침]

침몰(沈沒), 침수(沈水) 등에 들어가는 잠길 침(沈)자는 원래 물 수(氵)자에 소 우(牛)자가 합쳐진 글자였으나, 나중에 소리를 나타내는 베개 음(冘)자로 바뀌었습니다. 아마 제사를 지낸 후 소를 물속에 제물로 바치는 모습으로 추정됩니다. '소가 물에 빠지다'고 해서 '잠긴다'는 의미가 생겼습니다. 침전(沈澱)은 ' 물에 잠겨(沈) 앙금(澱)이 생기다'는 뜻으로, 액체 속에 있는 물질이 밑바닥에 가라앉는 것을 말합니다. 침전물(沈澱物)은 '침전하여 밑바닥에 가라앉은 물질(物質)'입니다.

잠길 침(沈)자는 사람의 성씨로도 사용되는데, 이때에는 성 심(沈)자로 읽습니다. 《심청전》에 나오는 심청(沈淸)은 '맑은(淸) 물에 빠지다(沈)'라는 뜻으로, 공양미 삼백 석에 팔려간 심청이 인당수에 빠진다는 의미를 담고 있습니다.

베개 침(枕)자는 베개 음(冘)자의 뜻을 강조하기 위해 나무 목(木)자가 추가되어 만들어졌습니다. 목침(木枕)은 '나무(木) 베개(枕)'라는 뜻이고, 침목(枕木)은 '물건을 괴는(枕) 데 쓰는 나무(木)토막'이나 철로 아래에 까는 나무나 콘크리트로 된 토막을 말합니다.

[탐]으로 소리나는 경우

2/1 耽 즐길 탐 중 耽
귀 이(耳) + [베개 음(冘)→탐]

1/2 眈 노려볼 탐 중 眈
눈 목(目) + [베개 음(冘)→탐]

즐길 탐(耽)자는 '귀(耳)로 소리를 즐기다'는 뜻입니다. 탐닉(耽溺)은 '어떤 일을 몹시 즐겨서(耽) 거기에 빠지다(溺)'는 뜻입니다. 참고로 빠질 닉(溺)자는 익사(溺死: 물에 빠져 죽음)에 사용됩니다. 탐미주의(耽美主義)는 '아름다움(美)을 즐기는(耽) 주의(主義)'라는 뜻으로, 아름다움을 최고의 가치로 여겨 이를 추구하는 문예 사조입니다. 19세기 후반 영국을 비롯한 유럽에서 나타났으며, 유미주의(唯美主義)라고도 합니다.

노려볼 탐(眈)자는 '눈(目)으로 노려보다'는 뜻입니다. 호시탐탐(虎視眈眈)은 '호랑이(虎)가 보는(視)데, 노려보고(眈) 노려보다(眈)'는 뜻으로 틈만 있으면 덮치려고 기회를 노리며 형세를 살핌을 일컫는 말입니다.

意 | 𢡱

뜻 의

뜻 의(意)자는 소리 음(音)자와 마음 심(心)자가 합쳐진 글자로, '사람이 말하는 소리(音)가 곧 마음(心)의 뜻이다'는 뜻입니다. 또 '마음(心)의 소리(音)가 곧 뜻이다'고 해석하기도 합니다. 표의문자(表意文字)는 '뜻(意)을 표현(表現)하는 문자(文字)'로, 중국의 한자가 이에 해당합니다. 반면, 표음문자(表音文字)는 '소리(音)를 표현(表現)하는 문자(文字)'로, 한글이나 영어가 이에 해당합니다. 고대 이집트 문자는 기본적으로 표의문자이나, 소리를 나타내는 표음문자로도 사용되었습니다. 표음문자로 사용할 때에는 글자 둘레에 타원을 그려 표시했습니다. 의지(意志)는 '뜻(意)과 뜻(志)'이란 뜻으로 어떠한 일을 이루고자 하는 마음을 이르고, 의사(意思)는 '뜻(意)과 생각(思)'이란 뜻으로 마음먹은 생각을 이르는 말입니다. '의외의 성적'에서 의외(意外)는 '뜻(意) 밖(外)'이라는 뜻입니다.

[희]로 소리나는 경우

2/2 噫 탄식할 희 중 噫
입 구(口) + [뜻 의(意)→희]

탄식할 희(噫)자는 '입(口)으로 탄식하다'는 뜻입니다. 탄식할 희(噫)자는 주로 문장 중에서 '아!' 하고 탄식하는 소리로 사용됩니다. 예를 들어 《논어》를 보면 '안연사. 자왈 희! 천상여!(顔淵死. 子曰 噫! 天喪予!)'라는 문장이 나오는데, '안연(顔淵)이 죽었다(死). 공자(子)께서 말씀하길(曰) 아(噫)! 하늘(天)이 나(予)를 버리셨구나(喪)!'라는 뜻입니다.

[억]으로 소리나는 경우

5/4 億 억 억 중 亿
사람 인(亻) + [뜻 의(意)→억]

3/3 憶 생각할 억 중 忆
마음 심(忄) + [뜻 의(意)→억]

억 억(億)자는 원래 '사람(亻)이 뜻(意)대로 하니 편안하다'는 뜻입니다. 나중에 가차되어 숫자 억을 뜻하는 글자가 되었습니다. '억장이 무너지다'의 억장(億丈)은 말 그대로 '억(億: 숫자 일억) 장(丈: 길이의 단위)'으로, 매우 높은 높이를 말합니다. 따라서 이런 높이가 무너질 정도로 '몹시 가슴이 아프고 괴롭다'는 뜻입니다. 억조창생(億兆蒼生)은 '억(億)이나 조(兆)가 되는 푸른(蒼) 생명(生)'이란 뜻으로, 세상의 모든 사람을 일컫는 말입니다.

생각할 억(憶)자는 '마음(忄)으로 뜻(意)을 잊지 않고 생각하다'는 뜻입니다. 이후 '(잊지 않고) 생각하다→(잊지 않고) 기억(記憶)하다→(잊지 않고) 추억(追憶)하다' 등의 뜻이 생겼습니다. 억측(憶測)은 '이유나 근거가 없이 생각(憶)만으로 추측하다(測)'는 뜻입니다.

의심할 의

의심할 의(疑)자의 상형문자를 보면 갈림길에서 지팡이를 든 노인이 길을 잃고 어디로 가야할지 머뭇거리는 모습에서, '머뭇거리다, 헛갈리다, 의심(疑心)하다'는 뜻이 생겼습니다. 이 글자에 병 녁(疒)자가 추가되면 어리석을 치(癡)자가 됩니다. 치매(癡呆)나 바보 천치(天癡)에 사용되는 이 글자는 '정신이 헛갈리어(疑) 갈팡질팡 헤매는 병(疒)'이란 뜻입니다. 이후 글자의 모양도 바뀌었는데, '발(疋) 아래에 있는 것이 비수(匕)인지, 화살(矢)인지, 창(矛)의 머리인지 의심(疑心)스럽다'로 외우면 쉽게 외울 수 있습니다. 피의자(被疑者)는 '의심(疑)을 당하는(被) 사람(者)'으로, 범죄자로 의심되어서 수사 대상이 된 사람입니다.

[의]로 소리나는 경우

1-1 擬 흉내낼 의 ㊥拟
손 수(扌) + [의심할 의(疑)]

흉내낼 의(擬)자는 원래 '몇 개인지 의심나는(疑) 것을 손(扌)으로 헤아리다'는 뜻입니다. 이후 헤아리다→(헤아려) 비교하다→(비교한 것을) 흉내내다→모방하다' 등의 뜻이 생겼습니다. 의태어(擬態語)는 '모양(態)을 흉내내는(擬) 말(語)'로, '어슬렁 어슬렁', '두둥실 두리둥실' 등이 그러한 예입니다. 의성어(擬聲語)는 '소리(聲)를 흉내내는(擬) 말(語)'로, '주룩주룩', '딸랑딸랑' 등이 그러한 예입니다. 의인법(擬人法)은 '사람(人)을 흉내내는(擬) 수사법(法)'으로, 사물이나 동물을 인간인 것처럼 표현하는 방법을 말합니다. 이솝 우화에 나오는 동물들이 모두 의인법으로 표현되었습니다.

[애]로 소리나는 경우

2-2 礙 막을 애 ㊥碍 ㊅碍
돌 석(石) + [의심할 의(疑)→애]

막을 애(礙)자는 '돌(石)이 가로막아 방해되다'는 뜻입니다. 정자인 애(礙)자보다 약자인 애(碍)자가 많이 쓰입니다. 장애물 경주, 시각장애, 청각장애 등에 들어가는 장애(障碍)은 '막고(障) 막다(碍)'는 뜻입니다. 지체장애인(肢體障礙人)은 '사지(肢)나 몸(體)에 장애(障礙)가 있는 사람(人)'으로, 팔다리나 몸에 장애가 있어서 제대로 걷거나 움직이지 못하는 사람을 말합니다.

[응]으로 소리나는 경우

3-2 凝 엉길 응 ㊥凝
얼음 빙(冫) +
[의심할 의(疑)→응]

엉길 응(凝)자의 '엉기다'는 얼음처럼 액체가 고체가 되는 것을 말합니다. 엉길 응(凝)자는 '얼음(冫)처럼 얼다, 엉기다, 굳다, 머무르다' 등의 뜻을 가지고 있습니다. 응고(凝固)는 '엉기어(凝) 굳어지다(固)'는 뜻으로, 액체가 고체가 되는 것입니다. 응시(凝視)는 '눈이 한곳에 머물러(凝) 바라보다(視)'는 뜻입니다.

義 |

옳을 의

옳을 의(義)자의 상형문자는 도끼날이 달린 창(我)에 장식용 양의 머리(羊)가 달려있는 모습입니다. 즉 의장용으로 사용하던 창의 모습입니다. 의장(儀仗)은 나라 의식(儀式)에 쓰는 무기나 깃발 등을 말합니다. 이후 '의장(儀仗)→의식(儀式)→예절(禮節)→거동(擧動)' 등의 뜻이 생겼습니다. 또 옳은 의식이나 예절이란 의미에서 '옳다'는 뜻으로 사용되자, 원래 뜻을 보존하기 위해 사람 인(亻)자를 붙여 거동 의(儀)자가 생겼습니다. 견리사의(見利思義)는 '이익(利)을 보면(見) 의리(義)에 합당한가를 먼저 생각해야(思) 한다'는 뜻입니다. 의형제(義兄弟)는 '의식(儀式)으로 맺은 형제(兄弟)'이고, 도원결의(桃園結義)는 '복숭아(桃) 밭(園)에서 의형제(義兄弟)를 맺다(結)'는 뜻으로, 《삼국지》에서 유비, 관우, 장비가 유비의 집에 모여 의형제를 맺은 일에서 유래하여 '의형제를 맺다'는 뜻으로 사용됩니다.

[의]로 소리나는 경우

4/3 議 의논할 의 중 议
말씀 언(言) + [옳을 의(義)]

4/3 儀 거동 의 중 仪
사람 인(亻) + [옳을 의(義)]

의논할 의(議)자는 '말(言)로 옳은지(義) 의논(議論)하다'는 뜻입니다. 의정부(議政府)는 '정사(政)를 의논(議)하는 관청(府)'으로, 조선시대 최고의 행정기관입니다. 영의정, 좌의정, 우의정 등 3정승(三政丞)이 의정부에 소속되어 있었습니다. 의정서(議定書)는 '의논(議)하여 정(定)한 글(書)'로, 외교적인 회의에서 의논하여 결정한 사항을 기록한 문서입니다.

거동 의(儀)자는 '사람(亻)의 옳바른(義) 거동이나 예의(禮儀), 의식(儀式)'이라는 뜻입니다. 국민의례(國民儀禮)는 공식적인 행사에서 '국민(國民)으로서 마땅히 갖추어야 할 의식(儀式)과 예절(禮節)'로, 국기에 대한 경례, 애국가 제창, 순국선열에 대한 묵념 따위입니다.

[희]로 소리나는 경우

2/1 羲 복희 희 중 羲
교묘할 교(丂) + [옳을 의(義)→희]

1/2 犧 희생 희 중 牺
소 우(牛) + [복희 희(羲)]

복희(伏羲)는 중국 고대 전설에 나오는 삼황(三皇)의 한 사람으로, 팔괘를 처음으로 만들고 그물을 발명하여 고기잡이의 방법을 가르쳤다고 합니다. 사람의 이름으로 사용되는 복희 희(羲)자는 정확한 어원을 알 수 없는 글자입니다.

희생 희(犧)자에서 희생(犧牲)은 원래 '제사 때 제물로 바치는 산 짐승'을 일컫는 말입니다. 나중에 어떤 사물이나 사람을 위해서 자기 몸을 돌보지 않고 자신의 목숨, 재산, 명예 따위를 받치거나 버리다는 뜻이 되었습니다. 희생 희(犧)자는 '소(牛)가 제사 때 제물로 희생(犧牲)되다'는 뜻입니다.

인할 인

인할 인(因)자는 돗자리(囗) 위에 사람이 큰 대(大)자로 누워 있는 모습으로 원래는 '돗자리'를 의미하였습니다. 이후 '돗자리→(돗자리에) 의지하다→친하게 지내다→인연(因緣)→인하다→까닭→원인(原因)' 등의 뜻이 생겼습니다. 인과관계(因果關係)는 '원인(因)과 결과(果)의 관계(關係)'로 어떤 행위로 인해 발생한 사실과의 사이에 원인과 결과의 관계가 있음을 일컫는 말입니다. 인과응보(因果應報)는 '원인(因)과 결과(果)는 마땅히(應) 갚다(報)'는 뜻으로 불교에서 전생(前生)에 지은 선악의 결과에 따라 현세의 행과 불행이 있고, 현세에 지은 선악의 결과에 따라 내세(來世)에서 행과 불행이 있음을 일컫습니다.

[인]으로 소리나는 경우

3/3 姻 혼인할 인 ⓢ 姻
여자 녀(女) + [인할 인(因)]

1/1 咽 목구멍 인 ⓢ 咽
입 구(口) + [인할 인(因)]

혼인할 인(姻)자는 '여자(女)와 인연(因緣)을 맺는 것이 혼인(婚姻)이다'는 뜻입니다. 인척(姻戚)은 '혼인(姻)에 의하여 맺어진 친척(戚)'입니다.

목구멍 인(咽)자는 '입(口) 안에 목구멍이 있다'는 뜻입니다. 병원에 있는 이비인후과(耳鼻咽喉科)는 '귀(耳), 코(鼻), 목구멍(咽喉)을 치료하는 과(科)'입니다. 인두(咽頭)는 '목구멍(咽)의 머리(頭) 부분'이란 뜻으로, 콧구멍에서 출발하는 기도와 입에서 들어오는 기도가 만나는 곳에 위치하는 부분으로, 후두(喉頭) 위에 붙어 있는 깔때기 모양의 부분을 말합니다.

[은]으로 소리나는 경우

4/4 恩 은혜 은 ⓢ 恩
마음 심(心) +
[인할 인(因)→은]

은혜 은(恩)자는 '의지하는(因) 사람에게 마음으로(心) 은혜를 느끼다'는 뜻입니다. 결초보은(結草報恩)은 '풀(草)을 묶어(草) 은혜(恩)를 갚다(報)'는 뜻으로, 죽어서도 은혜를 잊지 않고 갚음을 일컫는 말입니다. 《춘추좌씨전(春秋左氏傳)》에서 유래한 고사성어로 '중국 춘추 시대에 풀을 묶어 놓아 적군이 탄 말이 걸려 넘어지게 하여 은혜를 갚았다'는 이야기에서 유래합니다.

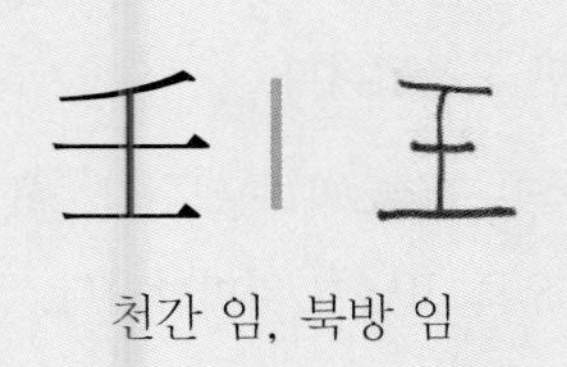

천간 임, 북방 임

천간 임(壬) 혹은 북방 임(壬)자는 씨줄이 걸려 있지 않은 베틀의 모양을 본떠 만든 글자입니다. 씨줄이 걸려 있는 베틀의 모습은 물줄기 경(巠)자가 있습니다. 나중에 십간십이지 중 십간(十干) 중 하나로 사용되면서 천간 임(壬)자가 되었습니다. 또 천간(天干)은 방향을 나타내는 데에도 사용되었는데, 임(壬)자가 북쪽을 가르키면서 북방 임(壬)자가 되었습니다. 임진왜란(壬辰倭亂)은 '임진년에 왜(倭)의 침입으로 일어난 난(亂)'으로, 임진(壬辰)년인 1592년(선조 25)부터 1598년까지 2차에 걸친 일본 왜군의 침략으로 일어난 전쟁입니다.

천간 임(壬)자와 똑같이 생긴 줄기 정(𡈼)자는, 상형문자를 보면 완전히 다른 데, 흙(土) 위에 사람(人)이 서 있는 모습을 본떠 만든 글자입니다.

[임]으로 소리나는 경우

5/3 **任** 맡을 임 ⓙ 任
사람 인(亻) + [천간 임(壬)]

3/2 **賃** 품팔이 임 ⓙ 赁
조개 패(貝) + [맡을 임(任)]

0/2 **姙** 아이밸 임 ⓙ 姙
여자 녀(女) + [맡을 임(任)]

2/0 **妊** 아이밸 임 ⓙ 妊
여자 녀(女) + [천간 임(壬)]

임무(任務), 임기(任期), 임명(任命) 등에 들어가는 맡을 임(任)자는 '사람(亻)이 일을 맡다'는 뜻입니다. 단임제(單任制)는 '한(單) 번만 맡는(任) 제도(制度)'로, 어떤 직책에 한 번 임명되면 두 번 다시 그 직책을 맡을 수 없는 제도입니다. 우리나라의 대법원장 직이 현재 단임제입니다.

품팔이는 품삯을 받고 남의 일을 해주는 것을 말합니다. 품팔이 임(賃)자는 '남의 일을 맡아(任) 주고 돈(貝)을 받는 것이 품팔이다'는 뜻입니다. 이후 '품팔이→(남의 힘을) 빌다→세내다'는 뜻이 파생되었습니다. 임금(賃金)은 '품팔이(賃)하고 받는 돈(金)'이고, 임대인(賃貸人)은 '세를 받고(賃) 빌려주는(貸) 사람(人)'이고, 임차인(賃借人)은 '세를 내고(賃) 빌리는(借) 사람(人)'입니다.

아이밸 임(姙)자는 '여자(女)가 맡은(任) 일이 아이를 배는 것이다'는 뜻을 담고 있습니다. 아이밸 임(姙)자에서 사람 인(亻)자를 빼더라도 아이밸 임(妊)자가 됩니다. 피임(避姙/避妊)은 '아이를 배는(姙/妊) 것을 피하다(避)'는 뜻이고, 불임(不姙/不妊)은 '아이를 배지(姙/妊) 못하다(不)'는 뜻입니다.

[음]으로 소리나는 경우

3/2 **淫** 음란할 음 ⓙ 淫
물 수(氵) + 손톱 조(爪) + [천간 임(壬)→음]

간음(姦淫), 음탕(淫蕩), 음란물(淫亂物)에 들어 있는 음란할 음(淫)자는 원래 '물(氵)에 축축하게 적시다'는 뜻으로 만들었습니다만, 나중에 '질펀하다, 음란하다'는 뜻이 생겼습니다. 낙이불음(樂而不淫)은 '즐기기는(樂) 하나 음탕(淫)하지는 않게 한다(不)'는 뜻으로, 즐거움의 도를 지나치지 않음을 뜻합니다. 《논어(論語)》에 나오는 이야기입니다.

가시나무 자

가시나무 자(朿)자는 가시나무의 모습을 본떠 만든 글자입니다. 이 글자는 단독으로 사용되지 않고 다른 글자와 만나 소리로만 사용됩니다.

가시나무 자(朿)자가 두 개가 합쳐지면 가시나무 극(棘)자가 됩니다. 형극(荊棘)은 '가시나무(荊)와 가시나무(棘)'라는 뜻으로 고난을 의미합니다.

모양이 비슷한 글자로 묶을 속(束)자가 있는데, 묶을 속(束)자는 자루 양 끝을 묶은 형상입니다. 속박(束縛)은 '묶고(束) 묶다(縛)'는 뜻입니다. 가시나무 자(朿)자는 묶을 속(束)의 속자(俗字)자로도 사용됩니다.

[자]로 소리나는 경우

3/2 **刺** 찌를 자 ㊥ 刺
칼 도(刂) + [가시나무 자(朿)]

찌를 자(刺)자는 '칼(刂)이나 가시(朿)로 찌르다'는 뜻입니다. '친구에게 자극을 받아 열심히 공부하게 되었다'에서 자극(刺戟)은 '창(戟)으로 찌르다(刺)'는 뜻입니다. 자상(刺傷)은 '못이나 칼 등에 찔린(刺) 상처(傷)'이고, 자객(刺客)이란 '사람을 몰래 찔러(刺) 죽이는 사람(客)'입니다.

[책]으로 소리나는 경우

5/4 **責** 꾸짖을 책 ㊥ 责
조개 패(貝) +
[가시나무 자(朿)→책]

꾸짖을 책(責)자는 '빌려준 돈(貝)을 제때 갚지 않아 가시나무 채찍(朿)으로 때리면서 재촉하거나 꾸짖다'는 뜻입니다. 이후 '빚→빚을 재촉하다→꾸짖다→책임(責任)을 지우다'는 뜻이 파생되었습니다. 책망(責望)은 '꾸짖으며(責) 원망(望)하다'는 뜻입니다. 면책특권(免責特權)은 '책임(責)을 면하는(免) 특별한(特) 권리(權)'로, 국회의원이나 외교관에게 주어지는 특권입니다.

3/3 **策** 꾀 책 ㊥ 策
대 죽(竹) +
[가시나무 자(朿)→책]

계책(計策), 대책(對策), 술책(術策), 정책(政策) 등에 사용되는 꾀 책(策)자는 원래 죄인들을 때리는 데 사용한 대쪽(竹)이나 가시나무(朿)로 만든 채찍을 이르는 말이었습니다. 이후 '채찍→대쪽→(대로 만든) 책→(대로 만든) 산가지→(숫자를) 헤아리다→예측하다→꾀, 계책(計策)' 등의 많은 뜻이 파생되었습니다. 책려(策勵)는 '채찍질(策)하여 독려(督勵)한다'는 뜻이고, 책사(策士)는 제갈공명같이 '책략(策略)을 잘 쓰는 선비(士)'를 이릅니다. 《전국책(戰國策)》은 '전국(戰國) 시대의 책략(策)'이란 뜻으로, 중국 한나라의 유향이 전국 시대 전략가들의 책략을 편집한 책입니다. 춘추전국 시대 중에서도 전국(戰國) 시대는 말 그대로 중국 역사상 국가(國家)간의 전쟁(戰爭)이 가장 많았던 시절이었고, 살아남기 위해 많은 책략들이 성행했던 시절입니다. '전국(戰國) 시대'라는 이름이 이 책의 제목에서 나왔습니다.

검을 자

검을 자(玆)자는 검을 현(玄)자 두 개로 '검다'는 의미를 강조한 글자입니다. 《자산어보(玆山魚譜)》는 '검은(玆) 산(山)에서 지은 물고기(魚)의 계보(譜)'라는 뜻으로, 1814년 정약전이 흑산도에 귀양 가 있던 동안 저술한 한국에서 가장 오래된 어류학서(魚類學書)입니다. 자산(玆山)은 흑산(黑山)이란 뜻에 흑산도를 일컫습니다. 흑산도(黑山島)라는 이름은 섬의 앞바다가 푸르다 못해 검은색을 띠고 있다고 하여 붙여진 이름입니다.

[자]로 소리나는 경우

3/3 慈 사랑 자 ⓢ 慈
마음 심(心) + [검을 자(玆)]

2/2 滋 불을 자 ⓢ 滋
물 수(氵) + [검을 자(玆)]

2/2 磁 자석 자 ⓢ 磁
돌 석(石) + [검을 자(玆)]

사랑 자(慈)자는 '마음(心)으로 사랑하다'는 뜻입니다. 또 '사랑을 베푸는 어머니'라는 뜻도 있습니다. 남의 어머니를 높이 부르는 자당(慈堂)이 그러한 예입니다. 자비(慈悲)는 '사랑하고(慈) 불쌍히(悲) 여기는 마음'이고, 자선(慈善)은 '사랑(慈)과 선의(善)를 베풀다'는 뜻입니다. 백제의 마지막 왕인 의자왕(義慈王)은 '의롭고(義) 자비로운(慈) 왕(王)'이란 뜻입니다. 의자왕은 원래 효성과 형제애가 지극하여 해동증자(海東曾子)라 일컬었다고 합니다. 증자(曾子)는 공자의 제자로, 효심이 두터웠으며, 《효경(孝經)》을 지은 사람으로 추측됩니다. 의자왕은 642년 친히 신라를 공격하여 40여 성을 빼앗는 등 국력을 키웠으나, 만년에는 사치와 향락에 빠져 충신의 간(諫)을 듣지 않고 국정을 돌보지 않다가 660년 신라와 당나라 연합군의 침공을 맞아 항복하였습니다.

불을 자(滋)자는 '물(氵)이 불다'는 뜻입니다. 이후, '불다→증가하다→자라다→번식하다' 등의 뜻이 생겼습니다. 자양분(滋養分)은 '몸의 영양(養)을 증가시키는(滋) 음식의 성분(成分)'입니다.

자석(磁石)이라는 말 자체에 돌 석(石)자가 들어간 것을 보면, 옛 중국 사람들은 자석이 금속의 일종이 아니라 돌의 일종으로 생각한 것 같습니다. 자석 자(磁)자는 자석(磁石)이란 뜻과 자기(磁器/瓷器: 사기그릇)라는 두 가지 뜻이 모두 있습니다. 자기(磁氣)는 '자석(磁)의 기운(氣)'이란 뜻이고, 자기장(磁氣場)은 '자석(磁)의 기운(氣)이 미치는 장소(場)'입니다. 자기부상열차(磁氣浮上列車)는 '자석(磁)의 기운(氣)으로 위로(上) 뜨서(浮) 달리는 열차(列車)'입니다. 선로와의 접촉이 없어 소음과 진동이 매우 적고 고속도를 유지할 수 있습니다.

사람 자

사람 자(者)자는 솥에 콩을 넣고 삶는 모습을 본떠 만든 글자입니다. 나중에 가차되어 사람이란 뜻으로 사용되자, 원래의 뜻을 살리기 위해 불 화(灬)자가 추가되어 삶을 자(煮)자가 만들어졌습니다. 결자해지(結者解之)는 '매듭을 묶은(結) 사람(者)이 그것(之)을 풀어야(解) 한다'는 뜻으로 일을 저지른 사람이 일을 해결해야 함을 비유한 말입니다.

[자]로 소리나는 경우

1/1 煮 삶을 자 ㊌煮
불 화(灬) + [사람 자(者)]

삶을 자(煮)자는 솥에 콩을 넣고 삶는 모습을 본떠 만든 자(者)자에 불 화(灬)자가 추가된 글자입니다. 자두연기(煮豆燃萁)는 '콩깍지(萁)를 태워(燃) 콩(豆)을 삶는다(煮)'는 뜻으로, 형제가 서로 싸우고 시기함을 이르는 말입니다. 《삼국지》에 나오는 조조(曹操)의 두 아들의 이야기에서 나온 고사성어입니다. 자장면(煮醬麵)은 '장(醬)을 삶아(煮) 만든 국수(麵)'라는 뜻입니다.

[저]로 소리나는 경우

3/3 著 나타날 저, 붙을 착 ㊌著
풀 초(艹) +
[사람 자(者)→저]

1/2 箸 젓가락 저 ㊌箸
대 죽(竹) +
[사람 자(者)→저]

나타날 저(著)자는 원래 '사람(者)이 풀(艹)로 만든 옷을 입다'는 뜻입니다. 이후 '입다→(옷이 몸에 착 달라) 붙다→(옷을) 짓다→(옷을 입어 눈에 잘 띄어) 나타나다'는 뜻도 생겼습니다. 붙을 착(著)자는 모양이 조금 변해 붙을/입을 착(着)자로도 씁니다. 착복(着服)은 '옷(服)을 입다(着)'는 뜻과 '남의 금품(金品)을 부당하게 자기 것으로 한다'는 뜻도 있습니다. 저서(著書)는 '지은(著) 책(書)'이고, 저작권(著作權)은 '짓고(著) 만든(作) 작품에 대한 권리(權)'입니다.

젓가락 저(箸)자는 '대나무(竹)로 만든 젓가락'을 뜻합니다. 시저(匙箸)는 '숟가락(匙)과 젓가락(箸)'을 아울러 이르는 말로 수저라고도 합니다.

[제]로 소리나는 경우

3/3 諸 모든 제 ㊌诸
말씀 언(言) +
[사람 자(者)→제]

모든 제(諸)자는 원래 '말(言)을 잘하다'는 뜻이지만, 가차되어 '모든, 여러, 기타, 딴' 등의 뜻이 생겼습니다. 제자백가(諸子百家)는 '모든(諸) 스승(子)과 백(百) 개의 학파(家)'란 뜻으로, 공자, 맹자, 노자, 장자, 묵자, 한비자 등 중국 전국 시대에 배출된 여러 분야의 사상가를 이르는 말입니다. 아들 자(子)자에는 스승이란 뜻도 있고, 집 가(家)자에는 학자나 학파라는 뜻도 있습니다. 서인도제도(西印度諸島)는 '서(西)쪽 인도(印度)의 모든(諸) 섬(島)'이란 뜻으로, 중앙 아메리카의 카리브해에 있는 1만 2000여 개 섬들을 말합니다. 처음 발견한 콜럼버스가 인도의 서쪽이라고 오인한 데서 서인도(西印度)라는 이름이 생겼습니다.

[서]로 소리나는 경우

3II 署 관청 서 ⓒ署
그물 망(网/罒) +
[사람 자(者)→서]

3II 緖 실마리 서 ⓒ绪
실 사(糸) +
[사람 자(者)→서]

3 暑 더울 서 ⓒ暑
날 일(日) +
[사람 자(者)→서]

관청 서(署)자는 관청에서 죄인에게 벌을 주므로 죄(罪)나 벌(罰)을 의미하는 그물 망(罒)자가 들어갑니다. 경찰서(警察署)는 '법을 어기는 사람이 있는지 경계하고(警) 살피는(察) 관청(署)'입니다.

실마리 서(緖)자는 '솥(者)에서 수증기로 찐 고치에서 실(糸)을 뽑기 위한 실마리(실의 첫머리)'라는 뜻입니다. 단서(端緖)는 '처음(端)이나 실마리(緖)'로, 어떤 문제를 해결하기 위한 실마리입니다. '두서없이 이야기하다'에서 두서(頭緖)는 '이야기의 머리(頭)나 첫머리(緖)'입니다.

더울 서(暑)자는 '해(日)가 있어 덥다'는 뜻입니다. 피서(避暑)는 '더위(暑)를 피하다(避)'는 뜻이고, 24절기 중에 하지(夏至) 다음의 절기가 소서(小暑), 그 다음이 대서(大暑)인데, '작은 더위'와 '큰 더위'라는 뜻입니다.

[사]로 소리나는 경우

1II 奢 사치할 사 ⓒ奢
큰 대(大) +
[사람 자(者)→사]

사치할 사(奢)자는 '크게(大) 낭비하는 것이 사치(奢侈)이다'는 뜻입니다. 사욕(奢欲), 사치(奢侈), 호사(豪奢) 등에 사용됩니다. 빈불학검 부불학사(貧不學儉 富不學奢)는 '가난하면(貧) 배우지(學) 않아도(不) 검소(儉素)해지고, 부유하면(富) 배우지(學) 않아도(不) 사치(奢侈)하게 된다'는 말입니다.

[도]로 소리나는 경우

5II 都 도읍 도 ⓒ都
고을 읍(邑/⻏) +
[사람 자(者)→도]

1II 屠 죽일 도 ⓒ屠
주검 시(尸) +
[사람 자(者)→도]

1 賭 노름 도 ⓒ赌
조개 패(貝) +
[사람 자(者)→도]

도읍 도(都)자의 도읍은 나라의 수도(首都)나 서울을 말합니다. 수도나 서울이 도시의 우두머리이기 때문에 우두머리라는 뜻도 생겼습니다. '우두머리(都) 감독관(督)'이란 뜻의 도독(都督)은 중국에서 지방 관아나 외지를 통치하던 기관의 최고 우두머리 벼슬입니다. 도호부(都護府)는 '백성을 보호하는(護) 우두머리(都) 관청(府)'으로 중국 당나라와 우리나라의 고려 시대와 조선 시대의 지방행정 기관입니다. 이외에도 도승지(都承旨), 도병마사(都兵馬使), 도원수(都元帥), 도방(都房), 도감(都監) 등 도(都)자가 들어가는 말이 국사책에 자주 등장하는데, 도(都)자가 들어가면 '우두머리'나 '최고'라는 뜻으로 생각하면 됩니다.

죽일 도(屠)자는 뜻을 나타내는 주검 시(尸)자와 소리를 나타내는 사람 자(者)자가 합쳐진 글자입니다. 도축(屠畜), 도살(屠殺) 등에 사용됩니다.

노름 도(賭)자는 '돈(貝)으로 노름을 하다'는 뜻입니다. 도박(賭博)은 '노름(賭)과 노름(博)'이란 뜻입니다. 넓은 박(博)자는 '노름'이란 뜻도 있습니다.

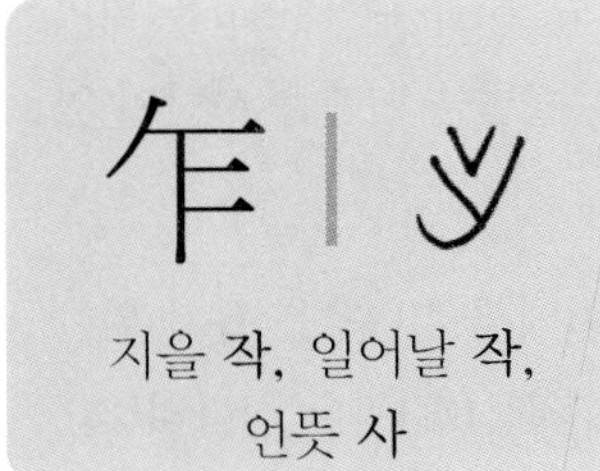

지을 작(乍)자의 '짓다'는 '집을 짓다, 밥을 짓다, 옷을 짓다' 등의 예에서 보듯이 '만들다'는 뜻입니다. 지을 작(乍)자도 여러 가지 해석이 있는 글자입니다. 칼붙이로 나무 따위를 패어 V자 모양의 자국을 내는 모습이라든가, 사람 옷에 있는 옷깃의 모습 등이 그런 예입니다. 또 이런 모습에서 '나무로 어떤 모양을 만들다' 혹은 '옷을 만들다'는 뜻이 생겼다고 합니다. 나중에 뜻을 분명히 하기 위해 사람 인(亻)자가 추가되어 지을 작(作)자가 되었습니다.

지을 작(乍)자는 단독으로 거의 사용되지 않고 다른 글자와 만나 소리로 사용됩니다.

[작]으로 소리나는 경우

6/5 昨 어제 작 중 昨
날 일(日) + [지을 작(乍)]

작년(昨年)에 사용되는 어제 작(昨)자는 시간과 관계되므로 날 일(日)자가 들어갑니다. 작금(昨今)은 '어제(昨)와 오늘(今)'이란 뜻과 함께, 요즈음이란 뜻도 있습니다.

6/5 作 지을 작 중 作
사람 인(亻) + [지을 작(乍)]

작문(作文), 작품(作品), 작업(作業), 공작(工作) 등에 들어가는 지을 작(作)자는 '사람(亻)이 물건을 짓다(乍), 만들다'는 뜻입니다. 장난은 '어지러움(亂)을 만들다(作)'는 뜻의 작난(作亂)이 변한 말입니다.

1/1 炸 터질 작 중 炸
불 화(火) + [지을 작(乍)]

터질 작(炸)자는 '폭발하면 불(火)이 나면서 터지다'는 뜻입니다. 중국 요리 이름에 작(炸)자가 들어가면 '기름에 튀긴다'는 뜻입니다. 우리가 자주 먹는 닭튀김은 중국에서 작계(炸鷄, 자지)라고 하고, 두부튀김은 작두부(炸豆腐, 자더우푸)입니다.

[사]로 소리나는 경우

3/3 詐 속일 사 중 诈
말씀 언(言) + [언뜻 사(乍)]

속일 사(詐)자는 '말(言)로 속이다'는 뜻입니다. 사기(詐欺)는 '속이고(詐) 속이다(欺)'는 뜻이고, 사취(詐取)는 '속여서(詐) 남의 물건을 가지다(取)'는 뜻입니다. '공무원이라고 사칭하여 사기를 쳤다'에서 사칭(詐稱)은 '이름, 직업, 나이, 주소 따위를 거짓으로 속여(詐) 이르다(稱)'는 뜻입니다.

[조]로 소리나는 경우

2/1 祚 복 조 중 祚
보일 시(示) +
[지을 작(乍)→조]

복 조(祚)자는 '제사상(示)에서 복(福)을 빌다'는 뜻입니다. 주로 사람 이름에 사용되며, '임금의 자리'를 뜻하기도 합니다. 온조왕(溫祚王)은 백제의 시조왕입니다. 대조영(大祚榮)은 발해의 시조왕입니다.

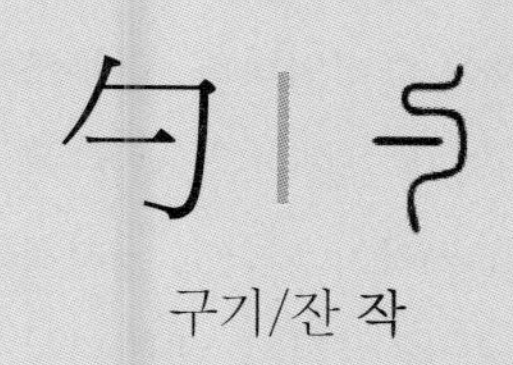

구기/잔 작

구기/잔 작(勺)자는 술(丶)이 들어 있는 구기나 잔(勹)의 모습을 본떠 만든 글자입니다. 구기는 자루가 달린 술 따위를 푸는 용기입니다. 나중에 구기나 잔이라는 뜻을 분명히 하기 위해, 술병의 상형인 닭 유(酉)자가 추가되어 잔 작(酌) 혹은 술따를 작(酌)자가 되었습니다. 잔 작(勺)자는 부피의 단위로도 사용되며, 1작(勺)은 1/10홉(合)으로 18cc입니다.

[작]으로 소리나는 경우

3/2 酌 술따를/잔 작 ⓢ 酌
닭 유(酉) + [구기/잔 작(勺)]

1/1 芍 함박꽃 작 ⓢ 芍
풀 초(艹) + [구기/잔 작(勺)]

술따를/잔 작(酌)자는 '술(酉)을 잔(勺)에 따르다'는 뜻입니다. 자작(自酌)은 자신의 술을 스스로(自) 따르는(酌) 것을 말하고, 작부(酌婦)는 '술집에서 손님을 접대하며 술을 따라(酌) 주는 여자(婦)'입니다.

함박꽃 작(芍)자는 '꽃이 잔(勺)처럼 중간이 오목하게 생긴 풀(艹)이 함박꽃이다'는 뜻입니다. 함박꽃을 작약(芍藥)이라고도 하는데, 함박꽃의 뿌리는 진통, 복통, 빈혈, 타박상 등의 약재(藥材)로 쓰이기 때문입니다.

[적]으로 소리나는 경우

5/4 的 과녁 적 ⓢ 的
흰 백(白) +
[구기/잔 작(勺)→적]

과녁 적(的)자는 원래 '희다(白)'는 뜻입니다. 이후 '희다→밝다→(희고 밝아 잘보이는) 과녁' 등의 뜻이 생겼습니다. 적중(的中)은 '과녁(的)의 가운데(中)에 맞다'는 뜻입니다. 목적(目的)은 '과녁(的)을 눈(目)으로 보다'는 뜻에서 실현하거나 나아가는 방향이라는 뜻이 생겼습니다. 과녁 적(的)자는 가차되어 '~의'라는 뜻도 있습니다. 필연적(必然的), 과학적(科學的), 지적(知的) 등이 그러한 예입니다.

[약]으로 소리나는 경우

5/4 約 맺을 약 ⓢ 约
실 사(糸) +
[구기/잔 작(勺)→약]

맺을 약(約)자는 '실(糸)이나 끈으로 묶어 매듭을 맺다'는 뜻입니다. 이후 실로 단단히 묶듯이 굳게 '약속하다'는 뜻도 생겼습니다. 결혼(結婚)은 '혼인(婚)으로 남녀 두 사람을 묶는다(結)'는 뜻이고, 약혼(約婚)은 '결혼(結婚)을 약속(約束)하다'는 뜻입니다.

[조]로 소리나는 경우

2/2 釣 낚을 조 ⓢ 钓
쇠 금(金) +
[구기/잔 작(勺)→조]

낚을 조(釣)자는 '낚시 바늘을 쇠(金)로 만들어 고기를 낚다'는 뜻입니다. 경산조수(耕山釣水)는 '산에서 밭을 갈고 물에서 낚시를 하다'는 뜻으로, 속세를 떠나 자연을 벗삼으며 한가로운 생활을 한다는 말입니다. 중국 북경에 있는 조어대(釣魚臺, 댜오위타이)는 '물고기(魚)를 낚는(釣) 누대(樓臺)'라는 뜻으로, 큰 호수를 끼고 있으며 국가의 중요한 손님이 오면 머무르는 곳입니다.

爿 | 丬

나무조각 장, 나무조각 상

나무조각 장(爿) 혹은 나무조각 상(爿)자는 다리가 있는 평상이나 침대를 90도 돌려 놓은 모습을 본떠 만든 글자입니다. 왼쪽이 다리입니다. 나무조각 장(爿)자와 같은 어원을 가진 글자로는 조각 편(片)자가 있습니다. 나무 목(木)자를 좌우로 나누면 왼쪽은 장(爿)자, 오른쪽은 편(片)자가 된다고 생각하여, 나무조각이라는 훈을 붙였습니다. 나중에 원래의 뜻을 살리기 위해 나무 목(木)자가 추가되어 평상 상(牀)자가 되었습니다. 평상이나 침대는 잠을 자는 곳이므로 잠과 관련되는 글자에 장(爿)자가 들어갑니다. 잠잘 침(寢), 잠잘 매(寐), 잠깰 오(寤)자 등이 그러한 예입니다.

조각 편(片)자는 패 패(牌)자, 편지 첩(牒)자, 판목 판(版)자와 같이 조그마한 나무조각과 관련되는 글자에 사용됩니다. 편린(片鱗)은 '한 조각(片)의 비늘(鱗)'이란 뜻으로, 사물의 아주 작은 일부분을 말합니다. 나무조각 장(爿)자와 조각 편(片)자는 모두 부수 글자입니다.

[장]으로 소리나는 경우(1)

狀 4/3 모양 상, 문서 장 중 状 약 状
개 견(犬) + [나무조각 장(爿)]

將 4/4 장수 장 중 将 약 将
고기 육(肉/月) + 마디 촌(寸) + [나무조각 장(爿)]

壯 4/3 씩씩할 장 중 壮
선비 사(士) + [나무조각 장(爿)]

모양 상(狀)자는 '개(犬)의 모양'이란 뜻입니다. 문서 장(狀)자로도 사용됩니다. 형상(形狀)은 '모양(形)과 모양(狀)'이란 뜻으로, 형상(形象)과 같은 말입니다. 상장(賞狀)은 '상(賞)을 줄 때 함께 주는 문서(狀)'이고, 영장(令狀)은 '법원의 명령(令)을 기록한 문서(狀)'로, 사람 또는 물건에 대하여 강제 처분을 명령을 하는 법원이나 법관이 발부하는 서류입니다.

장수(將帥), 장군(將軍) 등에 쓰이는 장수 장(將)자는 '손(寸)으로 고기(肉)를 들고 제사를 도와주다'는 뜻으로, 원래의 뜻은 '도우다'입니다. 나중에 왕의 싸움을 도와주는 장수(將帥)라는 의미가 추가되었습니다. 군장(郡將)은 '고을(郡)의 장수(將)'라는 뜻으로, 원시 부족 사회의 우두머리입니다. 일본의 역대 무신정권의 우두머리를 가리키는 칭호인 쇼군(しょうぐん)은 한자로 장군(將軍)입니다.

씩씩할 장(壯)자는 '무사(士)가 씩씩하고 굳세다'는 뜻입니다. 선비 사(士)자는 도끼의 상형인데, 원래 도끼를 들고 다니는 무사(武士)를 뜻하는 글자였습니다. 천하장사(天下壯士)는 '하늘(天) 아래(下)에서 가장 씩씩하고 굳센(壯) 사내(士)'입니다. 《일동장유가(日東壯遊歌)》는 '동쪽(東) 일본(日)을 씩씩하게(壯) 유람(遊)하고 지은 가사(歌)'라는 뜻으로, 조선 영조 때 김인겸이 일본 통신사를 따라가 11개월 동안 일본의 문물, 제도, 풍속, 풍경 등을 보고 경험하여 쓴 것으로 모두 8,000여 구에 달하는 장편 가사(歌辭)입니다.

[장]으로 소리나는 경우(2)

4급3 裝 꾸밀 장 ㊥装 ㊣装
옷 의(衣) + [씩씩할 장(壯)]

4급3 獎 장려할 장 ㊥奖 ㊣奨
큰 대(大) + [장수 장(將)]

2급2 蔣 줄 장 ㊥蒋
풀 초(艹) + [장수 장(將)]

1급0 醬 장 장 ㊥酱
닭 유(酉) + [장수 장(將)]

장식(裝飾), 가장(假裝), 복장(服裝), 포장(包裝) 등에 들어가는 꾸밀 장(裝)자는 '옷(衣)을 꾸미거나 장식(裝飾)을 하다'는 뜻입니다. 포장(包裝)은 '싸서(包) 꾸미다(裝)'는 뜻이고, 장갑차(裝甲車)는 '갑옷(甲)으로 겉을 꾸민(裝) 차(車)'입니다.

장려할 장(獎)자는 '크게(大) 도와서(將) 장려하다'는 뜻입니다. 장학사(獎學士)는 '가르침(學)을 장려하는(獎) 선비(士)'라는 뜻으로, 장학관(獎學官)의 아래 직급입니다. 학교 교육에 관한 지도와 조언하는 일을 맡습합니다.

줄 장(蔣)자에서 줄은 '연못이나 냇가에서 자라는 풀(艹)'을 말합니다. 이 글자는 성씨로 사용됩니다. 조선 세종 때 과학자였던 장영실(蔣英實)이나 근대 중국의 정치가였던 장개석(蔣介石)이 그러한 예입니다.

콩을 발효시켜 만드는 간장이나 된장, 고추장에 들어가는 장 장(醬)자에는 닭 유(酉)자가 들어갑니다. 장(醬)자는 간장이나 된장뿐만 아니라 육장(肉醬)이나 젓갈을 뜻하기도 합니다. 중국 음식집에 가면 자장면에 들어가거나 단무지를 찍어 먹는 검은 중국 된장을 첨장이라고 하는데, 첨장(甛醬)은 '단(甛) 맛이 나는 장(醬)'이란 뜻입니다. 보통 발음하기 쉽게 춘장이라고 부릅니다.

[장]으로 소리나는 경우(3)

3급2 藏 감출 장 ㊥藏 ㊣蔵
풀 초(艹) + [숨길 장(臧)]

3급2 臟 오장 장 ㊥脏
고기 육(肉/月) + [감출 장(藏)]

0급0 贓 장물 장 ㊥赃
조개 패(貝) + [숨길 장(臧)]

감출 장(藏)자에 들어가는 숨길 장(臧)자는 '창(戈)을 피해 숨어 있는 노예(臣)'의 모습입니다. 나중에 '숨다'라는 뜻을 강조하기 위해 풀 초(艹)자를 추가하여 감출 장(藏)자가 되었습니다. 풀 초(艹)는 덮거나 감춘다는 의미의 글자에 들어갑니다. 장정기(藏精器)는 '정자(精)를 저장하는(藏) 기관(器)'이란 뜻으로, 고사리나 이끼식물 등에서 정자(精子)를 만들고 저장(貯藏)하여 두는 기관(器官)입니다. 저장(貯藏), 냉장(冷藏), 소장(所藏), 장서(藏書) 등에 사용됩니다.

오장(五臟)은 간(肝), 심(心: 심장), 비(脾: 지라), 폐(肺), 신(腎: 신장) 등을 말합니다. 오장 장(臟)자는 '몸(肉/月)에서 저장하는(藏) 창고'라는 뜻입니다. 내장(內臟), 심장(心臟), 장기(臟器) 등에 들어 갑니다.

장물 장(贓)자는 '훔쳐서 숨겨(臧) 놓은 재물(貝)이 장물이다'는 뜻입니다. 장물(贓物)아비는 '장물(贓物)을 전문적으로 운반, 매매, 알선하는 사람'을 속되게 이르는 말입니다.

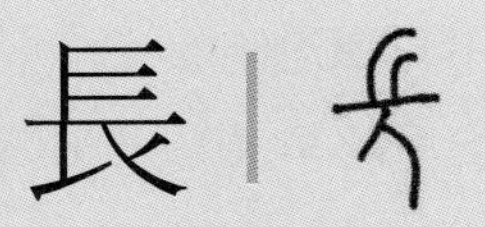

길 장, 어른 장,
우두머리 장

길 장(長)자의 상형문자를 보면, 긴 머리카락과 함께 지팡이를 지고 있는 노인의 모습입니다. '길다'는 의미는 노인의 머리카락이 길기 때문입니다. 조상신을 모신 중국에서는 부모님이 주신 몸을 훼손할 수 없기에 머리를 깍지 않아 노인이 되면 머리가 길어질 수밖에 없습니다. 또 노인의 모습에서 '어른, 우두머리'라는 뜻도 생겼습니다. 교장(校長), 회장(會長) 등이 그런한 예입니다.

길 장(長)자는 부수 글자임에도 불구하고 다른 글자와 만나 소리로 사용됩니다.

[장]으로 소리나는 경우

4|3 張 베풀 장 중 张
활 궁(弓) + [길 장(長)]

4|3 帳 휘장 장 중 帐
수건 건(巾) + [길 장(長)]

베풀 장(張)자는 '활(弓)을 길게(長) 잡아당기다'는 뜻입니다. 이후 '당기다→넓히다→일을 벌이다→베풀다' 등의 뜻이 생겼습니다. 장력(張力)은 '잡아당기는(張) 힘(力)', 표면장력(表面張力)은 '액체의 표면을 이루는 분자들이 표면(表面)에서 서로 당기는(張) 힘(力)'입니다. 베풀 장(張)자는 중국과 한국에서 성씨로도 사용됩니다. 장삼이사(張三李四)는 '장(張)씨 3(三)명과 이(李)씨 4(四)명'이란 뜻으로, 특별히 신분을 일컬을 정도가 못 되는 사람을 일컫는 말입니다. 중국에서는 장씨와 이씨가 흔한 성씨에서 유래합니다.

휘장 장(帳)자는 '천(巾)을 길게(長) 늘어뜨린 것이 휘장(揮帳)이다'는 뜻입니다. 장막(帳幕)은 안을 보지 못하게 둘러치는 막(幕)으로, 휘장 장(帳)자와 장막 막(幕)자에는 모두 수건 건(巾)자가 들어 있습니다.

[창]으로 소리나는 경우

1|0 脹 배부를 창 중 胀
고기 육(肉/月) +
[길 장(長)→창]

배부를 창(脹)자는 '배가 부르면 몸(肉→月)이 길게(長) 늘어난다(키가 커진다)'고 생각하여 만든 글자로 추측됩니다. 팽창(膨脹)은 '부풀고 배부르다'는 뜻으로, 길이, 면적, 부피가 늘어나는 것을 말합니다. 물리에서 단열팽창(斷熱膨脹)은 '열(熱)이 단절된(斷) 상태에서 일어나는 팽창(膨脹)'으로, 기체에 열의 출입을 단절시키고 부피를 팽창시키면 기체의 온도가 내려가는 현상입니다.

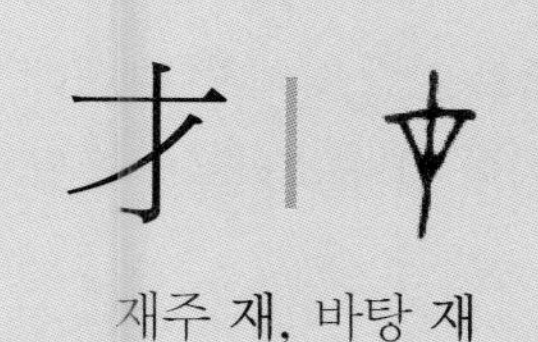

재주 재, 바탕 재

재주 재(才)자의 상형문자에 대해서는 여러 가지 해석이 있습니다. 고대 중국에서 땅을 측량할 때 땅에 박던 나무로 만든 도구의 모습이라고도 하고, 새싹이 땅속에서 땅위로 갓 솟아난 모습이라고도 합니다. 또 강의 넘치는 물을 막기위해 강둑에 박아둔 나무라는 해석도 있습니다. 어쨌든 '바탕→근본→(사람의 바탕인) 재주→재능(才能)이 있는 사람' 등의 뜻이 생겼습니다. 아기의 재롱(才弄)은 '아기의 재주(才)나 노는(弄) 짓'을 말합니다. 천재(天才)는 '하늘(天)이 내려준 재능(才能)이 있는 사람'입니다. 재주 재(才)자는 다른 글자 안에서 바탕이라는 뜻으로 사용되고, 부수가 손 수(手/扌)자임에 유의해야 합니다.

[재]로 소리나는 경우

6/5 在 있을 재 ⓩ 在
흙 토(土) +
[재주/바탕 재(才)]

5/4 材 재목 재 ⓩ 材
나무 목(木) +
[재주/바탕 재(才)]

5/4 財 재물 재 ⓩ 财
조개 패(貝) +
[재주/바탕 재(才)]

부재(不在), 소재(所在), 현재(現在) 등에 들어가는 있을 재(在)자는 '모든 사물은 땅(土)을 바탕(才)으로 존재(存在)한다'는 뜻입니다. 주권재민(主權在民)은 '주인(主)의 권리(權)가 백성(民)에게 있다(在)'는 뜻으로, 민주주의의 기본 원칙입니다. 인명재천(人命在天)은 '사람(人)의 목숨(命)은 하늘(天)에 있다(在)'는 뜻으로, 사람이 살고 죽는 것이나 오래 살고 못 살고 하는 것이 다 하늘에 달려 있어 사람으로서는 어찌할 수 없음을 이르는 말입니다.

재목 재(材)자는 '물건을 만드는 바탕(才)이 되는 나무(木)'라는 뜻입니다. 대학 홍보물을 보면 '우리는 21세기의 인재(人材)를 키웁니다'는 문구가 나오는데, 이때 인재(人材)는 '사람(人)의 재목(材)'이라는 뜻입니다. 재목(材木)은 '건축물이나 가구를 만드는 데 바탕이 되는 나무'라는 뜻에서 '어떤 일을 할 수 있는 능력을 가진 사람'이란 뜻이 파생되었습니다. 심재(心材)는 '재목(材)의 중심(心) 부분'이란 뜻으로, 통나무 중심부에 있는 단단한 부분입니다. 반대로 변재(邊材)는 '재목(材)의 변두리(邊) 부분'입니다. 일반적으로 심재(心材)는 강도와 내구성이 커서 목재에서 가장 질이 좋은 부분입니다.

재물(財物), 재단(財團), 재산(財産) 등에 들어가는 재물 재(財)자는 '바탕(才)이 되는 돈(貝)이 재물이다'는 뜻입니다. 내구재(耐久財)는 '오랫동안(久) 견딜(耐) 수 있는 재물(財)'이란 뜻으로, 음식이나 연필처럼 사용하면 없어지는 물건이 아니라, 집이나 자동차처럼 오랫동안 사용할 수 있는 재물(財物)입니다. 재화의 용도에 따라서 산업용 내구재(기계, 장치, 공장 건물)와 소비생활용 내구재(주택, 냉장고, TV 등)로 크게 나눌 수 있습니다.

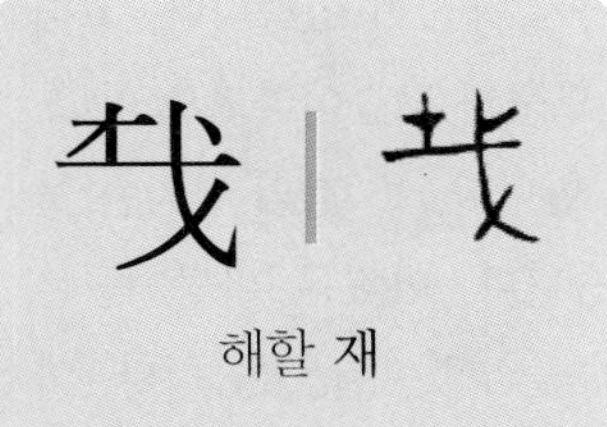
해할 재

해할 재(𢦏)자의 상형문자를 보면 뜻을 나타내는 창 과(戈)자에 소리를 나타내는 재주 재(才→十)자가 합쳐진 글자로, '창(戈)으로 사람을 해치다, 해하다'는 뜻입니다. 단독으로는 사용되지 않고 다른 글자와 만나 소리로 사용됩니다.

[재]로 소리나는 경우

3/3 栽 심을 재 ⓢ 栽
나무 목(木) + [해할 재(𢦏)]

3/3 哉 어조사 재 ⓢ 哉
입 구(口) + [해할 재(𢦏)]

3/2 裁 옷마를 재 ⓢ 裁
옷 의(衣) + [해할 재(𢦏)]

3/2 載 실을 재 ⓢ 载
수레 차/거(車) + [해할 재(𢦏)]

재배(栽培), 분재(盆栽)에 들어가는 심을 재(栽)자는 '나무(木)를 심다'는 뜻입니다. 분재(盆栽)는 '화초나 나무 등을 화분(盆)에 심어서(栽) 줄기나 가지를 보기 좋게 가꾸는 것'입니다.

어조사 재(哉)자는 뜻을 나타내는 입 구(口)자와 소리를 나타내는 해할 재(𢦏)자를 합쳐 놓은 글자입니다. 쾌재(快哉)는 일 따위가 마음먹은 대로 잘되어 만족스러울 때 나는 소리입니다.

옷마를 재(裁)자는 '옷(衣)을 만들기 위해 옷감을 자르다(마르다)'는 뜻입니다. 이후 '마르다→자르다→(칼로 자르듯이) 결단하다'는 뜻이 생겼습니다. '옷을 재단하다'고 할 때 재단(裁斷)은 '옷감을 자르다(裁斷)'는 뜻으로 우리말로 마름질이라고 합니다. 재봉(裁縫)틀은 '자른(裁) 옷감을 바느질하는(縫) 틀'입니다. 독재(獨裁)는 '혼자서(獨) 결단하다(裁)'는 뜻이고, 재판(裁判)은 '칼로 자르듯이(裁) 판단하다(判)'는 뜻입니다.

적재(積載), 기재(記載), 등재(登載)에 사용되는 실을 재(載)자는 '수레(車)에 싣다'는 뜻으로 만든 글자입니다. 실을 재(載)자는 '해, 년(年)'이란 뜻도 있습니다. 천재일우(千載一遇)는 '천(千) 년(載)에 한(一) 번 만나다(遇)'는 뜻으로 좀처럼 얻기 어려운 좋은 기회를 이르는 말입니다.

[대]로 소리나는 경우

2/2 戴 일 대 ⓢ 戴
다를 이(異) + [해할 재(𢦏)→대]

일 대(戴)자에 들어가는 다를 이(異)자는 머리에 탈을 이고 있는 무당의 모습을 나타내는 글자입니다. 이 모습에서 일 대(戴)자는 '머리에 올리다, 이다'는 뜻이 생겼습니다. 대관식(戴冠式)은 '관(冠)을 머리에 올리는(戴) 예식(式)'이고, 대천지원수(戴天之怨讐)는 '하늘(天)을 함께 이고(戴) 있을 수 없는 원수(怨讐)'라는 뜻으로 원한이 깊이 사무친 원수를 말합니다.

다툴 쟁

다툴 쟁(爭)자는 '위의 손(爫)과 아래의 손(彐)이 어떤 물건을 쟁취(爭取)하려고 서로 다투다'는 뜻입니다. 전쟁(戰爭), 항쟁(抗爭), 투쟁(鬪爭) 등에 사용됩니다. 골육상쟁(骨肉相爭)은 '뼈(骨)와 살(肉)이 서로(相) 다투다(爭)'는 뜻으로, 형제(兄弟)나 같은 민족(民族)끼리 서로 다툼을 뜻합니다. 쟁의(爭議)는 '다투면서(爭) 주장하다(議)'는 뜻입니다. 의논할 의(議)자는 주장하다는 뜻도 있습니다. 노동쟁의(勞動爭議)는 '노동자와 사용자 사이에 노동(勞動) 시간과 조건 등에 관한 이해의 대립으로 일어나는 쟁의(爭議)'입니다.

[쟁]으로 소리나는 경우

1/1 錚 쇳소리 쟁 ⓩ 铮
쇠 금(金) + [다툴 쟁(爭)]

쇳소리 쟁(錚)자는 '쇠(金)로 만든 징' 혹은 '징에서 나는 소리'를 일컫는 말입니다. 또 이 소리가 다툴 때 나는 소리처럼 크고 시끄럽다고 해서 다툴 쟁(爭)자가 들어갔습니다. '귓전에 쟁쟁하다'에서 쟁쟁(錚錚)은 '징(錚)에서 나는 쇳소리(錚)처럼 귀에 울리는 듯하다'는 뜻입니다. 부엌에 있는 쟁반(錚盤)은 '징(錚)처럼 동글납작하게 생긴 소반(盤)'입니다.

[정]으로 소리나는 경우

4/3 靜 고요할 정 ⓩ 静
다툴 쟁(爭) +
[푸를 청(靑)→정]

3/3 淨 깨끗할 정 ⓩ 净
물 수(氵) +
[다툴 쟁(爭)→정]

정지(靜止), 정숙(靜肅), 냉정(冷靜), 안정(安靜) 등의에 들어가는 고요할 정(靜)자는 '다투지(爭) 않으면 고요하다'는 뜻입니다. 또 푸른 산이나 푸른 물에서 느껴지듯이 푸를 청(靑)자는 '쉬거나 조용하다'는 뜻이 있습니다. 여기에서는 푸를 청(靑)자가 소리로 사용됩니다. 정맥(靜脈)은 '고요한(靜) 혈관(脈)'이란 뜻으로, 심장에서 나온 피가 동맥과 모세혈관을 지나 심장으로 돌아가는 혈관입니다. 심장에서 나오는 피는 심장 박동과 함께 움직이지만, 심장으로 돌아가는 피는 조용히 흘러갑니다. 정물화(靜物畵)는 '과일, 꽃, 화병 따위의 정지(靜)된 물건(物)들을 놓고 그린 그림(畵)'입니다. 정전기(靜電氣)는 '이동하지 않고 정지된(靜) 전기(電氣)'입니다. 보통의 전기는 양극에서 음극으로 전기가 흐르지만, 마찰전기와 같은 정전기는 흐르지 않고 있다가 다른 물체와 접촉하면 흐릅니다.

깨끗할 정(淨)자는 '물(氵)이 깨끗하다'는 뜻입니다. 청정(淸淨), 정결(淨潔), 정수기(淨水器), 정화(淨化) 등에 사용됩니다. 서방정토(西方淨土)는 '서쪽(西) 방향(方)에 있는 깨끗한(淨) 땅(土)'이란 뜻으로, 불교도들의 이상향이며 극락(極樂)이라고도 합니다.

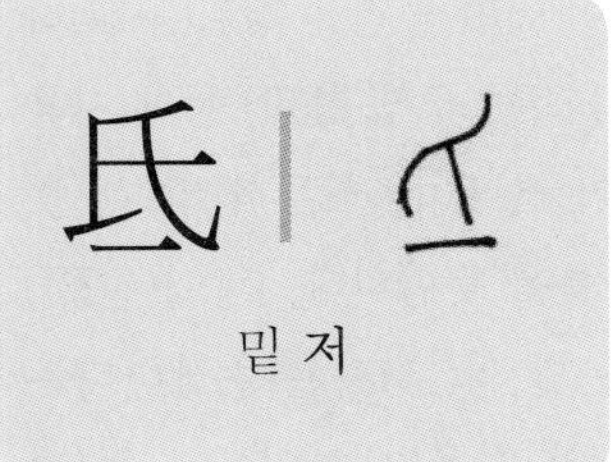

밑 저(氐)자는 뿌리 씨(氏)자 아래에 줄(一)을 그어 '밑, 낮다'는 뜻을 나타내는 지사문자입니다. 밑 저(氐)자에 집 엄(广)자가 추가되면 '집(广)의 밑(氐)이나 바닥'이란 뜻의 밑 저(底)자가 되고, 사람 인(亻)자가 추가되면 '사람(亻)의 신분이 낮다(氐)'는 뜻의 낮을 저(低)자가 됩니다.

[저]로 소리나는 경우

4/4 低 낮을 저 ㊥低
사람 인(亻) + [밑 저(氐)]

4/3 底 밑 저 ㊥底
집 엄(广) + [밑 저(氐)]

3/3 抵 막을/거스를 저 ㊥抵
손 수(扌) + [밑 저(氐)]

1/1 邸 큰집 저 ㊥邸
고을 읍(邑/阝) + [밑 저(氐)]

저하(低下), 저질(低質), 저속(低俗) 등에 사용되는 낮을 저(低)자는 '밑(氐)에 있는 사람(亻)의 신분이 낮다'는 뜻입니다. 저장액(低張液)은 '당기는(張) 힘이 낮은(低) 쪽의 용액(液)'으로, 삼투압이 다른 두 용액 가운데 삼투압이 낮은 쪽의 용액입니다. 반대는 고장액(高張液)입니다.

밑 저(底)자는 집(广)의 밑(氐)바닥을 뜻하는 글자입니다. 저력(底力), 저의(底意), 해저(海底) 등에 사용됩니다. 저인망(底引網)은 '바다의 밑바닥(底)으로 끄는(引) 그물(網)'로, 깊은 바다속의 물고기를 잡는 그물입니다.

막을 저(抵)자는 '손(扌)으로 막다'는 뜻입니다. 이후 '막다→거절하다→거스르다→물리치다' 등의 뜻이 생겼습니다. 저항(抵抗)은 '거스르고(抵抗) 겨루다(抵抗)'는 뜻입니다. 은행에서 돈을 빌릴 때 집이나 땅을 맡기고 빌립니다. 이런 물건을 저당(抵當) 혹은 저당물(抵當物)이라고 하는데, '(빌린 돈을 갚지 않을 것을) 막기(抵) 위해 맡은(當) 물건(物)'입니다.

저택(邸宅)에 사용되는 큰집 저(邸)자는 '고을(邑/阝)에 있는 집, 관저(官邸), 여관(旅館), 주막, 가게, 곳집' 등의 여러 가지 뜻을 가지고 있습니다. 관저(官邸)는 '관리(官吏)가 살도록 나라에서 제공하는 집(邸)'이고, 사저(私邸)는 '개인(私)이 사는 집(邸)'을 말합니다. 저하(邸下)는 '큰 집(邸) 아래(下)'라는 뜻으로 왕세자를 높이어 이르는 말이고, 전하(殿下)는 '궁전(殿) 아래(下)'라는 뜻으로 왕을 높이어 이르는 말입니다. 옛날에는 윗사람의 이름을 부르지 않고, 윗사람이 있는 장소로 불렀습니다.

꼭지 적

꼭지 적(啇)자는 입 구(口)자와 임금 제(帝)자가 합쳐진 글자입니다. 임금 제(帝)자는 꽃의 아래에 있는 꽃대의 상형입니다. 임금이란 뜻도 소리가 같아 가차되었다는 설과 농경 사회에서는 꽃이 열매를 맺기 때문에 매우 중요해서 임금이라는 의미가 생겼다는 설이 있습니다. 꽃받침이 없고 씨방만 있는 꽃대의 모습으로는 아닐 부(不)자가 있습니다. 꼭지 적(啇)자는 단독으로 사용되지 않고 다른 글자와 만나 소리로 사용됩니다.

아닐 부(不)

[적]자로 소리나는 경우

4/4 敵 원수 적 중 敌
칠 복(攵) + [꼭지 적(啇)]

4/4 適 맞을 적 중 适
갈 착(辶) + [꼭지 적(啇)]

3/2 摘 딸 적 중 摘
손 수(扌) + [꼭지 적(啇)]

3/2 滴 물방울 적 중 滴
물 수(氵) + [꼭지 적(啇)]

1/1 嫡 정실 적 중 嫡
여자 녀(女) + [꼭지 적(啇)]

원수 적(敵)자는 '전쟁에서 쳐서(攵) 이겨야 할 상대가 적이다'는 뜻입니다. 천적(天敵)은 '하늘(天)이 정해준 원수(敵)'라는 뜻으로, 자연에서 잡아먹는 동물을 잡아먹히는 동물에 상대하여 이르는 말입니다. 예를 들면, 쥐의 천적은 고양이이고, 진딧물의 천적은 무당벌레입니다. 적산가옥(敵産家屋)은 '적국(敵國)의 재산(財産)인 가옥(家屋)'이란 뜻으로, 해방 후 일본인들이 물러간 뒤 남겨 놓고 간 집이나 건물을 말합니다.

적당(適當), 적합(適合), 최적(最適) 등에 들어가는 맞을 적(適)자는 원래 '딱 맞게 가다(辶)'는 뜻에서 '맞다'는 뜻이 생겼습니다. 적재적소(適材適所)는 '집 지을 때 알맞은(適) 재목(材)을 알맞은(適) 곳(所)에 넣다'는 뜻으로 '알맞은 인재(人材)를 알맞은 자리에 쓰다'는 뜻입니다.

딸 적(摘)자는 '손(扌)으로 열매의 꼭지(啇)를 따다'는 뜻입니다. 적출(摘出)은 '따서(摘) 밖으로 꺼내다(出)'는 뜻으로, 수술로 몸속에 들어 있는 것을 끄집어내거나 몸의 일부를 도려내는 것입니다. 적발(摘發)은 '따서(摘) 드러내다(發)'는 뜻으로 숨겨진 물건을 들추어내는 것입니다.

물방울 적(滴)자는 '물(氵)의 작은 꼭지(啇)가 물방울이다'는 뜻입니다. 연적(硯滴)은 '벼루(硯)에 물방울(滴)을 떨어뜨리기 위한 그릇'으로 벼루에 먹을 갈 때 쓸 물을 담아두는 그릇입니다.

정실 적(嫡)자에서 정실(正室)은 첩이 아닌 본 부인을 이르는 말입니다. 적자(嫡子)는 '정실(嫡)의 몸에서 태어난 아들(子)'이고, 적출(嫡出)은 '정실(嫡)의 몸에서 나온(出) 자식'입니다. 반대로 첩의 아들은 서자(庶子)입니다. 아버지를 아버지라 부르지 못했던 홍길동이 서자입니다.

翟 | (고문자)

꿩 적, 고을이름 책

꿩은 꼬리 깃털이 매우 길고 멋있습니다. 꿩 적(翟)자는 '깃털(羽)이 돋보이는 새(隹)가 꿩이다'는 뜻입니다. 이 글자는 홀로 사용되는 경우는 거의 없고 다른 글자 내에서 많이 사용됩니다.

[약]으로 소리나는 경우

3/2 躍 뛸 약 중 跃
발 족(足) + [꿩 적(翟)→약]

뛸 약(躍)자는 '꿩(翟)이 땅에서 발(足)로 폴짝폴짝 뛰어다니다'는 뜻입니다. 대약진운동(大躍進運動)은 '크게(大) 뛰어(躍) 나아가는(進) 운동(運動)'입니다. 1958년에 모택동(毛澤東: 마오쩌둥)이 추진한 경제 성장 운동으로, '15년 내에 영국을 따라잡자'는 목표를 세웠습니다. 당시 식량을 증산하기 위해 참새를 박멸하라는 모택동의 지시에 따라, 농민들이 빗자루를 들고 논두렁을 뛰어다니며 굉음을 질렀다고 합니다. 참새가 논밭에 앉지 못해 지쳐 떨어지면 죽인다는 것이었습니다. 결국 이 운동이 성공하여 참새가 박멸되자 이번에는 해충들이 번성하였습니다. 해충을 잡아먹는 참새가 사라졌기 때문입니다. 그 결과, 해충으로 농작물은 다 죽게 되었고, 때마침 일어난 가뭄의 영향까지 가세하여 인류 역사상 최대의 아사자가 생겼습니다. 공식적인 집계로는 2천만 명 이상의 농촌 인구가 굶어 죽었다고 합니다. 결국 중국 정부는 극비로 소련에 서한을 보내 '참새 20만 마리만 보내달라'고 애원해야 했습니다.

[요]로 소리나는 경우

2/2 耀 빛날 요 중 耀
빛 광(光) + [꿩 적(翟)→요]

5/2 曜 빛날 요 중 曜
날 일(日) + [꿩 적(翟)→요]

빛날 요(耀)자는 '새(隹)의 깃털(羽)이 빛(光)나다'는 뜻입니다. 사람 이름에 주로 사용됩니다. 소설《사랑방 손님과 어머니》를 지은 주요섭(朱耀燮)과, 우리나라 최초의 근대시로 평가되는 〈불놀이〉를 쓴 주요한(朱耀翰)이 그러한 예입니다. 이름이 비슷한 이 두분은 형제입니다.

빛날 요(曜)자는 '새(隹)의 깃털(羽)이 햇빛(日)에 빛나다'는 뜻입니다. 칠요(七曜)는 '일곱(七) 개의 빛나는(曜) 물체'로, '해(日), 달(月), 화성, 수성, 목성, 금성, 토성'을 이르는 말입니다. 나중에 칠요는 일주일의 날짜를 나타내는 요일이 되어, 빛날 요(曜)자에는 요일(曜日)이란 뜻이 생겼습니다.

[탁]으로 소리나는 경우

3/3 濯 씻을 탁 중 濯
물 수(氵) + [꿩 적(翟)→탁]

씻을 탁(濯)자는 '빛난 깃털을 가진 꿩(翟)이 흡사 물(氵)로 깨끗하게 씻은 모습을 가졌다'는 뜻으로 만든 글자입니다. 세탁(洗濯)은 '씻고(洗) 씻는다(濯)'는 뜻입니다. 탁족(濯足)은 '발(足)을 씻다(濯)'는 뜻과 함께 '세속(世俗)을 떠난다'는 뜻도 있습니다.

戔 | 戔

도적 **전**, 적을 **전**, 해칠 **잔**

도적 전(戔)자는 창 과(戈)자가 두 개 모인 글자로, 원래 '창(戈)으로 사람을 해치다'는 뜻을 가진 글자입니다. 이후 '해치다→상하다→도둑'이란 뜻이 생겼습니다. 특히 전(戔)자가 다른 글자와 만나 소리 역할을 할 때 '적다, 작다'라는 뜻을 가집니다. 동전(銅錢)과 같은 작은 크기의 돈 전(錢)자, 돈(貝)이 적어 천할 천(賤)자, 물(氵)의 깊이가 작아 얕을 천(淺)자 등이 그러한 예입니다.

[전]으로 소리나는 경우

錢 4/3 돈 전 ㊥钱 ㊀銭
쇠 금(金) + [적을 전(戔)]

갑골문자를 만들었던 중국 은나라는 조개를 화폐로 사용하였습니다. 금속을 이용하여 주조한 화폐는 춘추 시대에 유통되기 시작하여 전국 시대에 보편화되었습니다. 금전(金錢), 동전(銅錢) 등에 사용되는 돈 전(錢)자는 '쇠(金)로 만든 작은(戔) 물건이 돈이다'는 뜻입니다.

[천]으로 소리나는 경우

踐 3/3 밟을 천 ㊥践 ㊀践
발 족(足) + [적을 전(戔)→천]

淺 3/3 얕을 천 ㊥浅 ㊀浅
물 수(氵) + [적을 전(戔)→천]

賤 3/3 천할 천 ㊥贱 ㊀賎
조개 패(貝) + [적을 전(戔)→천]

밟을 천(踐)자는 '발(足)로 밟다'는 뜻입니다. 실천(實踐)은 '실제로(實) 밟아보다(踐)'는 뜻으로, 생각한 바를 실제로 행하다는 의미입니다.

얕을 천(淺)자는 '물(氵)의 깊이가 작다(戔)'는 뜻입니다. 천발지진(淺發地震)은 '땅속 얕은(淺) 곳에서 발생(發)하는 지진(地震)'이고, 반대는 심발지진(深發地震)입니다. 미측심천(未測深淺)은 '물의 깊고(深) 얕은(淺) 것을 측량할(測) 수 없다(未)'는 뜻으로 사정을 알기 어려움을 일컫습니다.

천시(賤視), 천민(賤民), 천대(賤待) 등에 쓰이는 천할 천(賤)자는 '돈(貝)이 적어(戔) 가난한 사람은 천(賤)하다'는 뜻으로 만들어졌습니다. 고대 중국에서 돈이 있고 없음에 따라 귀천(貴賤)이 정해진 것을 볼 수 있는 글자입니다. 일천즉천(一賤則賤)은 '부모 중 한(一)쪽이 천민(賤)이면 자식도 곧(則) 천민(賤)이다'는 뜻입니다.

[잔]으로 소리나는 경우

殘 4/3 남을 잔 ㊥残 ㊀残
부서진뼈 알(歹) + [해칠 잔(戔)]

盞 1/1 잔 잔 ㊥盏
그릇 명(皿) + [적을 잔(戔)]

남을 잔(殘)자는 원래 '창(戈)으로 사람을 죽이다'는 뜻입니다. 이후 '죽이다→해치다→잔인(殘忍)하다' 등의 뜻이 생겼습니다. 또 죽이고 남은 뼈(歹)라는 뜻에서 '남다'라는 뜻이 생겼습니다. 잔액(殘額)은 '남(殘)은 금액(金額)'입니다. 잔해(殘骸)는 '남은(殘) 뼈(骸)'라는 뜻으로, '부서지거나 못 쓰게 되어 남아 있는 물체'를 이르는 말입니다.

찻잔(茶盞), 술잔(盞), 등잔(燈盞) 등에 들어간 잔 잔(盞)자는 '작은(戔) 그릇(皿)이 잔이다'는 뜻입니다.

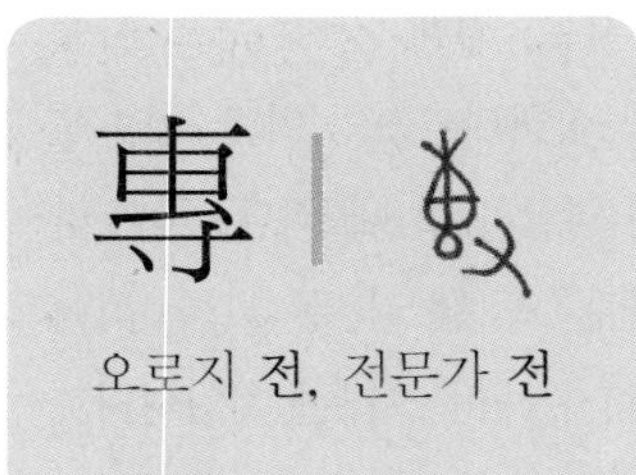

오로지 전(專)자는 손(寸)에 북(베를 짤 때 씨줄을 넣기 위한 실패)이나 실패(叀)를 잡고 있는 모습을 본떠 만든 글자입니다. 아마도 '베를 짜는 사람은 베만 오로지 만든다'에서 '오로지'라는 뜻이 생겼고, 이와 같이 오로지 한 가지만 전문적(專門的)으로 하면 전문가(專門家)가 된다고 해서 '전문가'라는 뜻도 추가되었습니다. 둥근 실패를 손으로 잡고 있는 모습인 전(專)자에 '둥글다'라는 의미의 둘러싸일 위(口)자를 추가하면 둥글 단(團)자가 됩니다.

[전]으로 소리나는 경우

5/4 傳 전할 전 중 传 약 伝
사람 인(亻) + [오로지 전(專)]

3/4 轉 구를 전 중 转
수레 차/거(車) + [오로지 전(專)]

0/0 塼 벽돌 전 중 砖
흙 토(土) + [오로지 전(專)]

분황사 모전석탑(模塼石塔)

전할 전(傳)자는 '사람(亻)이 사람에게 전하다'는 뜻입니다. 또 사람의 일생(一生)을 전하는 전기(傳記)라는 뜻도 있습니다. 예를 들어 《흥부전(興夫傳)》이나 《허생전(許生傳)》은 흥부나 허생의 일대기를 적은 전기(傳記)입니다. 전설(傳說)은 '예로부터 전해져(傳) 오는 이야기(說)'입니다.

회전(回轉), 자전(自轉), 공전(公轉)에 쓰이는 구를 전(轉)자는 '수레(車)가 굴러가다'라는 뜻으로 만든 글자입니다. 이후 '구르다→회전(回轉)하다→옮기다→바꾸다'는 뜻이 파생되었습니다. 전학(轉學)은 '학교(學)를 옮기다(轉)'는 뜻이고, 전화위복(轉禍爲福)은 '화(禍)가 바뀌어(轉) 복(福)이 되다(爲)'는 뜻으로 나쁜 일이 계기가 되어 오히려 좋은 일이 생긴다는 뜻입니다. 자전거(自轉車)는 말(馬)이 끌지 않아도 '스스로(自) 굴러가는(轉) 수레(車)'라는 뜻입니다.

고대 중국에서 벽돌은 모래가 아닌 흙으로 만들었습니다. 벽돌 전(塼)자는 '흙(土)으로 만든 벽돌'을 말합니다. 전탑(塼塔)은 '벽돌(塼)을 쌓아 만든 탑(塔)'이고, 모전석탑(模塼石塔)은 '벽돌(塼)을 모방하여(模) 만든 돌(石)로 만든 탑(塔)'이란 뜻으로, 돌을 벽돌 모양으로 다듬어 쌓아올린 탑입니다. 우리나라의 국보 제30호로 지정된 경주 분황사의 탑이 모전석탑입니다. 중국에 있는 전탑(塼塔)의 영향을 받은 것으로 추측됩니다.

[단]으로 소리나는 경우

5/3 團 둥글 단 중 团 약 団
둘러싸일 위(口) + [오로지 전(專)→단]

둥글 단(團)자는 둥근 실패(叀)를 손(寸)으로 잡고 있는 모습의 오로지 전(專)자에 동그라미(○→口)를 추가하여 '둥글다'라는 의미의 글자를 만들었습니다. 이후 '둥글다→모이다→덩어리→모임→단체(團體), 집단(集團)' 등의 뜻이 생겼습니다. 기단(氣團)은 '공기(氣)의 덩어리(團)'라는 말로, 넓은 지역에 걸쳐 같은 온도와 습도를 가진 공기의 덩어리입니다. 발원지에 따라 적도기단, 열대기단, 한대기단, 북극기단 등이 있습니다.

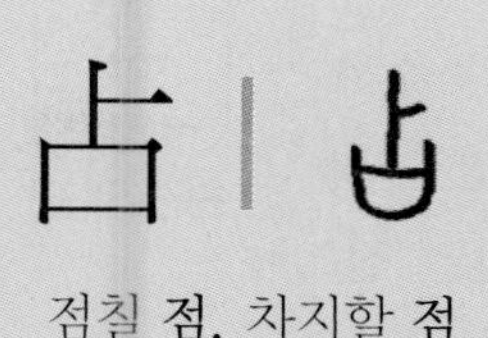

점칠 **점**, 차지할 **점**

점칠 점(占)자는 점 복(卜)자와 입 구(口)자가 합쳐진 회의문자로 '거북 배껍질이나 소뼈가 갈라지는 형태(卜)를 보고, 이 뜻을 입(口)으로 말하다'는 뜻입니다. 나중에 '차지하다, 점령(占領)하다'는 뜻이 생겼습니다. 점몽(占夢)은 '꿈(夢)의 좋고 나쁨을 점치는(占) 것'을 말합니다. 일제강점기(日帝强占期)는 '일본(日) 제국((帝)이 강제로(强) 점령한(占) 기간(期)'입니다.

[점]으로 소리나는 경우

5/4 店 가게 점 (중) 店
집 엄(广) + [점칠 점(占)]

4/3 點 점 점 (중) 点 (약) 点
검을 흑(黑) + [점칠 점(占)]

1/1 粘 끈끈할 점 (중) 粘
쌀 미(米) + [점칠 점(占)]

가게 점(店)자는 '장사를 하기 위해 점유한(占) 집(广)이 상점(商店)이나 가게이다'는 뜻입니다. 매점(賣店)은 '물건을 파는(賣) 가게(店)'고, 서점(書店)은 '책(書)을 파는 가게(店)', 반점(飯店)은 '밥(飯)을 파는 가게(店)'로 주로 중국 식당입니다.

장점(長點), 결점(缺點), 지점(地點), 관점(觀點) 등에 들어가는 점 점(點)자는 '검은(黑) 색으로 점을 찍다'는 뜻입니다. 이후 '점→점을 찍다→표를 하다→불을 켜다→불을 피우다→조사하다→검사하다' 등의 뜻이 생겼습니다. 점심(點心)은 '마음(心)에 점(點)을 찍다'는 뜻으로 마음에 점을 찍듯이 가볍게 먹는 음식을 뜻하며, 중국에서 만든 단어입니다. 점등(點燈)은 '등불(燈)을 켜다(點)'는 뜻이고, 점화(點火)는 '불(火)을 피우다(點)'는 뜻입니다. 점수(點數)는 '시험을 검사하여(點) 매긴 수(數)'이고, 점호(點呼)는 '조사를(點) 위해 부르다(呼)'는 뜻으로 한 사람씩 이름을 불러 인원이 맞는가를 알아보는 것입니다.

점 점(点)자는 점 점(點)자의 약어입니다. 아래에 있는 네 개의 점은 생략된 검을 흑(黑)자에서 온 동시에 점을 강조하고 있습니다. 점 점(点)자는 부수가 화(火/灬)입니다.

끈끈할 점(粘)자는 원래 '쌀(米)로 지은 밥이 차지다(밥에 끈기가 많다)'는 뜻입니다. 이후 '차지다→끈끈하다→붙다' 등의 뜻이 생겼습니다. 지점토(紙粘土)는 '종이(紙)로 만든 끈끈한(粘) 흙(土)'이란 뜻으로 종이를 삶아 풀을 섞어 찰흙같이 만든 것입니다. 점성(粘性)은 '끈끈한(粘) 성질(性)'로 물리에서는 유체가 흐를 때 유체 내부에 속도가 다르면 마찰이 생기는 성질을 말합니다. 점막(粘膜)은 '끈적끈적한(粘) 막(膜)'으로, 소화관(消化管), 기도(氣道), 요도(尿道) 따위의 안쪽을 덮고 있는 부드럽고 끈끈한 막을 통틀어 이르는 말입니다. 점막은 항상 표면에 점액(粘液)을 분비하고 있습니다.

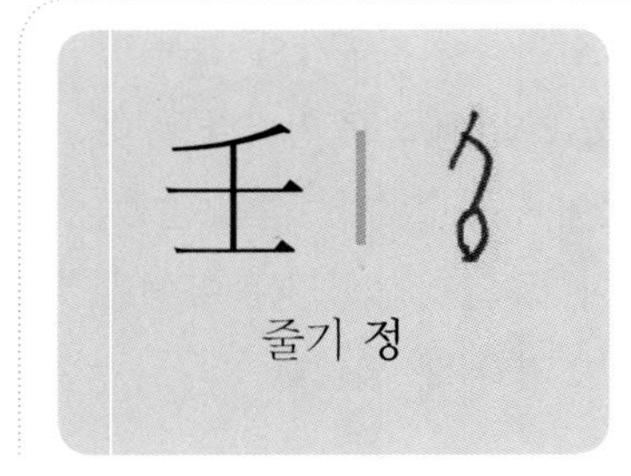

줄기 정(壬)자는 높은 흙(土) 위에 사람(人)이 서 있는 모습을 본떠 만든 글자로, 원래 '나타내다, 드러내다'는 뜻을 가졌습니다. 나중에 줄기라는 의미로 가차되어 사용되면서, 원래의 의미를 보존하기 위해 입 구(口)자를 붙여 나타낼 정(呈)자를 만들었습니다. 줄기 정(壬)자가 들어간 글자로는 바라볼 망(望)자가 있는데, 바라볼 망(望)자는 '언덕(土) 위에 사람(人)이 서서 달(月)을 바라보다'는 뜻입니다. 줄기 정(壬)자는 베틀 모양을 본떠 만든 글자인 천간 임(壬)자와 똑같이 생겼습니다. 하지만 상형문자는 완전히 다릅니다.

천간 임(壬)

[정]으로 소리나는 경우

3/3 **廷** 조정 정 ⓗ 廷
길게걸을 인(廴) + [줄기 정(壬)]

6/4 **庭** 뜰 정 ⓗ 庭
집 엄(广) + [조정 정(廷)]

2/2 **艇** 거룻배 정 ⓗ 艇
배 주(舟) + [조정 정(廷)]

2/2 **珽** 옥홀 정 ⓗ 珽
구슬 옥(玉/王) + [조정 정(廷)]

2/2 **呈** 드릴/나타낼 정 ⓗ 呈
입 구(口) + [줄기 정(壬)]

4/2 **程** 길 정 ⓗ 程
벼 화(禾) + [드릴 정(呈)]

조정(朝廷)은 임금이 나라의 정치를 신하들과 의논하거나 집행하는 곳입니다. 조정 정(廷)자의 상형문자를 보면 흙(土) 위에 사람(人)이 서서 정원(庭園)을 가꾸는 모습입니다. 원래 뜰을 의미하는 글자였으나 조정이나 관청이란 뜻이 생기면서, 원래의 뜻을 살리기 위해 집 엄(广)자를 추가하여 뜰 정(庭)자를 만들었습니다. 보통 뜰은 한쪽 벽이 없는 집이나 회랑(回廊)의 앞쪽에 만들기 때문입니다. 하지만 뜰 정(庭)자도 조정이나 관청이란 뜻이 있습니다. 법정(法廷/法庭)은 '법(法)으로 판결하는 관청(廷/庭)'이고, 정원(庭園)은 '뜰(庭)과 뜰(園)'이란 뜻입니다.

거룻배 정(艇)자의 거룻배는 돛 없는 작은 배를 이르는 말로, 구명정(救命艇), 어뢰정(魚雷艇), 잠수정(潛水艇)과 같이 작은 배를 일컫는 말에 사용됩니다. 또 우리나라 해군에서는 500톤 이상이면 함(艦), 미만이면 정(艇)이라고 합니다. 해군 함정의 함정(艦艇)은 크거나 작은 군사용 배를 모두 통틀어 이르는 말입니다.

옥홀은 옥으로 만든 홀이므로, 옥홀 정(珽)자에는 구슬 옥(玉/王)자가 들어갑니다. 이 글자는 사람 이름에 사용됩니다.

나타낼 정(呈)자는 '입(口)으로 자신을 나타내다'는 뜻입니다. 나중에 '드리다'는 뜻이 생겼습니다. 노정(露呈)은 '드러내고(露), 나타내다(呈)'는 뜻으로, 겉으로 다 드러내어 보임을 말합니다. 증정(贈呈)은 '주고(贈) 드리다(呈)'는 뜻으로 어떤 물건 따위를 성의 표시나 축하 인사로 주는 것을 말합니다.

길 정(程)자는 원래 '세금으로 줄 벼(禾)의 무게나 양을 헤아리다'는 뜻입니다. 이후 '헤아리다→일정한 분량→(헤아리는) 계량기→(계량하는) 규정→법칙

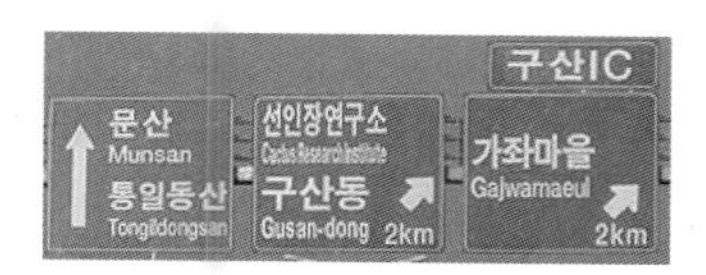

이정표

→(법칙대로 따라가는) 길' 등의 뜻이 생겼습니다. '정도껏 해라'의 정도(程度)는 '어떤 일정한 분량(程)이나 한도(度)'이고, 이정표(里程標)는 '마을(里)까지 가는 길(程)을 안내하는 표(標)'입니다. 전정만리(前程萬里)는 '앞(前) 길(程)이 만리(萬里)이다'는 뜻으로, 나이가 젊어 장래가 유망하다는 뜻입니다. 붕정만리(鵬程萬里)는 '붕새(鵬)가 날아갈 길(程)이 만리(萬里)이다'는 뜻으로, 머나먼 갈 길이나 사람의 앞날이 매우 요원하다라는 뜻입니다. 《장자(莊子)》에 나오는 "붕(鵬)이라는 새는 크기가 엄청나게 커서 등의 길이가 몇천 리가 되는지도 짐작할 수가 없으며, 한번 힘을 가다듬어 하늘로 날아 오르면 그 날개는 마치 하늘에 드리운 구름과 같았다"는 이야기에서 유래합니다.

[성]으로 소리나는 경우

4/4 **聖** 성스러울 성 ⓒ 圣
귀 이(耳) +
[줄기 정(壬)→성]

'성스러운(聖) 책(經)'인 성경(聖經)을 보면 모세가 시나이 산에서 하느님 말씀을 듣고 십계명을 받아 이스라엘 사람에게 전했다고 하는데, 한자에도 비슷한 내용의 글자가 있습니다. 성스러울 성(聖)자는 '언덕(土) 위에 사람(人)이 하늘의 말씀을 귀(耳)로 듣고 다른 사람에게 입(口)으로 전하는 사람이 성인(聖人)이다'는 뜻입니다. 예수의 탄생일 기리는 성탄절(聖誕節)은 '성인(聖)이 태어난(誕) 명절(節)'입니다.

[청]으로 소리나는 경우

4/4 **聽** 들을 청 ⓒ 听 ⓙ 聴
귀 이(耳) + 큰 덕(悳) +
[줄기 정(壬)→청]

들을 청(聽)자는 '귀(耳)를 기울여 크게(悳) 듣다'는 뜻입니다. 청문회(聽聞會)는 '듣고(聽) 듣는(聞) 모임(會)'으로, 주로 국가 기관에서 입법 및 행정상의 결정을 내리기에 앞서 관련자의 의견을 듣기 위하여 열립니다. 수렴청정(垂簾聽政)은 '발(簾)을 드리우고(垂) 정사(政)를 듣다(聽)'는 뜻입니다. 나이 어린 왕이 즉위했을 때 왕의 어머니나 할머니가 왕의 뒤에서 발을 드리우고 앉아서, 정치에 관계되는 모든 이야기를 듣고 왕에게 어떻게 하라고 지시하였던 일을 말합니다. 도청(盜聽)은 '듣는(聽) 것을 훔치다(盜)'는 뜻으로 몰래 듣는 것을 말합니다.

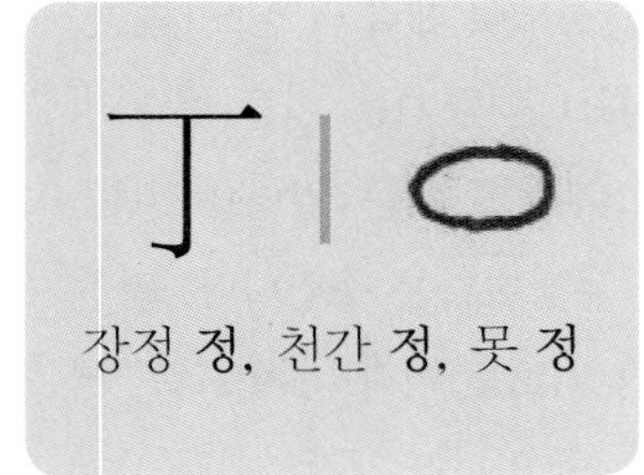

장정 정, 천간 정, 못 정

천간 정(丁)자는 여러 가지 해석이 있는 글자로, 아직까지 정확한 해석이 나오지 않은 글자입니다. 십간(十干)의 하나로 사용되면서 천간 정(丁)자로 불리웁니다. 못의 모양과 비슷하여 못 정(丁)자로도 사용되는데, 나중에 뜻을 분명히 하기 위해 쇠금 자(金)를 추가하여 못 정(釘)자가 되었습니다.

정(丁)은 신라 시대에 나이에 따라 구분한 남자의 등급 가운데 하나로, 20~59세 사이의 등급을 일컬으며, 부역이나 군역의 의무가 있었습니다. 또 이러한 정(丁) 등급에 해당하는 사람을 장정(壯丁)이라 불렀습니다. 이러한 장정(壯丁)은 보통 국가가 준 토지를 가지고 농사를 짓고 살았습니다. 또 백정(白丁)은 '정(丁) 등급이 없는(白) 사람'이란 뜻으로, 토지를 가지지 못하고 부역이나 군역 의무도 없었습니다. 조선 세종 7년(1425년)에는 백정(白丁)이 천민 계급에 대하여 관(官)에서 내린 칭호가 되었습니다. 조선 시대에는 소나 돼지 따위를 잡는 일을 직업으로 하는 사람이 천민이었기 때문에, 이후 소나 돼지를 잡는 사람을 백정이라 했습니다.

[정]으로 소리나는 경우(1)

3/3 **頂** 정수리 정 중 顶
머리 혈(頁) + [장정 정(丁)]

3/3 **訂** 바로잡을 정 중 订
말씀 언(言) + [장정 정(丁)]

2/2 **汀** 물가 정 중 汀
물 수(氵) + [장정 정(丁)]

1/2 **町** 밭두둑 정 중 町
밭 전(田) + [장정 정(丁)]

1/1 **酊** 술취할 정 중 酊
닭 유(酉) + [장정 정(丁)]

정수리 정(頂)자는 머리(頁) 꼭대기에 정수리가 있기 때문에 꼭대기라는 뜻도 있습니다. 정상(頂上), 산정(山頂)이 그런 예입니다. 정문일침(頂門一針/鍼)은 '정수리(頂)의 문(門)에 하나(一)의 침(針/鍼)을 맞다'는 뜻으로, 약점을 찔러 따끔하게 훈계나 충고를 한다는 의미입니다.

바로잡을 정(訂)자는 '말(言)로 바로잡는다'는 뜻입니다. 정정(訂正)은 '바르게(正) 바로잡는다(訂)'는 뜻이고, 개정(改訂)은 '고쳐서(改) 바로잡는다(訂)'는 뜻입니다. 개정판(改訂版)은 이미 낸 책의 내용을 고쳐 다시 출판한 책(冊)입니다.

물가 정(汀)자는 사람 이름 외에는 거의 사용되지 않는 글자입니다. 우리나라 서정시의 독보적인 위치를 차지한 신석정(辛夕汀) 씨가 그러한 예입니다.

밭두둑 정(町)자에서 밭두둑은 '밭과 밭(田) 사이에 경계를 이루는 두둑'을 말합니다. 정(町)은 땅 면적을 헤는 단위로도 사용되는데, 1정(町)은 약 3,000평입니다. 정보(町步)라고도 합니다.

술이나 식초, 간장처럼 발효식품과 관련되는 글자에는 술병의 상형인 닭 유(酉)자가 들어갑니다. 술취할 정(酊)자는 '술(酉)을 먹고 취하다'는 뜻입니다. '술에 취(醉)해 주정을 부린다'고 하는데, 이때 주정(酒酊)은 '술(酒) 취해(酊) 하는 말이나 행동'입니다. 〈논개(論介)〉라는 시와 우리나라 역대 문인 중 가장 술을 많이 마셔 유명한 수주 변영로가 지은《명정 40년(酩酊四十年)》은 '술 취하고(酩) 술 취한(酊) 40년(四十年)'이란 뜻으로, 40년간 술에 취해서 살아갈 수밖에 없었던 시대상을 풍자적이고 해학적으로 그려 놓은 수필집입니다.

[정]으로 소리나는 경우(2)

3/3 亭 정자 정 중 亭
높을 고(高) + [장정 정(丁)]

5/4 停 머무를 정 중 停
사람 인(亻) + [정자 정(亭)]

정자(亭子)는 경치를 보기 위해 높이(高) 지은 집입니다. 정자 정(亭)자는 '높이(高) 지은 집'이란 뜻입니다. 노인정(老人亭)은 '늙은(老) 사람(人)들이 모이는 정자(亭)'라는 뜻으로 마을 노인(老人)들이 모여서 즐길 수 있게 마련한 집을 말합니다.

정지(停止), 정전(停電), 정체(停滯) 등에 쓰이는 머무를 정(停)자는 '사람(人)이 정자(亭)에 머무르다'는 뜻입니다. 정체전선(停滯前線)은 '막혀서(滯) 머물러(停) 있는 전선(前線)'으로, 한곳에 머물면서 오랫동안 비를 내리는 장마전선처럼 찬 기단과 따뜻한 기단의 경계면이 바로 정체(停滯)되어 있는 전선입니다.

[녕]으로 소리나는 경우

3/2 寧 편안할 녕 중 宁 약 寍
집 면(宀) + 마음 심(心)
+ 그릇 명(皿)
+ [장정 정(丁)→녕]

편안할 녕(寧)자는 '집(宀)에서 그릇(皿)의 음식을 먹고 있으니 마음(心)이 편안하다'는 뜻입니다. 안녕(安寧)은 '편안하고(安) 편안하다(寧)'는 뜻입니다. 수복강녕(壽福康寧)은 '오래 살고(壽) 복(福)을 누리며 건강(康)하고 편안하게(寧) 사는 것'으로, 옛 사람들이 가장 원하는 것이었습니다. 그래서 옷이나 벽에 이 글자를 새기거나 붙여 놓았습니다.

[저]로 소리나는 경우

5/4 貯 쌓을 저 중 贮
조개 패(貝) + [쌓을 저(宁)]

쌓을 저(貯)자에 들어가는 쌓을 저(宁)자는 '집(宀) 안에 쌓아 두다'는 뜻인데, 편안할 녕(寧)자의 간체자이기도 합니다. 나중에 원래의 뜻을 분명히 하기 위해 조개 패(貝)자를 추가하여 쌓을 저(貯)자가 되었습니다. 즉, '재물(貝)을 모아 쌓아 두다(宁)'는 뜻입니다. 저금(貯金), 저축(貯蓄)에 사용됩니다. 저수지(貯水池)는 '물(水)을 모아 쌓아 두는(貯) 못(池)'이란 뜻입니다.

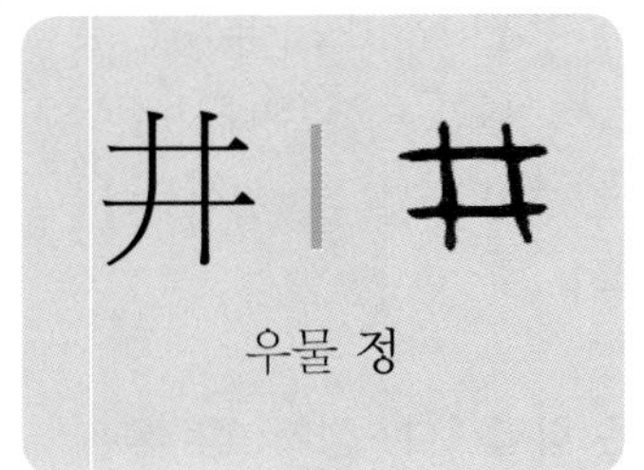

황하강 주변의 흙은 무른 황토로 되어 있어 우물을 만들기 위해 땅을 깊이 파면 구멍 둘레의 흙이 무너집니다. 따라서 흙을 판 후 흙이 무너지지 않도록 우물 안에 나무를 우물 정(井)자 모양으로 쌓아 올렸는데, 우물 정(井)자는 이러한 모습을 본떠 만든 글자입니다. 우물 정(井)자는 원래 중앙에 우물을 표시하는 점을 찍은 모습(丼)이었는데, 지금은 점이 사라졌습니다. 찬정(鑽井)은 '우물(井)을 뚫다(鑽), 파다'는 뜻이지만, 지리 과목에서는 '물이 통하지 않는 지층 사이에 있는 지하수가 지층의 압력에 의하여 지표 상으로 솟아 나오는 우물'을 말하기도 합니다. 찬정분지(鑽井盆地)는 '찬정(鑽井)이 있는 분지(盆地)'로 오스트레일리아의 대찬정 분지가 대표적입니다.

[정]으로 소리나는 경우

1/2 穽 함정 정 ⓢ 阱
구멍 혈(穴) + [우물 정(井)]

함정 정(穽)자는 '땅에 난 구멍(穴)이나 우물(井)이 함정(陷穽)과 같다'는 뜻입니다. 석회정(石灰穽)은 '석회암(石灰巖) 지대에 생기는 오목한 함정(穽)'으로 석회암이 물에 용해되기 때문에 생깁니다. 석회정을 '돌리네(Doline)'라고도 하는데, 돌리네는 독일말로 움푹 패인 구멍을 뜻하는 말입니다.

[경]으로 소리나는 경우

3/4 耕 밭갈 경 ⓢ 耕
쟁기 뢰(耒) + [우물 정(井)→경]

밭갈 경(耕)자는 '쟁기(耒)로 밭을 갈고 우물(井)에서 물을 퍼서 농작물을 키운다'는 뜻입니다. 경당문노(耕當問奴)는 '밭 가는(耕) 일은 마땅히(當) 종(奴)에게 물어야(問) 한다'는 뜻으로, 모든 일은 그 방면의 전문가에게 물어야 한다는 의미입니다. 주경야독(晝耕夜讀)은 '낮(晝)에는 밭을 갈고(耕) 밤(夜)에는 글을 읽는다(讀)'는 뜻으로, 바쁜 틈을 타서 글을 읽어 어렵게 공부함을 일컫는 말입니다.

[형]으로 소리나는 경우

6/5 形 모양 형 ⓢ 形
터럭 삼(彡) + [우물 정(井)→형]

4/3 刑 형벌 형 ⓢ 刑
칼 도(刂) + [우물 정(井)→형]

형상(形象), 형태(形態), 형식(形式)에 쓰이는 모양 형(形)자는 '붓털(彡)로 모양을 그리다'는 뜻입니다. 형용사(形容詞)는 '모양(形)을 꾸미는(容) 말(詞)'로, 주로 명사 앞에 와서 명사를 수식합니다.

고대 중국의 형벌(刑罰)은 머리 자르기, 다리 자르기, 코베기, 배 가르기 등이 있는데, 주로 칼을 사용했으므로 형벌 형(刑)자와 벌할 벌(罰)자에는 모두 칼 도(刂)자가 들어갑니다. 구형(求刑)은 '형벌(刑)을 요구(要求)하다'는 뜻으로, 재판에서 범죄자에게 어떤 형벌을 줄 것을 검사가 판사에게 요구하는 일입니다. 판사는 이러한 구형을 참고하여 최종 형벌을 결정하여 선고합니다.

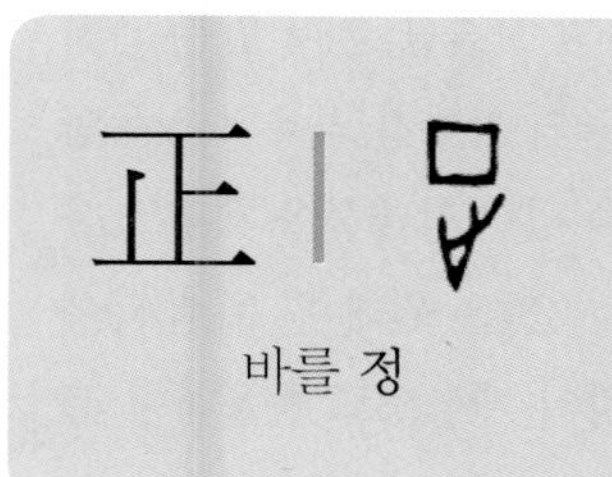
바를 정

바를 정(正)자의 상형문자를 보면, 나라 국(國)자의 옛 글자(囗) 아래에 정벌(征伐)에 나선 군인들의 발(止)을 표현하여 '다른 나라(囗)를 치러 가다(止)'는 뜻으로 만든 글자입니다. 나중에 똑같은 모양의 발 족(足)자와 혼동을 피하기 위해 나라 국(囗)자가 한 일(一)자로 변해 정(正)자가 되었습니다. 또 다른 나라를 치기 위해서는 바른 명분이 있어야하기 때문에 '바르다'라는 뜻이 생겼습니다. 이후 원래의 뜻을 살리기 위해 걸을 척(彳)자을 추가해 칠 정(征)자를 만들었습니다.

[정]으로 소리나는 경우

6/4 定 정할 정 ⓢ 定
집 면(宀) + [바를 정(正)]

4/4 政 정사 정 ⓢ 政
칠 복(攵) + [바를 정(正)]

4/3 整 가지런할 정 ⓢ 整
묶을 속(束) + 칠 복(攵) + [바를 정(正)]

3/3 征 칠 정 ⓢ 征
걸을 척(彳) + [바를 정(正)]

정할 정(定)자는 '집(宀)의 입구(口→一)에 발(止)을 들여놓고, 머무를 집을 정하다'는 뜻입니다. 수학에서 정점(定點)은 '위치가 정해진(定) 점(點)'이고, 동점(動點)은 '위치가 움직이는(動) 점(點)'입니다.

정사 정(政)자는 '다른 지역을 정벌하고(征→正) 노예가 된 백성을 때리는(攵) 것이 정사(政事)나 정치(政治)이다'는 뜻입니다.

정렬(整列), 정리(整理), 정비(整備) 등에 쓰이는 가지런할 정(整)자는 '묶고(束) 쳐서(攵) 바르게(正) 하다, 가지런히 하다, 정리(整理)하다'는 뜻입니다. 정수(整數)는 '가지런하게(整) 정돈된 수(數)'로 숫자 중에도 소수점 이하가 없는 숫자입니다. 소수점 이하가 없으므로, 깔끔하고 가지런하게 정돈(整頓)이 잘 되어 있는 숫자라는 뜻입니다.

원정(遠征), 정벌(征伐), 정복(征服) 등에 들어가는 칠 정(征)자는 '다른 나라를 치러 가다(彳)'는 뜻입니다. 정동행성(征東行省)은 '동쪽(東) 정벌(征伐)을 실행(實行)하는 관청(省)'으로 고려 충렬왕 때 원나라가 개경에 설치하여 고려의 내정을 감시하고 간섭한 관청입니다. 대장정(大長征)은 '크고(大) 긴(長) 정벌(征)'이란 뜻으로 1934년 10월에서 1935년 10월까지 중국 국민당군이 중국 공산당을 정벌(征伐)하려 한 사건입니다.

[증]으로 소리나는 경우

3/3 症 증세 증 ⓢ 症
병 녁(疒) + [바를 정(正)→증]

증상(症狀), 증세(症勢), 증후(症候), 통증(痛症) 등에 쓰이는 증세 증(症)자에서 증세는 병으로 앓는 여러 모양을 말합니다. 결핍증(缺乏症)은 '몸에 필요한 물질이 결핍(缺乏: 모자람)되어 일어나는 증세(症)'로, 비타민 A가 부족하면 야맹증(夜盲症), 비타민 B가 부족하면 각기병(脚氣病) 등에 걸립니다. 후유증(後遺症)은 '병을 앓고 난 뒤(後)에도 남아(遺) 있는 증세(症)'입니다.

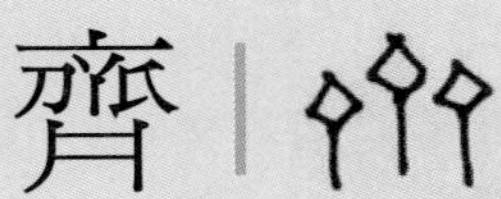

가지런할 제, 제나라 제

가지런할 제(齊)자는 가지런히 서 있는 농작물의 모습을 본떠 만든 글자입니다. 춘추전국 시대에 있었던 제(齊)나라는 지금의 황하강 하류와 산동반도에 있었던 나라입니다. 주나라 설립에 일등 공신이었던 강태공을 제후로 봉해 제(齊)나라가 처음 만들어졌습니다. 강태공(姜太公)은 원래 위수(渭水)에서 낚시를 하던 가난한 사람이었지만, 주나라 문왕이 재상으로 등용하여 유명해진 사람입니다. 뒷날 이러한 이야기를 바탕으로 하여 한가하게 낚시하는 사람을 강태공이라고 합니다. 가지런할 제(齊)자는 부수이나 다른 글자와 만나 주로 소리로 사용됩니다.

[제]로 소리나는 경우

4/3 濟 건널 제 중 济 약 済
물 수(氵) + [가지런할 제(齊)]

2/2 劑 약지을 제 중 剂 약 剤
칼 도(刂) + [가지런할 제(齊)]

건널 제(濟)자는 '물(氵)을 건너다'는 뜻입니다. 이후 '건너다→(건너는) 나루→(건너도록) 돕다→구제(救濟)하다'의 뜻이 생겼습니다. 제주(濟州)는 '나루(濟)가 있는 고을(州)'이고, 거제도(巨濟島)는 '큰(巨) 나루(濟)가 있는 섬(島)'이란 뜻입니다. 인천의 옛 이름인 제물포(濟物浦)는 '물건(物)을 건네주는(濟) 포구(浦)'라는 뜻으로 무역항을 뜻합니다. 제중원(濟衆院)은 '중생(衆)들을 구제하는(濟) 집(院)'으로 조선 말에 나라에서 설립한 근대식 병원입니다.

옛날에는 약을 대부분 약초(藥草)로 만들었습니다. 지금도 한약방에 가면 이런 약초를 자르기 위해 작두가 있습니다. 작두는 한자어 작도(斫刀: 자르는 칼)가 변한 말입니다. 약지을 제(劑)자는 '약초를 작두(刂)로 가지런하게(齊) 잘라서 약을 짓다'는 뜻입니다. 소화제(消化劑), 중화제(中和劑), 촉매제(觸媒劑), 표백제(漂白劑), 항생제(抗生劑), 흡습제(吸濕劑) 등은 모두 약품(藥品)이나 약제(藥劑)를 뜻합니다.

[재]로 소리나는 경우

1/1 齋 재계할 재 중 斋
보일 시(示) + [가지런할 제(齊)→재]

재계할 재(齋)자에서 재계(齋戒)는 '제사(示)를 지내기 전에 몸과 마음을 가지런히(齊) 하고, 부정한 일을 경계(警戒)하는 것'을 일컫습니다. 목욕재계(沐浴齋戒)는 제사를 지내기 전에 목욕(沐浴)을 하고 몸가짐을 깨끗이 하는 일입니다. 재개할 재(齋)자는 집이란 뜻도 있습니다. 서재(書齋)는 '책(書)을 보관하고 읽는 집(齋)'입니다. 건물의 이름에도 많이 사용되는데, 조선 황실의 마지막 거처였던 낙선재(樂善齋: 선을 즐기는 집)가 그러한 예입니다.

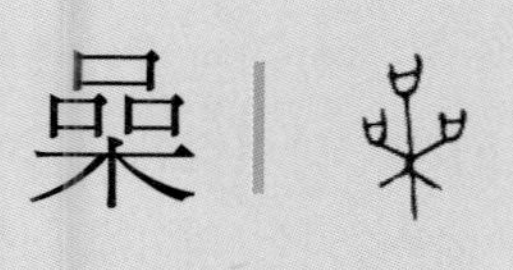

새떼로울 조

새떼로울 조(喿)자는 나무(木) 위에서 여러 마리의 새 떼가 입들(品)을 벌리며 우는 모습입니다. 이 글자는 독자적으로 사용되지 않고 다른 글자와 만나 소리로 사용됩니다.

[조]로 소리나는 경우

5/3 操 잡을 조 ㊥操
손 수(扌) + [새떼로울 조(喿)]

3/2 燥 마를 조 ㊥燥
불 화(火) + [새떼로울 조(喿)]

1/0 藻 바닷말 조 ㊥藻
풀 초(艹) + 물 수(氵) + [새떼로울 조(喿)]

1/0 躁 성급할 조 ㊥躁
발 족(足) + [새떼로울 조(喿)]

잡을 조(操)자는 '손(扌)으로 잡고 부리다, 다루다, 조종(操縱)하다'는 뜻이 있습니다. 불조심의 조심(操心)은 '마음(心)을 잡다(操)'는 뜻으로, 잘못되지 아니하게 마음을 쓰는 일입니다. 조롱(操弄)은 '마음대로 다루면서(操) 데리고 희롱하다(弄)'는 뜻입니다. 체조(體操)는 '몸(體)을 다루는(操) 운동'으로 신체 각 부분의 고른 발육과 건강의 증진을 위하여 일정한 형식으로 몸을 움직이는 운동입니다.

건조(乾燥)에 들어가는 마를 조(燥)자는 '불(火)로 말리다'는 뜻입니다. 이후 '말리다→(입안에 침이) 마르다→애태우다→초조(焦燥)하다'는 뜻이 생겼습니다. 건조체(乾燥體)는 '마르고(乾) 마른(燥) 문체(體)'라는 뜻으로, 문장에 비유나 수식어가 없거나 적은 문체입니다. 내용을 충실하게 전달하는 데 효과적이고, 신문 기사나 설명문 따위가 대표적인 건조체입니다. 반대는 화려체(華麗體)입니다.

바닷말 조(藻)자는 '물(氵) 속에서 자라는 풀(艹)'이란 뜻으로 만든 글자입니다. 조류(藻類) 혹은 해조류(海藻類)는 미역, 김, 다시마와 같이 물속에 살면서 엽록소로 동화 작용을 하는 하등 식물을 일컫습니다. 뿌리, 줄기, 잎이 구별되지 않고 포자에 의하여 번식하며 꽃이 피지 않습니다.

성급할 조(躁)자는 '성급하면 발(足)걸음이 빨라진다'는 뜻을 가지고 있습니다. 조급(躁急)은 '성급하고(躁) 급하다(急)'는 뜻입니다. 조동나사(躁動螺絲)는 '조급하게(躁) 움직이도록(動) 하는 나사(螺絲)'로, 현미경에서 초점을 맞출 때 사용하는 나사입니다. 조동나사(躁動螺絲)를 돌리면 렌즈가 빠르게 움직이고, 반대로 미동나사(微動螺絲)를 돌리면 렌즈가 미세(微細)하게 움직입니다. 조울병(躁鬱病)은 '성급하거나(躁) 우울해지는(鬱) 병(病)'으로 조급증과 우울증이 교대로 나타나는 질병입니다.

조짐 조(兆)자는 점 복(卜)자와 같은 어원을 가졌습니다. 은나라 때 거북 배의 껍질이나 소뼈가 갈라지는 형태를 보고 점(占)을 쳤는데, 이때 거북 배의 껍질나 소뼈가 갈라지는 형태가 간단한 모양이 복(卜)자이고, 복잡한 모양이 조(兆)자입니다. 조(兆)자는 점을 쳐서 미래의 일을 예측한다는 의미에서 점괘(占卦)나 조짐(兆朕)이란 뜻이 생겼습니다. 또 점괘(占卦)나 조짐(兆朕)이란 뜻 외에도 '(나쁜 조짐에서) 달아나다, 피하다'는 뜻도 가지고 있습니다. 길조(吉兆)는 '좋은(吉) 조짐(兆)'이고, 흉조(凶兆)는 '나쁜(凶) 조짐(兆)'입니다.

[도]로 소리나는 경우

4/3 逃 달아날 도 ⓢ逃
갈 착(辶) +
[조짐 조(兆)→도]

3/2 桃 복숭아 도 ⓢ桃
나무 목(木) +
[조짐 조(兆)→도]

3/2 跳 뛸 도 ⓢ跳
발 족(足) +
[조짐 조(兆)→도]

3/2 挑 돋울 도 ⓢ挑
손 수(扌) +
[조짐 조(兆)→도]

도망(逃亡), 도주(逃走) 등에 사용되는 달아날 도(逃)자는 '나쁜 조짐을 피해(兆) 달아나다(辶)'는 뜻입니다. 도피(逃避)는 '달아나고(逃) 피하다(避)'는 뜻입니다.

예로부터 우리나라에서는 복숭아나무가 귀신을 쫓는다고 해서 제사를 모시는 집안에는 복숭아나무를 심지 않았고, 제사상에도 올리지 않습니다. 복숭아 도(桃)자는 '귀신이 피하는(兆) 나무(木)'라는 뜻이 됩니다. 무릉도원(武陵桃源)은 '중국 무릉(武陵)에 복숭아(桃) 꽃이 떠내려온 근원(源)'이란 뜻입니다. 도연명의 도화원기(桃花源記)에 나오는 별천지로, 사람들이 행복하게 살 수 있는 이상향을 의미합니다. 〈몽유도원도(夢遊桃源圖)〉는 '꿈(夢)속에서 무릉도원(桃源)을 유람(遊)한 그림(圖)'이란 뜻으로 조선 전기의 화가 안견이 1447년(세종 29년)에 그린 산수화입니다.

뛸 도(跳)자는 '피하기(兆) 위해, 발(足)로 뛰어가다'는 뜻입니다. 도약(跳躍)은 '뛰고(躍) 뛰다(跳)'는 뜻입니다.

돋울 도(挑)자는 '피하려는(兆) 사람에게 손(扌)으로 싸움을 걸다, 돋우다'는 뜻입니다. 도전(挑戰)은 '싸움(戰)을 걸거나 돋우다(挑)'는 뜻이고, 도발(挑發)은 '상대를 자극함으로써 돋우거나(挑) 일으키다(發)'는 뜻입니다.

[요]로 소리나는 경우

2/2 姚 예쁠 요 ⓢ姚
여자 녀(女) +
[조짐 조(兆)→요]

예쁠 요(姚)자는 '여자(女)가 예쁘다'는 뜻입니다. 주로 사람 이름에 사용됩니다. 중국에서는 성씨로도 사용되는데, 고대의 주요 성씨 가운데 요(姚), 희(姬), 강(姜)씨 등 여자 여(女)자가 들어가는 성이 많은데, 이는 당시의 사회가 모계사회라는 방증(傍證)입니다.

且 | 且

도마 조, 공손할 저, 또 차

도마 조(且)자는 남근(陽根)을 본떠 만든 글자입니다. 남근(陽根) 숭배 사상이 만들어낸 글자입니다. 하지만 이 글자의 본래 뜻을 가지고 있는 글자는 할아비 조(祖)자 정도밖에 없고, 주로 소리로서의 역할만 하고 있습니다. 가차되어 '또'라는 의미로 사용됩니다. 조 아래에 지읒(ㅈ)을 붙이면 욕으로 쓰는 글자가 되는데, 이 글자의 어원이 조(且)자입니다.

[조]로 소리나는 경우

7/5 祖 할아비 조 중 祖
보일 시(示) + [도마 조(且)]

4/4 助 도울 조 중 助
힘 력(力) + [도마 조(且)]

4/3 組 짤 조 중 组
실 사(糸) + [도마 조(且)]

3/3 租 조세 조 중 租
벼 화(禾) + [도마 조(且)]

1/0 粗 거칠 조 중 粗
쌀 미(米) + [도마 조(且)]

할아비 조(祖)자는 조상(祖上)이란 뜻도 함께 가지고 있습니다. 조상(祖上)은 '할아버지(祖) 위(上)의 분'을 뜻하고, 선조(先祖)는 '할아버지(祖)보다 먼저(先) 가신 분'을 뜻합니다. 둘 다 같은 말입니다. 시조(始祖)는 '처음(始) 조상(祖)'으로 박씨의 시조(始祖)는 박혁거세입니다. 조국(祖國)은 '조상(祖) 때부터 대대로 살던 나라(國)'입니다.

협조(協助), 구조(救助), 공조(共助) 등에 쓰이는 도울 조(助)자는 '힘(力)이 세어서 남을 돕다'는 뜻입니다. 영어의 조동사(助動詞)는 '다른 동사를 도와주는(助) 동사(動詞)'입니다. 조수(助手)는 '도와주는(助) 사람(手)'입니다. 손 수(手)자는 사람이란 뜻도 있습니다. 상부상조(相扶相助)는 '서로(相) 돕고(扶) 서로(相) 돕다(助)'는 뜻이고, 천우신조(天佑神助)는 '하늘(天)이 돕고(佑) 신(神)이 돕는다(助)'는 뜻입니다. 내조(內助)는 '안(內)에서 돕는다(助)'는 뜻으로, 아내가 남편을 도우는 것을 말합니다.

짤 조(組)자는 '실(糸)로 베를 짜다'는 뜻입니다. 짤 조(組)자와 짤 직(織)자를 합치면 '실(糸)을 가지고 베를 짜다'는 뜻의 조직(組織)이 되는데, '어떤 목적을 위해 여러 명의 사람들이 모여 짜인 집단'을 뜻하는 말이 되었습니다.

주나라에서 춘추전국 시대로 넘어가면서 세금(稅金)을 벼로 거두었습니다. 세금 조(租)자는 '벼(禾)로 세금을 거두다'는 뜻입니다. 조세(租稅)는 '세금(租)과 세금(稅)'이란 뜻이고, 십일조(十一租)는 '중세 유럽의 교회가 교구민에게 수입의 10(十)분의 1(一)의 비율로 징수하던 세(租)'입니다. 종교 개혁 후 점차 감소하기 시작하여 19세기 중엽에는 완전히 폐지되었습니다.

거칠 조(粗)자는 세밀할 정(精)자의 반대말로, '쌀(米)을 거칠게 찧다'는 뜻입니다. 조잡(粗雜), 조악(粗惡) 등에 사용됩니다. '조잡하게 만든 장난감'의 조잡(粗雜) 등은 '거칠고(粗) 잡스럽게(雜) 막되다'는 뜻입니다.

[저]로 소리나는 경우

2 1 沮 막을 저 ⓩ 沮
물 수(氵) + [공손할 저(且)]

2 1 咀 씹을 저 ⓩ 咀
입 구(口) + [공손할 저(且)]

1 0 詛 저주할 저 ⓩ 诅
말씀 언(言) + [공손할 저(且)]

막을 저(沮)자는 '홍수 같은 물(氵)을 막다'는 뜻입니다. 저해(沮害)는 '막아서(沮) 못하게 해(害)치다'는 뜻이고, 저지(沮止)는 '막아서(沮) 그치게(止) 하다'는 뜻입니다.

씹을 저(咀)자는 '입(口)으로 씹다'는 뜻입니다. 과학 시간에 나오는 저작운동(咀嚼運動)은 '씹고(咀) 씹는(嚼) 운동(運動)'으로, 음식물을 입 안에서 잘게 씹는 운동입니다. 이렇게 함으로써 음식이 침과 잘 섞이게 하고, 소화관에서 소화액과 접촉하는 면적을 크게 하며, 소화흡수를 돕습니다. 씹을 저(咀)자는 '저주하다'는 뜻도 가지고 있습니다.

저주할 저(詛)자는 '말(言)로 저주(詛呪)하다'는 뜻입니다.

[사]로 소리나는 경우

5 3 査 조사할 사 ⓩ 査
나무 목(木) + [또 차(且)→사]

조사할 사(査)자은 원래 '나무(木)로 만든 뗏목'을 뜻하는 글자입니다. 나중에 '조사하다'는 뜻으로 가차되었습니다. 범죄 수사(搜査)는 '찾아서(搜) 조사하다(査)'는 뜻입니다. 감사(監査)는 '감시하고(監) 조사하다(査)'는 뜻으로, 회사나 국가에서 재산 상태 및 업무 수행을 제대로 하는지 살펴보거나 조사하는 일이나 그런 업무를 하는 사람을 의미합니다.

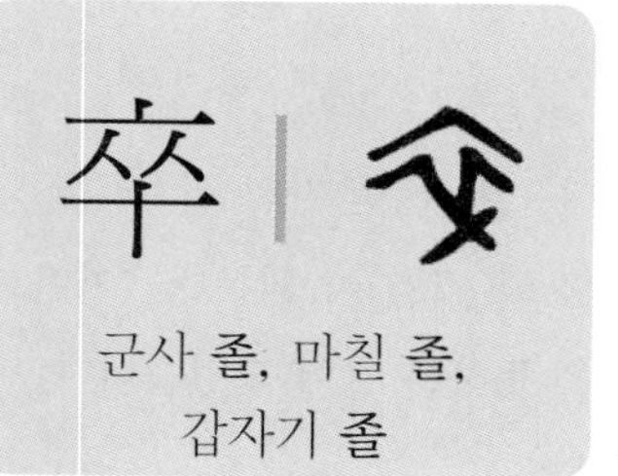

군사 졸, 마칠 졸, 갑자기 졸

군사 졸(卒)자의 상형문자를 보면 옷 의(衣)자의 허리 부분에 한 일(一)자가 그려져 있습니다. 즉, 옷(衣)을 허리띠(一)로 묶은 모습으로 싸움이나 일을 할 때 방해되지 않도록 하기 위함입니다. 따라서 허리를 묶은 옷을 입는 군사나 하인을 지칭하며, 죽은 사람에게 수의를 입힐 때 옷을 묶는 데에서 '죽다→마치다→갑자기 (죽다)' 등의 의미도 생겼습니다. 졸병(卒兵)은 '군사(卒)와 병사(兵)'라는 뜻으로 지위가 낮은 병사를 일컫는 말입니다. 졸업(卒業)은 '일(業)을 마치다(卒)'는 뜻이며, 졸도(卒倒)는 '갑자기(卒) 넘어지다(倒)'는 뜻으로 심한 충격이나 피로 등으로 정신을 잃는 것을 말합니다.

[졸]로 소리나는 경우

1 0 猝 갑자기 졸 ⓩ 猝
개 견(犭) + [군사/갑자기 졸(卒)]

갑자기 졸(猝)자는 '짐승(犭)들은 갑자기(卒) 공격하거나 행동이 예측 불허하다'는 뜻을 포함하고 있습니다. 졸부(猝富)는 '갑자기(猝) 부자(富)가 된 사람'이고, '졸지에 돌아가셨다'의 졸지(猝地)는 '갑작스러운(猝) 처지(處地)'입니다. 졸지풍파(猝地風波)는 '졸지(猝地)에 바람(風)과 파도(波)가 일어나다'는 뜻으로, 갑자기 일어난 곤란이나 파탄을 말합니다.

[취]로 소리나는 경우

3/2 醉 술취할 취 중 醉 약 酔
닭 유(酉) +
[군사 졸(卒)→취]

술취할 취(醉)자는 도취(陶醉), 심취(心醉), 취객(醉客), 취흥(醉興) 등에 쓰입니다. 취중진담(醉中眞談)은 '술(醉)에 취한 가운데(中) 진짜(眞) 속마음을 말하다(談)'는 뜻으로 사람들은 술에 취하면 속마음을 말한다는 의미입니다. 심취(心醉)는 마음(心)이 취하다(醉)'는 뜻으로,어떤 일에 깊이 빠져 마음을 빼앗기는 일을 말합니다. 마취(痲醉)는 '마비되도록(痲) 약물에 취하다(醉)'는 뜻입니다. 숙취(宿醉)는 '자고(宿) 나도 취하다(醉)'는 뜻으로, 이튿날까지 깨지 아니한 취기(醉氣)를 말합니다. 취생몽사(醉生夢死)는 '술에 취한(醉) 듯 살다가(生) 꿈(夢)을 꾸듯이 죽는다(死)'는 뜻으로, 아무 의미 없이, 이룬 일도 없이 한평생을 흐리멍덩하게 살아감을 비유하여 이르는 말입니다.

[쇄]로 소리나는 경우

1/2 碎 부술 쇄 중 碎
돌 석(石) +
[군사 졸(卒)→쇄]

부술 쇄(碎)자는 '돌(石)을 작게 부수다'는 뜻입니다. 분골쇄신(粉骨碎身)은 '뼈(骨)는 가루(粉)가 되고 몸(身)은 부서지다(碎)'는 뜻으로, 목숨을 걸어 있는 힘을 다함을 말합니다. 분쇄기(粉碎機)는 '가루(粉)로 부스러뜨리는(碎) 기계(機)'입니다. 쇄빙선(碎氷船)은 '얼음(氷)을 부수는(碎) 배(船)'라는 뜻으로, 얼어 붙은 바다나 강의 얼음을 깨뜨리고, 뱃길을 열어 주는 특수한 설비를 갖춘 배입니다.

[수]로 소리나는 경우

1/2 粹 순수할 수 중 粹
쌀 미(米) +
[군사 졸(卒)→수]

순수할 수(粹)자는 원래 '쌀(米)을 가루로 빻다'는 뜻입니다. 나중에 빻을 쌀은 다른 것이 섞이지 않은 순수한 쌀이어야 한다는 뜻에서 '순수(純粹)하다'는 뜻이 생겼습니다. 국수주의(國粹主義)는 '자신의 국가(國)만 순수하게(粹) 믿는 주의(主義)'라는 뜻으로 자기 국가의 고유한 역사나 문화만을 가장 뛰어난 것으로 믿고, 다른 국가나 다른 민족을 배척하는 극단적인 태도나 경향을 말합니다. 극단적인 국가주의(國家主義)와 같은 뜻으로 사용됩니다.

마루 종

마루 종(宗)자의 마루는 집안의 마루가 아니라, 산마루, 고갯마루에서 보듯이 '꼭대기'나 '높다'를 의미하는 우리말입니다. 마루 종(宗)자는 원래 집(宀) 안에 제사상(示)을 모셔 놓은 모습으로 조상의 제사를 모시는 사당(祠堂)을 일컫습니다. 이후 '사당→조상→시조→맏이→으뜸→마루'라는 뜻이 파생되었습니다. 종교(宗敎)는 '창조주나 절대자의 높은(宗) 가르침(敎)'입니다. 종묘(宗廟)는 '사당(宗)과 사당(廟)'이란 뜻으로, 조선 시대 역대의 왕과 왕비에게 제사를 지내는 사당을 일컫습니다. 1996년에 유네스코 세계문화유산으로 지정되었고, 서울의 종로3가에 위치합니다. 종가집의 종가(宗家)는 '한 문중에서 맏이(宗)로만 내려온 큰 집(家)'을 말합니다.

[종]으로 소리나는 경우

2/2 琮 옥홀 종 ⓢ 琮
구슬 옥(玉) + [마루 종(宗)]

2/2 綜 모을 종 ⓢ 综
실 사(糸) + [마루 종(宗)]

1/1 踪 자취 종 ⓢ 踪
발 족(足) + [마루 종(宗)]

옥홀 종(琮)자에서 옥홀은 '옥(玉)으로 만든 홀'입니다. 주로 사람 이름에 사용됩니다.

모을 종(綜)자는 원래 '베틀의 날실을 끌어올리도록 맨 굵은 실(糸), 즉 잉아'를 뜻하는 말입니다. 이후 잉아가 위에서 날실을 하나로 모으므로, '모으다'라는 뜻이 생겼습니다. 종합병원이나 종합예술의 종합(綜合)은 '모아서(綜) 합치다(合)'는 뜻입니다.

발자취 종(踪)자는 '발(足)이 지나가고 남은 것이 발자취이다'는 뜻입니다. 실종자(失踪者)는 '발자취(踪)를 잃어버린(失) 사람(者)'입니다. 종적(踪跡)은 '발자취(踪)와 발자취(跡)'입니다.

[숭]으로 소리나는 경우

4/3 崇 높을 숭 ⓢ 崇
메 산(山) + [마루 종(宗)→숭]

숭고(崇高), 숭배(崇拜), 숭상(崇尙) 등에 들어가는 높을 숭(崇)자는 높은 산(山)과 높은 마루(宗)가 합쳐져 '높다'는 뜻이 생겼습니다. 우리나라 남대문의 본래 이름은 숭례문(崇禮門)으로, '예(禮)를 숭상(崇尙)하는 문(門)'입니다. 배불숭유정책(排佛崇儒政策)은 '조선시대 불교(佛)를 배척하고(排) 유교(儒)를 숭상한(崇) 국가정책(政策)'입니다.

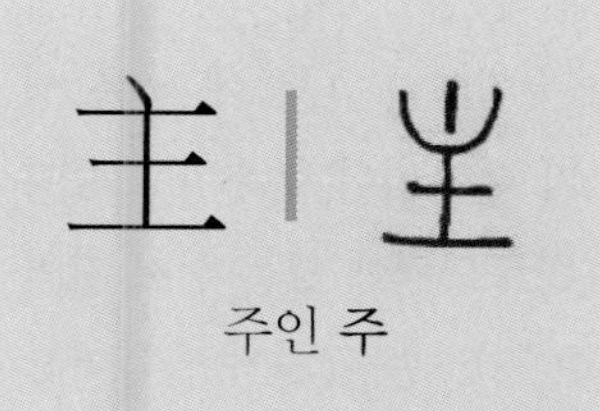

주인 주

주인 주(主)자는 등잔 모양(王) 위에 불꽃(丶)이 있는 모습을 본떠 만든 상형문자입니다. 집의 등잔불을 관리하는 사람이 주인이라서 주인 주(主)자가 되었습니다. 도끼 모양을 본떠 만든 글자인 임금 왕(王)자와 전혀 상관없습니다. 주인 주(主)자가 들어 있는 갈 왕(往)자는, 원래 발을 나타내는 그칠 지(止)자와 소리를 나타내는 임금 왕(王)자가 합쳐진 글자였으나 '가다'는 뜻을 분명히 하기 위해 걸을 척(彳)자가 붙어 현재 모습의 글자가 되었을 뿐, 주인 주(主)자와는 전혀 상관없습니다. 천주교(天主敎)는 '하늘(天)의 주인(主)인 하느님을 믿는 종교(敎)'로, 가톨릭(Catholic)교를 말합니다. 종교 개혁 운동이 일어날 때 신교(新敎: 새로운 기독교)가 탄생되면서, 천주교를 구교(舊敎: 옛 기독교)라고도 부릅니다.

[주]로 소리나는 경우

住 7/5 살 주 ⓖ住
사람 인(亻) + [주인 주(主)]

注 6/4 물댈 주 ⓖ注
물 수(氵) + [주인 주(主)]

柱 3/3 기둥 주 ⓖ柱
나무 목(木) + [주인 주(主)]

駐 2/2 머무를 주 ⓖ驻
말 마(馬) + [주인 주(主)]

註 1/2 주낼 주 ⓖ注
말씀 언(言) + [주인 주(主)]

주민(住民), 주소(住所), 안주(安住), 입주(入住) 등에 들어가는 살 주(住)자는 '주인(主人)이 집에 머무르며 살다'는 뜻입니다. 이주민(移住民)은 '사는(住) 곳을 옮긴(移) 사람(民)'입니다.

물댈 주(注)는 '논밭에 물(氵)을 넣다'는 뜻으로 주사기(注射器), 주유소(注油所) 등에 사용됩니다. 주입식(注入式) 교육은 '머릿속에 주입(注入)하는 방식(式)의 교육'이란 뜻으로 스스로 생각하고 궁리하는 토론식 수업이 아닌 암기를 주로 하여 가르치는 방식입니다.

기둥 주(柱)자는 '건물에서 가장 주요(主要)한 나무(木)가 기둥이다'는 뜻에서, 주인 주(主)자가 들어갑니다. 석주(石柱)는 '돌(石) 기둥(柱)'이란 뜻으로, 석회동굴 내에서 종유석과 석순이 자라 서로 붙어서 기둥이 만들어진 것입니다. 주석(柱石)은 '4각 기둥(柱) 모양의 결정을 가진 돌(石)'로, 나트륨, 칼슘, 알루미늄을 함유한 규산염 광물입니다. 사주(四柱)는 '4(四)개의 기둥(柱)'이란 뜻으로 태어난 연월일시(年月日時)를 가리키는 말입니다. 또 연월일시에 근거하여 사람의 길흉화복을 알아보는 점을 뜻하기도 합니다.

주한(駐韓), 주재(駐在), 주둔(駐屯), 상주(常駐) 등에 들어가는 머무를 주(駐)자는 '달리는 말(馬)을 쉬게 하며, 주인(主)처럼 머무르다'는 뜻입니다. 주둔(駐屯)은 '군사가 머무르면서(駐) 진을 치다(屯)'는 뜻입니다.

주낼 주(註)자에서 '주내다'는 '글에 주석(註釋: 낱말이나 문장의 뜻을 쉽게 풀이한 글)을 달다'는 뜻입니다. 각주(脚註)는 '다리(脚)에 달린 주석(註)'으로, 글을 본문의 아래쪽에 따로 단 주석입니다.

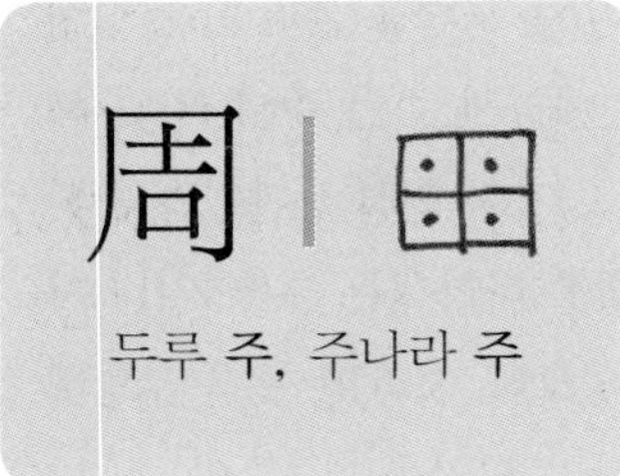

두루 주(周)자의 상형문자를 보면 밭 전(田)자 안에 점이 4개 찍혀 있습니다. '밭(田)의 농작물이 두루, 골고루 잘되었다'는 뜻입니다. 나중에 점은 생략되고, 글자 아래에 소리를 나타내는 입 구(口)자가 추가되어 현재의 모습이 되었습니다. 은(殷)나라를 멸망시킨 주(周)나라는 황토고원에 있는 섬서 지역의 비옥한 땅에서 농사를 지었고, 이런 배경에서 주(周)라는 글자가 만들어졌습니다. 주유천하(周遊天下)는 '천하(天下)를 두루(周) 돌아다니며 구경하면서 논다(遊)'는 뜻입니다.

[주]로 소리나는 경우

5/2 週 돌/주일 주 중 周
갈 착(辶) + [두루 주(周)]

돌 주(週)자는 '두루(周) 돌아다니다(辶)'는 뜻입니다. 학급의 주번(週番)은 '차례(番)로 돌아가면서(週) 교대로 하는 근무'입니다. 주기율(週期律)은 '원자의 성질이 주기(週期)적으로 변화하는 법칙(律)'이란 뜻입니다. 1864년 영국의 화학자 뉼런즈(Newlands, 1837~1898년)는 당시 알려져 있던 약 60종의 원소를 원자량의 순으로 나열했더니 성질이 닮은 원소가 여덟 번째에 나타나게 되는 사실을 발견하여 이들 원소의 순서를 번호로 표시하고, 이 규칙성을 옥타브(octave)의 법칙이라고 하였습니다. 이 옥타브의 법칙은 오늘날 사용되고 있는 주기율의 기초가 되었습니다. 주말(週末), 주일(週日), 금주(今週), 내주(來週), 매주(每週), 주초(週初) 등에 사용됩니다.

[조]로 소리나는 경우

5/4 調 고를 조 중 调
말씀 언(言) + [두루 주(周)→조]

고를 조(調)자는 원래 '말(言) 소리를 고르게(周)하다'는 뜻입니다. '고르다→조율(調律)하다→(노래나 음악의) 가락'이란 뜻이 생겼습니다. 곡조(曲調)는 '가락(曲)과 가락(調)'이란 뜻이고, 시조(詩調)는 '시(詩)의 가락(調)' 혹은 '가락(調)이 있는 시(詩)'란 뜻입니다.

2/2 彫 새길 조 중 雕
터럭 삼(彡) + [두루 주(周)→조]

새길 조(彫)자는 원래 '붓털(彡)로 색을 칠해 꾸미다'는 뜻에서 '새기다'는 뜻이 생겼습니다. 조각(彫刻)은 '새기고(彫) 새기다(刻)'는 뜻으로 '나무나 흙 등에 글이나 그림, 모양 등을 새기거나 빚는 일을 말합니다.

붉을 주

붉을 주(朱)자의 상형문자를 보면 나무 줄기에 점을 하나 찍은 모습으로 원래 뜻은 '줄기' 혹은 줄기 아래 부분을 뜻하는 '그루, 그루터기'입니다. 나중에 이 글자가 '붉다'는 뜻으로 가차되어 사용되자, 원래의 뜻을 살리기 위해 나무 목(木)자가 추가되어 그루 주(株)자가 되었습니다. 주황색(朱黃色)은 '빨강(朱)과 노랑(黃)의 중간색(色)'으로 영어로는 오렌지(Orange)색입니다. 《주홍(朱紅)글씨》는 '붉고(朱) 붉은(紅) 글씨'라는 뜻으로 17세기 미국의 청교도 사회를 배경으로 죄지은 자의 고독한 심리를 묘사한, 미국 작가 호손의 장편 소설입니다. 주홍글씨라는 제목은 간통한 사람의 가슴에 주홍색으로 된 'A'라는 글자를 달고 다니게 한 데에서 유래합니다. A는 간통(Adultery)이라는 단어의 첫글자입니다.

[주]로 소리나는 경우

3/2 **珠** 구슬 주 ⓖ 珠
구슬 옥(玉/王) + [붉을 주(朱)]

3/3 **株** 그루 주 ⓖ 株
나무 목(木) + [붉을 주(朱)]

진주(珍珠), 주옥(珠玉) 등에 쓰이는 구슬 주(珠)자는 '옥(玉/王)으로 만든 구슬'이란 뜻에서 만든 글자입니다. 계산기가 없던 시절에 사용했던 주산(珠算)은 '구슬(珠)로 셈하다(算)'는 뜻으로, 예전에는 주산 알이 구슬처럼 생겼기 때문입니다. 염주(念珠)는 '염불(念佛)하는 수를 헤아리기 위한 구슬(珠)'이란 뜻으로, 목걸이처럼 만들어 손목이나 목에 찹니다. 백팔염주(百八念珠)는 '구슬 108(百八)개를 꿴 염주(念珠)'로, 인간이 가진 108가지 번뇌를 상징합니다. 이것을 돌리며 염불을 외면 번뇌를 물리쳐 무상(無想)의 경지에 이른다고 합니다.

그루 주(株)자는 '나무(木)의 그루나 그루터기'라는 뜻입니다. 수주대토(守株待兎)는 '나무 그루터기(株)를 지키며(守) 토끼(兎)를 기다리다(待)'라는 뜻으로, 융통성이 없는 행동을 이르는 말입니다. 《한비자(韓非子)》에 나오는 말로, 중국 송나라의 한 농부가 나무뿌리에 걸려 죽은 토끼를 보고, 다시 토끼가 걸리기를 마냥 기다렸다는 이야기에서 유래합니다.

[수]로 소리나는 경우

3/2 **殊** 다를 수 ⓖ 殊
부서진뼈 알(歹) + [붉을 주(朱)→수]

다를 수(殊)자는 원래 '칼로 베어 죽이다(歹)'는 뜻으로 만든 글자입니다만, 나중에 '다르다'는 뜻이 생겼습니다. 특수교육(特殊教育)은 '특별히(特) 다른(殊) 교육(教育)'이란 뜻입니다. '수상한 짓'에서 수상(殊常)은 '평상(平常)과 다르다(殊)'는 뜻입니다. 수이전(殊異傳)은 '특수하고(殊) 특이한(異) 전설(傳)'이란 뜻으로 고려 문종 때 박인량이 지은 우리나라 최초의 설화집입니다.

2/2 銖 무게이름 수 ⓖ 铢
쇠 금(金) + [붉을 주(朱)→수]

2/2 洙 물이름 수 ⓖ 洙
물 수(氵) + [붉을 주(朱)→수]

무게이름 수(銖)자는 무게의 단위로, 기장(黍, 수수) 100알의 무게로 약 0.65 g으로 추정됩니다. 24수(銖)는 1냥입니다.

물이름 수(洙)자는 중국 산동성에 있는 강의 이름입니다. 이 글자도 사람의 이름에 사용됩니다. 수사지학(洙泗之學)은 '수(洙)와 사(泗)라는 두 강 사이의 학문(學)'이란 뜻으로 공자학(孔子學)을 일컫는 말입니다. 공자의 고향인 곡부(曲阜, 취푸)가 이곳에 있는데, 이곳에서 제자들을 모아 가르친 데에서 유래하는 말입니다.

夋 | 夋

갈 준

갈 준(夋)자는 뜻을 나타내는 걸을 쇠(夊)자와 소리를 나타내는 승낙할 윤(允)자가 합쳐진 글자입니다. 갈 준(夋)자는 단독으로는 사용되지 않고, 다른 글자와 만나 소리로 사용됩니다. 참고로 발의 상형인 걸을 쇠(夊)자는 다른 글자와 만나면 글자 아래에 들어갑니다.(예: 慶, 愛, 憂, 夏, 陵)

[준]으로 소리나는 경우

3/3 俊 준걸 준 ⓖ 俊
사람 인(亻) + [갈 준(夋)]

2/2 埈 높을 준 ⓖ 峻
흙 토(土) + [갈 준(夋)]

2/2 峻 높을 준 ⓖ 峻
메 산(山) + [갈 준(夋)]

2/1 駿 준마 준 ⓖ 骏
말 마(馬) + [갈 준(夋)]

2/1 浚 깊게할 준 ⓖ 浚
물 수(氵) + [갈 준(夋)]

2/1 晙 밝을 준 ⓖ 晙
날 일(日) + [갈 준(夋)]

1/1 竣 마칠 준 ⓖ 竣
설 립(立) + [갈 준(夋)]

준걸 준(俊)자의 준걸(俊傑)은 '뛰어난(傑) 호걸(俊)'이란 뜻입니다. '준수(俊秀)하다'는 낱말 외에는 거의 사용되지 않는 글자이지만, 사람 이름에 많이 사용됩니다.

높을 준(埈)자는 '땅(土)이 높다, 험하다, 가파르다'는 뜻을 가지고 있습니다. 이 글자도 사람 이름에 많이 사용됩니다.

높을 준(峻)자도 '산(山)이 높다, 험하다, 가파르다'는 뜻이 있습니다. 태산준령(泰山峻嶺)은 '큰(泰) 산(山)과 험한(峻) 고개(嶺)'입니다. 이 글자도 사람 이름에 많이 사용됩니다.

준마 준(駿)자에서 준마(駿馬)는 '잘 달리는 좋은 말(馬)'입니다. 이 글자도 사람 이름에 많이 사용됩니다.

깊게할 준(浚)자는 '강바닥을 파서 물(氵)을 깊게 하다'는 뜻입니다. 준설(浚渫)은 '깊게(浚) 파내다(渫)'는 뜻으로 배가 잘 드나들게 하기 위하여 하천이나 항만 등의 바닥에 쌓인 모래나 암석을 파내는 일이고, 준설선(浚渫船)은 '준설(浚渫)을 하는 배(船)'입니다.

밝을 준(晙)자는 '해(日)가 밝다'는 뜻입니다. 이 글자도 사람 이름에 많이 사용됩니다.

모래를 퍼올리는 준설선

마칠 준(竣)자는 '건물 등을 세우는(立) 것을 마치다'는 뜻입니다. 준공(竣工)은 '건물 등의 공사(工事)를 마치는(竣) 것'이고, 준공식(竣工式)은 '준공(竣工)을 축하하는 의식(儀式)'입니다.

[사]로 소리나는 경우

2-2 **唆** 부추길 사 중 唆
입 구(口) + [갈 준(夋)→사]

부추길 사(唆)자는 '입(口)으로 부추기다'는 뜻입니다. '경찰은 불법 주차 단속을 강화할 것을 시사했다'에서 시사(示唆)는 '보여주고(示) 부추기다(唆)'는 뜻으로 '일러 줌, 귀띔, 암시' 등과 같은 말입니다. 살인교사죄(殺人敎唆罪)는 '사람(人)을 죽이도록(殺) 가르치고(敎) 부추긴(唆) 죄(罪)'로 타인으로 하여금 살인을 실행을 하게 하는 죄입니다. 이 경우 가르치고 부추긴 사람을 공범으로 간주하여 범죄를 실행한 자와 같은 형으로 처벌됩니다.

[산]으로 소리나는 경우

2-2 **酸** 실 산 중 酸
닭 유(酉) + [갈 준(夋)→산]

술을 더욱 발효시키면 시어지는데, 실 산(酸)자는 '술(酉)이 오래 가면(夋) 시어진다'는 뜻입니다. 산성(酸性)은 '신(酸)맛이 나는 성질(性)을 가진 물질'로, 사이다, 오렌지, 포도, 사과 등 신 맛이 나는 것은 대부분 산성입니다. 산소(酸素)는 '신(酸)맛으로 변하게 하는 원소(素)'라는 뜻입니다. 산소(酸素)를 영어로 옥시전(oxygen)이라고 하는데, '신맛이 나는 물질'을 뜻하는 oxys와 '생성되다'는 뜻의 gennao가 합쳐져 만들어졌습니다. 옛 그리스 사람은 공기속의 어떤 물질이 술을 시게 만든다고 믿었고, 이를 옥시전(oxygen)이라고 불렀습니다.

산화물(酸化物)은 '산소(酸)와 화합한(化) 물질(物)'이란 뜻으로 산소(酸素)와 다른 원소와의 화합물(化合物)입니다. 예를 들어, 산화수소(酸化水素)는 '산소(酸)와 화합한(化) 수소(水素)'라는 뜻으로 분자식은 H_2O(물)입니다. 또 산화철(酸化鐵)은 '산소(酸)와 화합한(化) 철(鐵)'이란 뜻으로 분자식은 Fe_2O_3(녹슨 철)입니다. 이산화탄소(二酸化炭素)는 '두(二) 개의 산소(酸)와 화합한(化) 탄소(炭素)로, 분자식은 CO_2입니다.

수산화물(水酸化物)은 '수소(水)와 산소(酸)가 화합한(化) 물질(物)'이란 뜻으로 수소와 산소가 합쳐진 수산기(OH)와 다른 원소와의 화합물(化合物)입니다. 예를 들어, 수산화(水酸化)나트륨은 수산기(OH)와 나트륨(Na)의 화합물인 NaOH로 비누를 만드는데 사용됩니다. 또 수산화(水酸化)칼슘은 수산기(OH)와 칼슘(Ca)이 화합한 $Ca(OH)_2$로 표백제를 만드는데 사용합니다.

중국에서는 북을 막대기에 끼워 땅에 세우기도 하는데, 가운데 중(中)자가 북(口)을 막대기(丨)나 깃발에 끼워 땅에 세워 놓은 모습입니다. 상형문자를 보면 막대기 아래위로 깃발도 펄럭입니다. 이러한 북은 전쟁터에서 군대를 지휘하는 중심이 된다고 해서 '가운데'라는 뜻이 생겼습니다. 중동(中東)은 '동(東)양으로 가는 중(中)간에 있는 지역'이란 뜻으로, 아랍 지역을 말하며, 유럽과 아시아의 중간에 위치하고 있습니다. 18세기 후반 이래 유럽인이 사용한 미들 이스트(Middle East)를 한자로 번역한 것입니다.

[중]으로 소리나는 경우

3/2 仲 버금 중 ⓗ 仲
사람 인(亻) +
[가운데 중(中)]

형제(兄弟)를 나타내는 한자로 백중숙계(伯仲叔季)가 있습니다. 맏 백(伯)자는 맏이를 일컫고, 버금 중(仲)자는 둘째를 일컫는 말입니다. 백중지세(伯仲之勢)는 '맏이(伯)와 둘째(仲)의(之) 형세(勢)'로, 서로 우열을 가리기 어려운 형세를 뜻합니다. '어려운(難) 형(兄)과 어려운(難) 동생(弟)'이란 뜻의 난형난제(難兄難弟)와 같은 말입니다. 버금 중(仲)자는 '가운데, 중간'이라는 뜻도 있습니다. 중개(仲介)는 '어떤 일을 중간(仲)에 끼어서(介) 주선하는 일'이고, 중매(仲媒)는 '혼인이 이루어지게 중간(仲媒)에서 매개(媒介)하는 일'입니다.

[충]으로 소리나는 경우

4/4 忠 충성 충 ⓗ 忠
마음 심(心) +
[가운데 중(中)→충]

2/2 衷 정성 충 ⓗ 衷
옷 의(衣) +
[가운데 중(中)→충]

충성 충(忠)자는 원래 '마음(心)이 한쪽으로 치우치지 않고 가운데(中)에 있어서 공평하다'는 뜻입니다. 이후 '공평하다→정성스럽다→충성하다'는 뜻이 생겼습니다. 충고(忠告)는 '정성스럽게(忠) 고하다(告)'는 뜻으로 남의 잘못을 고치도록 진심으로 타이르는 것입니다. 충렬왕(忠烈王)은 '충성(忠)을 열렬하게(烈) 하는 왕(王)'이란 뜻으로 고려 25대 왕입니다. 당시 원나라의 지배하에서 원나라에 충성한다는 뜻이 담겨 있는 이름입니다. 이후에도 충선왕(忠宣王, 26대), 충숙왕(忠肅王, 27대), 충혜왕(忠惠王, 29대), 충목왕(忠穆王, 29대), 충정왕(忠定王, 30대) 등 모두 충성 충(忠)자가 들어 있습니다. 하지만 31대 공민왕(恭愍王)은 원나라 위왕의 딸 노국공주와 결혼하였지만, 몽고의 연호와 관제를 없애고 고려의 제도를 복귀시키는 등 반원(反元) 정책을 펼쳤습니다.

정성 충(衷)자는 '가운데(中)에 입는 속옷(衣)'을 의미하였으나, 이후 '속옷→속마음→정성(精誠)'이란 뜻이 생겼습니다. 충심(衷心)은 '속(衷)에서 우러나오는 마음(心)'이고, '고충을 털어놓다'의 고충(苦衷)은 '괴로운(苦) 속마음(衷)'입니다.

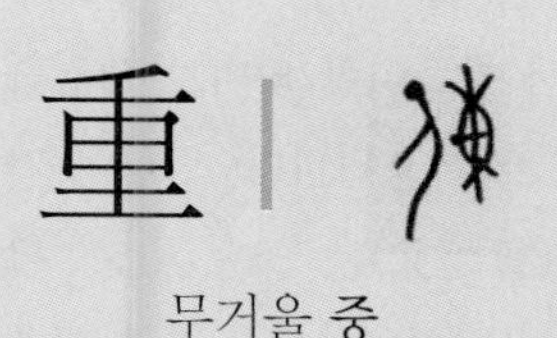

무거울 중

무거울 중(重)자의 상형문자를 보면 사람 인(亻)자와 함께 동녘 동(東)자가 들어 있습니다. 동녘 동(東)자는 아래 위를 묶은 자루의 상형으로, 사람이 무거운 자루를 지고 있는 모습에서 '무겁다'는 뜻이 생겼습니다. 이후 '무겁다→무겁게 하다→소중(所重)히 하다→귀중(貴重)하다→많다→두 번' 등의 뜻이 생겼습니다. 중방(重房)은 '중요한(重) 일을 하는 방(房)'으로, 고려 시대에 장군들이 모여 군대의 일을 의논하던 곳입니다. 이후 무신 집권 시대에는 일반 정사(政事)도 함께 다루면서 정치의 중심 기관이 되었습니다. 중의법(重義法)은 '하나의 말에 두 가지(重) 이상의 뜻(義)이 있게 한 수사법(法)'입니다. 예를 들어, 황진이의 "청산리 벽계수야 수이감을 자랑 마라"라는 시조에서 '벽계수'는 '푸른 시냇물'과 사람의 이름인 '벽계수' 등 이중의 뜻을 가지고 있습니다.

[종]으로 소리나는 경우

5/4 種 씨/심을 종 중 種
벼 화(禾) +
[무거울 중(重)→종]

4/1 鍾 쇠북 종 중 钟
쇠 금(金) +
[무거울 중(重)→종]

씨 종(種)자는 '벼(禾)에서 가장 무거운(重) 부분이 씨 또는 종자(種子)다'는 뜻입니다. 또 '씨를 뿌리거나 심는다'는 뜻도 있습니다. 종두법(種痘法)은 '천연두(痘) 백신을 인체에 심어(種) 병을 예방하는 방법(法)'으로 지석영에 의해 1879년 처음 소개되었고, 현재 천연두는 거의 발병하지 않습니다.

쇠북 종(鍾)자에서 쇠북은 종(鍾)의 옛말입니다. 쇠북 종(鍾)자는 '무거운(鍾) 쇠(金)로 만든 것이 쇠북이다'는 뜻입니다. 서울 종로(鍾路)는 '종(鍾)이 있는 길(路)'이고, 종로에 있는 종각(鍾閣)은 '종(鍾)이 있는 누각(閣)'으로 종각의 종(鍾)은 조선 시대에 시간을 알려주는 시계 역할을 하였습니다.

[동]으로 소리나는 경우

7/4 動 움직일 동 중 动
힘 력(力) +
[무거울 중(重)→동]

활동(活動), 자동(自動), 수동(手動), 동물(動物) 등에 쓰이는 움직일 동(動)자는 '무거운(重) 것은 힘(力)이 있어야 움직인다'는 뜻입니다. 동력(動力)은 '자동차나 비행기 등을 움직이는(動) 힘(力)'이고, 동영상(動映像)은 '움직이는(動) 영상(映像)'입니다. 능동(能動)은 '스스로 움직임(動) 가능하다(能)'는 뜻이고, 수동(受動)은 '남에게서 움직임(動)을 받는다(受)'는 뜻입니다.

[충]으로 소리나는 경우

3/2 衝 찌를/부딪칠 충 중 冲
다닐 행(行) +
[무거울 중(重)→충]

찌를 충(衝)자는 원래 '사거리(行)에서 무거운(重) 차들이 부딪치다'는 뜻입니다. 이후 '부딪치다→치다→찌르다' 등의 뜻이 파생되었습니다. 좌충우돌(左衝右突)은 '왼쪽(左)으로 부딪치고(衝), 오른쪽(右)으로 부딪치다(突)'는 뜻으로, 아무 일이나 사람에게 함부로 맞닥뜨림을 일컫는 말입니다. 사기충천(士氣衝天)은 '사기(士氣)가 하늘(天)을 찌를(衝) 정도로 높다'는 뜻입니다.

거듭 증(曾)자는 음식을 찌는 시루와 시루에서 올라오는 증기(八)의 모습을 본떠 만든 글자입니다. 시루를 겹쳐 놓은 데에서 거듭이란 의미가 생겼습니다. 다른 글자와 만나, '겹치다, 거듭하다'는 뜻으로 사용됩니다. 나중에 가차되어 '일찍, 이전에'란 뜻이 생겼습니다. 증조부(曾祖父)는 '조부(祖父: 할아버지)의 이전(曾) 분'이란 뜻으로 조부(祖父)의 아버지입니다. '역사 이래 미증유의 사건'의 미증유(未曾有)는 '이전(曾)에 한 번도 있어(有) 본 적이 없다(未)'는 뜻입니다.

[증]으로 소리나는 경우

4/4 **增** 더할 증 ㊥增
흙 토(土) + [일찍/거듭 증(曾)]

3/2 **憎** 미워할 증 ㊥憎
마음 심(忄) + [일찍/거듭 증(曾)]

3/2 **贈** 줄 증 ㊥赠
조개 패(貝) + [일찍/거듭 증(曾)]

더할 증(增)자는 '흙(土)을 겹쳐(曾) 쌓아 더하다'는 뜻입니다. 증대(增大), 증감(增減), 급증(急增), 증축(增築) 등에 사용됩니다.

증오(憎惡), 증오심(憎惡心) 등에 들어가는 미워할 증(憎)자는 '미워하는 마음(忄)이 거듭하여(曾) 증가하다'는 뜻이 담겨져 있습니다. '애증이 교차한다'의 애증(愛憎)은 '사랑(愛)과 미움(憎)'이란 뜻입니다.

줄 증(贈)자는 '돈(貝)을 거듭하여(曾) 주다'는 뜻입니다. 기증(寄贈), 증여(贈與)에 들어갑니다. 증여세(贈與稅)는 남에게 일정한 금액 이상의 돈이나 물건을 주고(贈) 줄(與) 때에, 받는 사람이 내는 세금(稅)'입니다.

[승]으로 소리나는 경우

3/2 **僧** 중 승 ㊥僧
사람 인(亻) +
[일찍/거듭 증(曾)→승]

중도 사람이므로 중 승(僧)자에는 사람 인(亻)자가 들어갑니다. 승려(僧侶), 고승(高僧) 등에 사용됩니다. 《해동고승전(海東高僧傳)》은 '바다(海) 동쪽(東) 나라(우리나라)의 덕이 높은(高) 중(僧)에 관한 전기(傳)'로 고려의 고승 각훈(覺訓)이 1215년(고종 2년)에 지은 책입니다. 고구려에 불교가 전래된 이후부터 이 책을 지을 때까지의 우리나라 고승들에 대한 전기(傳記)입니다.

[층]으로 소리나는 경우

4/3 **層** 층 층 ㊥层
주검 시(尸) +
[일찍/거듭 증(曾)→층]

층 층(層)자는 '집(尸)이 거듭하여(曾) 겹쳐져 있는 것이 층(層)이다'는 뜻입니다. 또 '여러 층(層)의 집에 들어갈 때는 계단을 올라가야 한다'고 해서 계단(階段)이나 층계(層階)라는 뜻도 생겼습니다. 성층권(成層圈)은 '층(層)을 이루는(成) 지구 둘레(圈)'로, 대류권에서는 높이 올라갈수록 온도가 낮아지고, 대류권이 끝나는 곳부터는 온도가 올라가기 시작합니다. 이처럼 온도가 층을 이루고 있다는 뜻으로 성층권이라고 부릅니다. 이곳에는 오존들이 자외선을 흡수하는 오존층이 있습니다.

支 | 支

지탱할 지, 가지 지, 가를 지

지탱할 지(支)자는 손(又)에 나뭇가지(十)를 들고 있는 모습을 본떠 만든 글자입니다. 이후 '(나무의) 가지→갈라지다→(손에 든 막대기로) 치다→(나무 가지로) 괴다→지탱하다' 등의 뜻이 추가되었습니다. 칠지도(七支刀)는 '7(七)개의 가지(支)로 갈라진 칼(刀)'로, 백제의 왕이 왜왕 지(旨)에게 하사한 철제 칼입니다. 현재 일본 국보로 지정되어 있습니다. 지탱할 지(支)자는 은나라 때 날짜를 세기 위해 만든 십간십이지의 십이지(十二支)라는 뜻으로도 사용됩니다. 십간(十干)은 '10(十)개의 줄기(干)'란 뜻이고, 십이지(十二支)는 '줄기에서 갈라져 나온 12(十二)개의 가지(支)'라는 뜻입니다.

[지]로 소리나는 경우

3/3 枝 가지 지 ⓗ 枝
나무 목(木) + [지탱할 지(支)]

1/2 肢 사지 지 ⓗ 肢
고기 육(肉/月) + [지탱할 지(支)]

가지 지(枝)자는 '나무(木)에 갈라진(支) 것이 가지이다'는 뜻입니다. 금지옥엽(金枝玉葉)은 '금(金)으로 만든 나뭇가지(枝)와 옥(玉)으로 만든 잎(葉)'이란 뜻으로 임금의 가족이나 귀한 자손을 이르는 말입니다.

'사지가 멀쩡한 놈이 놀고 있어?', '사지를 결박하라.' 등에 나오는 사지(四肢)는 몸에서 갈라져 나온 네 개(두 손과 두 발)의 가지라는 뜻입니다. 따라서 사지 지(肢)자는 '몸(肉/月)에서 갈라져 나온 가지(支)가 사지이다'는 뜻입니다. 절지동물(節肢動物)은 '사지(肢)가 마디(節)로 연결된 동물(動物)'로, 갑각류(게, 세우), 곤충류(메뚜기), 거미류(거미, 전갈), 다지류(지네, 노래기) 등으로 나누어집니다. 이중 다지류(多肢類)는 '많은(多) 사지(肢)가 있는 종류(類)'라는 뜻으로 지네와 같이 다리가 많은 동물입니다.

[기]로 소리나는 경우

5/4 技 재주 기 ⓗ 技
손 수(扌) +
[지탱할 지(支)→기]

2/2 岐 갈림길 기 ⓗ 岐
메 산(山) +
[지탱할 지(支)→기]

1/1 妓 기생 기 ⓗ 妓
여자 녀(女) +
[지탱할 지(支)→기]

기술(技術), 기능(技能), 특기(特技) 등에 들어가는 재주 기(技)자는 '손(扌) 재주가 있다'는 뜻입니다. 별기군(別技軍)은 '특별한(別) 재주(技)를 가진 군대(軍)'로, 1881년(고종 18년) 중앙에 최초로 창설된 신식 군대였습니다. 이들은 월급이나 옷 지급 등 모든 대우가 구식 군대보다 월등했는데, 이러한 차별 대우는 1882년에 임오군란(壬午軍亂)이 일어난 원인이 되었습니다.

갈림길 기(岐)자는 '산(山)이 가로막고 있는 곳에서 길도 갈라진다(支)'는 뜻에서 만들어진 글자입니다. 분기점(分岐點)은 '나누어지는(分) 갈림길(岐)이 있는 지점(點)'이란 뜻으로 사물이 방향을 바꾸어 갈라지는 점을 말합니다. 기로(岐路)는 '여러 갈래의 갈림길(岐)이 있는 길(路)'이란 뜻으로 미래의 향방이 상반되게 갈라지는 지점을 비유적으로 이르는 말입니다.

기생 기(妓)자는 '악기, 노래, 춤 등에 재주(技→支)가 있는 여자(女)가 기생이다'는 뜻입니다. 관기(官妓)는 '옛날에 관청(官)에 딸렸던 기생(妓)'입니다.

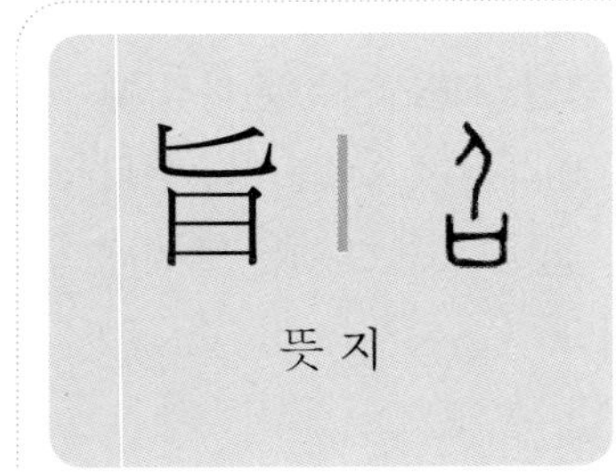

뜻 지(旨)자는 숟가락의 상형인 비수 비(匕)자와 달 감(甘→日)자가 합쳐진 글자입니다. 따라서 '숟가락(匕)으로 단(甘→日) 음식을 먹으니 맛있다'는 뜻입니다. 달 감(甘)자는 맛있어 혀를 빼내어 물고 있는 입의 상형입니다. 나중에 가차되어 '뜻'이란 의미가 생겼습니다. 취지(趣旨), 요지(要旨), 논지(論旨) 등에 사용되는 지(旨)자는 '뜻'을 의미합니다. 또 교지(敎旨)는 '왕이 가르치는(敎) 뜻(旨)'으로, 조선 시대 왕이 내리는 각종 문서입니다. 도승지(都承旨)는 '왕의 뜻(旨)을 받드는(承) 우두머리(都)'로, 조선시대 왕의 명령을 출납하던 승정원(承政院)의 우두머리입니다. 오늘날의 대통령 비서실장에 해당합니다.

[지]로 소리나는 경우

4/4 指 손가락 지 ⓖ 指
손 수(扌) + [뜻/맛있을 지(旨)]

2/2 脂 기름 지 ⓖ 脂
고기 육(肉/月) + [뜻/맛있을 지(旨)]

손가락 지(指)자는 '손(扌)에 손가락이 있다'는 뜻입니다. 이후 '손가락→가리키다→지시(指示)하다' 등의 뜻이 생겼습니다. 지수(指數)는 '거듭 제곱 횟수를 가리키는(指) 수(數)'로, 어떤 수나 문자의 오른쪽 위에 덧붙여 씁니다. 무명지(無名指)는 '이름(名)이 없는(無) 손가락(指)'이란 뜻으로, 중지(中指)와 새끼손가락 사이의 손가락입니다. 옛날에 탕약(湯藥)을 마실 때, 탕약의 온도를 재거나 탕약을 젓는 데 사용한다고 해서 약지(藥指)라고도 합니다. 서양에서는 약지에 약혼반지를 낍니다.

기름 지(脂)자는 '고기(肉/月)에서 맛있는(旨) 부분은 기름이다'는 뜻입니다. 수지(樹脂)는 '나무(樹) 기름(脂)'이란 뜻으로, 소나무의 송진처럼 나무에서 분비되는 물질입니다. 이런 물질은 기름처럼 불이 잘 붙기 때문에 '나무(樹) 기름(脂)'이란 이름이 생겼습니다.

[기]로 소리나는 경우

2/2 耆 늙을 기 ⓖ 耆
늙을 로(耂) + [뜻/맛있을 지(旨)→기]

1/1 嗜 즐길 기 ⓖ 嗜
입 구(口) + [늙을 기(耆)]

늙을 기(耆)자는 원래 '늙은 사람(耆)이 맛있는(旨) 음식을 즐기다'는 뜻입니다. 이후 '늙다'는 뜻으로 사용되자, 원래의 뜻을 살리기 위해 입 구(口)자가 추가되어 즐길 기(嗜)자가 되었습니다. 기호식품(嗜好食品)은 '즐기고(嗜) 좋아하는(好) 식품(食品)'이란 뜻으로, 향기나 맛을 즐기기 위한 술, 담배, 차, 커피 등의 식품입니다. 기로(耆老)는 '늙고(耆) 늙다(老)'는 뜻으로, 60세 이상의 노인을 일컫는 말입니다.

이를 지

이를 지(至)자는 땅(一)위에 화살 시(矢)자가 거꾸로 있는 모습입니다. 즉, 화살이 땅에 떨어지는 모습으로 '이르다, 도달하다'는 뜻을 가집니다. 예를 들어, 하지(夏至)는 '여름(夏)에 도달했다(至)'는 뜻으로, 일년 중 낮이 가장 긴 날입니다. 반대로 동지(冬至)는 '겨울(冬)에 도달했다(至)'는 뜻으로, 일 년 중 밤이 가장 긴 날입니다. 스스로 자(自)자와 이를 지(至)자는 각각 '~부터(from)'와 '~까지(to)'라는 뜻도 가지고 있습니다. 자초지종(自初至終)은 '처음(初)부터(自) 끝(終)까지(至)'입니다.

[질]로 소리나는 경우

3/3 **姪** 조카 질 중 侄
여자 녀(女) +
[이를 지(至)→질]

조카 질(姪)자는 원래는 '모계 사회에서 여자(女)인 언니나 여동생의 아들딸'을 이르는 글자였으나, 지금은 여자나 남자 형제의 아들딸을 이르는 글자가 되었습니다. 숙질(叔姪)은 '아저씨(叔)와 조카(姪)'입니다. 질녀(姪女)는 '여자(女) 조카(姪)'라는 뜻으로 조카딸을 말합니다. 질부(姪婦)는 '조카(姪)며느리(婦)'라는 뜻으로 조카의 아내를 말합니다. 질서(姪壻)는 '조카(姪)사위(壻)'라는 뜻으로 조카딸의 남편을 말합니다.

2/2 **窒** 막힐 질 중 窒
구멍 혈(穴) +
[이를 지(至)→질]

막힐 질(窒)자는 '굴이나 구멍(穴) 끝에 이르면(至) 막혀 있다'는 뜻입니다. 질식(窒息)은 '숨(息)이 막히다(窒)'는 뜻입니다. 질소(窒素)는 '(공기 중의 산소와는 달리) 숨을 막아(窒) 질식시키는 원소(素)'라는 뜻입니다.

1/0 **膣** 새살돋을 질 중 膣
고기 육(肉/月) +
[막힐 질(窒)]

새살돋을 질(膣)자는 '화살에 맞아 구멍이 난 상처에 새 살(肉/月)이 돋아 상처 구멍(穴)이 막히다(窒)'는 뜻입니다. 또 질(膣)자는 '사람의 몸(肉/月)에서 끝이 막힌(窒) 구멍(穴)'인 여자의 음문(陰門)을 뜻하기도 합니다.

1/0 **桎** 차꼬 질 중 桎
나무 목(木) +
[이를 지(至)→질]

차꼬는 손목이나 발목을 채우는 장치입니다. 차꼬 질(桎)자는 '나무(木)로 만든 형틀이 차꼬이다'는 뜻입니다. '질곡의 세월' 또는 '질곡에서 벗어나다' 등에 나오는 질곡(桎梏)은 '차꼬(桎)와 수갑(梏)'을 아울러 이르는 말로, 몹시 속박하여 자유를 가질 수 없는 고통의 상태를 비유적으로 이르는 말입니다.

[실]로 소리나는 경우

8/5 **室** 집 실 중 室
집 면(宀) +
[이를 지(至)→실]

교실(敎室), 화장실(化粧室), 호텔의 특실(特室) 등에 사용되는 집 실(室)자는 집이라는 뜻보다는 방(房)이라는 뜻으로 많이 사용됩니다. 집 실(室)자에 들어가는 이를 지(至)자는 화살이 땅에 도달하는 모습으로 땅에 도달해서 더 이상 갈 곳이 없다는 뜻을 포함하고 있습니다. 즉 '집(宀) 안에서 방에 도달하면(至) 더 이상 갈 곳이 없다'는 뜻입니다.

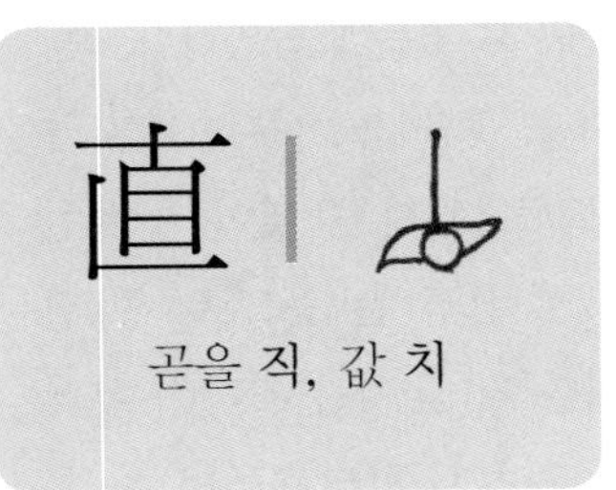

곧을 직, 값 치

곧을 직(直)자는 눈 목(目)자 위에 수직선(丨)을 하나 그어, '눈(目)으로 똑바로(丨) 보다'는 뜻을 나타내기 위하여 만든 글자이나, 이후 모양이 변형되어 현재의 글자가 되었습니다. 이후 '곧다→바르다→바로' 등의 뜻이 생겼습니다. 직선(直線)에서는 '곧다', 정직(正直)에서는 '바르다', 직접(直接)에서는 '바로'라는 뜻으로 사용됩니다. 곧을 직(直)자는 값 치(直)자도 되는데, 값을 매기려면 눈으로 바르게 봐야 하기 때문입니다. 나중에 뜻을 분명히 하기 위해 사람 인(亻)자가 추가되어 값 치(値)자가 되었습니다. 값은 사람이 매기니까요. 또 곧을 직(直)자가 3개 모이면 곧을 촉(矗)자가 되는데, 논개가 빠져 죽은 진주 남강에 있는 누각이 촉석루(矗石樓)입니다.

[직]으로 소리나는 경우

2/2 稙 올벼 직 ㊥稙
벼 화(禾) + [곧을 직(直)]

올벼 직(稙)자는 '보통 벼보다 철 이르게 익는 벼(禾)가 올벼이다'는 뜻입니다. 주로 사람 이름에 사용됩니다.

[식]으로 소리나는 경우

7/5 植 심을 식 ㊥植
나무 목(木) + [곧을 직(直)→식]

식목(植木), 식물(植物) 등에 들어가는 심을 식(植)자는 '나무(木)를 수직으로 곧게(直) 심다'는 뜻입니다. 식민지(植民地)는 '백성(民)을 심어(植) 놓은 땅(地)'이란 뜻으로, 백성을 새로운 곳으로 이주시켜 건설한 지역을 의미합니다만, 나중에는 외국에 점령되어 외국으로부터 착취를 당하는 지역이란 뜻으로 바뀌게 되었습니다.

2/2 殖 번식할 식 ㊥殖
부서진뼈 알(歹) + [곧을 직(直)→식]

증식(增殖), 양식(養殖), 생식(生殖) 등에 사용되는 번식할 식(殖)자는 '시신(歹)이 묻힌 자리에 초목을 심으면(植→直) 잘 번식한다'는 뜻입니다. 이후 '번식(繁殖)하다→자라다→불리다→번성하다' 등의 뜻이 생겼습니다. 동양척식주식회사(東洋拓殖株式會社)는 '동양(東洋)을 개척하고(拓) 번성하게(殖) 하는 주식회사(株式會社)'라는 뜻으로, 일제가 조선의 토지와 자원을 수탈할 목적으로 1908년 설치한 회사입니다.

[치]로 소리나는 경우

4/3 置 둘 치 ㊥置
그물 망(网/罒) + [값 치(直)]

위치(位置)나 배치(配置)에 들어가는 둘 치(置)자는 '물고기나 짐승을 잡기 위해 그물(罒)에 곧게(直) 세워두다'는 뜻입니다. 영어에서 전치사(前置詞)는 '다른 단어의 앞(前)에 위치(置)한 낱말(詞)'이란 뜻입니다. 정치망(定置網)은 '일정한(定) 자리에 배치(置)한 그물(網)'로, 한곳에 쳐 놓고 고기떼가 지나가다가 걸리도록 한 그물입니다.

3/3 **値** 값 치 중 値
사람 인(亻) + [값 치(直)]

값 치(値)자는 '사람(亻)이 곧고 바르게(直) 값을 매기다'는 뜻을 포함하고 있습니다. 등치선(等値線)은 '지도상에서 같은(等) 값(値)을 가진 점들을 연결한 선(線)'으로, 높이가 같은 등고선(等高線), 깊이가 같은 등심선(等深線), 온도가 같은 등온선(等溫線), 압력이 같은 등압선(等壓線) 따위를 통틀어 이르는 말입니다. 가치(價値)는 '값(價)과 값(値)'이란 뜻입니다.

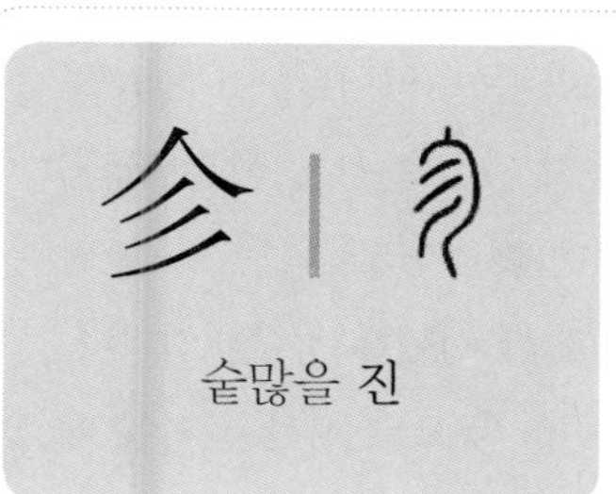
숱많을 진

숱많을 진(㐱)자의 상형문자를 보면 사람(人) 몸에 털(彡)이 많이 나 있는 모습인데, 이런 모습에서 머리털 숱이 많은 사람을 일컫는 말이 된 것으로 추측됩니다. 이 글자는 단독으로 사용되지 않고 다른 글자와 만나 소리로만 사용됩니다.

[진]으로 소리나는 경우

4/3 **珍** 보배 진 중 珍 약 珎
구슬 옥(玉/王) + [숱많을 진(㐱)]

2/2 **診** 볼 진 중 诊
말씀 언(言) + [숱많을 진(㐱)]

1/0 **疹** 홍역 진 중 疹
병 녁(疒) + [숱많을 진(㐱)]

옛 중국인들은 옥을 귀하게 여겼습니다. 그래서 진귀(珍貴), 진주(珍珠)에 들어가는 보배 진(珍)자에 옥(玉/王)자가 들어가 있습니다. 진주(珍珠)는 '보배(珍)와 같이 귀한 구슬(珠)'이고, 산해진미(山海珍味)는 '산(山)과 바다(海)의 진귀한(珍) 맛(味)'이란 뜻으로, 온갖 귀한 재료로 만든 음식을 말합니다.

볼 진(診)자는 원래 '병을 진찰하여 그 결과를 말(言)한다'는 뜻입니다. 이후 '고(告)하다→진찰(診察)하다→증상(症狀)→맥을 보다→보다' 등의 뜻이 생겼습니다. 진료소(診療所)는 '병을 진찰하고(診) 치료하는(療) 곳(所)'이란 뜻으로, 병원보다 작은 규모의 의료 기관을 일컫는 말입니다. 진단서(診斷書)는 '의사가 병을 진찰(診察)하여 상태를 판단(判斷)한 결과를 적은 증명서(證明書)'입니다. 휴학이나 장기 결근, 폭력죄로 상대방을 고소하는 등에 필요합니다.

홍역 진(疹)자에서 홍역(紅疫)은 '붉은(紅) 병(疫)'이라는 뜻으로, 얼굴과 몸에 좁쌀 같은 붉은 발진이 돋으면서 앓는 어린이의 전염병입니다. 홍진(紅疹)이라고도 부릅니다. '피부에 발진이 돋다'에서 발진(發疹)은 열병 따위로 말미암아 피부나 점막에 발생하는 좁쌀만한 종기입니다. 습진(濕疹)은 여러 가지 자극물로 인하여 피부에 일어나는 염증으로, 가려움을 동반하는 것이 특징입니다.

참 진(眞)자는 원래 숟가락(匕)과 솥(鼎→貝)이 합쳐진 모습이었는데, 이후 모습이 변해 지금의 글자가 되었습니다. 숟가락(匕)으로 솥(鼎→貝)의 음식을 떠먹는 모습에서 '참, 진실, 사실' 등의 뜻이 생긴 이유에 대해서는 명확하지 않습니다. 진선미(眞善美)는 '참됨(眞)과 착함(善)과 아름다움(美)'입니다. 카메라로 찍는 사진(寫眞)은 '사실대로(眞) 베끼다(寫)'는 뜻입니다.

[진]로 소리나는 경우

3/3 **鎭** 진압할 진 ⓗ 镇
쇠 금(金) + [참 진(眞)]

진압할 진(鎭)자는 원래 '무거운 쇠(金)로 누르다'는 뜻입니다. 이후 '누르다→진압(鎭壓)하다→지키다→진영(鎭營)' 등의 뜻이 생겼습니다. 진정(鎭靜)은 '흥분되거나 어지러운 상태를 눌러(鎭) 조용하게(靜) 가라앉히는 것'을 말하며, 진통제(鎭痛劑)는 '아픈 통증(痛症)을 진정(鎭靜)시키는 약(劑)'입니다. 청해진(淸海鎭)은 '푸른(淸) 바다(海)의 진영(鎭)'이란 뜻으로 신라 흥덕왕 때에, 장보고가 지금의 전라남도 완도에 설치한 진영입니다.

[신]으로 소리나는 경우

3/2 **愼** 삼갈 신 ⓗ 慎
마음 심(忄) + [참 진(眞)→신]

참 진(眞)자와 마음 심(忄/心)자가 합쳐진 삼갈 신(愼)자는 '진심(眞心)으로 삼가하다'는 뜻입니다. 신중(愼重)은 '삼가고(愼) 무겁게(重) 하다'는 뜻의 매우 조심스럽다는 의미입니다. 근신(謹愼)은 '말이나 행동을 삼가고(謹) 삼가다(愼)'는 뜻으로 벌(罰)로 일정 기간 동안 출근이나 등교를 하지 않고 말이나 행동을 삼가는 것을 일컫습니다.

[전]으로 소리나는 경우

1/2 **顚** 이마 전 ⓗ 颠
머리 혈(頁) + [참 진(眞)→전

1/1 **塡** 메울 전 ⓗ 填
흙 토(土) + [참 진(眞)→전]

이마는 머리에 있으므로 이마 전(顚)자에는 머리 혈(頁)자가 들어갑니다. 이후 '이마→(이마가 땅에) 닿다→넘어지다→엎드러지다→뒤집히다' 등의 뜻이 생겼습니다. 주객전도(主客顚倒)는 '주인(主)과 손님(客)이 뒤집히고(顚) 뒤집히다(倒)'는 뜻으로, 앞뒤 차례가 서로 뒤바뀜을 뜻합니다. 칠전팔기(七顚八起)는 '일곱(七) 번 넘어지고(顚) 여덟(八) 번 일어난다(起)'는 뜻으로 여러 번 실패하여도 굴하지 아니하고 꾸준히 노력함을 이르는 말입니다.

메울 전(塡)자는 '흙(土)으로 구멍을 메우다'는 뜻입니다. '손해를 보전한다'에서 보전(補塡)은 '깁고(補) 메우다(塡)'는 뜻으로, 부족한 부분을 보태어 채우다는 뜻입니다. '총을 장전하다'에서 장전(裝塡)은 '넣어(裝) 메우다(塡)'는 뜻으로, 탄알이나 화약을 재어 넣는 일을 말합니다. 꾸밀 장(裝)자는 '꾸며 넣다'는 뜻도 있습니다.

辰 | 𠨒

별 진, 때 신

별 진(辰)자는 입을 벌리고 있는 조개의 모습을 본떠 만든 글자입니다. 하지만 나중에 별을 의미하는 글자로 가차되었습니다. 또한 때 신(辰)자도 됩니다. 석가탄신일(釋迦誕辰日)은 '석가(釋迦)가 탄생한(誕) 날(辰日)'로, 음력 4월 8일입니다. 별 진(辰)자는 부수이지만, 다른 글자와 만나 소리로 사용될 때에는 '떨리거나 움직이다'는 뜻을 가집니다. 진동(振動)이라는 글자에 들어가는 떨칠 진(振)자, 뱃속의 아기가 움직이는 아이밸 신(娠)자가 그런 예입니다.

진(辰)자는 십이지(十二支)에 속하면서 12동물 중 용(龍)과 짝을 이루었습니다. 임진왜란(壬辰倭亂)은 '임진(壬辰)년에 왜(倭)가 일으킨 난(亂)'입니다.

[진]으로 소리나는 경우

3/2 振 떨칠 진 ⓖ 振
손 수(扌) + [별 진(辰)]

3/2 震 벼락/진동할 진 ⓖ 震
비 우(雨) + [별 진(辰)]

진동(振動), 진폭(振幅), 공진(共振) 등에 사용되는 떨칠 진(振)자는 '손(手/扌)으로 떨치다'는 뜻입니다. 단진동(單振動)은 '단순한(單) 진동(振動)'으로, 물체가 진동을 할 때 위치 변화를 사인 또는 코사인 함수로 나타낼 수 있는 진동입니다.

벼락 진(震)자는 '비(雨)가 올 때 벼락이 친다'는 뜻입니다. 또, 벼락이 치면 산천초목이 떨리므로 '진동하다'는 뜻도 있습니다. 진동(震動), 지진(地震) 등이 그러한 예입니다.

[신]으로 소리나는 경우

3/2 晨 새벽 신 ⓖ 晨
날 일(日) + [때 신(辰)]

1/2 娠 아이밸 신 ⓖ 娠
여자 녀(女) + [때 신(辰)]

새벽 신(晨)자는 '별(辰) 위로 해(日)가 뜨니 새벽이다'는 뜻입니다. 신성(晨星)은 '새벽(晨) 별(星)'이란 뜻으로, 새벽에 동쪽 하늘에서 반짝이는 금성(金星), 우리말로 샛별입니다. 혼정신성(昏定晨省)은 '어두운(昏) 저녁에 이부자리를 정리하고(定) 새벽(晨)에 부모님을 살피다(省)'는 뜻으로 자식이 아침저녁으로 부모의 안부를 물어서 살핌을 일컫는 말입니다.

아이밸 신(娠)자는 '여자(女)가 아이를 배다'는 뜻입니다. 임신(妊娠, 姙娠)은 '아이를 배고(妊, 姙), 아이를 배다(娠)'는 뜻입니다.

[순]으로 소리나는 경우

3/2 脣 입술 순 ⓖ 唇
고기 육(肉/月) +
[별 진(辰)→순]

입술 순(脣)자는 '입술을 벌리고 닫는 모습이 조개와 비슷하다'고 해서 조개의 상형인 신(辰)자가 들어갔습니다. 순망치한(脣亡齒寒)은 '입술(脣)이 없으면(亡) 이(齒)가 차다(寒)'는 뜻으로, '이웃이 망하면 자신도 위험하다'는 의미입니다. 구순염(口脣炎)은 '입(口)의 입술(脣)에 생기는 염증(炎)'으로 비타민 B_2가 부족하여 생기는 결핍증입니다.

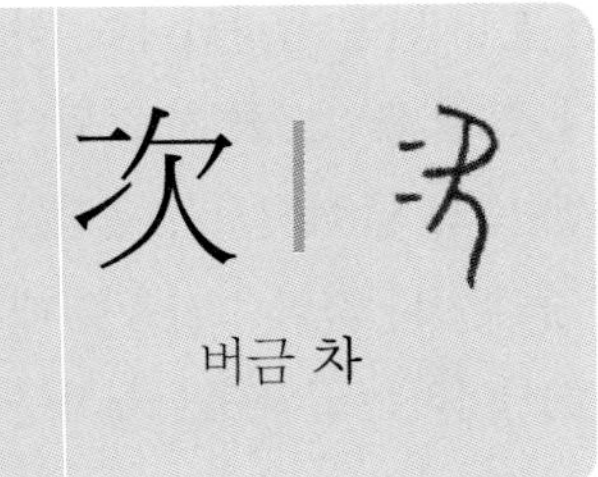

버금 차(次)자는 원래 하품(欠)하듯이 입을 크게 벌리고 침(氵→冫)을 튀겨가면서 자랑하듯이 이야기를 하는 건방지고 방자한 모습에서 '방자(放恣)하다'는 뜻을 가졌습니다. 이후 가차되어 '버금(으뜸의 다음)'이란 뜻으로 사용되자 원래의 뜻을 분명히 하기 위해 마음 심(心)자를 붙여 방자할 자(恣)자가 되었습니다. 버금 차(次)자에는 이후, '버금→다음→차례(次例)→줄지어 세우다' 등의 뜻이 생겼습니다. 차세대(次世代)는 '다음(次) 세대(世代)'입니다.

[자]로 소리나는 경우

4/3 姿 맵시 자 ⓩ 姿
여자 녀(女) + [버금 차(次)→자]

4/3 資 재물 자 ⓩ 资
조개 패(貝) + [버금 차(次)→자]

3/2 恣 방자할 자 ⓩ 恣
마음 심(心) + [버금 차(次)→자]

2/2 諮 물을 자 ⓩ 咨
말씀 언(言) + 입 구(口) + [버금 차(次)→자]

1/1 瓷 사기그릇 자 ⓩ 瓷
기와 와(瓦) + [버금 차(次)→자]

자태(姿態), 자세(姿勢)에 들어가는 맵시 자(姿)자는 '여자(女)는 맵시가 있다'는 뜻입니다.

재물이란 돈(조개)을 뜻하므로 재물 자(資)자에는 조개 패(貝)자가 들어갑니다. 자본(資本), 자산(資産), 자원(資源), 투자(投資), 물자(物資), 자료(資料) 등에 사용됩니다. 자원(資源)은 '재물(資)을 만드는 근원(源)'으로, 생활에 필요한 상품을 만드는 데 이용되는 원료로, 석유, 석탄, 철광, 지하수, 목재 등이 모두 자원입니다.

방자할 자(恣)자의 '방자(放恣)하다'는 '어려워하거나 삼가는 태도가 없이 건방지거나 멋대로 하다'는 뜻입니다. 방자한 것은 마음에서 기인하므로 마음 심(心)자가 들어갑니다. '나쁜 짓을 서슴없이 자행하다'에서 자행(恣行)은 '멋대로(恣) 행하다(行)'는 뜻입니다.

말로 물으니까 물을 자(諮)자에는 말씀 언(言)자가 들어갑니다. 자문(諮問)은 '묻고(諮) 묻는다(問)'는 뜻으로, 어떤 일을 좀 더 효율적이고 바르게 처리하려고 전문가나 전문가들로 이루어진 기구에 의견을 묻는 것을 말합니다.

사기그릇은 기와처럼 가마에서 구워서 만드니까 사기그릇 자(瓷)자에는 기와 와(瓦)자가 들어갑니다. 기와 와(瓦)자는 기와 모습을 본떠 만든 글자입니다. 화병(花瓶)에 들어가는 병 병(瓶)자와 옹기(甕器)에 들어가는 독 옹(甕)자에도 기와 와(瓦)자가 들어갑니다. 모두 가마에서 구워내기 때문입니다. 도자기(陶瓷器)는 '도기(陶器)와 자기(瓷器)'의 합친 말로, 질그릇과 사기그릇을 말합니다. 청자(青瓷)는 '푸른(青) 사기그릇(瓷)'이고, 백자(白瓷)는 '흰(白) 사기그릇(瓷)'입니다. 상감청자(象嵌青瓷)는 '형상(象)을 새겨 넣은(嵌) 푸른(青) 도자기(瓷)'니다. 상감(象嵌)은 도자기에 무늬나 그림을 넣을 때 칼로 무늬를 파낸 뒤 색이 다른 찰흙을 매워 넣는 방법입니다. 이런 방법은 고려에서 세계 최초로 만들었고, 도자기를 처음 만든 중국에 수출도 하였습니다.

斬 | 斬(전서)

벨 참

벨 참(斬)자는 원래 '도끼(斤)로 머리를 자르거나 사지를 절단하는 형벌'을 일컫는 글자에서 '베다'는 뜻이 생겼습니다. 참수(斬首)는 '머리(首)를 베는(斬) 형벌'입니다. 능지처참(陵遲處斬)은 '언덕(陵)에 올라가듯이 최대한 느리게(遲) 베어(斬) 죽이는 형에 처(處)한다'는 뜻이며, 부관참시(剖棺斬屍)는 '관(棺)을 쪼개어(剖) 꺼낸 시신(屍)을 베다(斬)'는 뜻으로 죽은 뒤에 큰 죄가 드러난 사람에게 내리던 형벌입니다.

[참]으로 소리나는 경우

3-2 慙 부끄러워할 참 중 惭
마음 심(心) + [벨 참(斬)]

1-1 塹 구덩이 참 중 堑
흙 토(土) + [벨 참(斬)]

부끄러워할 참(慙)자는 '참형(斬刑: 목을 베어 죽이는 형벌)을 당하니 마음(心)이 부끄럽다'는 뜻입니다. 참회(慙悔)는 '부끄러워하며(慙) 뉘우치다(悔)'는 뜻입니다.

구덩이 참(塹)자는 '땅(土)을 파서 만든 구덩이'라는 뜻입니다. 참호(塹壕)는 '구덩이(塹)와 도랑(壕)'이란 뜻으로, 전쟁터에서 몸을 숨기면서 적과 싸우기 위하여 방어선을 따라 판 구덩이입니다. 참성단(塹城壇)은 '구덩이(塹) 주변에 성(城)을 쌓아 놓은 제단(壇)'이란 뜻입니다. 강화도 마니산에 있는 제단으로 단군에게 제사를 지내는 곳입니다.

[잠]으로 소리나는 경우

3-2 暫 잠깐 잠 중 暂
날 일(日) + [벨 참(斬)→잠]

잠시(暫時), 잠정적(暫定的) 등에 나오는 잠깐 잠(暫)자는 '날(日)을 베어서(斬) 작게 만든 시간이 잠깐이다'는 뜻입니다. 잠깐이란 낱말은 '잠깐(暫) 사이(間)'라는 뜻의 한자어 잠간(暫間)에서 나왔습니다. 잠시(暫時)는 '잠깐(暫) 시간(時)이란 뜻으로 짧은 시간을 일컫는 말입니다.

[점]으로 소리나는 경우

3-2 漸 점차 점 중 渐
물 수(氵) + [벨 참(斬)→점]

점점(漸漸), 점차(漸次), 점진적(漸進的) 등에 쓰이는 점차 점(漸)자는 원래 중국 절강성(浙江省, 저장성) 북부를 흐르는 강 이름입니다. 이후 '강 이름→흐르다→적시다→스미다→번지다→점점 (번지다)→점차' 등의 뜻이 생겼습니다. 점입가경(漸入佳境)은 '점점(漸) 아름다운(佳) 지경(境)에 들어가다(入)'는 뜻으로, '갈수록 더욱 좋거나 재미있는 경지로 들어가다'는 말입니다. 점강법(漸降法)은 '점차(漸) 하강(降)하는 수사법(法)'으로, 강한 표현에서 점차 약한 표현으로 서술하여 나타내려는 뜻을 강조하는 수사법입니다. 반면 점층법(漸層法)은 '점차(漸) 높아지는(層) 강조법(法)'으로, 작고 약하고 좁은 것에서 크고 강하고 넓은 것으로 표현을 확대해가면서 강조하는 표현 기법입니다.

곳집 창(倉)자는 지붕(亼)과 문(戶)이 있는 창고 모습을 본떠 만든 글자입니다. 창고(倉庫)는 '곳집(倉)과 곳집(庫)'이란 뜻입니다. 상평창(常平倉)은 '곡식의 가격을 항상(常) 평평하게(平) 조절하는 창고(倉)'로서 중국 한나라 때, 곡식의 가격이 내리면 국가에서 사들여 창고(倉庫)에 저장해 두었다가 가격이 오르면 싸게 내어 팔아 곡식의 가격을 일정하게 유지할 수 있었습니다. 이러한 제도는 고려와 조선에도 도입되어 시행되었습니다.

[창]으로 소리나는 경우

5/4 **創** 비롯할 창 중 刱
칼 도(刂) + [곳집 창(倉)]

3/2 **蒼** 푸를 창 중 苍
풀 초(艹) + [곳집 창(倉)]

2/2 **滄** 큰바다 창 중 沧
물 수(氵) + [곳집 창(倉)]

1/0 **艙** 선창 창 중 舱
배 주(舟) + [곳집 창(倉)]

1/0 **槍** 창 창 중 枪
나무 목(木) + [곳집 창(倉)]

창조(創造), 창작(創作), 창의(創意), 독창적(獨創的) 등에 들어가는 비롯할 창(創)자는 원래 '칼(刂)로 인해 상처가 나거나 다치다'는 뜻이었으나 가차되어 '비롯하다, 시작하다' 등의 뜻이 생겼습니다. 〈창세기(創世記)〉는 '세상(世)이 시작될(創) 때의 기록(記)'을 말하는 성경의 맨 처음 부분으로 아담과 하와의 이야기가 나옵니다. 창씨개명(創氏改名)은 '성씨(氏)를 새로 시작하여(創) 이름(名)을 고치다(改)'는 뜻으로, 일제강점기 1939년 2월 조선총독부에서 우리나라 사람의 이름을 강제로 일본식 이름으로 바꾸게 한 일입니다.

창공(蒼空), 창백(蒼白) 등에 사용되는 푸를 창(蒼)자는 '풀(艹)이 푸르다'는 뜻입니다. 만경창파(萬頃蒼波)는 '만(萬) 이랑(頃)의 푸른(蒼) 물결(波)'이란 뜻으로, 한없이 넓고 푸른 바다를 말합니다.

큰바다 창(滄)자는 '물(氵)이 푸른(蒼→倉) 큰바다'라는 뜻입니다. 창해일속(滄海一粟)은 '넓은 바다(滄海)에 떠 있는 한(一) 알의 좁쌀(粟)'이란 뜻으로 사람이란 보잘 것 없는 존재를 일컫는 말입니다. 북송의 문인 소동파의 《적벽부》에 나오는 말입니다.

선창(船艙)은 물가에 다리처럼 만들어 배를 댈 수 있게 한 곳입니다. 선창 창(艙)자는 '배(舟)들의 창고(倉)처럼 배들이 대어 있는 곳이 선창이다'는 뜻입니다. 참고로 선창(船窓)은 '배(船)의 창문(窓)'이고, 선창(船倉)은 '배(船)의 짐을 싣는 창고(倉)'입니다.

창 창(槍)자는 '긴 나무(木) 자루 끝에 뾰족한 칼날이 있는 것이 창이다'는 뜻입니다. 죽창(竹槍)은 '긴 대나무(竹)의 끝을 뾰족하게 깎은 창(槍)'입니다.

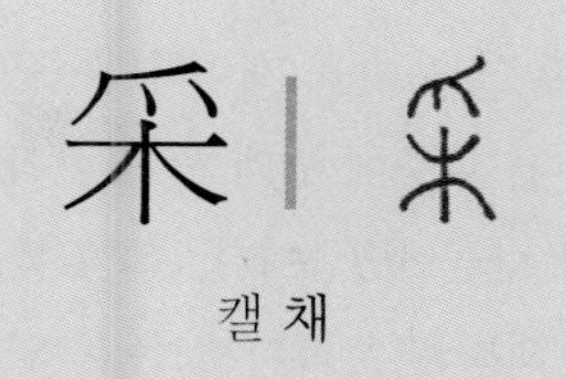

캘 채(采)자는 나무 목(木)자와 손의 상형인 손톱 조(爪)자가 합쳐진 글자로, 나무(木)에서 손(爪)으로 과일을 따는 모습입니다. 나중에 뜻을 분명히 하기 위해 손 수(扌)자를 붙여 캘 채(採)자가 되었습니다. 캘 채(采)자 위에 풀 초(艹)자를 붙이면 나물 채(菜)자가 됩니다. 채미가(采薇歌)는 '고사리(薇) 캐는(采) 노래(歌)'라는 뜻으로, 뜻을 굽히지 않는 선비의 노래를 이르는 말입니다. 백이(伯夷)와 숙제(叔齊)는 은나라 사람이었는데, 은나라를 무너뜨리고 주나라를 만든 무왕의 백성이 되는 것을 치욕으로 여겨 주나라의 양식을 먹으려 하지 않고, 수양산(首陽山)에 들어가 고사리를 캐먹다 죽으며 부른 노래입니다.

[채]로 소리나는 경우

4 3 採 캘 채 ⓢ 采
손 수(扌) + [캘 채(采)]

3 3 菜 나물 채 ⓢ 菜
풀 초(艹) + [캘 채(采)]

3 2 彩 채색/무늬 채 ⓢ 彩
터럭 삼(彡) + [캘 채(采)]

2 2 埰 채밭 채 ⓢ 埰
흙 토(土) + [캘 채(采)]

채집(採集), 채택(採擇), 채점(採點), 채용(採用) 등에 사용되는 캘 채(採)자는 '손(扌)으로 캐다(采)'는 뜻입니다. 채석장(採石場)은 '돌(石)을 캐는(採) 장소(場)'입니다.

채소(菜蔬), 야채(野菜), 채식(菜食) 등에 사용되는 나물 채(菜)자는 '사람들이 캐서(采) 먹는 풀(艹)이 나물이다'는 뜻입니다. 배추는 '줄기가 흰(白) 채소(菜)'라는 뜻의 백채(白菜)가 변한 말이고, 양배추(洋白菜)는 '서양(洋)에서 들어온 배추(白菜)'입니다.

채색 채(彩)자는 '붓털(彡)로 색을 칠하다'는 뜻입니다. 수채화(水彩畵)는 '물(水)로 채색(彩)하는 그림(畵)'입니다. 채도(彩度)는 '채색(彩)이 많거나 적은 정도(度)'로, 원색에 가까울수록 채도가 높고, 무채색(無彩色: 채색이 없는 색)에 가까울수록 채도가 낮습니다. 당삼채(唐三彩)는 '당(唐)나라에서 만든 세(三)가지 채색(彩)의 도자기'로, 무덤에 넣는 그릇으로 많이 사용하였습니다.

채밭 채(埰)자는 '땅(土)에서 채소를 캐기(采) 위해 만든 밭이 채밭(채소밭)이다'는 뜻입니다.

꾸짖을 책(責)자는 '빌려준 돈(貝)을 제때 갚지 않아 가시나무 채찍(朿)으로 때리면서 재촉하거나 꾸짖다'는 뜻입니다. 이후 '빚→빚을 재촉하다→꾸짖다→책임(責任)을 지우다'는 뜻이 파생되었습니다. 나중에 원래 뜻을 살리기 위해 사람 인(亻)자가 추가되어 빚 채(債)자가 만들어졌습니다. 책망(責望)은 '꾸짖으며(責) 원망(望)하다'는 뜻입니다. 면책특권(免責特權)은 '책임(責)을 면하는(免) 특별한(特) 권리(權)'로, 국회의원이나 외교관에게 주어지는 특권입니다.

[적]으로 소리나는 경우

4/3 績 길쌈 적 ⓩ 绩
실 사(糸) +
[꾸짖을 책(責)→적]

4/3 積 쌓을 적 ⓩ 积
벼 화(禾) +
[꾸짖을 책(責)→적]

3/2 蹟 사적 적 ⓩ 迹
발 족(足) +
[꾸짖을 책(責)→적]

길쌈은 주로 집에서 베를 짜는 모든 과정을 말합니다. 길쌈 적(績)자는 '실(糸)로 길쌈 하다'는 뜻입니다. 이후 '길쌈→일→성과→공적(功績)' 등의 뜻이 생겼습니다. 방적(紡績)은 '길쌈(紡)과 길쌈(績)'이란 뜻으로, 동식물의 섬유를 가공하여 베를 만드는 것을 의미합니다. 성적(成績)은 '이룬(成) 성과(績)'이고, 업적(業績)은 '일(業)의 공적(績)'입니다.

쌓을 적(積)자는 '수확한 벼(禾)를 쌓다'는 의미입니다. 적석목곽분(積石木槨墳)은 '돌(石)을 쌓은(積) 내부에 나무(木)로 만든 곽(槨)을 넣은 무덤(墳)'으로, 3~6세기 초의 신라 시대의 고분이 모두 적석목곽분이며, 천마총과 황남대총이 특히 유명합니다. 적운(積雲)은 '수직으로 높이 쌓여(積) 있는 구름(雲)'입니다. 습도가 높은 열대지방이나 더운 여름에는 습기가 많은 공기가 뜨거워져 수직으로 상승하면서 구름이 되는데, 이와 같은 구름이 적운입니다.

고적(古蹟), 유적(遺蹟), 행적(行蹟), 기적(奇蹟) 등에 쓰이는 사적 적(蹟)자에서 사적(事蹟)은 '사건(事件)이나 일의 자취(蹟)'라는 뜻으로, 발자취 적(跡)자와 뜻이 같아 혼용하여 사용하기도 합니다. 사적지(史蹟地)는 '역사적인(史) 자취(蹟)가 남아있는 땅(地)'입니다.

[채]로 소리나는 경우

3/3 債 빚 채 ⓩ 债
사람 인(亻) +
[꾸짖을 책(責)→채]

부채(負債), 사채(社債), 채권(債券), 채무(債務) 등에 들어가는 빚 채(債)자는 꾸짖을 책(責)자의 원래 뜻을 살리기 위해 사람 인(亻)자를 붙여 만든 글자입니다. 채무자(債務者)는 '빚(債)을 갚을 의무(務)가 있는 사람(者)'이고, 채권자(債權者)는 '빚(債)을 받을(權) 권리가 있는 사람(者)'입니다. 국채보상운동(國債報償運動)은 '국가(國)의 빚(債)을 갚는(報償) 운동(運動)'으로, 1907년 우리 정부가 일본에 진 빚 1,300만 원을 국민들이 돈을 모아 갚자는 운동입니다.

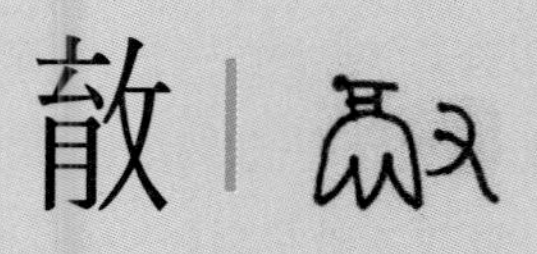

철저할 철

철저할 철(攴)자의 상형문자를 보면 솥 력(鬲→育)자와 손을 의미하는 또 우(又→攵)자가 그려져 있습니다. 즉 글자 왼쪽의 손(又)으로 솥(鬲)을 철저하게 닦는다에서 '철저하다'는 뜻이 생겼습니다. 나중에 솥 력(鬲)자는 육(育)자로, 또 우(又)자는 손에 도구를 들고 있는 모습인 칠 복(攵)자로 바뀌었습니다. 이 글자는 단독으로 사용되지 않고 다른 글자와 만나 소리로 사용합니다. 이때에 '철저하다, 완전하다' 등의 뜻을 가집니다.

[철]로 소리나는 경우

3/2 徹 통할 철 중 彻
걸을 척(彳) +
[철저할 철(㪿)]

2/2 撤 거둘 철 중 撤
손 수(扌) +
[철저할 철(㪿)]

2/2 澈 물맑을 철 중 澈
물 수(氵) +
[철저할 철(㪿)]

1/1 轍 바퀴자국 철 중 辙
수레 차/거(車) +
[철저할 철(㪿)]

통할 철(徹)자는 '길(彳)이 완전하게(㪿) 통하다'는 뜻입니다. 철야(徹夜), 철저(徹底), 관철(貫徹) 등에 사용됩니다. 철두철미(徹頭徹尾)는 '머리(頭)에서 통하여(徹) 꼬리(尾)까지 통하다(徹)'는 뜻으로, 처음부터 끝까지 생각이나 방침을 바꾸지 않고 철저히 함을 이르는 말입니다. 철천지원수(徹天之怨讐)는 '하늘(天)에 통할(徹) 정도의 원수(怨讐)'라는 뜻으로, 하늘에 사무치도록 한이 맺히게 한 원수입니다.

철수(撤收), 철회(撤回), 철군(撤軍), 철거(撤去) 등에 들어가는 거둘 철(撤)자는 '손(扌)으로 완전하게(㪿) 거두다'는 뜻입니다. 철수(撤收)는 '거두고(撤) 거두다(收)'는 뜻으로, 진격하였던 곳에서 장비를 거두고 물러나다는 의미입니다. 불철주야(不撤晝夜)는 '낮(晝)이고 밤(夜)이고 거두지(撤) 않는다'(不)는 뜻으로, 조금도 쉴 사이 없이 일에 힘쓴다는 뜻입니다.

물맑을 철(澈)자는 '물(氵)이 완전하게(㪿) 맑다'는 뜻입니다. 주로 사람 이름에 사용됩니다. 〈관동별곡(關東別曲)〉을 지은 조선 중기의 문신 겸 시인인 송강 정철(鄭澈)이 그러한 예입니다.

바퀴자국 철(轍)자는 '수레(車)의 바퀴자국'을 말합니다. 전철(前轍)은 '앞서(前) 지나간 수레바퀴의 자국(轍)'이란 뜻으로 이전 사람의 그릇된 일이나 행동의 자취를 이르는 말입니다.

ㄱ ㄴ ㄷ ㄹ ㅁ ㅂ ㅅ ㅇ ㅈ ㅊ ㅋ ㅌ ㅍ ㅎ 부록

다 첨, 여럿 첨

다 첨(僉)자는 지붕(亼) 아래에 두 사람(从)이 입(吅)을 벌리고 서 있는 모습을 본떠 만든 글자입니다. 집안에 여러 사람이 있다고 '다, 여럿'이란 뜻이 생겼습니다. 박첨지, 김첨지, 이첨지 등, 성 아래에 붙는 첨지(僉知)는 '여러 사람이 다(僉) 아는(知) 사람'이란 뜻으로, 특별한 사회적 지위가 없는 나이 많은 남자를 낮잡아 이르는 말입니다.

[검]으로 소리나는 경우

4-3 檢 검사할 검 중 检 약 検
나무 목(木) + [다 첨(僉)→검]

4-3 儉 검소할 검 중 俭 약 倹
사람 인(亻) + [다 첨(僉)→검]

3-3 劍 칼 검 중 剑 약 剣
칼 도(刂) + [다 첨(僉)→검]

검사할 검(檢)자는 원래 '옛 중국의 조정에서 문서를 나무(木) 상자에 넣고 표시를 해두는 것'을 뜻하는 글자입니다. 이후 '제대로 표시해 두었는지를 보다'는 데에서 '검사(檢查)하다'는 뜻이 생겼습니다. 검찰(檢察)은 '범죄를 검사하고(檢) 살피는(察) 일을 하는 곳'이고, 검사(檢事)는 '검사하는(檢) 일(事)을 하는 사람'이란 뜻으로, 범죄를 수사하고 재판을 청구하는 일을 합니다. 따라서 검사는 형사 재판의 원고가 됩니다. 검사(檢士)나 검사(檢師)로 잘못 쓰지 않도록 주의합시다.

검소할 검(儉)자는 '사람(亻)이 검소(儉素)하다'는 뜻입니다. 근검절약(勤儉節約)은 '부지런하고(勤), 검소하고(儉), 절약하고(節), 아끼다(約)'는 뜻입니다.

칼 검(劍)자는 '날이 양쪽에 모두 다(僉) 있는 칼(刂)'을 뜻합니다. 각주구검(刻舟求劍)은 배를 타고 가다 강에 빠뜨린 칼을 찾기 위해 칼이 떨어진 위치를 '배(舟)에 새겨(刻) 칼(劍)을 구한다(求)'는 뜻으로 어리석음을 비유한 말입니다.

[험]으로 소리나는 경우

4-3 驗 시험 험 중 验 약 験
말 마(馬) + [다 첨(僉)→험]

4-3 險 험할 험 중 险 약 険
언덕 부(阜/阝) + [다 첨(僉)→험]

시험 험(驗)자는 원래 '말(馬)의 종류'를 나타내는 글자였으나, 나중에 '좋은 말(馬)인지 시험(試驗)해 보다'는 뜻이 생겼습니다. 이후 '시험하다→검사하다→효과(를 검사하다)→경험(經驗)하다' 등의 뜻도 생겼습니다. 효험(效驗)은 약 따위의 효과를 말합니다. 경험론(經驗論)은 '인식은 경험(經驗)으로 만들어진다는 이론(論)'으로, 경험을 해보지 않은 것은 인식할 수 없다는 것입니다. 경험론은 인식이나 지식의 근원을 이성에서 찾는 이성론과 대립됩니다.

험난(險難), 험악(險惡)에 들어가는 험할 험(險)자는 '언덕(阜/阝)이 험하다'는 뜻입니다. 위험(危險)은 '위태하고(危) 험하다(險)'는 뜻이고, 보험(保險)은 '재해나 사고 등의 위험(險)으로부터 보호(保)를 받는 일'입니다.

[렴]으로 소리나는 경우

11 斂 거둘 렴 중 敛
칠 복(攵) + [다 첨(僉)→렴]

10 殮 염할 렴 중 殓
부서진뼈 알(歹) +
[다 첨(僉)→렴]

거둘 렴(斂)자는 '사람을 때려서(攵) 세금 등을 거두다, 모으다'는 뜻입니다. 가렴주구(苛斂誅求)는 '세금을 가혹하게(苛) 거두고(斂) 백성들을 꾸짖으며(誅) 재물을 강제로 요구하다(求)'는 뜻으로, 백성을 못살게 구는 일입니다. 수렴(收斂)은 '물건이나 돈을 거두어서(收) 모으다(斂)'는 뜻이지만, 수학에서는 변수가 어떤 확정된 값에 한없이 가까워지는 것을 일컫습니다.

염할 렴(殮)자에서 '염하다'는 시신을 수의로 갈아 입힌 다음 베나 이불 따위로 싸는 것으로 염습(殮襲)이라고도 합니다. 죽은 사람을 염하니까, 염할 렴(殮)자에는 죽음을 의미하는 부서진뼈 알(歹)자가 들어갑니다.

詹 | 詹

이를 첨

이를 첨(詹)자는 언덕(厂) 위의 사람(人)이 서 있는 위태할/바라볼 첨(产)자와 말씀 언(言)자가 합쳐진 글자로, 언덕 위에서 멀리 있는 사람에게 크게 말(言)을 하는 모습에서 '이르다'라는 뜻이 생겼습니다. 이 글자는 단독으로는 거의 사용되지 않고 다른 글자와 만나 소리로 사용됩니다.

[첨]으로 소리나는 경우

21 瞻 볼 첨 중 瞻
눈 목(目) + [이를 첨(詹)]

볼 첨(瞻)자는 '눈(目)으로 보다'는 뜻입니다. 신라 시대의 첨성대(瞻星臺)는 '별(星)을 보기(瞻) 위한 대(臺)'라는 뜻으로, 동양에서 가장 오래 된 천문관측대입니다. 첨성당(瞻星堂)은 '별(星)을 보기(瞻) 위한 집(堂)'라는 뜻으로 고려 시대 천문대입니다. 고려 왕궁이었던 개성 만월대의 서쪽에는 지금도 그 터가 남아 있습니다.

[섬]으로 소리나는 경우

21 蟾 두꺼비 섬 중 蟾
벌레 충(虫) +
[이를 첨(詹)→섬]

고대 중국인은 파충류(뱀, 개구리, 자라 등), 갑각류(새우 등), 연체동물(조개, 달팽이)을 모두 벌레로 보았기 때문에, 두꺼비 섬(蟾)자에는 벌레 충(虫)자가 들어갑니다. 전라남도에 있는 섬진강(蟾津江)은 '두꺼비(蟾)가 사는 나루터(津)가 있는 강(江)'입니다.

[담]으로 소리나는 경우

43 擔 멜 담 중 担 약 担
손 수(扌) +
[이를 첨(詹)→담]

멜 담(擔)자는 '손(扌)으로 메다'는 뜻입니다. 이후 '메다→짊어지다→맡다→책임지다' 등의 뜻이 생겼습니다. 담임선생(擔任先生)은 '학급을 맡고(擔) 맡은(任) 선생(先生)'입니다. 담자균류(擔子菌類)는 '씨(子)를 메고(擔) 있는 버섯(菌) 종류(類)'로, 곤봉처럼 생긴 받침대 위에 씨가 있는 모습에서 유래한 말입니다. 목이버섯, 송이버섯, 느타리버섯 등이 이에 속합니다.

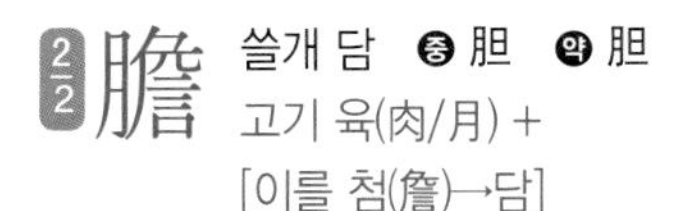

2/2 膽 쓸개 담 ⓖ胆 ⓨ胆
고기 육(肉/月) + [이를 첨(詹)→담]

쓸개는 간에 붙어 있는 소화기관의 하나로, 신체 내부의 장기이므로 쓸개 담(膽)자에는 고기 육(肉/月)자가 들어갑니다. 옛 사람은 간과 쓸개가 큰 사람은 겁을 내지 않는다고 생각했습니다. 그래서 이런 사람을 '간(肝) 크다'고 이야기합니다. 대담(大膽)은 '쓸개(膽)가 크다(大)'는 뜻으로 겁이 없다는 의미입니다. 담력(膽力)은 '쓸개(膽)의 힘(力)'이란 뜻으로 겁을 내지 않는 힘을 말합니다. 낙담(落膽)은 '쓸개(膽)가 떨어지다(落)'는 뜻으로 '일이 뜻대로 되지 않아 맥이 풀리는 것'과 '너무 놀라서 간이 떨어지는 듯하는 것'의 두 가지 뜻이 있습니다. 웅담(熊膽)은 '곰(熊膽) 쓸개(膽)'로 한약재에 사용됩니다.

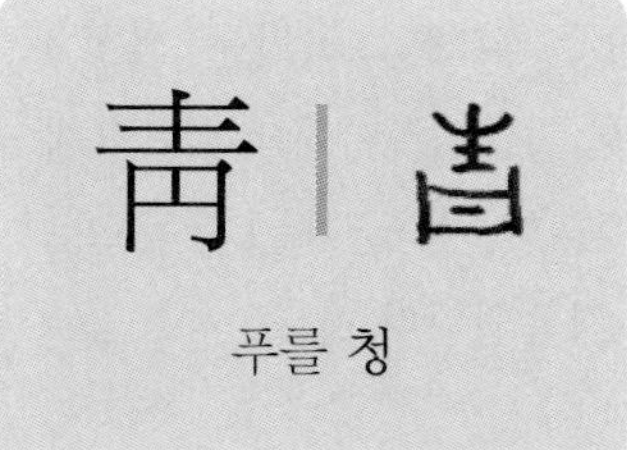

푸를 청(靑)자의 상형문자를 보면 날 생(生)자와 붉을 단(丹)자로 이루어져 있습니다. 붉을 단(丹)자는 광산의 모습을 본떠 만든 글자입니다. 날 생(生)자는 땅에서 푸른 풀이 올라오는 모습을 본떠 만든 글자로, 여기에서 '푸르다'라는 뜻이 생겼습니다. 따라서 푸를 청(靑)자는 '푸른(生)색의 광산(丹)'이란 뜻이 됩니다. 아마도 푸른색 광산은, 청동(靑銅)의 재료가 되는 구리를 캐내는 동광(銅鑛)으로 추측됩니다. 구리는 녹이 슬면 푸른색이 되기 때문입니다. 푸를 청(靑)자는 '젊다'는 뜻으로도 사용되는데, 나무가 젊을 때 푸르기 때문입니다. 청춘(靑春), 청년(靑年), 청소년(靑少年) 등이 모두 '젊다'는 뜻으로 사용되는 예입니다. 푸를 청(靑)자는 부수이지만, 다른 글자와 만나면 주로 소리로 사용됩니다.

[청]으로 소리나는 경우

6/5 淸 맑을 청 ⓖ清
물 수(氵) + [푸를 청(靑)]

4/4 請 청할 청 ⓖ请
말씀 언(言) + [푸를 청(靑)]

3/3 晴 갤 청 ⓖ晴
날 일(日) + [푸를 청(靑)]

청소(淸掃), 청결(淸潔), 청렴(淸廉) 등에 쓰이는 맑을 청(淸)자는 '맑은 물(氵)은 색이 푸르다(靑)'는 뜻으로 만들었습니다. 청렴결백(淸廉潔白)은 '맑고(淸) 검소하고(廉) 깨끗하고(潔) 희다(白)'는 뜻으로, 마음이 맑고 깨끗하며 재물 욕심이 없음을 일컫습니다. 청백리(淸白吏)는 '청렴결백(淸廉潔白)한 관리(官吏)'입니다. 혈청(血淸)은 '피(血)에서 맑은(淸) 부분'이란 뜻으로 피가 엉기어 굳을 때에 검붉은 피 덩어리와 맑고 투명한 액체로 분리되는데, 맑고 투명한 액체를 혈청이라고 합니다. 혈청에는 노폐물이나 영양분이 들어 있으며, 외부에서 침입한 세균을 물리치는 면역 항체도 들어 있습니다.

청할 청(請)자는 '말(言)로 청하다, 부탁하다'는 뜻입니다. 청구권(請求權)은 '다른 사람에게 요청(要請)하고 요구(要求)할 수 있는 권리(權)'입니다. 예를 들어 매매 계약을 맺었으면, 파는 사람은 돈을 받을 권리가 있고, 산 사람은 물건을 넘겨받을 권리가 있습니다. 자식은 부모에게 부양청구권이 있고, 부모는 자식에게 친권(親權)이 있습니다. 청원권(請願權)은 '국민이 원(願)하는 것을 요청(要請)할 수 있는 권리(權)'입니다. 예를 들면 법률을 바꾸어 달라거나, 공무원을 파면해 달라 따위의 일을 국회, 관공서, 지방의회 따위에 요청하는 일입니다.

청명(晴明), 쾌청(快晴) 등에 들어가는 갤 청(晴)자는 '하늘에 해(日)가 나와 푸르게(靑) 개다'는 뜻입니다.

[정]으로 소리나는 경우

情 5/4 뜻 정 중 情
마음 심(忄) +
[푸를 청(靑)→정]

精 4/4 정기/찧을/세밀할 정 중 精
쌀 미(米) +
[푸를 청(靑)→정]

靜 4/3 고요할 정 중 静
다툴 쟁(爭) +
[푸를 청(靑)→정]

睛 1/0 눈동자 정 중 睛
눈 목(目) +
[푸를 청(靑)→정]

뜻 정(情)자는 '푸른(靑) 마음(忄), 즉 순수하고 타고난 대로의 본성(本性)'을 말합니다. 이후 '본성(本性)→마음의 작용→뜻→(본성과 같은) 진상→상태→(본성대로의) 욕망→사랑' 등의 뜻이 생겼습니다. 감정(感情), 애정(愛情), 정열(情熱), 정서(情緖) 등에서는 마음의 작용이나 뜻을, 정세(情勢), 정보(情報), 사정(事情) 등에서는 진상이나 상태를, 욕정(欲情/慾情), 정부(情婦), 정사(情事) 등에서는 욕망이나 사랑을 뜻합니다.

정기 정(精)자는 원래 '쌀(米)을 곱게 찧다'는 뜻입니다. 정미소(精米所)는 '쌀(米)을 찧는(精) 곳(所)'으로, 방앗간을 말합니다. 이후 '곱게 찧다→세밀하다→정밀(精密)하다→정성(精誠)스럽다' 등의 뜻이 생겼습니다. 또 한편으로는 '(곱게 찧은 쌀을 먹어 생기는) 정기(精氣)→정신(精神)→정력(精力)→정액(精液)' 등의 뜻도 생겼습니다. 옛 사람들은 정신(精神)이나 정기(精氣)는 쌀(米)로 만든 밥을 먹어야 생긴다고 생각했습니다.

정지(靜止), 정숙(靜肅), 냉정(冷靜), 안정(安靜) 등에 쓰이는 고요할 정(靜)자는 '다투지(爭) 않으면 고요하다'는 뜻입니다. 정맥(靜脈)은 '고요한(靜) 혈관(脈)'이란 뜻으로 심장에서 나온 피가 동맥과 모세혈관을 지나 심장으로 돌아가는 혈관입니다. 심장에서 나오는 피는 심장의 박동과 함께 움직이지만, 심장으로 돌아가는 피는 조용히 흘러갑니다.

눈동자 정(睛)자는 '눈(目)에 눈동자가 있다'는 뜻입니다. 화룡점정(畵龍點睛)은 '용(龍)을 그리고(畵) 눈동자(睛)에 점(點)을 찍다'는 뜻으로 무슨 일을 하는 데에 가장 중요한 부분을 완성함을 비유적으로 이르는 말입니다. 용을 그리고 난 후에 마지막으로 눈동자를 그려 넣었더니 그 용이 실제 용이 되어 구름을 타고 하늘로 날아올라갔다는 고사에서 유래합니다.

ㄱ ㄴ ㄷ ㄹ ㅁ ㅂ ㅅ ㅇ ㅈ ㅊ ㅋ ㅌ ㅍ ㅎ 부록

나라이름 촉,
해바라기벌레 촉

해바라기 벌레는 누에처럼 생긴 벌레입니다. 해바라기벌레 촉(蜀)자는 몸의 모양(勹)에 머리를 상징하는 눈(目→罒)이 붙어 있는 모습이었으나, 나중에 벌레라는 의미를 분명히 하기 위해 벌레 충(虫)자를 추가하였습니다. 《삼국지》의 유비(劉備)가 세운 촉(蜀)나라로 잘 알려져 있는 글자입니다. 귀촉도(歸蜀途)는 '촉(蜀)나라로 돌아가는(歸) 길(途)'이란 뜻으로, 소쩍새를 이르는 말입니다. 망하고 없는 고국 촉나라로 돌아갈 수 없음을 통곡한 촉나라 충신의 넋이 화해서 소쩍새가 되었다는 고사에서 유래하는 말입니다.

[촉]으로 소리나는 경우

3-2 觸 닿을 촉 ⓩ觸 ⓨ触
뿔 각(角) +
[나라이름 촉(蜀)]

3-2 燭 촛불 촉 ⓩ烛
불 화(火) +
[나라이름 촉(蜀)]

접촉(接觸), 촉감(觸感) 등에 사용되는 닿을 촉(觸)자는 '소나 양들이 싸울 때 뿔(角)이 닿는다'는 뜻입니다. 일촉즉발(一觸卽發)은 '한(一) 번 닿기만(觸)하여도 곧(卽) 폭발한다(發)'는 뜻으로, 조그만 일로도 계기가 되어 크게 벌어질 수 있는 위급한 상태에 놓여 있음을 일컫는 말입니다. 촉수(觸手)는 '사물에 손(手)이 닿다(觸)'는 뜻과 함께, 개미나 곤충과 같은 무척추동물의 머리나 입 주위에 있는 돌기 모양의 감각기관으로 촉각이나 미각을 가집니다.

촛불 촉(燭)자는 '초에서 나는 불(火)'을 말합니다. 촉광(燭光)은 '촛불(燭)의 빛(光)'이란 뜻과 함께, 빛의 밝기를 나타내는 단위로도 사용합니다. 1촉광은 1.0067칸델라(candela)에 해당합니다. 화촉(華燭)은 '화려한(華) 촛불(燭)'이란 뜻으로, 빛깔을 들인 초를 말합니다. 또 이런 초는 주로 결혼식 때 사용하므로 '화촉을 밝히다'는 '결혼식을 올리다'는 뜻으로 사용합니다.

[속]으로 소리나는 경우

4-2 屬 무리 속 ⓩ属 ⓨ属
꼬리 미(尾) +
[나라이름 촉(蜀)→속]

무리 속(屬)자는 원래 '꼬리(尾)가 몸에 붙어 있다'는 뜻입니다. 이후 '붙다→(붙어 있는) 무리→혈족→(무리를) 거느리다→복종하다' 등의 뜻이 생겼습니다. 금속(金屬)은 '쇠(金)의 무리(屬)'라는 뜻이고, 속국(屬國)은 '정치적으로 다른 나라에 속(屬)하여 있는 나라(國)'입니다. 종속(從屬)은 '따르며(從) 복종하다(屬)'는 뜻이며, 직속(直屬)은 '바로(直) 붙어(屬) 있다'는 뜻입니다.

[독]으로 소리나는 경우

5-4 獨 홀로 독 ⓩ独 ⓨ独
개 견(犭) +
[나라이름 촉(蜀)→독]

독학(獨學), 독자(獨子), 독립(獨立), 독도(獨島) 등에 쓰이는 홀로 독(獨)자는 '짐승(犭)들은 사람들처럼 사회를 이루지 않고 홀로 산다'는 뜻으로 만든 글자입니다. 독불장군(獨不將軍)은 '혼자(獨)서는 장군(將軍)을 못한다(不)는 뜻으로 남과 협조해야 한다는 뜻인 동시에, 남의 의견을 무시하고 혼자 모든 일을 처리하는 사람의 비유하는 말입니다.

[탁]으로 소리나는 경우

3/2 濁 흐릴 탁 (중)浊
물 수(氵) +
[나라이름 촉(蜀)→탁]

중국은 우리나라와 달리 산이 많지 않아 물 흐르는 속도가 매우 느립니다. 물 흐르는 속도가 느리면 물이 맑지 못하고 탁합니다. 더우기 황하강의 물은 황토로 인해 항상 흐립니다. 흐릴 탁(濁)자에는 '물(氵)이 흐리고 탁하다'는 뜻입니다. 일어탁수(一魚濁水)는 '한(一) 마리 물고기(魚)가 물(水)을 흐린다(濁)'라는 뜻으로, 한 사람의 잘못으로 여러 사람이 피해를 입게 됨을 뜻하는 말입니다. 탁주(濁酒)는 '흐린(濁) 술(酒)'이란 뜻으로 막걸리를 말합니다. 탁류(濁流)는 '흐린(濁) 물의 흐름(流)'으로, 채만식이 쓴 장편소설의 이름이기도 합니다. 모함과 사기, 살인 등 부조리로 얽힌 1930년대의 혼탁(混濁)한 사회상을 풍자와 냉소로 엮은 작자의 대표작입니다.

悤 | 悤

바쁠 총, 급할 총

바쁠 총(悤)자는 마음 심(心)자에 소리를 나타내는 창 총(囱)자가 합쳐진 글자로 '마음(心)이 급하다, 바쁘다'는 뜻입니다. 마음 심(心)자에 소리를 나타내는 공평할 공(公)자가 합쳐진 총(忩)자와 같은 글자입니다. 이 글자는 단독으로는 거의 사용되지 않고 다른 글자와 만나 소리로 사용됩니다.

[총]으로 소리나는 경우

4/3 總 다 총 (중)总 (약)総
실 사(糸) +
[바쁠/급할 총(悤)]

3/3 聰 귀밝을 총 (중)聪
귀 이(耳) +
[바쁠/급할 총(悤)]

총기(聰氣), 총명(聰明) 등에 들어가는 귀밝을 총(聰)자는 '귀(耳)가 밝다'는 뜻뿐만 아니라, '귀(耳)가 밝아 들은 것을 잘 기억하다'는 뜻의 '총명(聰明)하다'는 뜻도 가지고 있습니다. 원효대사의 아들인 설총(薛聰)은 신라 경덕왕 때의 학자로 이두(吏讀)를 정리하고 집대성하였습니다.

총계(總計), 총장(總長), 총리(總理) 등에 쓰이는 다 총(總)자는 원래 '실(糸)을 모두 묶다'는 뜻입니다. 이후 '묶다→모두 (묶다)→다→합하다→총괄하다' 등의 뜻이 파생되었습니다. 장가를 가지 않은 남자를 총각이라고 하는데, 총각(總角)은 '머리를 뿔(角)처럼 묶다(總)'는 뜻입니다. 국무총리(國務總理)는 '나라(國)의 업무(務)를 총괄하여(總) 다스리는(理) 사람'입니다.

[창]으로 소리나는 경우

6/5 窓 창문 창 (중)窗
구멍 혈(穴) +
[바쁠/급할 총(悤/忩)→창]

창문 창(窓)자는 '벽에 구멍(穴)을 뚫은 것이 창이다'는 뜻입니다. 동창(同窓)은 '같은(同) 창(窓)을 나온 사람'이란 뜻으로 같은 학교를 나온 사람입니다. 채광창(採光窓)은 '빛(光)을 캐는(採) 창(窓)'이란 뜻으로 빛을 받기 위해 내는 창문입니다.

새 추(隹)자는 새 조(鳥)자와 마찬가지로 새의 모습을 본떠 만든 글자입니다. 자전에서는 꼬리긴새 조(鳥), 꼬리짧은새 추(隹)자로 구분하나 실제 사용되는 글자를 보면 꼬리 길이와는 상관이 없습니다. 꼬리가 매우 긴 꿩(雉)에도 새 추(隹)자가 들어갑니다. 새 조(鳥)자는 홀로도 사용되지만, 새 추(隹)자는 반드시 다른 글자와 함께 사용됩니다. 또 새 이름에 많이 사용되는 새 조(鳥)자와는 달리, 새 추(隹)자는 훨씬 다양한 용도로 사용됩니다. 특히 새 추(隹)자는 소리로 사용되는 경우도 많습니다.

[추]로 소리나는 경우

4/3 推 밀 추, 밀 퇴 중 推
손 수(扌) + [새 추(隹)]

1/1 錐 송곳 추 중 锥
쇠 금(金) + [새 추(隹)]

밀 추(推)자는 '손(扌)으로 밀다'는 뜻인데, 밀 퇴(推)자로도 사용합니다. 추진력(推進力)은 '밀어서(推) 나아가게(進) 하는 힘(力)'입니다. 퇴고(推敲)는 원래 '밀고(推) 두드린다(敲)'는 뜻이지만, '글을 여러 번 고침'을 이르는 말이 되었습니다. 당나라 때 시인이자 스님인 가도(賈島)는 어느 날 밤 길을 가다 지은 시 중에서 '조숙지변수 승고월하문(鳥宿池邊樹 僧敲月下門) – 새(鳥)는 못(池) 주변(邊)의 나무(樹)에서 잠자고(宿), 스님(僧)은 달(月) 아래(下)에서 문(門)을 두드린다(敲)'이란 구절에서, '문을 두드린다(敲)'와 '문을 민다(推)' 중 어느 것이 더 좋은지 고민하면서 글을 고친 데에서 생긴 말입니다.

송곳 추(錐)자는 '쇠(金)가 새(隹) 부리처럼 뾰족한 것이 송곳이다'는 뜻입니다. 행사장이나 영화관 등에 사람이 많이 모인 모습을 '입추(立錐)의 여지(餘地)가 없다'고 하는데, 이때 입추(立錐)는 '송곳(錐)을 세우다(立)'는 뜻이고, 여지(餘地)는 '남은(餘) 땅(地)'이란 뜻입니다. 즉 '송곳을 세울 만한 땅도 없다'는 뜻입니다. 낭중지추(囊中之錐)는 '주머니(囊) 속(中)의(之) 송곳(錐)'이란 뜻으로 송곳이 주머니 속에 들어 있어도 그 날카로운 끝을 드러내는 것처럼, 재능이 뛰어 난 사람은 세상에서 피해 있어도 자연히 사람들에게 알려짐을 비유하는 말로, 사마천의 《사기》에 나오는 이야기입니다.

[초]로 소리나는 경우

2/2 焦 탈 초 중 焦
불 화(灬) + [새 추(隹)→초]

탈 초(焦)자는 '불(灬) 위에 굽는 새(隹)가 탄다'는 뜻입니다. 또 새를 굽는 동안 '타지 않을까 초조(焦燥)해 한다'고 해서 '초조하다'라는 뜻도 생겼습니다. 초점(焦點)은 '타는(焦) 점(點)'이란 뜻으로 반사경이나 렌즈에 평행으로 들어와 반사, 굴절한 광선이 모여 타는 점입니다. 노심초사(勞心焦思)는 '마음(心)이 수고롭고(勞), 생각(思)이 타다(焦)'는 뜻으로 애를 쓰고 속을 태움을 일컫는 말입니다.

[최]로 소리나는 경우

2/2 崔 높을 최 ⓢ 崔
메 산(山) + [새 추(隹)→최]

3/2 催 재촉할 최 ⓢ 催
사람 인(亻) + [높을 최(崔)]

높을 최(崔)자는 '산(山)이 높고, 새(隹)가 높이 난다'는 뜻입니다. 우리나라 성씨로 사용됩니다.

재촉할 최(催)자는 '사람(亻)이 높이(崔) 올라가도록 재촉하다'는 뜻입니다. 최고(催告)는 '재촉하는(催) 뜻을 알림(告)'이란 뜻으로, 상대편에게 어떤 일을 하도록 독촉하는 통지를 하는 법률 행위상의 용어입니다. 최촉장(催促狀)은 '재촉하고(催) 재촉하는(促) 문서(狀)'라는 뜻으로, 독촉하는 문서나 편지입니다. 최루탄(催淚彈)은 '눈물(淚)을 재촉하는(催) 탄환(彈丸)'으로, 영어로는 tear gas(눈물 가스)입니다. 최면(催眠)은 '인위적으로 재촉하는(催) 수면(眠)'입니다.

[치]로 소리나는 경우

3/2 稚 어릴 치 ⓢ 稚
벼 화(禾) + [새 추(隹)→치]

2/2 雉 꿩 치 ⓢ 雉
화살 시(矢) +
[새 추(隹)→치]

어릴 치(稚)자는 '벼(禾)가 아직 덜 자라 어리다'는 뜻입니다. 유치(幼稚)는 '어리고(幼) 어리다(稚)'는 뜻으로 말이나 행동하는 수준이 낮거나 미숙하는 말입니다. 유치원(幼稚園)은 '어리고(幼) 어린(稚) 아이들이 노는 동산(園)'이고, 치어(稚魚)는 '어린(稚) 물고기(魚)'입니다.

꿩 치(雉)자는 '화살(矢)처럼 날아가는 새(隹)' 혹은 '화살(矢)처럼 긴 꼬리를 가진 새(隹)'라는 뜻을 가졌습니다. 웅치(雄雉)는 '수컷(雄) 꿩(雉)'으로 순우리말로 '장끼'라고 합니다. 암컷 꿩은 '까투리'라고 합니다. 강원도 원주의 치악산(雉岳山)은 '꿩(雉)이 많이 사는 산악(山岳)'이란 뜻이며, 1908년에 이인직이 발표한 신소설의 이름이기도 합니다.

[수]로 소리나는 경우

3/3 誰 누구 수 ⓢ 谁
말씀 언(言) + [새 추(隹)→수]

3/3 雖 비록 수 ⓢ 虽
벌레 충(虫) +
[오직 유(唯)→수]

누구 수(誰)자는 원래 '말(言)로 묻다'는 뜻입니다. 이후 '누구', '무엇' 등의 뜻이 생겼습니다. 수원수구(誰怨誰咎)는 '누구(誰)를 원망하고(怨) 누구(誰)를 꾸짖으랴(咎)'는 뜻으로 남을 원망하거나 꾸짖을 것이 없음을 이르는 말입니다.

뱀의 상형인 벌레 충(虫)자가 들어간 비록 수(雖)자는 원래 큰 도마뱀의 일종을 뜻하는 글자입니다. 가차되어 '비록'이란 뜻으로 사용됩니다. 수연(雖然)은 '비록(雖) 그러하더라도(然)'라는 뜻으로 한자로 된 문장에 사용합니다.

[유]로 소리나는 경우

3/3 維 벼리/오직 유 ㊥ 维
실 사(糸) + [새 추(隹)→유]

2/3 惟 생각할/오직 유 ㊥ 惟
마음 심(忄) + [새 추(隹)→유]

3/3 唯 오직 유 ㊥ 唯
입 구(口) + [새 추(隹)→유]

옛 중국 사람들은 고기나 새를 잡기 위한 그물도 실로 만들었습니다. 벼리는 그물의 가장자리에 있는 굵은 줄로 그물을 잡아당기는 줄입니다. 그물의 일부라서 실 사(糸)자가 들어간 벼리 유(維)자는 가차되어 '오직'이란 뜻으로 주로 사용됩니다. 일본의 '메이지 유신'과 한국의 '10월 유신'의 유신(維新)은 '오직(維) 새롭다(新)'는 뜻으로 묵은 제도를 아주 새롭게 고침을 일컫습니다.

생각할 유(惟)자는 '마음(忄)으로 생각하다'는 뜻입니다. 나중에 가차되어 '오직'이란 뜻도 생겼습니다. 사유(思惟)는 '생각하고(思) 생각하다(惟)'는 뜻입니다. 반가사유상(半跏思惟像)은 '반(半)만 책상다리(跏)를 하고 사유(思惟)하는 상(像)'이란 뜻으로 주로 관음보살상이나 미륵보살상이 많이 있습니다. 유독(惟獨)은 '오직(惟) 홀로(獨)'라는 뜻이고, 유일(惟一)은 '오직(惟) 하나(一)'라는 뜻입니다.

오직 유(唯)자는 새(隹)와 입(口)을 그려 놓은 모습인데, 오직이란 뜻이 생긴 이유는 알 수 없습니다. 유물론(唯物論)은 '오직(唯) 물질(物)만이 있다고 주장하는 이론(論)'으로, 물질(자연)을 1차적이고 근본적인 실재로 생각하고, 마음이나 정신을 물질에서 나온 2차적이고 파생적인 것으로 보는 이론(理論)입니다. 반대의 유심론(唯心論)은 물질적 현상도 정신적인 것의 현상이라는 이론입니다. 플라톤, 라이프니츠, 헤겔 등이 그 대표적 철학자입니다.

[휴]로 소리나는 경우

3/2 携 끌 휴 ㊥ 携
손 수(扌) + 이에 내(乃) + [새 추(隹)→휴]

끌 휴(携)자는 원래 '살찐(乃) 새(隹)를 손(扌)으로 잡아 가지고 있다'는 뜻입니다. 이에 내(乃)자는 살찐 가슴이나 배 모양을 본뜬 글자입니다. 이후 '가지다→들다→끌다' 등의 뜻이 생겼습니다. 휴대폰(携帶 phone)은 '들거나(携) 허리춤에 차고(帶) 다니는 전화기(phone)'입니다. 기술제휴(技術提携)는 '기업 간의 기술(技術)을 서로 끌고(提) 끌다(携)'는 뜻으로 기업과 기업이 자신이 가진 기술을 서로 제공하여 협력하는 일을 말합니다.

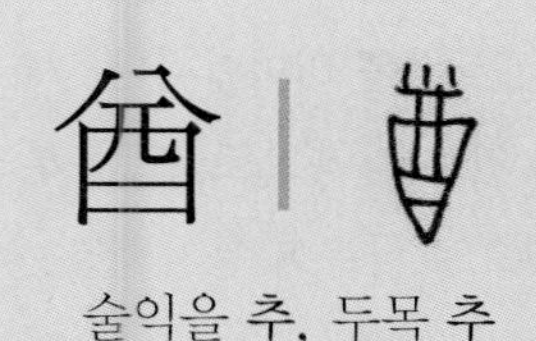

술익을 추, 두목 추

술익을 추(酋)자는 술이 익어 술병(酉) 위로 냄새가 솔솔 나는(八) 모습입니다. 이후 '술이 익다→이루다→성취하다→뛰어나다→우두머리→두목, 추장(酋長)'이란 뜻이 파생되었습니다. 하지만 이 글자가 다른 글자 내에서는 '잘 익어 제사상에 올리는 술'이란 뜻으로 사용됩니다.

[존,준]으로 소리나는 경우

4/4 尊 높을 존 중 尊
마디 촌(寸) +
[술익을/두목 추(酋)→존]

존대(尊待), 존경(尊敬), 존중(尊重)에 쓰이는 높을 존(尊)자는 원래 '제사상에 술을 올리기 위해 손(寸)에 들고 있는 술 단지(酋)'를 뜻하는데, 이후 '술 단지→(술 단지를) 소중히 생각하다→공경하다→높이다' 등의 뜻이 파생되었습니다. 술익을 추(酋)자는 술이 익어 술병(酉) 위로 냄새가 솔솔 나는(八) 모습입니다. 삼존불(三尊佛)은 '3(三)명의 높은(尊) 부처(佛)'라는 뜻으로 절이나 불상(佛像)에 나란히 등장하는 3명의 부처입니다. 존댓말의 존대(尊待)는 '높게(尊) 대접하다(待)'는 뜻입니다.

3/2 遵 좇을 준 중 遵
갈 착(辶) +
[높을 존(尊)→준]

준수(遵守), 준법(遵法) 등에 들어가는 좇을 준(遵)자는 '높은(尊) 사람을 따르거나 좇아가다(辶)'는 뜻입니다.

[전,정]으로 소리나는 경우

1/1 奠 바칠/제사지낼 전 중 奠
큰 대(大) +
[술익을/두목 추(酋)→전]

바칠 전(奠)자는 '제사상(丌→大)에 익은 술(酋)을 바치다'는 뜻입니다. 이후 '술을 바치다→제물을 올리다→제사를 지내다'는 뜻이 파생되었습니다. 장례 전 영좌 앞에 간단한 술과 과일을 차려 놓는 것도 전(奠)이라고 합니다.

2/2 鄭 나라이름 정 중 郑
고을 읍(邑/阝) +
[바칠/제사지낼 전(奠)→정]

나라이름 정(鄭)자는 원래 '제사(奠)를 잘 지내는 고을(邑/阝)'이라는 뜻입니다. 정(鄭)나라는 중국 춘추 시대에 섬서성(陝西省)에 있던 나라입니다. 아마도 제사를 잘 지내는 나라로 짐작됩니다. 정(鄭)자는 우리나라의 성씨 중 하나입니다.

[유]로 소리나는 경우

3/3 猶 원숭이/머뭇거릴 유 중 犹
개 견(犭) +
[술익을/두목 추(酋)→유]

원숭이도 짐승이므로 원숭이 유(猶)자에는 짐승을 의미하는 개 견(犭)자가 들어 갑니다. 원숭이는 사람이 오라고 하면 머뭇거리기 때문에 '머뭇거리다'는 뜻도 생겼고, 나중에는 '오히려'라는 뜻도 생겼습니다. 과유불급(過猶不及)은 '정도가 지나친(過) 것은 오히려(猶) 미치지(及) 못한(不) 것과 같다'는 말로, 중용(中庸)이 중요함을 이르는 말입니다. 기소유예 혹은 집행유예의 유예(猶豫)는 '머뭇거리고(猶) 머뭇거리다(豫)'는 뜻으로 머뭇거리며 일을 실행하지 아니하는 것을 말합니다. 미리 예(豫)자는 '머뭇거리다'는 뜻도 있습니다.

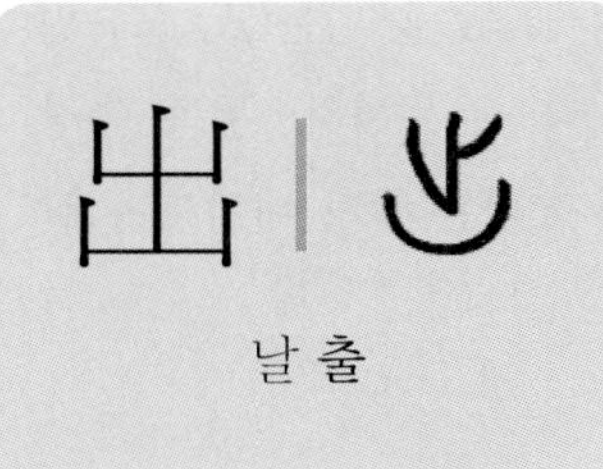

날 출(出)자는 발을 나타내는 그칠 지(止)자와 아래에 집을 의미하는 모양(凵)으로 구성되어 있습니다. 즉 집(凵)에서 나오는(止) 것을 의미합니다. 사출도(四出道)는 '4(四) 방향으로 나가는(出) 길(道)에 있는 지역'으로, 고대 부여의 지방 행정 구역입니다. 부여는 전국을 5개 지역으로 나누어 통치하였는데, 수도를 중심으로 동, 서, 남, 북에 따라 지방을 4개 구역으로 나누었으며 그것을 사출도(四出道)라고 하였습니다. 길 도(道)자는 경기도나 충청도처럼 행정 구역으로도 사용되는데, 지방에 있는 행정 구역으로 가려면 길을 따라 갔기 때문입니다.

[졸]로 소리나는 경우

3/2 拙 못날 졸 ❸拙
손 수(扌) + [날 출(出)→졸]

못날 졸(拙)자는 원래 '손(扌)재주가 없어 서툴다'는 뜻입니다. 이후 '서툴다→둔하다→어리석다→못나다' 등의 뜻이 생겼습니다. 졸렬(拙劣), 졸속(拙速), 졸작(拙作), 졸필(拙筆) 등에 쓰입니다. 졸필(拙筆)은 '못난(拙) 필체(筆)'라는 뜻과 함께, 보잘것없는 글을 뜻하기도 합니다. 또 자기가 쓴 글씨를 겸손하게 이르는 말이기도 합니다.

[굴]로 소리나는 경우

4/2 屈 굽힐 굴 ❸屈
주검 시(尸) + [날 출(出)→굴]

2/2 窟 굴 굴 ❸窟
구멍 혈(穴) + [굽힐 굴(屈)]

2/2 掘 팔 굴 ❸掘
손 수(扌) + [굽힐 굴(屈)]

옛날의 동굴이나 움막은 입구가 좁았습니다. 굽힐 굴(屈)자는 '이런 집(尸)에서 나올(出) 때 몸을 굽히다'는 뜻입니다. 주검 시(尸)자는 집의 상형이기도 합니다. 백절불굴(百折不屈)은 '백번(百) 꺾여도(折) 굽히지(屈) 않다(不)'는 뜻입니다. '빛의 굴절'에서 굴절(屈折)은 '굽혀져(屈) 꺽이다(折)'는 뜻입니다.

굴 굴(窟)자는 '좁은 굴(穴)에 들어갈 때 몸을 굽혀야(屈)한다'는 뜻입니다. 나중에 뜻을 분명히 하기 위해 흙 토(土)자가 추가되어 굴 굴(堀)자가 되었습니다. 경주의 석굴암(石窟庵)은 '돌(石)로 만든 굴(窟)로 된 암자(庵子)'입니다. 암자(庵子)는 큰 절에 딸린 작은 절로 석굴암은 불국사에 딸린 암자입니다. '도둑의 소굴'에서 소굴(巢窟)은 '새가 사는 새집(巢)이나 짐승들이 사는 굴(窟)'이란 뜻으로 좋지 못한 짓을 하는 사람들이 활동의 근거지로 삼고 있는 곳입니다.

채굴(採掘), 발굴(發掘), 도굴(盜掘) 등에 들어가는 팔 굴(掘)자는 '손(扌)으로 굴(窟→屈)을 파다'는 뜻입니다. 임갈굴정(臨渴掘井)은 '목이 마른데(渴) 이르면(臨) 우물(井)을 판다(掘)'는 뜻으로 일이 급해서야 허둥지둥 서두름을 이르는 말입니다.

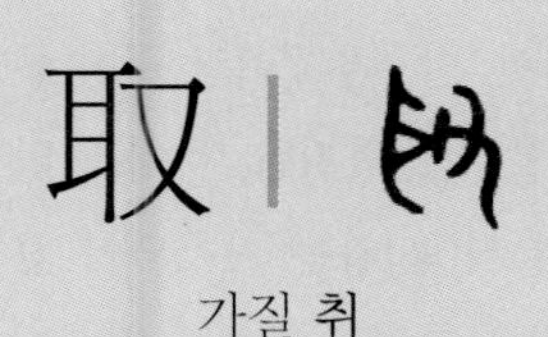

가질 취

옛날에는 전쟁에서 자기가 죽인 적의 귀를 가져오면 귀의 숫자에 따라 상을 주었습니다. 가질 취(取)자는 '적군의 귀(耳)를 잘라서 손(又)으로 가지다'는 뜻입니다. 취사선택(取捨選擇)은 '가질 것은 가지고(取) 버릴 것은 버려서(捨) 선택(選擇)한다'는 뜻입니다. 무전취식(無錢取食)은 '돈(錢)이 없이(無) 남의 파는 음식(飲)을 가지다(取)'는 뜻으로, 돈이 없이 식당에서 밥이나 술을 먹는 것을 말합니다. 대부분 경우 경범죄에 해당합니다.

[최]로 소리나는 경우

5/4 最 가장 최 ⓖ 最
가로 왈(曰) + [가질 취(取)→최]

최고(最高), 최대(最大), 최소(最小), 최선(最善)에 들어가는 가장 최(最)자는 '위험을 무릅쓰고(冒→曰) 귀를 잘라 가져오는(取) 사람이 가장 최고(最高)다'는 의미입니다. 최후일각(最後一刻)은 '가장(最) 후(後)의 한(一) 시각(刻)'이란 뜻으로 마지막 순간을 말합니다.

[취]로 소리나는 경우

4/2 趣 취미 취 ⓖ 趣
달릴 주(走) + [가질 취(取)]

2/1 聚 모을 취 ⓖ 聚
무리 중(乑) + [가질 취(取)]

1/1 娶 장가들 취 ⓖ 娶
여자 녀(女) + [가질 취(取)]

취미 취(趣)자는 원래 '남보다 먼저 가지기(取) 위해 빨리 가다(走)'는 뜻입니다. 이후 '빨리 가다→향하다→취미(趣味), 재미' 등의 뜻이 생겼습니다. 취미나 재미를 가지기 위해서는 빨리 가야 하겠지요. 취향(趣向)은 '마음이 재미있어(趣) 하는 방향(向)'입니다.

모을 취(聚)자는 '여러 사람들이 무리(乑)를 지어 모이다'는 뜻입니다. 무리 중(乑)자는 사람 인(人)자가 여러 개 모인 모습(众→乑)으로, 무리 중(衆)자의 원래 글자입니다. 취합(聚合)은 '모여서(聚) 합(合)치다'는 뜻이고, 취락지구(聚落地區)는 '사람들이 모여서(聚) 부락(部落)을 이루는 땅(地)의 구역(區)'입니다. 《의방유취(醫方類聚)》는 '치료하는(醫) 방법(方)에 대해 종류(類) 별로 모은(聚) 백과사전'으로 조선 세종 27년(1445년)에 김순의 등 12명이 공동 편찬한 의학 백과사전입니다.

장가들 취(娶)자는 '여자(女)를 가져와(取) 장가를 들다'는 뜻으로 결혼이 약탈의 일부였던 옛 풍습을 보여주는 단어입니다. 형사취수(兄死娶嫂)는 '형(兄)이 죽으면(死) 동생이 형수(嫂)에게 장가를 들다(娶)'는 뜻으로 형이 죽으면 형수를 부양하던 부여의 풍습입니다. 재취(再娶)는 '두(再) 번째로 장가드는(娶) 일' 혹은 '두(再) 번째 장가들어(娶) 맞이한 아내'를 이르는 말입니다.

則 | 𠟭

법칙 칙, 곧 즉

법칙(法則), 원칙(原則) 등에 사용되는 법칙 칙(則)자는 주나라에서 법령 같은 것을 솥(鼎→貝)에다 칼(刂)로 글을 새긴 데에서 '법, 법칙'이란 뜻이 유래합니다. 주나라 초기에는 거푸집에 글을 새겨 솥을 만들었지만, 주나라 말기에는 칼로 청동기 표면에 글을 새겼습니다. 법칙 칙(則)자는 가차되어 곧 즉(則)자로도 사용됩니다. 철칙(鐵則)은 '쇠(鐵)처럼 단단해서 변경하거나 어길 수 없는 굳은 법칙(則)'입니다. 일천즉천(一賤則賤)은 '부모 중 한(一)쪽이 천민(賤)이면 자식도 곧(則) 천민(賤)이다'는 뜻으로, 양반들이 노비의 수를 더 많이 확보하기 위한 방편으로 사용한 법칙입니다. 필사즉생(必死則生)은 '반드시(必) 죽기(死)를 각오하고 싸우면 곧(則) 산다(生)'는 뜻으로 임진왜란 때 이순신 장군이 남긴 말입니다.

[측]으로 소리나는 경우

4/3 **測** 헤아릴 측 ㊥ 测
물 수(氵) +[법칙 칙(則)→측]

3/3 **側** 곁 측 ㊥ 侧
사람 인(亻) +
[법칙 칙(則)→측]

1/2 **惻** 슬퍼할 측 ㊥ 恻
마음 심(忄) +
[법칙 칙(則)→측]

측량(測量), 측정(測程) 등에 들어가는 헤아릴 측(測)자는 '홍수를 예측하기 위해 황하강의 수량(氵)을 헤아리다'는 뜻입니다. 측우기(測雨器)는 '비(雨)가 오는 양을 측정하는(測) 도구(器)'입니다. 해괴망측(駭怪罔測)은 '놀라고(駭) 괴이함(怪)을 헤아릴(測) 수 없다(罔)'는 뜻으로 말할 수 없이 괴상하고 야릇하다는 뜻입니다.

양측(兩側), 측근(側近), 측면(側面) 등에 쓰이는 곁 측(側)자는 '사람(亻)의 곁'이란 뜻입니다. 이후 '곁→가까이 →옆→측면(側面)' 등의 뜻이 생겼습니다. 설측음(舌側音)은 '혀(舌) 옆(側) 소리(音)'로, 혀끝을 윗잇몸에 아주 붙이고, 혀 양쪽의 트인 데로 날숨을 흘려 내는 소리를 설측음이라고 하며, '쌀', '길' 등의 'ㄹ' 음입니다. 우측통행(右側通行)은 '오른쪽(右) 옆(側)으로 통행(通行)한다'는 뜻입니다.

슬퍼할 측(惻)자는 '마음(忄)으로 슬퍼하다'는 뜻입니다. 측은(惻隱)은 '슬퍼하고(惻) 가엾어하다(隱)'는 뜻입니다. 숨길 은(隱)자는 '가엾어하다'는 뜻도 있습니다. 측은지심(惻隱之心)은 '슬퍼하고(惻) 가엾어하는(隱) 마음(心)'으로 사람의 본성에서 우러나는 네 가지 마음씨인 사단(四端) 중 하나입니다.

㓞 |
침범할 침

침범할 침(㓞)자의 상형문자에는 빗자루 추(帚)자의 아래에 손(又)이 있는 모습입니다. 나중에 빗자루 추(帚)자의 아랫부분(巾)이 생략되었습니다. 사람이 빗자루를 들고 쓸면서 조금씩 앞으로 나아간다고 해서 침범하다는 뜻이 생겼습니다. 나중에 뜻을 분명히 하기 위해 사람 인(亻)자가 붙어 침노할 침(侵)자가 되었습니다. 조금씩 진행되는 의미의 글자에 들어갑니다.

[침]으로 소리나는 경우

4/3 侵 침노할 침 ㊥侵
사람 인(亻) + [침범할 침(㓞)]

4/2 寢 잠잘 침 ㊥寝
집 면(宀) + 나무조각 장(爿) + [침범할 침(㓞)]

3/3 浸 잠길 침 ㊥浸
물 수(氵) + [침범할 침(㓞)]

침례 광경

침노(侵擄)는 '침략((侵略)하여 노략(擄略)질하다'는 뜻입니다. 침노할 침(侵)자는 '사람(亻)이 침범하다(㓞)'는 뜻입니다. 침입(侵入), 침범(侵犯), 침해(侵害), 침략(侵略) 등에 사용됩니다. 신성불가침(神聖不可侵)은 '신성(神聖)하여 가(可)히 침범(侵)할 수 없다(不)는 뜻입니다.

침실(寢室), 침대(寢臺) 등에 사용되는 잠잘 침(寢)자는 '집(宀)의 침대(爿)에서 잠을 자다'는 뜻입니다. 침불안 식불감(寢不安食不甘)은 '잠을 자도(寢) 편안하지(安) 않고(不), 밥을 먹어도(食) 맛있지(甘) 않다(不)'는 뜻으로 몹시 걱정이 많음을 이르는 말입니다.

침수(浸水), 침투(浸透) 등에 사용되는 잠길 침(浸)자는 '물(氵)이 침범하여(㓞) 잠기다'는 뜻입니다. 침식(浸蝕)은 '물에 잠기고(浸) 물이 갉아먹다(蝕)'는 뜻으로, 땅이 빗물, 강물, 바닷물 등에 깎이는 현상입니다. 하지만 물이 아닌 빙하, 바람에 의해 땅이 깎이는 것도 침식(浸蝕)이라고 합니다. 침례교(浸禮敎)는 '물에 잠기는(浸) 예식(禮)을 하는 기독교(敎)의 한 교파'입니다. 신도가 된 것을 증명하기 위하여 온몸을 물에 잠기게 하는데, 죄를 씻고 깨끗한 몸으로 다시 살아나는 것을 의미합니다.

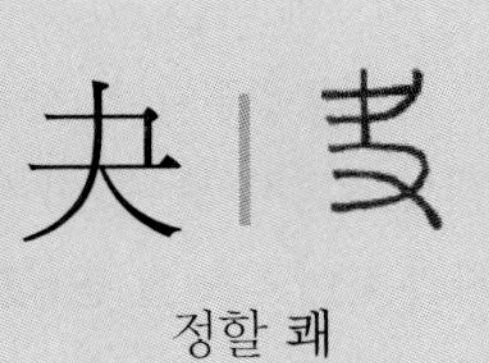

정할 쾌

정할 쾌(夬)자는 화살을 쏠 때 사용하는 깍지를 손가락에 낀 모습을 본떠 만든 글자입니다. 하지만 왜 이런 모습에서 '정한다'는 뜻이 나왔는지는 명확하지 않습니다. '활을 쏠 목표를 정했다'는 뜻으로 해석하기도 합니다. 이 글자는 단독으로는 거의 사용되지 않고 다른 글자와 만나 소리로 사용됩니다.

[쾌]로 소리나는 경우

4/4 快 쾌할 쾌 중 快
마음 심(忄) + [정할 쾌(夬)]

쾌락(快樂), 쾌감(快感), 경쾌(輕快) 등에 사용되는 쾌할 쾌(快)자는 '마음(忄)을 정하니까(夬) 시원하고, 즐겁고, 상쾌하다'는 뜻입니다. '유쾌-상쾌-통쾌'의 유쾌(愉快)는 '즐겁게(愉) 상쾌하다(快)', 상쾌(爽快)는 '시원하게(爽) 상쾌하다(快)', 통쾌(痛快)는 '몹시(痛) 상쾌하다(快)'는 뜻입니다. 쾌속열차, 쾌속선, 쾌속정의 쾌속(快速)은 '빠른(快) 속도(速)'라는 뜻입니다.

[결]로 소리나는 경우

5/4 決 결단할 결 중 决
물 수(氵) + [정할 쾌(夬)→결]

4/3 缺 이지러질 결 중 缺 약 欠
장군 부(缶) + [정할 쾌(夬)→결]

3/2 訣 이별할 결 중 诀
말씀 언(言) + [정할 쾌(夬)→결]

결단할 결(決)자는 원래 '물꼬(氵)를 트다'는 뜻입니다. 물꼬를 트면 물이 흐르듯이 결정(決定)을 하면 일이 진행되므로 물꼬를 트는 행위에서 '결정(決定)하다, 결단(決斷)하다'는 의미가 생겼습니다. 자결(自決)은 '스스로(自) 결정(決)한다'는 뜻도 있지만, '스스로 목숨을 끊다'는 의미도 있습니다.

이지러질 결(缺)자에서 '이지러지다'는 '큰 항아리나 장군(缶)의 한쪽 귀퉁이가 떨어져 없어지다'는 뜻입니다. 보름달이 반달로 되는 것도 '달이 이지러지다'고 합니다. 이후 '이지러지다→없어지다→부족하다' 등의 뜻이 파생되었습니다. 결석(缺席)은 '자리(席)에 없다(缺)'는 뜻이고, 결점(缺點)은 '부족한(缺) 점(點)'입니다. 결핍증(缺乏症)은 '부족하고(缺) 모자라는(乏) 증세(症)'입니다. 비타민 A가 부족하면 야맹증, 비타민 D가 부족하면 구루병 등이 걸리는데, 이와 같이 몸에 필요한 물질이 모자라서 병에 걸리는 증상을 결핍증이라고 합니다.

이별할 결(訣)자는 '말(言)로 이별을 고하다'는 뜻입니다. 결별(訣別)은 '이별하고(訣) 나누어지다(別)'란 뜻입니다. 영결식(永訣式)은 '영원히(永) 이별하는(訣) 의식(式)'으로 장례 때 친지가 모여 죽은 이와 이별하는 의식입니다. 이별할 결(訣)자에는 비결(祕訣)이나 비방(祕方)이란 뜻도 있는데, 《토정비결(土亭祕訣)》은 '토정(土亭)이 지은 비밀스러운(祕) 비결(訣)'이란 뜻으로 조선 중엽에 토정 이지함이 지은 책입니다. 연초에 일년 운수를 보는 책입니다.

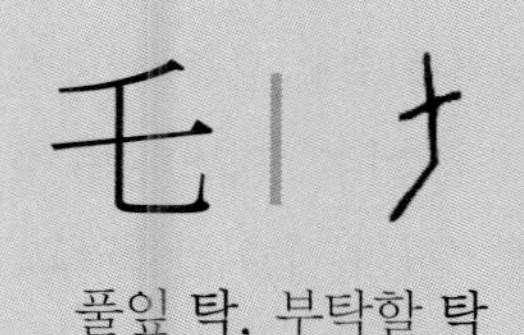

풀잎 탁, 부탁할 탁

풀잎 탁(乇)자는 땅(一) 아래로 뿌리(乚)가 나 있고, 위에는 풀잎(丿)이 나 있는 모습을 본떠 만든 글자입니다. 가차되어 '부탁하다'는 의미로 사용되었습니다. 나중에 '부탁하다'는 뜻을 분명히 하기 위해 말씀 언(言)자가 추가되어 부탁할 탁(託)자가 되었습니다. 다른 글자와 만나 '맡기다, 부탁하다'는 뜻으로 사용됩니다.

[탁]으로 소리나는 경우

3/2 **托** 맡길 탁 중托
손 수(扌) + [부탁할 탁(乇)]

2/2 **託** 부탁할 탁 중托
말씀 언(言) + [부탁할 탁(乇)]

맡길 탁(托)자는 '손(扌)으로 부탁하여(乇) 맡기다'는 뜻입니다. 탁발승(托鉢僧)은 '밥그릇(鉢)을 다른 사람에게 맡기는(托) 중(僧)'이란 뜻으로 집집마다 다니며 동냥하는 중입니다. 무의무탁(無依無托)은 '몸을 의지할(依) 곳도 없고(無), 몸을 맡길(托) 곳도 없어서(無) 몹시 가난하고 외롭다'는 뜻입니다. 무의무탁(無依無託)으로 쓰기도 합니다.

청탁(請託), 위탁(委託), 예탁(預託) 등에 들어가는 부탁할 탁(託)자는 '말(言)로 부탁하다(乇)'는 뜻입니다. 그리스 신화에 나오는 신탁(神託)은 '신(神)으로부터 부탁(託)을 받다'는 뜻으로 '신이 사람을 매개자로 하여 그의 뜻을 나타내거나 인간의 물음에 대답하는 일'입니다. 신탁(信託)은 '믿고(信) 부탁하다(託)'는 뜻과 함께, '일정한 목적에 따라 재산의 관리와 처분을 남에게 맡기는 일'을 뜻하기도 합니다. 신탁통치(信託統治)는 '믿고(信) 맡긴(託) 통치(統治)'라는 뜻으로, 제2차 세계대전 후, 국제연합(UN)의 위임을 받은 나라가 특정한 지역을 통치하였던 것을 말합니다. 당시 신탁통치를 받았던 지역은 모두 11개이었고, 한국도 5년간 신탁통치를 받기로 결정되었지만 한국인의 반탁운동(反託運動: 신탁통치 반대운동)으로 이루어지지 않았습니다.

[택, 댁]으로 소리나는 경우

5/4 **宅** 집 택, 댁 댁 중宅
집 면(宀) + [부탁할 탁(乇)→택]

주택(住宅), 택지(宅地), 택배(宅配) 등에 사용되는 집 택(宅)자는 '몸을 부탁하여(乇) 맡기는 곳이 집(宀)이다'는 뜻으로 만든 글자입니다. 남의 집이나 가정, 그의 아내를 높여 이르는 말인 댁 댁(宅)자도 됩니다. 한 분야에 광적으로 열중하는 사람을 일본말로 오타쿠(おたく, お宅, 御宅)라고 하는데, 같은 취미를 가진 사람들이 동호회에서 만나 서로 예의를 지키고 존중하여 상대방을 높여 부르는 데서 유래합니다. 유택(幽宅)은 '그윽한(幽) 집(宅)'이란 뜻으로 무덤을 일컫는 말입니다. 택배(宅配)는 '집(宅)으로 배달하다(配)'는 뜻입니다.

기쁠/바꿀 **태**, 기뻐할 **열**, 날카로울 **예**

기쁠 태(兌) 혹은 기뻐할 열(兌)자는 입(口)의 좌우에 주름(八)이 생기도록 웃고 있는 사람(儿)의 모습에서 '기쁘다'는 뜻이 생겼습니다. 나중에 '날카롭다' 등의 뜻도 생겨 날카로울 예(兌)자도 되었습니다. 이후, '기쁘다'는 뜻을 강조하기 위해 마음 심(心/忄)자를 추가하여 기쁠 열(悅)자를 만들었고, '날카롭다'는 뜻을 강조하기 위해 쇠 금(金)자를 추가하여 날카로울 예(銳)자를 만들었습니다.

[예]로 소리나는 경우

3/3 銳 날카로울 예 ⓒ 锐
쇠 금(金) +
[날카로울 예(兌)]

예리(銳利), 예민(銳敏), 첨예(尖銳) 등에 사용되는 날카로울 예(銳)자는 '쇠(金)로 만든 칼이 날카롭다(兌)'는 뜻입니다. 예각(銳角)은 0°~90° 사이의 각(角)을 말하고, 예각삼각형(銳角三角形)은 3개의 내각(內角)이 모두 예각인 삼각형입니다.

[세]로 소리나는 경우

4/4 稅 세금 세 ⓒ 税
벼 화(禾) +
[바꿀 태(兌)→세]

주나라에서 춘추전국 시대로 넘어가면서 세금(稅金)을 벼로 거두었습니다. 세금 세(稅)자는 '벼(禾)로 세금을 거두다'는 뜻입니다. 조세(租稅)는 '세금(租)과 세금(稅)'이란 뜻으로 국가가 필요한 경비를 국민으로부터 강제로 거두어들이는 세금(稅金)입니다. 양세법(兩稅法)은 '봄과 가을, 두(兩) 번 세금(稅)을 징수하는 법(法)'으로 중국 당나라 때 재산 등급에 따라 세금을 거두었던 세법입니다

[열]로 소리나는 경우

3/3 悅 기쁠 열 ⓒ 悦
마음 심(忄) +
[기뻐할 열(兌)]

3/2 閱 검열할 열 ⓒ 阅
문 문(門) + [기뻐할 열(兌)]

기쁠 열(悅)자는 '마음(忄)으로 기뻐하다(兌)'는 뜻입니다. 남녀상열지사(男女相悅之詞)는 '남자(男)와 여자(女)가 서로(相) 기뻐함(悅)을 읊은 노래(詞)'로, 남녀 간의 뜨거운 사랑을 노래하는 가사를 지칭합니다. 고려가요 중 〈서경별곡(西京別曲)〉, 〈쌍화점(雙花店)〉, 〈이상곡(履霜曲)〉 등이 대표적인 노래입니다. 희열(喜悅)은 '기쁘고(喜) 기쁘다(悅)'는 뜻입니다.

검열할 열(閱)자는 '관문이나 성문을 지날 때 문(門)에서 날카롭게(兌) 살펴보거나 검열하다'는 뜻입니다. 도서열람실(圖書閱覽室)은 '그림(圖)과 글(書)을 보고(閱) 보는(覽) 집(室)'이고, 군대에서 하는 열병식(閱兵式)은 '병사(兵)들의 훈련 상태를 검열하는(閱) 의식(式)'입니다.

[열, 설, 세]로 소리나는 경우

5/4 **說** 말씀 설, 달랠 세, 기쁠 열 중 说
말씀 언(言) +
[기뻐할 열(兌)→설,세,열]

설명(說明), 설득(說得) 등에 들어가는 말씀 설(說)자는 '기쁘게(兌) 말(言)을 하다'는 뜻입니다. 전설(傳說)은 '전해(傳) 내려오는 말(說)'입니다. 성선설(性善說)은 '사람의 타고난 본성(性)은 선(善)하다는 학설(說)'로 맹자(孟子)가 주창한 학설입니다. 성악설(性惡說)은 '사람의 타고난 본성(性)은 악(惡)하다는 학설(說)'로, 순자(荀子)가 주창하였습니다. 성무선악설(性無善惡說)은 '인간의 본성(性)은 선(善)하지도 악(惡)하지도 않다(無)는 설(說)'로, 고자(告子)가 주장하였습니다. 성기호설(性嗜好說)은 '사람의 본성(性)은 기호(嗜好)에 의해 결정된다는 학설(說)'로 조선 시대에 정약용이 주장하였습니다. 성기호설(性嗜好說)은 본성이 선이나 악으로 정해져 있는 것이 아니라고 본 점에서 성무선악설(性無善惡說)과 비슷하나, 성무선악설은 환경의 영향에 의해 선하게도 악하게도 된다는 입장이고, 성기호설은 자신의 기호, 즉 자신의 결단과 실천을 통해서 본성을 선하게 또는 악하게 만든다고 본 점에서 차이가 있습니다.

말씀 설(說)자는 달랠 세(說)자 혹은 기쁠 열(說)자도 됩니다.

달랠 세(說)자는 '말(言)로 상대방 마음을 바꾸도록(兌) 달래거나 설득하다'는 뜻입니다. 선거의 유세(遊說)는 '선거 때 돌아다니며(遊) 유권자들을 설득하는(說) 일'입니다.

기쁠 열(說)자는 '말(言)을 하거나 들을 때 기쁘다(兌)'는 뜻입니다. 《논어》의 첫머리의 학이시습지 불역열호(學而時習之不亦說乎)는 '배우고 때때로 익히면(學而時習之) 또한(亦) 기쁘지(說) 아니한가(不乎)'라는 뜻입니다.

[탈]로 소리나는 경우

4/4 **脫** 벗을 탈 중 脱
고기 육(肉/月) +
[바꿀 태(兌)→탈]

탈출(脫出), 탈옥(脫獄), 탈북(脫北) 등에 들어가는 벗을 탈(脫)자는 원래 '몸(肉/月)의 모습을 바꾸기(兌) 위해 허물을 벗다'는 뜻입니다. 이후 '허물을 벗다→벗어나다→나오다' 등의 뜻이 파생되었습니다. 관탈(冠脫)섬은 '관(冠)을 벗는(脫) 섬'이란 뜻으로 제주도 북쪽에 위치한 무인도입니다. 제주로 귀양 가는 사람이 이곳에서 임금님을 향해 절을 하고 관복(冠服)을 벗었다고 해서 관탈섬이라는 이름이 붙었습니다. 족탈불급(足脫不及)은 '발(足)을 벗고(脫) 맨발로 달려도 미치지(及) 못한다(不)'는 뜻으로 능력이 두드러져 도저히 다른 사람이 따라가지 못할 정도임을 비유적으로 이르는 말입니다.

별 태, 기쁠 이, 돈대 대

별 태(台) 혹은 기쁠 이(台)자는 뜻을 나타내는 입 구(口)자에 소리를 나타내는 까닭 이(以→厶)자의 변형 자가 합쳐진 형성문자입니다. 기쁠 이(台)자는 별 태(台)자로도 사용되지만 그 이유는 알려지지 않았습니다. 또 해운대(海雲臺), 태종대(太宗臺)에 나오는 돈대 대(臺)자의 약자를 대(台)자로 쓰기도 합니다.

[태]로 소리나는 경우

3/2 殆 위태할 태 중 殆
부서진뼈 알(歹) + [별 태(台)]

3/2 怠 게으를 태 중 怠
마음 심(心) + [별 태(台)]

2/2 胎 아이밸 태 중 胎
고기 육(肉/月) + [별 태(台)]

2/2 颱 태풍 태 중 台
바람 풍(風) + [별 태(台)]

1/1 跆 밟을 태 중 跆
발 족(足) + [별 태(台)]

1/0 笞 볼기칠 태 중 笞
대 죽(竹) + [별 태(台)]

1/1 苔 이끼 태 중 苔
풀 초(艹) + [별 태(台)]

위태할 태(殆)자는 '죽을(歹) 정도로 위태(危殆)롭다'는 뜻입니다. 지피지기 백전불태(知彼知己百戰不殆)는 '적(彼)을 알고(知) 나(己)를 알면(知) 백(百) 번 싸워도(戰) 위태롭지(殆) 않다(不)'라는 뜻으로 《손자병법》에 나오는 말입니다.

게으를 태(怠)자는 '마음(心)이 게으르다'는 뜻입니다. 태업(怠業)은 '일(業)을 게을리 하다(怠)'는 뜻으로 노동쟁의 행위의 하나입니다. 겉으로는 일을 하지만 의도적으로 일을 게을리 하는 방법입니다. '일(業)을 그만두다(罷)'는 뜻의 파업(罷業)보다 약한 노동쟁의 행위입니다. 과태료(過怠料)는 '지나친(過) 게으름(怠)에 대한 요금(料金)'이란 뜻으로 법률상의 의무 이행을 태만히 한 사람에게 벌(罰)로 부담하게 하는 돈입니다.

임신한 아이도 신체의 일부이므로, 아이밸 태(胎)자에는 고기 육(肉/月)자가 들어갑니다. 임신 1개월된 아기를 배(胚)라고 부르고, 임신 3개월이 지난 아이를 태(胎)라고 부릅니다. 태아(胎兒)는 '태(胎) 안에서 자라고 있는 아이(兒)'입니다. 태몽(胎夢)은 '아이를 배었을(胎) 때 꾼 꿈(夢)'이며, 낙태(落胎)는 '뱃속의 아이(胎)가 떨어지다(落)'는 뜻으로 태아가 달이 차지 않은 상태에서 죽어서 나오거나 인위적으로 모체에서 떨어져 나오게 하는 것압니다.

태풍(颱風)은 여름에 동아시아로 불어닥치는 큰 폭풍우입니다. 태풍 태(颱)자는 '큰 바람(風)이 태풍이다'는 뜻입니다.

밟을 태(跆)자는 '발(足)로 밟다'는 뜻입니다. 우리나라 국기(國技)인 태권도(跆拳道)는 '발로 밟고(跆) 주먹(拳)으로 치는 기예(道)'입니다. 길 도(道)자는 기예(技藝)라는 뜻도 있습니다.

볼기칠 태(笞)자는 '대나무(竹) 채찍으로 볼기를 치다'는 뜻입니다. 오형(五刑) 중의 하나인 태형(笞刑)은 '대나무 채찍으로 볼기를 치는(笞) 형벌(刑)'이고, 장형(杖刑)은 '곤장(杖)으로 때리는 형벌(刑)'입니다.

옛 사람들은 이끼도 풀(艹)의 일종이라고 생각했기 때문에, 이끼 태(苔)자에는 풀 초(艹)자가 들어갑니다. 해태(海苔)는 '바다에서 나는 이끼'라는 뜻으로우리가 먹는 김을 말합니다. 생물 시간에 나오는 선태식물(蘚苔植物)은 '이끼(蘚)와 이끼(苔) 식물(植物)'이란 뜻으로 이끼 식물을 말합니다.

[이]로 소리나는 경우

2/2 怡 기쁠 이 중 怡
마음 심(忄) + [기쁠 이(台)]

기쁠 이(怡)자는 '마음(忄)이 기쁘다(台)'는 뜻입니다. 기쁠 이(怡)자는 주로 사람 이름으로 사용됩니다. 조선 세조 때의 장군이었던 남이(南怡) 장군이 그러한 예입니다. 북한강에 있는 남이(南怡)섬은 '남이(南怡) 장군의 묘가 있는 섬'입니다. 드라마 〈겨울 연가〉의 촬영장소로 잘 알려져 있습니다.

[시]로 소리나는 경우

6/5 始 처음 시 중 始
女 + [기쁠 이(台)→시]

시초(始初), 시작(始作) 등에 들어가는 처음 시(始)자는 여자가 낳은 새 생명이 만물의 시초(始初)라고 생각했기 때문에, 여자 녀(女)자가 들어갑니다. 시생대(始生代)는 '생명(生)이 처음(始) 태어난 시대(代)'로, 지금으로부터 약 46억 년 전부터 25억 년 전까지의 기간입니다. 원시 생명체가 있었던 원생대(原生代)의 이전 시대입니다.

[치]로 소리나는 경우

4/4 治 다스릴 치 중 治
물 수(氵) +
[기쁠 이(台)→치]

통치(統治), 정치(政治) 등에 들어가는 다스릴 치(治)자는 '홍수를 막기 위해 물(氵)을 다스린다'는 뜻입니다. 이열치열(以熱治熱)은 '열(熱)로써(以) 열(熱)을 다스리다(治)'는 뜻으로 더울 때 뜨거운 음식을 먹어 더위를 물리치거나, 힘은 힘으로 물리침을 이르는 말로 사용됩니다. 다스릴 치(治)자는 '병을 다스려 고치다'는 뜻도 있습니다. 치유(治癒)는 '병을 고쳐서(治) 낫게(癒) 하다'는 뜻이고, 완치(完治)는 '병을 완전히(完) 고치다(治)'는 뜻입니다.

[야]로 소리나는 경우

1/1 冶 불릴 야 중 冶
얼음 빙(冫) +
[기쁠 이(台)→야]

'불리다'는 '쇠를 불에 달구어 단단하게 하다'는 뜻입니다. 불릴 야(冶)자는 '얼음(冫)처럼 단단하게 하다'는 뜻으로 만든 글자입니다. 이후 '불리다→(쇠를 불리는) 풀무→(쇠를 불리는) 대장간' 등의 뜻이 생겼습니다. 야금(冶金)은 '쇠(金)를 불려(冶) 단단하게 하다'는 뜻입니다. '인격을 도야하다'에서 도야(陶冶)는 '도자기(陶)를 만들고 쇠를 불리다(冶)'는 뜻으로 훌륭한 사람이 되도록 몸과 마음을 닦아 기름을 비유적으로 이르는 말입니다.

ㄱ ㄴ ㄷ ㄹ ㅁ ㅂ ㅅ ㅇ ㅈ ㅊ ㅋ ㅌ ㅍ ㅎ 부록

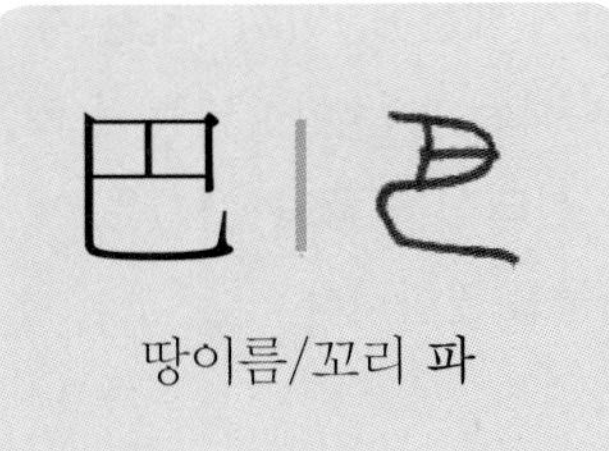
땅이름/꼬리 파

꼬리 파(巴)자는 방울뱀의 모습을 본떠 만든 글자로, 뱀이나 꼬리라는 뜻을 가졌습니다. 하지만 다른 글자의 안에서는 꿇어앉아 있는 사람의 모습으로 사용됩니다. 한 사람(人)이 쪼그리고 있는 다른 사람(巴) 위에 올라탄 형상인 색 색(色)자와 경계로 둘러싸인(口) 고을의 모습에 사람이 꿇어앉아 있는 모습(巴)을 합쳐 놓은 형상인 고을 읍(邑)자가 그런 예입니다. 또 춘추전국시대에 파(巴)나라가 있어서 땅이름 파(巴)자가 되었습니다. 파(巴)나라는 지금의 중경(重慶)에 위치한 나라입니다.

[파]로 소리나는 경우

把 (3/2) 잡을 파 ⊜ 把
손 수(扌) + [땅이름 파(巴)]

爬 (1/0) 긁을 파 ⊜ 爬
손톱 조(爪) + [땅이름 파(巴)]

琶 (1/1) 비파 파 ⊜ 琶
구슬 옥(玉/王) X 2 + [땅이름 파(巴)]

芭 (1/1) 파초 파 ⊜ 芭
풀 초(艹) + [땅이름 파(巴)]

잡을 파(把)자는 '손(扌)으로 잡다'는 뜻입니다. 파악(把握)은 '잡고(把) 잡다(握)'는 뜻으로 어떠한 일을 잘 이해하여 확실하게 아는 것입니다. 대구 팔공산에 있는 파계사(把溪寺)는 '시냇물(溪)을 잡는(把) 절(寺)'이란 뜻으로, 아홉 갈래나 되는 절 좌우의 계곡에서 흘러 내리는 물줄기를 따라 지기(地氣)는 흘러가는 것을 막기 위해 지은 절이란 뜻입니다. 같은 소리를 가진 파계승(破戒僧)은 '계율(戒)을 깨뜨린(破) 중(僧)'이란 뜻으로 보통 결혼한 중을 일컫는 말입니다.

긁을 파(爬)자는 '손톱(爪)으로 긁다'는 뜻입니다. 파충류(爬蟲類)는 '(배나 손으로) 땅을 긁고(爬) 기어다니고 벌레(蟲)와 같이 털이 없고 껍질이 단단한 동물의 종류(類)'로 뱀, 악어, 거북 등이 있습니다.

비파 파(琶)자에는 옥(玉→王)자가 두 개 겹쳐 들어가 있는데, 상형문자를 보면 옥(玉)과는 상관없이 현악기 줄을 나타냅니다. 하지만 부수가 구슬 옥(玉)부입니다. 비파형동검(琵琶形銅劍)은 '비파(琵琶) 모양(形)의 청동 검(銅劍)'으로 우리나라 북쪽 지방을 중심으로 한반도와 만주 지방에서 많이 발굴됩니다.

파초(芭蕉)는 여러해살이풀의 일종이므로 파초 파(芭)자에는 풀 초(艹)자가 들어갑니다.

[비]로 소리나는 경우

肥 (3/3) 살찔 비 ⊜ 肥
고기 육(肉/月) + [땅이름 파(巴)→비]

비만(肥滿), 비대(肥大) 등에 사용되는 살찔 비(肥)자는 '몸(肉/月)이 살찌다'는 뜻입니다. 식물을 잘 자라게 하는 비료(肥料)는 '살을 찌게(肥) 하는 재료(料)'입니다. 퇴비(堆肥)는 '쌓아(堆) 놓은 비료(肥料)'로 풀, 짚, 사람과 가축의 배설물 따위를 섞어서 쌓아두고 썩힌 거름을 말합니다. 비료가 없던 예전에는 비료 대신 농작물에 뿌렸습니다.

넓적할 **편**

넓적할 편(扁)자는 외짝 문(戶)을 만들기 위해 대나무들을 책(冊)처럼 넓적하게 연결한 모습을 하고 있습니다. 넓적할 편(扁)자와 유사하게 생긴 글자로는 '깃털(羽)들을 문짝(戶)처럼 넓적하게 펼쳐 만든 것이 부채'라의 뜻의 부채 선(扇)자가 있습니다. 편도선(扁桃腺)은 '편평한(扁) 복숭아(桃) 모양의 분비샘(腺)'으로, 사람의 입 속 목젖 양쪽에 하나씩 있는 타원형으로 생긴 림프샘입니다. 편형동물(扁形動物)은 '편평한(扁) 형상(形)을 가진 동물(動物)'로 플라나리아(planaria), 촌충(寸蟲) 등과 같이 몸이 길고 편평(扁平)한 동물입니다. 대개 항문이 없고 암수한몸입니다.

[편]으로 사용되는 경우

- 4/3 篇 책 편 ⓒ 篇 — 대 죽(竹) + [넓적할 편(扁)]
- 3/2 偏 치우칠 편 ⓒ 偏 — 사람 인(亻) + [넓적할 편(扁)]
- 3/2 編 엮을 편 ⓒ 编 — 실 사(糸) + [넓적할 편(扁)]
- 3/2 遍 두루 편 ⓒ 遍 — 갈 착(辶) + [넓적할 편(扁)]

책 편(篇)자는 대나무(竹)로 만든 죽간을 넓적하게(扁) 펼친 모습입니다. 책이라는 뜻도 있지만, 1편, 2편, 3편 등 책을 세는 단위로도 사용됩니다. 천편일률(千篇一律)은 '천(千) 편의 책(篇)이 하나(一)의 법(律)으로 되어 있다'는 뜻으로 모두 비슷하여 개별적 특성이 없음을 이릅니다. '옥(玉)같이 귀중한 책(篇)'이란 뜻을 가진 옥편(玉篇)은 원래 중국 양나라의 고야왕(顧野王, 519~581년)이 학자들을 시켜 만든 한자 자전(字典)의 이름이었습니다. 이후 한자 자전은 옥편이라 불렸습니다.

치우칠 편(偏)자는 '사람(亻)이 한쪽으로 치우치다'는 뜻입니다. 편견(偏見)은 '한쪽으로 치우쳐(偏) 보다(見)'는 뜻이고, 편각(偏角)은 '치우쳐진(偏) 각도(角)'로 정북(正北) 방향과 나침반의 바늘이 가리키는 방향의 차이입니다. 편서풍(偏西風)은 '서(西)쪽으로 치우치는(偏) 바람(風)'으로 저기압, 고기압, 전선 등이 상층의 편서풍에 의해 이동하므로 일기예보 분석에 중요합니다. 편집증(偏執症)은 '어떤 것에 치우쳐(偏) 집착하는(執) 증상(症)'입니다. 편집광(偏執狂)은 '어떤 것에 치우쳐(偏) 집착하는(執) 미친(狂) 정신 병자'입니다.

엮을 편(編)자는 '책을 만들기 위해 죽간을 넓적하게(扁) 실(糸)로 엮다'는 뜻입니다. 편집(編輯)은 '죽간을 모아서(輯) 실로 엮어(編) 책을 만들다'는 뜻입니다. 위편삼절(韋編三絕)은 공자가 《주역(周易)》을 좋아하여 너무 여러 번 읽은 나머지 '가죽(韋) 끈(編)이 3(三)번이나 끊어졌다(絕)'는 뜻입니다.

두루 편(遍)자는 '넓은(扁) 곳을 두루 다니다(辶)'는 뜻입니다. 보편타당(普遍妥當)은 '넓게(普) 두루(遍) 타당(妥當)하다'는 뜻으로 특별하지 않고 사리에 맞아 타당함을 말합니다.

敝 | 𣁋

해질 폐

해질 폐(敝)자는 수건 건(巾), 칠 복(攵), 그리고 4개의 점으로 이루어진 글자로 천(巾)을 막대기로 쳐서(攵) 먼지를 터는 형상을 그려놓은 것입니다. '옷을 막대기로 털면 옷이 잘 해어진다'고 해서 해질 폐(敝)자가 되었습니다. 나중에 뜻을 분명히 하기 위해 손맞잡을 공(廾)자가 추가되어 해질 폐(弊)자가 되었습니다. 수건 건(巾)자에 점이 4개 있는 모습은 천이 해어진 형상으로 바느질할 치(黹)자에도 나옵니다.

[폐]로 소리나는 경우

3/2 弊 해질 폐 ㊥ 弊
손맞잡을 공(廾) + [해질 폐(敝)]

3/2 蔽 덮을 폐 ㊥ 蔽
풀 초(艹) + [해질 폐(敝)]

3/2 幣 비단/화폐 폐 ㊥ 币
수건 건(巾) + [해질 폐(敝)]

해질 폐(弊)자는 '두 손(廾)으로 옷을 찢어 해지다(敝)'는 뜻입니다. 이후 '해지다, 찢어지다→나쁘다→폐해(弊害)→폐단(弊端)' 등의 뜻이 생겼습니다.

덮을 폐(蔽)자는 '풀(艹)로 덮어서 숨기다'는 뜻으로 은폐(隱蔽)나 차폐(遮蔽)에 사용됩니다.

비단 폐(幣)자는 '천(巾)의 일종이 비단이다'는 뜻입니다. 비단은 귀한 베였기에 화폐의 대용으로 사용되어 화폐(貨幣)라는 뜻도 가지고 있습니다. 폐백(幣帛)은 '비단(幣)과 비단(帛)'이란 뜻으로 결혼 전에 신랑이 신부 집에 함(函)에 넣어 보내는 비단 예물을 일컫는 말입니다. 또 결혼식이 끝나고 신부가 처음으로 시부모를 뵐 때 큰절을 하고 올리는 물건도 폐백(幣帛)이라고 합니다. 지폐(紙幣)는 '종이(紙)로 만든 화폐(幣)'입니다.

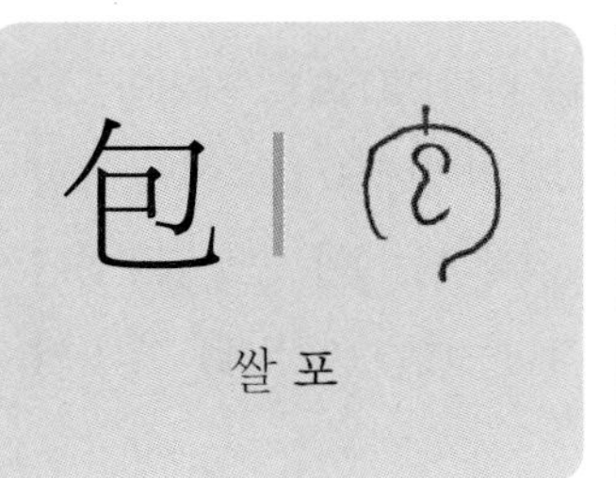

쌀 포

쌀 포(包)자에 들어 있는 쌀 포(勹)자는 무언가를 둘러싸고 있는 형상이고, 중앙에 있는 뱀 사(巳)자는 쪼그리고 있는 태아의 모습입니다. 따라서 쌀 포(包)자는 뱃속에 있는 아기의 모습을 본떠 만든 글자입니다. 포함(包含)은 '싸고(包) 싸다(含)'는 뜻으로 '속에 들어 있다'는 의미입니다.

[포]로 소리나는 경우

4/2 砲 대포 포 ㊥ 砲
돌 석(石) + [쌀 포(包)]

4/3 胞 태보 포 ㊥ 胞
고기 육(肉/月) + [쌀 포(包)]

옛 중국의 대포는 화약 대신 지렛대의 원리를 이용하여 돌을 발사하였습니다. 대포 포(砲)자는 원래 '지렛대로 돌(石)을 발사하는 포'이지만, 지금은 화약으로 발사합니다. 육혈포(六穴砲)는 '탄알을 재는 구멍(穴)이 여섯(六) 개 있는 포(砲)'라는 뜻으로 권총의 옛 이름입니다.

태보 포(胞)자의 태보(胎褓)는 어머니 뱃속에 있는 아기를 덮어 싸고 있는 막입니다. 불룩한 배(勹) 속에 아기(巳)가 있는 모습의 쌀 포(包)자에 뜻을 강조하기 위하여 고기 육(肉/月)자가 추가되어 태보 포(胞)자가 만들어졌습니

3/2 飽 배부를 포 ㊥ 饱
먹을 식(食) + [쌀 포(包)]

3/3 抱 안을 포 ㊥ 抱
손 수(扌) + [쌀 포(包)]

2/1 鮑 절인어물 포 ㊥ 鲍
물고기 어(魚) + [쌀 포(包)]

1/1 泡 거품 포 ㊥ 泡
물 수(氵) + [쌀 포(包)]

다. 세포(細胞)는 '미세한(細) 태보(細)'라는 뜻으로, 세포막에 둘러싸여 생물체를 구성하는 가장 기본적인 단위입니다.

포만(飽滿), 포식(飽食) 등에 사용되는 배부를 포(飽)자는 '밥(食)을 많이 먹어, 아이 밴 배(包)처럼 배가 부르다'는 뜻입니다. 포화(飽和)는 '배불러서(飽) 평화롭다(和)'는 뜻으로 배가 불러 더 이상 먹을 수 없이 가득 찬 상태를 말합니다. 예를 들어, 물에 소금을 조금씩 녹이면, 어느 시점에서부터 더 이상 녹지 않는데 이 상태를 포화라고 합니다.

안을 포(抱)자는 '손(扌)으로 겉을 싸듯이(包) 안다'는 뜻입니다. 포옹(抱擁)은 '안고(抱) 안다(擁)'는 뜻이고, 포복절도(抱腹絶倒)는 '너무 우스워 배(腹)를 안고(抱) 기절(氣絶)하며 넘어지다(倒)'는 뜻입니다.

절인어물 포(鮑)자의 '절인 어물(魚物)'은 소금에 절여 말린 물고기를 말합니다. 관포지교(管鮑之交)는 '관중(管)과 포숙아(鮑)의(之) 사귐(交)'이란 뜻으로 중국 춘추 시대에 '관중(管仲)과 포숙아(鮑叔牙)가 매우 친밀하였다'는 고사에서 아주 친한 친구 사이를 일컫는 말입니다.

거품 포(泡)자는 '물(氵)로 싸여(包) 있는 것이 거품이다'는 뜻입니다. 기포(氣泡), 포말(泡沫) 등에 사용됩니다. '노력이 수포로 돌아가다'에서 수포(水泡)는 '물(水) 거품(泡)'입니다.

暴 | 

햇볕쬘/드러낼/사나울 폭, 사나울 포

햇볕으로 너무 더운 것을 폭염(暴炎) 혹은 폭서(暴暑)라 부르는데, 이때 사나울 폭(暴)자는 원래 '해(日)가 나오면(出) 두 손(廾)으로 쌀(米)을 꺼내, 햇볕에 쬐어 말리다'는 뜻입니다. 이후, '햇볕을 쬐다→(햇볕이) 사납다→(햇볕에) 나타내다→드러나다' 등의 뜻이 생겼습니다. 나중에 원래의 뜻을 분명히 하기 위해 날 일(日)자가 추가하여 햇볕쬘/사나울 폭(曝)자가 되었습니다. 사나울 폭(暴)자는 사나울 포(暴)자로도 사용됩니다. 포악(暴惡)이 그런 예입니다. 폭로(暴露)는 '드러내고(暴) 드러내다(露)'는 뜻입니다.

[폭]으로 소리나는 경우

4/3 爆 터질 폭 ㊥ 爆
불 화(火) + [사나울 포(暴)→폭]

폭파(爆破), 폭발(爆發), 폭소(爆笑), 폭탄(爆彈) 등에 들어가는 터질 폭(爆)자는 '폭발하여 터질 때 불(火)이 사납게(暴) 난다'는 뜻입니다. 폭죽(爆竹)은 '터지는(爆) 대나무(竹)'라는 뜻으로 '가는 대나무(竹) 통에 화약을 재어 터뜨려서(爆) 소리가 나게 하는 물건'입니다.

[폭, 포]로 소리나는 경우

1/1 瀑 폭포 폭, 소나기 포 ❸ 瀑
물 수(氵) + [사나울 포(暴)]

1/0 曝 햇볕쬘/사나울 폭, 사나울 포 ❸ 曝
날 일(日) + [사나울 포(暴)]

폭포 폭(瀑)자는 '물(氵)이 사납게(暴) 흐르는 것이 폭포(瀑布)이다'는 뜻입니다. 또 소나기 포(瀑)자도 되는데, '빗물(氵)이 사납게(暴) 떨어지는 것이 소나기이다'는 뜻입니다.

햇볕쬘/사나울 폭(曝)자는 햇볕쬘/사나울 폭(暴)자의 뜻을 분명히 하기 위해 날 일(日)자가 추가되었습니다. 또 사나울 포(暴)자와 마찬가지로 사나울 포(曝)자도 됩니다. 폭양(曝陽)은 '사납게(曝) 내리 쬐는 햇볕(陽)'입니다.

票 | 𤐫

쪽지 표, 표 표

쪽지 표(票)자의 상형문자를 보면 글자 윗부분은 두 손(臼)으로 무엇(囟)인가를 잡고 있는 형상이고, 글자 아래는 불 화(火)자가 있는 형상입니다. 이처럼 무엇인가를 태우는 모습에서 불똥이란 뜻이 생겼습니다. 이후 '불똥→(불꽃이) 튀다→가볍게 날리다→(가볍게 날리는) 종이 쪽지→표(票)'라는 뜻이 파생되었습니다. 표결(票決)은 '투표(投票)로 결정(決定)하다'는 뜻이고, 부동표(浮動票)는 '떠서(浮) 움직이는(動) 표(票)'라는 뜻으로 지지하는 후보나 정당이 확실하지 않아 변화할 가능성이 많은 표입니다.

[표]로 소리나는 경우

4/2 標 표할 표 ❸ 标
나무 목(木) + [쪽지 표(票)]

3/2 漂 뜰 표 ❸ 漂
물 수(氵) + [쪽지 표(票)]

0/0 瓢 바가지 표 ❸ 瓢
오이 과(瓜) + [쪽지 표(票)]

표주박을 만드는 데 쓰이는 조롱박

표기(標記), 표시(標示), 상표(商標) 등에 사용되는 표할 표(標)자는 '종이가 없던 시절, 나무(木)에 칼로 그림이나 글자를 새겨 표(票)를 하다'는 뜻입니다. 좌표(座標)는 '자리(座)를 표시하다(標)'라는 뜻으로, 평면이나 공간에서 점의 위치를 나타내는 수의 짝(x,y,z)을 가리킵니다. 음표(音標)는 '악보에서 음(音)의 길이와 높낮이를 나타내는 소리표(標)'입니다.

뜰 표(漂)자는 '물(氵)에 뜨다'는 뜻입니다. 이후 '뜨다→떠다니다→나부끼다→빨래하다'는 뜻도 있습니다. 표류(漂流)는 '물 위에 떠다니며(漂) 정처 없이 흘러간다(流)'는 뜻이고, 표백제(漂白劑)는 '빨래(漂)하듯이 희게(白) 만드는 약(劑)'이란 뜻으로 실이나 천, 식품 등에 있는 색상을 화학 작용으로 없애서 제품을 희게 만드는 약입니다.

오이 과(瓜)자는 오이뿐만 아니라, 참외, 수박, 호박 등 박과의 식물을 총칭합니다. 바가지는 박을 두 쪽으로 쪼개거나 만들므로, 바가지 표(瓢)자에는 오이 과(瓜)자가 들어갑니다. 표(瓢)주박은 '조롱박이나 둥근 박을 반으로 쪼개어 만든 작은 바가지'이고, 단사표음(簞食瓢飮)은 '대광주리(簞) 밥(食)과 바가지(瓢)에 든 물(飮)'이란 뜻으로 가난한 생활을 일컫는 말입니다. 먹을 식(食)자는 밥 사(食)자로도 사용됩니다.

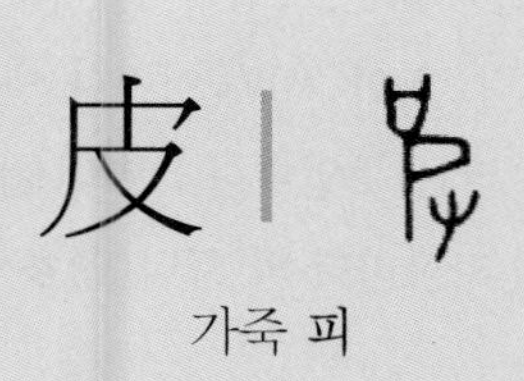

가죽 피

가죽 피(皮)자의 상형문자를 보면 손(又)으로 짐승의 가죽을 벗기는 모습입니다. 이후 껍질이란 뜻도 생겼습니다. 호피(虎皮)는 '호랑이(虎) 가죽(皮)'이고, 대뇌피질(大腦皮質)은 '대뇌(大腦: 큰골)의 껍질(皮)에 있는 물질(質)'로 대뇌의 표면을 덮고 있는 두께1.5~4.5 mm의 회색질 얇은 층입니다. 감각영역과 운동영역 및 이 두 영역을 연결해 주는 연합영역 등의 세 부분으로 나누어져 있습니다. 가죽을 뜻하는 한자는 피(皮), 혁(革), 위(韋)자 등 세 가지가 있는데, 피(皮)는 짐승으로부터 벗긴 채로의 가죽, 혁(革)은 털을 뽑아 만든 가죽, 위(韋)는 다시 가공한 무두질한 가죽입니다.

[피]로 소리나는 경우

4/3 **疲** 피곤할 피 중 疲
병 녁(疒) + [가죽 피(皮)]

3/3 **被** 입을 피 중 被
옷 의(衤) + [가죽 피(皮)]

3/3 **彼** 저 피 중 彼
걸을 척(彳) + [가죽 피(皮)]

피곤할 피(疲)자는 '병은 아니지만 병(疒)의 껍질(皮)'이란 뜻으로 피곤(疲困), 피로(疲勞) 등에 사용됩니다.

입을 피(被)자는 '가죽(皮) 옷(衤)을 입다'는 뜻입니다. 이후 '입다→씌우다→당하다' 등의 뜻이 파생되었습니다. 피해(被害)는 '해(害)를 입다(被)'는 뜻이고, 재판의 피고(被告)는 '고소(告)를 당한(被) 사람'입니다. 또 피의자(被疑者)는 '의심(疑)을 당하는(被) 사람(者)'으로 범죄자로 의심되어서 수사 대상이 된 사람입니다.

저 피(彼)자는 '길(彳)의 저쪽'이란 뜻입니다. 피안(彼岸)은 '강의 저쪽(彼) 언덕(岸)'이란 뜻으로 불교에서 인간 세계 너머에 있는 깨달음의 세계입니다. 어차피(於此彼)는 '이렇게(此) 혹은 저렇게(彼)에(於)'라는 뜻으로 '이렇게 하든지 저렇게 하든지'라는 의미입니다.

[파]로 소리나는 경우

4/4 **波** 물결 파 중 波
물 수(氵) + [가죽 피(皮)→파]

4/3 **破** 깨뜨릴 파 중 破
돌 석(石) + [가죽 피(皮)→파]

3/2 **頗** 자못 파 중 颇
머리 혈(頁) +
[가죽 피(皮)→파]

파도(波濤), 파장(波長), 파동(波動) 등에 사용되는 물결 파(波)자는 물결이 물의 표면에 생기기 때문에 '물(氵)의 껍질(皮)'이란 뜻으로 만들었습니다. 일파만파(一波萬波)는 '하나(一)의 물결(波)이 만(萬)개의 물결(波)을 만들다'는 뜻으로 한 사건이 잇달아 많은 사건으로 번지는 것을 비유하는 말입니다.

파격(破格), 완파(完破), 대파(大破), 난파(難破)에 들어가는 깨뜨릴 파(破)자는 '돌(石)을 깨뜨리다'는 뜻입니다. 파렴치(破廉恥)는 '염치(廉恥)를 깨뜨리다(破)'는 뜻으로 염치(廉恥)를 모르고 뻔뻔스럽다는 의미입니다. 파천황(破天荒)은 '하늘(天)의 어둠(荒)을 깨다(破)'는 뜻으로 이전에 아무도 하지 못한 일을 처음으로 해냄을 이르는 말입니다.

2/2 **坡** 언덕 파 ⓢ 坡
흙 토(土) +
[가죽 피(皮)→파]

1/1 **婆** 할미 파 ⓢ 婆
여자 녀(女) + [물결 파(波)]

동파육

자못/비뚤어질 파(頗)자는 원래 '머리(頁)가 기울다'라는 뜻입니다. 이후 '기울다→삐뚤어지다→편파적(偏頗的)이다→생각보다 많이 (비뚤어지다)→자못' 등의 뜻이 생겼습니다. 자못은 '생각보다 매우'라는 뜻입니다. 편파(偏頗)는 '기울고(偏) 비뚤어지다(頗)'는 뜻이고, '소문이 파다하다'의 파다(頗多)는 '자못(頗) 많다(多)'는 뜻입니다.

언덕 파(坡)자는 '흙(土)이 높이 쌓여 있는 곳이 언덕이다'는 뜻입니다. 경기도 파주시의 파주(坡州)는 '언덕(坡)이 있는 고을(州)'입니다. 소동파(蘇東坡)는 중국 송(宋)나라 최고의 시인이며, 당송팔대가(唐宋八大家) 중의 한 사람이며, 〈적벽부(赤壁賦)〉를 지은 사람입니다. 술과 음식을 좋아해서 자신이 직접 요리를 만들기도 했는데, 그가 만든 동파육(東坡肉, 똥포로우)은 껍질이 붙은 돼지고기 삼겹살을 삶아 눌렀다가 긴 네모꼴로 잘라서 대파, 간장, 설탕, 팔각(중국과 인도에서 생산하는 향신료) 등을 함께 넣고 노릇노릇하게 조린 중국의 대중적인 찜요리 중 하나입니다.

할미는 늙은 여자니까 할미 파(婆)자에는 여자 녀(女)자가 들어갑니다. 노파(老婆)는 '늙은(老) 할미(婆)'이고, 중국 음식점에서 먹는 마파두부(麻婆豆腐)는 '곰보(麻) 할미(婆)가 만든 두부(豆腐) 요리'라는 뜻으로 180 여년 전 중국 사천성에 살았던 유(劉)씨 성을 가진 할머니가 만든 두부 요리입니다. 이 할머니의 얼굴이 곰보라서 마파두부라는 이름이 붙었습니다. 삼 마(麻)자는 '참깨, (참깨처럼 생긴) 곰보'라는 뜻도 있습니다.

반드시 필(必)자의 상형문자를 보면 말 두(斗)자나 되 승(升)자와 비슷하게 생겼는데, 말 두(斗)자와 마찬가지로 곡식이나 물을 푸는 국자의 모습을 본떠 만든 글자입니다. 나중에 가차되어 '반드시'라는 뜻이 생겼습니다. 다른 글자와 만나 소리로 사용될 때에는 '깊숙하다'는 뜻을 가지는데, 속이 깊은 용기에 있는 술, 물, 곡식 등을 퍼내기 위해 만든 자루가 긴 국자의 모습에서 '깊숙하다'는 뜻이 생겼습니다. 부수가 마음 심(心)자이지만, 마음 심(心)자와 전혀 상관없는 글자입니다. 미필적고의(未必的故意)는 '반드시(必)는 아닌(未) 고의(故意)'라는 뜻입니다. 어떤 행위로 범죄 결과가 발생할 가능성이 있음을 알면서도 그 행위를 행하는 심리 상태로, 완전한 고의와 실수로 인한 과실의 중간을 말합니다. 예를 들어, 사람이 많이 다니는 길에 서서 돌을 하늘 높이 던지면 사람을 향해 고의로 돌을 던진 것도 아니고, 그렇다고 실수로 돌을 던진 것도 아니지만, 돌이 떨어져 사람이 다칠 수 있으므로 미필적고의가 됩니다.

[비]로 소리나는 경우

4/3 秘 숨길 비 ⓗ 秘
벼 화(禾) +
[반드시 필(必)→비]

2/2 泌 분비할 비 ⓗ 泌
물 수(氵) +
[반드시 필(必)→비]

비밀(秘密), 신비(神秘) 등에 들어가는 숨길 비(秘)자는 원래 벼 화(禾)자 대신 귀신 기(示)자가 들어간 숨길 비(祕)자이었습니다. '귀신(示)은 눈에 보이지 않고 깊숙이(必) 숨어 있다'는 뜻입니다. 이후 '도적으로부터 벼(禾)를 깊숙이(必) 숨겨둔다'는 뜻으로 바뀌었습니다. 묵비권(默秘權)은 '침묵(默)하며 숨길(秘) 수 있는 권리(權)'라는 뜻으로 재판에서 자기에게 불리한 진술을 거부할 수 있는 권리입니다.

분비할 비(泌)자는 '땀, 침, 소화액, 호르몬 등의 물(氵)이 몸 깊숙한(必) 곳에서 흘러나오는 것이 분비물(分泌物)이다'는 뜻입니다. 비뇨기(泌尿器)는 '오줌(尿)을 분비하는(泌) 기관(器官)'으로 신장, 수뇨관, 방광, 요도 등으로 이루어져 있습니다.

[슬]로 소리나는 경우

2/1 瑟 거문고/비파 슬 ⓗ 瑟
구슬 옥(玉/王) X 2 +
[반드시 필(必)→슬]

거문고/비파 슬(瑟)자에는 옥(玉→王)자를 두 개 겹쳐 들어가 있는데, 상형문자를 보면 옥(玉)과는 상관없이 현악기 줄을 나타냅니다. 하지만 부수가 구슬 옥(玉) 부입니다. 금슬(琴瑟)은 '거문고(琴)와 비파(瑟)의 음이 서로 잘 어울리는 악기'에서 유래해 '부부 사이의 사랑'을 의미합니다. 경상북도에 있는 비슬산(琵瑟山)은 '거문고(琵)와 거문고(瑟) 모습의 산(山)'이란 뜻으로 산 정상의 바위모양의 신선이 거문고를 타는 모습을 닮았다 하여 붙여진 이름입니다.

[밀]로 소리나는 경우

4/4 密 빽빽할 밀 ⓗ 密
메 산(山) + [편안할 밀(宓)]

3/2 蜜 꿀 밀 ⓗ 蜜
벌레 충(虫) +
[편안할 밀(宓)]

빽빽할 밀(密)자에 들어가는 편안할 밀(宓)자는 '집(宀)안 깊숙이(必) 있으면 편안하다'는 뜻입니다. 빽빽할 밀(密)자는 '산(山)이 빽빽하다'는 뜻입니다. 물리 시간에 나오는 밀도(密度)는 '빽빽한(密) 정도(度)'라는 뜻으로, 단위 부피 안에 들어 있는 질량의 크기를 말합니다. 지리 시간에 나오는 밀림(密林)은 '나무가 빽빽한(密) 숲(林)'을 말합니다.

벌 봉(蜂)자와 꿀 밀(蜜)자에는 모두 벌레 충(虫)자가 들어갑니다. 결혼한 부부의 신혼여행을 밀월여행이라고 하는데, 이때 밀월(蜜月)은 영어 허니문(Honey-moon)을 한자로 옮긴 것입니다. 구밀복검(口蜜腹劍)은 '입(口)으로는 꿀(蜜)처럼 달콤한 이야기를 하고, 배(腹) 속에는 칼(劍)을 지녔다'는 뜻으로 말과 뜻이 다름을 일컫는 말입니다.

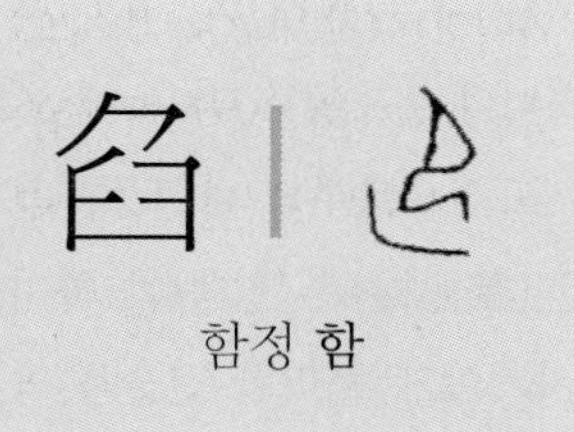
함정 함

함정 함(臽)자는 함정(臼)에 사람(人)이 빠지는 모습을 본떠 만든 글자입니다. 절구 구(臼)자는 절구나 함정의 상형입니다. 나중에 언덕 부(阝)자가 추가되어 빠질 함(陷)자가 되었습니다. 언덕 사이의 틈에 함정처럼 빠질 수 있기 때문입니다. 이 글자도 단독으로는 사용되지 않고 다른 글자와 만나 소리로 사용됩니다.

[함]으로 소리나는 경우

3/2 陷 빠질 함 ⓩ陷
언덕 부(阜/阝) +
[함정 함(臽)]

빠질 함(陷)자는 '언덕(阝) 사이의 틈이나 함정(臽)에 빠지다'는 뜻입니다. 함정(陷穽), 함몰(陷沒), 결함(缺陷) 등에 사용됩니다. 함락호(陷落湖)는 '지층이 빠져(陷) 내려가(落) 생긴 호수(湖)'라는 뜻으로 지층이 꺼져서 우묵하게 들어간 곳에 물이 담기어서 된 호수입니다.

[첨]으로 소리나는 경우

1/1 諂 아첨할 첨 ⓩ谄
말씀 언(言) +
[함정 함(臽)→첨]

아첨할 첨(諂)자는 '아첨은 말(言)로 파놓은 함정(臽)이다'는 뜻으로 만든 글자입니다. 즉 아첨(阿諂)에 걸려들면 패가망신할 수 있다는 의미로 만든 글자입니다. 아첨(阿諂)이란 낱말에 들어가는 언덕 아(阿)자도 '언덕→(언덕 등선이) 굽다→(굽은 마음으로) 아첨하다'는 뜻이 있습니다.

[염]으로 소리나는 경우

2/1 閻 마을 염 ⓩ阎
문 문(門) +
[함정 함(臽)→염]

1/0 焰 불꽃 염 ⓩ焰
불 화(火) +
[함정 함(臽)→염]

마을 염(閻)자는 원래 '마을 어귀에 세우는 이문(里門)'을 뜻하는 글자입니다. 이후, '(마을 어귀의) 이문(里門)→(마을로 들어가는) 거리→마을' 등의 뜻이 생겼습니다. 여염(閭閻)은 '마을(閭)과 마을(閻) 이란 뜻으로 백성의 살림집이 많이 모여 있는 곳을 말합니다. 염라대왕(閻羅大王)은 '염라(閻羅)국의 대왕(大王)'이란 뜻으로 힌두교와 불교에서 사후세계인 염라국을 관장하는 왕입니다. 염라(閻羅)는 힌두교 경전인 베다에 나오는 산스크리트어 야마(Yama)를 음역한 것입니다.

불꽃 염(焰)자가 들어가는 화염(火焰)은 '불(火)의 불꽃(焰)'이란 뜻입니다. 홍염(紅焰)은 '붉은(紅) 불꽃(焰)'이란 뜻으로 태양의 가장자리에 보이는 붉은 불꽃 모양의 가스를 말하며, 흑점이 출현하는 영역에 집중적으로 나타나는 경향이 있습니다. 염초(焰硝)는 '불꽃(焰)이나는 초석(硝石: 질산칼륨)'이란 뜻의 옛날 진흙에서 구워내던 화약의 원료나 화약을 이르는 말입니다. 염초청(焰硝廳)은 '화약(焰硝)을 만드는 관청(廳)'으로 조선 시대에 훈련도감에서 화약을 만드는 일을 맡아보던 관청입니다.

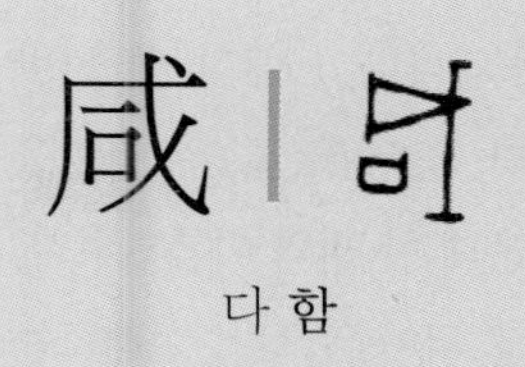

다 함(咸)자는 '도끼날이 붙은 창(戌)으로 목을 내려칠 때 무서움의 비명을 지르거나 두려움을 이기려고 있는 힘을 다해 입(口)으로 소리치다'는 뜻입니다. 이후 '있는 힘을 다해 소리치다'라는 뜻에서 '다하다'라는 의미가 생기자, 원래의 뜻을 분명히 하기 위해 입 구(口)자가 다시 추가되어 소리칠 함(喊)자가 되었습니다. 함흥차사(咸興差使)는 '함흥(咸興)으로 보낸 차사(差使)'라는 뜻으로 조선 태조 이성계가 왕위를 물려주고 함흥에 있을 때에 태종이 보낸 차사를 죽이거나 잡아 가두어 돌려보내지 아니하였던 데서, 심부름을 가서 오지 아니하거나 늦게 온 사람을 이르는 말입니다. 차사(差使)는 '임금이 부리는(差) 사신(使)'이란 뜻으로 임금이 중요한 임무를 위하여 파견하던 임시 벼슬입니다.

[함]으로 소리나는 경우

1/1 緘 봉할 함 중 缄
실 사(糸) + [다 함(咸)]

1/0 喊 소리칠 함 중 喊
입 구(口) + [다 함(咸)]

봉할 함(緘)자는 원래 '실(糸)로 꿰메다'는 뜻입니다. 이후 '꿰메다→바느질하다→봉하다' 등의 뜻이 생겼습니다. 함구무언(緘口無言)은 '입(口)을 봉하고(緘) 말(言)이 없다(無)'는 뜻입니다. 함구령(緘口令)은 '입(口)을 봉하라(緘)는 명령(令)'으로 어떤 일에 관하여 말하는 것을 금지하는 명령입니다.

소리칠 함(喊)자는 '있는 힘을 다해(咸) 입(口)으로 소리를 치다'는 뜻입니다. 고함(高喊)은 '높게(高) 소리치다(喊)'는 뜻이고, 함성(喊聲)은 '크게 소리치는(喊) 소리(聲)'입니다.

[감]으로 소리나는 경우

6/5 感 느낄 감 중 感
마음 심(心) + [다 함(咸)→감]

4/4 減 덜 감 중 减
물 수(氵) + [다 함(咸)→감]

감각(感覺), 감정(感情), 감동(感動) 등에 들어가는 느낄 감(感)자는 '마음(心)으로 모두 다(咸) 느끼다'는 뜻입니다. 터치 폰(touch phone)에서 감압식(感壓式)은 '압력(壓力)을 느끼면(感) 반응하는 방식(式)'이고, 정전식(靜電式)은 '손가락 끝에 흐르는 정전기(靜電氣)를 인식해 반응하는 방식(式)'입니다. 전기의 전달 속도가 빠르기 때문에 정전식이 빨리 반응하지만, 볼펜 등 다른 사물에는 잘 반응하지 않는 불편함이 있습니다.

덜 감(減)자는 '물(氵)을 덜어내다'는 뜻으로 감속(減速), 감세(減稅), 감량(減量), 가감(加減) 등에 사용됩니다. 감형(減刑)은 '형벌(刑)을 감(減)해 주다'는 뜻입니다. 감수분열(減數分裂)은 '세포 내의 염색체의 수(數)가 감소(減)하는 세포 분열(分裂)'입니다. 생식세포를 만들기 위해 세포가 분열될 때에는 염색체의 수가 절반으로 줄어듭니다.

[잠]으로 소리나는 경우

箴 바늘 잠 ㊥箴
대 죽(竹) + [다 함(咸)→잠]

옥비녀처럼 생긴 옥잠화

금속을 가공할 수 없었던 옛날에는 쇠 대신 동물의 뼈나 대나무로 바늘을 만들었습니다. 바늘 잠(箴)자는 '대나무(竹)로 만든 바늘'입니다. 이후 '바늘→(바늘로 찔러서) 깨우다→경계하다' 등의 뜻이 생겼습니다. 잠언(箴言)은 '사람을 깨우치게(箴) 하는 말(言)'이란 뜻으로 《구약 성경》 가운데 한 권의 이름입니다. 첫머리에 '이스라엘 왕 솔로몬의 금언집(金言集)'이라고 되어 있으나, 실제로는 고대 이스라엘인 사이에서 전해오던 교훈과 격언을 모아 놓았습니다. 중국 전설에서 선녀가 떨어트린 옥비녀가 꽃이 되었다는 옥잠화(玉簪花)는 '옥(玉)비녀(簪)꽃(花)'입니다. 봉오리 상태의 모습이 옥으로 만든 비녀 같이 생겼습니다.

[침]으로 소리나는 경우

鍼 침 침 ㊥针
쇠 금(金) + [다 함(咸)→침]

침 침(鍼)자는 '쇠(金)로 만든 침'입니다. 정문일침(頂門一鍼)은 '정수리(頂門)에 침(鍼) 하나(一)를 꽂는다'는 뜻으로, 상대방의 급소를 찌르는 따끔한 충고나 교훈을 이르는 말입니다. 침구(鍼灸)는 '침(鍼)질과 뜸(灸)질'을 아울러 이르는 말입니다.

합할 **합**, 홉 **홉**

합할 합(合)자는 그릇(口) 위에 뚜껑(亼)를 덮어 서로 합한 모습으로, 원래 뚜껑이 있는 그릇을 나타내는 글자입니다. 이후 '합(盒: 뚜껑이 있는 그릇)→(그릇과 뚜껑의) 짝→(그릇에 뚜껑을) 합하다' 등의 뜻이 생기면서, 원래의 뜻을 분명히 하기 위해 그릇 명(皿)자를 추가하여 합 합(盒)자가 만들어졌습니다. 합할 합(合)자는 홉 홉(合)자도 되는데, 이때 홉은 부피의 단위로 1되의 1/10입니다. 1홉은 180cc에 정도입니다. 다른 글자와 만나면 합, 답, 탑, 흡, 급, 습 등 여러 가지로 소리납니다. 모든 발음에 비읍 받침이 있다는 것이 공통적입니다.

뚜껑이 있는 그릇인 함

[합]으로 소리나는 경우

蛤 대합조개 합 ㊥蛤
벌레 충(虫) + [합할 합(合)]

盒 합 합 ㊥盒
그릇 명(皿) + [합할 합(合)]

대합조개는 껍질이 두 개인 조개입니다. 대합조개 합(蛤)자는 '두 개의 조개껍질이 합쳐지다(合)'는 뜻이 포함되어 있습니다. 대합(大蛤)은 '큰(大) 조개(蛤)'라는 뜻이고, 홍합(紅蛤)은 '속살이 붉은(紅) 조개(蛤)'라는 뜻입니다.

합 합(盒)자는 뚜껑이 있는 그릇 모양의 합할 합(合)자에 그릇 명(皿)자가 합쳐진 글자입니다. 찬합(饌盒)은 '반찬(饌)을 담는 여러 층으로 된 그릇(盒)'입니다. 책상에 붙어 있는 서랍은 원래 설합(舌盒)으로 '혀(舌)처럼 생긴 그릇(盒)'이란 뜻입니다. 설합을 빼었다 넣었다 하는 것이 흡사 혀를 빼었다 넣었다 하는 것과 같다고 해서 붙여진 이름입니다.

[답]으로 소리나는 경우

7/5 **答** 대답 답 ㊥ 答
대 죽(竹) +
[합할 합(合)→답]

대답 답(答)자는 '대나무(竹)쪽에 쓴 편지의 회답(回答) 혹은 대답(對答)'을 의미합니다. 회답으로 보내는 편지를 답신(答信)이라고 합니다. 정답(正答)은 '바른(正) 답(答)'이고, 오답(誤答)은 '틀린(誤) 답(答)'입니다. 동문서답(東問西答)은 '동(東)쪽을 묻는(問) 데 서(西)쪽을 대답(答)한다'는 뜻으로 묻는 말에 대하여 전혀 엉뚱한 대답을 하는 것을 일컫는 말입니다. 자문자답(自問自答)은 '스스로(自) 묻고(問) 스스로(自) 대답(答)한다'는 뜻입니다.

[탑]으로 소리나는 경우

3/3 **塔** 탑 탑 ㊥ 塔
흙 토(土) + [작은콩 답(荅)]

1/0 **搭** 탈 탑 ㊥ 搭
손 수(扌) + [작은콩 답(荅)]

이집트의 피라미드

고대 중국에서는 흙으로 탑을 만들었기 때문에 탑 탑(塔)자에는 흙 토(土)자가 들어갑니다. 상아탑(象牙塔)은 '코끼리(象)의 어금니(牙)로 만든 탑(塔)'이란 뜻으로 대학(大學)을 비유적으로 이르는 말입니다. 우골탑(牛骨塔)은 '소(牛)뼈(骨)로 만든 탑(塔)'이란 의미인데 대학을 가난한 농가에서 소를 팔아 마련한 학생의 등록금으로 세운 건물이라는 뜻으로 상아탑을 비틀어 놓은 말입니다. 금자탑(金字塔)은 '쇠 금(金)자(字) 모양의 탑(塔)'이란 뜻으로 이집트의 피라미드를 이르던 말입니다. 쇠 금(金)자의 윗부분이 피라미드처럼 뾰족하여 생긴 말입니다. 이후 피라미드처럼 길이 후세에 남을 뛰어난 업적을 비유적으로 이르는 말이 되었습니다.

탈 탑(搭)자는 원래 '손(扌)으로 물건을 싣다'는 뜻입니다. 이후 싣다→태우다→타다' 등의 뜻이 생겼습니다. 탑재(搭載)는 '싣고(搭) 싣는다(載)'는 뜻이고, 탑승(搭乘)은 '타서(搭) 오르다(乘)'는 뜻입니다.

[급]으로 소리나는 경우

5/4 **給** 줄 급 ㊥ 给
실 사(糸) +
[합할 합(合)→급]

공급(供給), 급식(給食) 등에 들어가는 줄 급(給)자는 '베를 짤 때 모자라는 실(糸)을 이어서(合) 주다'는 뜻입니다. 자급자족(自給自足)은 '스스로(自) 공급(給)하여 스스로(自) 충족하다(足)'는 뜻입니다. 월급(月給)은 '매월(月) 주는(給) 돈'입니다. 급식(給食)은 '밥(食)을 주다(給)'는 뜻입니다.

[습, 십]으로 소리나는 경우

5/4 **拾** 주울 습, 열 십 ㊥ 拾
손 수(扌) +
[합할 합(合)→습,십]

주울 습(拾)자는 '두 손(扌)을 합하여(合) 물건을 줍다'는 뜻입니다. 중국에서는 열 십(十)자와 소리가 같아 열 십(拾)자로도 사용됩니다. 우리나라에서도 은행 같은 곳에서 숫자를 한자로 쓸 때, 변조를 방지하기 위해 열 십(十)자 대신 쓰기도 합니다. 습득(拾得)은 '물건을 주워서(拾) 얻다(得)'는 뜻이고, 습득(習得)은 '지식을 배워서(習) 얻다(得)'는 뜻입니다.

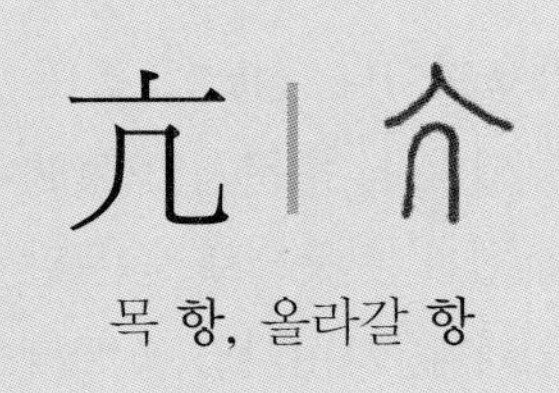

목 항, 올라갈 항

목 항(亢)자의 상형문자를 보면 높은 담(儿) 위에 지붕(亠)이 있는 모습으로, 원래 '높다'는 뜻입니다. 이후 '높다→올라가다→목' 등의 뜻이 생겼습니다. 나중에 올라가다는 뜻을 분명히 하기 위해 손 수(扌)자를 추가하여 올릴 항(抗)자가 되었습니다. 항룡유회(亢龍有悔)는 하늘 끝까지 올라간(亢) 용(龍)이 내려갈 길밖에 없음을 후회한다(有悔)'는 뜻입니다. 부귀영달이 극도에 달한 사람은 쇠퇴할 염려가 있으므로 행동을 삼가야 함을 비유하여 이르는 말로, 《주역(周易)》에 나오는 말입니다. 갑상선기능항진증, 뇌하수체기능항진증, 운동항진증, 혈압한진증 등의 용어에 나오는 항진증(亢進症)은 '위로 올라가거나(亢) 앞으로 나아가는(進) 증세(症)'라는 뜻으로 점차 심하여지는 병세나 증세를 말합니다.

[항]으로 소리나는 경우

4/3 航 배 항 ㊥ 航
배 주(舟) + [목 항(亢)]

4/3 抗 겨룰/올릴 항 ㊥ 抗
손 수(扌) + [목 항(亢)]

배 항(航)자는 배라는 뜻보다 '항해(航海)하다'는 뜻으로 주로 사용 됩니다. 항해(航海), 항로(航路), 출항(出航), 운항(運航) 등에 사용됩니다. 항공기(航空機)는 '공중(空)을 항해하는(航) 기계(機)'입니다.

대항(對抗), 반항(反抗) 등에 사용되는 겨룰 항(抗)자는 원래 '손(扌)으로 들어 올리다'는 뜻입니다. 이후 '들어 올리다→올리다→(들어 올려서) 막다→겨루다' 등의 뜻이 생겼습니다. 재판에서 항소(抗訴)는 '상급 법원에 올려서(抗) 하소연하다(訴)'는 뜻으로 1심의 판결에 불복하여 2심법원(고등법원 또는 지방법원 항소부)에 재심을 요구하는 것입니다. 항거(抗拒)는 '겨루면서(抗) 막는다(拒)'는 뜻입니다. 세포이 항쟁(抗爭)은 '세포이(Sepoy)가 대항(對抗)하여 싸운 전쟁(戰爭)'이란 뜻으로 1857년에 인도에서 영국 동인도 회사가 고용한 용병(傭兵: 봉급을 주어 고용한 병사)인 세포이가 일으킨 항쟁입니다. 델리를 점령하고 무굴제국의 왕을 황제로 받들었으나 영국군의 출동으로 1859년에 진압되었으며, 그 결과 무굴제국이 멸망하고 영국이 인도를 직접 지배하게 되었습니다. 무굴(Mughul)은 몽골인을 의미하는 페르시아어입니다.

[갱]으로 소리나는 경우

2/2 坑 구덩이 갱 ㊥ 坑
흙 토(土) + [목 항(亢)→갱]

구덩이 갱(坑)자는 '땅(土)을 판 구덩이'입니다. 갱도(坑道)는 '구덩이(坑) 길(道)'이란 뜻으로 광부(鑛夫)들이 땅속을 파고 들어가는 굴입니다. 갱목(坑木)은 갱도가 무너지지 않도록 받치는 나무입니다. 분서갱유(焚書坑儒)는 중국 진(秦)나라 시황제(始皇帝)가 정치에 대한 비판을 금하려고 '책(書)을 불사르고(焚), 선비(儒)들을 산 채로 구덩이(坑)에 묻어 죽인 사건'을 말합니다.

亥 | 亥(篆)

돼지 해, 열두째지지 해

돼지 해(亥)자는 목이 잘린 짐승의 모습으로 짐작됩니다. 상형문자를 보면 돼지 모습으로 생겼지만, 돼지 모습을 본떠 만든 돼지 시(豕)자가 있기 때문에 돼지의 모습은 아닌 것으로 추측됩니다. 다만 간지(干支)로 사용되면서, 십이지(十二支)의 하나인 돼지와 짝이 되어 돼지 해(亥)자가 되었습니다.

[해]로 소리나는 경우

3/2 該 그 해 ⓒ 该
말씀 언(言) + [돼지 해(亥)]

1/1 骸 뼈 해 ⓒ 骸
뼈 골(骨) + [돼지 해(亥)]

그 해(該)자는 원래 '말(言)이 일치하다, 맞다'는 뜻입니다. 나중에 가차되어 지시대명사인 '그'라는 뜻이 생겼습니다. 그 기(其)자와 같은 뜻입니다. 해인(該人: 그 사람), 해지(該地: 그 땅), 해처(該處: 그 곳) 등이 사용 예입니다. 해당(該當)은 어떤 조건에 들어맞음을 이르는 말입니다.

뼈 해(骸)자는 뜻을 나타내는 뼈 골(骨)자와 소리를 나타내는 돼지 해(亥)자가 합쳐진 글자입니다. 해골(骸骨), 잔해(殘骸) 등에 사용됩니다. 유해(遺骸)는 '남겨진(遺) 뼈(骸)'라는 뜻이지만, '죽은 사람의 몸'을 이르는 말입니다.

[핵]으로 소리나는 경우

4/2 核 씨 핵 ⓒ 核
나무 목(木) + [돼지 해(亥)→핵]

1/0 劾 캐물을 핵 ⓒ 劾
힘 력(力) + [돼지 해(亥)→핵]

핵폭탄(核爆彈), 핵잠수함(核潛水艦), 핵발전소(核發電所)에 사용되는 씨 핵(核)자는 '나무(木) 열매의 씨'를 말합니다. 씨는 열매의 중앙에 위치하며, 가장 중요한 부분입니다. 원자핵(原子核)은 원자의 중심에 있는 부분을 말합니다. 핵심(核心)은 '열매의 씨(核)와 사람의 심장(心)'이란 뜻으로 '사물의 가장 중심이 되는 부분'을 말합니다.

캐물을 핵(劾)자는 '폭력(暴力)으로 캐묻다, 꾸짖다'는 뜻입니다. 탄핵(彈劾)은 '죄상을 들추어 꾸짖으며(彈) 꾸짖다(劾)'는 뜻이고, 탄핵소추권(彈劾訴追權)은 '공무원을 탄핵(彈劾)하여 쫓아내기(追)를 호소(訴)할 수 있는 권리(權)'로 특정 공무원의 불법 행위에 대하여 파면시킬 수 있는 국회의 권리입니다.

[각]으로 소리나는 경우

4/3 刻 새길 각 ⓒ 刻
칼 도(刂) + [돼지 해(亥)→각]

조각(彫刻)에 사용되는 새길 각(刻)자는 '칼(刂)로 무늬나 형상을 새기다'는 뜻입니다. '상태가 심각하다'의 심각(深刻)은 '마음에 깊이(深) 새길(刻) 정도로 중대하거나 절박하다'는 뜻입니다. 각(刻)자는 옛날에 시간의 단위로도 사용되었습니다. 하루를 12로 나눈 1시간(지금의 2시간)을 다시 8로 나눈 단위(지금의 15분)입니다. 중국에서는 지금도 15분을 일각(一刻)이라고 합니다. 시간(時間)을 시각(時刻)이라고도 하는데, 정각(正刻)은 '정확한(正) 시각(刻)'이고, 지각(遲刻)은 '늦은(遲) 시각(刻)'입니다.

검을 현

검을 현(玄)자의 상형문자를 보면 실 사(糸)자를 거꾸로 뒤집어 놓은 모습입니다. 하지만 이 글자의 뜻은 실 사(糸)자와는 달리 많은 뜻을 가지고 있습니다. 이 글자는 '멀다'는 뜻이 있는데, 물건이나 사람이 멀리 있어서 실처럼 가늘게 보이기 때문에 생긴 뜻으로 짐작됩니다. 이후 '멀다→아득하다→깊다→고요하다→심오하다→오묘하다→(멀리 있는) 하늘→(하늘이) 빛나다→(하늘이) 검다' 등의 뜻이 파생되었습니다. 현미(玄米)는 '검은(玄) 쌀(米)'이란 뜻으로, 벼의 겉껍질만 벗겨 낸 쌀을 말합니다. 속껍질까지 완전히 벗긴 백미(白米)와 달리 약간 검고 누런색이 납니다.

[현]으로 소리나는 경우

3/3 絃 줄 현 중 弦
실 사(糸) + [검을 현(玄)]

2/2 弦 활시위 현 중 弦
활 궁(弓) + [검을 현(玄)]

2/2 炫 빛날 현 중 炫
불 화(火) + [검을 현(玄)]

2/2 鉉 솥귀 현 중 铉
쇠 금(金) + [검을 현(玄)]

1/0 眩 아찔할 현 중 眩
날 일(日) + [검을 현(玄)]

줄 현(絃)자는 실이 나란히 2개(糸, 玄)가 들어 있는 글자입니다. 현악기(絃樂器)는 '줄(絃)을 타거나 켜서 노래하는(樂) 도구(器)'이고, 관현악(管絃樂)은 '관(管)악기와 현(絃)악기로 연주하는 음악(樂)'입니다.

활시위 현(弦)자는 '활(弓)에 매어져 있는 실(玄)이 활시위'라는 뜻입니다. 수학에서 현(弦)은 곡선이나 원호(弧)의 두 끝을 잇는 선분(線分)입니다. 상현(上弦)은 '활시위(弦)가 위(上)에 있는 반달'이란 뜻으로 음력 매달 7~8일경에 나타나는 반달입니다. 하현(下弦)은 반대로, 활시위(직선 부분)가 아래에 있으며 둥근 부분은 위에 있습니다.

빛날 현(炫)자는 '불(火)에서 빛이 나다, 밝다'는 뜻입니다. 또 주위가 검을(玄)수록 더욱 밝아 보입니다. 주로 사람의 이름에 사용됩니다.

솥귀 현(鉉)자의 솥귀는 솥의 양 옆에 솥을 들 수 있는 손잡이입니다. 솥귀 현(鉉)자도 사람의 이름에 사용됩니다.

아찔할 현(眩)자는 '아찔하면 눈(目) 앞이 캄캄해진다(玄)'는 뜻입니다. 현기증(眩氣症)은 '아찔한(眩) 기운(氣)의 증상(症)'이고, 현혹(眩惑)은 '아찔하게(眩) 유혹하다(惑)'는 뜻입니다.

[견]으로 소리나는 경우

3/2 牽 끌 견 중 牵
소 우(牛) + 덮을 멱(冖) + [검을 현(玄)→견]

견인차(牽引車)에 들어가는 끌 견(牽)자는 '밧줄(玄)로 코뚜레(冖)를 한 소(牛)를 끌고 가다'는 뜻입니다. 견제(牽制)는 '끌고(牽) 억제(制)한다'란 뜻으로 상대편이 마음대로 하거나 자유롭게 행동하지 못하게 억누르는 행동이나 작용입니다. 견인차(牽引車)는 '고장난 차를 끌고(牽) 끌고(引) 가는 차(車)'입니다. '견우와 직녀'의 견우(牽牛)는 '소(牛)를 끄는(牽) 목동'입니다.

夾 | 㚒

길 협, 도울 협

낄 협(夾)자는 사람(从)사이에 큰 사람(大)이 끼어(夾) 있는 모습에서, '끼다'는 뜻이 생겼습니다. 또 한 사람(大)을 양쪽에 있는 두 사람(从)이 부축하는 모습에서 '부축하다, 좌우에서 도와주다'는 뜻도 있습니다. 나중에 '끼다'는 원래의 뜻을 분명히 하기 위해 손 수(扌)자를 추가하여 낄 협(挾)자가 만들어졌습니다.

[협]으로 소리나는 경우

2/2 **峽** 골짜기 협 ⓒ峡 ⓐ峡
메 산(山) + [낄 협(夾)]

2/1 **陜** 좁을 협, 땅이름 합, 땅이름 섬 ⓒ陕
언덕 부(阜/阝) + [낄 협(夾)→섬]

1/2 **狹** 좁을 협 ⓒ狭
개 견(犭) + [낄 협(夾)]

1/1 **挾** 낄 협 ⓒ挟
손 수(扌) + [낄 협(夾)]

1/1 **俠** 의기로울 협 ⓒ侠
사람 인(亻) + [낄/도울 협(夾)]

레일이 좁은 협궤철로

골짜기 협(峽)자는 '양쪽으로 산(山)을 끼고(夾) 있는 곳이 골짜기(峽)이다'는 뜻입니다. 골짜기를 협곡(峽谷)이라고도 합니다. 해협(海峽)은 '바다(海)의 골짜기(峽)'라는 뜻으로, 육지 사이에 끼어 있는 좁고 긴 바다입니다.

좁을 협(陜)자는 '언덕과 언덕(阜/阝) 사이에 끼어(夾) 있는 골짜기가 좁다'는 뜻입니다. 좁을 협(陜)자는 '좁다'는 의미로는 거의 사용되지 않고, 주로 땅이름 합(陜)자나 땅이름 섬(陜)자로 사용됩니다. 경상남도에 있는 합천군(陜川郡)은 '좁은(陜) 냇물(川)이 있는 고을(郡)'이란 뜻입니다. 지리산 자락에 있는 이곳은 원래 협천(陜川)이란 이름을 가졌으나, 일제 때 행정구역이 개편되면서 세 마을이 합쳐져 합천(合川)이라고 이름이 바뀌었고, 지금은 한자 이름만 예전 그대로 두어 합천(陜川)으로 부릅니다. 중국의 섬서성(陜西省)은 '좁은 골짜기(陜) 서쪽(西)에 있는 성(省)'이란 뜻으로 주(周)나라 때부터 당(唐)나라 때까지 수도였던 서안(西安)이 있습니다.

'좁다'는 뜻의 한자는 언덕(阜/阝)자가 들어간 좁을 협(陜)자 대신 개 견자(犭)자가 들어간 좁을 협(狹)자가 많이 쓰입니다. 좁을 협(狹)자는 '개(犭)가 나가는 구멍이 개가 끼일(夾) 정도로 좁다'는 뜻입니다. '성격이 편협하다'에서 편협(偏狹)은 '한쪽으로 치우치고(偏) 좁다(狹)'는 뜻입니다. '장소가 협소하다'에서 협소(狹小)는 '좁고(狹) 작다(小)'는 뜻입니다. 협궤(狹軌)는 '좁은(狹) 바퀴 자국(軌)'이란 뜻으로 철도 레일 간의 거리가 좁은 것을 말합니다. 우리나라에서는 수인선을 마지막으로 협궤가 사라졌으나 일본에는 아직도 많습니다.

낄 협(挾)자는 '손(扌)으로 끼우다(夾)'는 뜻입니다. 협공(挾攻)은 '양쪽으로 끼고(挾) 공격(攻擊)하는 것'입니다.

의기로울 협(俠)자는 '남을 도와주는(夾) 사람(亻)이 의기롭다'는 뜻입니다. 의협심(義俠心)은 '의롭고(義) 의기로운(俠) 마음(心)', 협객(俠客)은 '의기로운(俠) 나그네(客)'이고, 무협소설(武俠小說)은 '무술(武術)이 뛰어난 협객(俠客)이 등장하는 소설(小說)'입니다.

등불 형

등불 형(熒)자는 불이 켜져 있는 횃불의 모습을 본떠 만든 글자입니다. 노력(勞力), 노동(勞動) 등에 사용되는 일할 로(勞)자는 힘 력(力)자와 등불 형(熒)의 변형 자가 합쳐진 회의문자인데, '밤에도 등불(熒) 아래에서 힘(力)써 일한다'는 뜻입니다.

[형]으로 소리나는 경우

3/2 螢 반딧불 형 중 蛍 약 蛍
벌레 충(虫) + [등불 형(熒)]

반딧불 형(螢)자는 '등불(熒)처럼 밝은 벌레(虫)가 반딧불이다'는 뜻입니다. 형설지공(螢雪之功)은 '반딧불(螢)과 눈(雪)의(之) 공(功)'이란 뜻으로 고생을 이기고 공부하여 성공함을 일컫는 말입니다. 중국 진(晉)나라의 손강(孫康)은 겨울밤 창가에서 눈에 반사된 빛으로 공부하고, 차윤(車胤)은 여름밤에 반딧불을 잡아 그 빛으로 공부하여 벼슬에 올랐다는 이야기에서 유래합니다. 형광등(螢光燈)은 '반딧불(螢) 빛(光)이 나는 등잔(燈)'입니다.

[영]으로 소리나는 경우

4/4 榮 영화 영 중 荣 약 栄
나무 목(木) +
[등불 형(熒)→영]

4/3 營 경영할 영 중 营
집 궁(宮) +
[등불 형(熒)→영]

2/2 瑩 귀막이옥 영 중 莹
구슬 옥(玉) +
[등불 형(熒)→영]

영화 영(榮)자는 원래 '나무(木) 위에 불(熒)처럼 활활 타는 듯한 꽃'을 나타내는 글자입니다. 또 나무(木)에 꽃이 많이 피는 것을 영(榮)이라 하고, 풀(艹)에 피는 것을 화(華)라고 합니다. 이후 '꽃→피다→무성하다→영화(榮華)'라는 뜻이 파생되었습니다. 대동아공영권(大東亞共榮圈)은 '큰(大) 동쪽(東) 아시아(亞)의 함께(共) 번영하는(榮) 권역(圈)'이란 뜻으로, 일본을 중심으로 함께 번영할 동아시아와 동남아시아 지역을 말합니다. 태평양 전쟁 당시 일본이 아시아 대륙에 대한 침략을 합리화하기 위하여 내건 정치 표어입니다.

경영할 영(營)자는 '궁(宮)에서 등불(熒)을 밝혀가며 열심히 일을 하면서 국가를 경영(經營)하다'는 뜻입니다. 영업(營業), 운영(運營), 자영(自營) 등에 사용됩니다.

귀막이옥 영(瑩)자의 귀막이 옥은 임금이 쓰는 면류관의 양쪽으로 구슬을 꿴 줄을 귀까지 늘어뜨린 것입니다. 이 글자는 사람 이름에 사용됩니다.

虍 虎

범 호

범 호(虍/虎)자는 호랑이의 옆 모습을 회전시켜 놓은 글자입니다. 호랑이는 무섭기 때문에 '무섭다'는 뜻의 글자에도 들어갑니다. 〈호질(虎叱)〉은 '호랑이(虎)의 꾸짖음(叱)'이란 뜻으로 조선 후기의 실학자인 연암 박지원이 지은 한문 우화소설(寓話小說)입니다. 호랑이를 통하여, 유교 도덕을 연구하는 도학자(道學者)의 위선을 신랄하게 꾸짖는 내용으로, 《열하일기》에 실려 있습니다.

[호]로 소리나는 경우

3/2 號 이름/부르짖을 호
중 号 약 号
이름/부르짖을 호(号) +
[범 호(虎)]

이름 호(號)자에 들어 있는 부르짖을 호(号)자는 '입(口)으로 부르짖다'는 뜻입니다. 나중에 '부르짖다'는 뜻을 분명히 하기 위해 범 호(虎)자를 추가하였고, 이후 부르는 '이름'이라는 뜻이 추가되었습니다. 예전에는 이름을 부모나 스승이 그 아들이나 제자를 부를 때 사용하였고, 자신보다 높은 위치에 있는 사람의 이름을 부르는 것을 금기시하였습니다. 이런 관습 때문에 많은 사람들은 본래의 이름 이외에 호(號)를 지어 불렀습니다.

[로]로 소리나는 경우

2/2 盧 밥그릇 로 중 卢
그릇 명(皿) + 밭 전(田) +
[범 호(虍)→로]

3/2 爐 화로 로 중 炉 약 炉
불 화(火) + [밥그릇 로(盧)]

1/2 虜 사로잡을 로 중 虏
[범 호(虍)→로] + 뀀 관(毌)
+ 힘 력(力)

밥그릇 로(盧)자는 원래는 화로(火爐)의 모습을 본떠 만든 글자였으나, 나중에 뜻을 나타내는 그릇 명(皿)자와 소리를 나타내는 범 호(虍)자가 합쳐진 형성문자로 바뀌었습니다. 이후 밥그릇이란 뜻으로 사용되자 원래의 의미를 보존하기 위해 불 화(火)자를 추가하여 화로 로(爐)자가 되었습니다. 밥그릇 로(盧)자는 성씨로도 사용되는데, 노무현(盧武鉉) 대통령과 노태우(盧泰愚) 대통령이 그런 예입니다. 청자향로(靑瓷香爐)는 '푸른(靑) 도자기(瓷)로 만든 향(香)을 피우는 화로(爐)'이고, 용광로(熔鑛爐)는 '광물(鑛)을 녹이는(熔) 화로(爐)'입니다.

사로잡을 로(虜)자는 '힘(力)으로 잡은 포로를 밧줄로 꿰어(毌) 데려 온다'는 뜻입니다. 뀀 관(毌)자는 조개를 줄로 꿰어 맨 모습입니다. 포로(捕虜)는 '잡고(捕) 사로잡은(虜) 적'입니다.

[허]로 소리나는 경우

4/3 虛 빌 허 중 虚 약 虚
언덕 구(丘) +
[범 호(虍)→허]

허공(虛空), 허영(虛榮), 허비(虛費), 허무(虛無) 등에 들어가는 빌 허(虛)자는 원래 큰 언덕(丘)을 의미하였습니다. 나중에 큰 언덕은 사람이 없이 항상 비어 있다고 해서 '비어 있다'는 뜻이 생겼습니다. 허허실실(虛虛實實)은 전쟁에서 적의 허(虛)를 찌르고 실(實)을 피하여 싸우는 전략입니다.

[처]로 소리나는 경우

4/4 處 곳 처 중 处 약 処
천천히 걸을 쇠(夊) +
안석 궤(几) +
[범 호(虍)→처]

곳 처(處)자의 상형문자를 보면 집(宀→几) 안에 발(夊)이 들어 있는 모습입니다. 즉 '집 안에 있다, 거주하다'는 뜻으로 만든 글자입니다. 이후 '거주하다→살다→(거주하는) 곳→(거주하며) 다스리다→(다스리며) 처리하다→처하다' 등의 뜻이 생겼습니다. 나중에 소리 글자 범 호(虍)자가 추가되면서, 발(夊)이 집(宀→几) 밖으로 나와 지금과 같은 글자가 되었습니다. 상처(傷處)는 '몸이 상한(傷) 곳(處)'이며, 처세술(處世術)은 '세상(世)을 살아가는(處) 재주(術)'이고, 처형(處刑)이나 처벌(處罰)은 '형벌(刑罰)에 처하다(處)'는 뜻입니다.

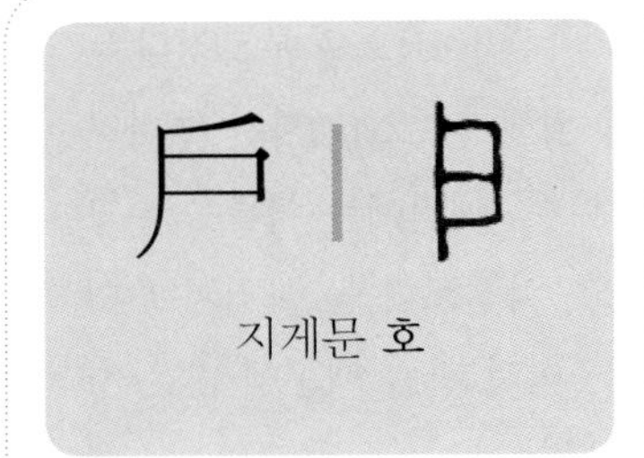

지게문 호(戶)자는 문(門)의 한쪽을 본떠 만든 글자입니다. 상형문자를 보면 더 명확히 알 수 있습니다. 지게 호(戶)라고도 하는데, 지게란 물건을 운반하기 위해 어깨에 지는 지게가 아니라, 외짝 문을 의미하는 순우리말입니다. 문 문(門)자와 마찬가지로 지게문 호(戶)자도 집이라는 의미로 사용되기도 합니다. 호구조사(戶口調査)나 가가호호(家家戶戶)와 같은 경우가 그러한 예입니다. 또 호주(戶主)는 '집(戶)의 주인(主)'이란 뜻입니다. 조선 시대 의정부 아래에 있는 6조 중 호조(戶曹)는 '호구(戶口)를 조사하여 세금을 걷어 나라의 살림살이를 맡은 관청(曹)'으로, 오늘날 국세청과 재정경제부에 해당합니다. 일본의 전성기였던 '에도 시대'의 '에도'는 한자로 강호(江戶), 즉 '강(江)이 바다로 나가는 문(戶)'라는 뜻으로 도쿄에 옛 이름입니다. 도쿄가 바다로 들어가는 강가에 위치해서 붙여진 이름입니다.

[고]로 소리나는 경우

2/2 雇 품팔 고 중 雇
새 추(隹) +
[지게문 호(戶)→고]

품팔 고(雇)자의 원래 의미는 뻐꾸기입니다. 뻐꾸기는 새이므로 새 추(隹)자가 들어갑니다. 봄철에 뻐꾸기가 울면 농사일을 시작하기 때문에 '품(일하는 데에 드는 힘이나 수고)을 판다'는 의미가 생겼습니다. 해고(解雇)는 '고용(雇用)한 사람을 풀어주다(解)'는 뜻으로 고용한 사람을 내보내는 것입니다. 〈고공가(雇工歌)〉는 '고용(雇用)한 직공(職工), 즉 머슴의 노래(歌)'라는 뜻으로, 임진왜란 직후에 허전이 쓴 가사의 이름입니다. 국사(國事)를 한 집안의 농사일에 비유하여, 정사에 힘쓰지 않고 사리사욕만을 추구하는 관리들을 집안의 게으르고 어리석은 머슴에 빗대어 통렬히 비판한 작품입니다.

[소]로 소리나는 경우

7/5 所 바 소 중 所
도끼 근(斤) +
[지게문 호(戶)→소]

바 소(所)자는 '문(戶) 옆에 도끼(斤)를 놓아두는 자리'라는 뜻입니다. 이후 '자리→위치→곳→것→바'라는 뜻이 생겼습니다. 소재(所在)는 '있는 곳(所)', 소지(所持)는 '가진(持) 것(所)', 소임(所任)은 '맡은(任) 바(所) 직책', 소정(所定)은 '정(定)해진 바(所)'입니다.

[호]로 소리나는 경우

2/1 扈 따를 호 중 扈
[지게문 호(戶)] +
고을 읍(邑)

따를 호(扈)자는 원래 '마을(邑)을 문(戶)으로 막다'는 의미의 글자로 만들어졌습니다만, 나중에 '따르다'는 의미가 생겼습니다. 주로 사람 이름으로 사용됩니다. 호종(扈從)은 '(임금의 마차를) 따르고(扈) 따른다(從)'는 뜻으로 임금이 탄 수레를 호위하여 따르는 일이나 사람을 이르는 말입니다. 임금이 사라진 지금 이 낱말도 함께 사라졌습니다.

化 | (고문자)

될 화

될 화(化)자는 바로 서 있는 사람 인(亻)과 거꾸로 서 있는 사람(匕)을 본떠 만들었습니다. 여기에서 거꾸로 서 있는 사람은 죽은 사람을 의미합니다. 즉 '산 사람과 죽은 사람이 서로 윤회하여 변화(變化)한다'는 뜻으로 만들었습니다. 될 화(化)자에 풀 초(艹)자를 합친 꽃 화(花)자도 '꽃에서 씨가 나고, 씨에서 다시 꽃이 피어 윤회한다'는 뜻으로 만든 글자입니다. 정화(淨化)는 '깨끗하게(淨) 변화(化)시키다'는 뜻이고, 미화(美化)는 '아름답게(美) 변화(化)하도록 꾸미다'는 뜻입니다. 개화(開化)는 '새로운 세상으로 문을 열고(開) 변화(化)한다'는 뜻으로 조선 시대에, 갑오개혁으로 정치 제도를 근대적으로 개혁한 일을 말합니다. 화석(化石)은 '(동식물이 흙 속에 묻혀 오랫동안) 변화하여(化) 된 돌(石)'입니다.

[화]로 소리나는 경우

7/5 **花** 꽃 화 중 花
풀 초(艹) + [될 화(化)]

4/4 **貨** 재화 화 중 货
조개 패(貝) + [될 화(化)]

2/2 **靴** 가죽신 화 중 靴
가죽 혁(革) + [될 화(化)]

꽃 화(花)자는 '꽃이 씨가 되고, 씨가 자라 풀이 되고, 풀에서 다시 꽃이 생기는 변화(化)의 과정을 거치는 풀(艹)이다'는 뜻입니다. 화초(花草)는 '꽃(花)과 풀(草)'이고, 화훼(花卉)도 '꽃(花)과 풀(卉)'입니다. 개화(開花)는 '꽃(花)이 열리다(開)'는 뜻으로 꽃이 피는 것을 말합니다.

재화 화(貨)자는 원래 돈이란 뜻을 가졌으나, '돈→재물→상품(商品)' 등의 뜻이 파생되었습니다. 재화 화(貨)자에는 될 화(化)자가 들어 있는데, '돈은 상품(商品)으로, 상품은 다시 돈으로 서로 변화(變化)가 가능하다'는 뜻으로 만들어진 글자입니다. 화폐(貨幣), 통화(通貨), 금화(金貨)에서는 '돈'이란 의미로 사용되지만, 화물(貨物), 백화점(百貨店)에서는 '상품(商品)'이란 의미로 사용됩니다. 백화점(百貨店)은 '백(百) 가지 상품(貨)을 파는 상점(店)'이란 뜻이고, 금은보화(金銀寶貨)는 '금(金)과 은(銀)과 보물(寶)과 돈(貨)'이란 뜻입니다.

가죽신 화(靴)자는 말 그대로 '가죽(革)으로 만든 신'입니다. 하지만 그냥 신이란 뜻으로 사용됩니다. 운동화(運動靴), 실내화(室內畵) 등이 그런 예입니다. 장화(長靴)는 '목이 길게(長) 올라오는 신(靴)'입니다.

[와]로 소리나는 경우

1/1 **訛** 그릇될 와 중 讹
말씀 언(言) + [될 화(化)→와]

그릇될 와(訛)자는 '말(言)을 할 때, 원래 뜻이 변화(化)하여 그릇되게 말하다'는 뜻입니다. '말이 와전되어 오해가 생겼다'에서 와전(訛傳)은 '그릇되게(訛) 전해지다(傳)'는 뜻입니다. 와언(訛言)은 '사실과는 달리 잘못(訛) 전파된 말(言)'이란 뜻과 함께 사투리라는 뜻도 있습니다.

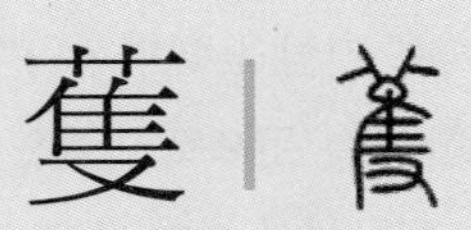

붙잡을 확

붙잡을 확(蒦)자는 풀 초(艹)자, 새 추(隹)자, 손의 상형인 또 우(又)자가 합쳐진 글자로 '풀(艹)속의 새(隹)를 손(又)으로 포획(捕獲)하다'는 뜻입니다. 나중에 뜻을 분명히 하기 위해 짐승을 의미하는 개 견(犭)자가 추가되어 사로잡을 획(獲)자가 되었습니다. '짐승(犭)을 사로잡다'는 뜻입니다. 붙잡을 확(蒦)자는 독자적으로는 사용되지 않고 다른 글자와 만나 소리로 사용됩니다.

[확]으로 소리나는 경우

3/2 穫 거둘 확 ⓒ 获
벼 화(禾) + [붙잡을 확(蒦)]

거둘 확(穫)자는 '풀(艹)속의 새(隹)를 손(又)으로 잡듯이, 벼(禾)를 베어 거두어들이다'는 뜻입니다. 가을은 벼를 거두어 들이는 계절이라고 해서 수확(收穫)의 계절이라고 합니다. 수확(收穫)은 '거두고(收) 거두다(穫)'는 뜻입니다. 다수확작물(多收穫作物)은 '수확을 많이 하는 작물'이란 뜻으로 같은 면적에서 다른 작물을 심었을 때보다 더 많은 수확을 낼 수 있는 작물을 말합니다.

[호]로 소리나는 경우

4/2 護 보호할 호 ⓒ 护
말씀 언(言) +
[붙잡을 확(蒦)→호]

보호할 호(護)자는 '말(言)로 도와주거나 보호(保護)해 주다'는 뜻입니다. 호민관(護民官)은 '평민(民)들을 보호하기(護) 위한 관리(官)'라는 뜻으로 고대 로마에서 평민들의 대표로 구성된 평민회(平民會)에서 투표로 뽑았습니다. 평민회(平民會)는 권력을 가진 귀족이 평민들을 괴롭히면서 일반 평만들이 불만을 가지고 되어 귀족들을 견제하기 위해 설립하였습니다. 호국불교(護國佛敎)는 '나라(國)를 보호하는(護) 불교(佛敎)'로 불교를 굳게 믿으면 국가가 번영하고, 부처님의 힘으로 나라를 지킨다는 사상입니다. 우리나라의 삼국 시대와 고려 시대에 번성하였습니다. 도호부(都護府)는 '백성을 보호하는(護) 우두머리(都) 관청(府)'으로 고려시대와 조선시대의 지방행정 기관입니다.

[획]으로 소리나는 경우

3/2 獲 사로잡을 획 ⓒ 获
개 견(犭) +
[붙잡을 확(蒦)→획]

사로잡을 획(獲)자는 '짐승(犭)을 붙잡다(蒦), 사로잡다'는 뜻입니다. 이후 '사로잡다→잡다→얻다' 등의 뜻이 생겼습니다. 포획(捕獲)은 '잡고(捕) 잡다(獲)'는 뜻이고, 획득(獲得)은 '얻고(獲) 얻다(得)'는 뜻입니다. 획득형질(獲得形質)은 '후천적으로 얻고(獲) 얻은(得) 모양(形)과 바탕(質)'이란 뜻입니다. 유전으로 얻은 형질이 아닌 생활하는 상태와 환경에 따라서 후천적으로 얻은 형질(形質)로 이런 형질은 유전이 되지 않습니다. 예를 들면, 운동으로 다리를 튼튼히 해도 튼튼한 다리라는 형질은 자식에게 유전되지 않습니다.

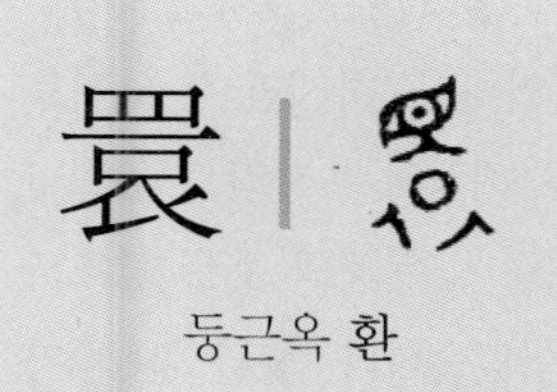

둥근옥 환

둥근옥 환(睘)자는 눈(目/罒)으로 옷(衣) 중앙에 달린 둥근 옥(○→口)을 내려다보는 모습을 본떠 만든 글자입니다. 즉 옷길 원(袁)자 위에 눈(目/罒)이 붙어 있는 모습이 변형된 형태입니다. 다른 글자와 만나 '(둥근 옥처럼) 둥글다, (둥글게) 돌다, (돌아서) 돌아오다' 등의 뜻으로 사용됩니다. 예를 들어 고리 환(環)자는 '둥근(睘) 옥(玉)으로 만든 고리(반지)'이고, 돌아올 환(還)자는 '돌아(睘) 오다(辶)'는 뜻입니다.

[환]으로 소리나는 경우

4Ⅱ 環 고리 환 ⓒ 环
구슬 옥(玉/王) + [둥근옥 환(睘)]

3Ⅱ 還 돌아올 환 ⓒ 还
갈 착(辶) + [둥근옥 환(睘)]

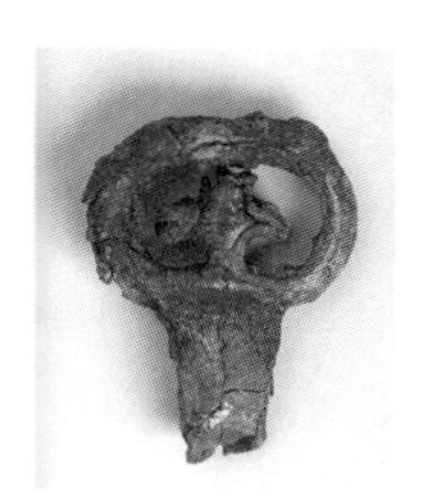

손잡이 부분에 둥근 고리가 있는 환두대도

고리 환(環)자는 원래 '옥(玉)으로 만든 둥근(睘) 반지'를 일컫는 말이었으나, 나중에 반지와 같은 고리라는 뜻이 생겼습니다. 금환일식(金環日蝕)은 '금(金) 반지(環)처럼 생긴 일식(日蝕)'이란 뜻으로 달이 태양을 완전히 가리지 못하고 반만 가려서 가장자리 부분이 금반지 모양을 띠는 일식(日蝕)을 말합니다. 환태평양(環太平洋)은 '태평양(太平洋) 주변을 둥근 고리(環)처럼 둘러싼 지역'으로 이곳에 화산이나 지진이 많아 환태평양화산대 혹은 환태평양지진대라고 부릅니다. 화환(花環)은 '꽃(花)으로 만든 둥근 고리(環)'로 목에 걸 수 있습니다. 환두대도(環頭大刀)는 '둥근 고리(環)가 머리(頭)에 달린 큰(大) 칼(刀)'로 삼국 시대에 사용되었던 칼입니다. 환형동물(環形動物)은 '(몸의 단면이) 둥근 고리(環) 모양(形)의 동물(動物)'로 지렁이, 거머리 등과 같은 동물입니다.

귀환(歸還), 송환(送還)에 사용되는 고리 환(環)자는 '둥글게 돌아(睘)오다(辶)'는 뜻입니다. '개경(開京)으로 도읍(都)이 돌아오는(還) 것'을 말하는 개경환도(開京還都)는 고려 시대 몽골의 침입으로 강화도로 천도(遷都: 도읍을 옮김) 했다가 다시 개경으로 돌아온 것을 말합니다. 노비환천법(奴婢還賤法)은 '해방된 노비(奴婢)를 천민(賤)으로 환원(還)시키는 법(法)'으로 고려 성종 6년에 노비안검법(奴婢按檢法: 노비를 살피고 검사하는 법)에 따라 해방된 노비들을 다시 종으로 만든 법입니다. 노비안검법으로 사회적 혼란이 초래되고 호족들의 반발이 심해지자 취한 조처였습니다. 환곡제도(還穀制度)는 '빌린 곡식(穀)을 돌려주는(還) 제도(制度)'로 조선 시대에 곡식을 사창(社倉)에 저장하였다가 백성들에게 봄에 꾸어 주고, 추수기인 가을에 이자를 붙여 거두던 제도입니다. 뒤에 구실아치(각 관아의 벼슬아치 밑에서 일을 보던 사람)의 농간으로 폐해가 많아 민란이 잦게 되자, 철종 때 폐지하였습니다.

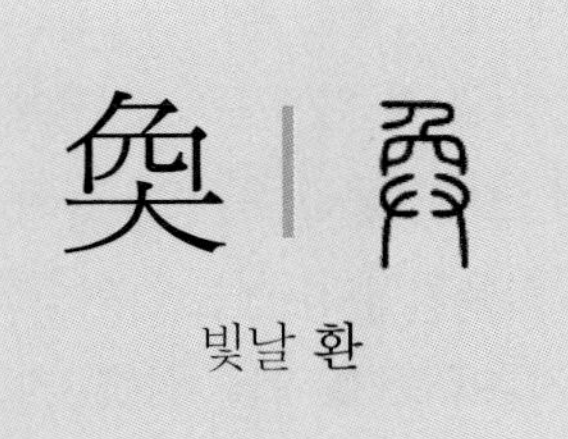

빛날 환(奐)자의 옛 글자를 보면 사람 인(人), 구멍 혈(穴), 손맞잡을 공(廾)자가 합쳐진 글자인데, 원래의 뜻을 알 수 없는 글자입니다. 하지만 두 다리를 벌리고 아이를 낳는 면할 면(免)자와 비슷한 뜻으로 해석하는 사람도 있습니다. 어쨌든 '빛다다, 성대하다' 등의 뜻이 생겼고, 나중에 원래의 뜻을 강조하기 위해 불 화(火)자를 추가하여 빛날 환(煥)자가 되었습니다. 빛날 환(奐)자는 사람의 이름에 사용되기도 하지만, 대부분 경우 다른 글자 안에서 소리로 사용됩니다.

[환]으로 소리나는 경우

3/2 換 바꿀 환 중 换
손 수(扌) + [빛날 환(奐)]

2/2 煥 빛날 환 중 焕
불 화(火) + [빛날 환(奐)]

1/1 喚 부를 환 중 唤
입 구(口) + [빛날 환(奐)]

교환(交換), 전환(轉換) 등에 사용되는 바꿀 환(換)자는 '손(扌)으로 바꾸다'는 뜻입니다. 또 현금으로 바꿀 수 있는 어음, 수표, 증서 따위를 환(換)이라고 합니다. 환기(換氣)는 '방안의 공기를 바꾸는 것'이고, 환전(換錢)은 '돈을 다른 나라 돈(錢)으로 바꾸는(換) 것'입니다. 또 전신환(電信換)은 '전기(電) 신호(信)로 보내는 환(換)'으로 우체국에서 전신(電信)으로 상대방에게 돈을 보내는 것입니다. 환유법(換喩法)은 '낱말을 바꾸어서(換) 비유(喩)하는 방법(法)'으로, 어떤 사물을 그것의 속성과 밀접한 관계가 있는 다른 낱말을 빌려서 표현하는 수사법으로 숙녀를 '하이힐'로, 우리 민족을 '흰옷'으로 표현하는 것이 그러한 예입니다. 대유법(代喩法)이라고 합니다.

빛날 환(煥)자는 '불(火)이 빛나다(奐)'는 뜻입니다. 주로 사람의 이름에 사용됩니다. 전두환(全斗煥) 대통령이나 조선 말기에 일본의 내정간섭을 비판하다 이미 대세가 기운 것을 보고 자결한 민영환(閔泳煥)이 그러한 예입니다.

부를 환(喚)자는 '입(口)으로 부르다'는 뜻입니다. 소환(召喚)은 '부르고(召) 부르다(喚)'는 뜻으로 사법 기관이 특정 개인을 일정한 장소로 오도록 부르는 일을 말합니다. 아비규환의 아비(阿鼻)와 규환(叫喚)은 각각 불교에서 말하는 8대 지옥입니다. 규환(叫喚)은 '부르짖고(叫) 부르다(喚)'는 뜻인데, 규환지옥에는 살생, 절도, 음행, 음주의 죄를 지은 사람이 갑니다. 펄펄 끓는 가마솥에 들어가거나 뜨거운 불 속에 던져져 고통을 견디지 못하여 울부짖는다는 지옥입니다.

黃 | [seal script]

누를 황

누를 황(黃)자는 옛 중국의 귀족들이 허리에 차는 누런색 옥 장신구의 모습을 본떠 만든 글자입니다. 옥의 색깔이 누렇다고 누를 황(黃)자가 되었습니다. '새모시 옥색치마', '옥빛 하늘' 등 우리나라에서는 옥이 푸른 빛을 내지만, 은허(殷墟)에서 발굴된 옥 공예품을 비롯한 중국의 옥은 대부분 황옥(黃玉)이란 점이 특이합니다. 아마도 중국에는 황토(黃土)가 많기 때문에 황옥(黃玉)이 많은 것 같습니다. 황도(黃道)는 '누런색(黃)의 태양이 지나가는 길(道)'이란 뜻으로, 태양이 천구(天球) 위에 그리는 궤도(軌道)입니다. 황체(黃體)는 '누른색(黃)의 몸체(體)'라는 뜻으로 난소(卵巢)에서 난자가 나온 후, 남은 부분이 수축하여 만들어지는 일시적인 황색의 덩어리입니다. 일종의 내분비샘과 같은 역할을 하여 황체 호르몬을 분비합니다.

[횡]으로 소리나는 경우

3/2 橫 가로 횡 중 横
나무 목(木) +
[누를 황(黃)→횡]

가로 횡(橫)자는 원래 '나무(木)로 만든 빗장'을 뜻하는 글자인데, '빗장처럼 가로지르다'에서 가로라는 뜻이 생겼습니다. 종횡무진(縱橫無盡)은 '가로(橫) 세로(縱)로 다함(盡)이 없다(無)'는 뜻으로 행동이 마음 내키는 대로 자유자재임을 일컫는 말입니다.

[광]으로 소리나는 경우

5/4 廣 넓을 광 중 广 약 広
집 엄(广) +
[누를 황(黃)→광]

4/2 鑛 쇳돌 광 중 矿 약 鉱
쇠 금(金) + [넓을 광(廣)]

넓을 광(廣)자는 '관청과 같이 한쪽 벽이 없는 집(广)은 크고 넓다'는 뜻입니다. 고구려의 광개토대왕(廣開土大王)은 '우리나라 역사상 가장 넓은(廣) 땅(土)을 개척한(開) 대왕(大王)'입니다. 광고(廣告)는 '널리(廣) 알리다(告)'는 뜻이고, 서울 시청 앞 광장의 광장(廣場)은 '넓은(廣) 마당(場)'입니다.

쇳돌 광(鑛)의 쇳돌은 '쇠붙이(金) 성분이 들어 있는 돌'로, 광산(鑛山)에서 광부(鑛夫)들이 캐낸 광석(鑛石)입니다. 광석(鑛石)을 용광로에 넣고 녹여서 함유한 철이나 금속을 분리하는 것을 제련(製鍊)이라고 합니다.

[확]으로 소리나는 경우

3/2 擴 넓힐 확 중 扩 약 拡
손 수(扌) +
[넓을 광(廣)→확]

넓힐 확(擴)자는 집(广)이 넓다'는 뜻의 넓을 광(廣)자에 손 수(扌)자를 추가하여 '손(扌)으로 넓히다'라는 뜻으로 만든 글자입니다. 확대(擴大)는 '크게(大) 넓히다(擴)'는 뜻이고, 확대재생산(擴大再生産)은 '확대(擴大)하여 다시(再) 생산(生産)한다'는 뜻으로 기업이 이윤의 일부를 다시 투자하여 이전보다 확대된 규모로 이루어지는 재생산입니다. 이전과 같은 규모로 생산하는 것을 단순재생산(單純再生産)이라고 합니다.

그리워할 회

그리워할 회(褱)자는 옷 의(衣)자 중간에 눈 목(目→罒)자와 물 수(水/氺)자가 들어 있습니다. 즉, '눈(目→罒)에서 눈물(氺)이 나와 옷(衣)을 적시며 그리워하거나, 그리워하는 사람을 마음에 품다'는 뜻입니다. 나중에 원래의 뜻을 분명히 하기 위해 마음 심(忄)자가 추가되어 품을 회(懷)자가 되었습니다. 이 글자는 단독으로 사용되지 않고 다른 글자와 만나 소리로 사용됩니다. 도울 양(襄)자와 비슷하게 생겨 혼동할 수 있으니 유의해야 합니다.

[회]로 소리나는 경우

3-2 懷 품을 회 ㊥怀 ㊐懐
마음 심(忄) +
[그리워할 회(褱)]

품을 회(懷)자는 '그리워하는(褱) 사람을 마음(忄)에 품다'는 뜻입니다. '오랜만에 만나 회포를 풀다'에서 회포(懷抱)는 '마음속에 품고(懷) 품은(抱) 생각이나 정'을 말합니다. '허심탄회하게 이야기를 나누다'에서 허심탄회(虛心坦懷)는 '마음(心)을 비우고(虛) 품은(懷) 것을 드러내다(坦)'는 뜻입니다. 회의(懷疑)는 '의심(疑)을 품다(懷)'는 뜻이고, 방법적 회의(方法的懷疑)는 '확실한 진리에 이르기 위한 방법으로(方法的) 모든 것에 의심(疑)을 품다(懷)'는 뜻으로 프랑스 철학자 데카르트(1596~1650년)가 확실한 진리에 이르기 위한 방법으로 모든 것(감각, 의식, 철학적 이론 등)을 먼저 의심스러운 거짓으로 단정하고, 의심할 수 없이 확실하다면 진리로 인정하였습니다. 데카르트는 자기 자신조차도 실제로 존재하는 것인지를 의심하게 되고, 결국 "나는 생각한다. 고로 존재한다."라는 유명한 말을 남기게 됩니다.

[괴]로 소리나는 경우

3-2 壞 무너질 괴 ㊥坏
흙 토(土) +
[그리워할 회(褱)→괴]

붕괴(崩壞), 괴멸(壞滅), 파괴(破壞) 등에 나오는 무너질 괴(壞)자는 '언덕이나 절벽의 흙(土)이 무너지다'는 뜻입니다. 붕괴(崩壞)는 '무너지고(崩) 무너지다(壞)'는 뜻으로 물리학에서는 불안정한 원자핵이 방사선을 방출하거나 스스로 핵분열을 일으켜 다른 종류의 원자핵으로 바뀌는 일을 뜻합니다. 방사선을 방출하면서 붕괴되는 것을 방사선붕괴(放射性崩壞)라고 합니다. 괴혈병(壞血病)은 '피부가 파괴되어(壞), 즉 피부가 헐어서 피(血)가 나오는 병(病)'으로, 비타민 C의 결핍으로 생기는 결핍증입니다. 손괴죄(損壞罪)는 '남의 재물이나 문서 등을 손상하거나(損) 파괴(壞)하는 범죄(罪)'입니다. 괴사(壞死)는 '파괴되어(壞) 죽다(死)'는 뜻으로 생체 내의 조직이나 세포가 부분적으로 죽는 일을 말합니다.

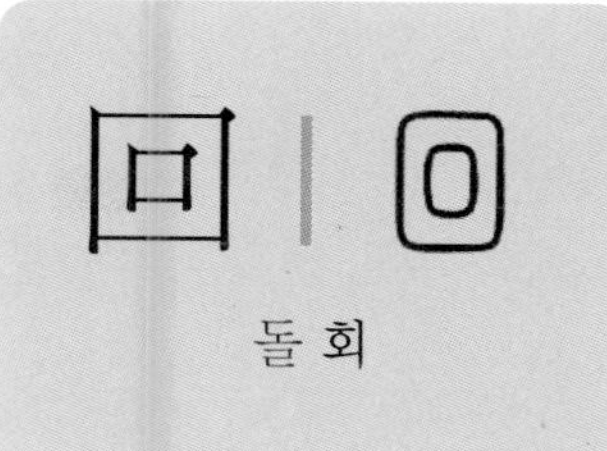

돌 회(回)자는 '둥글고(○→□) 둥글게(○→□) 돌아가다'는 뜻입니다. 나중에 원래의 뜻을 분명히 하기 위해 길게걸을 인(廴)자가 추가되어 돌아올 회(廻)자가 되었습니다. 회전(回轉)은 '돌아서(回) 구르다(轉)'는 뜻입니다. 유네스코 세계문화유산으로 지정된 경북 안동의 하회(河回)마을은 '물(河)이 돌아가는(回) 마을'이란 뜻으로 낙동강 줄기가 이 마을을 싸고돌면서 흐르는 데에서 붙여진 이름입니다. 물리에서 회절(回折)은 '파동이 장애물 뒤를 돌아서(回) 꺾여(折) 진행하는 현상'입니다. 위화도회군(威化島回軍)은 '위화도(威化島)에서 군사(軍)를 돌리다(回)'는 뜻으로, 1388년(우왕 14년) 5월 명나라의 요동(遼東)을 정벌하러 나선 이성계가 압록강 하류 위화도에서 군사를 돌려온 사건입니다.

낙동강이 휘돌아 흐르는 하회마을

[회]로 소리나는 경우

- 2/2 廻 돌아올 회 중 回 — 길게걸을 인(廴) + [돌 회(回)]
- 1/1 徊 노닐 회 중 徊 — 걸을 척(彳) + [돌 회(回)]
- 1/0 蛔 회충 회 중 蛔 — 벌레 충(虫) + [돌 회(回)]

돌아올 회(廻)자는 '돌아서(回) 걸어오다(廴)'는 뜻입니다. 회전(廻轉)은 '돌아서(轉) 구르다(轉)'는 뜻으로 회전(回轉)과 같은 뜻입니다. 윤회(輪廻)는 '바퀴(輪)가 굴러 돌아오다(廻)'는 뜻으로 불교에서는 수레바퀴가 끊임없이 구르는 것과 같이 중생이 삶과 죽음을 반복해서 돌고 도는 일을 말합니다. 순회공연의 순회(巡廻)는 '돌고(巡) 돌다(廻)'는 뜻입니다. '예상을 상회한다'에서 상회(上廻)는 '어떤 기준보다 웃(上)돌다(廻)'는 뜻입니다. 반대는 하회(下廻)입니다.

노닐 회(徊)자는 '돌아(回)다니며(彳) 노닐다'는 뜻입니다. 배회(徘徊)는 '노닐고(徘) 노닐다(徊)'는 뜻으로 아무 목적도 없이 어슬렁거리며 이리저리 돌아다니는 것을 말합니다.

회충(蛔蟲)은 사람 몸속에서 기생하여 사는 기생충(寄生蟲)의 한 종류입니다. 지금은 거의 사라졌지만, 1960년대와 1970년대에는 학교에서 회충약을 나누어줄 정도로 많았습니다. 회충 회(蛔)자는 '뱀처럼 빙빙 돌아(回) 말린 모습의 벌레(虫)가 회충이다'는 뜻입니다.

여섯째 마당

부록

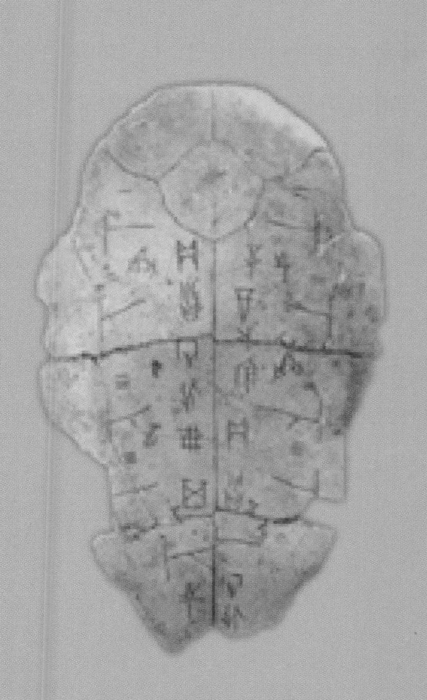

6-1 갑골문자

용의 뼈로 만든 한약

지금으로부터 100여 년 전인 1899년, 중국의 북경에 왕의영이라는 사람이 살았습니다. 그는 북경 도서관의 관장이었는데, 학질에 걸려 누웠습니다. 친구인 유악은 왕의영을 위해 한약방에서 약을 지었습니다. 이 약속에는 옛날부터 용의 뼈라고 알려져 있는 뼈가 들어 있었는데, 유악은 뼈를 살펴보다가 이상한 것을 발견했습니다. 뼈에는 지금의 한자와 비슷한 그림들이 새겨져 있었던 것입니다.

왕의영의 병이 낫자, 두 사람은 한약방을 돌아다니며 그림이 새겨진 용의 뼈들을 사다 모았습니다. 나중에 이 뼈들은 용의 뼈가 아니라 거북의 배 껍질과 소의 뼈라는 것을 알게 되었고, 여기에 그려져 있는 그림이 최초의 한자라는 사실을 밝혀 내었습니다.

은나라의 수도였던 안양의 은허에서 발굴 작업을 하는 모습

이후 이런 껍질이 어디에서 나왔는지 알아본 결과, 황하강 중류에 있는 안양(安陽)이라는 도시에서 나온 것임을 알아내고, 1928년에는 대대적인 발굴 작업을 시작하였습니다. 안양에서는 수많은 거북의 배 껍질과 소의 뼈, 그리고 질그릇, 청동그릇, 옥, 칼, 창 등이 발굴되었습니다. 또 이곳이 전설로만 존재했다고 믿었던 은(殷)나라의 수도였다는 사실을 알게 되었습니다.

은나라의 탄생

은나라는 기원전 1300년 무렵 황하강 중류에 있었던 나라입니다. 사마천(司馬遷, BC 145~86년)의 《사기(史記)》에 의하면, 하(夏)나라의 마지막 왕인 걸왕(桀王)은 방탕한 생활과 포악한 정치를 하였다고 합니다. BC 1600년 무렵 황하강 중하류에 상(商)이라는 부락을 다스리던 탕(湯)은 폭군 걸왕(桀王)을 쫓아내고 상(商)나라를 건국하였습니다.

이후 수도를 5차례나 옮겼는데, 후세 학자들은 황하강의 홍수로 인해 수도를 여러 번 옮겼을 것이라고 추측합니다. BC 1300년 무렵 상(商)나라는 황하강에서 북쪽으로 100여Km 떨어진 은(殷)으로 천도하여 은(殷)나라로 불리게 되었습니다. 학자들은 한자의 기원은 이 무렵부터로 추정합니다.

갑골문자의 탄생

당시 중국 사람들은 사람이 죽더라도 영혼은 살아 있다고 생각했습니다. 그래서 왕들은 전쟁을 하면 이길 수 있는지, 사냥은 어디로 가야 하는지, 집을 지어도 좋은지, 날씨가 좋을지, 농사가 잘 될지 등이 궁금하면, 조상신에게 물어보는 점을 쳤습니다. 점을 치는 방법은, 거북의 배 껍질이나 소뼈를 불에 달군 쇠꼬챙이로 찔러 갈라지는 모습을 보고 길흉을 판단하였습니다. 예를 들어 사냥을 갈 때, 장소(동쪽 산, 서쪽 산 등), 사냥 대상(사슴, 곰, 호랑이 등), 사냥 방법(화살, 창, 함정 등), 시간(내일, 모래 등) 등을 알기 위해 점을 친다고 하면, 모든 질문은 '예'와 '아니요'로 답변할 수 있는 질문으로 준비를 합니다. 그리고 불에 달군 쇠꼬챙이로 찔러 갑골(甲骨)이 위로 갈라지면 '예'가 되고, 아래로 갈라지면 '아니요'가 된다고 정한 후, 다음과 같이 질문을 합니다.

"사냥을 동쪽 산으로 갈까요?"

불에 달군 쇠꼬챙이로 찔러 갑골이 아래로 갈라지면, 답이 '아니요'이므로, 다시 점을 칩니다.

"사냥을 서쪽 산으로 갈까요?"

이렇게 반복하여 '예'라는 답변이 나올 때까지 계속합니다. 따라서 한번 점을 치려면 여러 개의 갑골이 필요했습니다. 이중 중요한 사항만 갑골에 기록해 둡니다. 따라서 발굴되는 모든 갑골에 글자가 있는 것은 아닙니다. 지금까지 발굴되어 남아있는 갑골은 15만여 점이나 되고, 이중 약 5천 점에 글자가 새겨져 있다고 합니다.

갑골문자가 새겨진 거북 배 껍질.
크기는 어른 손바닥만합니다.

왼쪽의 사진은 점을 친 거북 배 껍질의 앞뒤면입니다.

위쪽의 사진은 거북 배의 앞면으로, 복(卜)자 모양으로 갈라져 있는 모습과 점을 치고 난 결과를 기록한 갑골문자가 보입니다. 사진의 아래쪽은 뒷면으로 불로 달군 쇠막대기로 지진 자국이 보입니다.

한자에 나오는 점 복(卜)자는 이와 같이 거북 배 껍질의 갈라진 모습을 나타냅니다. 이렇게 갈라진 모습(卜)을 보고 입(口)으로 결과를 말한다고 해서 점칠 점(占)자가 만들어졌습니다. 또 이와 같은 한자를 갑골문자(甲骨文字)라고 부르는데, 갑(甲)자는 원래 거북의 배 껍질을 본떠 만든 글자로 '껍질'이란 뜻을 가졌습니다. 나중에 단단한 거북 배 껍질로 갑옷을 만들어 입으면서 갑옷 갑(甲)자가 되었습니다.

6-2 십간과 십이지

간지의 탄생

십이지(十二支) 중 신(申)에
해당하는 원숭이 민화

'임진왜란'이나 '병자호란'과 같은 말에 보면 '임진'이나 '병자'라는 말이 나오는데, 이러한 말을 간지(干支)라고 합니다. 이러한 간지는 갑골문자를 보면 많이 등장합니다. 거북 배 껍질로 점을 치고 나면 점친 결과를 기록하면서 반드시 날짜를 적어 두었는데, 이러한 날짜를 간지로 표현하였기 때문입니다.

간지(干支)는 십간십이지(十干十二支)의 줄임말로 십간(十干)과 십이지(十二支)를 말합니다. 십간(十干)은 '열(十) 개의 줄기(干)'란 뜻이고, 십이지(十二支)는 '줄기에서 갈라져 나온 열두(十二) 개의 가지(支)'라는 뜻입니다.

모두 22개의 글자로 된 간지는 한자 중에서도 가장 먼저 만들어진 한자입니다. 따라서 이 한자들은 모두 상형문자이며, 당시의 생활에서 자주 볼 수 있었던 모습을 본떠 만든 글자입니다. 이 글자들이 날짜를 세는 글자로 사용되다 보니 글자의 원래 의미를 알 수 없는 글자도 있습니다. 아래에 22개의 글자와 그 의미를 정리해 두었습니다.

십간(十干)의 10이란 숫자는 인간의 손가락이 10개이기 때문에 고대 국가 어디에서나 널리 사용되는 숫자입니다. 십이지(十二支)의 12란 수의 기원은 자세히 알 수 없으나, 아마도 1년이 12달(달이 1년에 12번 차고 기울므로)이라는 데에서 온 듯합니다.

십간(十干)과 십이지(十二支)를 글자를 하나씩 차례대로 짝을 지으면 아래와 같이 육십간지(六十干支)를 얻습니다.

甲子 乙丑 丙寅 丁卯 戊辰 己巳 庚午 辛未 壬申 癸酉 甲戌 乙亥
갑자 을축 병인 정묘 무진 기사 경오 신미 임신 계유 갑술 을해

丙子 丁丑 戊寅 己卯 庚辰 辛巳 壬午 癸未 甲申 乙酉 丙戌 丁亥
병자 정축 무인 기묘 경진 신사 임오 계미 갑신 을유 병술 정해

戊子 己丑 庚寅 辛卯 壬辰 癸巳 甲午 乙未 丙申 丁酉 戊戌 己亥
무자 기축 경인 신묘 임진 계사 갑오 을미 병신 정유 무술 기해

庚子 辛丑 壬寅 癸卯 甲辰 乙巳 丙午 丁未 戊申 己酉 庚戌 辛亥
경자 신축 임인 계묘 갑진 을사 병오 정미 무신 기유 경술 신해

壬子 癸丑 甲寅 乙卯 丙辰 丁巳 戊午 己未 庚申 辛酉 壬戌 癸亥
임자 계축 갑인 을묘 병진 정사 무오 기미 경신 신유 임술 계해

번호	십간	훈 음	갑골문	원래 의미	십이지	훈 음	갑골문	원래 의미
1	갑(甲)	갑옷 갑		거북 배 껍질	자(子)	아들 자		아기
2	을(乙)	새 을		모름	축(丑)	소 축		손
3	병(丙)	남녘 병		모름	인(寅)	범 인		화살
4	정(丁)	장정 정		모름	묘(卯)	토끼 묘		둘로 나눈 물건
5	무(戊)	천간 무		창	진(辰)	별 진		조개
6	기(己)	몸 기		모름	사(巳)	뱀 사		태아
7	경(庚)	천간 경		징(악기)	오(午)	낮 오		절구공이
8	신(辛)	매울 신		문신 새기는 침	미(未)	아닐 미		나무
9	임(壬)	천간 임		베틀	신(申)	납 신		번개
10	계(癸)	천간 계		모름	유(酉)	닭 유		술병
11					술(戌)	개 술		창
12					해(亥)	돼지 해		머리 잘린 짐승

십간과 십이지
갑골문을 보면 원래 의미를 알 수 있습니다.

이렇게 60개의 간지를 만들어 두고 차례대로 날짜를 세다가 끝에 도달하면 다시 처음으로 돌아가서 세는 식으로 하여, 아무리 오랜 기간도 셀 수 있게 하였습니다. 하지만, 이 당시의 간지는 연(年)을 표현하지 못하고 날짜만 순서대로 기록하였기 때문에, 갑골문이 발견되더라도 몇 년도에 만들어졌는지는 알 수 없습니다.

6-3 십이지와 십이지수

십이지수: 12마리 동물의 탄생

앞에서 보았듯이 갑골문자가 탄생하면서 십간과 십이지가 함께 탄생하였습니다. 이중 십이지는 쥐띠, 소띠, 호랑이띠 등 태어난 해를 12마리 동물들의 이름으로 이르는 '띠'로 우리에게 잘 알려져 있습니다. 하지만 분명히 알아야 할 것은, 십이지의 글자가 12마리의 동물과는 아무런 상관이 없다는 것입니다. 예를 들어, 십이지 중에서 유(酉)자는 '닭 유(酉)'라고 자전에는 나왔있지만, 유(酉)자는 닭 모습과는 전혀 상관없이 술병 모습을 본떠 만든 글자입니다.

목이 가는 술병의 모습을 본떠 만든 닭 유(酉)자의 상형문자

쥐(子), 소(丑), 범(寅), 토끼(卯), 용(辰), 뱀(巳), 말(午), 양(未), 원숭이(申), 닭(酉), 개(戌), 돼지(亥) 등 12마리의 동물을 십이지(十二支)와 연관시켜 사용한 것은 한자가 탄생하고 간지가 만들어진 후 1000년이 지난 전국 시대(戰國時代, BC 403~221년)입니다. 십이지와 연간된 12마리의 동물들을 십이지수(十二支獸)라 하는데, '십이지(十二支)의 짐승(獸)'이란 뜻입니다. 이와 같이 동물과 연관시킨 것은 당시 중국에서 동물을 숭배하는 토템(totem) 사상에서 생긴 듯합니다.

닭 유(酉)자처럼 입구를 좁게 만든 질그릇

중국에서는 한자의 음은 있으나 훈은 없습니다. 훈은 우리나라에서 붙였는데, 십이지에 해당하는 글자의 훈을 보면 대부분 동물 이름이 붙어 있습니다. 이러한 훈은 바로 12마리의 동물에서 유래합니다. 소 축(丑), 토끼 묘(卯), 뱀 사(巳), 닭 유(酉), 개 술(戌), 돼지 해(亥) 등이 그러한 예입니다. 또 납 신(申)자의 '납'은 원숭이의 옛말입니다.

간지의 진화

날짜를 기록하기 위해 사용한 간지(干支)는 1300년이 훨씬 지난 후한(後漢, 25~220년) 무렵부터 연도를 나타내는 데 사용하기 시작했습니다. 우리가 역사 시간에 배우는 임진왜란, 갑신정변, 임오군란의 임진(壬辰), 갑신(甲辛), 임오(壬午) 등은 모두 연도를 나타내는 간지입니다. 또, 만 60세가 되는 해에 치르는 환갑 잔치나 회갑 잔치의 회갑(回甲) 또는 환갑(還甲)은, 60간지의 맨 처음인 '갑자'가 60년 후면 다시 돌아온다고 해서 붙여진 이름입니다. 즉 회갑(回甲)의 회(回)나 환갑(還甲)의 환(還)은 '돌아온다'는 뜻으로 '출생한 해의 간지와 똑같은 간지를 가진 해가 돌아왔다'는 뜻입니다. 또 나이가 같은 사람을 동갑(同甲)이라고 하는데, 이때 동갑(同甲)도 '태어난 해의 간지(甲)가 같은(同) 사람'이란 뜻입니다.

그리고 연(年)을 표시하는 간지를 세차(歲次)라 하고, 월(月)을 표시하는 간지를 월건(月建)이라 하며, 일(日)을 표시하는 간지를 일진(日辰)이라 합니다. 흔히들 "일진이 나쁘다"고 하는 이야기는 "그날의 운수가 나쁘다"는 의미입니다.

십이지의 진화

이후, 십이지는 시간을 나타내는 데에도 사용되었습니다. 가장 깊은 밤인 밤 12시를 하루의 시작으로 삼아 밤 12시 전후를 자(子)시로 하고, 2시간 단위로 하루를 열둘로 나누었습니다. 밤 12시를 자정이라고 하는데, 자정(子正)은 '자(子)시의 정(正) 중앙'이란 뜻입니다. 또 낮 12시를 정오라고 하는데, 정오(正午)는 '오(午)시의 정(正) 중앙'이란 뜻입니다. 절구공이의 상형인 오(午)를 낮 오(午)라고 부르는 이유는 낮 12시가 오시(午時)이기 때문입니다.

	십이지	십이지수	시간	방향
1	자(子)	쥐(鼠)	23~1시	북(北)
2	축(丑)	소(牛)	1~3시	북북동
3	인(寅)	호랑이(虎)	3~5시	동동북
4	묘(卯)	토끼(兎)	5~7시	동(東)
5	진(辰)	용(龍)	7~9시	동동남
6	사(巳)	뱀(蛇)	9~11시	남남동
7	오(午)	말(馬)	11~13시	남(南)
8	미(未)	양(羊)	13~15시	남남서
9	신(申)	원숭이(猿)	15~17시	서서남
10	유(酉)	닭(鷄)	17~19시	서(西)
11	술(戌)	개(犬)	19~21시	서서북
12	해(亥)	돼지(豕)	21~23시	북북서

김유신 장군 묘의
십이지수 중
쥐(子), 소(丑), 범(寅),
토끼(卯), 용(辰), 뱀(巳)

십이지는 방향을 나타내기도 합니다. 각각의 방향은 각각의 시에 하늘에 떠 있는 해의 방향과 일치합니다. 예를 들어 낮 12시인 정오(正午)에는 해가 정남쪽에 있기 때문에 오(午)는 남쪽을 일컫습니다. 또 묘(卯)시인 아침 6시에는 해가 동쪽에 있기 때문에 묘(卯)는 동쪽을 일컫습니다. 자오선(子午線)은 천구(天球)의 정북쪽과 정남쪽을 연결하는 선인데, 자(子)와 오(午)가 각각 북쪽과 남쪽을 가리키기 때문에 생긴 용어입니다. 경주의 김유신 장군 묘 둘레에는 12방향으로 12마리 동물로 된 십이지상(十二支像)이 새겨져 있습니다.

6-4 음양설

음양설의 탄생

한자를 만들던 당시 중국은 농업 국가였습니다. 농사를 지으려면 날씨가 따뜻하고, 물이 있어야 합니다. 그런데 날씨를 따뜻하게 해주는 것은 하늘입니다. 또 농사를 지으려면 물이 있어야 하는데, 물은 하늘에서 비가 내려야 합니다. 아마도 당시 누군가는 이런 생각을 했을 겁니다.

'하늘에 있는 해의 움직임에 따라 날씨가 춥기도 하고 덥기도 하며, 또 하늘에서 구름을 만들어 비가 오게 한다. 하늘에서 내리는 비는 땅에서 물의 근원이 되고, 이러한 물이 있어야만 땅 위의 모든 생물들이 살 수 있다. 만일 해가 없거나 비가 오지 않는다면, 세상의 모든 생물들은 죽을 것이다.'

또 이런 생각을 하면서 하늘을 쳐다보았을 겁니다. 하늘을 쳐다보면, 낮에는 해가 떠 있고, 밤에는 달이 떠 있습니다. 낮에는 밝고 따뜻하며, 반대로 밤에는 어둡고 추웠습니다. 낮에 떠 있는 해는 불처럼 뜨겁고, 반대로 밤에 떠 있는 달은 물처럼 평온하였습니다.

이와 같은 생각을 하면서 옛 중국 사람들은 세상의 모든 것이 음(陰)과 양(陽)이라는 두 가지 기운으로 이루어져 있다고 생각했습니다. 음(陰)과 양(陽)은 달과 해, 밤과 낮, 물과 불, 땅과 하늘, 여와 남, 짝수와 홀수, 어둠과 밝음, 추위와 더위 등의 형태로 세상의 모든 곳에 존재한다고 믿었습니다.

이렇게 세상은 대립되는 두 가지의 존재로 이루어졌다고 하는 생각은 서양의 기독교에서도 있었습니다. 즉, 빛이 있는 곳과 어둠이 있는 곳에는 선과 악, 천사와 악마, 천당과 지옥이 존재한다고 믿었습니다.

음양의 균형

세상을 음과 양, 두 가지로 보는 이원론(二元論)은 동서양에 똑같이 있었지만, 둘의 생각은 다릅니다.

서양의 기독교 문명에서는 양(선)과 음(악)의 대립에서 양(선)의 승리가 궁극적 목표입니다.예를 들어, 미국 헐리우드 영화를 보면, 거의 모든 영화에서 선한 사람과 악한 사람이 대립하고 결국에는 선이 이긴다는 내용입니다.

반면, 중국 문명에서는 음과 양의 대립이 아니라 음과 양의 균형이 궁극적 목표입니다. 그 이유는 고대 황하 문명과 밀접한 관계가 있습니다. 지금도 마찬가지이지만, 당시 농사를 짓던 황하강 유역에서는 비가 너무 오면 홍수가 나고, 반대로 해가 너무 많이 비치면 가뭄이 왔습니다. 따라서 비와 해의 균형은 적절한 농사를 위해 필수 요건이 되었습니다. 이런 이유로 중국인들은 비(水)를 의미하는 음(陰)과 해(火)을 의미하는 양(陽)의 균형을 중시하게 되었습니다.

"음양이 한쪽으로 치우치지 말고 균형을 이루어야 한다"는 이러한 생각은 동양 사상의 기본을 이루며, 우리의 생활 전반에 뿌리를 내렸습니다.

예를 들어, 열이 많은 사람(음양학에서 이런 사람을 태양인이라고 합니다)은 음(陰)이 많은 차가운 음식(냉면, 오이 등)을 먹는 것이 좋고, 몸이 찬 사람(태음인)은 양(陰)이 많은 음식(소고기, 우유, 치즈 등)이 좋다고 합니다. 또한 양기가 많은 남자는 음기가 많은 여자를 만나야 잘 살고, 한 집안에서도 남자가 많거나 여자가 많은 것보다는 남녀의 비율이 비슷한 집이 좋다는 것 등이 그러한 예입니다. 또, 집을 지을 때에도 해가 잘 비치는 남쪽을 향해 짓되, 집 앞에는 강이나 개울이 있어야 합니다. 집뿐만 아니라 사람이 죽으면 묻히는 무덤도 마찬가지입니다.

어느 한쪽으로 치우치지 않고 균형이 중요하다는 생각은 유교 경전 중 하나인 《중용(中庸)》에도 잘 나와 있습니다. 중용(中庸)에서 중(中)은 어느 한쪽으로 치우치지 않는 가운데라는 뜻이고, 용(庸)은 보통이란 뜻입니다. 즉 지나치거나 모자람이 없이 평상적이고 불변적인 것이 중용(中庸)입니다.

6-5 음양 팔괘와 태극

산가지와 팔괘

산가지와 산통

갑골문자를 만들었던 은나라는 거북 배 껍질로 점을 쳤지만, 주나라 때에는 주로 산(算)가지를 이용하여 점을 쳤습니다. 산가지란 젓가락처럼 생긴 대나무로 만든 막대기(옥이나 상아로도 만들었습니다)에 음(陰)과 양(陽)을 의미하는 색깔이나 모양을 표시해 놓은 것입니다.

이러한 산가지 여러 개를 통에 담아 두고, 3개나 6개를 뽑아 이때 나오는 음과 양의 갯수에 따라 길흉을 판단하는 방식입니다. 산가지를 담아 두는 통을 산통(算筒)이라 부르는데, 누군가의 방해로 일을 그르치게 되면 흔히 "산통이 깨졌다"라고 이야기하는데, 이때의 산통이 바로 산가지를 담아 두는 통입니다.

음양으로 표시된 각각의 산가지를 효(爻)라고 부릅니다. 효(爻)자의 상형문자를 보면 산가지가 바닥에 흩어져 있는 모습입니다. 3개의 효(爻)로 만들어지는 경우의 수는 모두 8가지(=2×2×2)인데, 이것을 팔괘(八卦)라 합니다.

8괘 중의 4 가지를 살펴보면 다음과 같습니다.

- 건(乾 ☰) : 양(—) 3개가 모여 양이 가장 많은 상태로 태양(太陽)이라고도 합니다.
- 곤(坤 ☷) : 음(– –) 3개가 모여 음이 가장 많은 상태로 태음(太陰)이라고도 합니다.
- 감(坎 ☵) : 음(– –) 2개와 양(—)이 1개인 상태로, 음이 약간 많아 소음(小陰)이라고도 합니다.
- 리(離 ☲) : 양(—) 2개와 음(– –)이 1개인 상태로, 양이 약간 많아 소양(小陽)이라고도 합니다.

태극과 8괘

이러한 팔괘는 음과 양의 적절한 비율에 의해 탄생되었습니다. 예를 들어, 건(乾)은 양이 100%이고 음이 0% 입니다. 이와 같이 양과 음을 원안에 빨간색과 파란색으로 표현하여 360도를 회전하면서 양이 점차 작아지면서 음이 점차 커지고, 다시 음이 점차 작아지면서 양이 점차 커지게 그린 것을 태극(太極)이라 합니다.

태극과 8괘

또, 태극 주변에는 양이 가장 많은 곳(가장 빨간 곳)에 건(乾, ☰)을 위치시키고, 양이 줄어드는 곳에 소양(小陽)을 나타내는 리(離, ☲)가 위치합니다. 또, 음이 가장 많은 곳(가장 파란 곳)에 곤(坤, ☷)이 위치하고, 음이 줄어드는 곳에 소음(小陰)을 나타내는 리(坎, ☵)를 위치시켜, 태극과 팔괘와의 관계를 표시하기도 합니다.

음양 팔괘와 태극에서 탄생한 우리나라 태극기

음양 팔괘와 태극에 대한 이야기가 나온 김에 우리나라 태극기에 대해서도 이야기를 좀 하도록 하겠습니다.

우리나라 태극기는 1882년 8월 9일 박영효 일행이 일본으로 가면서 배 안에서 만들었다고 하나, 당시 일본에서 발행된 일간신문 《시사신보》에서 고종이 직접 도안을 하고 색깔까지 지정하였다는 보도를 한 사실이 밝혀지면서, 고종이 만들었다고 하는 설이 받아들여지고 있습니다. 박영효는 고종의 명을 받아 태극기를 그리는 역할을 하였을 뿐이라는 것입니다.

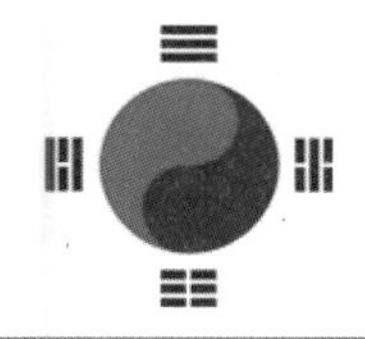

음양 4괘와 우리나라 태극기

어쨌든 우리나라의 태극기는 음양 8괘와 태극을 그려 놓은 그림에서 8괘 중 4괘만 표시한 것입니다. 왼쪽 그림 중 위에 있는 것이 바로 그러한 그림입니다. 이 그림을 시계 반대 방향으로 45도 돌려 놓으며 우리나라의 태극기가 되는데, 자세히 들여다보면 좀 다릅니다. 4괘의 괘는 그대로 옮겨 간 반면, 태극은 뒤집혀 있습니다. 왼쪽 그림에서는 소양(小陽)을 나타내는 리(離, ☲)가 빨간색 쪽에 붙어 있습니다만, 태극기에는 파란색 쪽에 붙어 있습니다. 또, 소음(小陰)을 나타내는 감(坎, ☵)이 태극기에는 빨간색 쪽에 붙어 있습니다. 즉 우리나라의 태극기에는 태극 주변에 있는 리(離, ☲)와 감(坎, ☵)의 위치가 서로 바뀌어진 것입니다. 지금의 태극기는 1948년에 확정이 되었는데, 태극기를 만든 사람이 음양 8괘에 대한 지식을 조금만 가지고 있었더라면 좀 더 완벽한 태극기를 만들 수 있지 않았을까 하는 아쉬운 생각이 듭니다.

리(離, ☲)와 감(坎, ☵)의 위치가 바른 태극기
(의병장 고광순의 불원복(不遠復) 태극기와 백범 김구의 친필이 들어 있는 태극기)

64괘와 주역

이후 3효(爻)로 나타내는 8괘로는 무궁무진한 세상의 일들을 다 표현할 수 없기 때문에, 이것을 겹쳐서 6효(爻)를 사용하였습니다. 6효(爻)를 사용하는 경우, 64가지(=8×8)의 괘가 생깁니다.

앞에서 이야기한 갑골점이 '예', '아니오'로 답변되는 OX형 문제라면, 8괘 혹은 64괘의 점은 8가지나 64가지의 답변이 있는 다지선답(多支選答)형 문제에 비유할 수 있습니다. 예를 들어 "사냥을 동쪽 산으로 가는 것이 좋을까요?"라고 묻는다면 답변이 '매우 좋다', '조금 좋다', '보통이다' 등등 8개 혹은 64개의 답변이 나옵니다.

사서삼경 중 하나인 《역경(易經)》은 64괘를 모두 설명해 놓은 책입니다. 《역경(易經)》은 주(周)나라 때 만들어졌다고 해서 《주역(周易)》이라는 이름으로 더 잘 알려져 있습니다. 《주역(周易)》은 공자가 너무 애독하여 '책을 매었던 가죽 끈이 세 번이나 끊어졌다'는 뜻의 위편삼절(韋編三絕)이라는 고사성어를 만들기도 했습니다.

몸 색깔을 쉽게 바꾸는 카멜레온

바꿀 역(易)자는 도마뱀의 상형입니다. 글자 위의 날 일(日)자는 머리를, 아래의 아닐 물(勿)자는 몸통과 4개의 다리입니다. 카멜레온 등 일부 도마뱀의 종류는 주변의 색상이나 상태에 따라 '몸의 색깔을 쉽게 바꿀 수 있다'고 해서 '바꾸다'라는 의미가 생겼습니다. 역경(易經)이나 주역(周易)에 역(易)자가 들어가는 이유가, 세상의 만물이나 만사가 계속 바뀌고, 이런 변화를 64괘로 분류하여 적은 놓았기 때문입니다.

일곱 위서(緯書) 중의 하나인 《역위(易緯)》라는 책에는 역(易)자가 위는 날 일(日)이고 아래는 달 월(月)자가 변한 것이라고 나와 있습니다만, 상형문자를 보면 달의 모습과는 완전히 다릅니다. 하지만, 이러한 해석은 64괘를 설명한 역(易)이 해와 달, 혹은 음과 양이 기본이 된다는 것을 보여줍니다. 또 《주역(周易)》 태극을 우주 만물이 생긴 근원이라고 보고, 태극에서 음과 양이 탄생하였다고 합니다.

6-6 오행설과 상생/상극

오행설(五行說)의 탄생

갑골문자가 만들어지고 1000년이 지난 기원전 200년 경인 전국 시대 말기에 오행설이 탄생하였습니다. 음양설에서는 세상을 이원론(二元論)으로 보지만, 오행설(五行說)에서는 세상을 5가지 요소로 이루어졌다고 하는 오원론(五元論)으로 보았습니다. 아래는 그러한 예입니다.

오행	토(土)	목(木)	화(火)	금(金)	수(水)
방위	중앙(中)	동(東)	남(南)	서(西)	북(北)
색상	황(黃)	청(靑)	적(赤)	백(白)	흑(黑)
계절	사계(四季)	춘(春)	하(夏)	추(秋)	동(冬)

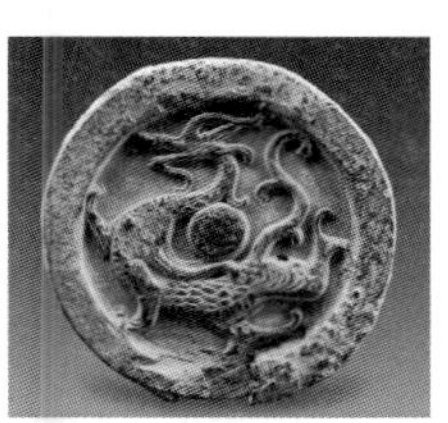

청룡, 백호, 주작, 현무 등이 기와에 새겨진 중국 한나라의 사신도

물론 이러한 오행과 방위, 색상, 계절 등은 서로 연관성을 가집니다. 예를 들어 땅(土)은 세상의 중앙(中)에 위치하고 색상은 황(黃)색인데, 중국 문명의 중심지가 황하강 주변의 황토(黃土) 고원이고, 자신들이 세상의 중앙(中央)에 살고 있다고 믿었기 때문입니다. 또 사계절(四季節)이 있는 곳이기도 합니다.

동(東)쪽은 해가 뜨는 곳으로, 푸른(靑) 나무(木)가 싹을 틔우는 봄(春)이 시작된다고 믿었습니다. 중국에서는 우리나라를 동국(東國: 동쪽에 있는 나라)이나 청구(靑丘/靑邱: 푸른 언덕)라 부른 것이 여기에서 유래합니다. 또한 중국의 동쪽에는 푸른 바다가 있기 때문에 동쪽을 푸른색으로 삼았습니다.

남(南)쪽으로는 뜨거운 태양(火)이 붉게(赤) 빛나 여름(夏)만 있는 곳이라 생각하였습니다.

서(西)쪽으로는 높은 산이 많아 광물(金)을 많이 캘 수 있고, 또 히말라야와 같은 높은 산 위로 흰(白) 눈이 덮혀 있습니다.

물(水)처럼 찬기운이 있는 북(北)쪽은 추운 겨울(冬)로 밤의 길이가 긴 어두운(黑) 곳으로 생각하였습니다.

또 중국의 영향을 받은 고구려 벽화나 풍수지리설에서 등장하는 좌청룡(左靑龍, 왼쪽(서쪽)의 푸른 용), 우백호(右白虎, 오른쪽(동쪽)의 흰 호랑이), 남주작(南朱雀, 남쪽의 붉은 작), 북현무(北玄武, 북쪽의 검은 무)도 모두 오행과 관련 있습니다.

이러한 오행설은 이후 세상의 모든 것을 5가지로 나누려는 시도를 합니다. 오감(五感), 오색(五色), 오미(五味), 오장(五臟), 오병(五兵), 오체(五體), 오산(五山), 오악(五岳), 오기(五氣), 오사(五事) 등등이 그러한 예입니다.

오행의 상생과 상극

음양설은 음(陰)과 양(陰)의 균형을 중시한 반면, 오행설(五行說)에서는 5가지 요소 중 서로 도와주거나 서로 싸우는 것이 있습니다. 이를 가리켜 각각 상생(相生)과 상극(相克)이라 부릅니다. 즉, 상생끼리 있는 것은 좋지만 상극끼리는 좋지 않다는 것입니다. 이런 사상은 나중에 사주팔자나 궁합 등과 같이 운명을 점치는 데 기본 원리가 되기도 합니다. 오행(五行) 간의 상생과 상극은 다음과 같습니다.

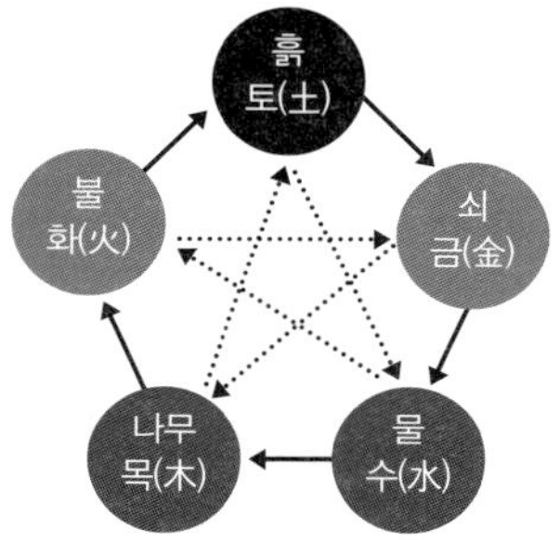

- 상생(相生)

토생금(土生金) : 흙은 쇠를 낳는다. 즉, 흙 속에서 쇠를 캐냅니다.

금생수(金生水) : 쇠는 물을 낳는다. 즉, 여름에 찬 금속 표면에 이슬이 생깁니다. 공기 속의 수증기가 차가워져 이슬이 생기는 과학적 원리를 모르는 데서 유래하는 이론입니다.

수생목(水生木) : 물은 나무를 낳는다. 즉, 나무에 물을 주면 살아납니다.

목생화(木生火) : 나무는 불을 낳는다. 즉, 나무를 태우면 불이 납니다.

화생토(火生土) : 불은 흙을 낳는다. 즉, 불이 타고 나면 재(흙)가 생깁니다. 실제로 큰 흙덩어리인 지구는 먼 옛날에는 불덩이였다는 것은 모두가 아는 과학적 사실입니다.

- 상극(相克)

목극토(木克土) : 나무는 흙을 이긴다. 즉, 나무가 흙을 뚫고 나옵니다.

토극수(土克水) : 흙은 물을 이긴다. 즉, 물이 있는 곳에 흙을 덮으면 땅이 되고, 흐르는 물길을 흙으로 막을 수 있습니다.

수극화(水克火) : 물은 불을 이긴다. 즉, 물로 불을 끌 수 있습니다.

화극금(火克金) : 불은 쇠를 이긴다. 즉, 불로 쇠를 녹일 수 있습니다.

금극토(金克木) : 쇠는 나무를 이긴다. 즉, 쇠로 만든 칼로 나무를 자르거나, 나무를 깎을 수 있습니다.

상생/상극과 이름짓기

이와 같은 상생과 상극은 여러 곳에 응용됩니다. 예를 들어, 이름을 지을 때 돌림자를 결정해야 하는데, 돌림자는 윗대의 돌림자와 상생이 되게 짓습니다. 한 예로, 필자 집안의 이름을 살펴보면 다음 표와 같습니다.

관계	이름	돌림자	오행	다음 돌림자
고조 할아버지	두진(斗鎭)	진(鎭)	쇠 금(金)	금생수(金生水)이므로 수(水)
증조 할아버지	원준(源俊)	원(源)	물 수(水)	수생목(水生木)이므로 목(木)
할아버지	양근(養根)	근(根)	나무 목(木)	목생화(木生火)이므로 화(火)
아버지	병한(炳漢)	병(炳)	불 화(火)	화생토(火生土)이므로 토(土)
나	홍균(洪均)	균(均)	흙 토(土)	토생금(土生金)이므로 금(金)
아들	진원(鎭遠)	진(鎭)	쇠 금(金)	금생수(金生水)이므로 수(水)

대부분의 집안에서 이름의 돌림자를 이름 중간 글자와 끝 글자를 지그재그로 사용합니다. 한 글자로 된 이름도, 그 글자가 오행의 어디에 속하는 글자인지를 가지고 결정합니다. 예를 들어, 열(烈)이란 이름은 화(火)에 속합니다.

동양의 5원소설과 서양의 4원소설

지금은 과학이 발달하여 세상을 이루는 물질인 원소의 종류가 100종 이상이 발견되었습니다. 물론 과학자들은 향후에 새로운 원소를 계속 찾아낼 것입니다. 재미있는 사실은, 기원전 200년경에 동양에서는 "세상을 이루는 물질인 원소의 종류가 불, 물, 나무, 금속, 흙 등 5가지로 이루어져 있다"는 5원소설(五元素說)이 있은 반면, 기원전 400년경 서양의 그리스 철학자 엠페도클레스는 "만물의 근본은 흙, 물, 공기, 불로 구성되어 있다"는 4원소설(四元素說)을 주장하였습니다.

4원소	토(土)	수(水)	기(氣)	화(火)
이름	흙	물	공기	불
위치	땅	땅 위의 바다	바다 위의 하늘	하늘 위의 해
상태	고체	액체	기체	상태 변화를 시킴

동양에서 최근까지 5원소설을 믿었듯이, 서양에서도 영국 화학자 돌턴(Dalton, 1766~1844년)의 원자론이 탄생될 때까지 4원소설을 믿었습니다.

6-7 음양오행설

달력의 요일을 보면 일(日), 월(月), 화(火), 수(水), 목(木), 금(金), 토(土)가 있습니다.

그렇다면 이 7개의 이름은 어디에서 왔을까요?

여기에서는 달력에 있는 7가지의 요일로 사용되고, 동양 철학의 가장 기본을 이루는 음양오행설(陰陽五行說)에 대해 살펴보기로 하겠습니다.

음양오행설의 탄생

전국 시대 말기에 성행하였던 음양설과 오행설은 한(漢)나라에 들어서면서 둘이 합쳐집니다. 둘이 합쳐지는 시나리오는 대략 다음과 같습니다.

하늘에는 수많은 천체가 있지만, 이중에서 해와 달이 가장 크고 빛나기 때문에 일월(日月)과 같이 별도의 이름으로 붙었습니다. 해와 달은 밤과 낮을 대표하며, 양과 음을 상징합니다.

해와 달 외에도 하늘에는 수많은 별들이 있는데, 그중에서도 다른 별보다 더 밝게 빛나는 5개의 별이 모든 별들의 궤적과는 다르게 움직였고, 따라서 이런 별을 움직인다는 의미로 행성(行星)이라 불렀으며, 각각의 이름을 화성(火星), 수성(水星), 목성(木星), 금성(金星), 토성(土星)으로 짓고, 이 다섯(五) 개의 움직이는(行) 별을 오행(五行)이라 불렀습니다.

옛 중국에서는 망원경이 없었기 때문에 이 다섯 개의 행성 외에 천왕성, 해왕성, 명왕성과 같은 다른 행성을 발견할 수 없었습니다. 또한 실제로 우주에서는 이런 행성의 크기가 다른 별들의 몇 만분의 일이나 몇 백만 분의 일밖에 안 되고, 태양에 부속되는 보잘 것 없는 존재에 불과하지만, 고대 중국인들은 이런 사실을 알 수 없었고, 다만 다른 별보다 더 밝고 또 움직이고 있었기 때문에 특별한 별이라고 생각하였습니다. 크기가 작음에도 불구하고 다른 별보다 더 밝게 보이는 것은 지구와 거리가 가깝기 때문이라는 것을 당시 중국 사람들은 알 수 없었습니다.

이와 같이 음양오행설은 하늘에 있는 천체와 밀접한 관련이 있습니다. 해(日)는 밝은 낮을 주관하는 아버지 같은 존재이고, 달(月)은 어두운 밤을 주관하는 어머니 같은 존재입니다. 어느 날 해와 달은 거시기(?)해서 다섯 개의 별들을 낳았는데, 이름하여 화성, 수성, 목성, 금성, 토성이 되었습니다.

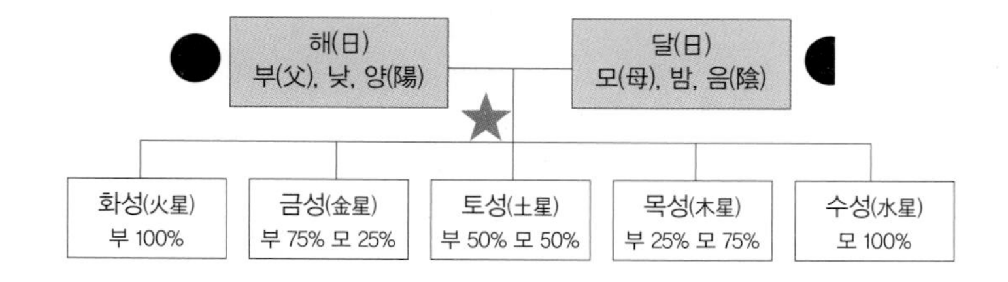

화성(火星)은 아버지(양)의 불같은 성격을 그대로 물려 받았고, 수성(水星)은 조용한 어머니(음)의 성격을 가졌습니다. 목성(木星)은 아버지(양)보다 어머니(음)를, 금성(金星)은 어머니(음)보다 아버지(양)를 좀 더 많이 닮았습니다. 막내인 토성(土星)은 아버지(양)와 어머니(음)의 유전자를 정확하게 반반씩 물려 받았습니다. 또, 이것을 4괘와 연관을 시키면,

- 화(火)는 양이 가장 많은 태양(太陽)
- 수(水)는 음이 가장 많은 태음(太陰)
- 목(木)은 음이 약간 많은 소음(小陰)
- 금(金)은 양이 약간 많은 소양(小陽)

이렇게 오행이 음양과 관계를 맺게 됨으로써 음양오행설이 생겨났습니다.

6-8 음양오행과 간지

 음양오행과 간지의 관계

후한(後漢, 25~220년) 때 갑골문에 날짜를 기록하기 위해 만든 간지(干支)를 음양오행과 결부시키기 시작하였습니다.

간지(干支)를 음양(陰陽)의 결합으로 간주하여, 십간(十干)을 양(陽)으로 보고 천간(天干)이라 하였습니다. 또 십이지(十二支)를 음(陰)으로 보고 지지(地支)라고 하였습니다.

즉, 하늘(天)은 양이고, 땅(地)은 음이기 때문에 이런 이름이 붙었습니다.

십간과 십이지에 나오는 한자의 훈을 보면 '천간'이나 '지지'라는 훈이 많이 나오는데, 이 천간이 바로 여기에서 유래합니다. 예를 들어, 십간 중의 하나인 병(丙)자는 천간 병(丙)이라고 부릅니다.

또, 간지(干支)에 나오는 22개의 글자를 모두 오행(五行)으로 분류하였습니다. 아래의 도표는 간지와 오행과의 관계를 표시한 것입니다.

번호	천간(天干)		지지(地支)		
	10간	오행	12지	오행	동물
1	갑(甲)	목(木)	자(子)	수(水)	쥐(鼠)
2	을(乙)	목(木)	축(丑)	토(土)	소(牛)
3	병(丙)	화(火)	인(寅)	목(木)	호랑이(虎)
4	정(丁)	화(火)	묘(卯)	목(木)	토끼(兎)
5	무(戊)	토(土)	진(辰)	토(土)	용(龍)
6	기(己)	토(土)	사(巳)	화(火)	뱀(蛇)
7	경(庚)	금(金)	오(午)	화(火)	말(馬)
8	신(辛)	금(金)	미(未)	토(土)	양(羊)
9	임(壬)	수(水)	신(申)	금(金)	원숭이(猿)
10	계(癸)	수(水)	유(酉)	금(金)	닭(鷄)
11	–	–	술(戌)	토(土)	개(犬)
12	–	–	해(亥)	수(水)	돼지(豕)

사주팔자와 음양오행의 관계

우리가 흔히 말하는 띠와 사람의 성격, 운명 등을 결부 짓는 것이 이때부터 유래합니다. 우리는 흔히 '사주가 좋다' 혹은 '팔자가 좋다'는 말을 듣습니다. 이때의 사주(四柱)란 '4개의 기둥'이란 뜻입니다. 이 4개의 기둥은 사람이 태어나는 연월일시(年月日時)를 일컫습니다. 팔자(八字)란 8개의 글자라는 의미로, 사람이 태어난 연월일시를 간지(干支) 방식으로 표현하면 8글자가 되기 때문에 8자라 부릅니다. 예를 들면 갑신년, 경술월, 임진일, 갑자시에 태어났다고 하면 '갑신 경술 임진 갑자'와 같이 8자로 표현할 수 있습니다. 따라서 사주와 팔자는 같은 의미이고, 둘을 합쳐서 사주팔자(四柱八字)라고 부르기도 합니다. 이러한 사주팔자는 사람이 태어난 연월일시의 8자 간지를 음양오행과 결부시켜 사람의 성격이나 운명을 알아내려는 것입니다.

가령 말(午)띠 여자는 화(火)에 속하므로 성격이 불처럼 거칠고 급하다고 합니다. 특히 병오(丙午)년에 태어난 여자는 속칭 백말띠라 부르는데, 병(丙)과 오(午)가 모두 화(火)에 해당하기 때문에 화(火)가 겹쳐서, 남편을 잃는 상부(喪夫) 팔자라고 합니다. 또 다른 예로, 호랑이 띠(寅, 木에 해당)인 남자와 뱀 띠(巳, 火에 해당)인 여자는 나무(木)와 불(火)이 서로 상극이기 때문에 궁합(宮合)이 맞지 않다는 것입니다.

하지만 날짜를 기록하기 위해 만든 간지에 의해 궁합이나 사주팔자를 보는 방법은, 간지가 음양오행과 연관되면서 나온 하나의 미신일 따름입니다. 앞에서 본 바와 같이 음양오행 자체가 고대 중국의 무지한 우주관에서 탄생된 것인 만큼, 그 이후의 학설에 대해서는 더 말할 나위가 없습니다.

일부에서 사주팔자는 오랜 세월에 걸친 통계라고 주장하는 사람이 있는데, 오랜 세월에 걸쳐 만든 방대한 통계라면 분명히 기록이 남아 있을 것입니다. 하지만 중국의 고서나 역사를 기록한 어떤 책에도 이런 조사를 했다는 사람이나 기록은 없습니다. 또한 어떤 학자도 그런 조사를 했다거나 통계를 만들었다는 이야기를 한 적도 없습니다. 통계라는 이야기는 그냥 속설일 뿐입니다.

여기에서 음양오행설이나 간지 등에 대해 이야기하는 이유는 한자와 중국 문화, 더 나아가 한자에 뿌리를 둔 우리의 전통 문화에 대한 이해를 높이려고 할 뿐, 이런 이야기를 믿기 위함이 아니라는 점을 명심하시기 바랍니다.

6-9 제사지내기

한자를 만드는 데에도 논리나 원리가 있듯이, 제사에도 논리나 원리가 있습니다. 이 원리를 모르면 제사가 한낱 형식에 지나지 않은 지루한 의식에 불과하지만, 원리를 알게 되면 제사가 더 이상 어렵거나 지루한 의식만은 아닐 것입니다.

여기에서는 제사의 과정과 제사상 차림에 있는 원리를 알아봄과 동시에 제사에 관련되는 한자를 배워보겠습니다.

제사란 무엇인가?

제사(祭祀)란, 국어사전에 "신령에게 음식을 바쳐 정성을 나타내는 의식"이라고 되어 있습니다. 즉, 차례를 비롯한 모든 제사는 조상신을 모셔와 술과 음식을 대접하는 의식입니다. 제사 제(祭)자의 상형문자를 봐도, 제사상(示) 위에 손(又)으로 고기(肉/月)를 올리는 모습입니다.

이러한 제사는 지방이나 문중에 따라 모두 다르기는 하나, 골격을 이루는 순서는 대략 다음과 같습니다.

혼백에게 술과 식사를 대접하는 제사

(1) 혼백을 불러와 인사를 드리고
(2) 술을 올리고
(3) 식사를 대접하고
(4) 차를 대접한 후
(5) 작별 인사를 드리고 제사를 끝냅니다.

일견 복잡해 보이는 제사도 따지고 보면 일반 손님을 초대해 술과 음식을 대접하는 것과 똑같습니다. 그러면 각각을 하나씩 자세히 살펴보겠습니다.

조상신의 혼백을 불러오기

죽은 사람의 넋을 귀신 혹은 혼백(魂魄)이라고 합니다. 혼백이란 혼(魂)과 백(魄)이라는 두 글자의 합성어입니다. 혼(魂)은 정신적인 영(靈)을, 백(魄)은 육체적인 영(靈)을 의미합니다. 또, 사람이 죽으면 혼(魂)은 하늘로, 백(魄)은 시신과 함께 땅으로 들어간다고 믿었습니다.

조상신에게 식사를 대접하기 위해서 혼백을 모두 불러오는 것이 제사의 첫 순서입니다. 그러면 어떻게 혼백을 불러올까요?

혼을 불러오기 위해 향 피우기

먼저 혼(魂)을 불러 오기 위해서는 향을 피웁니다. 향을 피우는 이유는 향의 연기와 냄새가 사방으로 퍼져 혼을 불러오는 것입니다. 문상을 가거나 참배를 할 때 분향 하는 이유가 바로 혼을 부르는 절차이기 때문입니다. 제사를 지낼 때 대문과 방문을 열어두는 것도 혼이 들어오게 위함입니다.

이와 같이 향을 피우는 것을 분향(焚香)이라고 하는데, '향(香)을 불사르다(焚)'는 뜻입니다.

땅 속 백을 불러오기 위해 술을 땅에 붓기

백(魄)을 부르기 위해서는 술을 땅에다 3번 나누어 붓고는 두 번 절합니다. 땅에다 술을 붓는 이유는 백이 땅 속에 묻혀 있기 때문에 술이 땅 속으로 흘러 들어가 백을 불러온다는 의미입니다.

성묘 갔을 때에는 술을 땅에 부을 수 있지만, 집안에서 제사를 지낼 때에는 땅이 없습니다. 그렇다고 방바닥에는 술을 부을 순 없습니다. 따라서 그릇에 흙과 풀을 담아 땅을 대신합니다. 이렇게 흙과 풀을 담을 그릇을 모사(茅沙-풀과 모래) 그릇이라 부릅니다. 즉 그릇에 황토 흙이나 가는 모래를 담고 그 위에 풀을 담은 그릇입니다. 풀 대신 보통 짚을 조그마하게 묶어 올려놓기도 합니다. 실내에서 제사를 지낼 때에는 이런 모사 그릇을 향을 피우는 향로 옆에다 둡니다.

모사 그릇

이와 같이 혼백을 부르는 절차를 강신(降神)이라 하는데, '귀신(神)이 내려오다(降)'는 뜻입니다. 강(降)자는 '내린다'는 의미로 강우량(降雨量), 하강(下降)과 같은 단어에 사용합니다.

혼백에게 전원 인사 드리기

혼백을 불러 모셨으면 처음으로 해야 할 일은 당연히 인사를 드리는 것입니다. 제사에 참석한 모든 사람이 함께 두 번 절합니다.

이와 같은 절차를 참신(參神)이라 하는데, '귀신(神)을 뵙다(參)'는 뜻입니다. 여기서 참(參)자는 '참배(參拜)한다'는 뜻입니다.

혼백에게 3잔의 술 올리기

예로부터 술의 의미는 음식 이상의 것입니다. 결혼을 하거나 맹서를 할 때 술을 나누어 마셨고, 아랫사람에게 술잔을 내려 노고를 치하하고, 윗사람에게 예를 다하기 위해서는 술을 올렸습니다. 우리나라 속담에 "죽어 석 잔 술이 살아 한 잔 술만 못하다"는 말이 있습니다. 부모님 살아계실 때 잘 모셔야 한다는 뜻인데, 이때 '죽어 석 잔 술'이란 제사를 지낼 때 올리는 술 석 잔을 의미합니다.

석 잔의 술을 올리는 의식을 각각 초헌(初獻), 아헌(亞獻), 종헌(終獻)이라 하는데, '처음(初) 바치다(獻)', '다음으로(亞) 바치다(獻)', '마지막으로(終) 바치다(獻)'는 뜻입니다. 헌(獻)자는 '바치거나 헌납(獻納)한다'는 뜻입니다.

초헌은 제주가 하고, 아헌은 제주의 부인이, 종헌은 제주의 맏아들이 합니다. 각각 술을 따라 올리고, 두 번 절을 합니다. 어떤 지방에서는 여자를 아예 배제하여, 초헌을 제주가 하고, 아헌을 남자 형제가 하고, 종헌을 제주의 맏아들이 하는 경우도 있습니다. 하지만 현대에 들어와 호주제가 사라지는 마당에 남성 중심의 이러한 제사법은 옳지 않다고 봅니다. 남녀 구분 없이 연장자 순으로 절을 하는 것도 좋습니다.

첫 잔 올린 후 제사를 지내게 된 이유 설명하기

이중에서 초헌(初獻)을 할 때에는 잔을 올린 후 축문(祝文)을 읽고 절을 합니다. 축문의 내용은 제사를 지내게 된 이유를 설명하는 것입니다. 예를 들어 기제사에서는, "몇 년 몇 월 며칠, 아들(혹은 손자) 누구누구가 기일을 맞이하여, 음식을 차려 올립니다..."와 같은 내용을 미리 글로 써 두고 읽습니다. 원래 이런 축문은 한자로 씁니다. 하지만 한자에 익숙하지 않은 세대는 축문을 한글로 써 읽기도 하고, 별도의 축문 없이 "오늘 새해를 맞이하여 가족들이 모두 모여 조상님께 인사를 드리려고 합니다..." 하고 제주가 이야기를 하기도 하고, 혹은 묵념으로 대신하기도 합니다.

이와 같이 축문(祝文)을 읽는 것을 독축(讀祝)이라 하는데, '축문(祝文)을 읽다(讀)'는 뜻입니다.

혼백 식사하기

술 올리기(초헌, 아헌, 종헌)가 끝나고 나면, 혼백이 식사를 합니다. 맨 처음 밥 뚜껑을 엽니다. 이러한 의식을 개반(開飯)이라 하는데, '밥(飯) 뚜껑을 열다(開)'는 뜻입니다.

다음으로 숟가락은 밥에 꽂고, 젓가락은 반찬 위에 올려 흡사 식사를 하시는 모습을 재현합니다. 이때 혼백이 오른손잡이로 가정하고 숟가락을 밥 위에 꽂는데, 숟가락 안쪽이 서쪽을 향하게 됩니다. 이러한 절차를 삽시(插匙)라 하는데, '숟가락(匙)을 꽂다(插)'는 뜻입니다. 삽(插)자는 '꽂거나 삽입(插入)한다'는 뜻입니다.

그리고 나서 편안히 식사하도록 방문을 닫고 나옵니다. 이러한 의식을 합문(合門)이라 하는데, '문(門)을 합(合)한다, 즉 닫는다'는 뜻입니다. 혼백이 식사를 하는 동안, 방 바깥에서 서 있거나 무릎을 꿇고 앉아 있습니다. 기다리는 시간은 밥 9수저 정도 뜰 시간입니다.

식사가 끝난 후 차 올리기

식사가 끝나면 다시 문을 열고 들어가, 국그릇을 치우고 숭늉을 올리고, 숟가락과 젓가락을 숭늉 그릇에 담가 둡니다. 숭늉을 올린 후 숭늉을 마실 시간 동안 잠시 기다립니다. 이러한 의식을 헌다(獻茶)라 하는데, '차(茶)를 바치다(獻)'는 뜻입니다. 중국에서는 차를 올렸으나, 우리나라에서는 차가 없었기 때문에 숭늉으로 대신한 것 같습니다.

잠시 후 숭늉에 밥을 조금씩 3번 떠서 넣고, 밥 뚜껑을 덮습니다. 지방에 따라 숭늉에 밥과 함께 반찬들을 조금씩 넣기도 합니다. 이렇게 숭늉에 담긴 음식은 제사가 끝난 뒤 대문 바깥에 한지를 깔고 그 위에 올려놓습니다. 이 음식은 조상신을 모시고 갈 사자를 위한 음식이라고 합니다.

작별 인사와 함께 제사 끝내기

제사를 마치는 의미로 제주가 술잔을 올리고 잘 가시라고 두 번 절합니다. 이때 제사에 참석한 모든 사람이 같이 절을 하기도 합니다. 그리고 나서 지방을 태웁니다. 이러한 의식을 사신(辭神)이라 하는데, '귀신(神)을 보낸다(辭)'는 뜻입니다.

이렇게 제사가 끝나면 제사상의 음식을 다른 상으로 옮겨 놓거나 상을 90도 돌려 놓습니다. 이러한 의식을 철상(撤床)이라 하는데, '상(床)을 거두다(撤)'라는 뜻입니다. 철(撤)자는 '거두거나 철수(撤收)하다'는 뜻입니다.

제사에 참석한 모든 사람들이 함께 제사를 지낸 음식을 먹는 것으로 제사를 끝냅니다. 이런 의식을 음복(飮福)이라 하는데, '복(福)을 마시다(飮)'는 뜻입니다. 즉, 제사 음식에는 복이 들어 있어서 복을 나누어 함께 먹는다는 뜻입니다. 안동 지방의 일부 집안에서는 제사를 지낸 후, 밥과 나물 등을 모두 비벼 똑같이 나누어 먹는다고 합니다.

제사상 차리기

우리나라 속담에 "남의 제사에 감 놓아라 배 놓아라 한다"는 말이 있는데, 이 말을 뒤집어 놓으면 집안마다 음식을 차리는 방법이 다르다는 것을 뜻합니다. 따라서 제사상을 차리는 데 대한 정답은 없습니다.하지만 여러 가지 제사상을 차리는 방법에도 공통적인 원칙이 있습니다. 이러한 원칙은 다음과 같습니다.

(1) 제사상은 북쪽을 향합니다.
(2) 좋은 음식을 혼백 가까이 놓습니다.
(3) 좋은 음식을 혼백 오른쪽에 놓습니다.
(4) 모든 음식은 홀수로 놓습니다.

제사상은 북쪽을 향합니다

한자에서 북녘 북(北)자는 원래 등 배(北)자에서 탄생되었습니다. 등 배(北)자는 두 사람이 서로 등을 대고 서 있거나 앉아 있는 형상의 상형문자입니다.

한자를 만든 중국이나 한국에서는 집을 지을 때 겨울에 햇볕을 잘 들게 하려고 남쪽을 향해 지었습니다. 따라서 높은 사람이 집안의 안쪽에 앉으면 자연스럽게 등이 북쪽으로 향하게 되는데, 그래서 등 배(北)자에 '북쪽'이라는 뜻이 생겼습니다.

대궐에서 왕이 자리에 앉거나, 관아에서 원님이 앉을 때에도 모두 등이 북쪽을 향합니다. 따라서 제사를 지낼 때에도 혼백의 등이 북쪽을 향하도록 앉으니까, 자연히 제사상은 북쪽을 향하게 됩니다.

하지만 아파트 생활이 일상화된 현실에서는 북쪽을 고집하기가 힘듭니다. 더욱이 안방은 침대가 차지하고 있어서 제사상을 놓을 자리가 없습니다. 이런 경우에는 혼백이 거실에 있는 소파에 앉으시도록, 소파 앞에 제사상을 차리는 것이 가장 합리적이라고 생각합니다.

좋은 음식을 혼백의 가까이 놓습니다

혼백을 기준으로 보았을 때, 맨 먼저 놓는 것은 밥과 국입니다. 그다음부터는 좋은 음식(혹은 비싼 음식)을 혼백 가까이 놓으면 됩니다. 너무나 당연한 이야기 아닌가요? 예나 지금이나 좋은 음식이 비싼 음식을 의미합니다. 물론

북
서
동
남

적과 탕의 순서를 바꾸어
과채탕적(果菜湯炙)
순서로 놓은 제사상

여기에서 비싸다는 의미는 옛날의 물가를 기준으로 봐야 합니다. 이런 기준으로 보면 동물성 음식(고기, 생선, 포)은 식물성 음식(나물, 과일)보다 비쌉니다. 그리고 육류는 생선보다 비쌉니다. 또, 요리한 음식(나물)은 요리하지 않은 음식(과일)보다 비쌉니다.

제사를 차리는 법으로 과채적탕(果菜炙湯 : 과일, 채소, 적, 탕)이라는 말이 있는데, 맨 앞줄에 과일, 다음 줄에 채소로 만든 나물, 다음이 적(부친 음식), 그다음이 탕(끓인 음식) 순으로 놓는 방법입니다. 하지만 일부 지방에서는 적과 탕의 순서를 바꾸어 놓는 경우도 있습니다. 실제로 위의 원칙대로 음식을 놓아보면 어떤 줄에 놓을 음식이 너무 많은 경우가 있는데, 이때에는 앞줄이나 뒷줄로 보내면 됩니다.

좋은 음식을 혼백 오른쪽에 놓습니다

제사상을 차릴 때 혼백 가까이에 좋은 음식을 놓듯이, 혼백 오른쪽(서쪽)에 좋은 음식을 놓습니다. 주로 사용하는 오른손 가까이에 좋은 음식을 놓아 드시기 편하게 하려는 것입니다. 또한 차례와 같이 2대 혹은 4대의 제사를 한 상에 차리는 경우, 오른쪽부터 높은 조상신(할아버지-할머니-아버지-어머니)을 모시기 때문에 오른쪽에 더 좋은 음식을 놓습니다.

옛 사람들은 제사상을 차리는 방법을 사자성어로 만들어 두었는데, 아래가 그러한 예입니다.

- 어동육서(魚東肉西) : '생선(魚)은 동쪽(東), 고기(肉)는 서쪽(西)'이라는 뜻입니다. 생선보다는 고기가 비싸기 때문에 고기를 혼백의 오른쪽에 놓습니다.
- 두동미서(頭東尾西) : '생선의 머리(頭)는 동쪽(東), 꼬리(尾)는 서쪽(西)'이라는 뜻입니다. 꼬리가 먹기 좋은 쪽이기 때문에 혼백의 오른쪽에 놓습니다.
- 생동숙서(生東熟西) : '생(生) 것은 동쪽(東), 익힌(熟) 것은 서쪽(西)'이라는 뜻입니다. 생 것 보다 익힌 것이 먹기 좋기 때문에 혼백의 오른쪽에 놓습니다.
- 홍동백서(紅東白西) : '붉은색(紅)은 동쪽(東), 흰색(白)은 서쪽(西)'이라는 뜻입니다. 붉은색은 젊고 흰색은 늙음을 상징하므로, 오른쪽(증조부모 쪽)은 흰색, 왼쪽(부모)은 붉은색을 놓습니다. 사과가 붉은색이므로 과일 중 가장 동쪽에 놓습니다.

- 초동잔서(醋東盞西) : '술(醋)병은 동쪽(東), 잔(盞)은 서쪽(西)'이라는 뜻입니다. 술잔은 오른 손으로 잡기 좋도록 오른쪽에 놓습니다. 또 제사를 올리는 입장에서 보면 술병이 오른쪽에 오는데, 마찬가지로 잡기가 편합니다.

따라서 사자성어와 같은 제사 차리는 법을 모두 외우기보다는 혼백을 기준으로 좋은 음식이나 먹기 좋은 음식을 가까이에, 왼쪽보다는 오른쪽에 놓는다고 생각하면 됩니다. 하지만 하나의 예외가 있는데, 갱동반서(羹東飯西)가 그것입니다. '국(羹)은 동쪽(東), 밥(飯)은 서쪽(西)'이란 뜻인데, 산 사람들과는 반대로 죽은 사람은 밥을 오른쪽, 국을 왼쪽에 놓습니다.

제사상 앞 줄에 있는 조율시이와 사과

마지막으로 꼭 알아둘 말은 조율시이(棗栗柿梨)입니다. 제사상의 서쪽에서 차례대로 대추, 밤, 감, 배를 놓는데, 대추는 씨가 1개로 임금을 뜻하고, 밤은 가시송이 안에 3개의 밤톨이 있어 3정승, 곶감은 씨가 6개로 육조판서, 배는 8개로 8도 관찰사를 뜻한다고 합니다. 사과는 조선 말에 본격적인 재배가 시작되어 제사상에는 원래 올라가지 않았으나, 배와 같이 과일의 상징성이 높아서 최근에는 제사상에 올립니다.

숫자에 담긴 음양의 이치

살아 있는 사람에게 절을 할 때에는 1번하지만, 죽은 사람에게 절을 할 때에는 항상 2번합니다. 살아 있음은 양(陽)을 의미하고, 홀수인 1도 양(陽)을 의미하기 때문입니다. 반대로 죽음은 음(陰)을 의미하고, 짝수인 2도 음(陰)을 의미하기 때문입니다. 여자는 4번 절을 하는 집안도 있습니다. 이는 남자는 양(陽)이고 여자는 음(陰)이기 때문에, 여자(陰)가 죽은 사람(陰)에게 절을 하면 음(陰)과 음(陰)이 겹치기 때문에 4번이 됩니다. 하지만 절을 하는 횟수를 제외한 제사를 지배하는 숫자는 다음과 같이 모두 양의 수입니다.

- 분향할 때 향의 개수는 1개 혹은 3개를 꽂습니다.
- 제사상에 음식을 놓는 줄 수는 3줄 혹은 5줄입니다.
- 제물의 개수(생선 마리 수, 과일 수, 나물의 종류, 탕의 종류 등등)는 모두 1, 3, 5, 7...개로 모두 홀수입니다.

제사상에 사용하지 않는 음식

제사 음식에는 고추나 마늘을 사용할 수 없습니다. 따라서 한국인이 가장 즐겨 먹는 김치는 제사상에 올리지 않습니다. 일부 지방에서는 김치를 사용하는 경우도 있는데, 이런 김치는 고춧가루가 들어가지 않은 백김치입니다.

원래 고추는 한국에서 재배되지 않았습니다. 한국에 들어온 내력에는 임진왜란 때 왜군이 독한 고추로 조선 사람을 독살하려고 가져왔으나, 조선 사람들이 적응하여 오히려 고추를 즐기게 되었다는 설이 있습니다. 사실 여부를 떠나 고추는 임진왜란 때 일본에서 들어 왔고, 이로 인해 제사상에는 고추를 절대로 사용하지 않습니다.

이름에 '치'자가 들어가는 생선(넙치, 날치, 멸치, 꽁치, 갈치, 한치 등 주로 비늘이 없는 생선)은 제사상에 사용할 수 없습니다. 왜 그런지 정확한 이유는 알 수 없으나, 예로부터 한약을 먹을 때도 비늘 없는 생선을 금기시하는 경우도 있었습니다. 또한 옛날에는 이름에 '치'자가 들어가는 생선이 비교적 흔하고 싼 생선이기도 하였습니다. 옛날 사람들은 복숭아나무가 요사스런 기운을 몰아내고 귀신을 쫓는 힘이 있다고 믿었습니다. 그래서 제사상에는 복숭아를 쓰지 않았고, 집안에 복숭아나무도 심지 않았습니다. 이외에 바나나, 오렌지, 수입 포도 등 국내에서 재배되지 않는 과일이나 양주, 포도주 등을 제사상에 올리는 경우도 있는데, 여기에 대해서는 어떤 제한이나 금기는 없습니다. 오히려 조선 시대에는 이런 과일이 귀해 임금이나 가까운 신하들만 먹었다는 기록이 있습니다. 하지만 가급적 국산 과일이나 술을 사용하는 것이 좋다고 생각합니다.

중요한 것은 마음

제사를 지내는 데 가장 중요한 것은 위에서 열거한 복잡한 형식이 아니라 마음과 정성입니다.(이 말은 공자가께서 하신 말씀입니다). 돌아가신 분이 생전에 담배를 즐겨 피우셨다고 담배에 불을 붙여 제사상에 올려놓는 사람도 있습니다. 담배를 제사상에 놓는 것이 옳은지 그른지를 떠나, 돌아가신 분을 위한다는 점에서 문제는 없다고 생각합니다. 예전에 TV 드라마에서 돌아가신 어머니께서 생전에 화투(花鬪)를 즐겼다고 어머니 제사상 앞에 화투를 갖다 놓고, 어머니와 화투치는 시늉을 하는 것을 본 적이 있는데, 감동 그 자체였습니다.

더 중요한 것은 일 년에 몇 차례 가족이 모여, 돌아가신 분을 기억하며 서로 덕담을 건네고, 음식을 나누어 먹음으로써 가족 간의 사랑을 확인하는 것입니다. 최근 명절증후군이라고 해서 명절이 되면 몸이 아파오는 사람들도 있는데, 함께 일을 나누고 배려하여 명절의 참 의미를 살린다면 한 두 사람만 희생하는 고질적인 명절증후군은 사라질 것입니다.

6-10 간체자를 만든 원리

중국의 한자가 여섯가지(육서) 원리에 의해 만들어졌듯이 간체자도 아무렇게나 만든 것이 아니라 몇 가지 원리를 바탕으로 만들어졌습니다. 그 원리를 잘 이해하면, 한자를 알고 있는 사람은 쉽게 간체자를 배울 수 있습니다. 여기에서는 어떤 원리로 간자체가 만들어졌는지 알아봅시다.

글자의 획순을 줄임

왕휘지가 쓴 초서. 맨 윗줄에 긴 장(長)자, 오른쪽 맨 아래에 말씀 언(言)자의 초서가 있습니다.

간자체를 만들기 위해 글자에 반복해서 나오는 선(三)이나 점(灬)을 간단하게 한획(丨, /, 一)으로 표시함으로써 획수를 줄이는 방법입니다. 주로 부수자가 많은데, 부수는 대부분의 한자에 다 들어가기 때문에 대부분 한자의 획수를 줄일 수 있습니다.

- 볼 견(見) → 지앤(见)
- 머리 혈(頁) → 예(页)
- 먹을 식(食) → 스(饣)
- 말 마(馬) → 마(马)
- 새 조(鳥) → 니아오(鸟)
- 조개 패(貝) → 베이(贝)
- 말씀 언(言) → 이앤(讠)
- 긴 장(長) → 장,챵(长)
- 고기 어(魚) → 위(鱼)

글자의 획수를 줄이는 이런 방식은 대부분 한나라 때부터 사용하기 시작한 초서(草書)에서 유래합니다. 초서는 복잡한 획으로 구성되어 있는 한자를 붓으로 빨리 쓰기 위하여 필요 없는 획수를 줄이고 단순화한 글자입니다.

글자의 윤곽만 취함

복잡한 글자의 윤곽만 취해 간단한 모습으로 만든 간체자도 있습니다. 이런 경우 전체적인 글자 모양이 비슷해서 쉽게 알 수 있습니다.

- 거북 귀(龜) → 꾸이(龟)
- 곳집 창(倉) → 창(仓)
- 가지런할 제(齊) → 치(齐)

글자의 일부분을 생략

간체자를 만드는 방법 중 가장 쉬운 것이 글자의 일부를 생략하는 것입니다. 자주 사용되는 글자들 중 복잡한 글자는 복잡한 부분을 생략하여 간체자를 만들었습니다.

- 구름 운(雲) → 윈(云)
- 부르짖을 호(號) → 하오(号)
- 고울 려(麗) → 리(丽)
- 기운 기(氣) → 치(气)
- 기록할 록(錄) → 루(录)

글자의 일부분을 생략하는 경우 구름 운(雲)자나 기운 기(氣)자에서 보듯이 한자가 처음 만들어졌을 때의 모습으로 돌아가는 경우도 많습니다.

글자의 일부분을 다른 기호로 바꿈

간자체를 만들기 위해 복잡한 부분을 생략하는 경우도 있지만, 복잡한 부분을 간단한 기호로 대체한 글자도 있습니다. 대체되는 기호로는 또 우(又)자, 아닐 부(不)자, 벨 예(乂)자가 많이 사용됩니다.

- 한수 한(漢) → 한(汉)
- 볼 관(觀) → 꾸안(观)
- 품을 회(懷) → 화이(怀)
- 나눌 구(區) → 추(区)
- 닭 계(鷄) → 지(鸡)
- 돌아올 환(還) → 후안(还)
- 바람 풍(風) → 펑(风)

회의문자를 새로 만듦

회의문자는 뜻을 나타내는 글자들이 몇 개 합쳐져 만들어진 글자입니다. 이러한 회의문자 중 복잡한 회의문자의 일부나 전부를 간단한 다른 글자로 대체하여 새로운 회의문자를 만들어 간체자를 만들기도 합니다.

- 붓 필(筆) → 비(笔) : 붓은 대나무(竹)와 털(毛)로 만든다는 의미입니다.
- 눈물 루(淚) → 레이(泪) : 눈(目)에서 물(氵)이 나오는 것이 눈물이라는 의미입니다.
- 티끌 진(塵) → 천(尘) : 흙(土)이 아주 작은(小) 것이 티끌이라는 의미입니다.
- 몸 체(體) → 티(体) : 사람(亻)의 근본(本)이 몸이라는 의미입니다.

형성문자를 새로 만듦

형성문자는 뜻을 나타내는 글자(부수)와 소리를 나타내는 글자가 합쳐져 만든 글자입니다. 이런 형성문자의 소리를 나타내는 글자를 비슷한 소리가 나는 다른 글자로 변경하여 간체자를 만들기도 합니다. 어떤 경우에는 뜻을 나타내는 글자도 바뀌어 완전히 새로운 형성문자를 만들기도 합니다.

- 등잔 등(燈) → 떵(灯) : 오를 등(登)자와 소리가 비슷한 넷째천간 정(丁)자로 바꾸어 간자체로 만들었습니다.
- 울릴 향(響) → 샹(响) : 뜻을 나타내는 소리 음(音)자는 입 구(口)자로 바뀌었고, 소리를 나타내는 고향 향(鄕)자는 향할 향(向)자로 바뀌었습니다.
- 놀랄 경(驚) → 징(惊) : 놀랄 경(驚)자는 말 마(馬)자와 소리를 나타내는 공경할 경(敬)자가 합쳐진 글자입니다. 말(馬)이 잘 놀라기 때문에 말 마(馬)자가 들어갑니다. 간체자에서는 마음으로 놀라므로 마음 심(心/忄)자가 들어갔고, 공경할 경(敬)/징(敬)자와 소리가 같은 서울 경(京)/징(京)자가 들어갔습니다.

6-11 부수 글자 214자

■ 1획

一(한 일) 하나를 나타내는 모습
丨(뚫을 곤) 상하로 통하는 모습
丶(점 주) 멈추는 곳에 찍는 표시
丿(삐침 별) 오른쪽에서 왼쪽으로 삐친 형상
乙(새 을) 나무 등이 굽어 있는 모습
亅(갈고리 궐) 갈고리

■ 2획

二(두 이) 둘의 모습을 나타내는 모습
亠(*뜻 없음 두) 알 수 없는 문자임
人/亻(사람 인) 사람의 옆 모습
儿(어진사람 인) 다른 글자의 아래에 들어가는 사람 인(人)
入(들 입) 앞이 뾰쪽한 모습
八(여덟 팔) 둘로 나누어져 있는 모습
冂(멀 경) 세로 두 줄은 길을, 가로 한 줄은 길의 끝을 나타내어 멀다는 의미를 표시
冖(덮을 멱) 머리에 쓰는 두건
冫(얼음 빙) 얼음의 상형에서 변화된 글자
几(안석 궤) 다리가 있는 책상
凵(입벌릴 감) 함정이나 그릇
刀/刂(칼 도) 칼
力(힘 력) 쟁기의 모습
勹(쌀 포) 배가 불룩 나오거나 팔을 뻗어 껴안은 모습
匕(비수 비) 오른쪽을 향한 사람 혹은 숟가락
匚(상자 방) 네모난 상자
匸(감출 혜) 물건을 덮어 가리는 모습
十(열 십) 10을 나타내는 기호
卜(점 복) 거북 배 껍질이나 소 뼈가 갈라지는 모양
卩(병부 절) 꿇어앉아 있는 사람
厂(언덕 엄,한) 비탈진 언덕이나 절벽
厶(나 사) 팔을 안으로 굽힌 형상 혹은 무엇을 둘러싼 모습으로 내 것을 의미
又(또 우) 오른쪽에서 내민 손

■ 3획

口(입 구) 벌리고 있는 입
囗(둘러싸일 위, 나라 국) 둘러싼 울타리의 모습
土(흙 토) 흙덩어리
士(선비 사) 자루가 없는 큰 도끼
夂(뒤져올 치) 아래로 향한 발
夊(천천히걸을 쇠) 아래로 향한 발
夕(저녁 석) 하늘의 달
大(큰 대) 양팔과 양다리를 벌리고 서 있는 사람
女(여자 녀) 다소 곧이 앉아 있는 여자
子(아들 자) 팔을 벌리고 있는 아기
宀(집 면) 움막집
寸(마디 촌) 맥이 있는 오른손
小(작을 소) 작은 새싹이 땅을 뚫고 나오는 모습
尢(절름발이 왕) 한쪽 다리가 굽어진 사람(大)의 모습

尸(주검 시)	죽어서 누워 있는 사람 혹은 사람이 사는 집
屮(왼손 좌)	왼쪽에서 내민 손
山(뫼 산)	봉우리가 3개인 산
巛/川(내 천)	흘러가는 물
工(장인 공)	진흙을 바르고 고르는 데 사용하는 흙손
己(몸 기)	줄 혹은 상체를 구부리고 꿇어앉아 있는 사람
巾(수건 건)	나무에 걸린 천
干(방패 간)	Y자 모양의 방패
幺(작을 요)	실의 모습
广(돌집 엄)	한쪽 벽에 붙여 지은 집이나 한쪽 벽이 없는 집
廴(길게걸을 인)	걸을 척(彳)자의 변형
廾(손맞잡을 공)	나란히 위로 내민 두 손
弋(주살 익)	말뚝 혹은 문지방
弓(활 궁)	낙타 등 모양으로 굽은 활
彐/彑(돼지머리 계)	오른쪽에서 왼쪽으로 내민 손
彡(터럭 삼)	털이 나 있는 모습이나 빛나는 모습
彳(걸을 척)	다닐 행(行)자의 왼쪽 절반

■ 4획

心/忄(마음 심)	심장
戈(창 과)	고대 중국의 창
戶(지게 호)	문(門)의 한쪽
手/扌(손 수)	5개의 손가락을 가진 손
支(가지 지)	손(又)에 나뭇가지(十)를 들고 있는 모습
攴/攵(칠 복)	손(又)에 막대기(卜)를 들고 있는 모습. 복(卜)자가 소리로도 사용됨
文(글월 문)	몸에 문신을 새긴 사람
斗(말 두)	국자
斤(도끼 근)	세워 놓은 도끼
方(모 방)	깃발 혹은 쟁기
无(없을 무)	없을 무(無)자의 다른 형태
日(해 일)	하늘의 해
曰(가로 왈)	입과 소리의 모습
月(달 월)	하늘의 달
木(나무 목)	나무
欠(하품 흠)	입을 크게 벌린 사람
止(그칠 지)	위로 향한 발
歹/歺(부서진뼈 알)	부서진 뼈
殳(창 수)	손에 막대기나 무기를 들고 있는 모습
毋(말 무)	어미 모(母)자와 같은 모습
比(견줄 비)	같은 방향을 향한 두 사람
毛(털 모)	털
氏(뿌리 씨)	나무의 뿌리
气(기운 기)	수증기나 구름
水/氺/氵(물 수)	물이 흐르는 모습
火/灬(불 화)	불이 타오르는 모습
爪(손톱 조)	위에서 아래로 내민 손
父(아비 부)	회초리를 든 손
爻(점괘 효)	점을 치는 산가지가 흩어져 있는 모습
爿(나무조각 장)	90도 돌려 놓은 침상의 모습
片(조각 편)	나무 목(木)자를 반으로 나눈 모습
牙(어금니 아)	어금니
牛(소 우)	소의 뿔과 머리
犬/犭(개 견)	90도 돌려 놓은 개의 옆 모습

■ 5획

玄(검을 현)	실 사(糸)자를 꺼꾸로 뒤집어 놓은 모습
玉/王(옥 옥)	실에 꿰어 있는 3개의 구슬
瓜(오이 과)	오이 1개와 좌우로 덩굴 2개, 위의 줄기가 있는 모습
瓦(기와 와)	기와
甘(달 감)	입과 혀
生(날 생)	땅 위로 솟아 있는 새싹
用(쓸 용)	물건을 담는 통
田(밭 전)	농사를 짓는 밭
疋(발 소)	발
疒(병 녁)	침대(爿)에 누운 사람(人)
癶(등질 발)	두 발을 벌린 모습
白(흰 백)	해골, 쌀알, 손톱 등의 모습
皮(가죽 피)	손(又)으로 가죽을 벗기는 모습
皿(그릇 명)	그릇
目/罒(눈 목)	눈동자가 있는 눈
矛(창 모)	찌르는 창
矢(화살 시)	화살
石(돌 석)	산기슭(厂) 아래에 있는 바위(口)
示(보일 시, 귀신 귀)	제사를 지내는 제사상
禸(짐승발자국 유)	짐승발자국
禾(벼 화)	이삭이 달려 있는 벼
穴(구멍 혈)	동굴
立(설 립)	땅(一) 위에 서 있는 사람(大)

■ 6획

竹(대 죽)	대나무 줄기와 잎
米(쌀 미)	쌀알이 달려 있는 이삭
糸(실 사, 실 멱)	실을 꼬는 모습
缶(장군 부)	배가 불룩한 큰 항아리
网/罒(그물 망)	물고기를 잡는 그물
羊(양 양)	뿔과 털(毛)이 난 양
羽(깃 우)	새의 깃털
老/耂(늙을 로)	지팡이를 든 노인
而(말 이을 이)	수염
耒(쟁기 뢰)	밭을 가는 쟁기
耳(귀 이)	귀의 옆 모습
聿(붓 율)	붓을 들고 있는 손
肉/月(고기 육)	고기에 힘줄이 있는 모습
臣(신하 신)	눈동자를 강조한 눈(目)
自(스스로 자)	코의 앞 모습
至(이를 지)	땅 위에 화살 시(矢)자가 거꾸로 있는 모습
臼(절구 구)	절구나 함정 혹은 아래로 나란히 내민 두 손
舌(혀 설)	입과 혀
舛(어그러질 천)	흐트러진 두 개의 발
舟(배 주)	사각형 모양의 중국 배
艮(그칠 간)	눈을 강조한 사람
色(빛 색)	한 사람(人)이 다른 사람(巴) 위에 올라 탄 형상
艸/艹(풀 초)	풀 두 포기
虍(범 호)	호랑이
虫(벌레 훼,충)	뱀
血(피 혈)	그릇(皿)에 담긴 피
行(다닐 행)	사거리
衣(옷 의)	옷
襾(덮을 아)	그릇의 뚜껑

■ 7획

見(볼 견) 사람(儿)의 머리에 눈(目)이 붙은 모양
角(뿔 각) 짐승의 뿔
言(말씀 언) 입(口)과 혀와 소리의 모습
谷(골 곡) 물이 흐르는 계곡의 앞 모습
豆(콩 두) 밑받침이 있는 그릇
豕(돼지 시) 돼지
豸(발없는벌레 치) 웅크리고 있는 짐승
貝(조개 패) 조개
赤(붉을 적) 불(火)에 타고 있는 사람(大)
走(달릴 주) 사람(大)과 발(止)
足(발 족) 다리
身(몸 신) 배가 불룩한 임산부의 옆 모습
車(수레 차,거) 위에서 본 수레의 모습
辛(매울 신) 문신을 새기는 침
辰(별 신) 조개
辵/辶(갈 착) 길(行)에 발(止)이 있는 모습
邑/阝(고을 읍) 고을(口)과 그곳에 사는 사람(巴)의 형상
酉(닭 유) 술 항아리
釆(분별할 변) 짐승의 발자국
里(마을 리) 땅(土) 위에 밭(田)이 있는 모습

■ 8획

金(쇠 금) 주물을 만드는 거푸집
長(길 장) 머리 긴 노인
門(문 문) 문
阜/阝(언덕 부) 언덕의 계단
隶(미칠 이,대) 꼬리를 잡은 손
隹(새 추) 새
雨(비 우) 하늘에서 비가 내리는 모습
靑(푸를 청) 날 생(生)자와 붉을 단(丹)자가 합쳐진 모습
非(아닐 비) 좌우 양쪽으로 펼쳐진 새의 날개

■ 9획

面(낯 면) 뺨이 있는 얼굴
革(가죽 혁) 짐승의 껍질을 벗겨 펼쳐 놓은 모습
韋(가죽 위) 두 개의 발이 성(口)을 둘러싸고 있는 모습
韭(부추 구) 부추
音(소리 음) 입과 나팔
頁(머리 혈) 몸이 있는 머리
風(바람 풍) 바람으로 가는 돛(凡)과 바람을 따라 날아다니는 벌레(虫)
飛(날 비) 나란히 펼친 두 개의 날개를 가진 새
食(밥 식) 뚜껑이 있는 밥그릇
首(머리 수) 머리카락이 있는 머리
香(향기 향) 벼(禾)와 혀를 빼문 입(曰)

■ 10획

馬(말 마) 말의 옆 모습
骨(뼈 골) 뼈의 모습에 고기 육(肉/月)자를 추가
高(높을 고) 높이 서 있는 누각
髟(터럭 표) 길 장(長)자와 터럭 삼(彡)자가 합쳐진 글자
鬥(싸움 각,투) 싸우고 있는 두 사람

鬯(술창주 창) 숟가락(匕)과 숟가락에 담긴 것

鬲(솥 력) 3개의 다리가 있는 솥

鬼(귀신 귀) 가면을 쓴 무당이나 귀신의 모습

■ 11획

魚(고기 어) 물고기

鳥(새 조) 새

鹵(소금밭 로) 주머니에 싼 소금

鹿(사슴 록) 사슴

麥(보리 맥) 뿌리(夊)가 달린 보리(來)

麻(삼 마) 평상에 삼을 말리는 모습

■ 12획

黃(누를 황) 허리에 누른 옥을 찬 모습

黍(기장 서) 벼 화(禾)자와 물 수(水)자가 합쳐진 글자

黑(검을 흑) 먹으로 얼굴에 문신을 새기는 모습

黹(바느질 치) 헝겊 위에 바느질을 하는 모습

■ 13획

黽(맹꽁이 맹) 맹꽁이

鼎(솥 정) 3개의 다리가 있는 솥

鼓(북 고) 손(又)에 북채(十)를 잡고 북(壴)을 두드리는 모습

鼠(쥐 서) 쥐

■ 14획

鼻(코 비) 코(自)와 줄 비(畀)자가 합쳐진 형성문자

齊(가지런할 제) 가지런히 서 있는 농작물의 모습

■ 15획

齒(이 치) 이빨의 모습과 그칠 지(止)자가 합쳐진 형성문자

■ 16획

龍(용 룡) 용

龜(거북 귀) 거북

■ 17획

龠(피리 약) 여러 개의 피리가 있는 모습

6-12 중국의 부수

중국의 부수는 우리나라와 거의 비슷합니다. 이중에서 간체자가 있는 부수만 뽑아 아래에 나열하여 두었습니다. 부수는 많은 글자 속에서 사용되기 때문에, 중국어를 배우려면 아래에 나오는 글자는 반드시 알아두는 것이 좋겠습니다.

讠 말씀 언(言)	丬 나무조각 장(爿)
门 문 문(門)	饣 밥 식(食)
纟 실 멱, 사(糸)	马 말 마(馬)
韦 가죽 위(韋)	车 수레 차,거(車)
贝 조개 패(貝)	见 볼 견(見)
风 바람 풍(風)	聿 붓 율(聿)
龙 용 룡(龍)	业 바느질 치(黹)
钅 쇠 금(金)	鸟 새 조(鳥)
页 머리 혈(頁)	麦 보리 맥(麥)
卤 소금밭 로(鹵)	青 푸를 청(靑)
齿 이 치(齒)	鱼 고기 어(魚)

찾아보기

■ 1권 부수글자 쪽수
■ 2권 소리글자 쪽수

ㄱ

ㄴ

ㅅ

ㅇ

ㅊ

ㅋ

ㅌ